# 图解山海经

中国玄幻之源，上古神怪大全

徐客 编著

江西科学技术出版社

## 序言

# 盖古之奇书

　　对于不停奔走在喧嚣的闹市街头、早已习惯"快餐式阅读"的现代人来说，《山海经》是一片净土，需要你驻足凝视。诡异的文字搭配形象的绘画，呈现的画面却别有洞天。

　　《山海经》是中华民族最古老的奇书。关于其作者与成书年代，众说纷纭。现代中国学者一般认为，《山海经》的成书非一时、一人所为。古人也把它作为史书来看待，它是中国古代史家的毕本参考书，由于该书成书年代久远，连司马迁写《史记》时也认为："至《禹本纪》，《山海经》所有怪物，余不敢言之也。"

　　《山海经》全书仅31000字，却记载了古代地理、物产、神话、巫术、宗教、古史、医药、民俗、民族等诸多方面的内容，是中外无数读者公认的一部世界奇书。全书共分十八卷，其中《山经》五卷、《海经》八卷、《大荒经》四卷、《海内经》一卷，记载了100多个邦国、550座山、300条水道以及诸多邦国的地理、风土、物产等信息。

　　《山海经》又是一部极具挑战性的古书、怪书，无论是中国古时的知识分类，还是现代国际通行的学科体质，都无法将其对号入座。但又不能忽视它的存在或将其据为己有。"它不属于任何一个学科，却又同时属于所有学科。"

　　同时，《山海经》中保存了大量的神话传说，除了大家都很熟悉的"夸父逐日"、"大禹治水"、"精卫填海"等，还有一些相对陌生的，如《海外北经》中记载禹杀相柳的神话。然而，在神话的背后，我们也不难看出历史的真实面貌，即古代民族部落之间的残酷战争。

　　此外，《山海经》中关于山脉、河流的记述也十分详细，所提及的矿物产地就有300多处，有用矿物达七八十种，堪称我国最早的山川河岳地理书。

  现代人也根据个人喜好为《山海经》下定义：有人关注其中的历史地理学价值，将其称为一部最古的地理著作；有人青睐其中有关祭祀先主、神灵的记述，将其称为一部古代的巫书；有人喜爱其中的神话传说，将其称为一部上古神话集。

  **我们将其定义为**：蕴涵中华几千年古文明的上古百科全书。为了迎合现代人的阅读方式，为了让更多的读者能够领略《山海经》这本旷世奇书的玄妙之处，我们在诠释《山海经》原滋原味古文的同时，为你奉上视觉上的饕餮盛宴。本书具有以下四个特点：

  **标题简练、不失幽默**：每小节标题均是根据本节中最有趣的怪兽或者神仙的特性进行精炼概括，让你好奇不断、爆笑连连。

  **原文详尽、译文简练、注释清晰**：首次将原文、译文、注释三者呈现于同一版面，让你在第一时间内轻松读懂原文。

  **图解古版插图形象生动**：500多幅明清时期手绘图均以彩色呈现，不仅具有较强较好的视觉效果，还可以让你对奇禽异兽有较直观、全面的了解。

  **古今山川河流位置详尽考证**：文中出现的山川河流的位置，均有相关考证，让你的阅读更具有实用性。

编者谨识<br>2012年3月

# 目录

序言　盖古之奇书　/ 4

本书内容导航　/ 18

山海经的基本构成　/ 20

《山海经》中的帝王谱系　/ 22

《山海经》之奇　/ 24

古今《山海经》版本的应用　/ 28

张步天教授的《山海经》考证地图　/ 30

山海经·山经图鉴　/ 32

山海经·海经图鉴　/ 43

## 【第一卷】南山经

### 南次一经

1. 从招瑶山到堂庭山：嗜酒狌狌，能知祖先姓名　/ 52
2. 从猨翼山到杻阳山：鸟头蛇尾的治水神龟　/ 54
3. 从柢山到基山：三头六眼爱打架的鹋䳎　/ 56
4. 从青丘山到箕尾山：吼声如婴儿啼哭的九尾狐　/ 58

### 南次二经

1. 从柜山到尧光山：鴸，流放者灵魂的化身　/ 64
2. 从羽山到会稽山：虎身牛尾爱吃人的猼　/ 66
3. 从夷山到虖勺山：不吃不喝也能生活的㚟　/ 68
4. 从区吴山到漆吴山：啼如婴儿哭，能吃人的蛊雕　/ 70

### 南次三经

1. 从天虞山到丹穴山：人脸三脚的瞿如　/ 76
2. 从发爽山到鸡山：声如猪叫的鱄鱼　/ 78
3. 从令丘山到禺槀山：四眼颙会叫自己的名字　/ 80
4. 南禺山：龙身人面的诸山山神　/ 82

# 【第二卷】 西山经

## 西次一经

1. 从钱来山到太华山：蛇中异类，六脚四翅肥遗 / 90
2. 从小华山到符禺山：自恋赤鷩，以水为镜 / 92
3. 从石脆山到英山：鳖形鲜鱼，声音如羊叫 / 94
4. 从竹山到浮山：长刺豪彘，想亲近也难 / 96
5. 从羭次山到南山：独脚橐𩿨有祥兆 / 98
6. 从大时山到嶓冢山：陆地上是熊，水里是能 / 100
7. 从天帝山到皋涂山：狗状豿边，驱邪避毒 / 102
8. 从黄山到翠山：两首四脚鸓能辟火 / 104
9. 騩山：神奇威灵的羭山神 / 106

## 西次二经

1. 从钤山到高山：洛水东流，白色水蛇多 / 112
2. 从女床山到鸟危山：凫徯现，祸乱到 / 114
3. 从小次山到众兽山：朱厌一出，天下大乱 / 116
4. 从皇人山到莱山：长寿仙鹿象征繁荣昌盛 / 118

## 西次三经

1. 从崇吾山到不周山：独眼独翅蛮蛮比翼齐飞 / 124
2. 峚山：佩戴玉膏会吉祥如意 / 126
3. 从钟山到泰器山：会飞文鳐祥兆五谷丰登 / 128
4. 槐江山：马身人首的英招 / 130
5. 昆仑山：掌管九域的九尾陆吾 / 132
6. 从乐游山到玉山：牛角狡预兆五谷丰登 / 134
7. 从轩辕丘到章莪山：白嘴毕方引燃怪火 / 136
8. 从阴山到騩山：声如猫叫的天狗可制敌 / 138
9. 从天山到翼望山：混沌帝江，能歌善舞 / 140

7

## 西次四经

1. 从阴山到鸟山：无飞禽走兽的奇山怪水　/146
2. 从上申山到号山：不用翅膀也能飞的当扈　/148
3. 从孟山到刚山：眼睛生在脸部正前方的䴅　/150
4. 从刚山之尾到中曲山：白身黑尾能食虎豹的駮　/152
5. 从邽山到鸟鼠同穴山：长刺猬毛的穷奇能吃人　/154
6. 崦嵫山：会引起旱灾的人面鸮　/156

# 【第三卷】北山经

## 北次一经

1. 从单狐山到求如山：叫声如同人吼的水马　/164
2. 从带山到谯明山：一首十身何罗鱼可治病　/166
3. 从涿光山到虢山之尾：十翅鳛鳛鱼可辟火　/168
4. 从丹熏山到边春山：善于隐藏自己的孟极　/170
5. 从蔓联山到单张山：喜欢成群飞行的鵁　/172
6. 从灌题山到小咸山：见人就跳起来的䑏疏　/174
7. 从大咸山到少咸山：人面马蹄的窫窳能吃人　/176
8. 从狱法山到北岳山：四角人耳能吃人的诸怀　/178
9. 从浑夕山到隄山：一头两身肥遗，见则大旱　/180

## 北次二经

1. 从管涔山到狐岐山：红磷䱎鱼可治狐臭　/186
2. 从白沙山到敦头山：牛尾独角的𩣡马　/188
3. 从钩吾山到梁渠山：羊身人脸能吃人的狍鸮　/190
4. 从姑灌山到敦题山：蛇身人面的山神　/192

## 北次三经


1. 从归山到龙侯山：四脚人鱼声如婴儿啼哭 / 198
2. 从马成山到天池山：见人就飞的天马 / 200
3. 从阳山到教山：雌雄一体的象蛇 / 202
4. 从景山到虫尾山：酸与能制造恐怖事件 / 204
5. 从彭魮山到谒戾山：黄鸟能止嫉妒心 / 206
6. 从沮洳山到发鸠山：精卫填海，誓死不休 / 208
7. 从少山到松山：四脚青黾，好似蟾蜍 / 210
8. 从敦与山到白马山：山川绵延，矿物多 / 212
9. 从空桑山到童戎山：一角一目的辣辣 / 214
10. 从高是山到饶山：三脚獂，鸣叫直呼其名 / 216
11. 从伦山到泰泽：肛门长在尾巴上面的罴 / 218
12. 錞于毋逢山：红头白身大蛇能降旱灾 / 220


# 【第四卷】东山经

## 东次一经


1. 从樕蠡山到勃垒山：能驱走瘟疫的箴鱼 / 228
2. 从番条山到犲山：堪孖现身，洪水将至 / 230
3. 从独山到竹山：猪相狪狪能孕育珍珠 / 232

## 东次二经


1. 从空桑山到葛山之首：牛相軨軨能带来水灾 / 238
2. 从余峨山到卢其山：兔样犰狳见人就装死 / 240
3. 从姑射山到姑逢山：狐狸样的獙獙能致旱灾 / 242
4. 从凫丽山到䃌山：九头九尾的蠪蛭能吃人 / 244


## 东次三经


1. 从尸胡山到孟子山：长着鱼眼的妴胡 / 250
2. 从跂踵山到无皋山：六角鸟尾的鮯鮯鱼 / 252

# 图解 山海经

**东次四经**
1. 从北号山到东始山：鼠眼猲狙能吃人 / 258
2. 从女烝山到子桐山：猪样獠牙当康能带旱灾 / 260
3. 从剡山到太山：白头独眼蜚能带瘟疫 / 262

## 【第五卷】 中山经

**中次一经**
1. 从甘枣山到渠猪山：尾巴上长红羽毛的豪鱼 / 270
2. 从葱聋山到泰威山：植楮可治精神抑郁 / 272
3. 从橿谷山到合谷山：喜跳跃的飞鱼，能治痔疮 / 274
4. 从阴山到鼓镫山：荣草能治愈疯痹病 / 276

**中次二经**
1. 从煇诸山到鲜山：双翅鸣蛇能带来旱灾 / 282
2. 从阳山到菱山：长翅化蛇能带来水灾 / 284
3. 从独苏山到蔓渠山：人面虎身马腹能吃人 / 286

**中次三经**
1. 从敖岸山到青要山：野鸭状的鴢能让人添丁 / 292
2. 从騩山到和山：猪状飞鱼可抵御兵刃之灾 / 294

**中次四经**
1. 从鹿蹄山到螯山：声如婴啼的犀渠能吃人 / 300
2. 从箕尾山到熊耳山：能毒死鱼的荸苓 / 302
3. 从牡山到讙举山：树多、石多、怪兽多 / 304

**中次五经**
1. 从苟林山到条谷山：三眼𪃹鸟能治湿气病 / 310
2. 从超山到良余山：山上禽兽不多，矿物多 / 312
3. 从蛊尾山到阳虚山：无兽之山草木多 / 314

10

**中次六经**

1. 从平逢山到瘣山：长尾鸰鹨能除噩梦 / 320
2. 从瞻诸山到谷山：无鸟无兽，矿物多 / 322
3. 从密山到橐山：青蛙状脩辟鱼能治白癣 / 324
4. 从常烝山到阳华山：祭祀山岳，天下太平 / 326

**中次七经**

1. 从休与山到姑媱山：无兽之山，奇石异草多 / 332
2. 从苦山到放皋山：小猪状山膏爱骂人 / 334
3. 从大䕡山到半石山：三足龟的肉能除痈肿 / 336
4. 从少室山到讲山：猕猴似的䱻鱼能驱灾 / 338
5. 从婴梁山到末山：奇树异草可治病 / 340
6. 从役山到大騩山：奇树蓟柏产果可御寒 / 342

**中次八经**

1. 从景山到骄山：少兽之山，矿物多 / 348
2. 从女几山到光山：鸩鸟带有剧毒 / 350
3. 从岐山到灵山：神仙涉蠱人身方面 / 352
4. 从龙山到玉山：无兽之山多矿藏 / 354
5. 从谨山到琴鼓山：祭祀鸟身人面神的礼仪 / 356

**中次九经**

1. 从女几山到岷山：夔能用尾巴敲肚皮奏乐 / 362
2. 从崌山到蛇山：尾巴分叉的怪蛇可吃人 / 364
3. 从鬲山到风雨山：蛫可用尾巴塞住鼻孔 / 366
4. 从玉山到葛山：神人常出入熊的洞穴 / 368
5. 贾超山：祭祀马身龙首神的礼仪 / 370

**中次十经**

1. 从首阳山到楮山：怪鸟跂踵能带来瘟疫 / 376
2. 从又原山到丙山：鸜鹆能效仿人说话 / 378

中次十一经

1. 从翼望山到视山：贶水之中多蛟 / 384
2. 从前山到瑶碧山：以蛊虫为食的鸩 / 386
3. 从支离山到依轱山：饲养青耕可辟除瘟疫 / 388
4. 从即谷山到从山：三足鳖可治疑心病 / 390
5. 从婴硬山到虎首山：刺猬状的狼能带来瘟疫 / 392
6. 从婴侯山到鲵山：白耳白嘴的狙如是灾兽 / 394
7. 从雅山到妪山：奇树帝女桑有红色纹理 / 396
8. 从鲜山到大騩山：狡即出现会带来火灾 / 398
9. 从踵臼山到奥山：鴢鷨可辟火 / 400
10. 从服山到凡山：猪状闻䚻可带来狂风 / 402

中次十二经

1. 从篇遇山到风伯山：莽浮林多禽鸟野兽 / 408
2. 从夫夫山到暴山：帝之二女出入带风雨 / 410
3. 从即公山到阳帝山：饲养蝇可以辟火 / 412
4. 从柴桑山到荣余山：祭祀鸟身龙首神的礼仪 / 414
5. 五臧山经：综述《五臧山经》/ 416

## 【第六卷】海外南经

1. 从结匈国到南山：呼蛇为鱼的南山人 / 422
2. 从羽民国到厌火国：口吐火焰的厌火国人 / 424
3. 从三珠树到交胫国：擅用弓箭的戬国人 / 426
4. 从不死民到三首国：皮肤黝黑的不死居民 / 428
5. 从周饶国到南方祝融：身材短小的周饶国人 / 430

## 【第七卷】海外西经

1. 从灭蒙鸟到一臂国：生如比翼鸟的一臂国人 / 434
2. 从奇肱国到丈夫国：一臂三目的奇肱国人 / 436
3. 从巫咸国到诸沃野：寿比彭祖的轩辕国人 / 438
4. 从龙鱼到西方蓐收：腿长三丈的长股国人 / 440

## 【第八卷】海外北经

1. 从无启国到柔利国：终生无嗣的无启国人 / 444
2. 从相柳氏到聂耳国：手托长耳的聂耳国人 / 446
3. 从夸父逐日到寻木：身材高大的夸父国人 / 448
4. 从跂踵国到务隅山：走路脚不着地的跂踵国人 / 450
5. 从平丘到禺彊：人面鸟神的北方禺彊 / 452

## 【第九卷】海外东经

1. 从䃸丘到君子国：役使老虎的君子国人 / 456
2. 从蚕蚕到黑齿国：牙齿漆黑的黑齿国人 / 458
3. 从雨师妾到东方句芒：全身生毛的毛民国人 / 460

## 【第十卷】海内南经

1. 从瓯闽到枭阳国：人面长唇的枭阳国人 / 464
2. 从兕到孟涂：苍梧之山，帝舜下葬处 / 466
3. 从氐人国到西北三国：氐人国，美人鱼的国度 / 468

13

# 【第十一卷】 海内西经

1. 从危到后稷之葬：斩杀窫窳神的贰负臣危 / 474
2. 从流黄酆氏国到孟鸟：东胡国，鲜卑国的前身 / 476
3. 从昆仑之虚到清水：昆仑山，天帝的人间都城 / 478
4. 从昆仑南渊到开明南：为凤皇而生的琅玕树 / 480

# 【第十二卷】 海内北经

1. 从蛇巫山到犬戎国：形状如犬的犬戎国人 / 484
2. 从鬼国到蟜：只有一只眼的鬼国人 / 486
3. 从阘非到汜林：头上长三只角的戎 / 488
4. 从极渊到朝鲜：灵光照亮百里的宵明和烛光 / 490
5. 从列姑射到大人市：蓬莱仙岛与大人之市 / 492

# 【第十三卷】 海内东经

1. 从鉅燕到西胡白玉山：月氏国，流沙下的文明 / 496
2. 从雷神到会稽山：龙身人头的雷神 / 498
3. 从岷三江到湘水：江水走向（一） / 500
4. 从汉水到汝水：江水走向（二） / 502
5. 从泾水到泗水：江水走向（三） / 504
6. 从郁水到沁水：江水走向（四） / 506
7. 从济水到漳水：江水走向（五） / 508

## 【第十四卷】 大荒东经

1. 从少昊国到小人国：身高九丈的大人国 / 514
2. 从犁䰠尸到东口山：腰间佩带宝剑的君子国人 / 516
3. 从司幽国到黑齿国：不嫁不娶的司幽国男女 / 518
4. 从夏州国到招瑶山：人面鸟身的东海海神禺䝞 / 520
5. 从困民国到孽摇颙羝山：食鸟怪人王亥 / 522
6. 从奢比尸到东北海外：与天帝交友的五彩鸟 / 524
7. 从女和月母国到流波山：可控制日月的神人鹓 / 526

## 【第十五卷】 大荒南经

1. 从跊踢到巫山：代表双宿双飞的双双 / 530
2. 从不庭山到盈民国：卵中孵化而生的卵民国人 / 532
3. 从不死国到襄山：栖息在南极大地的因因乎 / 534
4. 从蒇民国到宋山：不愁吃穿的蒇民之国 / 536
5. 从祖状尸到颛顼国：方齿虎尾的祖状之尸 / 538
6. 从张弘到天台高山：长有人面鸟嘴的驩头之国 / 540
7. 从羲和到南类山：十个太阳的母亲羲和 / 542

## 【第十六卷】 大荒西经

1. 从不周山到白氏国：女娲之肠所化的十个神人 / 546
2. 从长胫国到北狄国：开创耕田方法的后稷 / 548
3. 从芒山到灵山十巫：丰沮玉门，日月落下之地 / 550
4. 从西王母山到龙山：沃民国，随心所欲的国度 / 552
5. 从女丑尸到弇兹：长着五彩羽毛的鸣鸟 / 554

15

6. 从日月山到玄丹山：噓，主管日月星辰运行 /556

7. 从孟翼攻颛顼池到昆仑丘：能引起战争的红色天犬 /558

8. 从常阳山到吴回：没有影子的寿麻国人 /560

9. 从盖山国到夏后开：长生不死的三面人 /562

10. 从互人国到大巫山：鱼妇，颛顼死后变幻而来 /564

## 【第十七卷】 大荒北经

1. 从附禺山到不咸山：肃慎国的兽首蛇身怪兽 /568

2. 从大人国到先槛大逢山：叔歇国，颛顼的子孙后代 /570

3. 从阳山到北极天柜山：九凤，九首人面的鸟神 /572

4. 从成都载天山到相繇：相柳，共工手下的恶臣 /574

5. 从岳山到黄帝大战蚩尤：黄帝女魃，所到之处皆旱 /576

6. 从深目民国到无继民：以空气为食的无继民 /578

7. 从中轩国到烛龙：神人烛龙，以风雨为食物 /580

## 【第十八卷】 海内经

1. 从朝鲜到鸟山：傍水而居的天毒国人 /586

2. 从朝云国到都广野：长有麒麟身的韩流 /588

3. 从若木到九丘：蝡蛇，以树木为食物 /590

4. 从窫窳到嬴民：见人就发笑的赣巨人 /592

5. 从苗民到苍梧丘：延维，得之者可称霸天下 /594

6. 从蛇山到幽都山：幽都山上的黑色动物 /596

7. 从钉灵国到羿扶下国：解救世间苦难的后羿 /598

8. 从创制琴瑟到禹鲧布土：发明世间工艺技巧的义均 /600

9. 从炎帝谱系到禹定九州：大禹治水定九州 /602

《山海经》是一部内容丰富、风貌奇特的上古绝作，涉及历史、地理、民族、宗教、神话、生物、医学、水利、矿产等方面内容。上图中的九头鸟是《山海经》中数千种神异怪兽中的一种，它的身上凝聚了古人对荒古时代及蒙昧世界超乎寻常的想象力。

# 本书内容导航

**本节标题**
本节所要探讨的主题。

## 5 从羭次山到南山
### 独脚橐𧋈有祥兆

| 山水名称 | 动物 | 植物 | 矿物 |
|---|---|---|---|
| 羭次山 | 嚻、橐𧋈 | 棫树、橿树、竹箭 | 赤铜、婴垣 |
| 时山 |  |  | 水晶石 |
| 南山 | 猛豹、尸鸠 |  | 丹砂 |

**图表**
将本节中所涉及到山川鸟兽进行整理，让读者一目了然。

### 原文

又西七十里，曰羭（yú）次之山。漆水出焉，北流注于渭。其上多棫①（yù）橿（jiāng）②，其下多竹箭，其阴多赤铜②，其阳多婴垣③之玉，有兽焉，其状如禺而长臂，善投，其名曰嚻④（xiāo）。有鸟焉，其状如枭，人面而一足，曰橐𧋈，冬见夏蛰⑤，服之不畏雷。

又西百五十里，曰时山，无草木，逐水出焉，北流注于渭，其中多水玉。

又西百七十里，曰南山，上多丹粟，丹水出焉，北流注于渭。兽多猛豹，鸟多尸鸠（jiǔ）。

**原文**
选自《山海经》原经文，名家点校。

### 译文

再往西七十里，是羭次山。漆水发源于此，向北流入渭水。山上有茂密的棫树和橿树，山下有茂密的小竹丛，北坡盛产赤铜，南坡盛产婴垣之玉。山中有一种野兽，形状像猿猴而双臂很长，擅长投掷，叫做嚻。山中还有一种禽鸟，形状像一般的猫头鹰，长着人的面孔而只有一只脚，叫做橐𧋈，它的习性比较特殊，别的动物都是冬眠，而它却是夏眠，常常是冬天出现而夏天蛰伏，夏天打雷都不能把它震醒，把它的羽毛放在衣服里就能使人不怕打雷。

再往西一百五十里，是时山。山上没有花草树木。逐水发源于此，向北流入渭水。水中有很多水晶石。

再往西一百七十里，是南山。山上遍布粟粒大小的丹砂。丹水发源于此，向北流入渭水。山中的野兽大多是猛豹。而禽鸟大多就是布谷鸟。

**译文**
通俗易通的文字，提纲挈领，让你轻松阅读。

### 【注释】

① 棫：即棫树，长得较小，枝条上有刺，红紫色的果子像耳珰，可以吃。
② 赤铜：即黄铜，此处指未经提炼过的天然铜矿石。下同。
③ 婴垣：用来制作挂在脖子上的装饰品。
④ 嚻：一种野兽，形貌与人相似，古人认为是猕猴。
⑤ 蛰：动物冬眠时的状态。

**注释**
对《山海经》原文中的一些词语，进行相关释义。

## 山海经异兽考

**橐𪊷** 明·蒋应镐图本

《河图》中说，独足鸟是一种祥瑞之鸟，看见它的人则勇猛强悍，传说南朝陈快要灭亡的时候，就有一群独足鸟聚集在殿庭里，纷纷用嘴喙画地写出救国之策的文字，那些独足鸟就是橐𪊷。

猛豹 明·蒋应镐图本

羆 明·蒋应镐图本

尸鸠 明·蒋应镐图本

| 异兽 | 形态 | 异兆及功效 |
|---|---|---|
| 羆 | 形状像猿猴而双臂很长。 | 擅长投掷。 |
| 橐𪊷 | 形状像一般的猫头鹰，长着人的面孔，却只有一只脚。 | 冬天出现而夏天蛰伏，夏天打雷都不能把它震醒。 |

## 山海经地理考

| 鱿次山 | → | 今陕西终南山 | → | 位于陕西省蓝田县的终南山，又名太乙山，属于秦岭山脉中的一段。 |
| 漆水 | → | 今陕西漆水河 | → | 位于陕西省中部偏西北的地方，属于渭河的支流。 |
| 时山 | → | 今钟南山山脉 | → | 依据原文推测，自鱿次山向西一百五十里依然是钟南山的山脉。 |
| 南山 | → | 今首阳山 | → | ①根据里程计算，是首阳山，位于渭源县东南部。②可能是钟南山的简称。 |

【第二卷 西山经】

### 山海经异兽考
针对内文所探讨的重点，进行图文分析，帮助读者深入领悟。

### 插图
选自明清时期的绘本，让读者的阅读更直观、更清晰。

### 山海经地理考
针对内文中提到的山水，对其古今位置进行考证，让读者对于山川地理的脉络把握更加清晰。

# 山海经的基本构成

《山海经》是一部充满了神话传说的最古地理书。它主要记述古代地理、物产、神话、巫术、宗教等，也包括古史、医药、民俗、民族等方面的内容，除此之外还以流水帐的方式记载了一些奇怪的事件。《山海经》全书18卷，约31000字。可分为两部分：《山经》和《海经》，也有分为《山经》、《海经》、《荒经》三部分的。《山经》又称五臧山经，共5卷，《海经》中海外经4卷、海内经4卷、大荒经4卷、海内经1卷。《汉书·艺文志》则作13卷，未把大荒经和海内经计算在内。

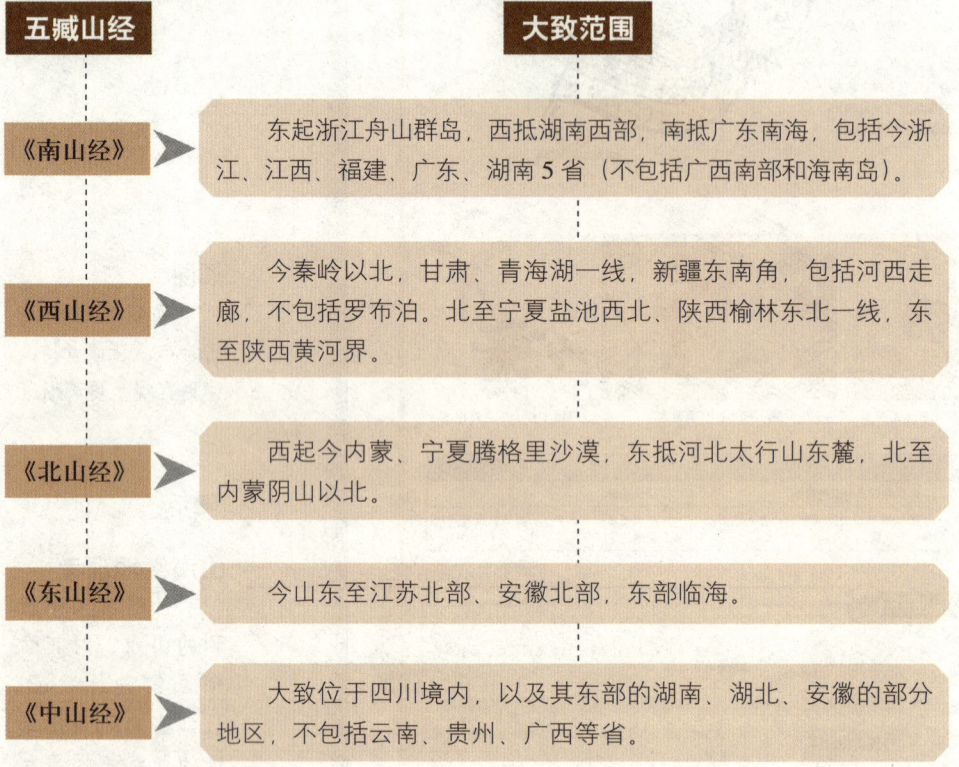

**五臧山经** — **大致范围**

《南山经》→ 东起浙江舟山群岛，西抵湖南西部，南抵广东南海，包括今浙江、江西、福建、广东、湖南5省（不包括广西南部和海南岛）。

《西山经》→ 今秦岭以北，甘肃、青海湖一线，新疆东南角，包括河西走廊，不包括罗布泊。北至宁夏盐池西北、陕西榆林东北一线，东至陕西黄河界。

《北山经》→ 西起今内蒙、宁夏腾格里沙漠，东抵河北太行山东麓，北至内蒙阴山以北。

《东山经》→ 今山东至江苏北部、安徽北部，东部临海。

《中山经》→ 大致位于四川境内，以及其东部的湖南、湖北、安徽的部分地区，不包括云南、贵州、广西等省。

**海经**

有一种说法认为，《山海经》中所提到的"海内""海外"并不是指今天的本土与海外。只不过是按照古代的一种地域划分方法来区分的，即依据距离帝王都城的远近来划分。距离近的称为"海内"，距离远的称为"海外"。

## 古代地域划分方法

五服是古代的一种地域划分方法，即以王畿为中心，按相等远近作正方形或圆形边界，依次划分区域为甸服、侯服、绥服、要服、荒服，合称五服。

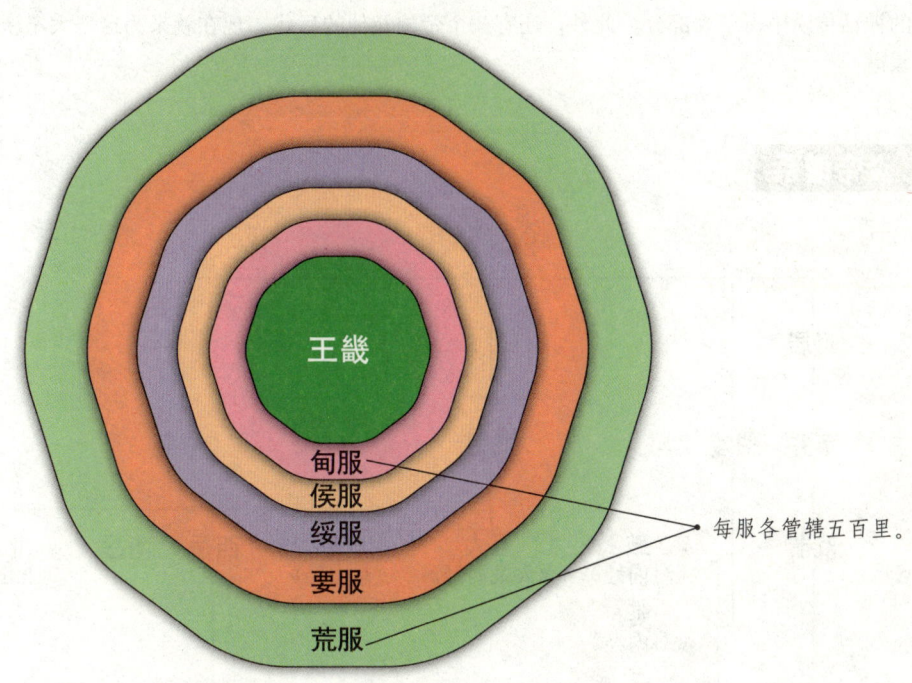

每服各管辖五百里。

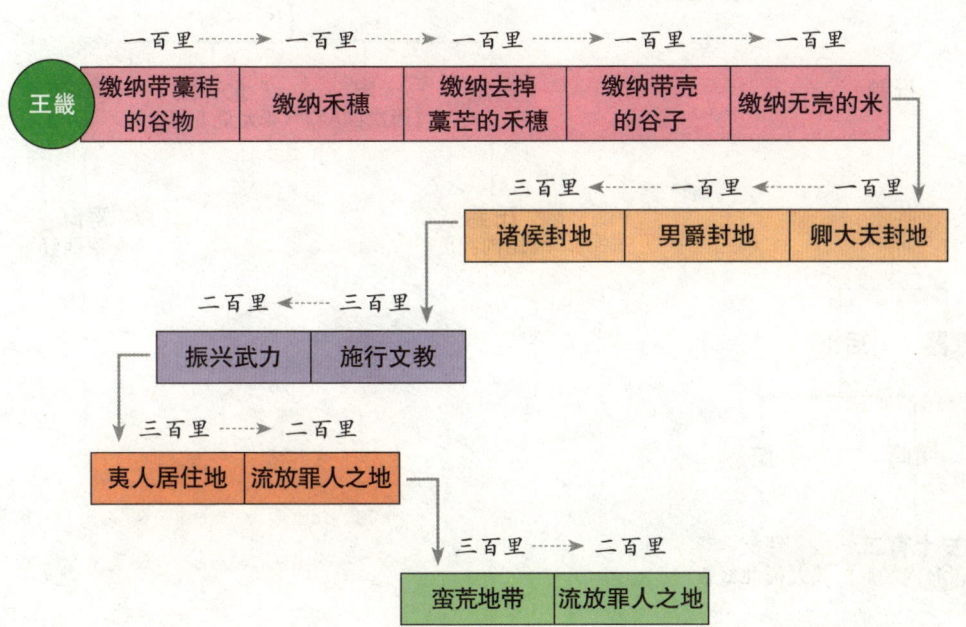

# 《山海经》中的帝王谱系

《山海经》是中外无数读者公认的一部世界奇书。其中涉及的神话人物成百上千，之间或多或少有些关系。大致可以分为两大家族：黄帝和炎帝。这两大家族的人物在《山海经》的神话传说中占了大部分，此外，还有一个帝俊及他的后代。现在就来为这三大家族做一个家谱：

## 炎帝谱系

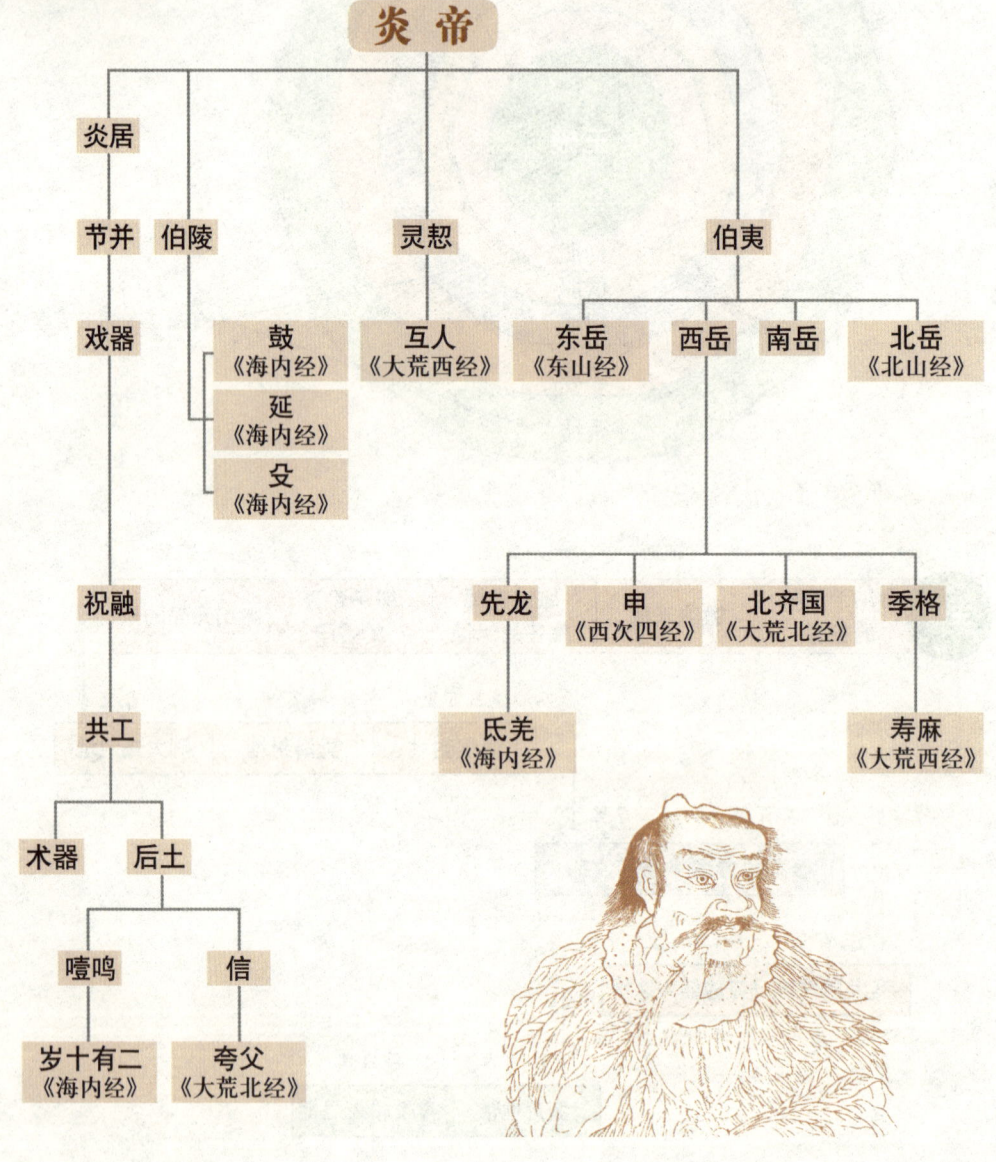

## 黄帝谱系

```
                          黄 帝
     ┌─────────────┬──────────┬──────┬──────┐
    昌意          骆明        苗龙   均始   禺虢
     │            │          │      │      │
    韩流          白马        祝吾   北狄   禺京
     │         ┌──┴──┐       │  《大荒东经》《大荒东经》
    颛顼       禹   炎融     弄明
  ┌──┼──┐     │    │     ┌──┴──┐
 伯服 老童 驩头  均国  启   驩头  白犬
《大荒南经》       《海内经》《大荒北经》《大荒北经》
 ┌──┼──┐         │
祝融 重 黎        役采
 │          ┌──┤
太子长琴    苗民  修鞈
《大荒西经》《大荒北经》《大荒南经》
            淑士
          《大荒西经》
            季禺
          《大荒南经》
            伯服
          《大荒南经》
            三面之人
          《大荒西经》
            叔歜
          《大荒北经》
```

## 帝俊谱系

```
                         帝 俊
  ┌────┬────┬────┬────┬────┬────┬────┬────┐
 禺号 晏龙 台玺 帝鸿 中容 三身  十日  十二月
  │    │    │    │  《大荒东经》《大荒南经》《大荒西经》
 淫梁 司幽 叔均 白民 后稷 义均
  │    │ 《大荒西经》《大荒东经》《大荒西经》《海内经》
 番禺 思女      季釐
  │ 《大荒东经》《大荒南经》
 奚仲 思士      黑齿
  │ 《大荒东经》《大荒南经》
 吉光
《海内经》
```

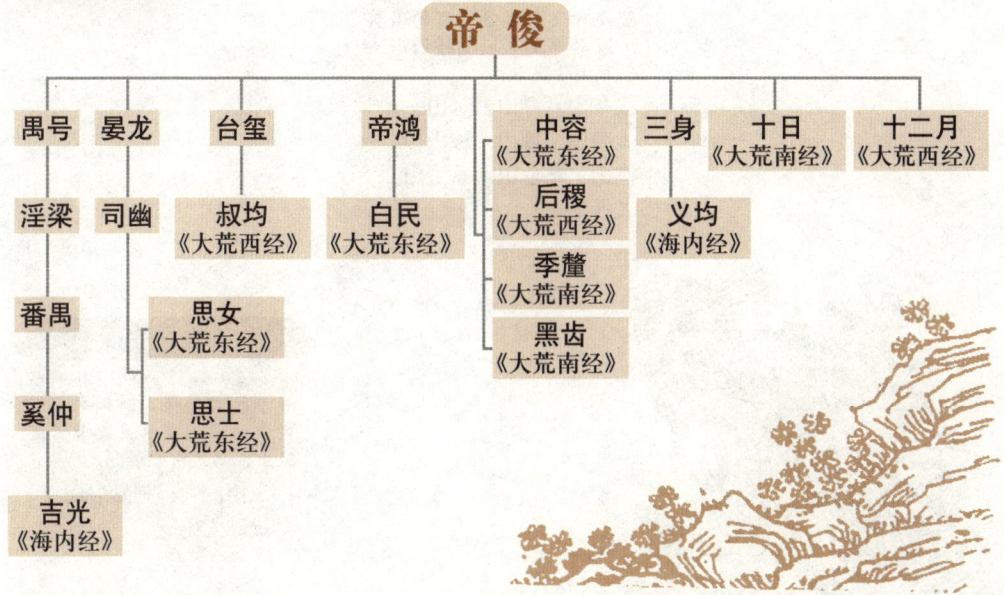

图解 山海经

# 《山海经》之奇

　　《山海经》是一部极具挑战性的古书、奇书、怪书，同时又是我们民族某些根深蒂固的思想源泉。书中记载了远古的地理风貌、千奇百怪的鸟兽资源、功能各异的花草树木及各地的风土民俗等。在这里，我们仅挑选几例，让大家先睹为快。

## 奇山怪水（约403座）

### 无草木之山（约193座）

《山海经》中有很多山上没有花草树木，到处是细沙、丰富的金属矿物和玉石，这样的山大约有193座。

亶爱山、长右山、瞿父山、夷山、仆勾山、咸阴山、白沙山、狂山、勃壵山、天池山、杜父山、区吴山、漆吴山

### 无兽的山（约160座）

《山海经》中的一些山上植物、矿物都很丰富，独独没有飞禽走兽，有的山甚至连水都没有，这样的山大约有160座。

太华山、浮山、时山、大时山、騩山、铃山、高山、鸟危山、熏吴山、长沙山

鸟鼠同穴

### 怪山（约50座）

《山海经》中还有一些超乎寻常的怪山，例如，洞穴中的水可以依照季节流进流出、鸟鼠同穴等。

南禺山洞穴、列姑射山、鸟鼠同穴山

列姑射

24

# 奇禽异兽（约3310种）

## 吉祥类（约980种）

《山海经》中有很多象征着吉祥的奇禽异兽，例如预示着吉祥和太平的凤皇、预兆吉祥如意的鸾鸟等，大概有980多种。

鹿蜀、类、灌灌、赤鱬、凤皇、鸾鸟、鹿、文鳐鱼、耳鼠、当康

## 功用类（约1470种）

穷奇

## 凶恶类（约860种）

《山海经》中也有很多凶恶类的奇禽异兽，例如能够吃人的蛊雕、马腹等。大约有860种。

彘、蛊雕、土蝼、徽、穷奇、窫窳、诸怀、狍鸮、蠱侄、胈雀、獦狚、合窳、马腹

## 益类（约780种）

《山海经》中还有很多对人有益的奇禽异兽，例如可以治耳聋的玄龟、让人妒忌心消失的类等，大约有780种。

狌狌、玄龟、九尾狐、虎蛟、赤鷩、滑鱼、孟槐、何罗鱼、黄鸟、䍺

## 害类（约690种）

《山海经》中还有很多对人有害的奇禽异兽，例如一出现就会发大水的长右、一出现就会有很重徭役的狸力等，大约有690种。

长右、猾褢、狸力、肥遗、谿边、蛮蛮、胜遇、凫徯、颙、蜚、大蛇

大蛇 　　　　　　　　　　　　　橐

## 其他异类（约2300种）

《山海经》中还有很多超乎你想象的奇形怪状的动物，例如没有七窍的帝江，像狗、豹纹、牛角的狡等，大概有2300多种。

帝江、狡、穷奇、天狗、人面鸮、水马、长蛇、天马、飞鼠

## 山神（约1260个）

《山海经》中每座山都有自己的山神，而且样貌各异，祭祀的方法也各不相同，这样的山神大约有1260多个。

飞兽之神、人面马身神、陆吾、人面蛇身神、熏池、骄虫、天愚、熊山神、耕父、强良

图解 山海经

# 奇国异俗（约267种）

### 以相貌命名（约82个）

《山海经》中记载了很多以独特相貌来命名的国家，例如，一臂国、三身国等，大约有82个。

长臂国、黑齿国、一臂国、三身国、白民国、轩辕国、白民国、一目国、无肠国

### 神话人物（约100个）

《山海经》中讲解了很多有趣的神话故事，其中所涉及的历史人物和神话人物就有100多个。

刑天、女丑之尸、蓐收、烛阴、夸父、西王母、冰夷神、舜妻登比氏、鱼妇、互人、相顾尸

四蛇

### 独特民风（约50种）

《山海经》中记载了古代多种多样的奇风异俗，例如女子国、四蛇守陵等，所述大约有50种。

不死民、女儿国、欧丝之野、君子国、帝颛顼与四蛇

四蛇

### 人文景观（约20处）

《山海经》中记载了很多古人巧夺天工般的亭台楼阁，这样的景观大约有20处。

帝尧台、帝喾台、帝丹朱台、帝舜台、轩辕台

### 中华起源（约15个）

《山海经》在叙述历史的同时，也对文明起源进行了详尽的记述。

殳发明了箭靶、番禺发明了船、吉光最早用木头制作车子、鼓、延发明了钟、般发明了弓和箭

不死民

26

# 奇木异草（约2665种）

## 益木（约1120种）

《山海经》中有很多功用性的草木，其中有能够让人长寿、不生病、子孙满堂的树木大约有1120种。

沙棠、迷榖、白䓘、莽荔、文茎、黄蓳、杜衡、丹木、苨、筹、植楮、天婴、彫棠树

䰠

## 益草（约885种）

《山海经》中有很多功用性的草木，其中有能够治心痛病的莽荔、吃了不被迷惑的条草等，大约有885种。

祝馀草、条草、薰草、鬼草、荣草

## 恶木（约375种）

《山海经》中也有很多对人体有害的草木，其中有能够毒死鱼的芫苧、能让人失去生育能力的黄棘等，大约有375种。

莔蓉、崇吾山无名树、茇、芫苧、黄棘

蠪蛭

## 恶草（约285种）

《山海经》中也有很多对人体有害的草木，其中有能够毒死老鼠的无条等，大约有285种。

无条、芒草

# 古今《山海经》版本的应用

关于《山海经》图画，今日所见均为明清以后所画，共有14中刻本，本书引用了其中7个版本中的400多幅图，并以明代蒋应镐所绘图画为主，其形象生动的画面可以使读者对《山海经》中所出现的神仙、怪兽有较直观、全面地了解。

## 本书参考古今《山海经》版本

| 作者 | 著作 | 年代 | 特点 |
| --- | --- | --- | --- |
| 蒋应镐 | 《山海经（图绘全像）》 | 明万历二十五年 | 属万历金陵派插图式刻本，共74幅图，包括神与兽348例。 |
| 胡文焕 | 《山海经图》 | 明万历二十一年 | 共133幅图，合页连式，右图左说，无背景。 |
| 汪绂 | 《山海经存》 | 清光绪二十一年 | 神与兽共426例，无背景一图多神或一图一神的编排格局。 |
| 陈梦雷、蒋廷锡 | 《古今图书集成·博物汇编·禽虫典》 | 清雍正四年 | 图像分有背景和无背景。 |
| 吴任臣 | 《山海经广注》康熙图本 | 清康熙六年 | 共144幅图，按神、兽、鸟、虫、异域分五类。 |
| 蒋廷锡 | 《古今图书集成·博物汇编·神异典》 | 清 | 一图一说，有背景。 |
|  | 《方舆汇编·边裔典》 | 清 | 共52幅图，多描绘《海经》中的异国异人。 |

注：按各版本在本书中所引用的比重排序，本书主要用图即为明朝蒋应镐所绘图本。

## 主要版本

《山海经》之女床山周边 明 蒋应镐图本

　　将故事设置在山川湖海、树木屋宇等环境之中，神、兽、人皆各得其所，是蒋本的重点，而山神又是蒋氏图本中形象最为丰满的篇章。

**《山海经图》图本内图 明 胡文焕**

图与说并举是胡氏图本的一个特点，而体态飘逸、线条流畅的孟槐则代表了胡本的绘图风格。

**《山海经存》图本内图 清 汪绂**

汪绂所绘图像极为生动传神，虽是神怪，仍不失写实之风；着墨自然，笔力苍劲，图像多桀骜独特。

**《古今图书集成·博物汇编·禽虫典》图本内图**

《禽虫典》本和《神异典》本的图像较为相似，最大的不同点可能就是《禽虫典》中图像有的设置背景，而有的没有背景。

**《山海经广注》康熙图本内图 清 吴任臣**

该图本是清代最早的《山海经》图本，流传非常广。其形象多源自胡文焕图本。

29

# 张步天教授的《山海经》考证地图

张步天教授在国内"山海经"研究领域一直享有盛誉，成就颇丰。他经过多年潜心研究，绘制有26幅《山经》考察线路图，和4幅《海经》地理位置图，不但一一注明每条路线及经文的形成时期，而且根据自己的考证结果，将《山海经》中古山川、古国度的方位在现代地图中加以详细标注。

## 图画是《山海经》的灵魂

《山海经》是我国最早的一部有图有文的经典，图画可以说是《山海经》的灵魂，也有人说，《山海经》是先有图后有文的一部奇书。令人惋惜的是，一些古老的《山海经图》都亡佚了。但这些曾经存在过的古图，及出土文物与《山海经》同时代的图画，却开启了我国古代以图记事的文化传统。《山海经》可以说是人类文字出现之初真正意义的读图时代。为此，本书特别添加30幅《山海经》研究专家张步天教授的独家考据地图，指明古地址的现代方位。

## 张步天教授的《山海经》考证地图

张步天教授认为《山经》是古人根据西汉之前历朝历代人们所走的20条路线的考察结果而写成，《海经》则主要来自荒原地区的记闻，据此，张步天教授经过潜心研究绘成30幅《山海经》考据地图。

这些古地图真实可考，本书即收录了30张《山海经》地理位置考察路线图，及10余张古老山河图，古朴的色彩、河流山川清晰的走势，加强了《山海经》的远古气息和磅礴气势。关于《山海经》的成书，历来说法不一，而禹、伯益所作的说法显然不可考，著名的《山海经》研究专家张步天教授认为，经中所记山川走向应是前人实地探索、考察的结果，而对考察时沿途所经的地理风貌加以记载所绘制的路线，可能是《山海经》的真正由来之所在。张步天教授在国内"山海经"研究领域一直享有盛誉，成就颇丰。他经过多年潜心研究，绘制有26幅《山经》考察线路图，和4幅《海经》地理位置图，不但一一注明每条路线及经文的形成时期，而且根据自己的考证结果，将《山海经》中古山川、古国度的方位在现代地图中加以详细标注。此30幅图本书中皆有收录，相信对研究古老民族地域、原始山川河流走向及远古地理情况有着积极意义。在此仅对张步天教授及那些对《山海经》研究做出杰出贡献的专家、学者致以诚挚的谢意！

《山海经》这部宏大瑰丽的秘著能够破解国人两千多年来遥远而神秘的旧梦；寻求根源于荒古时代的影响民族观念的巨大力量；并解开中国五千年文明的神秘面纱。我们在查阅大量资料及前人研究成果的基础上，整理编译了这部神秘瑰奇的古代巨著，试图探讨山海经图的学术价值及历史影响，并寻找古老文明所遗留下的文化轨迹，希望对《山海经》的传播起到一定作用。

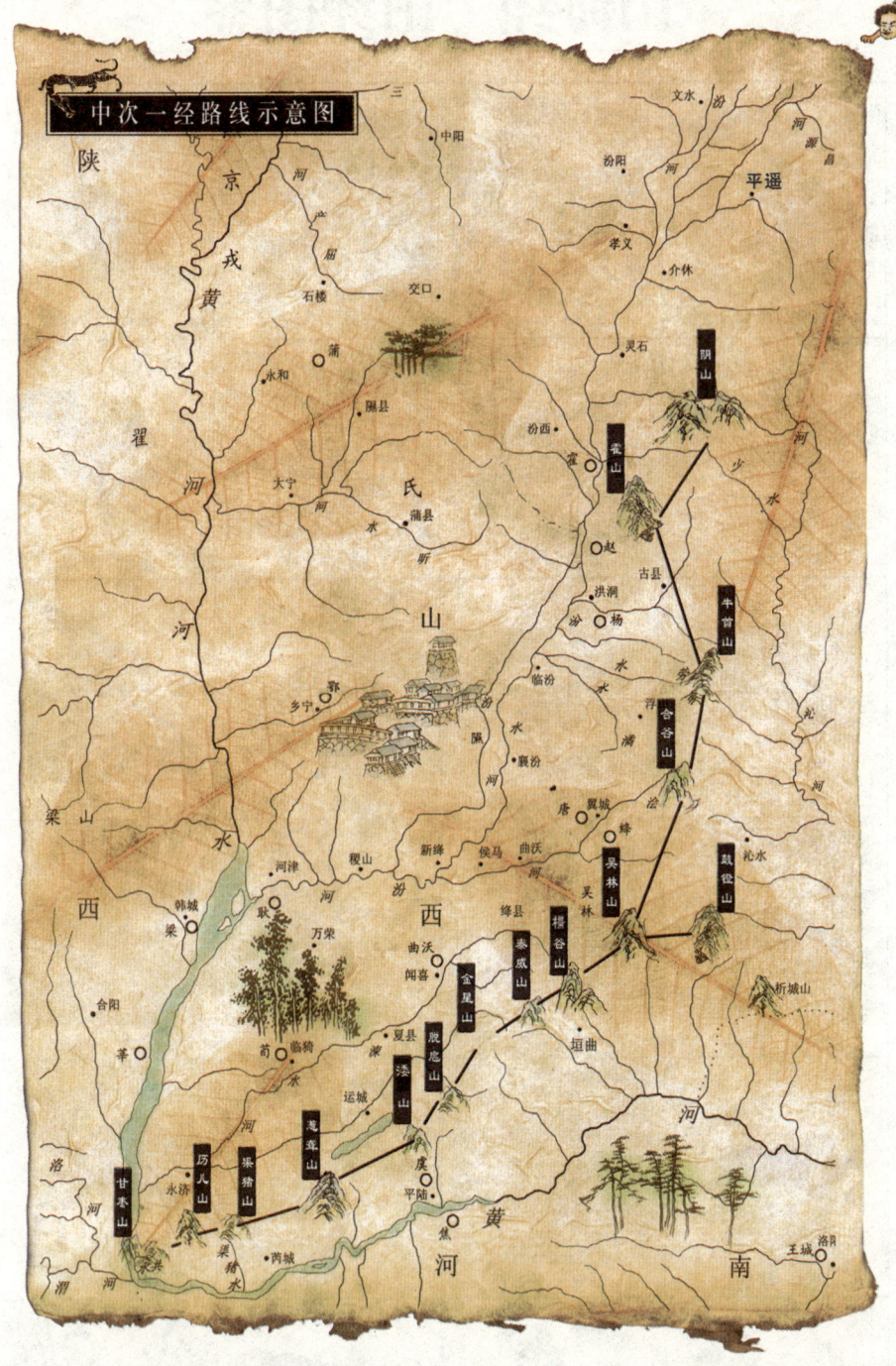

**《山海经》考证地图**

　　张步天教授认为《山经》是古人根据西汉之前历朝历代人们所走的26条路线的考察结果而写成，《海经》则主要来自荒远地区的记闻，据此，张步天教授经过潜心研究绘成30幅《山海经》考据地图，这幅"中次一经路线图"即是其一，清晰地标注了古山川在后世中的方位，使《山海经》变得真实可感。

# 山海经·山经图鉴

| | | | |
|---|---|---|---|
| 狌狌（P53） | 白猿（P53） | 蝮虫（P55） | 旋龟（P55） |
| 怪蛇（P55） | 鹿蜀（P55） | 鲑（P57） | 鹈鹕（P57） |
| 猼訑（P57） | 鸟身龙首神（P59） | 九尾狐（P59） | 灌灌（P59） |
| 赤鱬（P59） | 鴸（P65） | 长右（P65） | 狸力（P65） |
| 猾褢（P65） | 鲑鱼（P67） | 彘（P67） | 羬（P69） |
| 蛊雕（P71） | 龙身鸟首神（P71） | 犀（P77） | 瞿如（P77） |

| | | | |
|---|---|---|---|
| 那父（P175） | 赤鲑（P177） | 长蛇（P177） | 窫窳（P177） |
| 鱲鱼（P179） | 诸怀（P179） | 鮨鱼（P179） | 山㺧（P179） |
| 龙龟（P181） | 狕（P181） | 人面蛇身神（P181） | 闾马（P187） |
| 駹马（P189） | 鹜䳜（P191） | 狍鸮（P191） | 独狢（P191） |
| 䮝（P191） | 居暨（P191） | 鹩（P199） | 䍿（P199） |
| 鹕鹕（P201） | 天马（P201） | 飞鼠（P201） | 象蛇（P203） |

| | | | |
|---|---|---|---|
| 领胡（P203） | 鮥父鱼（P203） | 酸与（P205） | 鸪鹈（P207） |
| 精卫（P209） | 龟（P211） | 鳎鱼（P211） | 辣辣（P215） |
| 獂（P217） | 罴（P219） | 大蛇（P221） | 廿神（P221） |
| 十神（P221） | 十四神（P221） | 箴鱼（P229） | 鳙鳙鱼（P229） |
| 蛰鼠（P229） | 从从（P229） | 鱤鱼（P231） | 狪狪（P233） |
| 倏蝞（P233） | 人身龙首神（P233） | 軨軨（P239） | 珠鳖鱼（P239） |

38

| | | | |
|---|---|---|---|
| 犰狳（P241） | 朱獳（P241） | 鵁鶘（P241） | 獙獙（P243） |
| 絜鉤（P245） | 蠪蛭（P245） | 兽身人面神（P245） | 峳峳（P245） |
| 鮪（P251） | 媐胡（P251） | 鱣（P251） | 鮯鮯鱼（P253） |
| 蠵龟（P253） | 人身羊角神（P253） | 精精（P253） | 獨狙（P259） |
| 鱃鱼（P259） | 当康（P261） | 鳛鱼（P261） | 薄鱼（P261） |
| 蜚（P263） | 合窳（P263） | 豪鱼（P271） | 羆（P271） |

| | | | |
|---|---|---|---|
| 飞鱼（P275） | 胐（P275） | 鸣蛇（P283） | 鹦（P283） |
| 化蛇（P285） | 蠪蚳（P285） | 人面鸟身神（P287） | 马腹（P287） |
| 鸧（P293） | 夫诸（P293） | 熏池（P293） | 武罗（P293） |
| 飞鱼（P295） | 泰逢（P295） | 麜（P301） | 犀渠（P301） |
| 獡（P301） | 人面兽身神（P305） | 𪄲鸟（P311） | 骄虫（P321） |
| 鸰䴋（P321） | 脩辟鱼（P325） | 羬羊（P327） | 文文（P335） |

40

| | | | |
|---|---|---|---|
| 天愚（P335） | 山膏（P335） | 三足龟（P337） | 鯩鱼（P337） |
| 鰧鱼（P337） | 鯩鱼（P339） | 猪身人面十六神（P343） | 人面三首神（P343） |
| 蠱围（P349） | 夔牛（P349） | 文鱼（P349） | 计蒙（P351） |
| 鸤（P351） | 麈（P351） | 麂（P351） | 涉蠱（P353） |
| 鸟身人面神（P357） | 鼍（P363） | 夔牛（P363） | 怪蛇（P365） |
| 窃脂（P365） | 狕狼（P365） | 蜼（P367） | 熊山神（P369） |

| | | | |
|---|---|---|---|
| 马身龙首神（P371） | 跂踵（P377） | 鹲鸧（P379） | 龙身人面神（P379） |
| 雍和（P387） | 耕父（P387） | 青耕（P389） | 婴勺（P389） |
| 獙（P389） | 狼（P393） | 颉（P393） | 狙如（P395） |
| 狪即（P399） | 䫂鵌（P401） | 梁渠（P401） | 彘身人兽神（P403） |
| 闻䚦（P403） | 于儿（P411） | 怪神（P411） | 帝之二女（P411） |
| 蜎（P413） | 飞蛇（P415） | | |

# 山海经·海经图鉴

| | | | |
|---|---|---|---|
| 结匈国（P423） | 羽民国（P425） | 厌火国（P425） | 讙头国（P425） |
| 贯匈国（P427） | 交胫国（P427） | 截国（P427） | 不死民（P429） |
| 三首国（P429） | 歧舌国（P429） | 祝融（P431） | 周饶国（P431） |
| 长臂国（P431） | 一臂国（P435） | 三身国（P435） | 奇肱国（P437） |
| 丈夫国（P437） | 刑天（P437） | 轩辕国（P439） | 女子国（P439） |
| 并封（P439） | 蓐收（P441） | 乘黄（P441） | 长股国（P441） |

| | | | |
|---|---|---|---|
| 一目国（P445） | 柔利国（P445） | 相柳（P447） | 深目国（P447） |
| 夸父追日（P449） | 跂踵国（P451） | 禺彊（P453） | 罗罗（P453） |
| 驹𩦂（P453） | 𩦲（P453） | 奢比尸（P457） | 天吴（P457） |
| 九尾狐（P457） | 毛民国（P461） | 雨师妾（P461） | 枭阳国（P465） |
| 旄马（P469） | 巴蛇吞象（P469） | 氐人国（P469） | 窫窳（P469） |
| 贰负臣危（P475） | 窫窳（P475） | 凤皇（P481） | 三头人与琅玕树（P481） |

| | | | |
|---|---|---|---|
| 树鸟（P481） | 六首蛟（P481） | 犬戎国（P485） | 吉量（P485） |
| 蜪犬（P487） | 鬼国（P487） | 袜（P489） | 据比尸（P489） |
| 戎（P489） | 环狗（P489） | 驺吾（P489） | 冰夷（P491） |
| 陵鱼（P493） | 大蟹（P493） | 雷神（P499） | 四蛇（P503） |

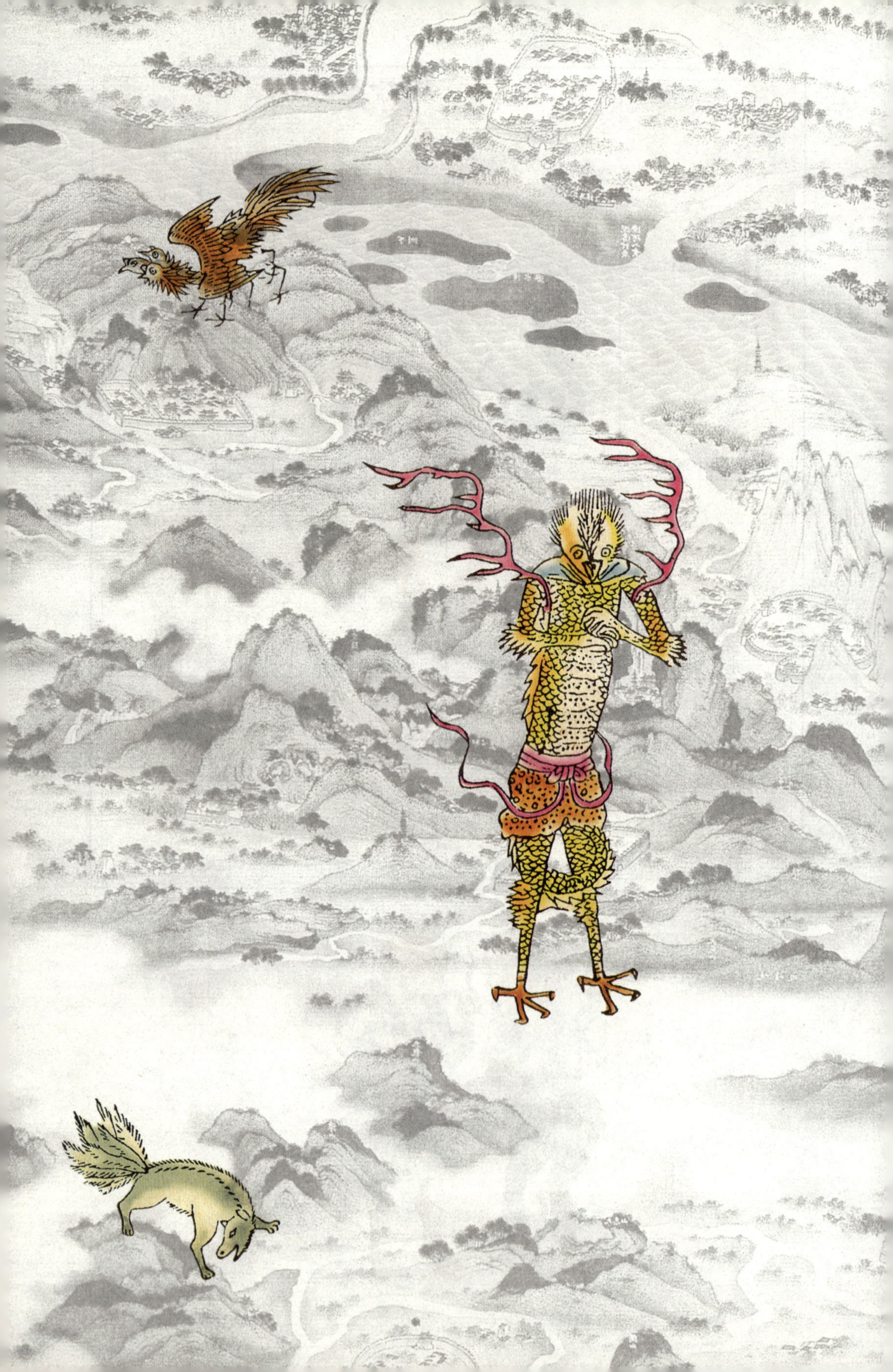

## 第一卷
# 南山经

《南山经》记录了位于中国南方的一系列山系。
包括《南次一经》、
《南次二经》、
《南次三经》，
共三十九座山。

记录了以招瑶山、
柜山及天虞山为首的三列山系的自然风貌、
其间繁衍生息的各种奇奇怪怪的鸟兽，
以及山脉中所蕴藏的各种珍贵矿物。

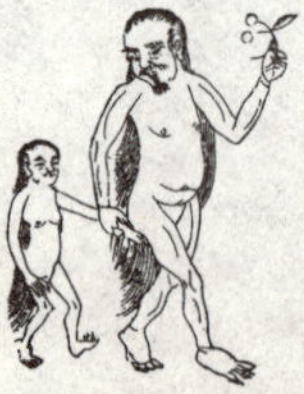

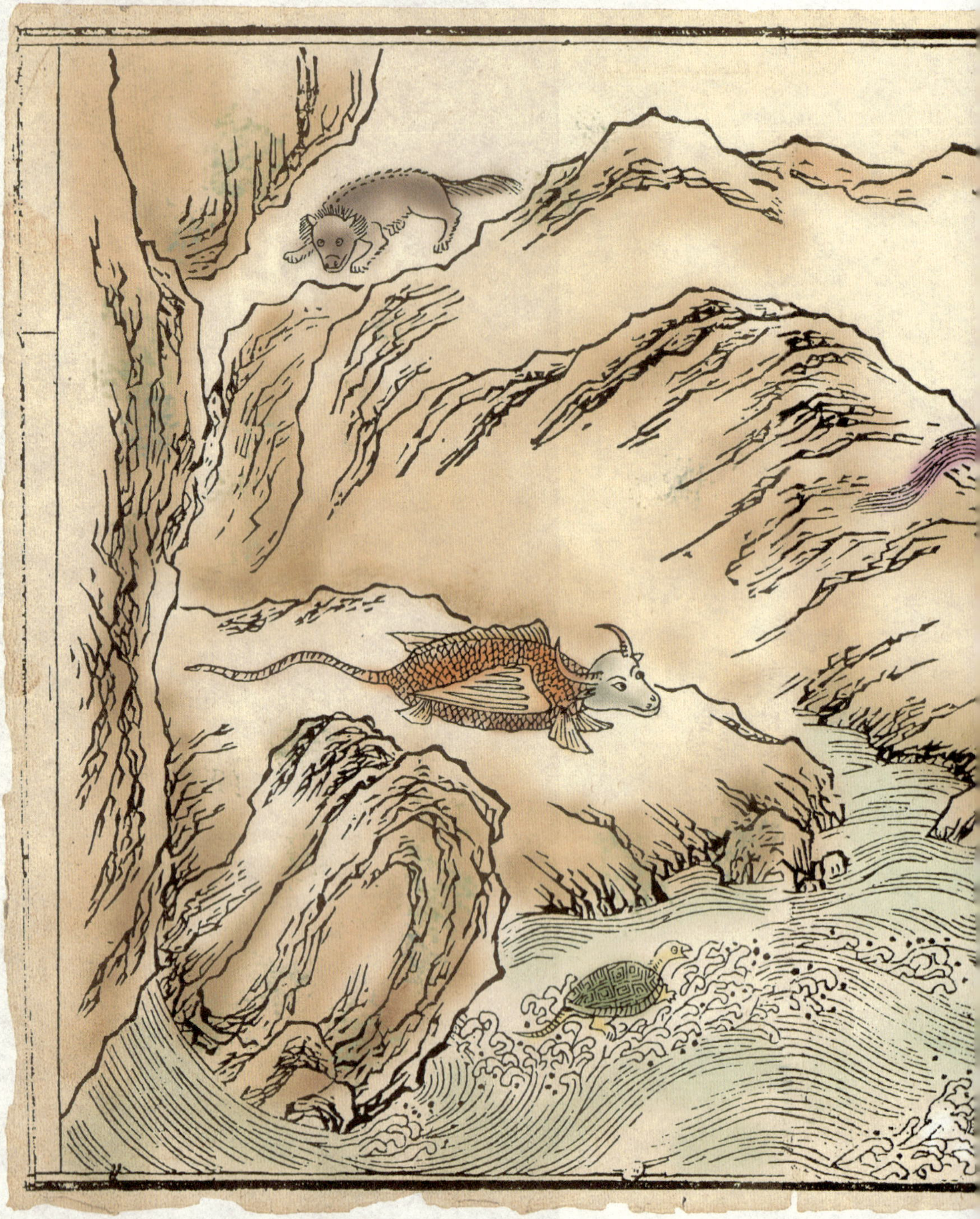

# 南次一经

《南次一经》主要记载鹊山山系上的动植物及矿物。鹊山山系所处位置大约在今广东省、福建省一带。从招瑶山起，一直到箕尾山止，一共十座山，诸山山神没有神名，形貌均为鸟首龙身。每一座山上的动物也形貌功能各异。例如：有雌雄同体、吃了其肉可消除妒忌心的类；有能吃人而又可避免妖邪毒气的九尾狐；有长得像斑鸠、味道鲜美的灌灌……

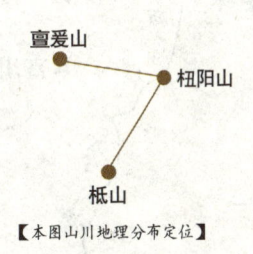

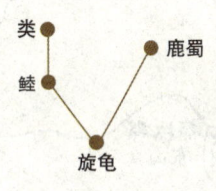

亶爱山　　杻阳山

柢山

【本图山川地理分布定位】

类　　　　鹿蜀
鯥
　　旋龟

【本图人神怪兽分布定位】

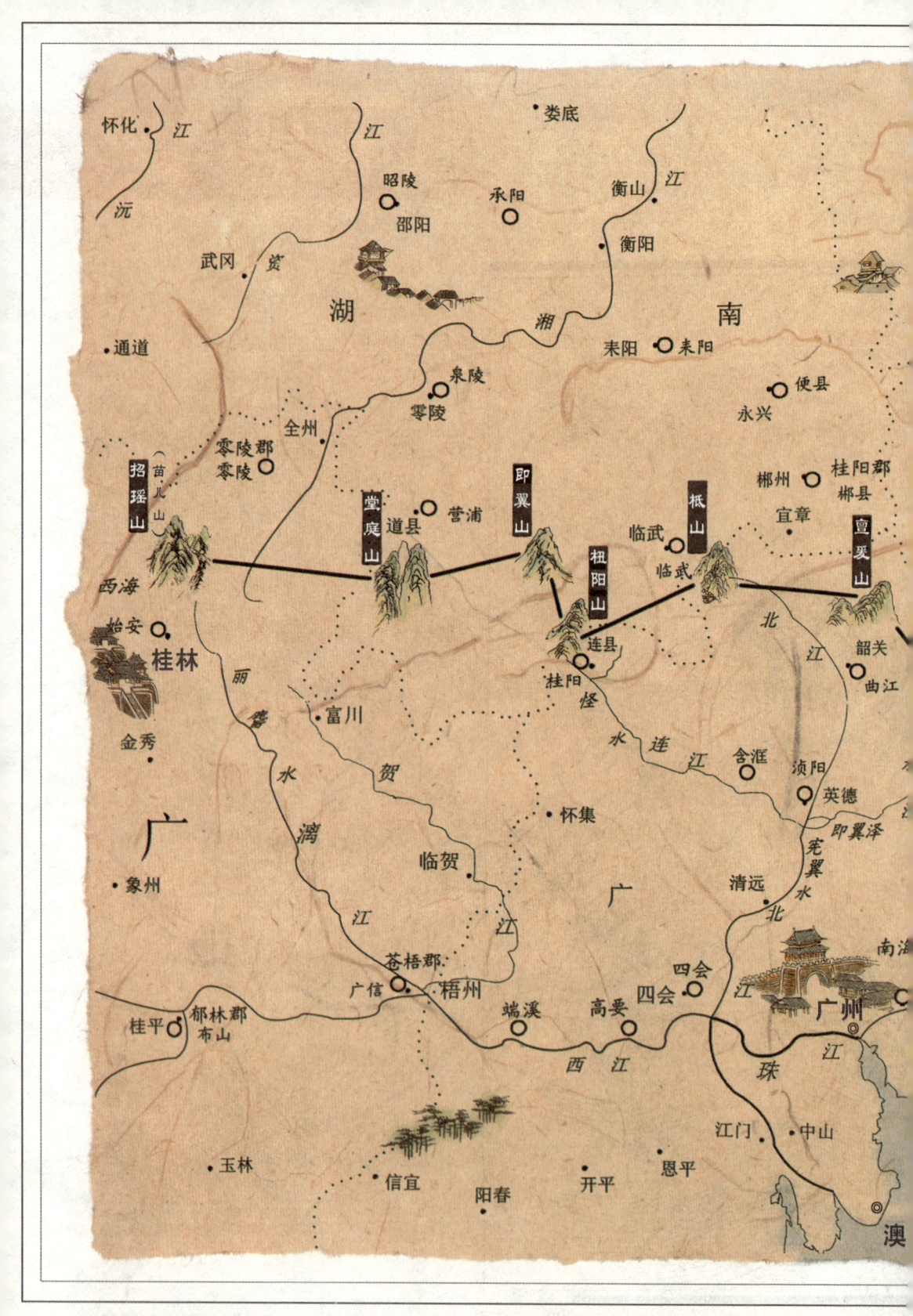

本图根据张步天教授"《山海经》考察路线图"绘制，图中记载了《南次一经》中招瑶山至箕尾山的地理位置，经中所记10座山，实则只有9座。

# 南次一经路线示意图

(此路线形成于西汉早中期)

# 1 从招瑶山到堂庭山
## 嗜酒狌狌，能知祖先姓名

| 山水名称 | 动物 | 植物 | 矿物 |
|---|---|---|---|
| 招瑶山 | 狌狌 | 桂花树、祝余、迷穀 | 金玉 |
| 丽麂水 |  |  | 育沛 |
| 堂庭山 | 白猿 | 棪木 | 水玉、黄金 |

图解山海经

## 原文

南山经之首曰鹊山。其首曰招瑶之山，临于西海之上，多桂，多金玉①。有草焉，其状如韭而青华，其名曰祝余，食之不饥。有木焉，其状如穀②（gǔ）而黑理，其华四照，其名曰迷穀，佩之不迷。有兽焉，其状如禺③（yú）而白耳，伏行人走，其名曰狌（shēng）狌，食之善走。丽麂（jǐ）之水出焉，而西流注于海，其中多育沛④，佩之无瘕⑤（jiǎ）疾。

又东三百里，曰堂庭之山，多棪（yǎn）木⑥，多白猿，多水玉⑦，多黄金⑧。

## 译文

南方首列山系叫做鹊山山系。鹊山山系的头一座山，也是最西边的一座山，是招瑶山，它屹立在西海岸边，山上生长着许多桂树，又盛产金属矿物和玉石。山中有一种草，形状像韭菜却开着青色的花朵，名称是祝余，人吃了它就不感到饥饿。山中又有一种树木，形状像构树，却呈现黑色的纹理，它的花开放后发出耀眼光芒，照耀四方，名称是迷穀，人佩戴它在身上就不会迷失方向。山中还有一种野兽，形状像猿猴，但长着一双白色的耳朵，既能匍匐爬行，又能像人一样直立行走，名称是狌狌。吃了它的肉可以使人走得飞快。丽麂水发源于此山，向西流入大海。水中有许多叫做育沛的东西，人把它佩戴在身上就不会生蛊胀病。

再往东三百里，是堂庭山，山上生长着茂密的棪木。山中又有许多白猿，还盛产水晶以及丰富的黄金矿石。

【注释】

① 金玉：这里指未经过提炼和磨制的天然金属矿物和玉石。

② 穀：即构树，是一种非常高大的落叶乔木。

③ 禺：传说中的一种野兽，长相似猕猴，相比来说大一些，红眼睛，长尾巴。

④ 育沛：不详何物。

⑤ 瘕：即现在所说的蛊胀病。

⑥ 棪木：一种乔木，果实像苹果，果皮红了就可以吃。

⑦ 水玉：现在所说的水晶，莹亮如水，坚硬如玉，故称水玉。

⑧ 黄金：指黄色的金沙，并非纯金。

## 山海经异兽考

### 狌狌  清·《吴友如画宝》

据说它们百余头为一群，在山谷之中出没。十分好酒，人们只要在山路上摆上酒，再放一些连起来的草鞋，就能把它们引出来，一边相互招引喝酒，一边将草鞋穿在脚上，而且还能喊出放酒人祖先的名字。等到酒醉后，被连在一起的草鞋套牢，就会被人们逮住。

**白猿** 明·蒋应镐图本

| 异兽 | 形态 | 今名 | 异兆及功效 |
| --- | --- | --- | --- |
| 狌狌 | 形状像猿猴，长有一双白色耳朵，能匍匐爬行，也能直立行走。 | 猩猩 | 吃了它的肉可以使人走得飞快。 |
| 白猿 | 样子像猴，手臂粗大有力，腿长，动作敏捷，擅长攀援，其喊叫的声音听起来很哀怨。 | 猿猴 | |

## 山海经地理考

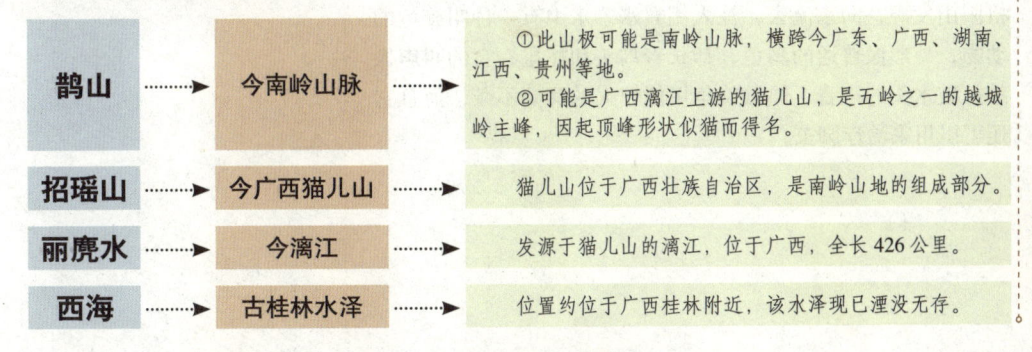

| | | |
| --- | --- | --- |
| 鹊山 | 今南岭山脉 | ①此山极可能是南岭山脉，横跨今广东、广西、湖南、江西、贵州等地。②可能是广西漓江上游的猫儿山，是五岭之一的越城岭主峰，因起顶峰形状似猫而得名。 |
| 招瑶山 | 今广西猫儿山 | 猫儿山位于广西壮族自治区，是南岭山地的组成部分。 |
| 丽𪊨水 | 今漓江 | 发源于猫儿山的漓江，位于广西，全长426公里。 |
| 西海 | 古桂林水泽 | 位置约位于广西桂林附近，该水泽现已湮没无存。 |

【第一卷 南山经】

## 2 从猨翼山到杻阳山

### 鸟头蛇尾的治水神龟

| 山水名称 | 动物 | 植物 | 矿物 |
|---|---|---|---|
| 猨翼山 | 怪兽、怪鱼、蝮虫、怪蛇 | 怪木 | 白玉 |
| 杻阳山 | 鹿蜀 | | 黄金、白银 |
| 怪水 | 旋龟 | | |

## 原文

又东三百八十里，曰猨（yuán）翼之山，其中多怪兽，水多怪鱼，多白玉，多蝮（fù）虫，多怪蛇，多怪木，不可以上！

又东三百七十里，曰杻（chǒu）阳之山，其阳多赤金①，其阴多白金②。有兽焉，其状如马而白首，其文如虎，而赤尾，其音如谣③，其名曰鹿蜀，佩之宜子孙。怪水出焉，而东流注于宪翼之水。其中多旋龟，其状如龟而鸟首虺④（huī）尾，其名曰旋龟，其音如判木，佩之不聋，可以为⑤底⑥。

## 译文

堂庭山往东三百八十里，是猨翼山。山上生长着许多怪异的野兽，水中生长着许多怪异的鱼，还盛产白玉，有很多蝮虫，还有很多奇怪的蛇，很多奇怪的树木，十分险恶，人是上不去的。

猨翼山往东三百七十里，就到了杻阳山。山的南坡盛产黄金，山的北坡盛产白银。阳山有一种瑞兽，名叫鹿蜀，它的形状像马，白头、红尾，通身是老虎的斑纹，鹿蜀的鸣叫像是有人在唱歌。佩戴它的皮毛，就可以子孙满堂。怪水从杻阳山发源，向东流去，注入宪翼水。水中有一种叫旋龟的动物，外形像普通的乌龟，却长着鸟头和蛇尾。它的叫声像敲打破木头的声音，佩戴旋龟甲能使人的耳朵不聋，而且它还可以用来治疗脚茧。

【注释】

① 赤金：就是上文所说的黄金，指金矿。
② 白金：即白银，这里指银矿石。
③ 谣：没有乐器伴奏的歌唱。
④ 虺：毒蛇。
⑤ 为：治理、医治的意思。
⑥ 底：与"胝"意思相同，俗称"老茧"。

## 山海经异兽考

### 旋龟　清·毕沅图本

传说大禹治水时，有两大神兽——应龙与旋（玄）龟予以协助。应龙在前划地，开凿水道，将洪水引入大海。而旋龟背驮息壤，跟在大禹身后。龟背上的息壤被大禹分成小块小块地投向大地，迅速生长，很快就将洪水填平了。

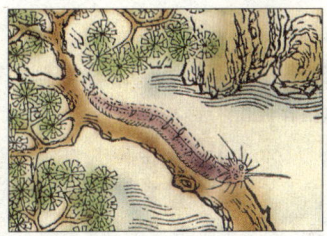

怪蛇　明·蒋应镐图本　　　蝮虫　明·蒋应镐图本　　　鹿蜀　明·蒋应镐图本

| 异兽 | 形态 | 异兆及功效 |
| --- | --- | --- |
| 蝮虫 | 蝮虫是蛇的一种，身长三寸，它的头只有人的大拇指大小。 | |
| 鹿蜀 | 形状像马，白头红尾，通身有老虎斑纹，鸣叫声像是有人在唱歌。 | 佩戴它的皮毛，就可以子孙满堂。 |
| 旋龟 | 外形像普通的乌龟，却长着鸟头蛇尾。叫声像敲打破木头的声音。 | 佩戴旋龟甲能使人的耳朵不聋，而且它还可以用来治疗脚茧。 |

## 山海经地理考

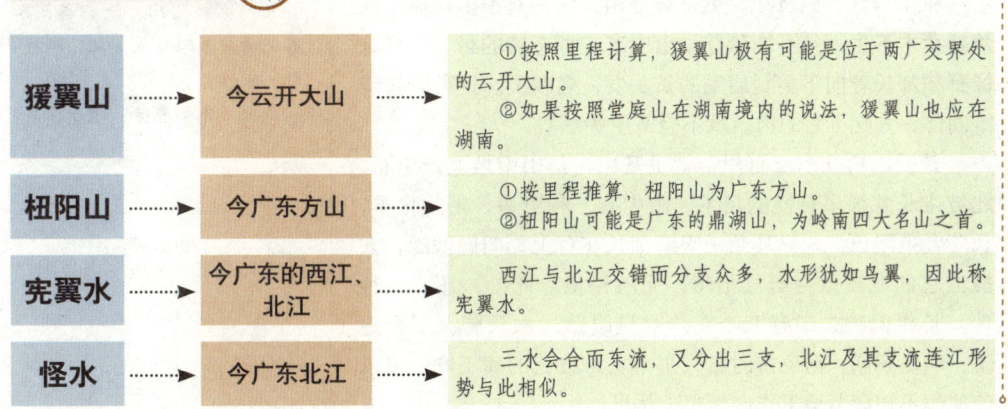

| | | |
| --- | --- | --- |
| 猨翼山 | 今云开大山 | ①按照里程计算，猨翼山极有可能是位于两广交界处的云开大山。②如果按照堂庭山在湖南境内的说法，猨翼山也应在湖南。 |
| 杻阳山 | 今广东方山 | ①按里程推算，杻阳山为广东方山。②杻阳山可能是广东的鼎湖山，为岭南四大名山之首。 |
| 宪翼水 | 今广东的西江、北江 | 西江与北江交错而分支众多，水形犹如鸟翼，因此称宪翼水。 |
| 怪水 | 今广东北江 | 三水会合而东流，又分出三支，北江及其支流连江形势与此相似。 |

【第一卷　南山经】

# 3 从柢山到基山

## 三头六眼爱打架的𪁳𪄀

| 山水名称 | 动物 | 植物 | 矿物 |
|---------|------|------|------|
| 柢山 | 鯥 | | |
| 亶爰山 | 类 | | |
| 基山 | 猼訑、𪁳𪄀 | 怪木 | 玉石 |

## 原文

又东三百里柢山，多水，无草木。有鱼焉，其状如牛，陵居，蛇尾有翼，其羽在魼①（qū）下，其音如留牛②，其名曰鯥（lù），冬死③而复生，食之无肿疾。

又东四百里，曰亶爰（dǎn yuán）之山，多水，无草木，不可以上。有兽焉，其状如狸而有髦，其名曰类④，自为牝牡⑤（pìn mǔ），食者不妒。

又东三百里，曰基山，其阳多玉，其阴多怪木。有兽焉，其状如羊，九尾四耳，其目在背，名曰猼訑（bá shī），佩之不畏。有鸟焉，其状如鸡而三首、六目、六足、三翼，其名曰𪁳𪄀，食之无卧⑥。

## 译文

杻阳山再往东三百里，就是柢山，山间有很多河流，山上却没有花草树木。这里生长着一种怪鱼，形状像牛，栖息在山坡上，长着蛇一样的尾巴并且肋下生翅，吼叫的声音像犁牛，叫做鯥，它冬天蛰伏夏天复苏，吃了它的肉就能使人不患痈肿疾病。

柢山再往东四百里，就是亶爰山，山间有很多河流，依然是草木不生，且不能攀登。山中有一种奇特的野兽，形状像野猫却长着向下垂到眉毛的长头发，名叫类。这种野兽雌雄同体，人吃了它的肉，就不会产生妒忌心。

亶爰山再往东三百里，就是基山，基山南坡盛产玉石，北坡生长着很多奇怪的树木。山中有一种野兽，形状像羊，长着九条尾巴、四只耳朵，眼睛却长在背上，叫做猼訑，人披上它的毛皮就会勇气倍增，无所畏惧。此外，还有一种鸟，长相似鸡，却有三个头、六只眼睛、六只脚、三个翅膀，叫做𪁳𪄀。据说古时富人买下它给自己的雇工吃，可以使他们不知疲劳地工作，而很少休息。

【注释】

① 魼：指腋下肋上的那一部分。

② 留牛：与后文的"犁牛"相同。

③ 冬死：指冬蛰，也就是冬眠。是动物对冬季外界不良环境的一种适应。

④ 类：一种动物的名字。

⑤ 牝牡：指阴阳。泛指与阴阳有关的，如雌雄等。牝，雌性；牡，雄性。

⑥ 无卧：不知疲劳，很少休息。

## 山海经异兽考

### 鹟䳜 明·蒋应镐图本

鹟䳜由于三个头的意见不一致，而常常打架，以至于把自己打得遍体鳞伤。相传，人若吃了类似鹟䳜这种多眼睛的禽鸟的肉，就可以将它身上的神灵之气吸收到自己身上来，所以就不必闭上眼睛睡觉了。

鯥 明·胡文焕图本

猼訑 明·蒋应镐图本

| 异兽 | 形态 | 异兆及功效 |
| --- | --- | --- |
| 鯥 | 形状像牛，栖息在山坡上，长着蛇一样的尾巴并且肋下生翅，吼叫的声音像犁牛。 | 吃了它的肉就能使人不患痈肿疾病。 |
| 类 | 形状像野猫却长着向下垂到眉毛的长头发。 | 雌雄同体，人吃了它的肉，就不会产生妒忌心。 |
| 猼訑 | 形状像羊，长着九条尾巴、四只耳朵，眼睛却长在背上。 | 人披上它的毛皮就会勇气倍增，无所畏惧。 |
| 鹟䳜 | 长相似鸡，却有三个头、六只眼睛、六只脚、三个翅膀。 | 人吃了它，会不知疲劳地工作，而很少休息。 |

## 山海经地理考

| 柢山 | 今广东大罗山 | 根据里程推算，柢山是今广东境内的大罗山，发源于北江之西支。 |
| --- | --- | --- |
| 亶爰山 | 今广东境内 | ①根据里程推算，应在今广东南雄市境内。②可能是今广东新丰县的九连山。③位于江西与广东两省边境南岭的"五岭"之一。 |
| 基山 | 今广东境内 | 根据里程推算，基山可能在今广东境内。 |

【第一卷 南山经】

# 4 从青丘山到箕尾山

## 吼声如婴儿啼哭的九尾狐

| 山水名称 | 动物 | 矿物 |
|---|---|---|
| 青丘山 | 九尾狐、灌灌 | 青䨼、玉 |
| 箕尾山 |  | 沙石 |
| 翼泽 | 赤鱬 |  |
| 汸水 |  | 白玉 |

## 原文

又东三百里，曰青丘之山。其阳多玉，其阴多青䨼①（huò）。有兽焉，其状如狐而九尾，其音如婴儿，能食人，食者不蛊。有鸟焉，其状如鸠，其音若呵②，名曰灌灌，佩之不惑。英水出焉，南流注于即翼之泽。其中多赤鱬（rú），其状如鱼而人面，其音如鸳鸯，食之不疥③。

又东三百五十里，曰箕尾之山。其尾踆（cūn）于东海，多沙石。汸（fāng）水出焉，而南流注于淯（yù），其中多白玉。

凡䧿山之首，自招瑶之山，以至箕尾之山，凡十山，二千九百五十里。其神状皆鸟身而龙首。其祠之礼：毛用一璋④玉瘗⑤（yì），糈用稌⑥（tú）米，一璧，稻米，白菅为席。

## 译文

再往东三百里，是青丘山，山上向阳的南坡盛产玉石，而背阴的北坡则盛产青䨼。山中有一种奇兽，形状像狐狸，却长着九条尾巴，吼叫的声音如同婴儿在啼哭，它很凶猛，能吞食人。吃了它的肉就能使人不中妖邪毒气。青丘山中还有一种禽鸟，名叫灌灌，它样子像斑鸠，啼叫的声音如同人在互相斥骂，而且把它的羽毛插在身上就不会被迷惑。英水从青丘山发源，然后向南流入翼泽。泽中有很多赤鱬，形状像普通的鱼却有一副人的面孔，声音如同鸳鸯鸟在叫，吃了它的肉就能使人不生疥疮。

再往东三百五十里是箕尾山，它雄踞于东海之滨，山上沙石很多。汸水发源于此，向南流入淯水，水中盛产白色玉石。

总计䧿山系之首尾，从招瑶山起，直到箕尾山止，一共是十座山，东西蜿蜒二千九百五十里。诸山山神都是鸟的身子龙的头。祭祀这些山神的礼仪是把畜禽和璋一起埋入地下，祀神的米用稻米，用白茅草来做神的坐席。

【注释】

① 青䨼：一种矿物颜料，古人用它来涂饰器物。
② 呵：大声地斥责。
③ 疥：疥疮。
④ 璋：古玉器名。古代朝聘、祭祀、丧葬、发兵时使用，表示瑞信。
⑤ 瘗：埋葬。
⑥ 稌：稻子。

## 山海经异兽考

**鸟身龙首神** 清·《神异典》

**九尾狐** 明·蒋应镐图本

在中国古代，九尾狐是祥瑞和子孙昌盛的征兆。传说禹治水直到三十岁时，还没有娶妻。有一次他走过涂山，见到一只九尾白狐，当时，在涂山当地流传一首民谣，大意是说：谁见了九尾白狐，谁就可以为王；谁见了涂山的女儿，谁就可以使家道兴旺。后来，禹便娶涂山女子娇为妻。结果禹果然为王，而且多子多孙，统治中国。

**灌灌** 明·蒋应镐图本

**赤鱬** 明·蒋应镐图本

| 异兽 | 形态 | 异兆及功效 |
| --- | --- | --- |
| 九尾狐 | 形状像狐狸，却长着九条尾巴，吼叫的声音如同婴儿在啼哭，它很凶猛，能吞食人。 | 吃了它的肉就能使人不中妖邪毒气。 |
| 灌灌 | 样子像斑鸠，啼叫的声音如同人在互相斥骂。 | 把它的羽毛插在身上就不会被迷惑。 |
| 赤鱬 | 形状像普通的鱼却有一副人的面孔，声音如同鸳鸯鸟在叫。 | 吃了它的肉，能使人不长疥疮。 |

## 山海经地理考

| 青丘山 | 今广东省的灵池山 | 位于中国广东省翁源县东部，北接仙霞岭，南接九连山。 |
| --- | --- | --- |
| 箕尾山 | 今福建省的太姥山 | 位于今福建省福鼎市境内，北距温州市150公里，背山面海。 |

【第一卷 南山经】

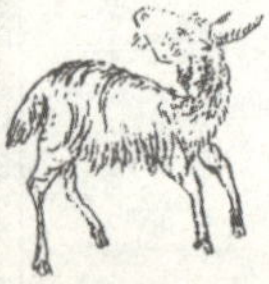

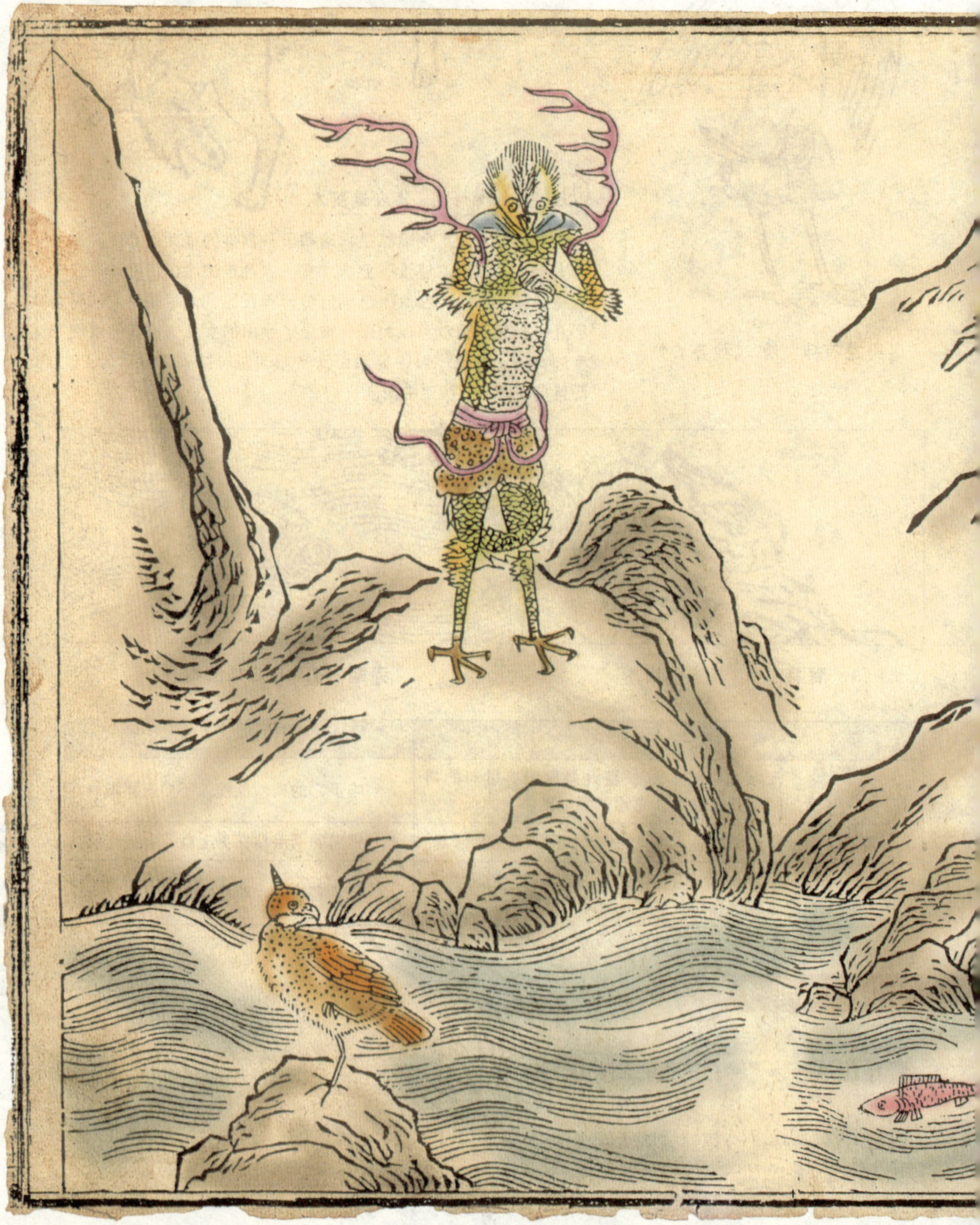

## 南次二经

《南次二经》主要记载南方第二列山系上的动植物及矿物。此山系所处位置大约在浙江省、福建省一带。从柜山起，一直到漆吴山止，一共十七座山，诸山山神均是鸟首龙身。山上动物精灵古怪。例如：有长得像羊，不吃不喝也可以生活自在的𤝈；有的山上却没有一个动物，植物、矿物却有很多。

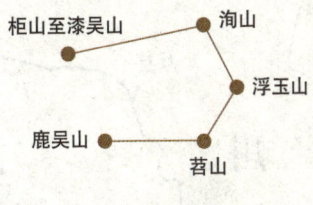

柜山至漆吴山 — 洵山
浮玉山
鹿吴山 — 苕山

【本图山川地理分布定位】

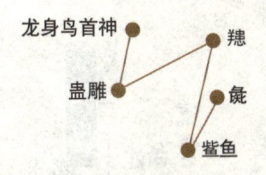

龙身鸟首神 — 𤝈
蛊雕 — 𤟤
鲑鱼

【本图人神怪兽分布定位】

本图根据张步天教授"《山海经》考察路线图"绘制，图中记载了《南次二经》中柜山至漆吴山共17座山的地理位置。

南次二经路线示意图

（此路线形成于西汉早中期）

# 1 从柜山到尧光山
## 鴸，流放者灵魂的化身

| 山水名称 | 动物 | 矿物 |
|---|---|---|
| 柜山 | 狸力、鴸鸟 | 白玉、丹砂 |
| 长右山 | 长右 | |
| 尧光山 | 猾裹 | 白玉、金 |

## 原文

　　南次二山之首，曰柜山。西临流黄，北望诸毗（pí），东望长右。英水出焉，西南流注于赤水，其中多白玉，多丹粟①。有兽焉，其状如豚，有距，其音如狗吠，其名曰狸力，见则其县多土功②。有鸟焉，其状如鸱③（chi）而人手，其音如痹，其名曰鴸（zhū）鸟，其名自号也，见则其县多放士④。东南四百五十里，曰长右之山。无草木，多水。有兽焉，其状如禺而四耳，其名长右，其音如吟，见则郡县大水。

　　又东三百四十里，曰尧光之山。其阳多玉，其阴多金。有兽焉，其状如人而彘（zhì）鬣⑤（liè），穴居而冬蛰，其名曰猾裹（huái），其音如斫木，见则县有大繇⑥（yáo）。

## 译文

　　南方第二列山系的首座山是最西边的柜山，西临流黄酆氏国和流黄辛氏国，向北可望诸毗山，向东可望长右山。英水发源于此，向西南流入赤水，水中多白色玉石，还有很多粟粒大小的丹砂。山中有种野兽，形状像小猪，却长着一双鸡爪，叫声如狗叫，叫做狸力，哪里出现狸力，哪里就会有繁多的水土工程。山中还有一种鸟，形状像鹞鹰却长着人手一样的爪子，啼叫的声音如同痹鸣，叫做鴸鸟，它的鸣叫声就是自呼其名，它出现在哪里，哪里就会有众多的文士被流放。再往东南四百五十里，是长右山。山上没有花草树木，水源丰富。山中有种野兽，形状像猿猴却长着四只耳朵，名字也叫长右，叫声如同人在呻吟，看见长右，并听到它的啼叫，当地就会出现百年不遇的洪水。

　　再往东三百四十里，是尧光山，山南阳面多产玉石，山北阴面多产金。山中有一种怪兽，形状像人却全身长满猪鬣样的毛，冬季蛰伏在洞穴中，叫做猾裹，其叫声如同砍木头时发出的响声，哪里出现猾裹，哪里就会有繁重的徭役。

【注释】

①丹粟：细小的丹砂。
②土功：指治水、筑城、建造宫殿等工程。
③鸱：古书上指鹞鹰，一种很凶猛的鸟。又名鹞鹰、老鹰、鸢鹰。
④放士：被放逐的人士。
⑤彘鬣：彘，猪；鬣，马、狮子等颈上的长毛。
⑥繇：通"徭"，指徭役。

## 山海经异兽考

**长右** 明·蒋英镐图本

长右可能是传说中被禹制服的巫支祁一类的猴形水怪。传说禹治理洪水时，曾三次到过桐柏山，那里总是屯闪雷鸣，狂风怒号，导致治水工程没有进展。于是号召众神将水怪擒获。禹命人将其镇压在今天江苏淮阴的龟山脚下。从此，禹的治水工作才得以顺利进行，淮水从此也平安流入大海。

鴸鸟　明·胡文焕图本

狸力　明·蒋应镐图本

猾裹　明·胡文焕图本

| 异兽 | 形态 | 异兆及功效 |
| --- | --- | --- |
| 鴸鸟 | 形状像鹞鹰却长着人手一样的爪子，啼叫的声音如同痹鸣。 | 它出现在哪里，哪里就会有众多的文士被流放。 |
| 狸力 | 形状像普通的小猪，却长着一双鸡爪，叫声如狗叫。 | 哪里出现狸力，哪里就会有繁多的水土工程。 |
| 长右 | 形状像猿猴却长着四只耳朵，其叫声如同人在呻吟。 | 看见长右，并听到它的啼叫，当地就会出现百年不遇的洪水。 |
| 猾裹 | 形状像人却全身长满猪样的鬣毛，冬季蛰伏在洞穴中，叫声如同砍木头时发出的响声。 | 哪里出现猾裹，哪里就会有繁重的徭役。 |

## 山海经地理考

| 柜山 | 今仙霞岭 | ①柜山是与武夷山相连的仙霞岭，其主峰大龙岗海拔1503米。②武夷山脉腹地，位于湖南西北部。 |
| --- | --- | --- |
| 诸毗 | 今浙江的钱塘江 | 发源于安徽省的黄山，河流全长688公里。 |
| 赤水 | 今闽江上游 | 水流浑浊，因沙溪、金溪、富屯溪、崇溪、南浦溪、东溪六大溪流的泥沙在南平县汇合。 |
| 长右山 | 今湖南雪峰山中段 | 主体位于湖南中部和西部，是湖南境内重要的山脉。 |
| 尧光山 | 今湘鄂边界的山脉 | 属罗霄山脉北支，长120余里。 |

【第一卷 南山经】

## 2 从羽山到会稽山
### 虎身牛尾爱吃人的彘

| 山水名称 | 动物 | 矿物 |
|---|---|---|
| 羽山 | 蝮虫 | |
| 瞿父山、句余山 | | 金玉 |
| 浮玉山 | 彘 | |
| 成山、会稽山 | | 金玉 |
| 苕水 | 紫鱼 | |

## 原文

又东三百五十里，曰羽山。其下多水，其上多雨，无草木，多蝮（fù）虫。又东三百七十里，曰瞿父之山。无草木，多金玉。又东四百里，曰句余之山。无草木，多金玉。

又东五百里，曰浮玉之山。北望具区，东望诸毗。有兽焉，其状如虎而牛尾，其音如吠犬，名曰彘（zhì），是食人。苕（tiáo）水出其阴，北流注于具区。其中多紫（zǐ）鱼。

又东五百里，曰成山。四方而三坛①，其上多金玉，其下多青雘，閑水出焉，而南流注于虖（hū）勺，其中多黄金。又东五百里，曰会稽之山。四方，其上多金玉，其下多砆石②。勺水出焉，而南流注于湨（jú）。

## 译文

往东三百五十里，是羽山，山下有很多流水，山上经常下雨，山中没有花草树木，有很多的蝮虫。往东三百七十里，是瞿父山，山上没有花草树木，有很多金属矿物和各色玉石。

再往东四百里，是句余山，没有花草树木，有很多金属矿物和各色玉石。再往东五百里，是浮玉山，登上山顶，向北可以望见具区泽，向东可以望见诸毗水，山中有一种野兽，形状像老虎却长着牛的尾巴，发出的叫声如同狗叫，叫做彘，是能吃人的。苕水从这座山的北麓发源，向北流入具区泽。水中有很多紫鱼。

再往东五百里，是成山，它的形状像四方形的三层土坛，山上盛产金属矿物和玉石，山下则盛产青雘。閑水发源于此，向南流入勺水，河水的沙石中蕴藏有丰富的黄金。再往东五百里，是会稽山，它也呈现四方形，山上有丰富的金属矿物和玉石，山下盛产晶莹透亮的砆石。勺水发源于此，向南流入湨水。

【注释】

① 三坛：类似于三个重叠一起的台。
② 砆石：一种类似于玉的美石。

## 山海经异兽考

**彘** 明·蒋应镐图本

彘的形状像老虎却长着牛的尾巴，它发出的叫声很奇特，就像狗叫一样，是能吃人的一种动物。彘常常是瞪大双眼，一副要吃人的样子。据说，彘与长右一样，也是发大水的象征。

紫鱼 清·《禽虫典》

| 异兽 | 形态 | 异兆及功效 |
|---|---|---|
| 彘 | 形状像老虎却长着牛的尾巴，发出的叫声如同狗叫。 | 能吃人。 |
| 紫鱼 | 头长而身体狭薄，腹背如刀刃，嘴边有两条硬胡须，鳃下有长长的硬毛像麦芒一样，肚子底下还有硬角。 | 吃了这种鱼可以放狐臭。 |

## 山海经地理考

| 羽山 | 具体名称不详 | 按里程推测，羽山应在浙江或江西境内。 |
| 瞿父山 | 今浙江三衢山 | 位于浙江衢州常山县城北10公里处。 |
| 句余山 | 今浙江四明山 | 位于浙江省东北部，是天台山向北延伸的支脉。 |
| 浮玉山 | 今浙江天目山 | 位于浙江省西北部，长200公里，宽60公里。 |
| 苕水 | 今浙江苕溪 | 位于浙江省西北部，因流域内的芦花飘飞而得名。 |
| 成山 | 今浙江富春山 | 位于浙江省桐庐县南部，又叫严陵山。 |
| 虖勺 | 今浙江富春江 | 位于浙江省钱塘江的上游。 |
| 会稽山 | 今浙江会稽山 | 位于浙江省中东部，西南—东北走向。 |
| 勺水 | 今浙江金华江 | 是钱塘江最大的支流，由义乌江、武义江汇合而成。 |

【第一卷 南山经】

## 3 从夷山到雩勺山

**不吃不喝也能生活的𤟤**

| 山水名称 | 动物 | 植物 | 矿物 |
|---|---|---|---|
| 夷山 | | | 砂石 |
| 仆勾山 | | | 金玉 |
| 洵山 | 𤟤 | | 金玉 |
| 雩勺山 | | 梓树、楠木树、荆树、枸杞树 | 白玉 |

## 原文

又东五百里，曰夷山。无草木，多沙石。湨水出焉，而南流注于列涂。

又东五百里，曰仆勾之山。其上多金玉，其下多草木，无鸟兽，无水。

又东五百里，曰咸阴之山。无草木，无水。

又东四百里，曰洵（xún）山。其阳多金，其阴多玉。有兽焉，其状如羊而无口，不可杀①也，其名曰𤟤。洵水出焉，而南流注于阏之泽，其中多茈（zǐ）蠃（luǒ）。

又东四百里，曰雩勺之山。其上多梓枏③（nán），其下多荆杞④。滂水出焉，而东流注于海。

## 译文

会稽山再往东五百里，是夷山，山上没有花草树木，沙石遍布。湨水发源于此，然后向南流入列涂水。

再往东五百里，是仆勾山，山上有丰富的金属矿物和美玉，山下有茂密的花草树木，山中无禽鸟野兽，也没有河流和水源。

再往东五百里，是咸阴山，山上没有花草树木，也没有流水。

再往东四百里，是洵山，其山南面盛产金属矿物，山北多出产玉石。山中有一种野兽，形状像普通的羊却没有嘴巴，不吃不喝也能生活自如，叫做𤟤。洵水发源于此，然后向南流入阏泽，水里面有很多紫色螺。

再往东四百里，是雩勺山，山上到处是梓树和楠木树，山下生长许多荆树和枸杞树。滂水发源于此，然后向东流入大海。

## 【注释】

①不可杀：这里的"杀"是指死。不可杀，意思就是不能死。

②茈蠃：即紫色的螺。

③梓枏：梓，梓树，落叶乔木，可用于建筑、制作家具、乐器等。枏，楠木树，是建筑和制造器具的上等木料。

④荆杞：荆，落叶灌木，其果实可入药。杞，枸杞，落叶小灌木，红色的果实，叫枸杞子，有很大的药用价值。

## 山海经异兽考

**𤡆** 明·胡文焕图本

据说其形状很像普通的羊，但奇怪的是没有嘴巴，即使不吃不喝也能自如地生活，其表情永远是那种高傲、不可一世的样子，因为它不吃东西也不会死。

| 异兽 | 形态 | 异兆及功效 |
|---|---|---|
| 𤡆 | 形状像普通的羊，却没有嘴巴。 | 不吃不喝也能生活得很自如。 |

## 山海经地理考

| 夷山 | 今天台山 | ①有一种说法认为，"又东五百里，曰夷山"应为"又东南五百里"。这样推算，夷山就是今天台山，也就是佛教天台宗与道教南宗的发祥地。②根据原句推断则为今浙江括苍山，位于浙江中部，为福建洞观山脉向北延伸而成。③位于福建境内。 |
|---|---|---|
| 列涂 | 今云江 | 位于丰溪的下游，因分支多、泥沙多而得名。 |
| 仆勾山 | 今浙江一山脉 | ①依据夷山的第一种说法推算，仆勾山也就是今浙江鄞县自崎头山至王海尖一带的山脉。②如果夷山在福建境内，可推仆勾山也在福建境内。 |
| 咸阴山 | 今白象山 | 位于象山港水之南、天台山及临海群山之北，山北水南为阴，故此名为咸阴山。 |
| 洵山 | 今浙江大罗山 | 浙江临海县东的群山，最高峰就是大罗山。 |
| 虖勺山 | 今松阴溪北诸山 | 今松阴溪以北诸山。 |
| 滂水 | 今浙江瓯江 | 浙江省第二大河流，古称"慎江"。 |

【第一卷 南山经】

# 4 从区吴山到漆吴山

## 啼如婴儿哭，能吃人的蛊雕

| 山水名称 | 动物 | 矿物 |
|---|---|---|
| 区吴山 |  | 砂石 |
| 鹿吴山 | 蛊雕 | 金玉 |
| 漆吴山 |  | 博石 |

## 原文

又东五百里，曰区吴之山。无草木，多沙石。鹿水出焉，而南流注于滂水。

又东五百里，曰鹿吴之山。上无草木，多金石。泽更之水出焉，而南流注于滂水。水有兽焉，名曰蛊雕，其状如雕而有角，其音如婴儿之音，是食人。

东五百里，曰漆吴之山。无草木，多博石①，无玉。处于东海，望丘山，其光载②出载入，是惟日次③。

凡南次二山之首，自柜山至于漆吴之山，凡十七山，七千二百里。其神状皆龙身而鸟首。其祠：毛用一璧④瘗⑤ (yì)，糈⑥用稌。

## 译文

再往东五百里，是区吴山，山上没有花草树木，沙石遍布。鹿水发源于此，然后向南流入滂水。

再往东五百里，是鹿吴山，山上没有花草树木，但有丰富的金属矿物和玉石。泽更水发源于此，然后向南流入滂水。水中有一种叫蛊雕的野兽，其形状像普通的雕鹰却头上长角，叫声如同婴儿啼哭，是能吃人的。

再往东五百里，是漆吴山。山中没有花草树木，盛产可以用做棋子的博石，但不产玉。这座山突兀于东海之滨，在山上远望丘山，有神光闪耀，这里是太阳停歇的地方。

总计南方第二列山系之首尾，从柜山起到漆吴山止，一共十七座大山，全长七千二百里。诸山山神的形状都是龙的身子鸟的头。他们的祭礼：把畜禽和玉璧一起埋入地下，并精选稻米以供神享用。

【注释】

① 博石：可用作棋子的石头。
② 载：又；且。
③ 次：停歇。
④ 璧：古时的一种玉器，平圆形，正中间有孔洞，是古代的一种礼器，一般在朝聘、祭祀、丧葬时使用。
⑤ 瘗：埋葬。
⑥ 糈：精米，古代用以祭神。

## 山海经异兽考

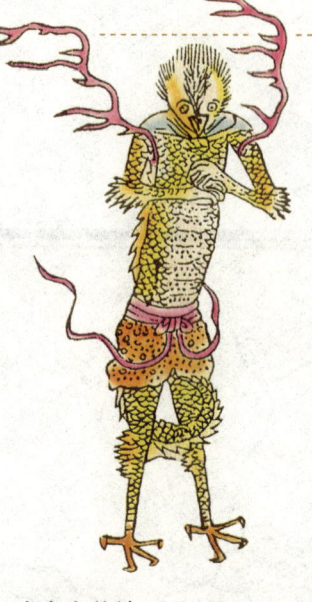

龙身鸟首神　明·蒋应镐图本

### 蛊雕　明·胡文焕图本

蛊雕，长着雕嘴，独角，叫声如同婴儿啼哭，十分凶猛，能吃人，时常彰显出食人猛兽的威风，据说其大嘴一次可吞一人。

蛊雕　明·蒋应镐图本

| 异兽 | 形态 | 异兆及功效 |
|------|------|------------|
| 蛊雕 | 形状像普通的雕鹰，头上却长角，叫声如同婴儿啼哭。 | 能吃人。 |

## 山海经地理考

| 区吴山 | 今括苍山及北雁荡山 | 位于浙江省温州市，北雁荡山以奇峰和瀑布著称。 |
| 鹿水 | 今丽水 | 古人以山名水，鹿水源于鹿吴山，因此而得名。 |
| 漆吴山 | 今舟山群岛 | 舟山群岛众多岛屿罗列，在东海的波光之间忽隐忽现，因此才有"是惟日次"之说。 |

【第一卷·南山经】

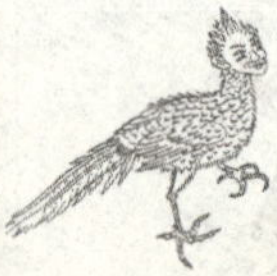

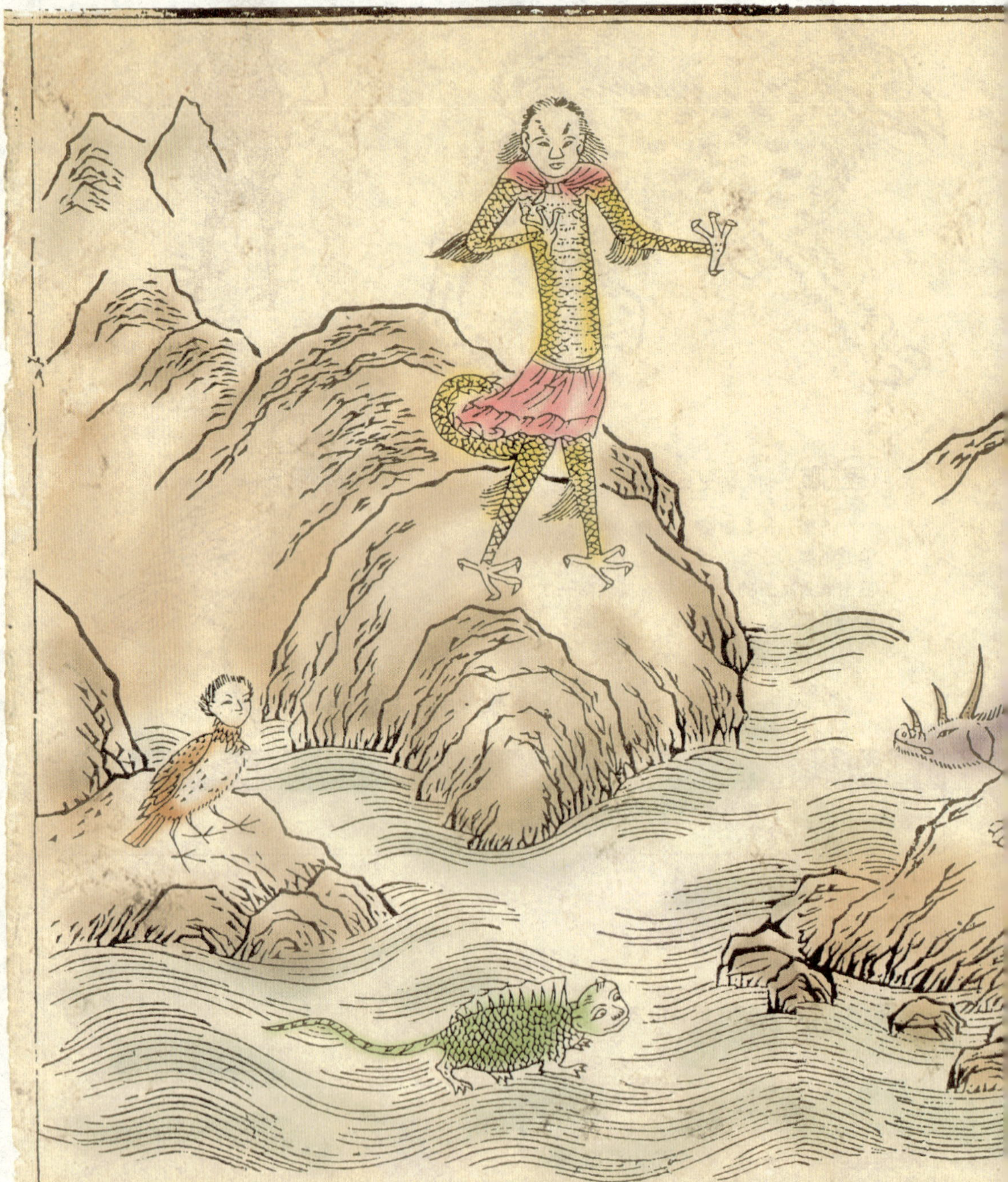

# 南次三经

《南次三经》主要记载南方第三列山系上的动植物及矿物。此山系所处的位置大约在云南省、广东省一带，从天虞山起，一直到南禺山止，一共十四座山，诸山山神均是龙身人面。山上动物秉性不一。例如：有身子像鱼、长着蛇尾、其肉能治愈痔疮的虎蛟；有人脸四眼的颙……

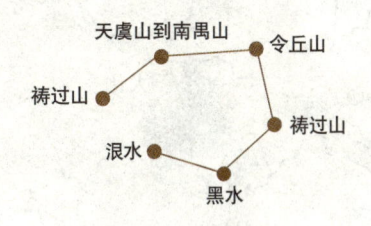

天虞山到南禺山　令丘山
祷过山
浪水
黑水
祷过山

【本图山川地理分布定位】

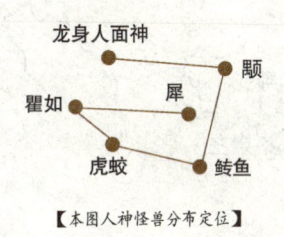

龙身人面神
瞿如　犀　颙
虎蛟　鲩鱼

【本图人神怪兽分布定位】

本图根据张步天教授"《山海经》考察路线图"绘制，图中记载了《南次三经》中天虞山至南禺山的地理位置，经中所记共14座山，实则只有13座。

# 南次三经路线示意图

（此路线形成于西汉早中期）

# 1 从天虞山到丹穴山

## 人脸三脚的瞿如

| 山水名称 | 动物 | 矿物 |
|---|---|---|
| 祷过山 | 犀、兕、瞿如、象 | 金玉 |
| 浪水 | 虎蛟 | |
| 丹穴山 | 凤皇 | 金玉 |

## 原文

南次三山之首，曰天虞之山。其下多水，不可以上。

东五百里，曰祷过之山，其上多金玉，其下多犀①、兕（sì），多象。有鸟焉，其状如䴔（jiāo）而白首、三足、人面，其名曰瞿（qú）如，其鸣自号也。浪（yín）水出焉，而南流注于海。其中有虎蛟，其状鱼身而蛇尾，其音如鸳鸯，食者不肿，可以已痔②。

又东五百里，曰丹穴之山。其上多金玉。丹水出焉，而南流注于渤海。有鸟焉，其状如鸡，五采而文，名曰凤皇，首文③曰德，翼文曰义，背文曰礼，膺文曰仁，腹文曰信。是鸟也，饮食自然，自歌自舞，见则天下安宁。

## 译文

南方第三列山系的首座山，是天虞山，山下到处是水，人不能登上去。

再往东五百里，是祷过山。山上盛产金属矿物和玉石，有很多犀、兕和大象。山中有一种禽鸟，其形状像䴔，长着白色的脑袋、三只脚和人一样的脸，名字叫瞿如，鸣叫起来就像在呼唤自己的名字。浪水发源于此，向南流入大海。水里有一种叫虎蛟的动物，身子像普通的鱼，有一条蛇一样的尾巴，叫声很像鸳鸯，吃了它的肉就能使人不生痈肿疾病，还可以治愈痔疮。

再往东五百里，就是丹穴山，山上盛产金属矿物和玉石。丹水发源于此，向南流入渤海。山中有一种鸟，形状像普通的鸡，全身上下长满五彩羽毛，名叫凤皇，它头上的花纹是"德"字的形状，翅膀上的花纹是"义"字的形状，背部的花纹是"礼"字的形状，胸部的花纹是"仁"字的形状，腹部的花纹是"信"字的形状。这种鸟，吃喝很自然从容，常常是边唱边舞，它一出现天下就会太平。

【注释】

① 犀：很厉害的动物，身子长得像水牛，头如猪头，蹄似象蹄，生有三只角。
② 痔：指痔疮。
③ 文：与"纹"相通，即花纹。

## 山海经异兽考

**犀** 明·蒋应镐图本

据说有一种叫通天犀的灵兽，它吃草时只吃有毒的草，或者专挑有刺的树木吃，目的是以身试药，练就本领，然后为人解毒，极其富有自我牺牲精神。因此，犀被认为是灵异之兽，是勇者的化身。

瞿如 明·蒋应镐图本

虎蛟 明·蒋应镐图本

| 异兽 | 形态 | 异兆及功效 |
| --- | --- | --- |
| 虎蛟 | 身子像普通的鱼，有一条蛇一样的尾巴，叫声很像鸳鸯。 | 吃了它的肉就能使人不生痈肿疾病，还可以治愈痔疮。 |
| 凤皇 | 形状像普通的鸡，全身上下长满五彩羽毛，它头上的花纹是"德"字的形状，翅膀上的花纹是"义"字的形状，背部的花纹是"礼"字的形状，胸部的花纹是"仁"字的形状，腹部的花纹是"信"字的形状。 | 吃喝很自然从容，常常是边唱边舞，它一出现天下就会太平。 |
| 瞿如 | 形状像䴊，长着白色的脑袋、三只脚和人一样的脸。 | 鸣叫起来就像在呼唤自己的名字。 |

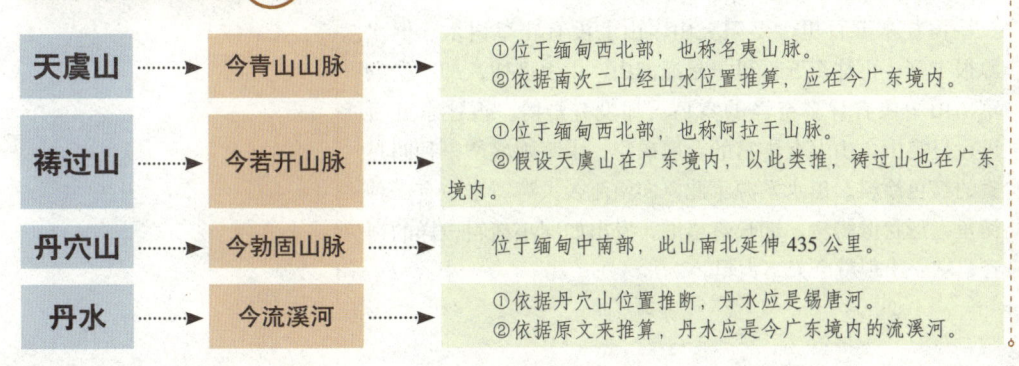

## 山海经地理考

| 天虞山 | → | 今青山山脉 | ①位于缅甸西北部，也称名夷山脉。<br>②依据南次二山经山水位置推算，应在今广东境内。 |
| --- | --- | --- | --- |
| 祷过山 | → | 今若开山脉 | ①位于缅甸西北部，也称阿拉干山脉。<br>②假设天虞山在广东境内，以此类推，祷过山也在广东境内。 |
| 丹穴山 | → | 今勃固山脉 | 位于缅甸中南部，此山南北延伸435公里。 |
| 丹水 | → | 今流溪河 | ①依据丹穴山位置推断，丹水应是锡唐河。<br>②依据原文来推算，丹水应是今广东境内的流溪河。 |

【第一卷 南山经】

# 2 从发爽山到鸡山

## 声如猪叫的鱄鱼

| 山水名称 | 动物 | 矿物 |
|---|---|---|
| 发爽山 | 白猿 | |
| 旄山尾 | 怪鸟 | |
| 非山首 | 蝮虫 | 金玉 |
| 灌湘山 | 怪鸟 | |
| 鸡山 | 鱄鱼 | 金、丹雘 |

## 原文

又东五百里,曰发爽之山。无草木,多水,多白猿。汎(fàn)水出焉,而南流注于勃海。又东四百里,至于旄(máo)山之尾。其南有谷,曰育遗,多怪鸟,凯风①自是出。又东四百里,至于非山之首。其上多金玉,无水,其下多蝮虫。

又东五百里,曰阳夹之山。无草木,多水。又东五百里,曰灌湘之山。上多木,无草,多怪鸟,无兽。又东五百里,曰鸡山。其上多金,其下多丹雘②。黑水出焉,而南流注于海。其中有鱄(tuán)鱼,其状如鲋③(fù)而彘毛,其音如豚,见则天下大旱。

## 译文

往东五百里,是发爽山,山上没有花草树木,多流水,山上有很多白色猿猴。汎水发源于此,向南流入渤海。再往东四百里,便到了旄山的尾端。此山的南面有一个大峡谷,叫做育遗谷,谷中生长着许多奇怪的鸟,还吹出来温和的南风。再往东四百里,便到了非山的尽头。山上盛产金属矿物和玉石,没有水,山下到处是蝮虫。

再往东五百里,是阳夹山,山上没有花草树木,但水源很丰富。再往东五百里,是灌湘山,山上多树,却不生杂草,山中还有许多奇怪的禽鸟,却没有野兽。再往东五百里,是鸡山,山上有丰富的金属矿物,山下则盛产一种叫丹雘的红色涂料。黑水发源于此,向南流入大海。水中有一种鱄鱼,形状像鲫鱼,却长着猪毛,发出如同小猪叫一样的声音,它一出现就会天下大旱。

## 【注释】

①凯风:指南风,意思是柔和的风。

②丹雘:一种可供涂饰的红色颜料。

③鲋:即鲫鱼。体侧扁而高,体较厚,腹部圆。头短小,吻钝。

## 山海经异兽考

**鱄鱼**　清·《禽虫典》

据说鱄鱼的形状像鲫鱼，周身上下却长着猪毛，发出的声音如同小猪叫一样；同时也有另外一种说法，认为鱄鱼的样子很像蛇，却长着猪的尾巴，而且味道鲜美。

鱄鱼　明·蒋应镐图本

| 异兽 | 形态 | 异兆及功效 |
|---|---|---|
| 鱄鱼 | 形状像鲫鱼，长着猪毛，叫声如同小猪的叫声一般。 | 它一出现就会天下大旱。 |

## 山海经地理考

| 发爽山 | 今广西金秀瑶山 | ①根据丹穴山位于缅甸境内的这一说法推断，发爽山应当是缅甸东部的山脉。<br>②依据原文，此山可能在广西境内的大瑶山中段，又称为金秀瑶山。 |
|---|---|---|
| 旄山 | 今广东罗浮山 | ①依据发爽山是缅甸东部的山脉推断，旄山就是泰国清迈西南部的长岭。<br>②依据原文，此山为广东的罗浮山，横跨博罗县、龙门县、增城市三地。 |
| 灌湘山 | 今广西境内 | ①依据鸡山与黑水的位置推测，灌湘山为位于云南景洪与琅勃拉邦之间的山脉。<br>②阳夹山在广西境内，由此可推断灌湘山也在广西境内。 |
| 鸡山 | 今广东桂山 | ①因黑水出于鸡山，而又位于澜沧江上游，由此可推断，鸡山乃是云南景洪的山脉。<br>②依据原文可推，鸡山乃是广东韶关的桂山。 |

【第一卷　南山经】

## 3 从令丘山到禺槀山
### 四眼颙会叫自己的名字

| 山水名称 | 动物 | 矿物 |
|---|---|---|
| 令丘山 | 颙 | |
| 仑者山 | | 金玉、青䕻 |
| 禺槀山 | 大蛇 | |

## 原文

又东四百里，曰令丘之山。无草木，多火。其南有谷焉，曰中谷，条风①自是出。有鸟焉，其状如枭②，人面四目而有耳，其名曰颙（yóng），其鸣自号也，见则天下大旱。

又东三百七十里，曰仑者之山。其上多金玉，其下多青。有木焉，其状如构而赤理，其汗③如漆，其味如饴④，食者不饥，可以释劳⑤，其名曰白䓘⑥（gāo），可以血⑦玉。

又东五百八十里，曰禺槀（gǎo）之山。多怪兽，多大蛇。

## 译文

鸡山再往东四百里，是令丘山，没有花草树木，到处是野火。山南有一峡谷，叫做中谷，东北风从这个谷里刮出来。山中有一种禽鸟，形状像猫头鹰，却长着一副人脸和四只眼睛而且有耳朵，叫做颙，它发出的叫声就像在呼唤自己的名字，它一出现天下就大旱。

令丘山往东三百七十里，是仑者山，山上有丰富的金属和玉石矿藏，山下盛产青色的涂料。山中有一种树木，形状像一般的构树却是红色的纹理，其枝干能分泌出一种像漆一样的汁液，味道像用麦芽做的酒，很甜，人喝了它就不会感到饥饿，也不会觉得辛劳。这种汁液叫做白䓘，可以用它把玉石染得鲜红。

仑者山往东五百八十里，就到了禺槀山，山中有很多奇怪的野兽，还有很多大蛇。

## 【注释】

① 条风：又称融风，指春天的东北风。
② 枭：通"鸮"，即猫头鹰，嘴和爪子呈钩状，非常锐利，两只眼睛长在头部的正前方，眼睛四周的羽毛呈放射状，周身羽毛大多为褐色，散缀着细斑，稠密而且松软，飞行的时候没有声音，习惯于夜间活动。
③ 汗：指汁液。
④ 饴：用麦芽制成的糖浆。
⑤ 释劳：消除辛劳。
⑥ 白䓘：一种植物的名称，具体所指不详，有待考证。
⑦ 血：此处用作动词，染的意思。指为器物饰品染色，使其发出光彩。

## 山海经异兽考

**颙** 明·胡文焕图本

传说在明万历二十年，颙鸟曾在豫章城宁寺聚集，然而，燕雀似乎都不太欢迎它，纷纷鼓噪起来，结果就在当年的五月至七月，豫章郡酷暑异常，夏天未降滴雨，禾苗都枯死了。

颙 明·蒋应镐图本

| 异兽 | 形态 | 异兆及功效 |
|---|---|---|
| 颙 | 长着一副人脸和四只眼睛而且有耳朵，发出的叫声就像在呼唤自己的名字。 | 它一出现就会天下大旱。 |

## 山海经地理考

| | | |
|---|---|---|
| 令丘山 | 今老挝长岭 | ①按照山川的走向可推断，令丘山就是老挝的长岭，最高处有五千多尺。②依据原文，从鸡山的位置推断，令丘山大约在今广东或广西境内。 |
| 禺槀山 | 今广东白云山 | ①按照山川的走向可推断，禺槀山乃是云南无量山，向南一直延伸到老挝的群山。②依据原文可推断，此山应为广州白云山，东北—西南走向，总面积约28平方公里。③依据地理地貌的特点，此山起自广东广西交界处。 |
| 仓者山 | 今北亚山脉 | 根据原文推断，此山为老挝镇宁高原的北亚山脉。 |

【第一卷 南山经】

# 4 南禺山
## 龙身人面的诸山山神

| 山水名称 | 动物 | 矿物 |
|---|---|---|
| 南禺山 | 鹓雏、凤皇 | 金玉 |

## 原文

又东五百八十里，曰南禺之山。其上多金玉，其下多水。有穴焉，水出辄①入，夏乃出，冬则闭。佐水出焉，而东南流注于海，有凤皇、鹓（yuān）雏②。

凡《南次三经》之首，自天虞之山以至南禺之山，凡一十四山，六千五百三十里。其神③皆龙身而人面。其祠皆一白狗祈④，糈用稌。

右⑤南经之山志⑥，大小凡四十山，万六千三百八十里。

## 译文

从禺山再往东五百八十里，是南禺山。山上盛产金属矿物和玉石，山下有很多溪水。山中有一个洞穴，水在春天就流入洞穴，夏天又流出洞穴，在冬天则闭塞不通。佐水发源于此，然后向东南流入大海，佐水流经的地方有凤皇和鹓雏栖息。

总计南方第三列山系之首尾，从天虞山起到南禺山止，一共十四座山，共蜿蜒六千五百三十里。诸山山神都是龙身人面。祭祀山神时，都是用一条白色的狗做祭牲，用血涂祭；祀神的米用稻米。

以上是南方群山的记录，大大小小总共四十座，一万六千三百八十里。

【注释】

① 辄：就。
② 鹓雏：古书上指凤皇一类的鸟。用来比喻贤才或高贵的人。
③ 神：这里指山神。
④ 祈：祈祷。
⑤ 右：以上。
⑥ 志：这里指记载的文字。

## 山海经异兽考

**龙身人首神** 明·蒋应镐图本

鴸雏　清·《禽虫典》

| 异兽 | 形态 | 异兆及功效 |
| --- | --- | --- |
| 龙身人首神 | 长着龙的身体，人的面目。 | |

## 山海经地理考

| 南禺山 | → | 今广东番禺山 |
| --- | --- | --- |
| 佐水 | → | 今元江 |

①根据原文，按照山川的走向可推断，南禺山就是云南的哀牢山，云南省中部的山脉，为云岭向南的延伸，是云贵高原与横断山脉的分水岭，也是云江与阿墨江的分水岭。哀牢山走向为西北—东南，全长约500公里。
②根据上面的推断，又因"南禺"的读音与"番禺"相似，据此推测也可能是广东境内的番禺山。

依据原文推断，佐水乃今越南的红河，是越南西北部最大的河流，在中国境内称为元江，红河呈西北—东南走向，经北部湾后进入南海。

【第一卷 南山经】

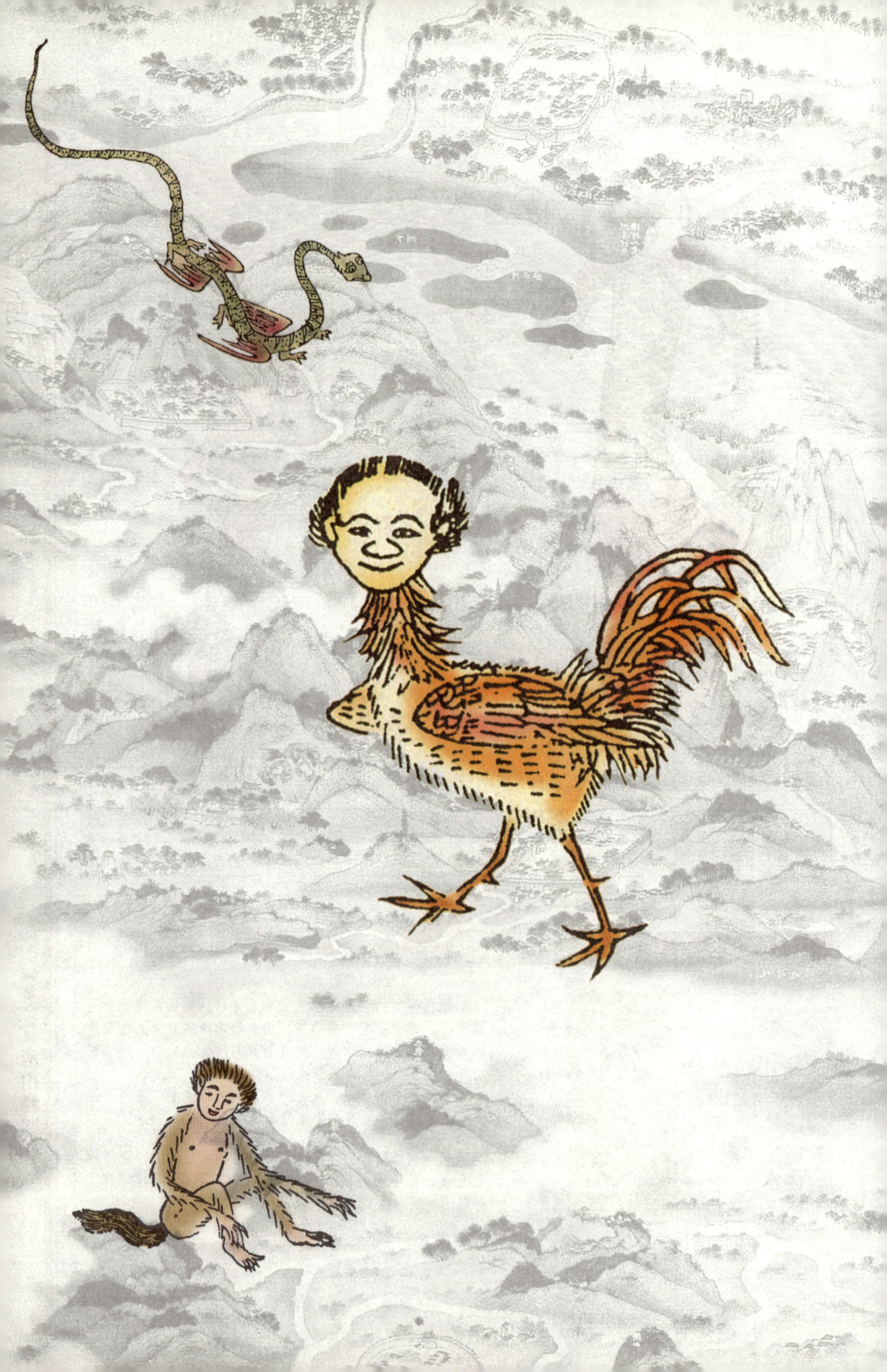

## 第二卷

# 西山经

《西山经》记录了位于中国西部的一系列山系。

包括《西次一经》、

《西次二经》、

《西次三经》、

《西次四经》，

共七十七座山。

记录了以钱来山、铃山、

崇吾山及阴山为首的四列山系，

山上奇草异木种类繁多，

并蕴藏着丰富的矿产，

山间可见出没无常的异兽。

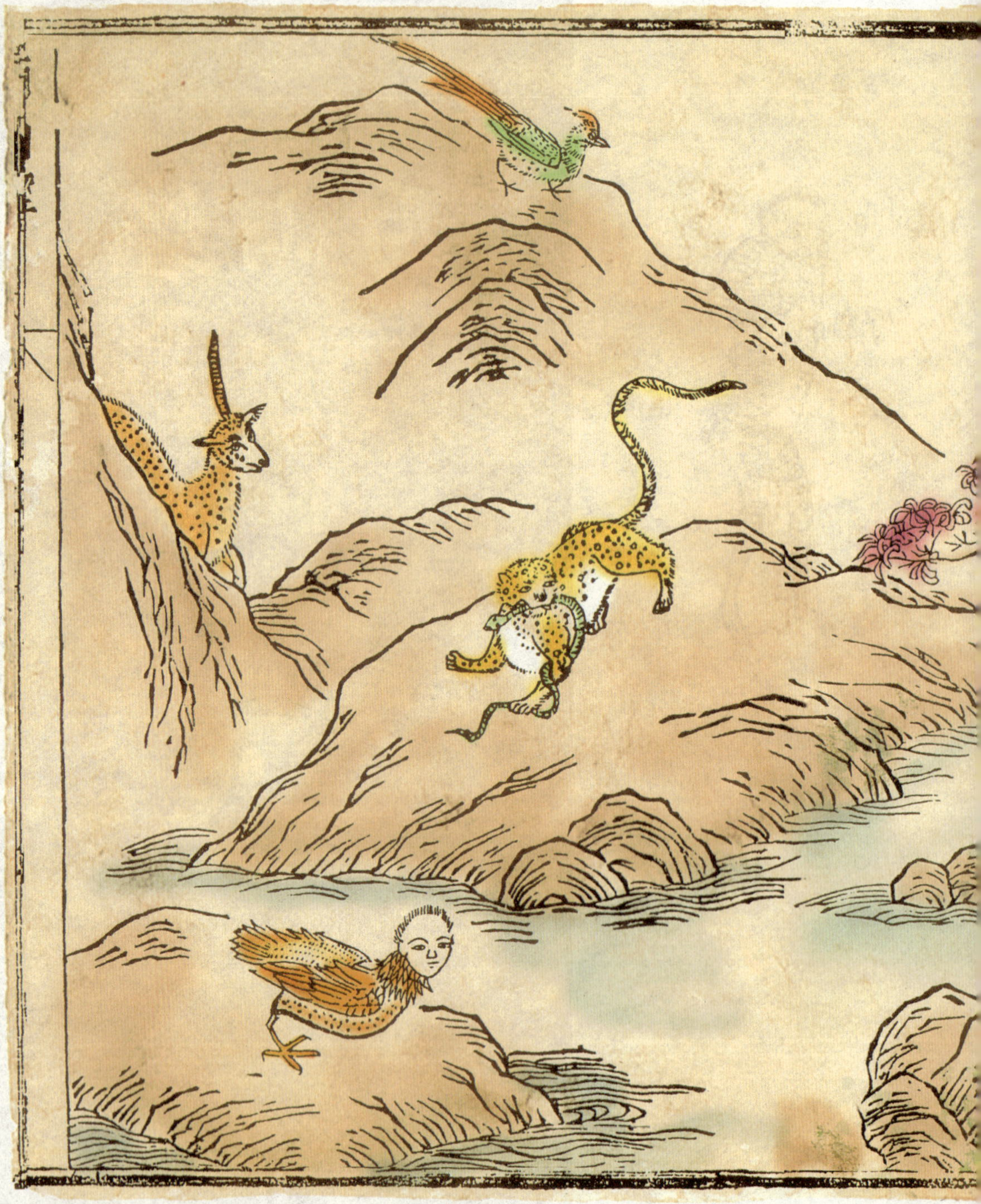

## 西次一经

《西次一经》主要记载西方第一列山系，即华山山系上的动植物及矿物。此山系所处的位置大约在陕西省、甘肃省一带，从钱来山起，一直到騩山止，一共十九座山，山神有华山神和羭次山神。山上动物秉性刚烈。例如：有皮毛可做铠甲的兕；有在陆地上叫熊、水里为能的䰻等。

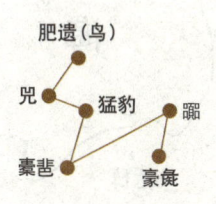

```
                英山
嶓冢山
       南山      羬次山
羭次山
                竹山
```
【本图山川地理分布定位】

```
     肥遗(鸟)
兕     猛豹     䴅
   橐琶      豪彘
```
【本图人神怪兽分布定位】

# 西次一经路线示意图

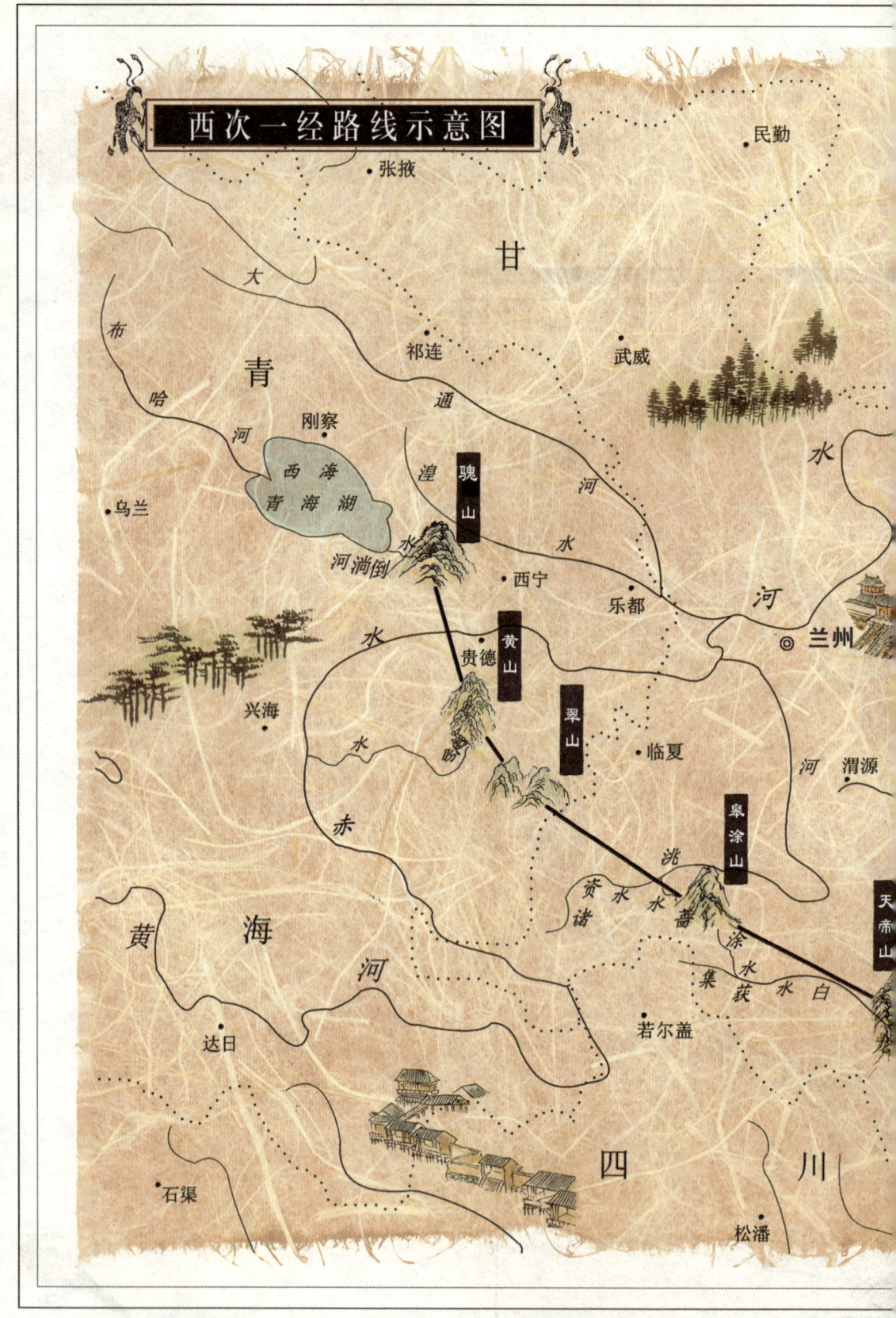

本图根据张步天教授"《山海经》考察路线图"绘制,图中记载了《西次一经》中钱来山至𫘨山共19座山的地理位置。

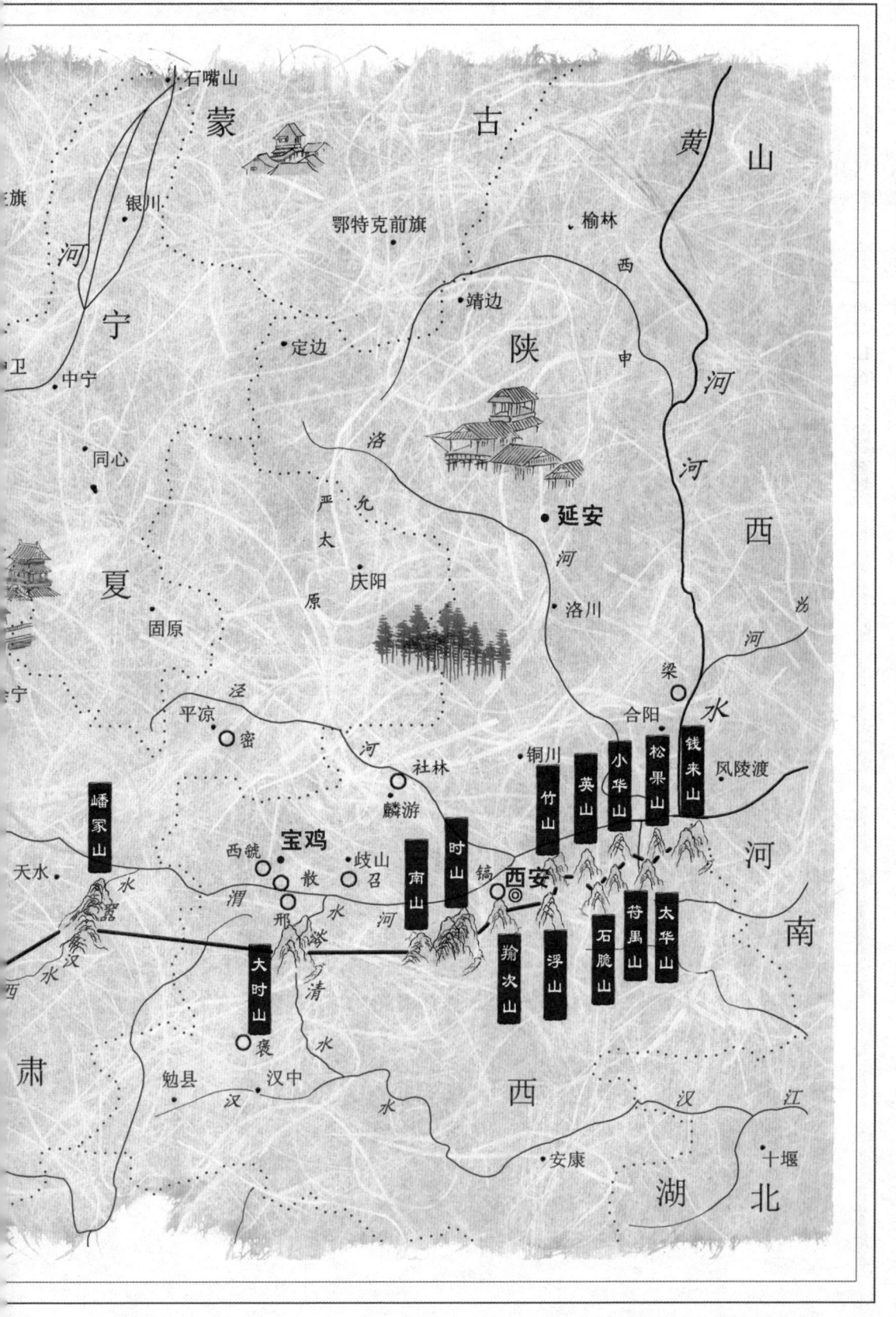

(此路线形成于西周早中期)

# 1 从钱来山到太华山

## 蛇中异类，六脚四翅肥遗

| 山水名称 | 动物 | 植物 | 矿物 |
|---|---|---|---|
| 钱来山 | 羬羊 | 松 | 洗石 |
| 松果山 | 螐渠 |  | 铜 |
| 太华山 | 肥遗 |  | 大蛇 |

## 原文

西山华山之首，曰钱来之山。其上多松，其下多洗石①。有兽焉，其状如羊而马尾，名曰羬（xián）羊，其脂可以已腊②（xī）。

西四十五里，曰松果之山。濩水出焉，北流注于渭，其中多铜③。有鸟焉，其名曰螐渠，其状如山鸡，黑身赤足，可以已𪕺。

又西六十里，曰太华之山。削成而四方，其高五千仞④，其广十里，鸟兽莫居。有蛇焉，名曰肥遗，六足四翼，见则天下大旱。

## 译文

西山经的华山山系的第一座山，叫钱来山，山上有许多松树，山下有很多洗石，山中有一种野兽，形状像普通的羊却长着马的尾巴，叫做羬羊。它的油脂可以用来治疗干裂的皮肤。

从钱来山往西四十五里，是松果山。濩水发源于此，向北流入渭水，水中有丰富的铜矿石。山中有一种名叫螐渠的鸟，其形状像一般的野鸡，但却长着黑色的身子和红色的爪子，它可以用来治疗皮肤干皱。

松果山往西六十里，是太华山，整个山呈现四方形，高五千仞，宽十里。禽鸟野兽无法栖身，但山中却有一种蛇，名叫肥遗，它长着六只脚和四只翅膀，它也是干旱的象征。

【注释】

① 洗石：一种含碱性的瓦石，可以在洗澡时用来洗掉身上的污垢。
② 腊：皮肤皴皱。
③ 铜：在这里指能提炼出精铜的天然铜矿石。
④ 仞：古时的计量单位。八尺为一仞。

## 山海经异兽考

**肥遗** 明·蒋应镐图本

  肥遗是干旱的象征。传说商汤曾经在阳山下看到过它，结果商朝干旱了七年。古人常说"商汤贤德，亦不免七年之旱"就缘于此。据说现今华山还有肥遗穴，当地人叫老君脐，明末大旱时肥遗曾在那里现身。

**羬羊** 明·蒋应镐图本

**鴖渠** 明·蒋应镐图本

| 异兽 | 形态 | 异兆及功效 |
| --- | --- | --- |
| 羬羊 | 形状像普通的羊却长着马的尾巴。 | 它的油脂可以用来治疗干裂的皮肤。 |
| 鴖渠 | 形状像一般的野鸡，但却长着黑色的身子和红色的爪子。 | 它可以用来治疗皮肤干皱。 |
| 肥遗 | 长着六只脚和四只翅膀的蛇。 | 它一出现就会干旱。 |

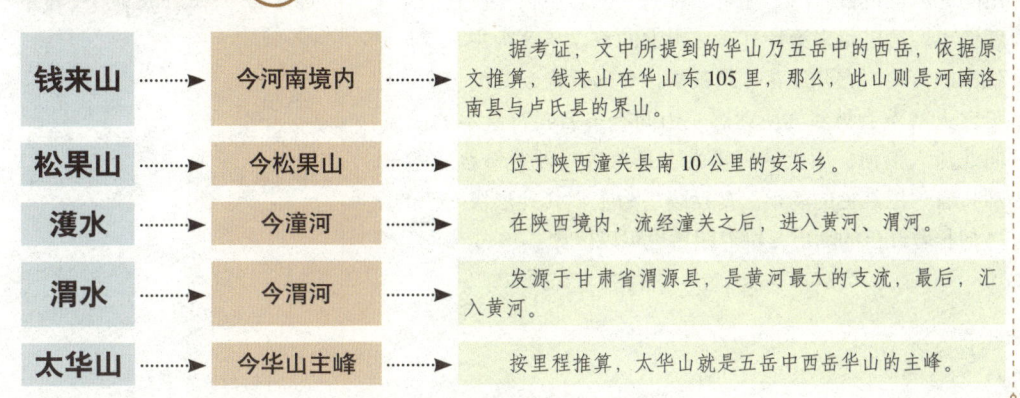

## 山海经地理考

| 钱来山 | → | 今河南境内 | → | 据考证，文中所提到的华山乃五岳中的西岳，依据原文推算，钱来山在华山东105里，那么，此山则是河南洛南县与卢氏县的界山。 |
| --- | --- | --- | --- | --- |
| 松果山 | → | 今松果山 | → | 位于陕西潼关县南10公里的安乐乡。 |
| 濩水 | → | 今潼河 | → | 在陕西境内，流经潼关之后，进入黄河、渭河。 |
| 渭水 | → | 今渭河 | → | 发源于甘肃省渭源县，是黄河最大的支流，最后，汇入黄河。 |
| 太华山 | → | 今华山主峰 | → | 按里程推算，太华山就是五岳中西岳华山的主峰。 |

【第二卷 西山经】

# 2 从小华山到符禺山
## 自恋赤鷩，以水为镜

| 山水名称 | 动物 | 植物 | 矿物 |
|---|---|---|---|
| 小华山 | 柞牛、赤鷩 | 荆杞、萆荔 | 磬石、玉 |
| 符禺山 | 葱聋、鴖 | 文茎、条草 | 铜、铁 |

## 原文

又西八十里，曰小华之山。其木多荆杞，其兽多柞牛。其阴多磬石①，其阳多㻬琈②之玉。鸟多赤鷩，可以御火③。其草有萆（bì）荔④，状如乌韭⑤，而生于石上，亦缘木而生，食之已心痛。

又西八十里，曰符禺之山。其阳多铜，其阴多铁。其上有木焉，名曰文茎，其实如枣，可以已聋。其草多条，其状如葵⑥，而赤华黄实，如婴儿舌，食之使人不惑。符禺之水出焉，而北流注于渭。其兽多葱聋，其状如羊而赤鬣（liè）。其鸟多鴖（mín），其状如翠而赤喙，可以御火。

## 译文

再往西八十里，是小华山，树木以牡荆树和枸杞树为主，山中的野兽大多是柞牛，山北盛产磬石，山南盛产㻬琈玉。山中有许多叫赤鷩的鸟，饲养它就可以辟火。草以萆荔为主，形状像乌韭，但生长在石头缝里，有的也攀缘树木而生长，人吃了它就能治愈心痛病。

从小华山再往西八十里，是符禺山。山的南坡盛产铜，山的北坡盛产铁。山上还有一种树木，名叫文茎。它的果实就像枣，可以用来治疗耳聋。山上的草以条草为主，其形状就像山葵菜，它开红花，结黄果，外形就像婴儿的舌头，吃了它人就不会被邪气所迷惑。山间有条名叫符禺水的溪流，向北流入渭河。山上的野兽大多是葱聋，外形像普通的羊，却长着一把红色的胡须。鸟以鴖鸟为主，其外形像一般的翠鸟却长着红色的嘴巴。饲养鴖鸟也可以辟火。

【注释】

① 磬石：因石质坚硬，敲击声音清脆悦耳而得名。古人用它制成的打击乐器叫做磬，一般都是挂在架子上演奏。
② 㻬琈：古代传说中的一种玉。
③ 御火：即辟火，也就是说火不能烧到人的身体。
④ 萆荔：古代传说中的一种香草。
⑤ 乌韭：即一种苔藓。生长在潮湿的地方。
⑥ 葵：即冬葵，是古代一种重要的蔬菜。

## 山海经异兽考

鸱 明·蒋应镐图本

### 赤鷩 清·汪绂图本

据说它们因为漂亮,所以其性格非常自恋。往往因自恋自己的艳丽羽毛,而整天在岸边看自己在水中的倒影,结果羽毛的光芒把它自己射得头晕目眩,最后不知不觉地跌入水中而溺死。

### 葱聋 明·蒋应镐图本

葱聋的样子像羊,"羊"在古代有吉祥之意,因此,很多想象中的祥瑞之兽都或多或少地采用了羊的形象。

| 异兽 | 形态 | 今名 | 异兆及功效 |
| --- | --- | --- | --- |
| 赤鷩 | 很像山鸡,但要比山鸡小,羽毛非常鲜艳,冠背金黄色,头绿色,胸腹和尾部赤红色。 | 锦鸡 | 如果饲养它,就可以辟火。 |
| 鸱 | 外形像一般的翠鸟,却长着红色的嘴巴。 |  | 如果饲养它,就可以辟火。 |
| 葱聋 | 外形像普通的羊,却长有红色的鬣毛。 |  |  |

## 山海经地理考

| 小华山 | → | 今陕西少华山 | → | 同华山并称为"二华",因其低于华山,又名少华山。位于陕西省华县少华乡。 |
| --- | --- | --- | --- | --- |
| 符禺山 | → | 今郑县附近 | → | 根据《太平寰宇记》的记载,符禺山应该在郑县西南一百里处。 |
| 符禺水 | → | 今陕西沙沟水 | → | 根据《水经注》的记载,可推断出符禺水即为陕西沙沟水。 |

【第二卷 西山经】

# 3 从石脆山到英山

## 鳌形鲜鱼，声音如羊叫

| 山水名称 | 动物 | 植物 | 矿物 |
|---|---|---|---|
| 石脆山 |  | 棕树、楠木树 | 瑾瑜玉、铜、硫磺、赭黄 |
| 英山 | 㸰牛、羬羊、肥遗 | 杻树、橿树、箭竹、䅥竹 | 铁、赤金 |
| 禺水 | 鲜鱼 |  |  |

## 原文

又西六十里，曰石脆之山。其木多棕楠，其草多条①，其状如韭，而白华黑实，食之已疥。其阳多之玉，其阴多铜。灌水出焉，而北流注于禺水。其中有流赭②（zhě），以涂牛马无病。

又西七十里，曰英山。其上多杻橿③，其阴多铁，其阳多赤金。禺水出焉，北流注于招水，其中多鲜鱼，其状如鳖，其音如羊。其阳多箭䉒④，其兽多㸰牛、羬羊。有鸟焉，其状如鹑，黄身而赤喙，其名曰肥遗，食之已疠（lì），可以杀虫。

## 译文

再往西六十里，是石脆山。山上的树以棕树和楠木树为主，而草大多是条草，形状与韭菜相似，开白色花朵，结黑色果实，人吃了这种果实就可以治愈疥疮。山南坡盛产瑾瑜玉，而北坡盛产铜。灌水发源于此，向北流入禺水。水里有硫黄和赭黄，将它们涂抹在牛马的身上，就能使牛马百病不生。

再往西七十里，就是英山，山上到处是杻树和橿树，山的北坡盛产铁，南坡盛产黄金。禺水发源于此，向北流入招水，水中有很多鲜鱼，形状像一般的鳖，发出的声音如同羊叫。山的南坡还有很多箭竹和䅥竹，野兽大多是㸰牛、羬羊。山中还有一种禽鸟，形状像一般的鹌鹑，却是黄身子、红嘴巴，叫做肥遗，人吃了它的肉就能治愈疯癫病，还能杀死体内寄生虫。

## 【注释】

① 条：指条草。这里所提到的条草同上文的条草虽然名称相同，但其形态却各不相同，实际上是两种不同的草。

② 流赭：流，即硫黄，一种天然的矿物质，有杀虫功效，中医可用其入药；赭，即赭黄，一种天然的褐铁矿，可以用作黄色颜料。

③ 杻橿：杻，即杻树，长得近似于棣树，叶子细长，可以用来喂牛，木材能造车辆；橿，即橿树，又名檀子柞，种子可食用或酿酒，树皮可提制栲胶，木质坚硬，在古代主要用来制造车轮。

④ 箭䉒：即一种节长、皮厚、根深的竹子，在冬季，可以挖出它的笋用来食用。

## 山海经异兽考

### 肥遗 明·蒋应镐图本

此处的肥遗同前文的肥遗却有天壤之别，前文中的是长有脚的毒蛇，而此处所指却是一种禽鸟，其外形如同鹌鹑，身上却长着黄色的羽毛，红色的嘴巴。据说吃了它的肉，还能治愈麻风病。

### 鲜鱼 明·胡文焕图本

这是一种长得很像鳖一样的鱼，样子看起来稍有些怪异，却很可爱，最为奇特的是其叫声，如同羊叫一般。

| 异兽 | 形态 | 异兆及功效 |
| --- | --- | --- |
| 鲜鱼 | 形状像一般的鳖。 | 发出的声音如同羊叫。 |
| 肥遗 | 形状像一般的鹌鹑，但却是黄身子、红嘴巴。 | 人吃了它的肉就能治愈疯癫病，还能杀死体内寄生虫。 |

## 山海经地理考

| | | |
| --- | --- | --- |
| 石脆山 | 今陕西二龙山 | 有"二龙山为赤水源"之说，因此，石脆山就是今陕西境内的二龙山。 |
| 英山 | 今陕西境内 | 根据《水经注》内容考证，可推断，英山位于陕西华县的西南部。 |
| 招水 | 今皂水 | ①根据原文各个山川河流位置及范围的推测，招水即是今陕西淮南的皂水，其读音也颇为类似。②因"招水处于英山"，很有可能招水又是陕西境内的灞河，属于渭河南岸的一级支流。 |

【第二卷 西山经】

# 4 从竹山到浮山

## 长刺豪彘，想亲近也难

| 山水名称 | 动物 | 植物 | 矿物 |
|---|---|---|---|
| 竹山 | 豪彘 | 乔木、黄藿、竹箭 | 铁、玉石、苍玉 |
| 丹水 | 人鱼 |  | 水玉 |
| 浮山 |  | 盼木、薰草 |  |

## 原文

又西五十二里，曰竹山。其上多乔木，其阴多铁。有草焉，其名曰黄藿（guàn），其状如樗①（chū），其叶如麻，白华而赤实，其状如赭②（zhě），浴之已疥，又可以已胕（fū）。竹水出焉，北流注于渭，其阳多竹箭，多苍玉。丹水出焉，东南流注于洛水，其中多水玉，多人鱼。有兽焉，其状如豚而白毛，毛大如笄③（jī）而黑端，名曰豪彘④。

又西百二十里，曰浮山。多盼木，枳叶而无伤，木虫居之。有草焉，名曰薰草，麻叶而方茎，赤华而黑实，臭如蘼芜，佩之可以已疠（lì）。

## 译文

从英山西行五十二里，是竹山，山上多高大的树木，山的北坡盛产铁。山中有一种叫黄藿的草，其形状像樗树，但叶子像麻叶，开白色花结红色果实，形状像赭石，用它浸在水里洗浴就可治愈疥疮，还可以治疗浮肿病。竹水从山的北坡发源，向北流入渭水。山的南坡有茂密的竹箭，还有很多青色的玉石。丹水发源于此，向东南流入洛水，水中多水晶石和人鱼。山中还有一种野兽，其形状像小猪却长着白色的毛，毛如簪子粗细，其尖端呈黑色，叫做豪彘。

竹山再往西一百二十里是浮山，山上有茂密的盼木，这种树长着枳树一样的叶子却没有刺，树木上的虫子便寄生于此。山中还有一种薰草，其叶子像麻叶却长着方方的茎干，开红花结黑色果实，气味像蘼芜，很香，把它插在身上就可以治疗疯癫病。

## 【注释】

① 樗：即臭椿树，高大，树皮灰色而不裂，小枝粗壮，羽状复叶，夏季开白绿色花。
② 赭：赭石，即赤铁矿，古人使用的一种黄棕色的矿物染料。
③ 笄：即簪子，古人用来插住挽起的头发或连住头发上的冠帽的一种长针。
④ 豪彘：即豪猪。

## 山海经异兽考

### 人鱼

这里的人鱼就是鲵鱼，它外形似鲇鱼却长有四个脚，叫声如同小孩啼哭，所以俗称它为娃娃鱼。鲵用脚走路，所以古人觉得很神奇，甚至说它们会上树，传说在大旱的时候，鲵便含水上山，用草叶盖住自己的身体，将自己隐藏起来，然后张开口，等天上的鸟来它口中饮水时，就乘机将鸟吸入腹中吃掉。

### 豪彘 明·蒋应镐图本

传说寒冷时，豪彘便拼命地拥挤着，以相互取暖，然而身上的刺使得大家受到伤害，痛得嚎叫，不得不互相闪开，就这样分分合合，到最后也不得消停。

| 异兽 | 形态 | 异兆及功效 |
|---|---|---|
| 豪彘 | 形状像小猪却长着白色的毛，毛如簪子粗细，其尖端呈黑色。 | |

## 山海经地理考

| | | |
|---|---|---|
| 竹山 | 今陕西公王岭 | 根据原文推测，可能是陕西境内华县的公王岭。 |
| 竹水 | 今山西大赤水 | 根据所推竹山的位置，可推知竹水就在山西境内，也叫大赤水。 |
| 洛水 | 今洛河 | 根据丹水的位置即可推测出洛水，也就是今天的陕西洛河，是黄河下游南岸的一个大支流，全长453千米。 |
| 浮山 | 今陕西临潼县西南 | 此结论依据《水经注》记载所进行推断。 |

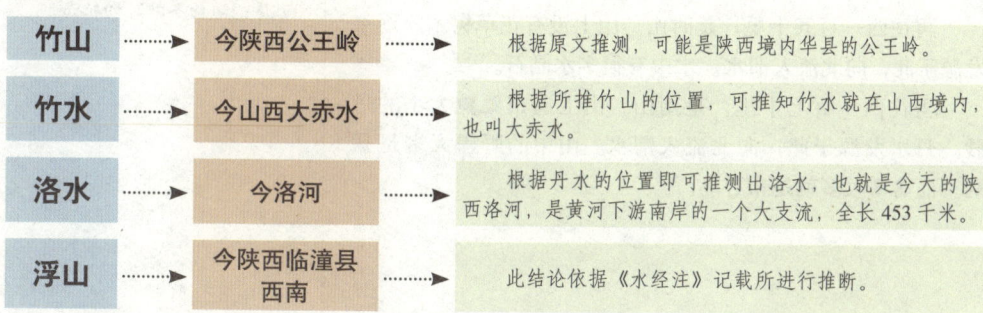

【第二卷 西山经】

## 5 从瀀次山到南山

### 独脚橐𢙏有祥兆

| 山水名称 | 动物 | 植物 | 矿物 |
|---|---|---|---|
| 瀀次山 | 嚻、橐𢙏 | 栯树、㰋树、竹箭 | 赤铜、婴垣 |
| 时山 | | | 水晶石 |
| 南山 | 猛豹、尸鸠 | | 丹砂 |

## 原文

又西七十里，曰瀀（yú）次之山。漆水出焉，北流注于渭。其上多栯①（yù）㰋（jiāng），其下多竹箭，其阴多赤铜②，其阳多婴垣③之玉。有兽焉，其状如禺而长臂，善投，其名曰嚻④（xiāo）。有鸟焉，其状如枭，人面而一足，曰橐𢙏，冬见夏蛰⑤，服之不畏雷。

又西百五十里，曰时山，无草木。逐水出焉，北流注于渭，其中多水玉。

又西百七十里，曰南山，上多丹粟。丹水出焉，北流注于渭。兽多猛豹，鸟多尸鸠（jiū）。

## 译文

再往西七十里，是瀀次山。漆水发源于此，向北流入渭水。山上有茂密的栯树和㰋树，山下有茂密的小竹丛，北坡盛产赤铜，南坡盛产婴垣之玉。山中有一种野兽，形状像猿猴而双臂很长，擅长投掷，叫做嚻。山中还有一种禽鸟，形状像一般的猫头鹰，长着人的面孔而只有一只脚，叫做橐𢙏，它的习性比较特殊，别的动物都是冬眠，而它却是夏眠，常常是冬天出现而夏天蛰伏，夏天打雷都不能把它震醒，把它的羽毛放在衣服里就能使人不怕打雷。

再往西一百五十里，是时山。山上没有花草树木。逐水发源于此，向北流入渭水。水中有很多水晶石。

再往西一百七十里，是南山。山上遍布粟粒大小的丹砂。丹水发源于此，向北流入渭水。山中的野兽大多是猛豹。而禽鸟大多就是布谷鸟。

【注释】

① 栯：即栯树，长得很小，枝条上有刺，红紫色的果子像耳珰，可以吃。

② 赤铜：即黄铜。此处指未经提炼过的天然铜矿石。下同。

③ 婴垣：用来制作挂在脖子上的装饰品。

④ 嚻：一种野兽，形貌与人相似，古人认为是猕猴。

⑤ 蛰：动物冬眠时的状态。

## 山海经异兽考

**橐𪇱** 明·蒋应镐图本

《河图》中说，独足鸟是一种祥瑞之鸟，看见它的人则勇猛强悍，传说南朝陈快要灭亡的时候，就有一群独足鸟聚集在殿庭里，纷纷用嘴喙画地写出救国之策的文字。那些独足鸟就是橐𪇱。

猛豹 明·蒋应镐图本　　　　嚻 明·蒋应镐图本　　　　尸鸠 明·蒋应镐图本

| 异兽 | 形态 | 异兆及功效 |
| --- | --- | --- |
| 嚻 | 形状像猿猴而双臂很长。 | 擅长投掷。 |
| 橐𪇱 | 形状像一般的猫头鹰，长着人的面孔，却只有一只脚。 | 冬天出现而夏天蛰伏，夏天打雷都不能把它震醒。 |

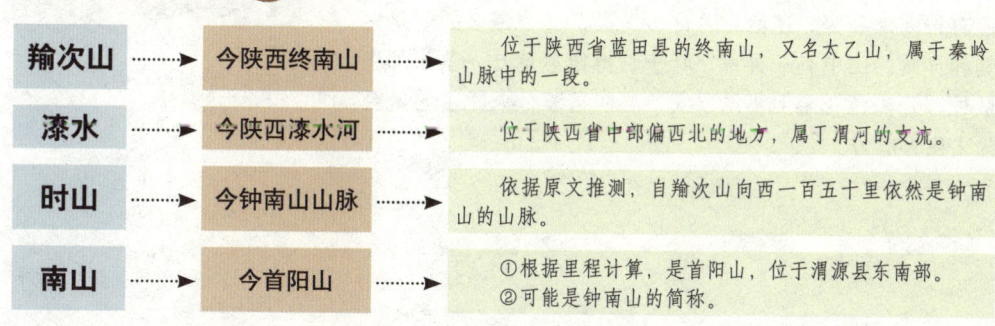

## 山海经地理考

| 羭次山 | → | 今陕西终南山 | → | 位于陕西省蓝田县的终南山，又名太乙山，属于秦岭山脉中的一段。 |
| --- | --- | --- | --- | --- |
| 漆水 | → | 今陕西漆水河 | → | 位于陕西省中部偏西北的地方，属于渭河的支流。 |
| 时山 | → | 今钟南山山脉 | → | 依据原文推测，自羭次山向西一百五十里依然是钟南山的山脉。 |
| 南山 | → | 今首阳山 | → | ①根据里程计算，是首阳山，位于渭源县东南部。②可能是钟南山的简称。 |

【第二卷 西山经】

# 6 从大时山到嶓冢山

## 陆地上是熊，水里是能

| 山水名称 | 动物 | 植物 | 矿物 |
|---|---|---|---|
| 大时山 |  | 构树、栎树、杻树、橿树 | 银、玉 |
| 嶓冢山 | 犀牛、兕、熊、罴、白翰、赤鷩 | 桃枝竹、鉤端竹、䔄蓉 |  |

## 原文

又西百八十里，曰大时之山。上多榖（hú）柞①（zuò），下多杻（niǔ）橿（jiāng）。阴多银，阳多白玉。涔（cén）水出焉，北流注于渭。清水出焉，南流注于汉水。

又西三百二十里，嶓（bō）冢之山。汉水出焉，而东南流注于沔（miǎn）；嚻水出焉，北流注于汤水。其上多桃枝②鉤端③，兽多犀兕熊罴④，鸟多白翰⑤赤鷩。有草焉，其叶如蕙⑥，其本如桔梗⑦，黑华而不实，名曰䔄蓉，食之使人无子。

## 译文

南山再往西一百八十里，是大时山，山上有很多构树和栎树，山下则有很多杻树和橿树，山北坡盛产银，山的南坡有丰富的白色玉石。大时山还孕育了涔、清二水，涔水从大时山北坡发源，向北流入渭水。清水则从南坡发源，向南流入汉水。

再往西三百二十里，是嶓冢山，汉水发源于此，向东南流入沔水；嚻水也发源于此，向北流入汤水。山上到处是葱郁的桃枝竹和钩端竹。嶓冢山也有很多的犀牛和兕，还有很多熊和罴。还栖息着许多鸟类，其中最多的就是白翰和赤鷩。山中有一种草，叶子长得像蕙草叶，茎干却像橘梗，开黑色花朵但不结果实，名叫䔄蓉，人吃了它就会失去生育能力。

【注释】

① 柞：即栎树。可供建筑、器具、薪炭等用。
② 桃枝：一种竹子，每隔四寸为一节。
③ 鉤端：属于桃枝竹之类的竹子。
④ 罴：熊的一种。
⑤ 白翰：即白雉，这种鸟常栖高山竹林间。
⑥ 蕙：是一种香草，属于兰草之类。
⑦ 桔梗：橘树的茎干。

## 山海经异兽考

**熊** 清·汪绂图本

传说鲧治水失败后，被赤帝祝融所杀，死后便化身为熊，它在陆地上时叫熊，而在水里就叫"能"了。传说黄帝战炎帝时，就曾经让有熊氏驱赶熊罴冲锋陷阵。

兕 明·胡文焕图本

罴 清·汪绂图本

白翰 清·汪绂图本

| 异兽 | 形态 | 异兆及功效 |
|---|---|---|
| 白翰 | 头顶长着白色的羽毛。 | |
| 熊 | 体态很小。 | 据说可以水陆两栖。 |

## 山海经地理考

| | | |
|---|---|---|
| 大时山 | 今陕西太白山 | ①依据通鉴地理通释推断，此大时山就是今天通称的秦岭。②依据原文推断，此山应是陕西境内的太白山，是秦岭山脉的主峰，海拔3767米。 |
| 渌水 | 今斜水 | 又名石头河，是渭河南岸支流之一，位于陕西宝鸡境内，发源于秦岭北麓。 |
| 清水 | 今紫金河 | 根据里程推算，清水是褒水的上源，也就是紫金河。 |
| 汉水 | 今汉江 | 发源于陕西汉中，是长江最大的支流，长1532千米。 |
| 嶓冢山 | 今陕西嶓冢山 | ①位于陕西省宁强县境内。②也可能是甘肃境内的嶓冢山。 |
| 沔 | 今汉江支流 | 古代把汉水称为沔水。此处的沔应该是汉江的一个支流。 |

【第二卷 西山经】

# 7 从天帝山到皋涂山

## 狗状谿边，驱邪避毒

| 山水名称 | 动物 | 植物 | 矿物 |
|---|---|---|---|
| 天帝山 | 谿边、栎 | 棕树、楠木树、茅草、蕙草、杜衡 | |
| 皋涂山 | 玃如、数斯 | 桂树、无条 | 丹砂、银、黄金、礜 |

## 原文

又西三百五十里，曰天帝之山。上多棕枏，下多菅蕙。有兽焉，其状如狗，名曰谿（xī）边，席①其皮者不蛊。有鸟焉，其状如鹑，黑文而赤翁②，名曰栎，食之已痔。有草焉，其状如葵，其臭如蘪芜，名曰杜衡③，可以走马，食之已瘿④（yǐng）。

西南三百八十里，曰皋涂之山。蔷（qiáng）水出焉，西流注于诸资之水；涂水出焉，南流注入集获之水。其阳多丹粟，其阴多银、黄金，其上多桂木。有白石焉，其名曰礜⑤（yù），可以毒鼠。有草焉，其状如藁茇⑥（gǎo bá），其叶如葵而赤背，名曰无条，可以毒鼠。有兽焉，其状如鹿而白尾，马足人手而四角，名曰玃如。有鸟焉，其状如鸱而人足，名曰数斯，食之已瘿。

## 译文

再往西三百五十里，是天帝山，山上多棕树和楠木树，山下多茅草和蕙草。山中有野兽，形状像狗，叫谿边，人坐卧时铺垫谿边兽的皮就不会中妖邪毒气。山中有种鸟，形状像鹌鹑，黑色花纹，红色颈毛，叫做栎，吃了它的肉可以治愈痔疮。山中有种草，形状像葵菜，散发蘪芜似的气味，叫杜衡。马吃了，会成为千里马；人吃了，就能治愈脖子上的赘瘤。

再往西南三百八十里，是皋涂山，蔷水发源于此，向西流入诸资水；涂水发源于此，向南流入集获水。山南遍布粟粒样的丹砂，山北盛产黄金、白银。山上有茂密的桂树林。山中有白石，叫礜，能毒死老鼠。有种叫无条的草，形状像藁茇，叶子像葵菜，背面红色，能毒死老鼠。山中有种野兽，外形像鹿，白色的尾巴、马蹄、人手，有四只角，叫做玃如。还有种鸟，形状像鹞鹰，长着人一样的脚，叫数斯，人吃了它的肉能治愈脖子上的赘瘤。

【注释】

①席：即铺垫的意思。
②翁：鸟脖子上的毛。
③杜衡：一种香草。
④瘿：指脖颈部所生肉瘤。
⑤礜：即礜石，一种矿物，有毒。
⑥藁茇：一种香草，其根茎可以入药。

## 山海经异兽考

**谿边** 清·《禽虫典》

数斯 明·胡文焕图本

獳如 明·蒋应镐图本　櫟 明·胡文焕图本

据传说，人坐卧时，如果铺垫谿边兽的皮，就不会中妖邪毒气。但因为人无法真用它来驱邪。所以，便宰杀与谿边长得很像的白犬，用它的血涂在门上，以便达到与垫谿边皮一样的驱邪作用。

| 异兽 | 形态 | 今名 | 异兆及功效 |
| --- | --- | --- | --- |
| 谿边 | 形状像狗。 | 树狗 | 如果铺垫谿边的皮，就不会中妖邪毒气。 |
| 櫟 | 长得像鹌鹑，黑色花纹，红色颈毛。 | 红腹鹰 | 可以治愈痔疮。 |
| 獳如 | 外形像鹿却长着白色的尾巴、马蹄、人手，有四只角。 | 大母猴或四角羚 | 擅长攀爬。 |
| 数斯 | 形状像鹞鹰却长着人一样的脚。 | | 能治愈脖子上的赘瘤。 |

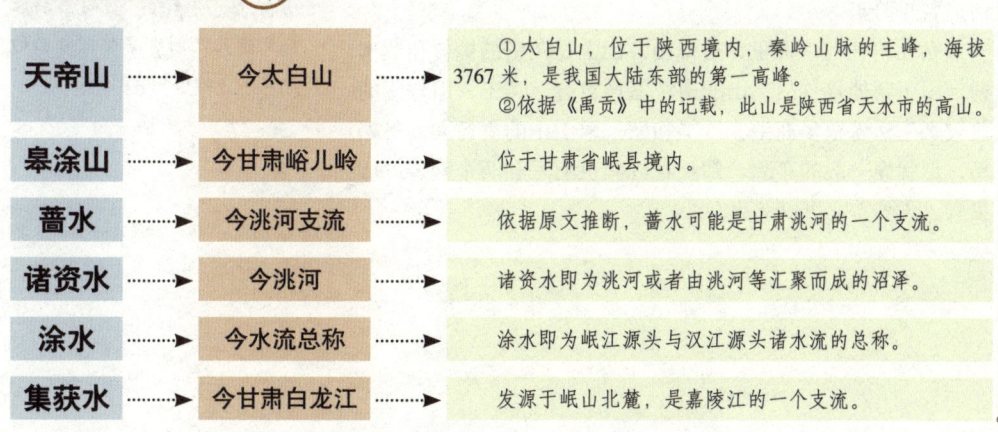

## 山海经地理考

| | | |
| --- | --- | --- |
| 天帝山 | 今太白山 | ①太白山，位于陕西境内，秦岭山脉的主峰，海拔3767米，是我国大陆东部的第一高峰。②依据《禹贡》中的记载，此山是陕西省天水市的高山。 |
| 皋涂山 | 今甘肃峪儿岭 | 位于甘肃省岷县境内。 |
| 蔷水 | 今洮河支流 | 依据原文推断，蔷水可能是甘肃洮河的一个支流。 |
| 诸资水 | 今洮河 | 诸资水即为洮河或者由洮河等汇聚而成的沼泽。 |
| 涂水 | 今水流总称 | 涂水即为岷江源头与汉江源头诸水流的总称。 |
| 集获水 | 今甘肃白龙江 | 发源于岷山北麓，是嘉陵江的一个支流。 |

【第二卷 西山经】

# 8 从黄山到翠山

## 两首四脚鸐能辟火

| 山水名称 | 动物 | 植物 | 矿物 |
|---|---|---|---|
| 黄山 | 㹤、鹦䳇 | 竹箭 | |
| 盼水 | | | 玉石 |
| 翠山 | 旄牛、麢、麝、鸐 | 棕树、楠木树、竹 | 黄金、玉 |

## 原文

又西百八十里，曰黄山。无草木，多竹箭。盼水出焉，西流注于赤水，其中多玉。有兽焉，其状如牛，而苍黑大目，其名曰㹤。有鸟焉，其状如鸮，青羽赤喙，人舌能言，名曰鹦䳇①。

又西二百里，曰翠山。其上多棕，其下多竹箭，其阳多黄金、玉，其阴多旄牛②、麢③(líng)、麝④，其鸟多鸐，其状如鹊，赤黑而两首四足，可以御火。

## 译文

皋涂山再往西一百八十里，就到了黄山，山上没有花草树木，到处是郁郁葱葱的竹丛。盼水发源于此，向西流入赤水，水中有很多玉石。山中有一种野兽，形状像普通的牛，但其皮毛是黝黑色的，眼睛比一般的牛眼要大，名叫㹤。山中还生活着一种鸟，其形状像一般的猫头鹰，却长着青色的羽毛和红色的嘴，嘴里面还有像人一样的舌头，能学人说话，名叫鹦䳇。

黄山再往西二百里，是翠山，山上是茂密的棕树和楠木树，山下到处是竹丛，山的南坡盛产黄金、美玉，山背阴的北坡则生活着很多旄牛、羚羊和麝。翠山中的禽鸟大多是鸐鸟，形状像一般的喜鹊，却长着红黑色羽毛和两个脑袋、四只脚，人养着它可以辟火。

## 【注释】

① 鹦䳇：即鹦鹉，羽毛色彩美丽，舌头肉质而柔软，经反复训练，能模仿人说话的声音。

② 旄牛：即牦牛。

③ 麢：麢，同"羚"，即羚羊。

④ 麝：种类少，前肢短，后肢长，蹄小耳大，雌雄都无角种动物，也叫香獐，雄性麝的脐与生殖孔之间有麝腺，分泌的麝香可作药用和香料用。

## 山海经异兽考

**鹦䳇** 明·蒋应镐图本

鹦䳇的形状像一般的猫头鹰，却长着青色的羽毛和红色的嘴，嘴里面还有像人一样的舌头，能学人说话。

**鸓** 明·蒋应镐图本

**㸸** 明·蒋应镐图本

| 异兽 | 形态 | 今名 | 异兆及功效 |
|---|---|---|---|
| 㸸 | 形状像普通的牛，但其皮毛是黝黑色的，眼睛比一般的牛眼要大。 | | |
| 鹦䳇 | 形状像猫头鹰，却长着青色的羽毛和红色的嘴，嘴里面还有像人一样的舌头。 | 鹦鹉 | 能学人说话。 |
| 鸓 | 形状像喜鹊，却长着红黑色羽毛和两个脑袋、四只脚。 | | 可以辟火。 |

## 山海经地理考

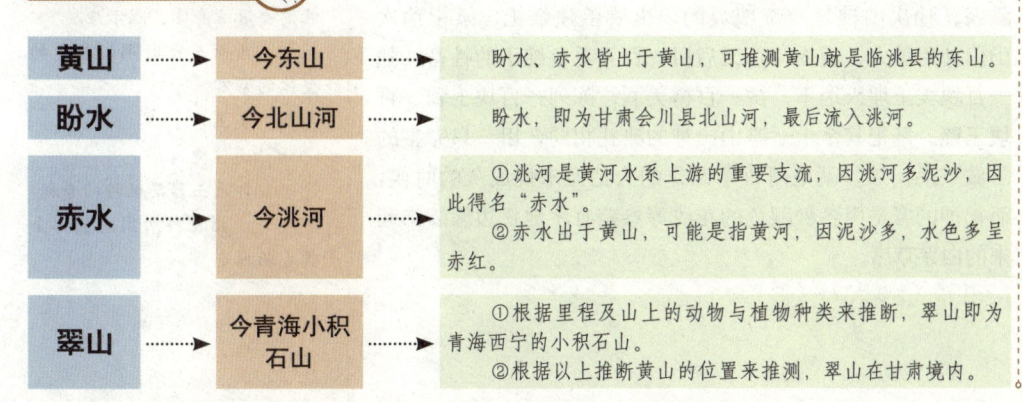

| | | |
|---|---|---|
| 黄山 | 今东山 | 盼水、赤水皆出于黄山，可推测黄山就是临洮县的东山。 |
| 盼水 | 今北山河 | 盼水，即为甘肃会川县北山河，最后流入洮河。 |
| 赤水 | 今洮河 | ①洮河是黄河水系上游的重要支流，因洮河多泥沙，因此得名"赤水"。②赤水出于黄山，可能是指黄河，因泥沙多，水色多呈赤红。 |
| 翠山 | 今青海小积石山 | ①根据里程及山上的动物与植物种类来推断，翠山即为青海西宁的小积石山。②根据以上推断黄山的位置来推测，翠山在甘肃境内。 |

【第二卷 西山经】

## 9 騩山
### 神奇威灵的羭山神

| 山水名称 | 矿物 |
|---|---|
| 騩山 | 玉 |
| 凄水 | 采石、黄金、丹砂 |

## 原文

又西二百五十里，曰騩（guī）山。是錞①（chún）于西海，无草木，多玉。凄水出焉，西流注于海。其中多采石②、黄金，多丹粟。

凡西山之首，自钱来之山至于騩山，凡十九山，二千九百五十七里。华山冢也，其祠之礼：太牢③。羭山神也，祠之用烛，斋④百日以百牺⑤，瘞用百瑜⑥（yú），汤⑦其酒百樽，婴⑧以百珪百璧。其余十七山之属，皆毛㹽⑨（quán）用一羊祠之。烛者，百草之未灰，白席采等纯之。

## 译文

再往西二百五十里，是騩山，它坐落于西海之滨，山中寸草不生，盛产玉石。凄水发源于此，向西流入大海，水中有许多彩石，还有很多黄金和粟粒大小的丹砂。

总计西方第一列山系之首尾，自钱来山起到騩山止，一共十九座山，蜿蜒二千九百五十七里。华山神是诸山神的宗主，祭祀华山山神的礼仪：用猪、牛、羊齐全的三牲做祭品献祭。羭次山神是神奇威灵的，也要单独祭祀，祭祀羭次山山神用烛火，斋戒一百天后用一百只毛色纯正的牲畜，随一百块美玉埋入地下，烫一百樽美酒，陈列一百块玉和一百块玉璧。祭祀其余十七座山山神的典礼相同，用一只完整的羊做祭品。烛，就是用百草制作的火把但未烧成灰的时候，而祀神的席是用各种颜色的花纹等参差有序地将边缘装饰起来的白茅草席。

【注释】

① 錞：依附。这里是高踞的意思。
② 采石：即一种彩色石头，雌黄之类的矿物。
③ 太牢：古人祭祀时，祭品所用的牛、羊、猪三牲全备为太牢。
④ 斋：古人在祭祀前或举行典礼前要清洁身体，以示庄敬。
⑤ 牺：古代祭祀时用的纯色的整体的家畜。
⑥ 瑜：美玉。
⑦ 汤：通"烫"。
⑧ 婴：即用玉器祭祀神的专称。
⑨ 毛㹽：指祀神所用的整体全具毛物牲畜。

## 山海经异兽考

### 㺄山神　清·汪绂图本

据说㺄山神很是神奇威灵，需要单独祭祀。祭祀也是古人生活中非常重要的仪式，每逢初一十五，都会祭天或祭神。祭祀时会将美瑜埋入地下，再陈列上玉珪和玉璧。在中国的古代文化中认为，玉器集天地之精的灵性，能够传达人们对神的敬意，并有利于得到神的赐福。

| 异兽 | 形态 | 异兆及功效 |
| --- | --- | --- |
| 㺄山神 | 外形奇特，似牛。 | 神奇而威灵。 |

## 山海经地理考

| | | |
| --- | --- | --- |
| 騩山 | 今日月山 | 位于青海湖东侧，是内地赴西藏大道的咽喉，既是湟源县、共和县的交界处，又是青海省内、外流域水系分水岭和农、牧区天然分界线，其海拔最高点为4877米。 |
| 淒水 | 今倒淌河 | 发源于日月山西麓的察汗草原，自东向西，最后注入青海湖，故名倒淌河。海拔约3300米，全长约40多公里，它是青海湖水系中最小的一支。 |

【第二卷　西山经】

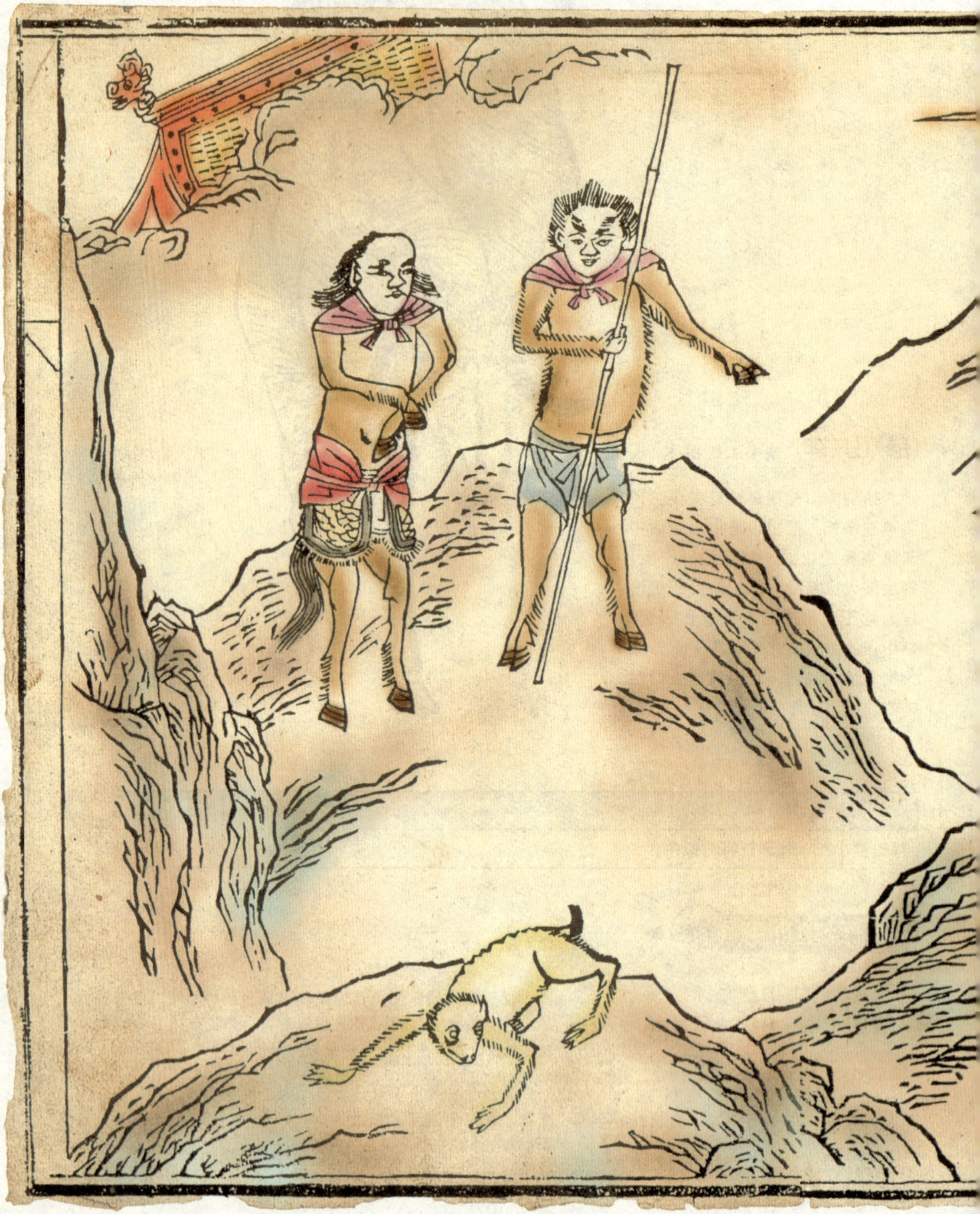

## 西次二经

《西次二经》主要记载西方第二列山系上的动植物及矿物。此山系所处的位置大约在陕西省、甘肃省一带，从钤山起，一直到莱山止，一共十七座山，其中十座山山神的形貌是人面马身，另外七座山山神的形貌是人面牛身，祭祀礼仪各不相同。山上树木种类繁多、矿藏丰富、野兽形象各异。

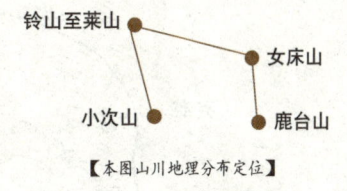

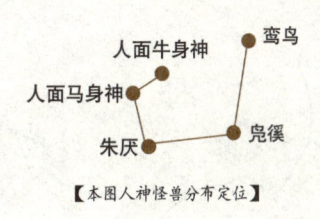

铃山至莱山　女床山
小次山　鹿台山

【本图山川地理分布定位】

人面牛身神　鸾鸟
人面马身神
朱厌　　　　㢟溪

【本图人神怪兽分布定位】

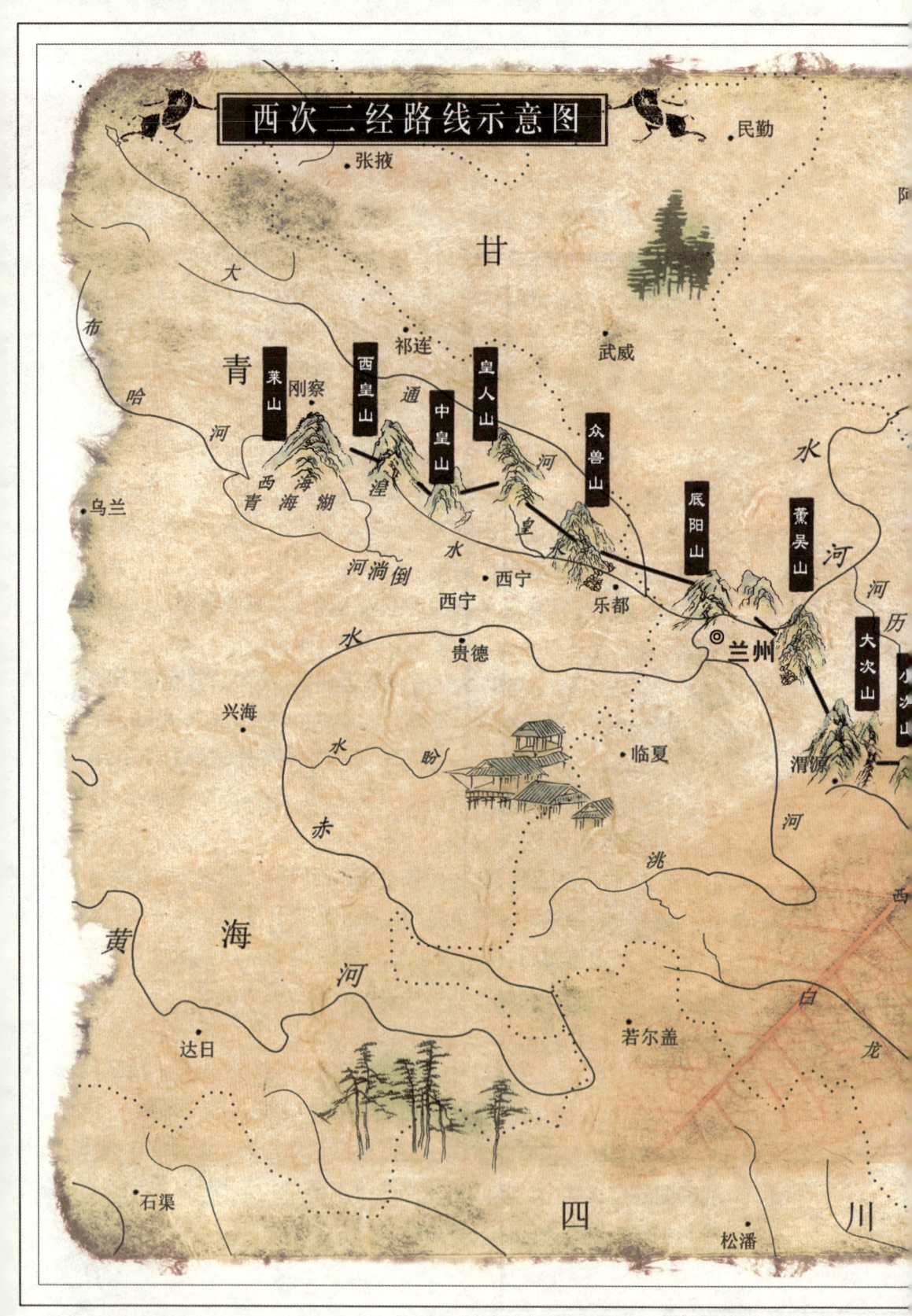

本图根据张步天教授"《山海经》考察路线图"绘制，图中记载了《西次二经》中钤山至莱山共17座山的考据位置。

(此路线形成于西周早中期)

# 1 从钤山到高山

## 洛水东流，白色水蛇多

| 山水名称 | 动物 | 植物 | 矿物 |
|---|---|---|---|
| 钤山 |  | 杻树、橿树 | 铜、玉 |
| 泰冒山（浴水） | 水蛇 |  | 金、铁（藻玉） |
| 数历山（楚水） | 鹦䴠 |  | 金、银（珍珠） |
| 高山（泾水） |  | 棕树、小竹丛 | 白银、青碧、雄黄（磐石、青碧） |

## 原文

西次二山之首，曰钤（qián）山。其上多铜，其下多玉，其木多杻橿。

西二百里，曰泰冒之山。其阳多金，其阴多铁。浴水出焉，东流注于河①，其中多藻玉②，多白蛇。

又西一百七十里，曰数历之山。其上多黄金，其下多银，其木多杻橿，其鸟多鹦䴠。楚水出焉，而南流注于渭，其中多白珠。

又西北五十里，曰高山。其上多银，其下多青碧③、雄黄，其木多棕，其草多竹④。泾水出焉，而东流注于渭，其中多磐石、碧。

## 译文

西方第二列山系之首座山，叫做钤山，山上盛产铜，山下盛产玉，山中树木茂盛，以杻树和橿树为最多。

钤山向西二百里，是泰冒山，其山南坡盛产金，山北坡盛产铁。洛水发源于此，向东流入黄河，水中有很多带纹理的美玉，还有很多白色的水蛇。

再往西一百七十里，是数历山，山上盛产黄金，山下盛产白银，山中的树木以杻树和橿树为主，而禽鸟大多是鹦䴠。楚水发源于此，然后向南流入渭水，水中有很多白色的珍珠。

再往西北方向五十里的山，名叫高山，山上有丰富的白银，山下到处是青碧、雄黄，山中的树木大多是棕树，而草大多是小竹丛。泾水发源于此，然后向东流入渭水，水中有很多磐石、青碧。

## 【注释】

① 河：古人单称"河"或"河水"而不贯以名者，则大多是专指黄河，这里即指黄河。以下同此。
② 藻玉：带有色彩纹理的玉石。
③ 青碧：青绿色的美玉。
④ 竹：即低矮丛生的小竹子。

## 山海经异兽考

**鹦䳇** 明·蒋应镐图本

鹦䳇的形状像一般的猫头鹰，却长着青色的羽毛和红色的嘴，嘴里面还有像人一样的舌头，能学人说话。

| 异兽 | 形态 | 今名 | 异兆及功效 |
|---|---|---|---|
| 鹦䳇 | 形状像猫头鹰，却长着青色的羽毛和红色的嘴，嘴里面还有像人一样的舌头。 | 鹦鹉 | 能学人说话。 |

## 山海经地理考

| | | |
|---|---|---|
| 钤山 | 今山西稷山 | 位于山西省的西南部，距太原市410公里，在运城市的正北，同西山首经中的钱来山隔着黄河、汾河相互遥望。 |
| 泰冒山 | 今陕西西山 | 位于陕西韩城附近的西山，又名中峙山、西峙山。 |
| 洛水 | 今陕西洛河 | 发源于陕西洛南县洛源乡的木岔沟，洛河是黄河下游南岸的一个大支流，在巩义市螺口以北注入黄河。 |
| 河 | 今黄河 | 古人仅称为"河"或者"河水"，而不道其全明者，大都指黄河，这里即指黄河。然而，因黄河在古时多次改道，所以，同今天看到的黄河不尽一致。 |
| 数历山 | 今陕西境内 | 依据里程推算而出。 |
| 楚水 | 今陕西石川河 | 位于陕西耀县，是渭河的一个支流。 |
| 高山 | 今米缸山 | 古时称为高山或者美高山，位于宁夏六盘山山脉中，海拔2942米，既是固原市原州区同隆德县、泾源县的分界，又是六盘山的主峰。 |
| 泾水 | 今泾河 | 是渭河的一个支流，此河有两个源头，南部源于宁夏泾源老龙潭，北部源于宁夏固原的大湾镇，二者在甘肃平凉附近汇合后，一路向东南，沿途不断有支流汇入，形成辐射状水系，最后，在陕西高陵县附近，注入渭河。 |

【第二卷 西山经】

# 2 从女床山到鸟危山

## 凫徯现，祸乱到

| 山水名称 | 动物 | 植物 | 矿物 |
|---|---|---|---|
| 女床山 | 老虎、豹子、犀牛、兕、鸾鸟 | | 铜、黑石脂 |
| 龙首山（苕水） | | | 黄金、铁、（美玉） |
| 鹿台山 | 𰉉牛、羬羊、白豪、凫徯 | | 白玉、银 |
| 鸟危山（鸟危水） | | 檀树、构树、女床草 | 磐石、（丹砂） |

## 原文

西南三百里，曰女床之山。其阳多赤铜，其阴多石涅①，其兽多虎豹犀兕。有鸟焉，其状如翟②（dí）而五采文，名曰鸾鸟③，见则天下安宁。

又西二百里，曰龙首之山。其阳多黄金，其阴多铁。苕水出焉，东南流注于泾水。其中多美玉。

又西二百里，曰鹿台之山。其上多白玉，其下多银，其兽多𰉉牛、羬羊、白豪④。有鸟焉，其状如雄鸡而人面，名曰凫徯，其鸣自叫也，见则有兵⑤。西南二百里，曰鸟危之山。其阳多磐石，其阴多檀榖，其中多女床。鸟危之水出焉，西流注于赤水，其中多丹粟。

## 译文

往西南三百里，是女床山，山南多出产红铜，山北多出产可作染料的黑石脂，山中的野兽以老虎、豹子、犀牛和兕居多。山里还有一种禽鸟，形状像野鸡却长着彩色的羽毛，名叫鸾鸟。一出现天下就会安宁。

往西二百里，是龙首山，山南盛产黄金，山北则盛产铁。苕水发源于此，向东南注入泾水，河水中有很多美玉。

再往西二百里，是鹿台山，山上盛产白玉，山下盛产银，山中的野兽以𰉉牛、羬羊、白豪居多。山中还有一种禽鸟，形状像普通的雄鸡却长着人一样的脸面，名叫凫徯，它的叫声就像是自呼其名，它出现在哪里，哪里就会有战争。鹿台山往西南二百里，是鸟危山，山南多出产磐石，山北有茂密的檀树和构树，山中有很多女床草，鸟危水发源于此，向西流入赤水，水中多粟粒大小的丹砂。

【注释】

①石涅：即石墨。
②翟：一种长着很长尾巴的野鸡，形体也比一般的野鸡要大些。
③鸾鸟：传说中的一种鸟，属于凤皇中的一种。
④白豪：长着白毛的豪猪。
⑤兵：军事、战斗。

## 山海经异兽考

**凫徯** 明·蒋应镐图本

**鸾鸟** 明·蒋应镐图本

鸾鸟是传说中和凤皇同类的神鸟，它也分雌雄，雄的叫鸾，雌的叫和，它的叫声有五个音阶，十分动听。传说西域的宾王养了一只鸾，三年不曾鸣叫。后来用镜子照它，鸾看到自己在镜中的影子便悲伤地鸣叫起来，然后冲上云霄，再也不见踪迹。

| 异兽 | 形态 | 异兆及功效 |
| --- | --- | --- |
| 鸾鸟 | 形状像野鸡却长着色彩斑斓的羽毛。 | 它一出现，就天下太平。 |
| 凫徯 | 形状像普通的雄鸡却长着人一样的脸面，它的叫声就像在呼唤自己的名字。 | 它一出现，就会有战争。 |

## 山海经地理考

| 女床山 | 今六盘山 | ①根据山中物产及地理位置来推断，女床山在宁夏回族自治区西南部及甘肃省的东部，也就是六盘山。②根据其里程来推算，此山可能是陕西宝鸡市内的岐山。 |
| --- | --- | --- |
| 龙首山 | 今陇山 | 依据里程计算，此山应是陇山，位于陕西和甘肃两省的交界处。是渭河与泾河的分水岭。同时，也是陕北的黄土高原和陇西黄土高原的界山。 |
| 苕水 | 今散渡河 | 发源于华家岭牛营大山，是渭河的主要支流之一。 |
| 鹿台山 | 今东山 | 根据其里程推算，此山为甘肃岷县的东山。 |
| 鸟危山 | 今甘肃陇西县西南部的山脉 | 根据其里程推算。 |
| 鸟危水 | 今洮河 | ①因其山水同名，可推断此河为黄河上游的一个支流，很有可能是洮河。②依据原文推断，此水即为甘肃会宁祖历河，或者是祖历河上游的一个支流。 |

【第二卷 西山经】

# 3 从小次山到众兽山

## 朱厌一出，天下大乱

| 山水名称 | 动物 | 植物 | 矿物 |
|---|---|---|---|
| 小次山 | 朱厌 |  | 白玉、赤铜 |
| 大次山 | 㸲牛、羚羊 |  | 垩土、碧玉 |
| 熏吴山 |  |  | 金、玉 |
| 厎阳山 | 犀牛、兕、老虎、㸲牛 | 水松树、楠木树、樟树 |  |
| 众兽山 | 犀牛、兕 | 檀香树、构树 | 黄金、玉 |

## 原文

又西四百里，曰小次之山。其上多白玉，其下多赤铜。有兽焉，其状如猿，而白首赤足，名曰朱厌，见则大兵。

又西三百里，曰大次之山，其阳多垩①，其阴多碧，其兽多㸲牛、麢羊。

又西四百里，曰熏吴之山。无草木，多金玉。

又西四百里，曰厎阳之山。其木多稷②、枏、豫章③，其兽多犀、兕、虎、豹④、㸲牛。

又西二百五十里，曰众兽之山。其上多㻬琈之玉，其下多檀穀，多黄金，其兽多犀、兕。

## 译文

再往西四百里，是小次山，山上盛产白玉，山下盛产赤铜。山中有一种野兽，形状像普通的猿猴，但头是白色的、脚是红色的，名叫朱厌，它一出现就会硝烟四起，天下大乱。

小次山往西三百里，是大次山，其南坡盛产垩土，而北坡则多出产碧玉，山中的野兽以㸲牛、羚羊居多。

由大次山再往西四百里，是熏吴山，山上不生长草木，却盛产金属矿物和玉石。

熏吴山再往西四百里，是厎阳山，山中的树木大多是水松树、楠木树、樟树。山中的野兽大多是犀牛、兕、老虎、豹、㸲牛。

厎阳山再往西二百五十里，是众兽山，山上遍布㻬琈玉，山下到处是檀香树和构树，而且还有丰富的黄金，山中的野兽以犀牛、兕居多。

## 【注释】

①垩：可用来粉刷墙壁的泥土，有白、红、青、黄等多种颜色。

②稷：即水松，有刺，木头纹理很细。

③豫章：古人指樟树，也叫香樟，常绿乔木，有樟脑香气。还有一种说法，认为豫就是枕木，章就是樟木，生长到七年以后，枕、章才能分别。

④豹：即一种身上有豹子斑纹的野兽。

## 山海经异兽考

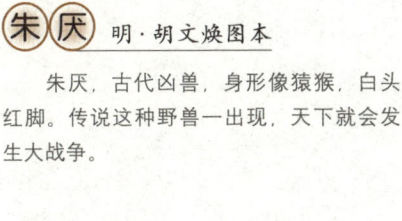

**朱厌** 明·胡文焕图本

朱厌，古代凶兽，身形像猿猴，白头红脚。传说这种野兽一出现，天下就会发生大战争。

朱厌　明·蒋应镐图本

| 异兽 | 形态 | 今名 | 异兆及功效 |
| --- | --- | --- | --- |
| 朱厌 | 形状像普通的猿猴，但头是白色的，脚是红色的。 | 白眉长臂猿 | 它一出现就会硝烟四起，天下大乱。 |

## 山海经地理考

| | | |
| --- | --- | --- |
| 小次山 | 今旗堡寺山 | 根据原文中的里程和所处位置推断，小次山即是甘肃境内的旗堡寺山。 |
| 大次山 | 今岷山 | 位于甘肃西南、四川北部，西北—东南走向，是中国西部的一座大山。 |
| 熏吴山 | 今青海郭罗山 | 位于青海省境内。 |
| 底阳山 | 今巴颜喀拉山 | 位于青海省中部偏南，西北—东南走向，昆仑山脉的东延部分，是黄河与长江源段的分水岭。 |
| 众兽山 | 今巴颜喀拉山 | 巴颜喀拉山全长780千米，底阳山向西二百五十里，依然在巴颜喀拉山的范围之内。 |

【第二卷 西山经】

## 4 从皇人山到莱山

### 长寿仙鹿象征繁荣昌盛

| 山水名称 | 动物 | 植物 | 矿物 |
|---|---|---|---|
| 皇人山（皇水） |  |  | 金玉、石青、雄黄（丹砂） |
| 中皇山 |  | 蕙草、棠梨树 | 黄金 |
| 西皇山 | 麋、鹿、𰀁牛 |  | 金、铁 |
| 莱山 | 罗罗鸟 | 檀香树、构树 |  |

## 原文

又西五百里，曰皇人之山。其上多金玉，其下多青①、雄黄。皇水出焉，西流注于赤水，其中多丹粟。又西三百里，曰中皇之山，其上多黄金，其下多蕙、棠②。

又西三百五十里，曰西皇之山。其阳多黄金，其阴多铁，其兽多麋③、鹿、𰀁牛。

又西三百五十里，曰莱山。其木多檀楮，其鸟多罗罗，是食人。

凡西次二山之首，自钤山至于莱山，凡十七山，四千一百四十里。其十神者，皆人面而马身。其七神皆人面牛身，四足一臂，操杖以行，是为飞兽之神。其祠之，毛④用少牢⑤，白菅为席。其十辈神者，其祠之，毛一雄鸡，钤而不糈（xǔ）；毛采。

## 译文

再往西五百里，是皇人山，山上盛产金属矿物和玉石，山下盛产石青、雄黄。皇水发源于此，向西流入赤水，水中有很多粟粒大小的丹砂。再往西三百里，是中皇山，山上多黄金，山下多蕙草和棠梨树。

再往西三百五十里，是西皇山，山南盛产金，山北盛产铁，野兽以麋、鹿、𰀁牛居多。

再往西三百五十里，是莱山，山中树木多是檀香树和构树，禽鸟多是罗罗鸟，它能吃人。

总计西方第二列山系之首尾，自钤山起到莱山止，一共十七座山，东西全长四千一百四十里。其中十座山的山神，是人脸马身。还有七座山的山神都是人脸牛身，长着四只脚和一条胳膊，拄着拐杖行走，即飞兽之神。祭祀这七位山神，要在带毛禽畜中用猪、羊做祭品，将其放在白茅草席上。祭祀另外那十位山神，在毛物中选用一只公鸡来做祭品，祀神时不用米，毛物的颜色要杂。

### 【注释】

① 青：即石青，是一种矿物，可做蓝色染料。
② 棠：即棠梨树，果实似梨而稍小，可以吃，味道甜酸。
③ 麋：即麋鹿，古人又称"四不像"。
④ 毛：指毛物，就是祭神所用的猪、鸡、狗、羊、牛等畜禽。
⑤ 少牢：古代称祭祀用的猪和羊。

## 山海经异兽考

**鹿** 清·汪绂图本

鹿是长寿的仙兽，传说千年为苍鹿，两千年为玄鹿，民间传说中的老寿星总是与鹿相联系。鹿乃纯阳之物，生命力极强，动作矫健，素有"草上飞"之称，即使腿骨折断，不需治疗也能自然长合。"鹿"字又与三吉星"福、禄、寿"中的禄字同音，因此它常被用来表示长寿和繁荣昌盛。

**人面马身神** 明·蒋应镐图本　　**人面牛身神** 清·汪绂图本　　**麋** 清·汪绂图本

| 异兽 | 形态 | 异兆及功效 |
|---|---|---|
| 人面牛身神 | 人面牛身，四只脚和一条臂，扶着拐杖行走。 | |
| 人面马身神 | 长着人的面孔马的身体。 | |

## 山海经地理考

| 皇人山 | 今巴颜喀拉山西段 | 依据众兽山的位置向西再推进五百里，即是巴颜喀拉山的西段，则皇人山也就位于此。 |
|---|---|---|
| 皇水 | 今湟水 | 发源于海晏县包呼图山，是黄河上游的一个支流，位于青海省东部。 |
| 赤水 | 今河流总称 | 乌拉山与西藏交界处大小河流的总称。 |
| 中皇山 | 今青海乌兰乌拉山 | 位于青海省玉树藏族自治州治多县，为扬子江源头。 |
| 西皇山 | 今长岭 | 扬子江源头的西界山，也就是乌兰乌拉山的长岭。 |
| 莱山 | 今青海托莱山 | 依据里程和地理方位推算，此山位于青海境内。 |

【第二卷 西山经】

第十三圖

## 西次三经

《西次三经》主要记载西方第三列山系上的动植物及矿物。此山系所处的位置大约在今新疆维吾尔自治区、青海省、吉尔吉斯斯坦一带，从崇吾山起，一直到翼望山止，一共二十三座山，诸山山神的形貌均为人面羊身。山上动物奇形怪状，例如：有精通唱歌跳舞却没有面部和眼睛的帝江；有形状像狸猫却长着白脑袋的天狗。

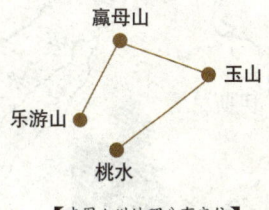

赢母山
玉山
乐游山
桃水

【本图山川地理分布定位】

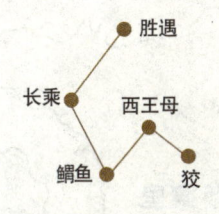

胜遇
长乘　西王母
鳛鱼　狡

【本图人神怪兽分布定位】

本图根据张步天教授"《山海经》考察路线图"绘制，图中记载了《西次三经》中崇吾山到翼望山的考据位置，经中所说23座山，实则只有22座。

# 西次三经路线示意图

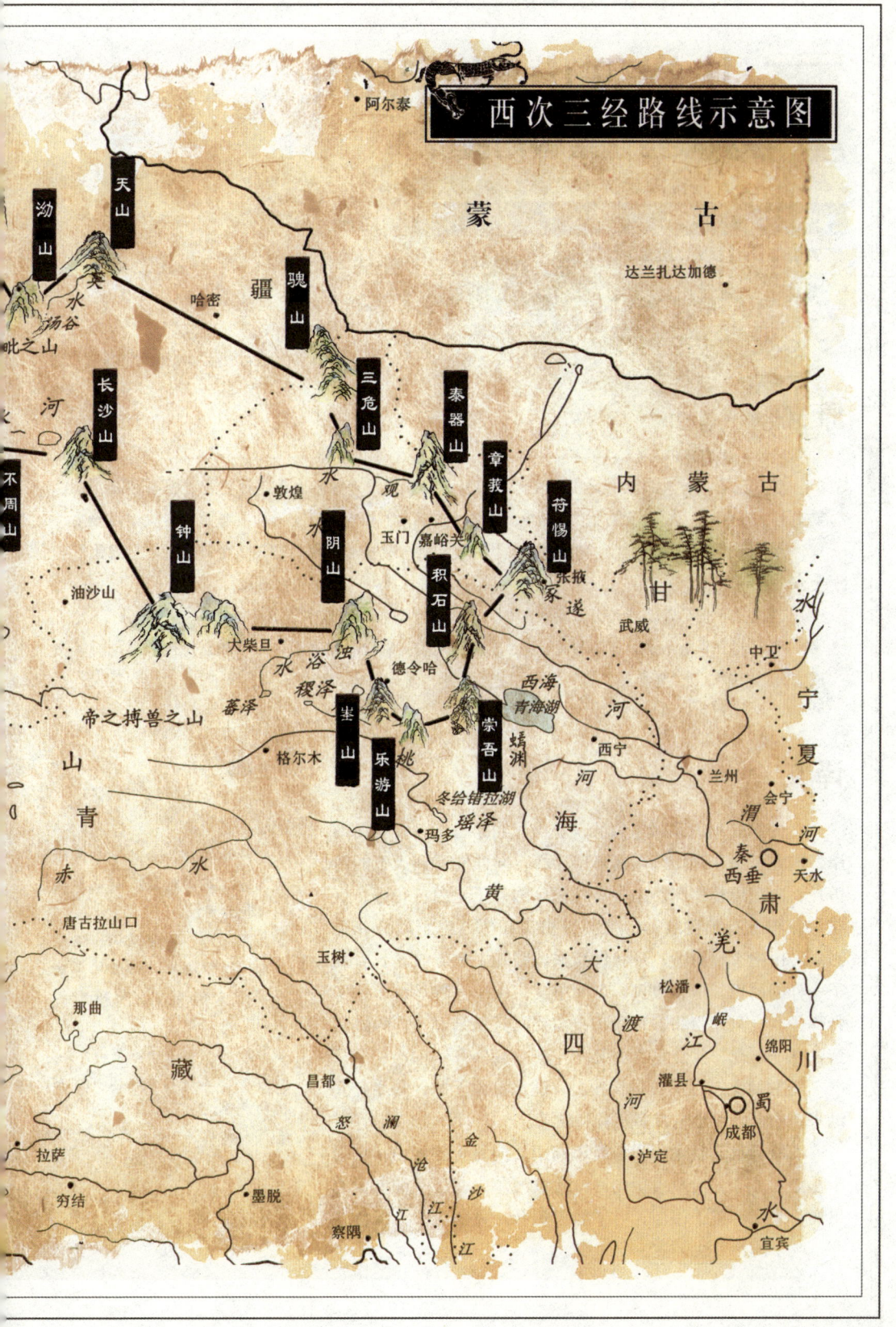

(此路线形成于西周时期)

# 1 从崇吾山到不周山
## 独眼独翅蛮蛮比翼齐飞

| 山水名称 | 动物 | 植物 | 矿物 |
|---|---|---|---|
| 崇吾山 | 举父、蛮蛮 | | |
| 长沙山 | | | 石青、雄黄 |
| 不周山 | | 嘉果 | |

## 原文

西次三山之首，曰崇吾之山。在河之南，北望冢遂，南望㻂之泽，西望帝之搏兽之丘，东望蠕渊。有木焉，员①叶而白柎②，赤华而黑理，其实如枳，食之宜子孙。有兽焉，其状如禺而文臂，豹虎而善投，名曰举父。有鸟焉，其状如凫，而一翼一目，相得乃飞，名曰蛮蛮，见则天下大水。

西北三百里，曰长沙之山。泚水出焉，北流注于泑水，无草木，多青雄黄。

又西北三百七十里，曰不周之山③。北望诸之山，临彼岳崇之山，东望泑泽，河水所潜也，其原④浑浑泡泡⑤。爰⑥有嘉果，其实如桃，其叶如枣，黄华而赤，食之不劳。

## 译文

西方第三列山系最东边的一座山，叫崇吾山，在黄河南岸，向北可望冢遂山，向南可望㻂泽，向西能看到天帝的搏兽丘，向东可望蠕渊。山中有种树，圆叶子，白色花萼，红花，花瓣上有黑色纹理，果实与枳实相似，吃了就会儿孙满堂。山中有种野兽，形状像猿猴，胳膊上有斑纹，长着豹子一样的尾巴，擅长投掷，名叫举父。山中有种鸟，形状像野鸭子，一只翅膀和一只眼睛，需要两只鸟结对飞，叫做蛮蛮，它一出现，就会发生水灾。

再往西北三百里，是长沙山。泚水发源于此，向北奔入泑水，山上寸草不生，多石青和雄黄。

再往西北三百七十里，是不周山。向北可望诸山，它踞于岳崇山之上，向东可望泑泽，是黄河源头。还有种珍贵的果树，果实与桃子相似，叶子像枣树叶，黄色花朵，红色花萼，吃了能治愈忧郁症。

## 【注释】

① 员：通"圆"。
② 柎：即花萼，由若干萼片组成，处在花的外轮，对花芽起到保护作用。
③ 不周之山：即不周山。据古人讲，因为这座山的形状有缺而不周全的地方，所以叫不周山。
④ 原："源"的本字。水源。
⑤ 浑浑泡泡：大水奔涌时所发出的声音。
⑥ 爰：那里。

## 山海经异兽考

**举父** 明·蒋应镐图本

蛮蛮 清·《尔雅音图》

比翼鸟 明·蒋应镐图本

举父这一名字的来历，还有另外一种说法，它有抚摸自己头的习惯，能举起石头掷人，所以名为举父。

| 异兽 | 形态 | 异兆及功效 |
| --- | --- | --- |
| 蛮蛮 | 形状像野鸭子，一只翅膀和一只眼睛。 | 它一出现，就会发生水灾。 |
| 举父 | 形状像猿猴，胳膊上有斑纹，长着豹子一样的尾巴。 | 擅长投掷。 |

## 山海经地理考

| | | |
| --- | --- | --- |
| 崇吾山 | 今祁曼山 | ①位于新疆维吾尔自治区若羌县与且末县的南面，隶属昆仑山系。②崇吾山可能在青海省海西蒙古族藏族自治州乌兰县茶卡镇附近。 |
| 冢遂 | 今阿尔金山中的峡谷 | 古时，"遂"有山间峡谷之意。 |
| 搏兽丘 | 今白山长岭 | 位于明铁盖达坂山口的白山长岭。 |
| 蜼渊 | 今茶卡盐湖 | ①位于阿尔金山与祁曼山之间，是柴达木盆地的尽头。②假设崇吾山在茶卡盐湖附近，那么，蜼渊即茶卡盐湖。 |
| 长沙山 | 今长岭 | 位于白大山西北长三百里的长岭，东起哈拉木兰河主流，西至玉龙哈什河主流。 |
| 不周山 | 隶属昆仑山系 | 不周山为昆仑山系中的一座雪山，西起叶城县，东到和田县，山脉走向呈爪字形。 |

【第二卷 西山经】

## 2 崈山
### 佩戴玉膏会吉祥如意

| 山水名称 | 植物 | 矿物 |
|---|---|---|
| 崈山 | 丹木 | |
| 丹水 | | 白玉、玉膏、玄玉 |

## 原文

又西北四百二十里，曰崈（mí）山。其上多丹木①，员叶而赤茎，黄华而赤实，其味如饴，食之不饥。丹水出焉，西流注于稷泽，其中多白玉。是有玉膏②，其原沸沸汤汤③（shāng），黄帝④是食是飨⑤。是生玄玉。玉膏所出，以灌丹木。丹木五岁，五色乃清，五味乃馨⑥。黄帝乃取崈山之玉荣⑦，而投之钟山之阳。瑾⑧瑜之玉为良，坚栗⑨精密，浊泽有而光。五色发作，以和柔刚。天地鬼神，是食是飨；君子服之，以御不祥。

自崈山至于钟山，四百六十里，其间尽泽也。是多奇鸟、怪兽、奇鱼，皆异物焉。

## 译文

再往西北四百二十里，是崈山，山上多丹木，红色茎干，圆形的叶子，开黄花，结红果，果实的味道很甜，人吃了它就不会觉得饥饿。丹水发源于此，向西流入稷泽，水中多白色玉石。这里有玉膏，玉膏之源涌出时一片沸腾，黄帝常常服食这种玉膏。还盛产一种黑色玉膏。用这里的玉膏浇灌丹木，丹木经过五年的生长，便会开出五色花朵，结下香甜的五色果实。黄帝就采撷崈山中玉石的精华，投种在钟山向阳的南坡。便生出瑾和瑜这类美玉，坚硬而精密，润厚而有光泽，五彩缤纷，刚柔相济。天神地鬼，都来服食享用；君子佩带它，就能吉祥如意，避免灾殃。

从崈山到钟山，间隔四百六十里，其间全部是水泽。这里有许多奇鸟、异兽、神鱼，都是一些非常罕见的动物。

## 【注释】

① 丹木：一种树木的名称。有人认为是槭树，种类颇多。木材坚硬，秋天时，叶子会变红。
② 玉膏：一种呈膏状的玉，据说是一种仙药。
③ 沸沸汤汤：河水腾涌的样子。
④ 黄帝：(前2697～前2599年) 少典之子，本姓公孙，长居姬水，因改姓姬，居轩辕之丘（在今河南新郑西北），故号"轩辕氏"，出生、创业和建都于有熊（今河南新郑），又称"有熊氏"，因有土德之瑞，故号"黄帝"。
⑤ 飨：通"享"，即享受。
⑥ 馨：有芳香之意。
⑦ 玉荣：玉华。
⑧ 瑾：指美玉。
⑨ 栗：坚。

## 山海经异木考

### 黄耆

旗瓣倒卵形，先端微凹。花黄色或淡黄色，花萼钟状，翼瓣与龙骨瓣近等长。荚果卵状长圆形，顶端有短喙；肾形的种子。

### 人参

因其全貌颇似人的头、手、足和四肢，故而称为人参。古代人参的雅称为黄精、地精、神草。人参被人们称为"百草之王"，是驰名中外、老幼皆知的名贵药材。

| 异木 | 形态 | 异兆及功效 |
|---|---|---|
| 人参 | 全貌颇似人的头、手、足和四肢。 | 老幼皆知的名贵药材。 |
| 黄耆 | 旗瓣倒卵形，先端微凹。花黄色或淡黄色，花萼钟状。 | 能够补气固表、利水退肿、托毒排脓。 |

## 山海经地理考

| 崇山 | ⟶ | 今新疆密尔岱山 | ⟶ | 依据山川地貌推测，此山为新疆叶城县的密尔岱山，因为此山生产"西城玉"，与文中所述相吻合。 |
|---|---|---|---|---|
| 丹水 | ⟶ | 今玉河 | ⟶ | 因其上游有温泉，所以会出现文中所述"沸沸汤汤"的景象。 |
| 稷泽 | ⟶ | 今已干涸为沙漠 | ⟶ | 此河原址应在叶尔羌西北部，英吉沙尔东南部。 |

【第二卷 西山经】

## 3 从钟山到泰器山
### 会飞文鳐祥兆五谷丰登

| 山水名称 | 动物 |
| --- | --- |
| 钟山 | 大鹗、䳃鸟 |
| 观水 | 文鳐鱼 |

## 原文

又西北四百二十里，曰钟山。其子曰鼓，其状如人面而龙身，是与钦䲹杀葆江于昆仑之阳，帝乃戮之钟山之东曰瑶崖。钦䲹化为大鹗①，其状如雕而黑文白首，赤喙而虎爪，其音如晨鹄②，见则有大兵，鼓亦化为䳃鸟，其状如鸱，赤足而直喙，黄文而白首，其音如鹄③，见即其邑④大旱。

又西百八十里，曰泰器之山。观水出焉，西流注于流沙。是多文鳐鱼，状如鲤鱼，鱼身而鸟翼，苍文而白首赤喙，常行西海，游于东海，以夜飞。其音如鸾鸡⑤，其味酸甘，食之已狂，见则天下大穰。

## 译文

再往西北四百二十里，是钟山。钟山山神叫做鼓，其形貌是人面龙身。古时，鼓联合天神钦䲹，在昆仑山南面将天神葆江杀死，天帝将鼓与钦䲹杀死在钟山东面的瑶崖。二神死后，钦䲹化为一只大鹗，形状像雕鹰，长有黑色斑纹和白色脑袋，红色嘴巴和老虎一样的爪子，音如晨鹄鸣叫。钦䲹一出现就有大的战争。鼓死后也化为䳃鸟，形状像鸱鹰，长着红色的脚和直直的嘴，身上是黄色的斑纹而头却是白色的，音如鸿鹄鸣叫，它在哪里出现，哪里就会有旱灾。

再往西一百八十里，是泰器山，观水发源于此，向西流入流沙。水中多文鳐鱼，形状像鲤鱼，长着鱼身和鸟翅，浑身布满苍色的斑纹，白色脑袋和红色嘴巴，常在西海行走，在东海畅游，夜间飞行。音如鸾鸡啼叫，其肉酸中带甜，人吃了之后可治癫狂病，它一出现天下五谷丰登。

## 【注释】

① 鹗：也叫鱼鹰，是一种善于捕鱼的猛禽。形状像雕鹰，长有黑色斑纹和白色脑袋，红色嘴巴和老虎一样的爪子，音如晨鹄鸣叫。

② 晨鹄：鸱鹰之类的鸟。

③ 鹄：又名鸿鹄，即天鹅，脖颈很长，羽毛白色，鸣叫的声音洪亮。

④ 邑：泛指有人聚居的地方。

⑤ 鸾鸡：传说中的一种鸟，其具体所指不详，有待考证。

## 山海经异兽考

**文鳐鱼** 明·蒋应镐图本

传说歙州赤岭下有条很大的溪流，当地的人要在那里造一条横溪，文鳐鱼不得不下半夜从此岭飞过。那里的人于是张网进行捕捉，文鳐鱼飞过时，一部分穿过了网，还有很多没穿过网，就变成了石头。直到今天，每每下雨，那些石头就会变成红色，赤岭因此得名。

**鼓** 明·蒋应镐图本

**钦䲹** 明·蒋应镐图本

| 异兽 | 形态 | 异兆及功效 |
|---|---|---|
| 钦䲹 | 形状像雕鹰，长有黑色斑纹和白色脑袋，红色嘴巴和老虎一样的爪子，音如晨鹄鸣叫。 | 它一出现就会有大的战争。 |
| 鹝鸟 | 形状像鹞鹰，长着红色的脚和直直的嘴，身上是黄色的斑纹而头却是白色的，音如鸿鹄鸣叫。 | 它在哪里出现，哪里就会有旱灾。 |
| 文鳐鱼 | 形状像鲤鱼，长着鱼身和鸟翅，浑身布满苍色的斑纹，却长着白色的脑袋和红色的嘴巴，音如鸾鸡啼叫。 | 常在西海行走，东海畅游，夜间飞行。人吃了它的肉之后就可治好癫狂病，它一出现天下就会五谷丰登。 |

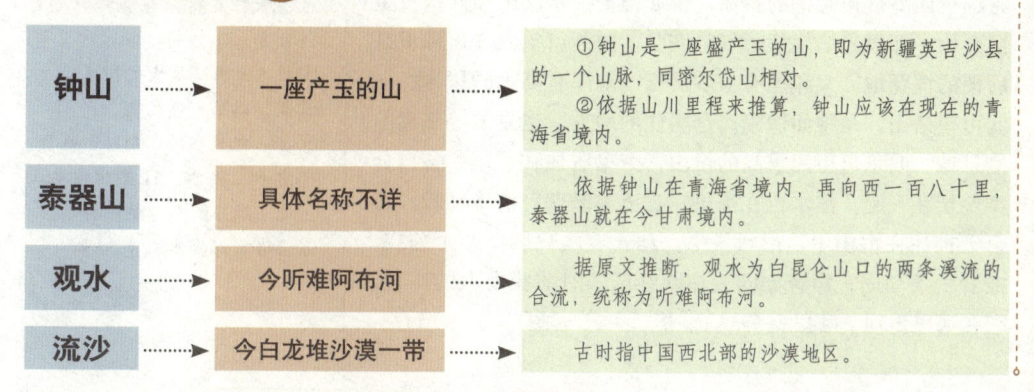

## 山海经地理考

| | | |
|---|---|---|
| 钟山 | 一座产玉的山 | ①钟山是一座盛产玉的山，即为新疆英吉沙县的一个山脉，同密尔岱山相对。②依据山川里程来推算，钟山应该在现在的青海省境内。 |
| 泰器山 | 具体名称不详 | 依据钟山在青海省境内，再向西一百八十里，泰器山就在今甘肃境内。 |
| 观水 | 今听难阿布河 | 据原文推断，观水为白昆仑山口的两条溪流的合流，统称为听难阿布河。 |
| 流沙 | 今白龙堆沙漠一带 | 古时指中国西北部的沙漠地区。 |

【第二卷 西山经】

# 4 槐江山

## 马身人首的英招

| 山水名称 | 动物 | 植物 | 矿物 |
|---|---|---|---|
| 槐江山 | 鹰鹯 | | 石青、雄黄、琅玕、黄金、玉、银、丹粟 |
| 丘时水 | 蠃母 | | |
| 大泽 | | 榣木、若木 | 玉石 |

## 原文

又西三百二十里，曰槐江之山。丘时之水出焉，而北流注于泑水。其中多蠃（luǒ）母，其上多青雄黄，多藏琅玕①、黄金、玉，其阳多丹粟。其阴多采黄金银。实惟帝之平圃，神英招司之，其状马身而人面，虎文而鸟翼，徇于四海，其音如榴。南望昆仑，其光熊熊，其气魄魄。西望大泽②，后稷③（jì）所潜也。其中多玉，其阴多榣木④之有若。北望诸，槐鬼离仑居之，鹰鹯⑤之所宅也。东望恒山四成，有穷鬼居之，各在一搏⑥。爰有淫水⑦，其清洛洛⑧。有天神焉，其状如牛，而八足二首马尾，其音如勃皇，见则其邑有兵。

## 译文

再往西三百二十里，是槐江山。丘时水发源于此，向北流入泑水。水中多螺蛳，山上多石青、雄黄，还有琅玕、黄金、玉石，山南多粟粒大小的丹砂，山北多产带符彩的黄金白银。槐江山是天帝悬在半空的园圃，由天神英招主管，天神英招长着马身人面，身上的斑纹同老虎类似，长着翅膀。它巡行四海传布天帝的旨命，音如辘轳抽水。山顶向南可望昆仑山，那里光焰熊熊，气势恢弘。向西可望大泽，那里是后稷的埋葬地。大泽里有很多美玉，南岸有高大的树木。向北可望诸山，是神仙槐鬼离仑居住的地方，也是鹰等飞禽的栖息地。向东可望四重高的恒山，穷鬼居住在那里，各自分类聚集在一起。淫水也在那里，它清灵激荡，清冷彻骨。有个天神住在恒山中，形状像牛，却长着八只脚、两个脑袋，拖着一条马尾，声音如同人在吹奏乐器时薄膜发出的声音。它在哪里出现，哪里就有战争。

【注释】

① 琅玕：像玉一样的石头。
② 大泽：后稷所葬的地方。据说后稷在出生之后，就显现出很灵慧而且先知。一直到他死时，便遁化为大泽，成为神。
③ 后稷：周人的先祖。据说其很擅长种庄稼，在虞舜时期曾任农官。
④ 榣木：特别高大的树木。
⑤ 鹯：鹞鹰一类的鸟。
⑥ 搏：把散碎的东西捏聚成团。
⑦ 淫水：洪水。这里指水从山上流下时广阔而四溢的样子。
⑧ 洛洛：形容水流声。

## 山海经异兽考

**英招** 明·蒋应镐图本

英招长着马身人首，浑身虎斑，背有双翅，能腾空飞行，周游四海。据说它参加过几百次伐邪神恶神的战争，是保护世代和平的保护神之一。同时，还负责看管长着六个头的树鸟，以及蛟龙、豹子，还有连名字都不太清楚的各种动植物。

**天神** 明·蒋应镐图本

在槐江山的悬崖下面，有一条清冷彻骨的泉水，叫淫水。看守这条淫水的，就是这个天神。

| 异兽 | 形态 | 异兆及功效 |
| --- | --- | --- |
| 英招 | 长着马身和人面，身上的斑纹同老虎类似，还长着翅膀。 | 它巡行四海而传布天帝的旨命，声音如同辘轳抽水。 |
| 山神 | 形状像牛，却长着八只脚、两个脑袋，后面还拖着一条马尾，叫声如同人在吹奏乐器时薄膜发出的声音。 | 它出现在哪里，哪里就有战争。 |

## 山海经地理考

| 槐江山 | → 今英峨奇盘山 | ①依据原文里程推测，槐江山即为密尔岱附近的英峨奇盘山。②此山可能位于新疆与甘肃交界处。 |
| --- | --- | --- |
| 丘时水 | → 今喇斯库木河 | 丘时水发源于槐江山，即为喇斯库木河。 |
| 恒山 | → 具体名称不详 | 有学者认为"恒"应为"垣"，也就是四面环绕的意思。 |
| 淫水 | → 可能为洪水 | 这里的淫水很可能不是一条河流，而是从山上流下来的洪水。 |

【第二卷 西山经】

# 5 昆仑山
## 掌管九域的九尾陆吾

| 山水名称 | 动物 | 植物 |
|---|---|---|
| 昆仑山 | 土蝼、钦原、鹑鸟 | 沙棠、薲草 |

## 原文

西南四百里，曰昆仑之丘①，是实惟帝之下都，神陆吾司之。其神状虎身而九尾，人面而虎爪，是神也，司天之九部②及帝之囿③时。有兽焉，其状如羊而四角，名曰土蝼（lóu），是食人。有鸟焉，其状如蜂，大如鸳鸯，名曰钦原，蠚④（xī）鸟兽则死，蠚木则枯。有鸟焉，其名曰鹑鸟⑤，是司帝之百服。有木焉，其状如棠，黄华赤实，其味如李而无核，名曰沙棠，可以御水，食之使人不溺。有草焉，名曰薲（shī）草，其状如葵，其味如葱，食之已劳。河水出焉，而南流注于无达。赤水出焉，而东南流注于汜天之水。洋水出焉，而西南流注于丑涂之水。黑水出焉，而四海流注于大杅。是多怪鸟兽。

## 译文

再往西南方向四百里，是昆仑山，它是天帝在下界的都邑，由天神陆吾主管。这位天神有着老虎的身子和九条尾巴，人面，还有老虎的爪子。他兼管天上九域及天帝苑囿。山中有种野兽，形状像羊长着四只角，名叫土蝼，能吃人。山中还有种鸟，形状像蜜蜂，大小似鸳鸯，名叫钦原，有剧毒，如果它蜇了其他鸟兽，鸟兽就会死掉，它刺蜇树木也会使树木枯死。有种鸟，名叫鹑鸟，主管天帝日常生活中各种器具和服饰。山中有种树，形状像棠梨树，开黄花，结红果，其味道像李子却没有核，叫做沙棠，可以避水，吃了它入水不沉。山中有种草，叫做薲草，形状像葵菜，味道与葱相似，吃了它就能使人解除烦恼忧愁。黄河发源于此，向南注入无达水。赤水发源于此，向东南流入汜天水。洋水发源于此，向西南流入丑涂水。黑水发源于此，向西流到大杅，山中多奇怪的鸟兽。

## 【注释】

①昆仑之丘：即昆仑山，神话传说中天帝居住的地方。

②九部：据古人解释是九域的部界。

③囿：古代帝王畜养禽兽的园林。

④蠚：毒虫类咬刺。

⑤鹑鸟：传说中的凤皇之类的鸟，和上文所说的鹑鸟即鹌鹑不同。

## 山海经异兽考

陆吾　明·胡文焕图本 　　　陆吾　明·蒋应镐图本

土蝼　明·蒋应镐图本 　　　钦原　明·蒋应镐图本

| 异兽 | 形态 | 异兆及功效 |
| --- | --- | --- |
| 土蝼 | 形状像羊，长有四只角。 | 能吃人。 |
| 钦原 | 形状像蜜蜂，大小似鸳鸯。 | 有剧毒，鸟兽或者树木被蜇，必死无疑。 |

## 山海经地理考

| | | |
| --- | --- | --- |
| 昆仑山 | 今黄穆峰 | 从不周山推算，向西南四百里，即是昆仑山中的最高峰，也就是黄穆峰。 |
| 河 | 今塔里木河 | 是中国第一大内流河，由阿克苏河、叶尔羌河以及和田河汇流而成，全长2179公里。 |
| 无达水 | 今塔里木河 | 塔里木河是内流河，汛期没有固定的河槽，河流容易改道，枯水期又会时常断流，因此，称为"无达"。 |
| 氾天水 | 今疏流河 | 发源于青海省祁连山脉西段疏流南山和托来南山之间，注入哈拉湖。 |
| 洋水 | 今阿姆河 | 发源于帕米尔高原东部的高山冰川，是中亚流程最长、水量最大的内陆河。同时，也是阿富汗与塔吉克斯坦的界河。 |
| 丑涂水 | 一条大河 | 阿姆河在阿富汗与塔吉克斯坦的边界形成的大河，即为丑涂水。 |

【第二卷　西山经】

## 6 从乐游山到玉山
### 牛角狡预兆五谷丰登

| 山水名称 | 动物 | 矿物 |
|---|---|---|
| 乐游山 | 鰩鱼 | 白玉 |
| 嬴母山 |  | 玉石、青石 |
| 玉山 | 狡、胜遇 |  |

## 原文

又西三百七十里，曰乐游之山。桃水出焉，西流注于稷泽，是多白玉，其中多鰩鱼，其状如蛇而四足，是食鱼。

西水行四百里，曰流沙，二百里至于嬴（luǒ）母之山，神长乘司之，是天之九德①也。其神状如人而犳②（zhuó）尾。其上多玉，其下多青石而无水。

又西北三百五十里，曰玉山，是西王母所居也。西王母其状如人，豹尾虎齿而善啸③，蓬发戴胜④，是司天之厉⑤及五残⑥。有兽焉，其状如犬而豹文，其角如牛，其名曰狡，其音如吠犬，见则其国大穰。有鸟焉，其状如翟而赤，名曰胜遇，是食鱼，其音如鹿，见则其国大水。

## 译文

昆仑山再往西三百七十里，是乐游山。桃水发源于此山，向西流入稷泽，山上有很多白色玉石，水中还有很多鰩鱼，形状像蛇却长着四只脚，能吃其他鱼。

往西走四百里水路，就到了流沙，再西行二百里便到嬴母山。由天神长乘主管，他是上天的九德之气所化，其外形像人，长着豹尾。山上有很多美玉，山下青石遍布而没有水。

嬴母山再往西三百五十里，是玉山，这是西王母居住的地方。西王母的形貌与人很像，但却长着豹尾和虎牙，而且喜好啸叫，蓬松的头发上戴着玉胜，是掌管灾厉和刑杀的天神。山中还有一种野兽，形状像狗，身上长着豹子的斑纹，头上还长着一对牛角，叫做狡，吼声如狗吠。它在哪个国家出现，哪个国家就会五谷丰登。山中还有一种鸟，形状像野鸡，通身长着红色的羽毛，名叫胜遇，是一种能吃鱼的水鸟，它的叫声如同鹿鸣，它出现在哪个国家，哪个国家便会发生水灾。

【注释】

① 天之九德：天所具有的九种德行。
② 犳：一种类似于豹子的野兽，没有花纹。
③ 啸：兽类长声地吼叫。
④ 胜：古时用玉制作的一种首饰。
⑤ 厉：在这里指灾疫。
⑥ 五残：这里指五刑残杀。

## 山海经异兽考

### 西王母  明·蒋应镐图本

周穆王西游时，这位东方的天子行到玉山，曾受到西王母的热烈欢迎和盛情款待。周穆王心存感激，向西王母施以大礼。当晚，西王母在瑶池为天子作歌，祝福他长寿，并希望他下次再来。周穆王也即席对歌，承诺顶多三五载，将再来看望故人。

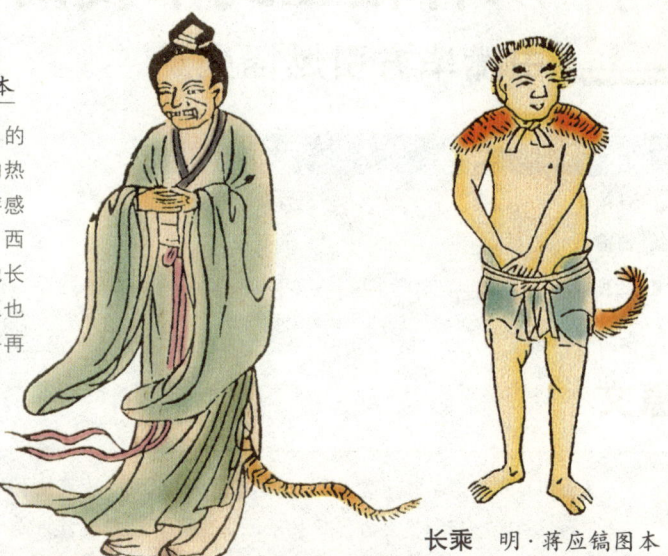

长乘  明·蒋应镐图本

狡  明·蒋应镐图本

胜遇  明·蒋应镐图本

䲃鱼  明·蒋应镐图本

| 异兽 | 形态 | 异兆及功效 |
| --- | --- | --- |
| 䲃鱼 | 形状像蛇却长着四只脚。 | 能吃其他的鱼。 |
| 长乘 | 外形像人，长着豹尾。 | |
| 西王母 | 形貌与人很像，却长着豹尾和虎牙，而且喜好啸叫，蓬松的头发上戴着玉胜。 | 掌管灾厉和刑杀。 |
| 狡 | 形状像狗，身上长着豹子的斑纹，头上还长着一对牛角。 | 它出现在哪个国家，哪个国家就会五谷丰登。 |
| 胜遇 | 形状像野鸡，通身长着红色的羽毛。 | 它出现在哪个国家，哪个国家就有水灾。 |

## 山海经地理考

| 乐游山 | 具体名称不详 | 根据山川里程推算，乐游山应在青海省境内。 |
| --- | --- | --- |
| 嬴母山 | 今乌鲁瓦特山 | 位于今疏勒的西北部。 |
| 玉山 | 今新疆和田市产玉的山区 | 根据原文推测，这座山是因为到处是玉石，才命名为玉山的。 |

【第二卷 西山经】

135

# 7 从轩辕丘到章莪山

## 白嘴毕方引燃怪火

| 山水名称 | 动物 | 矿物 |
| --- | --- | --- |
| 轩辕丘 |  | 丹粟、石青、雄黄 |
| 长留山 |  | 玉石 |
| 章莪山 | 狰、毕方 | 瑶、碧 |

## 原文

又西四百八十里，曰轩辕之丘，无草木。洵水出焉，南流注于黑水，其中多丹粟，多青雄黄。

又西三百里，曰积石之山，其下有石门，河水冒①以西流，是山也，万物无不有焉。

又西二百里，曰长留之山，其神白帝少昊（hào）居之。其兽皆文尾，其鸟皆文首。是多文玉石。实惟员神磈（chéng）氏②之宫。是神也，主司反景③（yǐng）。

又西二百八十里，曰章莪（é）之山，无草木，多瑶碧。所为甚怪。有兽焉，其状如赤豹，五尾一角，其音如击石，其名如狰。有鸟焉，其状如鹤，一足，赤文青质而白喙，名曰毕方④，其鸣自叫也，见则其邑有讹（é）火⑤。

## 译文

再往西四百八十里，是轩辕丘，山上没有花草树木。洵水从轩辕丘发源，向南流入黑水，水中有很多粟粒大小的丹砂，还有很多石青、雄黄。

再往西三百里，是积石山，山下有一个石门，黄河水漫过石门向西流去。此山万物俱全。

再往西二百里，是长留山，天神白帝少昊居住在这里。山中的野兽都是花尾巴，而禽鸟都是花脑袋，山上盛产的玉石也带着五彩的花纹。山上有惟员神磈氏的宫殿，掌管太阳落下西山后向东方的反照之景。

再往西二百八十里，是章莪山，山上寸草不生，多瑶、碧一类的美玉。山中有种野兽，形状像赤豹，长着五条尾巴和一只角，吼声如同敲击石头的响声，叫做狰。山中还有一种鸟，形状像仙鹤，只有一只脚，青色羽毛，上面有红色斑纹，白色嘴，其叫做毕方，它整天叫着自己的名字。它在哪里出现，哪里就会出现怪火。

【注释】

① 冒：这里指水从里向外透。
② 磈氏：此处指白帝少昊。
③ 反景：景，通"影"。这里指太阳西落时的景象。
④ 毕方：传说是树木的精灵，不吃五谷。
⑤ 讹火：怪火，像野火那样莫名其妙地烧起来。

## 山海经异兽考

**白帝少昊** 清·汪绂图本

少昊是西方的天帝，传说他曾在东海之外的大壑，建立了一个国家，叫少昊之国。少昊之国是一个鸟的王国，其百官由百鸟担任，而少昊挚（鸷）便是百鸟之王。后来，他做了西方天帝，和他的儿子金神蓐收共同管理着西方一万两千里的地方。

**狰** 明·蒋应镐图本

**毕方** 明·胡文焕图本

| 异兽 | 形态 | 异兆及功效 |
|---|---|---|
| 狰 | 形状像赤豹，长着五条尾巴和一只角，吼声如同敲击石头的响声。 | |
| 毕方 | 形状像仙鹤，只有一只脚，青色羽毛，上面有红色斑纹，白色嘴。 | 它在哪个地方出现，哪个地方就会出现怪火。 |

## 山海经地理考

| | | |
|---|---|---|
| 轩辕丘 | 今科克山 | 与昆仑山相距七百多里。 |
| 积石山 | 今青海阿尼玛卿山 | 为藏族"四大神山"之一。位于青海省东南部的果洛藏族自治州玛沁县雪山乡，总长28公里。 |
| 长留山 | 今布尔汗布达山东北部的山脉 | 位于柴达木盆地的东南侧，因为在其西部有很多河流注入盆地，所以，叫做长留山。 |
| 章莪山 | 具体名称不详 | 位于青海都兰县汗布达山区中的某个山脉。 |

【第二卷 西山经】

137

## 8 从阴山到騩山

### 声如猫叫的天狗可制敌

| 山水名称 | 动物 | 植物 | 矿物 |
|---|---|---|---|
| 阴山 | 文贝、天狗 | | |
| 符惕山 | | 棕树、楠木 | 金玉 |
| 三危山 | 三青鸟、鸱、獓狠 | | |
| 騩山 | | | 玉 |

## 原文

　　又西三百里，曰阴山。浊浴之水出焉，而南流注于番泽，其中多文贝。有兽焉，其状如狸而白首，名曰天狗，其音如榴榴，可以御凶。又西二百里，曰符惕（tì）之山，其上多棕枏，下多金玉。神江疑①居之。是山也，多怪雨，风云之所出也。

　　又西二百二十里，曰三危之山，三青鸟②居之。是山也，广员百里。其上有兽焉，其状如牛，白身四角，其豪如披蓑③，其名曰獓狠，是食人。有鸟焉，一首而三身，其状如䴅，其名曰鸱（chī）。又西一百九十里，曰騩（guī）山，其上多玉而无石。神耆童④居之，其音常如钟磬⑤。其下多积蛇。

## 译文

　　再往西三百里，是阴山。浊浴水发源于此，向南流入番泽，水中有很多五彩斑斓的贝类。山中有种形状像狸猫、白脑袋的野兽，叫天狗，常发出"喵喵"的叫声，人饲养它便可以抵御凶害之事的侵袭。再往西二百里，是符惕山，山上树木以棕树和楠木树为主，山下盛产金属矿物和玉石。神居江疑住于此。此山常常下怪雨，风和云也从这里兴起。

　　往西二百二十里，是三危山。三青鸟栖息在这里，三危山方圆百里。山上有种野兽，形状像牛，身子白色，头上还长着四只角，身上的硬毛又长又密，好像披着蓑衣，叫做獓狠，是一种食人兽。山中还有种奇怪的鸟，长着一个脑袋、三个身子，外形与䴅鸟很相似，叫做鸱。再往西一百九十里，是騩山，山上遍布美玉，没有石头。天神耆童居住在这里，他发出的声音像在敲钟击磬。山下到处是一堆堆的蛇。

### 【注释】

①神江疑：古人所说的神，即能够从山、树木、河谷、丘陵之中，升出云、刮起风、落下雨，也就是指所有能兴风作雨的怪兽。居于符惕山上的江疑就能兴起风雨，也就是所谓的风雨神。

②三青鸟：神话传说中的鸟，专为西王母取送食物。

③蓑：遮雨用的草衣。

④耆童：即老童，传说是上古帝王颛顼的儿子。

⑤磬：古代一种乐器，用美石或玉石雕制而成。

## 山海经异兽考

### 天狗　明·蒋应镐图本

传说白鹿原上曾有天狗降临，只要有贼，天狗便狂吠而保护整个村子。天狗有食蛇的本领，它也被看做是可以抵御凶灾的奇兽。

三青鸟　明·蒋应镐图本

獓䣀　明·蒋应镐图本

鸱　明·蒋应镐图本

| 异兽 | 形态 | 异兆及功效 |
| --- | --- | --- |
| 天狗 | 形状像狸猫、白脑袋的野兽，叫天狗，常发出"喵喵"的叫声。 | 人饲养它便可以抵御凶害之事的侵袭。 |
| 獓䣀 | 形状像牛，身子是白色的，头上长着四只角，身上的硬毛又长又密，好像披着蓑衣。 | 能吃人。 |
| 鸱 | 一个脑袋、三个身子，外形与鹗鸟很相似。 | |

## 山海经地理考

| 浊浴水 | 今青海塔塔棱河 | 位于青海省境内。 |
| --- | --- | --- |
| 番泽 | 今青海巴嘎柴达木湖 | 位于青海省境内。 |
| 阴山 | 今巴嘎柴达木湖南的山脉 | 巴阴河环绕在阴山的北、东、南三面，水南曰阴，因此，称为阴山。 |
| 符惕山 | 今祁连山中的某一山岭 | 该山脉的正南与西南皆为盆地，西北与东南多水泽，东北有山脉阻隔。 |
| 三危山 | 今三危山 | 又名卑羽山，位于甘肃敦煌市，主峰与莫高窟相对，三峰耸立，故称三危山。 |
| 騩山 | 今金山 | 位于阿克塞哈萨克族自治县，过去是人迹罕至的地方。 |

【第二卷　西山经】

# 9 从天山到翼望山

## 混沌帝江，能歌善舞

| 山水名称 | 动物 | 矿物 |
|---|---|---|
| 天山 | 帝江 | 金玉、石青、雄黄 |
| 泑山 |  | 玉石、瑾、瑜、石青、雄黄 |
| 翼望山 | 讙、鵸鵌 | 金玉 |

## 原文

　　又西三百五十里，曰天山，多金玉，有青、雄黄。英水出焉，而西南流注于汤谷。有神焉，其状如黄囊，赤如丹火，六足四翼，浑敦①无面目，是识歌舞，实为帝江也。又西二百九十里，曰泑（yōu）山，神蓐（rù）收居之。其上多婴短之玉，其阳多瑾、瑜之玉，其阴多青、雄黄。是山也，西望日之所入，其气员，神红光②之所司也。西水行百里，至于翼望之山，无草木，多金玉。有兽焉，其状如狸，一曰而三尾，名曰讙（huān），其音如夺百声，是可以御凶，服之已瘅③（dān）。有鸟焉，其状如乌，三首六尾而善笑，名曰鵸鵌，服之使人不厌④，又可以御凶。凡西次三经之首，崇吾之山至于翼望之山，凡二十三山，六千七百四十四里。其神状皆羊身人面。其祠之礼，用一吉玉瘗，糈用稷米。

## 译文

　　再往西三百五十里，是天山，山上盛产金玉，多石青和雄黄。英水发源于此，向西南流入汤谷。山里有个神，外形像黄色口袋，红得像丹火，六只脚，四只翅膀，混混沌沌没有面部和眼睛，精通唱歌跳舞，名为帝江。再往西二百九十里，是泑山，天神蓐收住在这里。山上盛产可做颈饰的玉石，山南多瑾、瑜，山北多石青和雄黄。向西可望太阳落山的情景，红日浑圆，由天神红光掌管。再往西一百里水路，是翼望山。山上无花草树木，遍布金玉。山中有野兽，形状像狸猫，一只眼睛、三条尾巴，叫讙。能发出百种动物的叫声，可辟除凶邪之气，人吃了它的肉就能治好黄疸病。山中还有种鸟，外形像乌鸦，长着三个脑袋、六条尾巴，经常发出像人笑声般的声音，叫做鵸鵌，吃了它的肉，人就不会做噩梦，还可辟除凶邪之气。总计西方第三列山系之首尾，从崇吾山起，到翼望山止，一共二十三座山，连绵六千七百四十四里。诸山山神均是羊身人面。祭祀时，要把祀神的一块吉玉埋入地下，米用稷米。

## 【注释】

①浑敦：即"混沌"，没有具体的形状。

②红光：就是蓐收。

③瘅：通"疸"，即黄疸病。中医认为是由湿热造成的。中医将此病症分为谷疸、酒疸、黑疸、女劳疸、黄汗五种。黄疸的可能成因包括肝炎、胆管阻塞或变形、某种贫血。因为胆汁色素由血液溢出到尿液，除黄色皮肤外，通常也会使尿液呈深褐色。另外，黄疸病会使大便变成淡色，因为肠内不含色素。

④厌：通"魇"，梦中遇可怕的事而呻吟、惊叫。

## 山海经异兽考

### 帝江　明·蒋应镐图本

传说东海之帝倏和南海之帝忽常常相会于帝江之地，帝江待之极好。倏与忽便商量要报答帝江的深情厚谊，他们认为，人人都有眼耳鼻口七窍，用来视听食息，唯独帝江什么都没有，便决定为帝江凿开七窍，于是他们一日一窍，一连凿了七天，七窍凿成，帝江却死了。

蓐收　明·蒋应镐图本

讙　明·蒋应镐图本

鵸鵌　明·蒋应镐图本

| 异兽 | 形态 | 异兆及功效 |
| --- | --- | --- |
| 讙 | 形状像狸猫，一只眼睛、三条尾巴，能发出百种动物的鸣叫声。 | 可以辟除凶邪之气，人吃了它的肉就能治好黄疸病。 |
| 鵸鵌 | 外形像乌鸦，长着三个脑袋、六条尾巴，还经常发出像人笑声般的声音。 | 吃了它的肉，人就不会做噩梦，还可以辟除凶邪之气。 |
| 帝江 | 外形像黄色口袋，红得像丹火，六只脚，四只翅膀，混混沌沌没有面部和眼睛，精通唱歌跳舞。 | |

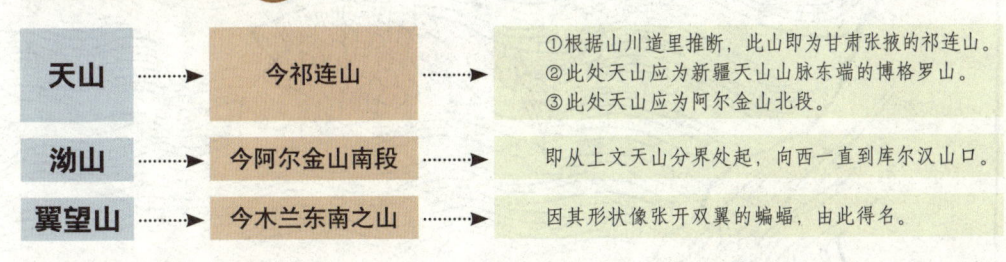

## 山海经地理考

| | | |
| --- | --- | --- |
| 天山 | 今祁连山 | ①根据山川道里推断，此山即为甘肃张掖的祁连山。②此处天山应为新疆天山山脉东端的博格罗山。③此处天山应为阿尔金山北段。 |
| 㶌山 | 今阿尔金山南段 | 即从上文天山分界处起，向西一直到库尔汉山口。 |
| 翼望山 | 今木兰东南之山 | 因其形状像张开双翼的蝙蝠，由此得名。 |

【第二卷　西山经】

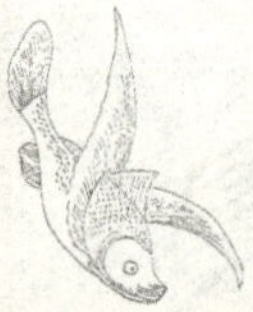

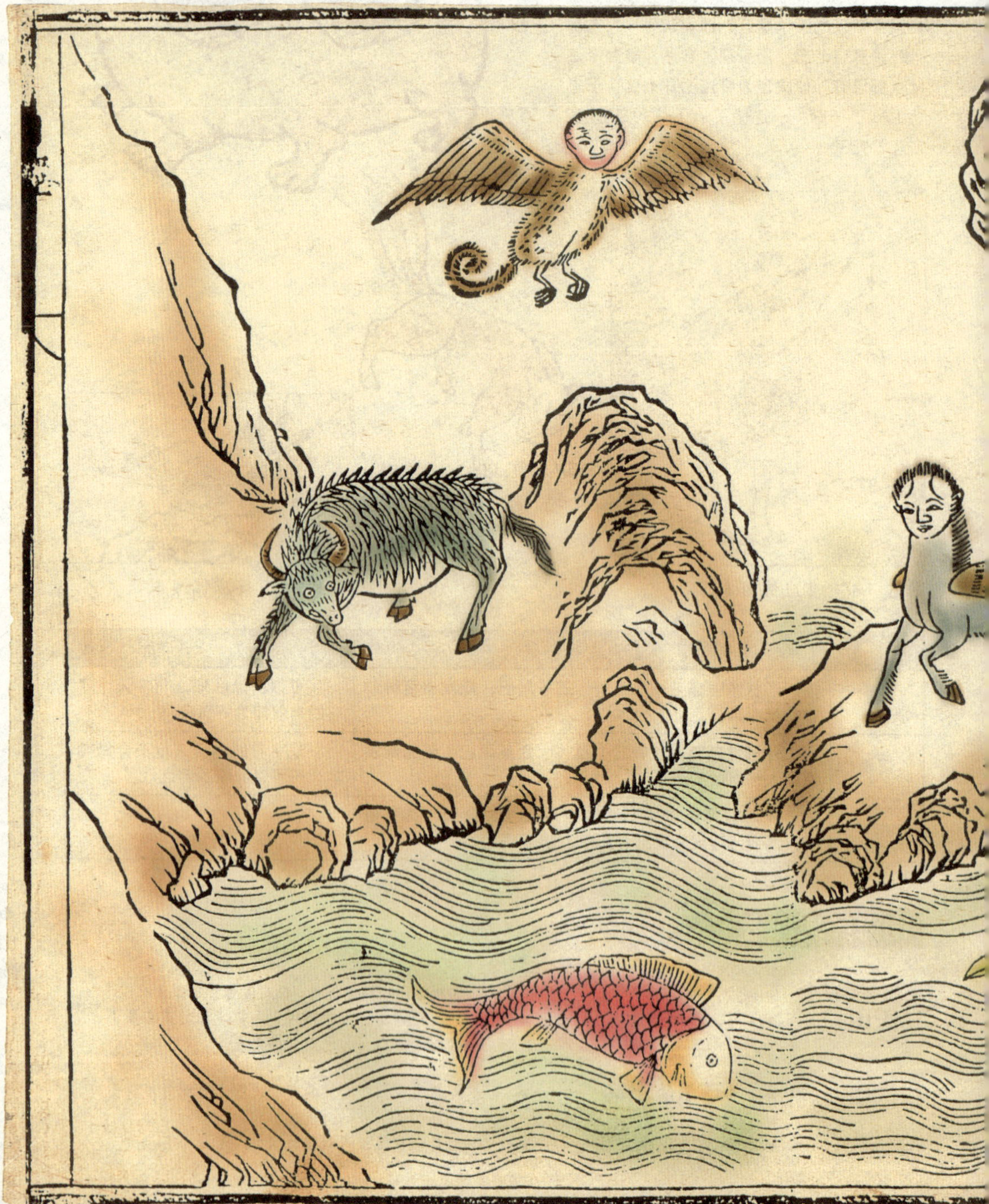

# 西次四经

《西次四经》主要记载西方第四列山系上的动植物及矿物。此山系所处的位置大约在今陕西省、宁夏回族自治区、甘肃省一带，从阴山起，一直到崦嵫山止，一共十九座山。山上异兽遍地。例如：有周身长满刺猬毛的穷奇；有人面蛇尾、鸟翅，又喜欢把人抱起来的孰湖；有长着鱼身蛇头、六只脚的冉遗鱼。

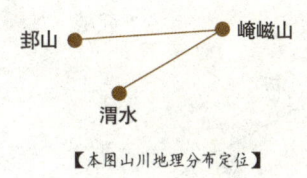

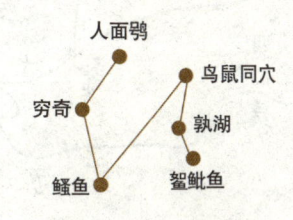

邽山　　　崦嵫山
　　渭水

【本图山川地理分布定位】

人面鸮
　　　鸟鼠同穴
穷奇　　　孰湖
　　鳋鱼　䗔䗔鱼

【本图人神怪兽分布定位】

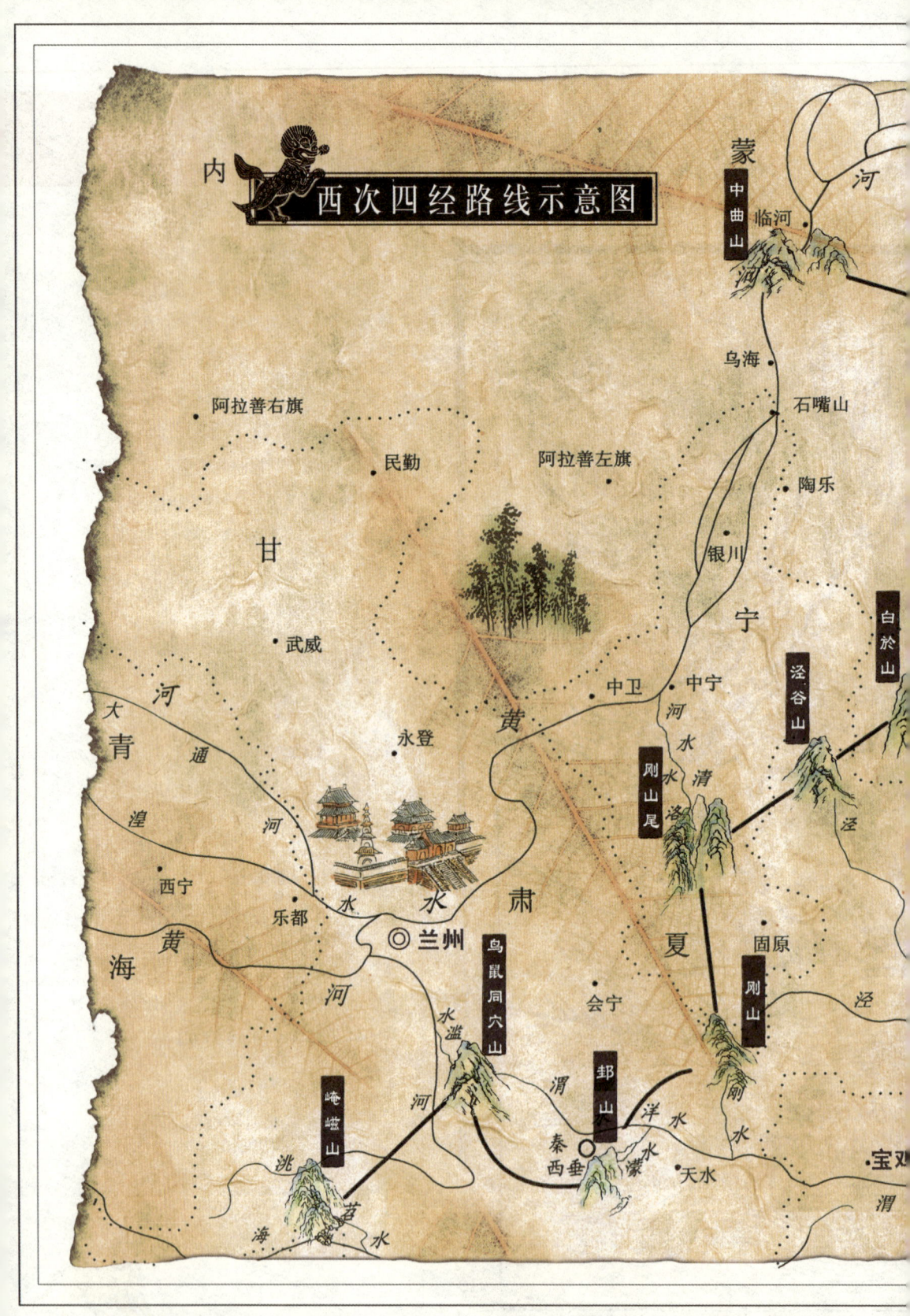

本图根据张步天教授"《山海经》考察路线图"绘制，图中记载了《西次四经》中阴山到崦嵫山共19座山的今日考证位置。

(此路线形成于西周时期)

# 1 从阴山到鸟山
## 无飞禽走兽的奇山怪水

| 山水名称 | 植物 | 矿物 |
|---|---|---|
| 阴山 | 构树、莼菜、蕃草 |  |
| 劳山（洱水） | 紫草 | （紫石、碧玉） |
| 申山 | 构树、柞树、杻树和橿树 | 金玉 |
| 鸟山 | 桑树、构树 | 铁、玉石 |

## 原文

西次四经之首，曰阴山，上多榖（dòu），无石，其草多茆①（máo）、蕃。阴水出焉，西流注于洛。

北五十里，曰劳山，多茈（zǐ）草②。弱水出焉，而西流注于洛。

西五十里，曰罢父之山，洱（ěr）水出焉，而西流注于洛，其中多茈③、碧④。

北七十里，曰申山，其上多榖、柞（zhà），其下多杻橿，其阳多金玉。区水出焉，而东流注于河。

北二百里，曰鸟山，其上多桑，其焉多榖，其阴多铁，其阳多玉。辱水出焉，而东流注于河。

## 译文

西方第四列山系之首座山，叫阴山，山上生长着茂密的构树，但没有石头。这里的草以莼菜、蕃草为主。阴水发源于此，向西注入洛水。

阴山往北五十里，是劳山，这里生长着茂盛的紫草。弱水发源于此，然后向西流入洛水。

劳山往西五十里，是罢父山，洱水发源于此，然后向西流入洛水，水中有很多紫石、碧玉。

往北七十里，是申山，山上生长着茂密的构树林和柞树林，山下森林里主要是杻树和橿树，山南坡还蕴藏有丰富的金属矿物和玉石。区水发源于此，然后向东流入黄河。

再往北二百里，是鸟山，山上是茂密的桑树林，山下则到处是构树林。山的北坡盛产铁，而山的南坡盛产玉石。辱水发源于此，然后向东流入黄河。

【注释】

①茆：即莼菜，多年生水生草本，叶椭圆形，浮生在水面，夏季开花。嫩叶可供食用。

②茈草：即紫草，可以染紫色。是中草药的一种，有凉血活血、清热解毒、滑肠通便的作用。春秋挖根，除去残茎及泥土（勿用水洗，以防退色），晒干或微火烘干，生用。

③茈：紫色。在这里泛指紫色的漂亮的石头。

④碧：青绿色。在这里泛指青绿色的玉石。

## 山海经异木考

### 紫草

主治心腹间邪气郁结及各种黄疸，可补益中气、通利九窍。有利尿滑肠、治疗便秘的作用。

| 异木 | 形态 | 异兆及功效 |
| --- | --- | --- |
| 紫草 | 中草药的一种，多生长在山坡草地。 | 有凉血活血、清热解毒、滑肠通便的作用。 |

## 山海经地理考

| | | |
| --- | --- | --- |
| 阴山 → | 今将军山 | 依据注入洛河的阴水来推断，水源的东山即为此山。 |
| 阴水 → | 今石门河 | 依据原文，符合注入洛河条件的只有石门河。 |
| 劳山 → | 今耍险山 | 劳山位于陕西甘泉县。 |
| 弱水 → | 今甘泉河 | 发源于劳山的弱水可能为流经陕西甘泉县的甘泉河。 |
| 罢父山 → | 今原耍险山 | 劳山向西五十里，即为此山，因其山北有幕府沟，取其谐音而得名。 |
| 洱水 → | 今仙官河 | ①发源于罢父山而又注于洛水的河，即为仙官河。<br>②依据地理位置推测，可能是今周河。 |
| 申山 → | 今黄龙山 | ①依据区水的位置推算得出。<br>②根据里程推算，可能是陕西安塞县北的芦关山。 |
| 区水 → | 今白水川 | ①区水在仕望川南，向东流注入黄河，符合此推断的即为白水川。<br>②可能是今陕西延安的延河。 |
| 鸟山 → | 今大盘山 | 位于仕望川源头。 |
| 辱水 → | 今仕望川 | ①依据鸟山位置推算得出。<br>②若区水师延安的延河，辱水可能是今陕西的清涧河。 |

【第二卷 西山经】

## 2 从上申山到号山
### 不用翅膀也能飞的当扈

| 山水名称 | 动物 | 植物 | 矿物 |
|---|---|---|---|
| 上申山 | 白鹿、当扈 | 榛树、楛树 | 硌石 |
| 诸次山 | 蛇 | | |
| 号山 | | 漆树、棕树、白芷草、蘪草、芎䓖草 | 泠石 |

## 原文

又北百二十里，曰上申之山，上无草木，而多硌①(luò)石，下多榛(zhēn)楛(hù)，兽多白鹿。其鸟多当扈，其状如雉②，以其髯③飞，食之不眴(bān)目④。汤水出焉，东流注于河。

又北百八十里，曰诸次之山，诸次之水出焉，而东流注于河。是山也，多木无草，鸟兽莫居，是多众蛇。

又北百八十里，曰号山，其木多漆⑤、棕，其草多药、蘪(xiāo)、芎(xiōng)䓖。多泠(gàn)石⑥。端水出焉，而东流注于河。

## 译文

鸟山再往北一百二十里，是上申山。山上草木不生，大石裸露。而山下则生机勃勃，生长着茂密的榛树和楛树。山上的野兽以白鹿居多。上申山里最多的禽鸟是当扈鸟，其形状像普通的野鸡，但脖子上长着髯毛，用髯毛当翅膀高飞。吃了它的肉就能使人不眨眼睛。汤水发源于此，向东流入黄河。

上申山再往一百北八十里的地方，是诸次山。诸次水发源于此，然后向东流入黄河。在诸次山上，到处生长着茂密的林木，却没有花草，也没有禽鸟野兽栖居，但有许多蛇聚集在这里。

再往北一百八十里，是号山。山里的树木大多是漆树、棕树，而草以白芷、蘪草、芎䓖等香草为主。山中还盛产泠石。端水发源于此，然后向东流入黄河。

## 【注释】

①硌：山上的大石。

②雉：又称野鸡。雄性的羽毛华丽，而且在颈下有一个显著的白色环形纹。而雌性的泽全身砂褐色，体形较小，尾巴也很短。不过善于行走，却不能长时间飞行。它的肉可以食用，羽毛也可以做成很漂亮的装饰品。

③髯：脖子咽喉下的须毛。

④眴目：即瞬目，眨闪眼睛。

⑤漆：指漆树，落叶乔木，从树干中流出的汁液可作涂料用。

⑥泠石：一种石质柔软如泥的石头。

## 山海经异兽考

### 白鹿  清·汪绂图本

白鹿是一种瑞兽，据说普通的鹿生长千年毛皮就会变成苍色，再生长五百年其毛皮才能变白，足见白鹿之珍贵。古人认为只有天子体察民情、政治清明的时候，白鹿才会出现。

当扈  明·胡文焕图本

当扈  明·蒋应镐图本

| 异兽 | 形态 | 异兆及功效 |
|---|---|---|
| 当扈 | 形状像普通的野鸡，但脖子上长着髯毛，用髯毛当翅膀高飞。 | 吃了它的肉就能使人不眨眼睛。 |

## 山海经地理考

| 上申山 | → | 今甘肃崆峒山 | → | 此山位于甘肃省平凉市城西，属于六盘山的支脉，是古代丝绸之路西出关中的要塞。 |
| 汤水 | → | 今云岩河 | → | 位于延河之南，向东注入黄河。 |
| 诸次山 | → | 今梁山 | → | 假设延河就是诸次水，该河源于梁山，那么，诸次山即为梁山。 |
| 诸次水 | → | 今延河 | → | 依据原文中"端水"的位置来推断，在清涧河的南部，向东注入黄河的即是延河。因此，延河即为诸次水。 |
| 号山 | → | 今高柏山 | → | 端水发源于号山，而清涧河即为端水，则号山即为今日的高柏山。 |
| 端水 | → | 今清涧河 | → | 位于无定河之南，向东注入黄河。 |

【第二卷 西山经】

## 3 从盂山到刚山

### 眼睛生在脸部正前方的鸮

| 山水名称 | 动物 | 植物 | 矿物 |
|---|---|---|---|
| 盂山 | 白虎、白狼、白雉、白翟 | | 铁、铜 |
| 白於山 | 牸牛、羬羊、鸮 | 松树、柏树、栎树、檀树 | |
| 泾谷山 | | | 白银、白玉 |
| 刚山 | | 漆树 | 㻬琈玉 |

## 原文

又北二百二十里，曰盂山，其阴多铁，其阳多铜，其兽多白狼白虎，其鸟多白雉白翟。生水出焉，而东流注于河。西二百五十里，曰白於之山，上多松柏，下多栎檀，其兽多牸牛、羬羊，其鸟多鸮（xiāo）。洛水出于其阳，而东流注于渭，夹水出于其阴，东流注于生水。

西北三百里，曰申首之山，无草木，冬夏有雪。申水出于其上，潜于其下，是多白玉。

又西五十五里，曰泾谷之山。泾水出焉，东南流注于渭，是多白金白玉。

又西百二十里，曰刚山，多㭍（qī）木①，多㻬琈之玉。刚水出焉，北流注于渭。是多神䰠②，其状人面兽身，一足一手，其音如钦③。

## 译文

再往北二百二十里，是盂山。北坡盛产铁，南坡盛产铜。山中动物都是白色的，野兽多是白狼和白虎。飞鸟大多是白色野鸡和白色翠鸟。生水发源于此，向东流入黄河。盂山再往西二百五十里，是白於山。山上多松树林和柏树林，山下多栎树和檀香树，山中野兽多是牸牛、羬羊，禽鸟以鸮鸟居多。洛水发源于此山南麓，向东流入渭水；夹水发源于此山北麓，向东流入生水。

再往西北三百里，是申首山。山上没有花草树木，山顶终年积雪。申水发源于此，形成瀑布，奔流到山下，水中多白色美玉。

再往西五十五里，是泾谷山。泾水发源于此，向东南流入渭水，山上多白银和白玉。

再往西一百二十里，是刚山。山上覆盖着茂密的漆树林，盛产㻬玉。刚水发源于此，向北注入渭水。这里有很多名叫䰠的神，它是人面兽身，只长一只脚一只手，发出的声音像人在呻吟。

### 【注释】

① 㭍木：漆树。"㭍"即"漆"。
② 神䰠："魑魅"一类的东西，魑魅是传说中山泽的鬼怪。
③ 钦："吟"字的假借音，用呻吟之意。

## 山海经异兽考

**鸮** 清·《禽虫典》

鸮鸟也就是猫头鹰，它的喙和爪都弯曲呈钩状，并且十分锐利；它的两只眼睛不像一般的鸟生在头部的两侧，而是生在脸部正前方。它夜间和黄昏出来活动，主要捕食鼠类，也食小鸟和昆虫，属农林益鸟。

白狼　清·汪绂图本　　　神魂　明·蒋应镐图本　　　白虎　清·汪绂图本

## 山海经地理考

| | | |
|---|---|---|
| 盂山 | 今陕西横山 | 位于陕西省北部，即陕北黄土高原与风沙高原的过渡区。 |
| 生水 | 今陕西无定河 | 位于陕西省北部。 |
| 白於山 | 今陕西白于山 | 位于陕西省北部、宁夏回族自治区南部、甘肃省东南部与内蒙古自治区西南部边缘接壤地带。 |
| 夹水 | 今红柳河 | 依据洛河、渭河的位置来推断，夹水在无定河的上游，即为陕西的红柳河。 |
| 申首山 | 今虎头山 | 泾谷是六盘山的水沟梁，在此向东55里，即为虎头山，也就是申首山。 |
| 申水 | 今蒲河 | 位于虎头山之下。 |
| 泾谷山 | 今水沟梁 | 依据泾水发源的山脉类推，泾谷山即为水沟梁。 |
| 泾水 | 今泾河 | 渭河最大的支流，南北两个源头，南部源于宁夏泾源老龙潭，北部源于宁夏固原大湾镇 |
| 刚山 | 今平川区最高峰 | 依据里程推算，即为祁连山东延余脉，主峰海拔2858米。 |

【第二卷 西山经】

# 4 从刚山之尾到中曲山
## 白身黑尾能食虎豹的駮

| 山水名称 | 动物 | 植物 | 矿物 |
|---|---|---|---|
| 刚山尾 | 蛮蛮 | | |
| 英鞮山（涴水） | （冉遗鱼） | 漆树 | 金玉 |
| 中曲山 | 駮 | 櫰木 | 玉、雄黄、白玉、金 |

## 原文

又西二百里，至刚山之尾。洛水出焉，而北流注于河。其中多蛮蛮①，其状鼠身而鳖首，其音如吠犬。

又西三百五十里，曰英鞮（dī）之山，上多漆木，下多金玉，鸟兽尽白。涴水出焉，而北流注于陵羊之泽。是多冉遗之鱼，鱼身蛇首六足，其目如马耳，食之使人不眯②，可以御凶。

又西三百里，曰中曲之山，其阳多玉，其阴多雄黄、白玉及金。有兽焉，其状如马而白身黑尾，一角，虎牙爪，音如鼓音，其名曰駮（bó），是食虎豹，可以御兵。有木焉，其状如棠，而员叶赤实，实大如木瓜③，名曰櫰（huái）木④，食之多力。

## 译文

再往西二百里，是刚山的尾端。洛水发源于此，向北流入黄河。山中多蛮蛮兽，形状像普通的老鼠，长着甲鱼脑袋，叫声如狗叫。

再往西三百五十里，是英鞮山。山上多漆树，山下盛产金属矿物和美玉。山上禽鸟野兽都是白色的。涴水发源于此，向北注入陵羊泽。水里多冉遗鱼，它长着鱼身蛇头，还有六只脚，眼睛像马的耳朵。吃了冉遗的肉，睡觉不做噩梦，也可以御凶辟邪。

再往西三百里，是中曲山。其山南盛产玉石，山北盛产雄黄、白玉和金属矿物。山中有种野兽，像马，白身和黑尾，头顶有一只角，牙齿和爪子就和老虎的一样锋利，发出的声音如同击鼓的响声，叫做駮。它是兽中之英，威猛之兽，能以老虎和豹子为食，饲养它可以避免兵刃之灾。山中还有一种独特的树木，其形状像棠梨，圆叶子，结红果，果实有木瓜大小，叫做櫰木，人吃了它就能增强体力。

【注释】

① 蛮蛮：属于水獭之类的动物，与上文的蛮蛮鸟同名而异物。
② 眯：梦魇。
③ 木瓜：木瓜树所结的果子，椭圆形，有香气，可以吃，也可入药。除了助消化之外，还能消暑解渴、润肺止咳。它特有的木瓜酵素能清心润肺，还能帮助消化、治胃病，它独有的木瓜碱具有抗肿瘤功效，对淋巴性白血病细胞具有强烈抗癌活性。
④ 櫰木：一种落叶乔木。

## 山海经异兽考

**驳** 明·蒋应镐图本

传说齐桓公骑马出行,迎面来了一只老虎,老虎不但没有扑过来,反而趴在原地不敢动,齐桓公很奇怪,便问管仲,管仲回答说:"你骑的是驳,它是能吃虎豹的,所以老虎很害怕,不敢上前。"

冉遗 明·胡文焕图本

蛮蛮 明·蒋应镐图本

冉遗 明·蒋应镐图本

| 异兽 | 形态 | 今名 | 异兆及功效 |
|---|---|---|---|
| 蛮蛮 | 形状像老鼠,长着甲鱼脑袋。 | 水獭 | 叫声如狗叫。 |
| 冉遗 | 长着鱼身蛇头,还有六只脚,眼睛像马的耳朵。 | | 吃了冉遗的肉,睡觉不做噩梦,也可以御凶辟邪。 |
| 驳 | 像马,白身和黑尾,头顶有一只角,牙齿和爪子就和老虎的一样锋利,发出的声音如同击鼓的响声。 | | 能以老虎和豹子为食,饲养它可以避免兵刃之灾。 |

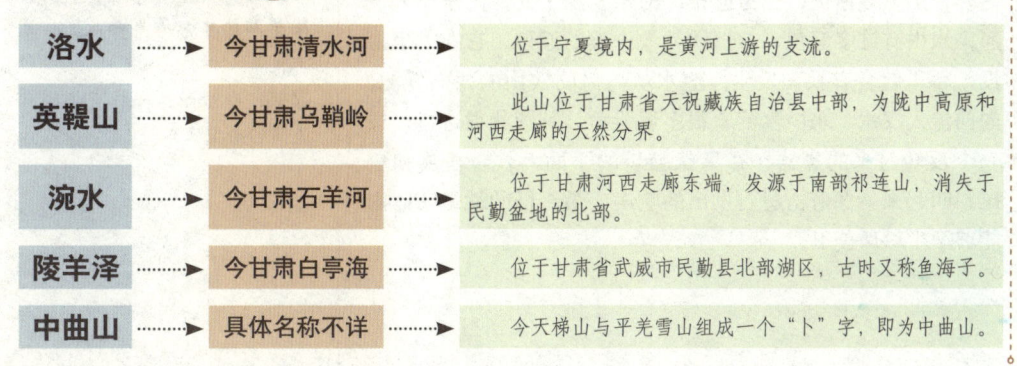

## 山海经地理考

| 洛水 | 今甘肃清水河 | 位于宁夏境内,是黄河上游的支流。 |
|---|---|---|
| 英鞮山 | 今甘肃乌鞘岭 | 此山位于甘肃省天祝藏族自治县中部,为陇中高原和河西走廊的天然分界。 |
| 涴水 | 今甘肃石羊河 | 位于甘肃河西走廊东端,发源于南部祁连山,消失于民勤盆地的北部。 |
| 陵羊泽 | 今甘肃白亭海 | 位于甘肃省武威市民勤县北部湖区,古时又称鱼海子。 |
| 中曲山 | 具体名称不详 | 今天梯山与平羌雪山组成一个"卜"字,即为中曲山。 |

【第二卷 西山经】

153

## 5 从郆山到鸟鼠同穴山

### 长刺猬毛的穷奇能吃人

| 山水名称 | 动物 | 矿物 |
|---|---|---|
| 郆山（濛水） | 穷奇（嬴鱼、黄贝） | |
| 鸟鼠同穴山 | 白虎 | 白玉 |
| 滥水 | 鳋鱼、䲂鲵鱼 | |

## 原文

又西二百六十里，曰郆（guī）山。其上有兽焉，其状如牛，猬毛，名曰穷奇，音如獆（háo）狗，是食人。濛水出焉，南流注于洋水，其中多黄贝①，嬴鱼，鱼身而鸟翼，音如鸳鸯，见则其邑大水。

又西二百二十里，曰鸟鼠同穴之山，其上多白虎、白玉。渭水出焉，而东流注于河。其中多鳋鱼，其状如鳣（zhān）鱼②，见则其邑有大兵。滥水出于其西，西流注于汉水，多䲂鲵之鱼，其状如覆铫③（diào），鸟首而鱼翼鱼尾，音如磬石之声，是生珠玉。

## 译文

再往西二百六十里，是郆山。山上有种野兽，其形状像一般的牛，但全身长着刺猬毛，名叫穷奇，它发出的声音如同狗叫，是能吃人的。濛水发源于此，向南注入洋水，水中有很多黄贝，还有一种嬴鱼，它长着鱼的身子却有鸟的翅膀，发出的声音就像鸳鸯鸣叫，它在哪里出现，哪里就有水灾。

再往西二百二十里，是鸟鼠同穴山，山中有鸟鼠同穴。另外，山上多白虎，白玉遍布。渭水发源于此，向东流入黄河，水中有许多鳋鱼，其形状就像一般的鳣鱼，它在哪里出没，哪里就会有兵灾发生。滥水从鸟鼠同穴山的西面发源，向西流入汉水。水中生活着很多䲂鲵鱼，其形状很奇特，像一个反转过来的烹器，在鸟状脑袋的下面，长着鱼翼和鱼尾，叫起来就像敲击磬石发出的响声，最奇怪的就是它体内能够孕生珍珠美玉。

【注释】

①黄贝：据古人说是一种甲虫，肉如蝌蚪，但有头也有尾巴。

②鳣鱼：一种形体较大的鱼，大的有两三丈长，头略呈三角形，吻长而较尖锐。头部表面被有多数骨板。口下位，宽大，稍成弧形；嘴长在颌下，身体上面有甲，无鳞，肉是黄色的。可以入药。益气养血。主病后体虚；筋骨无力；贫血；营养不良等。

③铫：即吊子，一种有把柄有流嘴的小型烹器。

## 山海经异兽考

### 穷奇　明·蒋应镐图本

相传天帝少昊有一个不肖之子，他诋毁忠良，包庇奸人，所作所为跟穷奇兽类似，人们十分痛恨他，就称他为穷奇。穷奇又是大傩十二神中食蛊的逐疫之神，众妖邪见了它，无不仓皇逃走。

嬴鱼　清·《禽虫典》

鳋鱼　明·蒋应镐图本　　鴢䰻鱼　明·蒋应镐图本　　鸟鼠同穴　明·蒋应镐图本

| 异兽 | 形态 | 异兆及功效 |
| --- | --- | --- |
| 穷奇 | 形状像一般的牛，但全身长着刺猬毛，发出的声音如同狗叫。 | 能吃人。 |
| 鳋鱼 | 形状就像一般的鳝鱼。 | 它在哪里出现，哪里就会有兵灾发生。 |
| 鴢䰻鱼 | 像一个反转过来的烹器，在鸟状脑袋的下面，长着鱼翼和鱼尾，叫声如敲击磬石发出的响声。 | 它体内能够孕生珍珠美玉。 |

## 山海经地理考

| 䣘山 | → | 今燕麦山 | → | 依据山川里程计算。 |
| --- | --- | --- | --- | --- |
| 濛水 | → | 今青海北川河 | → | 位于青海省西宁市二十里铺镇。 |
| 洋水 | → | 今青海湟水河 | → | 又名西宁河，位于青海省东部，发源于海晏县包呼图山。 |
| 鸟鼠同穴山 | → | 今甘肃鸟鼠山 | → | 位于甘肃省渭源县西南郭，海拔3495米，属于西秦岭的北支。 |

【第二卷 西山经】

## 6 崦嵫山
### 会引起旱灾的人面鸮

| 山水名称 | 动物 | 植物 | 矿物 |
|---------|------|------|------|
| 崦嵫山 | 乌龟、孰湖、人面鸮 | 丹树 | 玉石 |

## 原文

西南三百六十里，曰崦（yān）嵫（zī）之山，其上多丹木，其叶如楮，其实大如瓜，赤符①而黑理，食之已瘅，可以御火。其阳多龟，其阴多玉。苕水出焉，而西流注于海，其中多砥砺②。有兽焉，其状马身而鸟翼，人面蛇尾，是好举人，名曰孰湖。有鸟焉，其状如鸮而人面，蜼③身犬尾，其名自号也，见则其邑大旱。

凡西次四经自阴山以下，至于崦嵫之山，凡十九山，三千六百八十里。其神祠礼，皆用一白鸡祈，糈以稻米，白菅为席。右西经之山，凡七十七山，一万七千五百一十七里。

## 译文

再往西南三百六十里，是崦嵫山，山上多丹树，叶子像构树叶，果实有瓜那么大，红色果皮，黑色果肉，人吃了它就可治愈黄疸病，还可辟火。山南多乌龟，山北遍布玉石。苕水发源于此，向西流入大海，水中多磨刀石。山中有一种野兽，身体像马，有鸟的翅膀、人的面孔和蛇的尾巴，很喜欢把人抱着举起来，叫做孰湖。山中还有一种禽鸟，形状像猫头鹰，却长着人的面孔和猴的身子，还拖着一条狗尾巴，它啼叫起来就像是在呼唤自己的名字，它在哪里出现，哪里就会有大旱灾。

总观西方第四列山系，从阴山开始，到崦嵫山为止，一共十九座山，连绵三千六百八十里。祭祀诸山山神的礼仪，都是用一只白色鸡献祭，祀神的米用精选的稻米，并用白茅草编织的席子作为神的坐席。以上就是西方诸山的记录，总共七十七座山，蜿蜒长达一万七千五百一十七里。

【注释】

①符："柎"的假借字。柎，花萼。

②砥砺：两种磨刀用的石头。细磨刀石叫砥，粗磨刀石叫砺，后一般合起来泛指磨石。

③蜼：传说中的一种猴子，似猕猴之类。

## 山海经异兽考

人面鸮 明·蒋应镐图本

孰湖 明·蒋应镐图本

| 异兽 | 形态 | 异兆及功效 |
|---|---|---|
| 人面鸮 | 形状像猫头鹰,却长着人的面孔和猴的身子,还拖着一条狗尾巴。它啼叫起来就像是在呼唤自己的名字。 | 它在哪里出现,哪里就会有大旱灾。 |
| 孰湖 | 身体像马,却有鸟的翅膀、人的面孔和蛇的尾巴。 | 很喜欢把人抱着举起来。 |

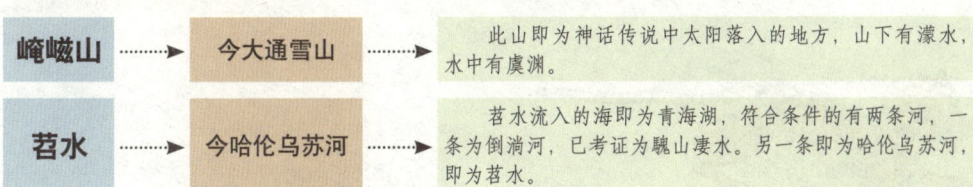

## 山海经地理考

| 崦嵫山 | → | 今大通雪山 | → | 此山即为神话传说中太阳落入的地方,山下有濛水,水中有虞渊。 |
|---|---|---|---|---|
| 苕水 | → | 今哈伦乌苏河 | → | 苕水流入的海即为青海湖,符合条件的有两条河,一条为倒淌河,已考证为騩山凄水。另一条即为哈伦乌苏河,即为苕水。 |

【第二卷 西山经】

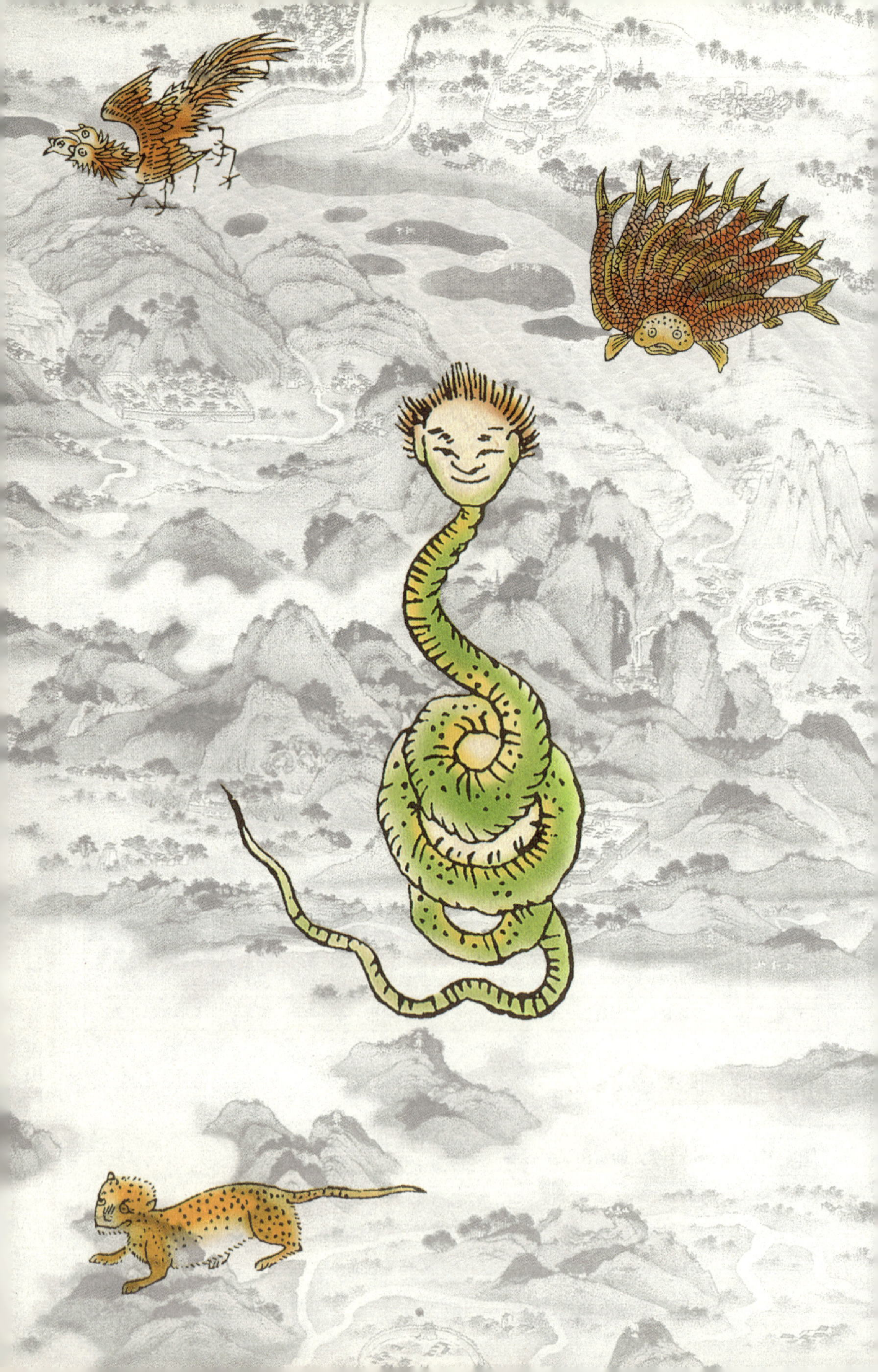

## 第三卷

# 北山经

《北山经》包括
《北次一经》、
《北次二经》、
《北次三经》，
共八十八座山。

记录了以单狐山、管涔山、
太行山为首的三列山系，
山上奇特动物颇多，
有"沙漠之舟"之称的橐驼，
有因被皇帝斩首后，
脑袋化作饕餮的蚩尤等。
此外，诸山山神的祭祀礼仪也独具特色。

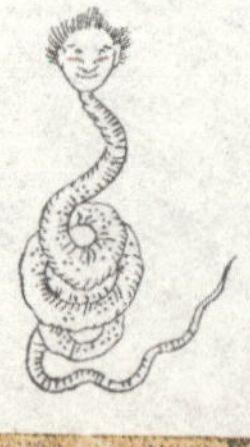

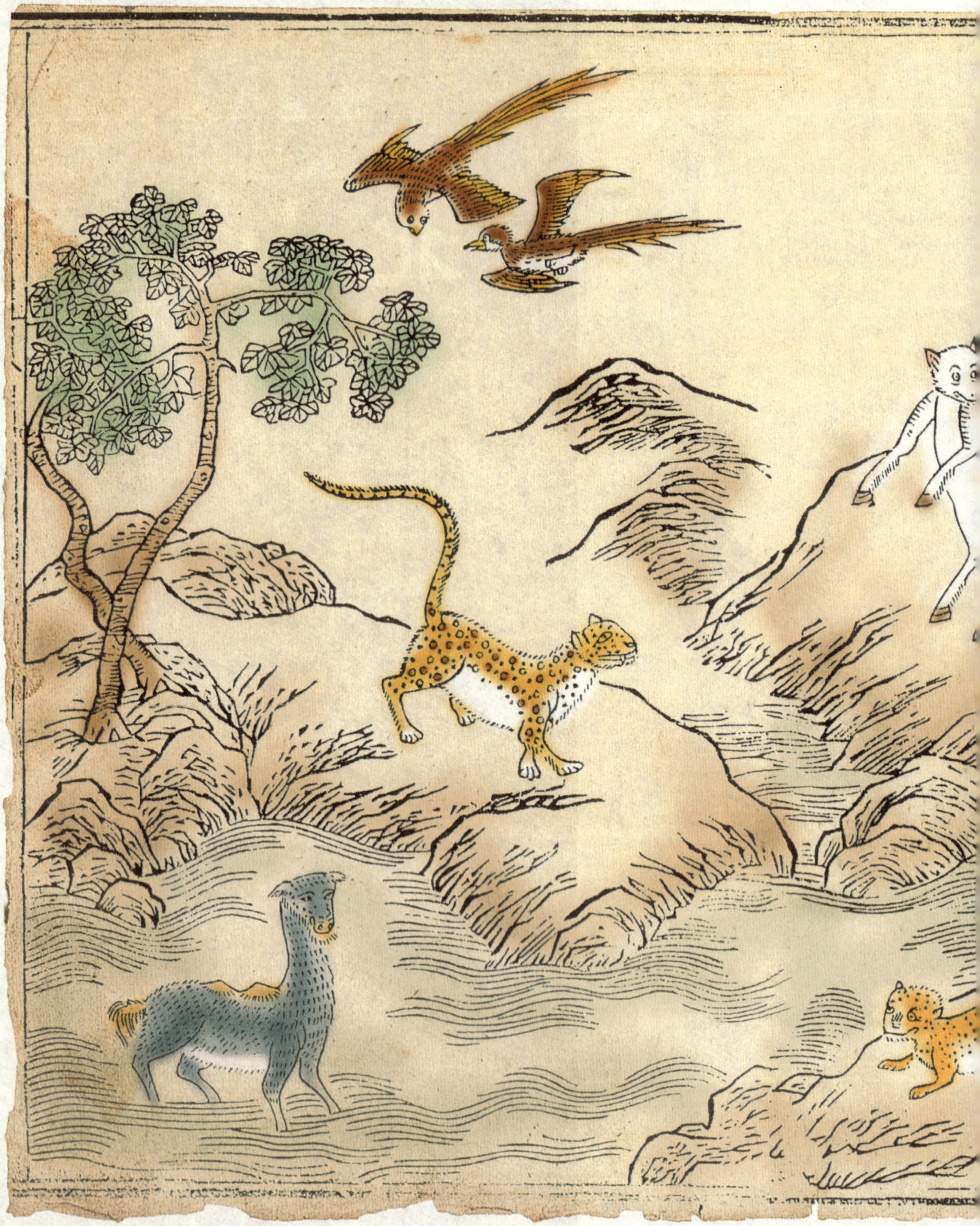

# 北次一经

《北次一经》主要记载北方第一列山系上的动植物及矿物。此山系所处的位置大约在今内蒙古自治区、蒙古国、新疆维吾尔自治区一带，从单狐山起，一直到隄山止，一共二十五座山，诸山山神均为人面蛇身。山上异兽颇多。例如：有一个头两个身子的肥遗；有"沙漠之舟"之称的橐驼；有形相如老鼠却长翅膀的寓鸟。

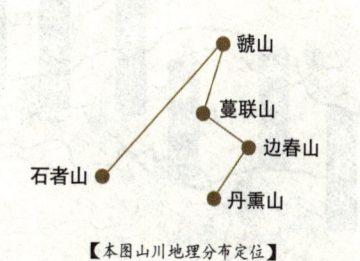

【本图山川地理分布定位】

【本图人神怪兽分布定位】

# 北次一经路线示意图

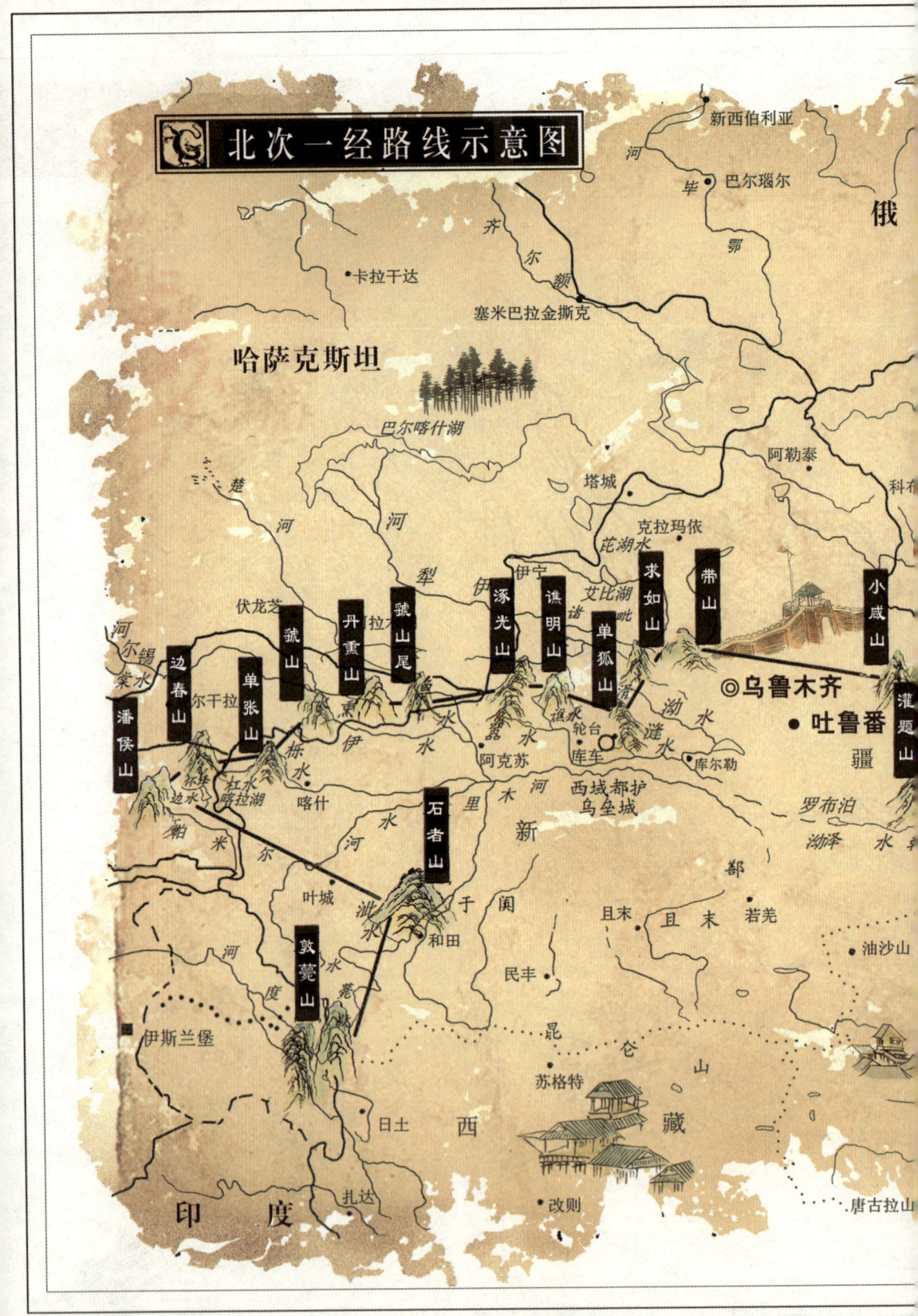

本图根据张步天教授"《山海经》考察路线图"绘制，图中记载了《北次一经》中单狐山到隄山的地理位置，此山系共25座山，图中未见首座山单狐山。

(此路线形成于西汉中期)

# 1 从单狐山到求如山
## 叫声如同人吼的水马

| 山水名称 | 动物 | 矿物 |
|---|---|---|
| 单狐山（滽水） | 机木、华草 | 茈石、文石 |
| 求如山 |  | 铜、玉石 |
| 滑水 | 滑鱼、水马 |  |

## 原文

北山经之首，曰单狐之山，多机木①，其上多华草②。滽（féng）水出焉，而西流注于泑水，其中多茈石③、文石④。

又北二百五十里，曰求如之山，其上多铜，其下多玉，无草木。滑水出焉，而西流注于诸毗之水。其中多滑鱼。其状如鱓（shàn），赤背，其音如梧⑤，食之已疣⑥（yóu）。其中多水马，其状如马，文臂牛尾，其音如呼。

## 译文

北方第一列山系之首座山，叫做单狐山，山上生长着茂密的机树，还有茂盛的华草。滽水发源于此，然后向西流入泑水，水中有很多紫石和纹石。

单狐山往北二百五十里，是求如山。山上有丰富的铜，山下有丰富的玉石，整座山岩石裸露，没有花草树木。滑水发源于此，然后向西注入诸水。水中有很多滑鱼，其外形像一般的鳝鱼，却有着红色的脊背，发出的声音就像人在支支吾吾地说话，人吃了这种滑鱼，能治好赘疣病。水中还有很多水马，其外形与一般的马相似，但前腿上长有花纹，拖着一条牛尾巴，它叱咤的声音就像人在呼喊。

【注释】

①机木：即机木树，长得像榆树，把枝叶烧成灰撒在稻田中可作肥料用。
②华草：不详何草。
③茈石：紫颜色的漂亮石头。
④文石：有纹理的漂亮石头。
⑤梧：枝梧，也作"支吾"，用含混的言语搪塞。
⑥疣：皮肤上的赘生物，俗称瘊子。

## 山海经异兽考

**水马** 明·胡文焕图本

**滑鱼** 明·蒋应镐图本

| 异兽 | 形态 | 今名 | 异兆及功效 |
|---|---|---|---|
| 滑鱼 | 外形像一般的鳝鱼,红色的脊背,发出的声音就像人在支支吾吾地说话。 | 鳝鱼、黄鳝 | 人吃了这种滑鱼,能治好赘疣病。 |
| 水马 | 外形与一般的马相似,但前腿上长有花纹,拖着一条牛尾巴,它叱咤的声音就像人在呼喊。 | 河马 | |

## 山海经地理考

**单狐山** → 今库斯浑山 → ①依据推测,应为库斯浑山,此山上分东西岭,下分南北岭,共有五大山岭,数十个小岭。②依据《西山经》中山川河流的推测,单狐山应是今贺兰山的一部分。

**漨水** → 今乌兰苏河 → 单狐山为库斯浑山,漨水即为乌兰苏河。

**泑水** → 今葱岭北河 → ①乌兰苏河向下注入葱岭北河,由此可推,泑水可能为葱岭北河。②乌兰苏河注入葱岭北河后又注入塔里木河,因此,泑水也有可能是塔里木河或其支流。

**求如山** → 今苏浑山 → ①库斯浑山向北二百五十里是天可汗岭,也就是天山主脉,因此,求如山即为天可汗岭及其西之青砂岭的总称苏浑山。②根据里程推测,求如山可能是宁夏、内蒙古交界处的贺兰山的一部分。

**滑水** → 今喀什噶尔河 → ①求如山是苏浑山,滑水即为喀什噶尔河。②求如山是宁夏、内蒙古交界处的贺兰山的一部分,滑水即为汉中的渭水河。

【第三卷 北山经】

# 2 从带山到谯明山
## 一首十身何罗鱼可治病

| 山水名称 | 动物 | 矿物 |
|---|---|---|
| 带山 | 臞疏、鵸鵌 | 玉、青碧 |
| 彭水 | 儵鱼 | |
| 谯明山 | 孟槐 | 石青、雄黄 |
| 谯水 | 何罗鱼 | |

## 原文

又北三百里，曰带山，其上多玉，其下多青碧。有兽焉，其状如马，一角有错①，其名曰臞疏，可以辟火。有鸟焉，其状如乌，五采而赤文，名曰鵸鵌，是自为牝牡，食之不疽（jū）。彭水出焉，而西流注于芘湖之水，其中多儵（yōu）鱼，其状如鸡而赤毛，三尾六足四首，其音如鹊，食之可以已忧。

又北四百里，曰谯明之山。谯水出焉，西流注于河。其中多何罗之鱼，一首而十身，其音如吠犬，食之已痈。有兽焉，其状如貆②（huán）而赤豪③，其音如榴榴，名曰孟槐，可以御凶。是山也，无草木，多青、雄黄。

## 译文

再往北三百里，是带山，山上盛产玉石，山下盛产青石碧玉。山中有种野兽，形状像马，头顶长着一只如同粗硬磨刀石的角，名叫臞疏，饲养它可辟火。还有种鸟，其体形与乌鸦相似，浑身长着带有红色斑纹的五彩羽毛，叫做鵸鵌，这种鸟雌雄同体，吃了它的肉就能不患痈疽病。彭水发源于此，向西注入芘湖。水中多儵鱼，其形状像鸡却长着红色羽毛，三条尾巴、六只脚、四个脑袋，叫声像喜鹊鸣叫，吃了它的肉就能使人乐而忘忧。

再往北四百里，是谯明山。谯水发源于此，向西流入黄河。水中多何罗鱼，长着一个脑袋，十个身子，发出的声音好似狗叫，吃了它的肉就可治愈痈肿病，山中还有种野兽，形状像豪猪，毛是红色的，叫声如同辘轳抽水的响声，叫做孟槐，饲养它可辟除凶邪之气。山上没有花草树木，多石青和雄黄。

【注释】

①错：同"厝"，磨刀石。
②貆：同"狟"，豪猪。又称箭猪，是一类披有尖刺的啮齿目，可以用来防御掠食者。豪猪有褐色、灰色及白色。不同豪猪物种的刺有不同的形状。豪猪的刺锐利，很易脱落，会刺入攻击者中。它们的刺有倒钩，可以挂在皮肤上，很难除去。
③豪：细毛。

## 山海经异兽考

### 何罗鱼 明·蒋应镐图本

传说十首一身的姑获鸟就是由这一首十身的何罗鱼变化而来的。

鹌鹑 明·蒋应镐图本

臛疏 明·蒋应镐图本　　鯈鱼 明·蒋应镐图本　　孟槐 明·蒋应镐图本

| 异兽 | 形态 | 异兆及功效 |
| --- | --- | --- |
| 臛疏 | 形状像马，头顶长着一只如同粗硬磨刀石的角。 | 饲养它可以辟火。 |
| 鹌鹑 | 其体形与乌鸦相似，长着带有红色斑纹的五彩羽毛。 | 这种鸟雌雄同体，吃了它的肉就能不患痈疽病。 |
| 鯈鱼 | 形状像鸡却长着红色羽毛，三条尾巴、六只脚、四个脑袋，叫声像喜鹊鸣叫。 | 吃了它的肉就能使人乐而忘忧。 |
| 何罗鱼 | 长着一个脑袋，却有十个身子，发出的声音好似狗叫。 | 吃了它的肉就可治愈痈肿病。 |
| 孟槐 | 形状像豪猪，毛是红色的，叫声如同辘轳抽水的响声。 | 饲养它可以辟除凶邪之气。 |

## 山海经地理考

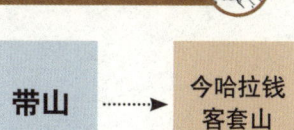

| 带山 | → | 今哈拉钱客套山 | → | ①若求如山是今苏浑山，则带山就应该在青砂岭与苏浑山之间，此山东西间距很长，形状像一条带子，因此而得名。<br>②依然在贺兰山中，为今宁夏、内蒙古交界处的贺兰山的一部分。 |
| --- | --- | --- | --- | --- |
| 谯明山 | → | 今青砂岭 | | ①根据山川道里计算，可推算为今乌什县的青砂岭。<br>②从贺兰山向北四百里是今内蒙古的卓资山。 |

【第三卷 北山经】

# 3 从涿光山到虢山之尾
## 十翅鳛鳛鱼可辟火

| 山水名称 | 动物 | 植物 | 矿物 |
|---|---|---|---|
| 涿光山（嚣水） | 羚羊、蕃鸟、（鳛鳛鱼） | 松树、柏树、棕树、槠树 | |
| 虢山 | 橐驼、寓鸟 | 漆树、梧桐树、椐树 | 玉、铁 |
| 虢山尾（鱼水） | 贝 | | 玉 |

## 原文

又北三百五十里，曰涿光之山。嚣（xiāo）水出焉，而西流注于河。其中多鳛鳛之鱼，其状如鹊而十翼，鳞皆在羽端，其音如鹊，可以御火，食之不瘅。其上多松柏，其下多棕槠，其兽多羚羊，其鸟多蕃①。

又北三百八十里，曰虢（guó）山，其上多漆，其下多桐椐②（jū）。其阳多玉，其阴多铁。伊水出焉，西流注于河。其兽多橐（tuó）驼③，其鸟多寓④，状如鼠而鸟翼，其音如羊，可以御兵⑤。

又北四百里，至于虢山之尾，其上多玉而无石。鱼水出焉，西流注于河，其中多文贝。

## 译文

再往北三百五十里，是涿光山。嚣水发源于此，向西注入黄河。水中多鳛鳛鱼，其形状像喜鹊却长有十只翅膀，鳞甲全长在翅膀的前端，它发出的声音就好像喜鹊在鸣叫，它可以辟火，人如果吃了它的肉就能治好黄疸病。山上多松树和柏树，山下多棕树和槠树。山中野兽以羚羊居多，禽鸟以蕃鸟为主。

再往北三百八十里，是虢山，山上有茂密的漆树林，山下有茂密的梧桐树和椐树。南坡遍布着各色美玉，北坡盛产铁。伊水发源于此，向西流入黄河。山中兽以橐驼为最多。而禽鸟大多是寓鸟，其形状与老鼠相似，长着鸟一样的翅膀，发出的声音就像羊叫，据说人饲养它可以辟除邪气，不受兵戈之苦。

再往北四百里，便到了虢山的尾端，山上到处是美玉而没有其他的石头。鱼水发源于此，向西流入黄河，水中有很多花纹斑斓的贝。

【注释】

①蕃：具体不详。也可能是猫头鹰之类的鸟。
②椐：椐树，也就是灵寿木，古人常用来制作拐杖。
③橐驼：就是骆驼。
④寓：蝙蝠之类的小飞禽。
⑤御兵：即辟兵。指兵器的尖锋利刃不能伤及身子。

## 山海经异兽考

**鰼鰼鱼** 明·蒋应镐图本

形状像喜鹊却长有十只翅膀，鳞甲全长在翅膀的前端，它发出的声音就好像喜鹊在鸣叫，它可以辟火。

橐驼 明·蒋应镐图本

寓 明·蒋应镐图本

| 异兽 | 形态 | 今名 | 异兆及功效 |
|---|---|---|---|
| 鰼鰼鱼 | 其形状像喜鹊却长有十只翅膀，鳞甲全长在翅膀的前端，它发出的声音就好像喜鹊在鸣叫。 | | 它可以辟火，人如果吃了它的肉就能治好黄疸病。 |
| 寓鸟 | 形状与老鼠相似，长着鸟一样的翅膀，发出的声音就像羊叫。 | 蝙蝠 | 人饲养它可以辟除邪气，不受兵戈之苦。 |

## 山海经地理考

| | | |
|---|---|---|
| 涿光山 | 今卓资山的一部分 | ①若谯明山是内蒙古境内的卓资山，那么，卓资山向北三百五十里依然属于卓资山的范围。②依据山川道里计算，涿光山应为天可汗岭西南及其以下南行各分支山岭的总称。 |
| 嚻水 | 今阿克苏河 | 河水从山上咆哮而下，声音如雷，故钦嚻水之名。 |
| 虢山 | 今拜城的北山 | 为哈雷客套山以西，一直到木素尔山以及向南的一系列山脉的总称。 |
| 虢山尾 | 今秀德尔山与帖尔斯克山 | 是一个海拔急剧下降的山岭。 |
| 鱼水 | 今伯什克勒克河 | 虢山的东北部，向西注入黄河的河，仅有这一条，也就是伯什克勒克河。 |

【第三卷 北山经】

# 4 从丹熏山到边春山
## 善于隐藏自己的孟极

| 山水名称 | 动物 | 植物 | 矿物 |
|---|---|---|---|
| 丹熏山 | 耳鼠 | 臭椿树、柏树、野韭菜、野薤菜 | 丹腹 |
| 石者山 | 孟极 | | 瑶、碧 |
| 边春山 | 幽鴳 | 野葱、葵菜、韭菜、野桃树、李树 | |

## 原文

　　又北二百里，曰丹熏之山，其上多樗（chū）柏，其草多韭薤①（xiè），多丹腹。熏水出焉，而西流注于棠水。有兽焉，其状如鼠，而菟②首麋身，其音如獋犬，以其尾飞，名曰耳鼠，食之不腹，又可以御百毒。

　　又北二百八十里，曰石者之山，其上无草木，多瑶、碧。泚水出焉，西流注于河。有兽焉，其状如豹，而文③题④白身，名曰孟极，是善伏，其鸣自呼。

　　又北百一十里，曰边春之山，多葱⑤、葵、韭、桃、李。杠水出焉，而西流注于泑泽。有兽焉，其状如禺而文身，善笑，见人则卧，名曰幽鴳（yàn），其鸣自呼。

## 译文

　　再往北二百里，是丹熏山，山上有茂密的臭椿树和柏树，草以韭薤居多，此山还盛产丹腹。熏水发源于此，向西流入棠水。山中有种名叫耳鼠的野兽，其体形像老鼠，却长着兔子的脑袋和麋鹿的耳朵，发出的声音如同狗叫，用尾巴飞行。人吃了它的肉就可治愈大肚子病，不做噩梦，还可辟除百毒。

　　再往北二百八十里，是石者山。山上没有花草树木，有很多瑶、碧之类的美玉。泚水发源于此，向西流入黄河。山中有种野兽，像豹子，额头有斑纹，毛皮是白色的，叫做孟极。它善于伏身隐藏，叫声如同呼唤自己的名字。

　　再往北一百一十里，是边春山。山上有很多野葱、葵菜、韭菜、野桃树和李树等植物。杠水发源于此，向西注入泑泽。山中有种野兽，形状像猕猴，全身有斑纹，喜欢嬉笑，一看见人就倒地装睡，叫做幽鴳，吼叫的声音像在自呼其名。

【注释】

① 薤：也叫藠头，一种野菜，茎可食用，并能入药。
② 菟：通"兔"。
③ 文：花纹。这里指野兽的皮毛因多种颜色相互夹杂而呈现出的斑纹或斑点。
④ 题：额头。
⑤ 葱：山葱，又叫茖葱，一种野菜。

## 山海经异兽考

**耳鼠** 明·蒋应镐图本

耳鼠，即鼯鼠，是一种亦兽亦禽，又可抵御百毒的奇兽。集鼠兔麋三者于一身，能在树、陆中间滑翔，故又称为飞生鸟。

**孟极** 明·蒋应镐图本

**幽鴳** 明·蒋应镐图本

| 异兽 | 形态 | 异兆及功效 |
| --- | --- | --- |
| 耳鼠 | 体形像一般的老鼠，却长着兔子的脑袋和麋鹿的耳朵，发出的声音如同狗叫，用尾巴飞行。 | 人吃了它的肉就可治愈大肚子病，不做噩梦，还可以辟除百毒。 |
| 孟极 | 像豹子，额头有斑纹，身上的毛皮是白色的。 | 它善于伏身隐藏。 |
| 幽鴳 | 形状像猕猴，全身有斑纹，喜欢嬉笑。 | 见人就卧倒装睡。 |

## 山海经地理考

| | | |
| --- | --- | --- |
| 丹熏山 | 具体名称不详 | 依据里程推测，此山在内蒙古境内。 |
| 棠水 | 今科尔楚草湖或哈卡里克草湖 | 依据丹熏山的位置推测。 |
| 熏水 | 具体名称不详 | 一条注入草湖的河流。 |
| 石者山 | 今库尔泰山 | 因"瑶、碧"可能为孔雀石，而库尔泰山多铜矿。 |
| 泚水 | 今孔雀河 | 又称饮马河，发源于博斯腾湖，终点为罗布泊。 |
| 边春山 | 今葱岭的一部分 | 依据里程推算。 |

【第三卷 北山经】

## 5 从蔓联山到单张山

### 喜欢成群飞行的鵁

| 山水名称 | 矿物 |
|---|---|
| 蔓联山 | 足訾、鵁 |
| 单张山 | 诸犍、白鵺 |

## 原文

又北二百里，曰蔓联之山，其上无草木。有兽焉，其状如禺而有鬣，牛尾、文臂、马蹄，见人则呼，名曰足訾（zǐ），其鸣自呼。有鸟焉，群居而朋飞，其毛如雌雉，名曰鵁（jiāo），其鸣自呼，食之已风。

又北八百里，曰单张之山，其上无草木。有兽焉，其状如豹而长尾，人首而牛耳，一目，名曰诸犍，善吒①，行则衔其尾，居则蟠②其尾。有鸟焉，其状如雉，而文首、白翼、黄足，名曰白鵺（yè），食之已嗌③（yì）痛，可以已瘛瘲④（chì）。栎水出焉，在而南流注于杠水。

## 译文

再往北二百里，是蔓联山，山上没有花草树木。山中有种野兽，体形像猿猴却身披鬣毛，长着牛尾、马蹄，前腿上有花纹，一看见人就呼叫，叫做足訾，它的叫声是自身名称的读音。山中有种鸟，它们喜欢成群栖息、结队飞行，其尾巴与雌野鸡相似，叫做鵁。和足訾一样，它的叫声是自身名称的读音，人吃了它的肉就能治好疯痹病。

再往北八百里，是单张山。山上没有花草树木。山中有种野兽，其形状像豹子，身后拖着一条长长的尾巴，还长着人的脑袋和牛的耳朵，却只有一只眼睛，叫做诸犍，喜欢大声吼叫。行走时它就用嘴衔着尾巴，休息时就将尾巴盘蜷起来。山中还有一种鸟，形状像普通的野鸡，头上有花纹，白色翅膀，脚是黄色的，叫做白鵺，人吃了它的肉就能治愈咽喉疼痛，还可以治愈痴呆症、癫狂病。栎水发源于此，向南注入杠水。

【注释】

① 吒：怒声。这里是大声吼叫的意思。
② 蟠：盘曲而伏。
③ 嗌：咽喉。
④ 瘛：痴病，疯癫病。

## 山海经异兽考

### 白䳭 明·蒋应镐图本

白䳭形状像普通的野鸡，头上有花纹，白色翅膀，脚是黄色的，人吃了它的肉就能治愈咽喉疼痛，还可以治愈痴呆症、癫狂病。

足訾 明·蒋应镐图本

鶌 明·蒋应镐图本

诸犍 明·蒋应镐图本

| 异兽 | 形态 | 今名 | 异兆及功效 |
|---|---|---|---|
| 足訾 | 体形像猿猴却身披鬣毛，长着牛尾、马蹄，前腿上有花纹。 | | 一看见人就呼叫。 |
| 鶌 | 它们喜欢成群栖息、结队飞行，其尾巴与雌野鸡相似。 | | 人吃了它的肉就能治好疯痹病。 |
| 诸犍 | 形状像豹子，身后拖着一条长长的尾巴，还长着人的脑袋和牛的耳朵，却只有一只眼睛。 | | 喜欢大声吼叫。行走时它就用嘴衔着尾巴，休息时就将尾巴盘蜷起来。 |
| 白䳭 | 形状像普通的野鸡，头上有花纹，白色翅膀，脚是黄色的。 | 雪雉 | 人吃了它的肉就能治愈咽喉疼痛，还可以治愈痴呆症、癫狂病。 |

## 山海经地理考

| 蔓联山 | → | 今珠勒都斯山 | → | ①依据前文石者山为库尔泰山推测。<br>②依据山川里程计算，此山应在内蒙古境内。 |
|---|---|---|---|---|
| 单张山 | → | 今内蒙古境内 | → | ①若蔓联山在内蒙古境内，那么，单张山也应在内蒙古境内。<br>②依据栎水的位置，可推断单张山为哈布岭向西至博罗蕴山之间的一系列山脉。 |
| 栎水 | → | 今塔拉斯河 | → | 该河一部分在吉尔吉斯斯坦境内，文中所述"杠水"，即为海都河。 |

【第三卷 北山经】

# 6 从灌题山到小咸山

## 见人就跳起来的㖖斯

| 山水名称 | 动物 | 植物 | 矿物 |
|---|---|---|---|
| 灌题山 | 那父、㖖斯 | 臭椿树、柘树 | 流沙、砥 |
| 匠韩水 | | | 磁石 |
| 潘侯山 | 旄牛 | 松树、柏树、榛树、楛树 | 玉石、铁 |

## 原文

又北三百二十里，曰灌题之山，其上多樗柘①(zhè)，其下多流沙，多砥。有兽焉，其状如牛而白尾，其音如訆②(jiào)，名曰那父。有鸟焉，其状如雌雉而人面，见人则跃，名曰㖖斯，其鸣自呼也。匠韩水出焉，而西流注于泑泽，其中多磁石③。

又北二百里，曰潘侯之山，其上多松柏，其下多榛楛，其阳多玉，其阴多铁。有兽焉，其状如牛，而四节生毛，名曰旄牛。边水出焉，而南流注于栎泽。

又北二百三十里，曰小咸之山，无草木，冬夏有雪。

## 译文

再往北三百二十里，是灌题山。山上是茂密的臭椿树和柘树，山下到处是流沙，还有很多磨刀石。山中栖息着一种野兽，形状像普通的牛，拖着一条白色的尾巴，它发出的声音就如同人在高声呼唤，叫做那父。山中还生活着一种鸟，形状像一般的雌野鸡，却长着人的面孔，一看见人就跳跃起来，名字是㖖斯，它的叫声像呼唤自己的名字。匠韩水发源于此，向西流入泑泽，水中多磁铁石。

再往北二百里，是潘侯山，山上是茂密的松柏林，山下是茂密的榛树和楛树。山南遍布玉石，山北有丰富的铁。山中有一种野兽，形状像一般的牛，但四肢关节上都长着长长的毛，叫做旄牛。边水发源于潘侯山，后向南流入栎泽。

再往北二百三十里，是小咸山。山上没有花草树木，冬季和夏季都有积雪。

## 【注释】

① 柘：柘树，也叫黄桑，奴柘。落叶灌木，叶子可以喂蚕，果子可以食用，树皮可以造纸。

② 訆：同"叫"。大呼。

③ 磁石：也作"慈石"，一种天然矿石，具有吸引铁、镍、钴等金属物质的属性。俗称吸铁石，今称磁铁石。中国古代四大发明之一的指南针，就是用磁石制作成的。

## 山海经异兽考

**旄牛** 明·蒋应镐图本

据说，古代军队行军打仗，先锋部队或指挥阵营的旗杆上就会绑上旄牛的长毛，以做先锋和指挥之用，成语"名列前茅"就出自于此。

**竦斯** 明·蒋应镐图本

**那父** 明·蒋应镐图本

| 异兽 | 形态 | 异兆及功效 |
| --- | --- | --- |
| 那父 | 形状像普通的牛，拖着一条白色的尾巴。 | 声音就如同人在高声呼唤。 |
| 竦斯 | 形状像一般的雌野鸡，却长着人的面孔，它叫起来就像是在呼唤自己的名字。 | 一看见人就跳跃起来。 |
| 旄牛 | 形状像一般的牛，但四肢关节上都长着长长的毛。 | |

## 山海经地理考

| | | |
| --- | --- | --- |
| 灌题山 → | 今天格尔山 → | ①其海拔为3700～4480米，雪线的平均高度约为4055米。②若单张山在内蒙古境内，则灌题山也在内蒙古境内。 |
| 匠韩水 → | 今巴伦哈布齐垓河 → | 此河经海都山，注入孔雀河，后进入罗布泊。 |
| 潘侯山 → | 具体名称不详 → | 今蒙古国木伦北，萨彦岭的一座山，海拔1700米。 |
| 边水 → | 今白杨河 → | 位于新疆哈密的白杨河。 |
| 栎泽 → | 今觉罗浣 → | 又名艾丁湖，位于新疆维吾尔自治区吐鲁番市东南30公里，是全国最低的洼地，也是世界上主要洼地之一。 |
| 小咸山 → | 今友谊峰 → | 海拔4374米，为阿尔泰山脉塔蓬博格多山脉中的主峰，耸立在中、蒙两国国界上。 |

【第三卷 北山经】

175

# 7 从大咸山到少咸山

## 人面马蹄的窫窳能吃人

| 山水名称 | 动物 | 植物 | 矿物 |
|---|---|---|---|
| 大咸山 | 长蛇 |  | 玉 |
| 敦薨山 | 兕、旄牛、鸤鸠 | 棕树、楠木树、茞草 |  |
| 泑泽 | 赤鲑 |  |  |
| 少咸山（敦水） | 窫窳（䱱䱱鱼） |  | 青石、碧玉 |

## 原文

　　北二百八十里，曰大咸之山，无草木，其下多玉。是山也，四方，不可以上。有蛇名曰长蛇①，其毛如彘豪，其音如鼓柝②（tuò）。

　　又北三百二十里，曰敦薨（hōng）之山，其上多棕柟，其下多茞草。敦薨之水出焉，而西流注于泑泽。出于昆仑之东北隅，实惟河原。其中多赤鲑③（guī），其兽多兕，旄牛，其鸟多鸤鸠④。又北二百里，曰少咸之山，无草木，多青碧。有兽焉，其状如牛，而赤身、人面、马足，名曰窫窳⑤（yà yǔ），其音如婴儿，是食人。敦水出焉，东流注于雁门之水，其中多䱱䱱（shī）之鱼。食之杀人。

## 译文

　　再往北二百八十里，是大咸山，山上没有花草树木，山下盛产各色美玉。山体呈现四方形，人是攀登不上去的。山中有一种蛇叫长蛇，身长达几十丈，身上还长着像猪鬃一样的钢毛，发出的声音就像是有人在敲击木梆子。

　　再往北三百二十里，是敦薨山。山上生长着茂密的棕树和楠木树，山下是大片的紫色草。敦薨水发源于此，向西注入泑泽。泑泽位于昆仑山的东北角，其实就是黄河的源头。水里有很多赤鲑。野兽以兕、牦牛居多，而禽鸟多是布谷鸟。再往北二百里，是少咸山，山上没有花草树木，到处是青石碧玉。山中有一种野兽，形状像普通的牛，却长着红色的身子、人的面孔、马的蹄子，名叫窫窳，它发出的声音如同婴儿啼哭，是能吃人的。敦水从少咸山发源，向东流入雁门水，水中生长着很多䱱䱱鱼，人吃了它的肉就会中毒而死。

【注释】

①长蛇：传说有几十丈长，能把鹿、象等动物吞入腹中。

②鼓柝：鼓，击物作声；柝，是古代巡夜人在报时间时所敲击的一种木梆子。

③赤鲑：是一种冷水性的经济鱼类。

④鸤鸠：即为尸鸠，就是布谷鸟。

⑤窫窳：据古人说就是江豚，黑色，大小如同一百斤重的猪。

## 山海经异兽考

**长蛇** 明·蒋应镐图本

传说这种长蛇食量惊人，甚至能吞下整头鹿。传说当年天帝派后羿到下界去诛除那些祸害人民的恶禽猛兽，长蛇就在被诛除之列。被后羿杀死在洞庭，墓就在巴陵的巴丘一带。

窫窳 明·蒋应镐图本

赤鲑 清·《禽虫典》

| 异兽 | 形态 | 异兆及功效 |
| --- | --- | --- |
| 长蛇 | 身长达几十丈，身上还长着像猪鬃一样的钢毛，发出的声音就像是有人在敲击木梆子。 | |
| 窫窳 | 形状像普通的牛，却长着红色的身子、人的面孔、马的蹄子，发出的声音如同婴儿啼哭。 | 能吃人。 |
| 鰤鰤鱼 | | 人吃了它的肉就会中毒而死。 |

## 山海经地理考

| | | |
| --- | --- | --- |
| 大咸山 | 今喀尔雷克山 | 位于哈密东北部，此山四方险峻，不能攀爬。 |
| 敦薨山 | 今甘肃马鬃山 | 敦薨，即为甘肃省敦煌市。敦薨山位于甘肃省河西走廊北端。 |
| 敦薨水 | 今甘肃弱水 | 又称额济纳河，流经甘肃省西北部和内蒙古自治区西部。 |
| 少咸山 | 今采凉山 | 依据原文推测，应是山西大同与阳高交界处的采凉山，古称纥真山、纥干山。 |
| 雁门水 | 今居延海 | ①居延海位于内蒙古自治区阿拉善盟额济纳旗北部，敦河为注入居延海的一条河流。<br>②依据其河流名称推测，可能为流经雁门山的河流，即位于今陕西省代县的南洋河。 |

【第三卷 北山经】

## 8 从狱法山到北岳山
### 四角人耳能吃人的诸怀

| 山水名称 | 动物 | 矿物 |
|---|---|---|
| 狱法山 | 山㹱 | |
| 瀤泽水 | 䱱鱼 | |
| 北岳山 | 诸怀 | 枳树、荆棘、檀木、柘木 |
| 诸怀水 | 鮨鱼 | |

## 原文

又北二百里，曰狱法之山。瀤（huái）泽之出焉，而东北流注于泰泽。其中多䱱鱼，其状如鲤而鸡足，食之已疣。有兽焉，其状如犬而人面，善投，见人则笑，其名山㹱，其行如风，见则天下大风。

又北二百里，曰北岳之山，多枳棘①刚木②。有兽焉，其状如牛，而四角、人目、彘耳，其名曰诸怀，其音如鸣雁，是食人。诸怀之水出焉，而西流注于嚻水，水中多鮨（yì）鱼，鱼身而犬首，其音如婴儿，食之已狂③。

## 译文

再往北二百里，是狱法山。瀤泽水发源于此，向东北流入泰泽。水中有很多䱱鱼，其形状像鲤鱼却长着鸡爪子，是一种半鱼半鸟的怪物，人吃了它的肉就能治愈赘瘤病。山中有一种野兽，其形状像狗却长着一张人脸，擅长投掷，一看见人就会哈哈大笑，叫做山㹱。它走起路来就像刮风。只要它一出现，天下就会刮起大风。

再往北二百里，是北岳山，山上到处是枳树、荆棘和檀木、柘木等质地坚硬的乔木。山中栖息着一种野兽，其形状像普通的牛，但有四只角，头上还长着人的眼睛、猪的耳朵，发出的声音如同鸿雁鸣叫，叫做诸怀。它能吃人。诸怀水就发源于此，向西流入嚻水。水中有很多鮨鱼，它们长着鱼的身子却有一只狗头，吼叫的声音像婴儿啼哭，人吃了它的肉就能治愈疯狂病。

【注释】

①枳棘：枳木和棘木，两种矮小的树。枳木像橘树而小一些，叶子上长满刺。棘木就是丛生的小枣树，即酸枣树，枝叶上长满了刺。
②刚木：指木质坚硬的树，即檀木、柘树之类。
③狂：本义是说狗发疯。后来也指人的神经错乱，精神失常。

## 山海经异兽考

**诸怀** 明·蒋应镐图本

**鮨鱼** 明·蒋应镐图本

**鰈鱼** 明·蒋应镐图本

**山狆** 明·蒋应镐图本

| 异兽 | 形态 | 异兆及功效 |
| --- | --- | --- |
| 鰈鱼 | 形状像鲤鱼却长着鸡爪子，是一种半鱼半鸟的怪物。 | 人吃了它的肉就能治愈赘瘤病。 |
| 山狆 | 形状像狗却长着一张人脸，它走起路来就像刮风。 | 擅长投掷，一看见人就会哈哈大笑，只要它一出现，天下就会刮起大风。 |
| 诸怀 | 形状像牛，但有四只角，头上还长着人的眼睛、猪的耳朵，发出的声音如同鸿雁鸣叫。 | 它能吃人。 |
| 鮨鱼 | 长着鱼的身子却有一只狗头，吼叫的声音像婴儿啼哭。 | 人吃了它的肉就能治愈疯狂病。 |

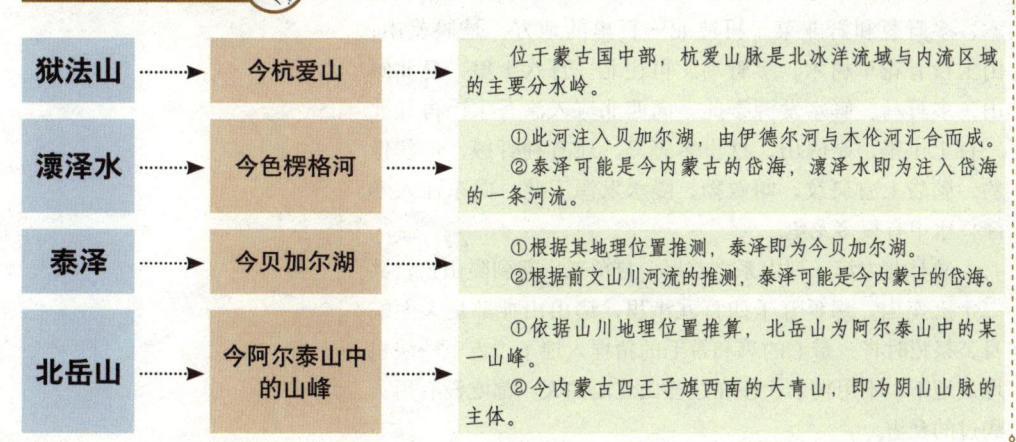

## 山海经地理考

| 狱法山 | 今杭爱山 | 位于蒙古国中部，杭爱山脉是北冰洋流域与内流区域的主要分水岭。 |
| --- | --- | --- |
| 潦泽水 | 今色楞格河 | ①此河注入贝加尔湖，由伊德尔河与木伦河汇合而成。②泰泽可能是今内蒙古的岱海，潦泽水即为注入岱海的一条河流。 |
| 泰泽 | 今贝加尔湖 | ①根据其地理位置推测，泰泽即为今贝加尔湖。②根据前文山川河流的推测，泰泽可能是今内蒙古的岱海。 |
| 北岳山 | 今阿尔泰山中的山峰 | ①依据山川地理位置推算，北岳山为阿尔泰山中的某一山峰。②今内蒙古四王子旗西南的大青山，即为阴山山脉的主体。 |

【第三卷 北山经】

## 9 从浑夕山到隄山

### 一头两身肥遗，见则大旱

| 山水名称 | 动物 | 植物 | 矿物 |
|---|---|---|---|
| 浑夕山（嚣水） | 肥遗 | | 铜、玉 |
| 北单山 | | 野葱、野韭菜 | |
| 罴差山 | 野马 | | |
| 隄山（隄水） | 野马、狪（龙龟） | | |

## 原文

又北百八十里，曰浑夕之山，无草木，多铜玉。嚣水出焉，而西流注于海。有蛇一首两身，名曰肥遗，见则其国大旱。

又北五十里，曰北单之山，无草木，多葱韭。又北百里，曰罴差之山，无草木，多马①。又北百八十里，曰北鲜之山，是多马，鲜水出焉，而西北流注于涂吾之水。又北百七十里，曰隄山，多马。有兽焉，其状如豹而文首，名曰狪。隄水出焉，而东流注于泰泽，其中多龙龟②。

凡北山经之首，自单狐之山至于隄山，凡二十五山，五千四百九十里，其神皆人面蛇身。其祠之，毛用一雄鸡彘瘗，吉玉③用一珪，瘗而为不糈。其山北人，皆生食不火之物。

## 译文

再往北一百八十里，是浑夕山。山上没有花草树木，盛产铜和玉石。嚣水发源于此，向西北注入大海。这里有种一个头两个身子的蛇，叫肥遗，它在哪里出现，哪里就会大旱。

浑夕山再往北五十里，是北单山，山上没有花草树木，多野葱和野韭菜。再往北一百里的地方，是罴差山，山上没有花草树木，多野马。再往北一百八十里，是北鲜山，多野马。鲜水发源于此，向西北流入涂吾水。再往北一百七十里，是隄山，这里多野马。还有种野兽，形状像豹，脑袋上有斑纹，叫做狪。隄水发源于此，向东注入泰泽，水中有很多龙龟。

总计北方第一列山系之首尾，自单狐山起到隄山止，共二十五座山，绵延五千四百九十里，诸山山神都是人面蛇身。祭祀时将一带毛的鸡和带毛的猪埋入地下，吉玉一块也埋入地下，不用精米。住在这些山北面的人，都吃没有用火烤过的食物。

【注释】

①马：指一种野马，与一般的马相似而个头小一些。

②龙龟：即龙种龟身的吉吊。

③吉玉：这里指一种彩色的玉石。

## 山海经异兽考

狕　明·蒋应镐图本

龙龟　明·蒋应镐图本

肥遗　明·蒋应镐图本

人面蛇身神　明·蒋应镐图本

| 异兽 | 形态 | 异兆及功效 |
| --- | --- | --- |
| 肥遗 | 一个头两个身子的蛇。 | 它在哪里出现，哪里就会大旱。 |
| 狕 | 形状像豹，脑袋上有斑纹。 | |
| 龙龟 | 龙种龟身。 | |

## 山海经地理考

| | | |
| --- | --- | --- |
| 浑夕山 | 今比鲁哈山 | 位于阿尔泰山中，是伊尔齐河的源头。 |
| 海 | 今喀拉海 | 位于俄罗斯西伯利亚以北，是北冰洋的一部分。 |
| 北单山 | 今赛留格木山 | 比鲁哈山向北五十里，即为此山。 |
| 罴差山 | 今唐努乌拉山 | 北单山为比鲁哈山，再向北一百里，即为唐努乌拉山。 |
| 北鲜山 | 今萨彦岭 | 位于蒙古高原的北沿，是唐努乌梁海与西伯利亚的界山。 |
| 鲜水 | 今乌鲁克穆河或喀孜尔河 | 依据涂吾水是今叶尼塞河推断。 |
| 涂吾水 | 今叶尼塞河 | 位于亚洲北部、中西伯利亚高原的西侧。起源于蒙古国，向北流向喀拉海。全长5539公里。 |
| 隄山 | 今屯金山 | 即今西伯利亚的屯金山。 |

【第三卷　北山经】

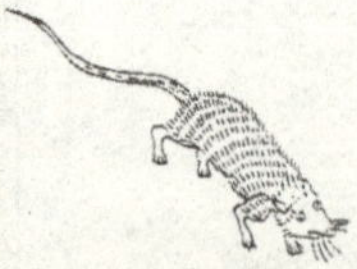

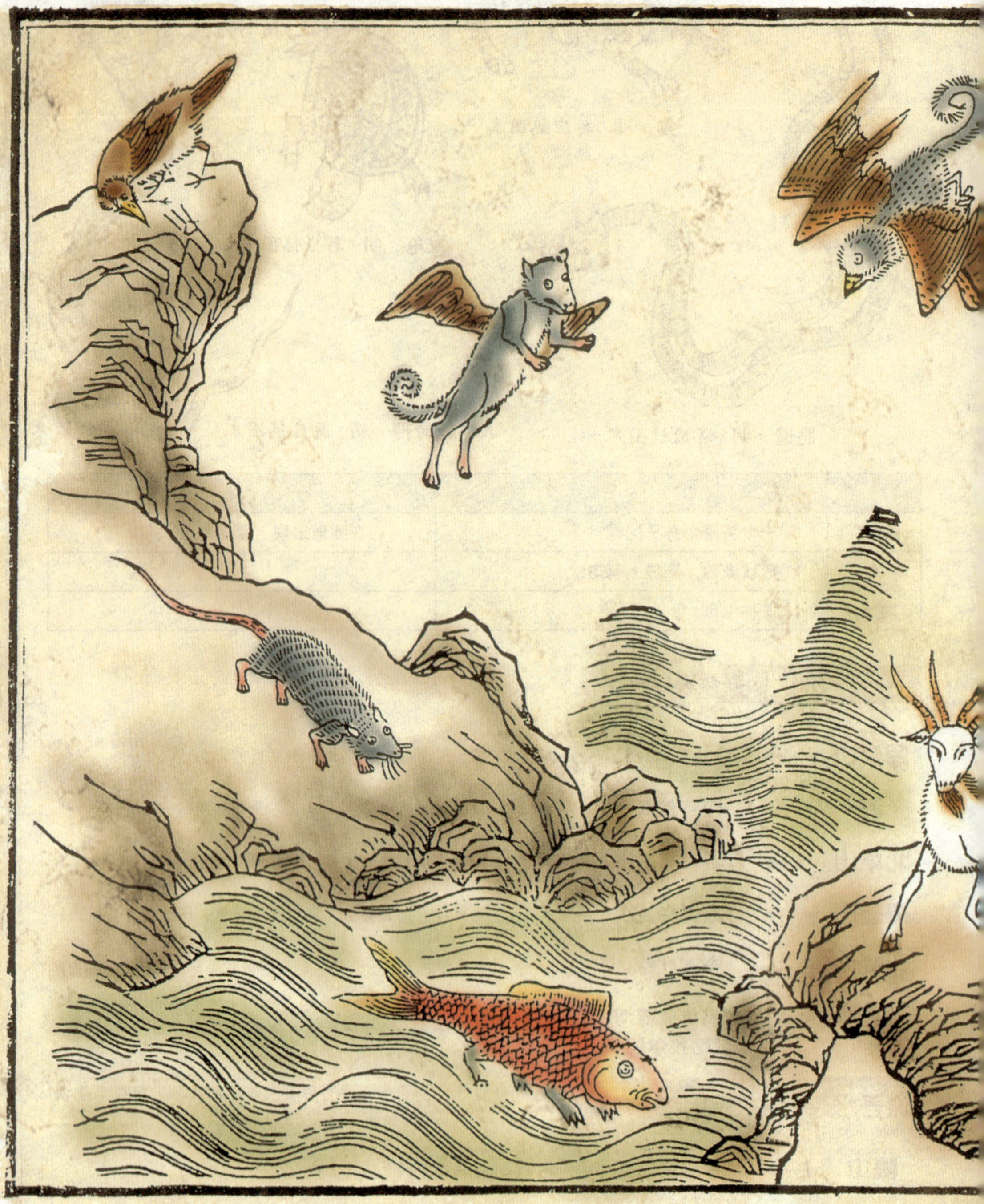

# 北次二经

《北次二经》主要记载北方第二列山系上的动植物及矿物。此山系所处的位置大约在今河北省、蒙古国、俄罗斯一带，从管涔山起，一直到敦题山止，一共十七座山，诸山山神均为人面蛇身，祭祀礼仪也别具特色。山上奇树异木种类繁多，各种果树遍地，怪石嶙峋，山上栖息着很多异兽。

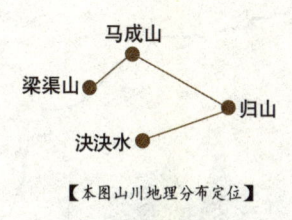

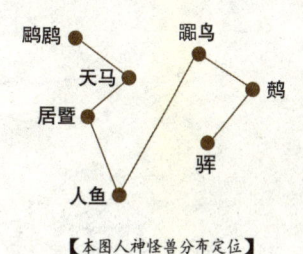

马成山
梁渠山　　　归山
决决水

【本图山川地理分布定位】

鹕鶋　　䴈鸟
　天马　　　　鹫
居暨　　　　驿
　　人鱼

【本图人神怪兽分布定位】

# 北次二经路线示意图

本图根据张步天教授"《山海经》考察路线图"绘制，图中记载了《北次二经》中管涔山到敦题山共17座山的地理位置。

(此路线形成于战国中期)

# 1 从管涔山到狐岐山
## 红磷鮆鱼可治狐臭

| 山水名称 | 动物 | 植物 | 矿物 |
|---|---|---|---|
| 管涔山 | | 草 | 玉 |
| 少阳山 | | 野葱、野韭菜 | 玉、赤银 |
| 酸水 | | | 赭石 |
| 县雍山 | 山驴、麋鹿、白野鸡、白鹳 | | 玉、铜 |
| 汾水（胜水） | 鮆鱼 | | （苍玉） |

## 原文

　　北次二经之首，在河之东，其首枕汾，其名曰管涔之山。其上无木而多草，其下多玉。汾水出焉，而西流注于河。

　　又西二百五十里，曰少阳之山，其上多玉，其下多赤银①。酸水出焉，而东流注于汾水，其中多美赭②。又北五十里，曰县雍之山，其上多玉，其下多铜，其兽多闾③麋，其鸟多白翟白鹳④。晋水出焉，而东南流注于汾水。其中多鮆鱼，其状如儵⑤而赤麟，其音如叱，食之不骄。

　　又北二百里，曰狐岐之山，无草木，多青碧。胜水出焉，而东北流注于汾水，其中多苍玉。

## 译文

　　北方第二列山系的头一座山，坐落在黄河的东岸，山的头部枕着汾水，这座山叫管涔山。山上没有高大树木，到处是茂密的花草，山下盛产玉石。汾水发源于此，向西流入黄河。

　　往西二百五十里，是少阳山。山上盛产玉石，山下盛产纯度很高的白银。酸水发源于此，向东流入汾水，水中多优质赭石。再往北五十里，是县雍山。山上盛产玉石，山下有丰富的铜。山中野兽以山驴和麋鹿居多；禽鸟以白色野鸡和白鹳居多。晋水从县雍山发源，向东南流淌，注入汾水。水中有很多鮆鱼，其形状像小鱼却长着红色的鳞片，发出的声音就如同人的叱责声，吃了它的肉，人就不会有狐臭。

　　再往北二百里，是狐岐山。山上没有花草树木，到处是名贵的青石碧玉。胜水发源于此，然后向东北流入汾水，水中还有很多苍玉。

【注释】

①赤银：这里指天然含银量很高的优质银矿石。

②赭：即赭石，一种红土中含着铁质的矿物。

③闾：据古人讲，是一种黑母羊，形体似驴而蹄子歧分，角如同羚羊的角，也叫山驴。

④白鹳：据古人讲，即前面已说过的白翰鸟。

⑤儵：通"鯈"，这里指的是小鱼。

## 山海经异兽考

**䦈马** 清·汪绂图本

| 异兽 | 形态 | 异兆及功效 |
|---|---|---|
| 鮨鱼 | 形状像小鱼却长着红色的鳞片，发出的声音就如同人的叱责声。 | 吃了它的肉，人就不会有狐臭。 |

## 山海经地理考

| | | |
|---|---|---|
| 汾水 | 今山西汾河 | 源于山西宁武管涔山麓，贯穿山西省南北，全长716公里，是黄河的第二大支流。 |
| 管涔山 | 今山西管涔山 | 管涔山是汾河的发源地，也在山西宁县境内，属于吕梁山脉。 |
| 少阳山 | 今山西关帝山 | 位于吕梁山中段，即今山西交城、静乐县界上的关帝山。 |
| 酸水 | 今山西文峪河 | 汾河支流，古称文水，又名文谷水。发源于山西省交城县的关帝山。 |
| 县雍山 | 今山西晋祠西山 | "县雍"与"悬瓮"谐音，县雍山即为悬瓮山，即山西太原市西南晋祠西山。 |
| 晋水 | 今韩村河 | 依据《水经注》中"晋水出晋阳西悬瓮山"而推断。 |
| 狐岐山 | 今白龙山 | ①此山主峰海拔2253米，距岚县县城22公里，西侧与兴县相接。<br>②依据原文推断，此山在今山西孝义市的西南方。 |
| 胜水 | 今岚河 | 太原南注入汾河的河流只有岚河，此河即为胜水。 |

【第三卷 北山经】

187

## 2 从白沙山到敦头山

### 牛尾独角的䯅马

| 山水名称 | 动物 | 植物 | 矿物 |
|---|---|---|---|
| 鲔水 | | | 玉 |
| 狂水 | | | 玉 |
| 诸余山 | | 松树、柏树 | 铜、玉石 |
| 敦头山 | 䯅马 | | 金属矿物、玉石 |

## 原文

又北三百五十里，曰白沙山，广员①三百里，尽沙也，无草木鸟兽。鲔水出于其上，潜于其下，是多白玉。

又北四百里，曰尔是之山，无草木，无水。

又北三百八十里，曰狂山，无草木，是山也，冬夏有雪。狂水出焉，而西流注于浮水，其中多美玉。

又北三百八十里，曰诸余之山，其上多铜玉，其下多松柏。诸余之水出焉，而东流注于旄水。

又北三百五十里，曰敦头之山，其上多金玉，无草木。旄水出焉，而东流注于邛泽。其中多䯅马，牛尾而白身，一角，其音如呼。

## 译文

再往北三百五十里，是白沙山，方圆三百里，到处是沙子，既没有花草树木，也没有禽鸟野兽。鲔水从这座山的山顶发源，潜流到山下，水中有很多白色美玉。

再往北四百里，是尔是山，山上没有花草树木，也没有水。

再往北三百八十里，是狂山。山上没有生长花草树木。山间终年有雪。狂水发源于此，向西流淌，注入浮水，水中有很多珍贵的美玉。

再往北三百八十里，是诸余山。山上有丰富的铜和玉石，山下生长着茂密的松树和柏树。诸余水发源于此，向东流入旄水。

再往北三百五十里，是敦头山，山上有丰富的金属矿物和玉石，没有花草树木。旄水发源于此，向东流入邛泽。山中有很多䯅马，它有牛一样的尾巴和白色的身子，头上还长着一只角，发出的声音如同人在呼喊。

【注释】

① 员：同"圆"。

## 山海经异兽考

**骓马** 明·蒋应镐图本

骓马是一种神兽，有角的就叫骓，没有角的则称为骐。据记载在东晋年间，曾经有人在九真郡（就是现在的越南）捕获过一匹骓马。

| 异兽 | 形态 | 异兆及功效 |
| --- | --- | --- |
| 骓马 | 有牛一样的尾巴和白色的身子，头上还长着一只角，发出的声音如同人在呼喊。 | |

## 山海经地理考

| | | |
| --- | --- | --- |
| 白沙山 | 今河北、内蒙古、山西的交界处 | 根据山川里程推算。 |
| 尔是山 | 今山西老爷岭 | 根据山川道里推算，尔是山应为今山西阳高县的老爷岭。 |
| 狂山 | 今大兴安岭南端 | 大兴安岭山顶终年积雪，符合原文"冬夏有雪"，因此，狂山即为大兴安岭南端。 |
| 浮水 | 今达里湖 | 位于内蒙古赤峰市龚格尔草原的西南部，是内蒙古四大名湖之一，面积约有2.38万公顷。 |
| 诸余山 | 今都图伦群山 | 大兴安岭向北380里即为此群山系。 |
| 㽔水 | 今克鲁伦河 | 依据诸余山为都图伦群山可推断，㽔水即为克鲁伦河。 |
| 敦头山 | 今巴彦山 | 根据里程推算，诸余山向北350里即为巴彦山。 |
| 邛泽 | 今呼伦湖 | 位于呼伦贝尔草原的西南部，是哈拉哈河与乌尔逊河的吞吐湖，也是中蒙两国共有的湖泊。 |

【第三卷 北山经】

## 3 从鈎吾山到梁渠山
### 羊身人脸能吃人的狍鸮

| 山水名称 | 动物 | 矿物 |
|---|---|---|
| 鈎吾山 | 狍鸮 | 玉石、铜 |
| 北嚻山 | 独狢、䲹䳌 | 青碧、美玉 |
| 梁渠山 | 居暨、嚻 | 金、玉 |

## 原文

又北三五十里，曰鈎吾之山，其上多玉，其下多铜。有兽焉，其状如羊身人面，其目在腋下，虎齿人爪，其音如婴儿，名曰狍(páo)鸮①，是食人。

又北三百里，曰北嚻之山，无石，其阳多碧，其阴多玉。有兽焉，其状如虎，而白身犬首，马尾彘鬣，名曰独狢。有鸟焉，其状如乌，人面，名曰䲹䳌，宵飞而昼伏，食之已暍②(yē)。涔水出焉，而东流注于邛(qióng)泽。

又北三百五十里，曰梁渠之山，无草木，多金玉。脩水出焉，而东流注于雁门，其兽多居暨，其状如彙③而赤毛，其音如豚。有鸟焉，其状如夸父④，四翼、一目、犬尾，名曰嚻，其音如鹊，食之已腹痛，可以止衕⑤(dòng)。

## 译文

再往北三百五十里，是鈎吾山。山上盛产美玉，山下盛产铜。山中有种野兽，身子像羊，人脸，眼睛长在腋下，牙齿同老虎的相似，爪子如同人脚，声音似婴儿啼哭，叫做狍鸮，能吃人。

再往北三百里，是北嚻山。山上没有石头，南坡多青碧，北坡多美玉。山中有种野兽，长得像老虎，白色的身子，狗头、马尾，毛像猪鬃，叫做独狢。还有一种鸟，形状像乌鸦，长着一张人脸，叫做䲹䳌，夜里飞行，白天休息。吃了它的肉可治愈热病和头风。涔水从北嚻山发源，向东流入邛泽。

再往北三百五十里，是梁渠山。山上没有花草树木，盛产金属矿物和玉石。脩水发源于此，向东注入雁门水。野兽以居暨居多，其形状像老鼠，浑身长着红色的和刺猬一样的毛刺，叫声如同小猪叫。还有种禽鸟，形状像前文提到的举父，四只翅膀，一只眼睛，一条狗尾，叫做嚻，叫声与喜鹊相似。人吃了它的肉，就可止住肚子痛，还可治好腹泻。

【注释】

① 狍鸮：传说中的一种怪兽，非常贪婪，不但吃人，而且在吃不完时，还要把人身的各个部位咬碎。
② 暍：中暑，受暴热。
③ 彙：据古人讲，这种动物长得像老鼠，红色的毛硬得像刺猬身上的刺。
④ 夸父：一种长得像猕猴的野兽，即前文所说的举父。
⑤ 衕：腹泻。

## 山海经异兽考

### 狍鸮 明·蒋应镐图本

狍鸮就是饕餮，传说黄帝大战蚩尤，蚩尤被斩，其首落地化为饕餮。这种怪兽十分贪吃，把能吃的都吃掉之后，竟然把自己的身体也吃了，最后只剩下一个头部。在商周的青铜鼎上面就铸上了它的形象，但因为身体已经被它自己吃掉了，所以只有头部。

鹜鹊 明·蒋应镐图本

独狢 明·蒋应镐图本

䴅 明·蒋应镐图本

居暨 明·蒋应镐图本

| 异兽 | 形态 | 异兆及功效 |
| --- | --- | --- |
| 狍鸮 | 身子像羊，人脸，眼睛长在腋下，牙齿同老虎的相似，爪子如同人脚，声音似婴儿啼哭。 | 能吃人。 |
| 独狢 | 长得像老虎，白色的身子，狗头、马尾，毛像猪鬃。 | |
| 鹜鹊 | 形状像乌鸦，长着一张人脸。 | 夜里飞行，白天休息。吃了它的肉可以治愈热病和头风。 |
| 居暨 | 形状像老鼠，浑身长着红色的和刺猬一样的毛刺。 | 叫声如同小猪叫。 |
| 䴅 | 长着四只翅膀，一只眼睛，一条狗尾。叫声与喜鹊相似。 | 人吃了它的肉，就可以止住肚子痛，还可以治好腹泻。 |

## 山海经地理考

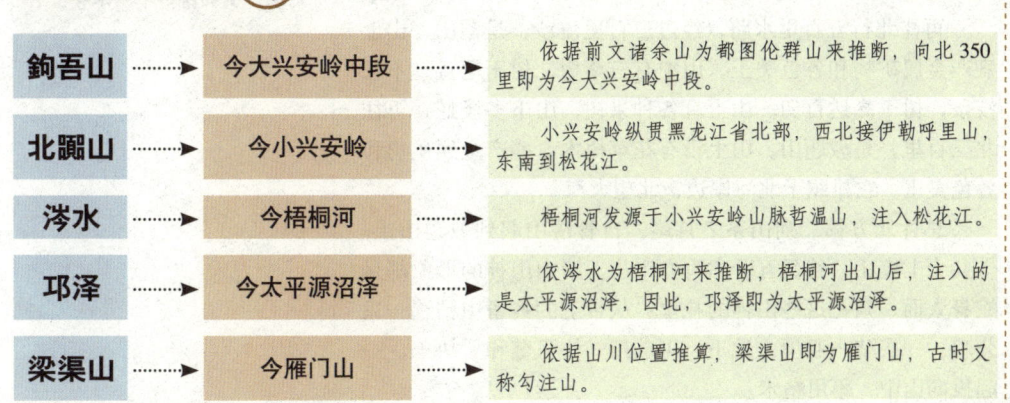

| 钩吾山 | → | 今大兴安岭中段 | → | 依据前文诸余山为都图伦群山来推断，向北350里即为今大兴安岭中段。 |
| --- | --- | --- | --- | --- |
| 北䴅山 | → | 今小兴安岭 | → | 小兴安岭纵贯黑龙江省北部，西北接伊勒呼里山，东南到松花江。 |
| 涔水 | → | 今梧桐河 | → | 梧桐河发源于小兴安岭山脉哲温山，注入松花江。 |
| 邛泽 | → | 今太平源沼泽 | → | 依涔水为梧桐河来推断，梧桐河出山后，注入的是太平源沼泽，因此，邛泽即为太平源沼泽。 |
| 梁渠山 | → | 今雁门山 | → | 依据山川位置推算，梁渠山即为雁门山，古时又称勾注山。 |

【第三卷 北山经】

# 4 从姑灌山到敦题山
## 蛇身人面的山神

| 山水名称 | 动物 | 植物 | 矿物 |
|---|---|---|---|
| 湖灌山 | 野马 |  | 玉石、碧玉 |
| 湖灌水 | 鳡 |  |  |
| 洹山 | 怪蛇 | 三桑树、果树 | 金、玉 |

## 原文

又北四百里，曰姑灌之山，无草木。是山也，冬夏有雪。

又北三百八十里，曰湖灌之山，其阳多玉，其阴多碧，多马，湖灌之水出焉，而东流注于海，其中多鳡①。有木焉，其叶如柳而赤理。

又北水行五百里，流沙三百里，至于洹山，其上多金玉。三桑生之，其树皆无枝，其高百仞②。百果树生之。其下多怪蛇。又北三百里，曰敦题之山，无草木，多金玉。是錞③于北海。

凡北次二经之首，自管涔之山至于敦题之山，凡十七山，五千六百九十里。其神皆蛇身人面。其祠：毛④用一雄鸡彘瘗，用一璧一珪，投而不糈。

## 译文

再往北四百里，是姑灌山。山上没有花草树木。山中终年积雪。

再往北三百八十里，是湖灌山。山南盛产玉石，山北盛产碧玉。山上有许多野马。湖灌水发源于此，向东流入大海，水里多鳝鱼。山中还有种树木，叶子像柳树叶，有红色纹理。

再往北行五百里水路，经过三百里流沙，是洹山，山上盛产金属矿物和各色美玉。山中有三桑树，树干笔直，不长枝条，树干高达百仞。山上有各种果树，山下多怪蛇。再往北三百里，是敦题山。山上没有花草树木，盛产金属矿物和各色美玉。它雄踞于北海岸边，北望大海。

总计北方第二列山系之首尾，自管涔山起到敦题山止，一共十七座山，绵延五千六百九十里。诸山山神的形象都是蛇身人面。祭祀这些山神的礼仪：从带毛的禽畜中精选一只公鸡、一头猪一起埋入地下，再选用一块玉璧和一块玉，一起投向山中，不用精米。

【注释】

① 鳡：同"鳝"。即黄鳝。
② 仞：古代的八尺为一仞。
③ 錞：依附。这里是坐落、高踞的意思。
④ 毛：在祭祀中常用的带毛的动物。例如猪、牛、羊等。

## 山海经异木考

### 樱桃树

樱桃属于蔷薇科落叶乔木果树,樱桃成熟时颜色鲜红,玲珑剔透,味美形娇,营养丰富,医疗保健价值颇高,又有"含桃"的别称。

| 异木 | 形态 | 异兆及功效 |
|---|---|---|
| 樱桃树 | 落叶小乔木,高可达 8m。叶卵形至卵状椭圆形。 | 其果实医疗保健价值颇高。 |

## 山海经地理考

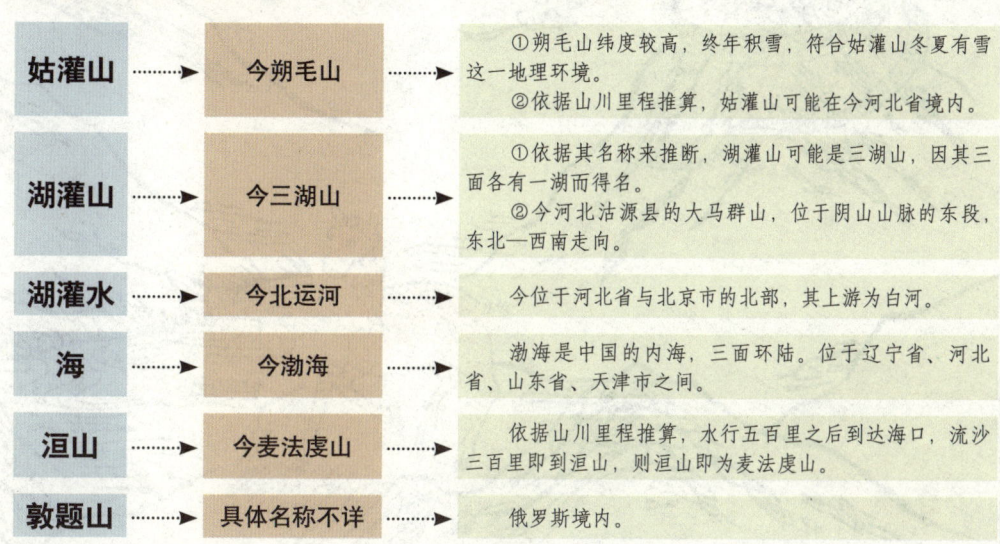

| | | |
|---|---|---|
| 姑灌山 | 今朔毛山 | ①朔毛山纬度较高,终年积雪,符合姑灌山冬夏有雪这一地理环境。<br>②依据山川里程推算,姑灌山可能在今河北省境内。 |
| 湖灌山 | 今三湖山 | ①依据其名称来推断,湖灌山可能是三湖山,因其三面各有一湖而得名。<br>②今河北沽源县的大马群山,位于阴山山脉的东段,东北—西南走向。 |
| 湖灌水 | 今北运河 | 今位于河北省与北京市的北部,其上游为白河。 |
| 海 | 今渤海 | 渤海是中国的内海,三面环陆。位于辽宁省、河北省、山东省、天津市之间。 |
| 洹山 | 今麦法虔山 | 依据山川里程推算,水行五百里之后到达海口,流沙三百里即到洹山,则洹山即为麦法虔山。 |
| 敦题山 | 具体名称不详 | 俄罗斯境内。 |

【第三卷 北山经】

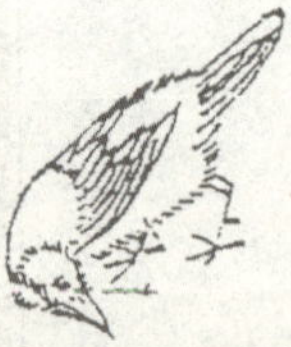

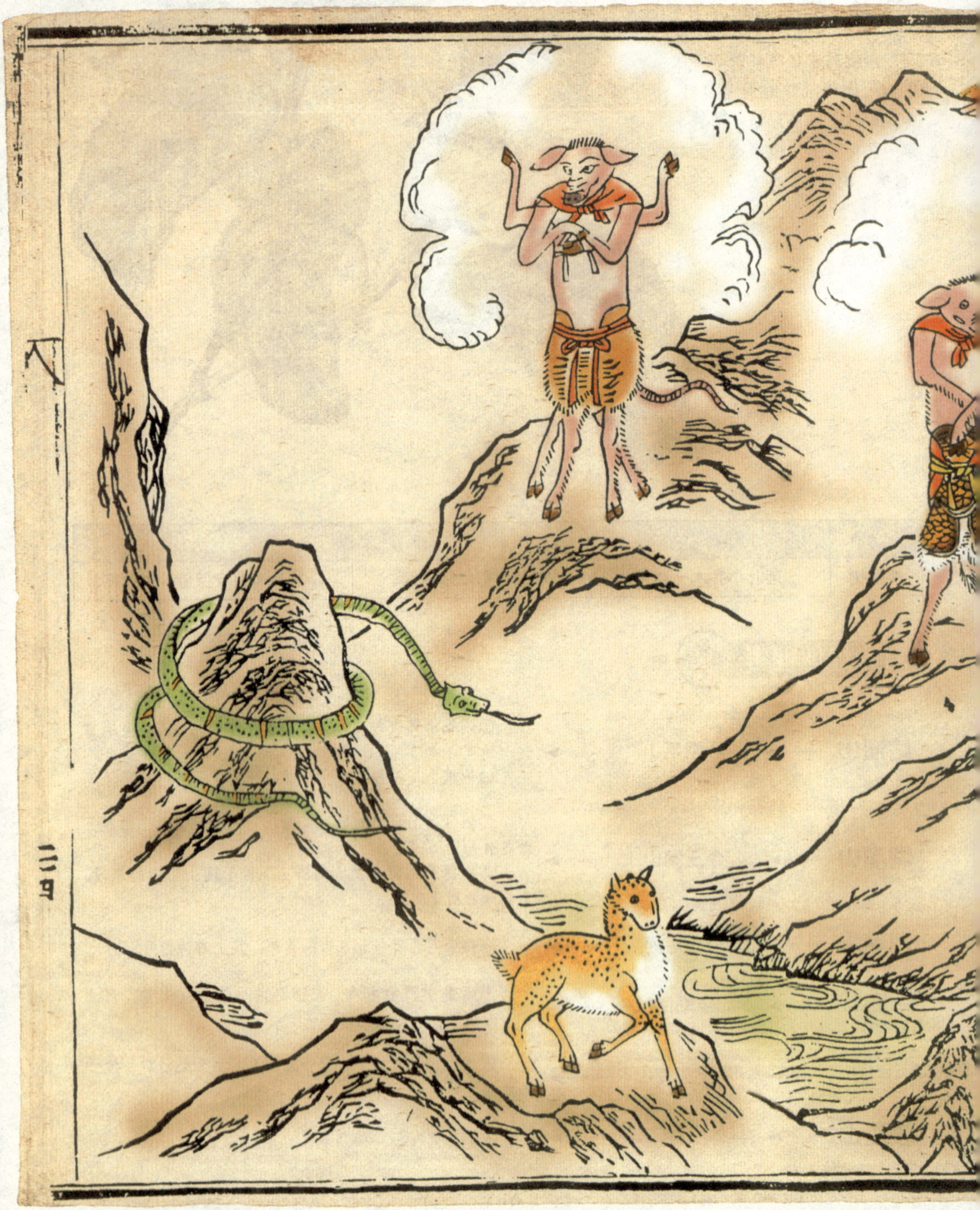

## 北次三经

《北次三经》主要记载北方第三列山系上的动植物及矿物。此山系所处的位置大约在今山西省、陕西省、河北省、河南省一带，从太行山起，一直到錞于毋逢山止，一共四十六座山，其中二十座山的山神均为马身人面、十四座山的山神长着猪身、十座山的山神长着猪身八只脚并有蛇尾，另外两座山的山神吃熟食，需单独祭祀。山上树木种类繁多，矿产丰富，异兽多且功能各异。

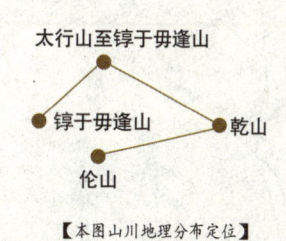

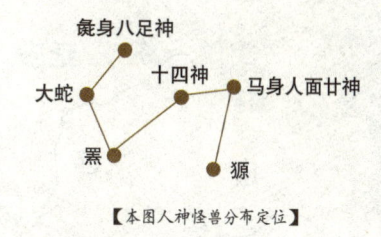

太行山至錞于毋逢山
錞于毋逢山　　乾山
伦山

【本图山川地理分布定位】

彘身八足神
大蛇　十四神　马身人面廿神
罴　　　獂

【本图人神怪兽分布定位】

# 北次三经路线示意图

| 1.饶山 | 2.陆山 | 3.沂山 | 4.维龙山 | 5.绣山 | 6.敦与山 | 7.松山 | 8.柘山 | 9.景山 | 10.题首山 |
| 11.小侯山 | 12.彭毗山 | 13.孟门山 | 14.沮洳山 | 15.马成山 | 16.发鸠山 | 17.虫尾山 | 18.贲闻山 | 19.龙侯山 | 20.归山 |
| 21.王屋山 | 22.天池山 | 23.教山 | 24.平山 | 25.景山 | 26.阳山 | 27.少山 | 28.泰头山 | 29.高是山 | |

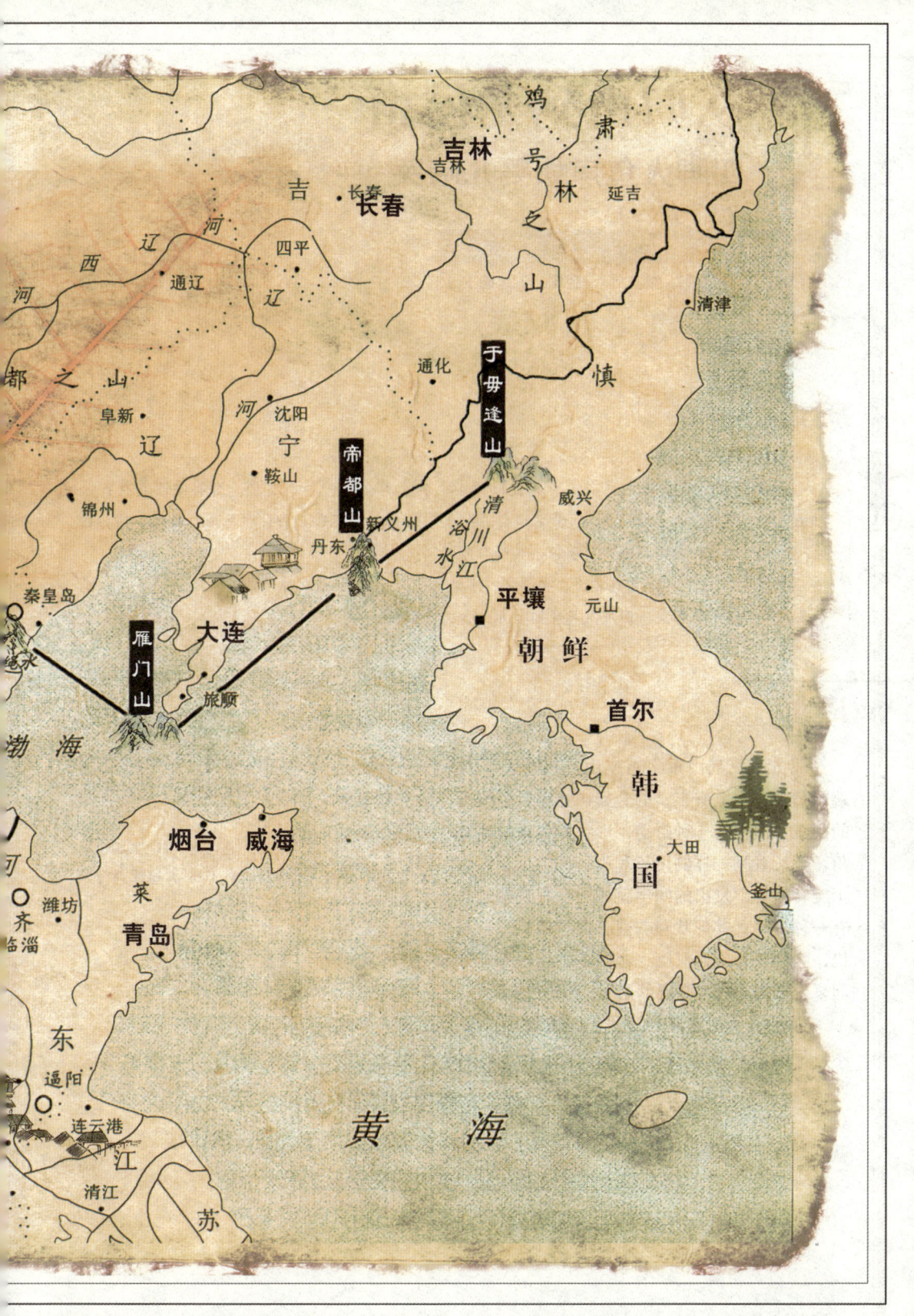

本图根据张步天教授"《山海经》考察路线图"绘制，图中记载了《北次三经》中太行山到錞于毋逢山共46座山的地理位置。

（此路线形成于西周早中期）

# 1 从归山到龙侯山
## 四脚人鱼声如婴儿啼哭

| 山水名称 | 动物 | 矿物 |
|---|---|---|
| 归山 | 䮝、鶌 | 金属、玉、碧玉 |
| 龙侯山 | 人鱼 | 金属、玉 |

## 原文

　　北次三经之首，曰太行之山。其首曰归山，其上有金玉，其下有碧。有兽焉，其状如麢(líng)羊而四角，马尾而有距①，其名曰䮝，善还②(xuán)，其鸣自詨。有鸟焉，其状如鹊，白身、赤尾、六足，其名曰鶌，是善惊，其鸣自詨③。

　　又东北二百里，曰龙侯之山，无草木，多金玉。决(jué)决之水出焉，而东流注于河。其中多人鱼，其状如鯑鱼，四足，其音如婴儿，食之无痴疾。

## 译文

　　北方第三列山系之首座山，叫做太行山。太行山的首端叫归山，山上有丰富的金属矿物和各色美玉，山下有珍贵的碧玉。山中有一种野兽，形状像普通的羚羊，头上有四只角，还长着马一样的尾巴和鸡一样的爪子，叫做䮝。它还善于旋转起舞，发出的叫声就如同在呼唤自己的名字。山中还有一种禽鸟，其形状和普通喜鹊相似，却长着白身子、红尾巴，腹部还长着六只脚，叫做鶌，这种鸟十分警觉，它啼叫起来也像是在呼唤自己的名字。

　　太行山再往东北二百里，是龙侯山。山上没有花草树木，但蕴藏有丰富的金属矿物和各色美玉。决决水发源于此，然后向东流入黄河。水中有很多人鱼，形状像一般的鯑鱼，长有四只脚，发出的声音像婴儿啼哭，吃了它的肉，人就不会患上疯癫病。

【注释】

①距：雄鸡、野鸡等跖后面突出像脚趾的部分。这里指鸡爪子。
②还：通"旋"，这里指旋转。
③詨：同"叫"，这里指呼唤。

## 山海经异兽考

驿　明·蒋应镐图本

人鱼　明·蒋应镐图本

实际上就是现在的大鲵，也就是俗称的娃娃鱼，是一种两栖类动物。西山第一列山系的竹山上面的人鱼也就是这种鱼。人鱼最大的特征就是鱼以足行，并由此衍生出美人鱼之类的神奇故事来。

鹩　明·蒋应镐图本

| 异兽 | 形态 | 今名 | 异兆及功效 |
| --- | --- | --- | --- |
| 驿 | 形状像普通的羚羊，头上有四只角，还长着马一样的尾巴和鸡一样的爪子，发出的叫声就如同在呼唤自己的名字。 | 马鹿 | 善于旋转起舞。 |
| 鹩 | 形状和普通喜鹊相似，却长着白身子、红尾巴，腹部还长着六只脚，它的叫声就像是在呼唤自己的名字。 |  | 这种鸟十分警觉。 |
| 人鱼 | 形状像一般的鲻鱼，长有四只脚，发出的声音像婴儿啼哭。 | 大鲵 | 吃了它的肉，人就不会患上疯癫病。 |

## 山海经地理考

| | | |
| --- | --- | --- |
| 太行山 | 今太行山 | 位于山西高原与河北平原之间。北起北京西山，南到黄河北崖，西接山西高原，东临华北平原。为山西东部、东南部与河北、河南两省的天然界山。 |
| 归山 | 今大乐岭 | 此山为山西阳城与河南济源的界山。 |
| 龙侯山 | 今五指山 | 又称西五指山，位于河北省邢台市、沙河市的最西端，距沙河市区西偏北57公里。 |
| 决决水 | 今白涧河 | 位于河南省济源市。 |

【第三卷　北山经】

## 2 从马成山到天池山
### 见人就飞的天马

| 山水名称 | 动物 | 植物 | 矿物 |
|---|---|---|---|
| 马成山 | 天马、鶌鶋 |  | 美石、金、玉 |
| 咸山（条菅水） |  | 松树、柏树、芷草 | 玉、铜（器酸） |
| 天池山（渑水） | 飞鼠 |  | 美石、（黄垩） |

## 原文

又东北二百里，曰马成之山，其上多文石，其阴多金玉。有兽焉，其状如白犬而黑头，见人则飞，其名曰天马，其鸣自詨。有鸟焉，其状如乌，首白而身青、足黄，是名曰鶌鶋。其名自詨，食之不饥，可以已寓①。

又东北七十里，曰咸山，其上有玉，其下多铜，是多松柏，草多芷草。条菅之水出焉，而西南流注于长泽。其中多器酸②，三岁一成，食之已疠。

又东北二百里，曰天池之山，其上无草木，多文石。有兽焉，其状如兔而鼠首，以其背飞，其名曰飞鼠。渑水出焉，潜于其下，其中多黄垩。

## 译文

再往东北二百里，是马成山。山上遍布带有纹理的美石，北坡盛产金属矿物和各色美玉。山里有种神兽，形状像普通的白狗却长着黑色的脑袋，一看见人就腾空飞起，叫做天马，叫声似呼唤自己的名字。山里还有种鸟，像普通的乌鸦，却长着白色的脑袋和青色的身子，黄色的爪，叫做鶌鶋，叫声犹如呼唤自己的名字。吃了它的肉，人就不会觉得饥饿，还可以医治老年健忘症。

再往东北七十里，是咸山。山上有美玉，山下盛产铜，山上树以松柏为主，草以紫草居多。条菅水发源于此，向西南注入长泽。泽中出产器酸，三年才能收成一次，吃了能治人的疯癫病。

再往东北二百里，是天池山。山上没有花草树木，多带有花纹的美石。山中有一种野兽，其形状像兔子，长着老鼠的头，借助背上的毛飞行，名字是飞鼠。渑水发源于此，潜流到山下，水中有很多黄色垩土。

【注释】

①寓：古人认为寓即"误"字，大概以音近为义，指昏忘之病，就是现在所谓的老年健忘症，或老年痴呆症。

②器酸：据古人讲，大概是一种有酸味、可以吃的东西。因为泽水静止不动，时间长了，就会形成一种酸味的物质。

## 山海经异兽考

### 天马 明·蒋应镐图本

汉武帝曾得到一匹非常好的乌孙马,名叫"天马"。它体格强壮,日行千里,赶得上大宛的汗血宝马了。后来,汉武帝将那匹乌孙马改名为"西极",称大宛马为"天马"。

### 䳜䳜 明·蒋应镐图本

### 飞鼠 明·蒋应镐图本

据说明天启三年十月时,凤县出现很多大鼠,它们长着肉翅而没有脚,黄黑色毛,尾巴毛皮丰满好像貂,能够飞着吃粮食,当地人怀疑就是这类飞鼠。

| 异兽 | 形态 | 今名 | 异兆及功效 |
|---|---|---|---|
| 天马 | 像普通的白狗却长着黑色的脑袋,叫声犹如呼唤自己的名字。 | 马鹿 | 一看见人就腾空飞起。 |
| 䳜䳜 | 像普通的乌鸦,却长着白色的脑袋和青色的身子,黄色的爪,叫声犹如呼唤自己的名字。 | 斑鸠 | 吃了它的肉,人就不会觉得饥饿,还可以医治老年健忘症。 |
| 飞鼠 | 形状像兔子,却长着老鼠的头。 | | 能够借助背上的毛飞行。 |

## 山海经地理考

| | | |
|---|---|---|
| 马成山 | 今山西赤土坡山 | 依据山上水流方向推测,马成山即赤土坡山,位于山西晋城市附近。 |
| 咸山 | 今河南张岭山 | 咸山位于马成山的西南70里,依据山川里程推算,此山即为河南张岭山。 |
| 条菅水 | 今山西解州附近的水流 | 依据山川里程推算,条菅水可能是山西省南部的解州附近的水流。 |
| 天池山 | 今陕西析城山 | 位于陕西省阳城县西南,主峰海拔1888米。山峰四面如城,有东、西、南、北四门分析,故曰析城山。 |

【第三卷 北山经】

## 3 从阳山到教山

**雌雄一体的象蛇**

| 山水名称 | 动物 | 矿物 |
|---|---|---|
| 阳山 | 领胡、象蛇 | 金、玉、铜 |
| 留水 | 䱱父鱼 | |
| 贲闻山 | | 苍玉、黄垩、涅石 |

## 原文

又东三百里，曰阳山，其上多玉，其下多金铜。有兽焉，其状如牛而赤尾，其颈臡①，其状如句瞿②，其名曰领胡，其鸣自詨，食之已狂。有鸟焉，其状如雌雉，而五采以文，是自为牝牡，名曰象蛇，其鸣自詨。留水出焉，而南流注于河。其中有䱱父之鱼，其状如鲋鱼，鱼首而彘身，食之已呕。又东三百五十里，曰贲闻之山，其上多苍玉，其下多黄垩，多涅石③。

又北百里，曰王屋之山，是多石。㴔水出焉，而西北流注于泰泽。

又东北三百里，曰教山，其上多玉而无石。教水出焉，西流注于河，是水冬干而夏流，实惟干河。其中有两山。是山也，广员三百步，其名曰发丸之山，其上有金玉。

## 译文

再往东三百里，是阳山。山上有各色美玉，山下盛产金铜。山中有种野兽，形状像牛，红色的尾巴，脖子上有肉瘤，形状像斗，叫做领胡。吼声如同呼唤自己的名字，人吃了它的肉就能治愈癫狂症。山中还有像雌性野鸡的鸟，羽毛上有五彩斑斓的花纹，它一身兼有雄雌两种性器官，叫做象蛇，叫声是自身名称的读音。留水发源于此，向南流入黄河。水中有䱱父鱼，形状像鲫鱼，长着鱼头猪身，人吃了它的肉就可治愈呕吐。再往东三百五十里，是贲闻山。山上遍布苍玉，山下盛产黄色垩土，还有许多黑石脂。

再往北一百里，是王屋山。山上怪石嶙峋。㴔水发源于此，向西北注入泰泽。

再往东北三百里，是教山。山上多各色美玉，没有石头。教水发源于此，向西流入黄河，此河冬季干枯，夏季流水。教水的河道中有两座小山，方圆各三百步，叫做发丸山。其上多金玉。

**【注释】**

① 臡：肉瘤。
② 句瞿：同"斗"。
③ 涅石：一种黑色矾石，可做黑色染料。矾石是一种矿物，为透明结晶体，有白、黄、青、黑、绛五种。

## 山海经异兽考

**领胡** 明·蒋应镐图本

据说这种牛能日行三百里，后世在很多地方都出现过。

**象蛇** 明·蒋应镐图本

**鲐父鱼** 明·蒋应镐图本

| 异兽 | 形态 | 今名 | 异兆及功效 |
|---|---|---|---|
| 领胡 | 形状像牛，红色的尾巴，脖子上有肉瘤，形状像斗，吼声如同呼唤自己的名字。 | | 人吃了它的肉就能治愈癫狂症。 |
| 象蛇 | 像雌性野鸡的鸟，羽毛上有五彩斑斓的花纹，叫声是自身名称的读音。 | 马鸡 | 它一身兼有雄雌两种性器官。 |
| 鲐父鱼 | 形状像鲫鱼，长着鱼头猪身。 | | 人吃了它的肉就可以治愈呕吐。 |

## 山海经地理考

| | | |
|---|---|---|
| 阳山 | 今江苏虞山 | 位于江苏省常熟市的西北部。古有"十里青山半入城，山南尚湖如映带"诗句咏之。 |
| 留水 | 今沙涧河 | 依据阳山为虞山来推断，留水即为沙涧河。 |
| 贲闻山 | 今河北岱嵋山 | 此山位于河北省新安县、渑池县交界处，山的北侧、西侧、南侧均陡峭。 |
| 王屋山 | 今王屋山 | 又称"天坛山"。位于河南省济源市西北40公里处，东依太行，西接中条，北连太岳，南临黄河，是中国九大古代名山，也是愚公的故乡。 |
| 教山 | 今山西历山 | 历山是中条山的主峰，海拔2358米，地处运城、晋城、临汾三市的垣曲、阳城、沁水、翼城四县毗邻地界。 |
| 教水 | 名字不详 | 出于教山，则位于陕西省垣县，后注入黄河。 |
| 发丸山 | 名字不详 | 依据其山上所产矿物可推测，此山为一座出产铜矿的山。 |

【第三卷 北山经】

# 4 从景山到虫尾山

## 酸与能制造恐怖事件

| 山水名称 | 动物 | 植物 | 矿物 |
|---|---|---|---|
| 景山 | 酸与 | 藷藇、秦椒 | 赭石、美玉 |
| 孟门山 | | | 苍玉、金、黄色垩土、涅石 |
| 平水 | | | 美玉 |
| 京山 | | 漆树、竹 | 美玉、黄铜、磨刀石 |
| 虫尾山 | | 竹 | 金、玉、青石、碧玉 |

## 原文

又南三百里，曰景山，南望盐贩之泽，北望少泽。其上多草、藷藇①(yù)，其草多秦椒②，其阴多赭，其阳多玉。有鸟焉，其状如蛇，而四翼、六目、三足，名曰酸与，其鸣自詨，见则其邑有恐。又东南三百二十里，曰孟门之山，其上多苍玉，多金，其下多黄垩，多涅石。

又东南三百二十里，曰平山。平水出于其上，潜于其下，是多美玉。又东二百里，曰京山，有美玉，多漆木，多竹，其阳有赤铜，其阴有玄礵③。高水出焉，南流注于河。

又东二百里，曰虫尾之山，其上多金玉，其下多竹，多青碧。丹水出焉，南流注于河；薄水出焉，而东南流注于黄泽。

## 译文

再往南三百里，是景山。向南可远眺盐贩泽，向北可望少泽。山上多草和藷藇，草以秦椒为多，山北坡出产赭石，南坡出产美玉。山里有种鸟，形状像蛇，长有两对翅膀、六只眼睛、三只脚，叫做酸与，它啼叫起来就像是在呼唤自己的名字。它在哪里出现，哪里就会发生可怕的事情。再往东南三百二十里，是孟门山。山上遍布着精美的苍玉，还有丰富的金属矿物，山下到处是黄色垩土，还有许多涅石。

再往东南三百二十里，是平山。平水从山顶发源，潜流到山下，水中有很多优质美玉。再往东二百里，是京山。山上盛产美玉，有很多漆树，还有很多竹林，山的南坡出产赤铜，山的北坡盛产黑色磨刀石。高水发源于此，向南流入黄河。

再往东二百里，是虫尾山。山上有丰富的金属矿物和各色美玉，山下竹林密布，还有很多青石碧玉。丹水从虫尾山发源，向南注入黄河；薄水也发源于此，向东南注入黄泽。

## 【注释】

① 藷藇：一种植物，根像羊蹄，可以食用，就是今天所说的山药。
② 秦椒：一种草，所结的子实像花椒，叶子细长。
③ 玄礵：玄，黑色；礵，砥石，就是磨刀石。

## 山海经异兽考

**酸与**　明·蒋应镐图本

酸与是一种凶鸟，它在哪个地方出现，哪里就会发生可怕的事情。据说吃了它的肉可以使人不醉。

**酸与**　清·汪绂图本

| 异兽 | 形态 | 异兆及功效 |
| --- | --- | --- |
| 酸与 | 形状像蛇，长有两对翅膀、六只眼睛、三只脚，叫做酸与，它啼叫起来就像是在呼唤自己的名字。 | 它在哪里出现，哪里就会发生可怕的事情。 |

## 山海经地理考

| 景山 | → | 今河北赞皇山 | → | ①位于河北省石家庄市西南部赞皇县。②也可能位于山西省闻喜县境内。 |
| --- | --- | --- | --- | --- |
| 盐贩泽 | → | 今山西解池 | → | 位于中条山的北麓，即山西运城的盐池，同时，也是我国著名的池盐产地。 |
| 孟门山 | → | 今山西壶口山 | → | 位于山西省长治市东南部，因其状如壶口，故此名为壶口山。 |
| 平山 | → | 今山西姑射山 | → | 位于陕西省临汾市城西，属于吕梁山脉。 |
| 平水 | → | 名字不详 | → | 其发源于姑射山，向东流入汾河的一条河流。 |
| 京山 | → | 今山西霍山 | → | 霍山位于今山西省临汾地区霍州市、洪洞县和古县三市县交界位置，处于整个太岳山脉的南端。 |
| 虫尾山 | → | 今山西丹朱岭 | → | 位于山西省高平市北四十五里，与长子县接界，海拔1131米，以尧封长子丹朱得名。 |

【第三卷　北山经】

## 5 从彭毗山到谒戾山

### 黄鸟能止嫉妒心

| 山水名称 | 动物 | 植物 | 矿物 |
|---|---|---|---|
| 彭毗山（肥水） | （肥遗） |  | 金、玉 |
| 小侯山 | 鸰鹋 |  |  |
| 泰头山 |  | 竹 | 金、玉 |
| 轩辕山 | 黄鸟 | 竹 | 铜、 |
| 谒戾山 |  | 松树、柏树 | 金、玉 |

## 原文

又东三百里，曰彭毗之山，其上无草木，多金玉，其下多水。蚤（zǎo）林之水出焉，东南流注于河。肥水出焉，而南流注于床水，其中多肥遗之蛇。又东百八十里，曰小侯之山。明漳之水出焉，南流注于黄泽。有鸟焉，其状如乌而白文，名曰鸰（gū）鹋，食之不灂[①]（jiào）。

又东三百七十里，曰泰头之山。共水出焉，南流注于虖（hū）沱（tuó）。其上多金玉，其下多竹箭[②]。又东北二百里，曰轩辕之山，其上多铜，其下多竹。有鸟焉，其状如枭而白首，其名曰黄鸟，其鸣自詨，食之不妒。

又北二百里，曰谒戾（lì）之山，其上多松柏，有金玉。沁水出焉，南流注于河。其东有林焉，名曰丹林。丹林之水出焉，南流注于河。婴侯之水出焉，北流注于汜（sì）水。

## 译文

再往东三百里，是彭毗山。山上没有花草树木，遍布金属矿物和美玉。蚤林水发源于此，向东南流入黄河；肥水也发源于此，向南注入床水，水中多肥遗蛇。再往东一百八十里，是小侯山。明漳水发源于此，向南流入黄泽。山中有种鸟，形体很像乌鸦，有白色斑纹，叫做鸰鹋。吃了它的肉就能使人的眼睛明亮。

再往东三百七十里，是泰头山。共水发源于此，向南流入虖沱。山上遍布金属矿物和美玉，山下多小竹丛。再往东北二百里，是轩辕山。山上盛产铜，山下是茂密的竹林。山中有种鸟，外形像猫头鹰，长着白色的脑袋，叫做黄鸟，叫声像在呼唤自己的名字，吃了它的肉，就不会产生嫉妒心。

再往北二百里，是谒戾山。山上多松树和柏树，遍布金属矿物和美玉。沁水发源于此，向南流入黄河。此山东面有片茂密的丹林。丹林水发源于此，向南流入黄河；婴侯水发源于此，向北流入汜水。

### 【注释】

① 灂：眼睛昏瞆。
② 箭：一种生长较小的竹子，质坚硬，可做箭矢。

## 山海经异兽考

### 黄鸟 清·汪绂图本

传说梁武帝萧衍的皇后郗氏生性嫉妒，尤其对梁武帝的其他嫔妃嫉妒不已，梁武帝知道后曾让她信佛，还请高僧为她讲经，但她依然嫉妒如故。后来梁武帝又以黄鸟作膳来给郗氏吃，就是希望黄鸟能治愈她的嫉妒心，其结果当然是于事无补。后来郗氏三十岁就死了，死后化为蛇，还托梦梁武帝，向他忏悔。

鸲鹆 清·《禽虫典》

| 异兽 | 形态 | 今名 | 异兆及功效 |
|---|---|---|---|
| 鸲鹆 | 形体很像乌鸦，却有白色斑纹。 | 鹩鸲 | 吃了它的肉就能使人的眼睛明亮。 |
| 黄鸟 | 外形像猫头鹰，却长着白色的脑袋。 | | 叫声好像在呼唤自己的名字，吃了它的肉，就不会产生嫉妒心。 |

## 山海经地理考

| | | |
|---|---|---|
| 彭毗山 | 具体名称不详 | 位于山西陵川县东部的一座山。 |
| 床水 | 今河南淇水 | 发源于山西省陵川县棋子山，全长161公里。 |
| 小侯山 | 今河南西山 | 依据里程推算，小侯山即为河南省汤阴县的西山。 |
| 明漳水 | 今河南汤河 | 位于今河南省北部，向东注入卫河，最终流入黄泽。 |
| 泰头山 | 今山西叶斗峰 | 位于山西省东北部五台山中，海拔3061.1米。 |
| 虖沱 | 今河北滹沱河 | 发源于山西省繁峙县泰戏山孤山村一带，全长587公里。 |
| 谒戾山 | 今山西羊头山 | 位于山西省长治县、长子县和高平市交界处，海拔1297米。 |

【第三卷 北山经】

## 6 从沮洳山到发鸠山

### 精卫填海，誓死不休

| 山水名称 | 动物 | 植物 | 矿物 |
|---|---|---|---|
| 沮洳山 |  |  | 金、玉 |
| 神囷山 | 白蛇、飞虫 |  | 带有纹理的石头 |
| 发鸠山 | 精卫 | 柘木 |  |

## 原文

东三百里，曰沮洳（rù）之山，无草木，有金玉。濝（qí）水出焉，南流注于河。

又北三百里，曰神囷（qūn）之山，其上有文石，其下有白蛇，有飞虫①。黄水出焉，而东流注于洹，滏（fǔ）水出焉，而东流注于欧水。

又北二百里，曰发鸠之山，其上多柘（zhè）木②。有鸟焉，其状如乌，文首、白喙、赤足，名曰精卫，其鸣自詨。是炎帝③之少女名曰女娃，女娃游于东海，溺而不返，故为精卫。常衔西山之木石，以堙④（yīn）于东海。漳水出焉，东流注于河。

## 译文

谒戾山再往东三百里，是沮洳山。山上没有花草树木，但有金属矿物和各色美玉。濝水发源于此，向南注入黄河。

沮洳山再往北三百里，是神囷山。山上有带花纹的石头，山下有许多白蛇，还有飞虫。黄水发源于此，向东流入洹水。滏水也发源于此，向东流入欧水。

神囷山再往北二百里，是发鸠山。山上生长着茂密的柘树林。山中有一种鸟，其形状像普通的乌鸦，头部的羽毛上有花纹，白色的嘴巴、红色的爪子，叫做精卫，它发出的叫声就是自己的名字。精卫鸟原是炎帝的小女儿，名叫女娃。她到东海游玩，不慎淹死在东海里，死后她的灵魂就变成了精卫鸟。她常常衔了西山的树枝石子，投到东海里去，想把大海填平。漳水发源于此，漳水向东流淌，最后注入黄河。

### 【注释】

①飞虫：指蠛蠓、蚊子之类的小飞虫，成群结队地乱飞，遮天蔽日。

②柘木：即柘树，桑树的一种，叶子可以喂蚕，果实可以吃，树根和树皮可入药。

③炎帝：又称神农氏，传说中的上古帝王。

④堙：堵塞。

## 山海经异兽考

**精卫** 明·蒋应镐图本

传说现在的山东半岛和辽东半岛，就是精卫填成的。后来民间传说，这种鸟就住在海边，和海燕结成配偶，生下的孩子，雌的像精卫，雄的像海燕。古人认为它是一种有志气的禽鸟，并把它当做追求理想和毅力的化身。

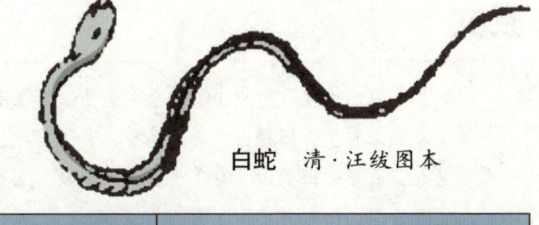

白蛇 清·汪绂图本

| 异兽 | 形态 | 异兆及功效 |
| --- | --- | --- |
| 精卫 | 形状像普通的乌鸦，头部的羽毛上有花纹，白色的嘴巴、红色的爪子。 | 它发出的叫声就是自己的名字。 |

## 山海经地理考

| | | |
| --- | --- | --- |
| 沮洳山 | 今山西棋子山 | 位于山西省陵川县侯庄乡东北，其主峰海拔1488米。 |
| 潞水 | 今河南淇河 | 位于河南省济源县，在淇县的淇门注入卫河，全长161公里。 |
| 神囷山 | 今山西石鼓山 | 位于山西省原平市临渭区大王乡张村，海拔在900米到1200米之间。 |
| 黄水、洹水、滏水 | 今河南安阳河 | 又名洹河。发源于河南省林州市滤山东麓，最后注入卫河。 |
| 欧水 | 今河北滏阳河 | 发源于邯郸峰矿区滏山南麓，因而得名滏阳河。 |
| 发鸠山 | 今山西发鸠山 | 又名发苞山，位于陕西省子长县城西25公里处，海拔1646.8米。 |
| 漳水 | 今漳河 | 位于河北与河南两省的交界处，源头为清漳河与浊漳河。 |

【第三卷 北山经】

# 7 从少山到松山

## 四脚青黾，好似蟾蜍

| 山水名称 | 动物 | 植物 | 矿物 |
| --- | --- | --- | --- |
| 少山 | | | 金玉、铜 |
| 锡山 | | | 玉、磨刀石 |
| 景山 | | | 玉 |
| 题首山 | | | 玉 |
| 绣山 | 鳠鱼、黾蛙 | 枸树、芍药、芎䓖 | 玉、青碧 |

## 原文

又东北百二十里，曰少山，其上有金玉，其下有铜。清漳之水出焉，东流注于浊漳之水。

又东北二百里，曰锡山，其上多玉，其下有砥。牛首之水出焉，而东流注于滏水。

又北二百里，曰景山，有美玉。景水出焉，东南流注于海泽。

又北百里，曰题首之山，有玉焉，多石，无水。

又北百里，曰绣山，其上有玉、青碧，其木多枸①(xún)，其草多芍药②、芎䓖。洧(wěi)水出焉，而东流注于河，其中有鳠③(hù)、黾④。

又北百二十里，曰松山。阳水出焉，东北流注于河。

## 译文

发鸠山再往东北一百二十里，是少山。山上有金属矿物和各色美玉，山下有铜。清漳水发源于此，向东流去，注入浊漳水。

少山再往东北二百里，是锡山。其山上遍布着各色美玉，山下盛产磨刀石。牛首水发源于此，然后向东流入滏水。

锡山再往北二百里，是景山。山中到处是玉石，质量上乘。景水发源于此，向东南流入海泽。

景山再往北一百里，是题首山。这里也出产美玉，山上怪石嶙峋，没有河流发源于此。

题首山再往北一百里，是绣山。山上盛产美玉、青碧，山中有很多枸树，草以芍药、芎䓖之类的香草为主。洧水发源于此，然后向东流入黄河，水中有很多鳠鱼和黾蛙。

绣山再往北一百二十里，是松山。阳水发源于此，然后向东北流入黄河。

【注释】

① 枸：枸树，古人常用其树干制作拐杖。

② 芍药：多年生草本花卉，初夏开花，花朵大而美丽。

③ 鳠：即鳠鱼，体态较细，灰褐色，头扁平，背鳍、胸鳍相对有一硬刺，后缘有锯齿。

④ 黾：蛙的一种，皮肤青色。

## 山海经异兽考

**黾** 清·汪绂图本

黾类似于蟾蜍。相传月宫中有三条腿的蟾蜍，因此后人把月宫也叫蟾宫。民间流传刘海戏金蟾的神话故事：相传憨厚善良的刘海在仙人的指点下，获得一枚金光夺目的金钱，后来刘海就用这枚金钱戏出了井里的金蟾，从而得到了幸福。

鳡 清·汪绂图本

| 异兽 | 形态 | 异兆及功效 |
|---|---|---|
| 鳡鱼 | 体态较细，灰褐色，头扁平，背鳍、胸鳍相对有一硬刺，后缘有锯齿。 | |
| 黾 | 蛙的一种，类似于蟾蜍。 | |

## 山海经地理考

| 少山 | 今山西境内 | 根据山川里程来推算，此山位于山西昔阳县境内。 |
|---|---|---|
| 清漳水 | 今山西清漳河 | 清漳河是山西省东部太行山区的重要河流，是左权县最重要的水源。 |
| 浊漳水 | 今山西浊漳河 | 浊漳河是今山西上党境内的最大河流。共有三源：浊漳南源出于长子县发鸠山，浊漳西源出于沁县漳源村，浊漳北源出于榆社县柳树沟。 |
| 牛首水 | 今河北牛照河 | 源于今河北省邯郸县西北，注入滏阳河。 |
| 绣山 | 今大安山 | 位于北京市房山区与门头沟区的接壤地带，是太行山的一个分支。 |

【第三卷 北山经】

# 8 从敦与山到白马山

## 山川绵延，矿物多

| 山水名称 | 矿物 |
|---|---|
| 敦与山 | 金玉 |
| 柘山 | 金玉、铁 |
| 维龙山 | 碧玉、金、铁 |
| 白马山 | 玉石、铁、赤铜 |

## 原文

又北百二十里，曰敦与之山，其上无草木，有金玉。溹（suò）水出于其阳，而东流注于泰陆之水；泜（zhī）水出于其阴，而东流注于彭水，槐水出焉，而东流注于泜泽。

又北百七十里，曰柘山，其阳有金玉，其阴有铁。历聚之水出焉，而北流注于洧水。

又北三百里，曰维龙之山，其上有碧玉，其阳有金，其阴有铁。肥水出焉，而东流注于皋泽，其中多礨（chuí）石①。敞铁之水出焉，而北于大泽。

又北百八十里，曰白马之山，其阳多石玉，其阴多铁，多赤铜。木马之水出焉，而东北流注于虖沱。

## 译文

再往北一百二十里，是敦与山，山上没有生长花草树木，但有丰富的金属矿物和各色美玉。溹水从敦与山的南麓发源，向东注入泰陆水；泜水从敦与山的北麓流出，也折向东流，但注入彭水；槐水也发源于此山，向东注入泜泽。

再往北一百七十里，是柘山。其山南坡蕴藏有丰富的金属矿物和各色美玉，山北坡则有丰富的铁。历聚水发源于此，向北流入洧水。

再往北三百里，是维龙山。山上盛产碧玉，山的南坡蕴藏有丰富的黄金，山的北坡有丰富的铁。肥水发源于此，向东流入皋泽，水中有很多高耸的大石头。敞铁水也发源于这里，向北注入大泽。

再往北一百八十里，是白马山，山南到处是石头和美玉，山北则蕴藏有丰富的铁，还有很多赤铜。木马水发源于此，向东北流入虖沱水。

【注释】

① 礨石：礨，本义是地势突然高出的样子。礨石在这里指河道中高出水面、显得突兀的大石头。

## 山海经矿物考

### 美玉之斧

红山文化　高 17.5 厘米　宽 0.7 厘米

自白马山向北的连绵山脉之中，绝大多数都盛产美玉，其色泽、质地却不尽相同。这枚玉斧是由岩玉所制，呈透明的碧绿色，光洁可爱，已失却了最早的石斧加工砍凿的作用，而演变为标志古代部落酋长身份的一种礼器。

## 山海经地理考

| | | |
|---|---|---|
| 敦与山 | 具体名称不详 | 依据山川里程推断，此山应在今河北西部。 |
| 溹水 | 今河北柳林河 | 依据原文推断，可能为河北内丘县的柳林河。 |
| 泰陆水 | 今河北大陆泽 | 位于今河北省任县与巨鹿县之间，是河北平原西部太行山河流冲积扇与黄河故道的交接洼地，为漳北、滏南诸水的交汇而成。 |
| 泜水 | 今河北泜河 | 泜河是河北省邢台市北部的一条季节性河流，发源于太行山东麓，注入滏阳河。 |
| 彭水 | 今河北沙沟河 | 依据原文推断，彭水可能为今河北省西南部的沙沟河。 |
| 槐水 | 今河北槐沙河 | 发源于赞皇县西南部嶂石岩槐泉，到衡水市注入滏阳河。 |
| 柘山 | 具体名称不详 | 依据原文推断，柘山是齐堂西长城外的高山。 |
| 历聚水 | 今河北拒马河 | 此河发源于河北省涞源县西北太行山麓，为大清河的支流。 |
| 维龙山 | 今河北五峰山 | 依据山川里程推断，维龙山可能是河北省巨鹿县一带的五峰山，也可能在今河北井陉县内。 |
| 肥水 | 今河北洨河 | 发源于五峰山，最后注入滏阳河。 |
| 皋泽 | 具体名称不详 | 可能是明清时期宁晋泊的西北部。 |
| 白马山 | 具体名称不详 | 位于滹沱河以南，是盂县境内最高的一座山。 |
| 木马水 | 今山西木马河 | 发源于五台山的山脚下，是滹沱河的一个分支。 |

【第三卷　北山经】

# 9 从空桑山到童戎山
## 一角一目的㹎㹎

| 山水名称 | 动物 | 矿物 |
|---|---|---|
| 泰戏山 | 㹎㹎 | 金属矿物、玉 |
| 石山 |  | 金属矿物、玉 |

## 原文

又北二百里，曰空桑之山，无草木，冬夏有雪。空桑之水出焉，东流注于虖沱。

又北三百里，曰泰戏之山，无草木，多金玉。有兽焉，其状如羊，一角一目，目在耳后，其名曰㹎㹎①，其鸣自詨。虖沱之水出焉，而东流注于溇水。液女之水出于其阳，南流注于沁水。

又北三百里，曰石山，多藏金玉。濩濩（huò）之水出焉，而东流注于虖沱，鲜于之水出焉，而南流注于虖沱。

又北二百里，曰童戎之山。皋涂之水出焉，而东流注于溇液水。

## 译文

白马山再往北二百里，是空桑山。山上没有花草树木，山上气候寒冷，冬天夏天都有雪。空桑水发源于此，向东流入虖沱水。

空桑山再往北三百里，是泰戏山。山上寸草不生，但有丰富的金属矿物和各种玉石。山中有种野兽，其长相怪异，外形像普通的羊，但却只长着一只角、一只眼睛，而且眼睛在耳朵的背后，叫做㹎㹎，它发出的叫声便是自身的名称。虖沱水发源于此，向东流入溇水。液女水发源于这座山的南麓，向南流入沁水。

泰戏山再往北三百里，是石山。山中盛产金属矿物和各色玉石。濩濩水发源于此，向东流入虖沱水；鲜于水也发源于此，向南注入虖沱水。

石山再往北二百里，是童戎山。皋涂水发源于此，向东流入溇液水。

【注释】

①㹎㹎：传说是一种吉祥之兽。

## 山海经异兽考

**辣辣** 明·蒋应镐图本

传说是一种吉祥之兽，它出现的话当年就会获得丰收。但也有人说它是兆凶之兽，一出现皇宫中便会发生祸乱。

**辣辣** 明·胡文焕图本

| 异兽 | 形态 | 异兆及功效 |
|---|---|---|
| 辣辣 | 长着一只角、一只眼睛，而且眼睛在耳朵的背后。 | 发出的叫声便是自身的名称。 |

## 山海经地理考

| | | |
|---|---|---|
| 空桑山 | 今山西云中山 | 位于山西静乐县与忻州市之间，云中山是吕梁山脉的一个分支。 |
| 空桑水 | 今山西云中河 | 空桑水处于空桑山，即为云中河。 |
| 泰戏山 | 具体名称不详 | 依据山川里程推断，泰戏山应在山西繁峙县。 |
| 滱水 | 今河北鹿泉河 | 位于河北省北部。 |
| 石山 | 今山西五台山 | 位于山西省忻州市五台县境内的五台山，属于太行山系的北端。 |
| 濩濩水 | 今河北大沙河 | 位于河北省西部。 |
| 鲜于水 | 今山西清水河 | 位于山西省忻州市五台县境内的五台山西南。 |

【第三卷 北山经】

## 10 从高是山到饶山

### 三脚𤡛，鸣叫直呼其名

| 山水名称 | 动物 | 植物 | 矿物 |
|---|---|---|---|
| 高是山 |  | 棕树、条草 |  |
| 陆山 |  |  | 玉 |
| 燕山 |  |  | 婴石 |
| 饶山（历虢水） | 骆驼、鹠鸟、（师鱼） |  | 瑶、碧 |
| 乾山 | 𤡛 |  | 铁、金属、玉石 |

## 原文

又北三百里，曰高是之山。滋水出焉，而南流注于虖沱。其木多棕，其草多条。滱水出焉，东流注于河。又北三百里，曰陆山，多美玉。郪水出焉，而东流注于河。又北二百里，曰沂山，般水出焉，而东流注于河。

北百二十里，曰燕山，多婴石①。燕水出焉，东流注于河。又北山行五百里，水行五百里，至于饶山。是无草木，多瑶碧，其兽多橐驼②，其鸟多鹠③（liú）。历虢（guó）之水出焉，而东流注于河，其中有师鱼④，食之杀人。又北四百里，曰乾山，无草木，其阳有金玉，其阴有铁而无水。有兽焉，其状如牛而三足，其名曰𤡛（yuán），其鸣自詨。

## 译文

再往北三百里，是高是山。滋水发源于此，向南流入虖沱水。山上树木多棕树，草多是条草。滱水发源于此，向东流入黄河。再往北三百里，是陆山。山中遍布各色美玉。郪水从陆山发源，向东注入黄河。再往北二百里，是沂山。般水发源于此，向东注入黄河。

再往北一百二十里，是燕山。山上多婴石。燕水发源于此，向东流入黄河。再往北走五百里陆路，五百里水路，便到了饶山。山上寸草不生，多名贵的瑶、碧一类的美玉。山中野兽以骆驼为主，禽鸟属鹠鸟最多。历虢水发源于此，向东流入黄河，水中多师鱼，人吃了它的肉就会中毒而死。再往北四百里，是乾山。山上没有花草树木。山南盛产金属矿物和各色玉石，山北盛产铁。没有水流发源于此。山中有种野兽，外形像普通的牛，只长着三只脚，名字是𤡛，叫声如同呼唤自己的名字。

【注释】

① 婴石：一种漂亮石头，像玉一样，带有彩色条纹。
② 橐驼：即骆驼。
③ 鹠：即鸺鹠，也叫横纹小鸮，头和颈侧及翼上覆羽暗褐色，密布棕白色狭横斑。
④ 师鱼：即鲵鱼，前文所说的人鱼。

## 山海经异兽考

**獂** 明·蒋应镐图本

乾山上生有一种野兽，外形酷似普通的牛，让人奇怪的是却长着三只脚，其叫声如同在呼唤自己的名字。

| 异兽 | 形态 | 异兆及功效 |
| --- | --- | --- |
| 师鱼 |  | 人吃了它的肉就会中毒而死。 |
| 獂 | 外形像普通的牛，却只长着三只脚。 | 它的吼叫声就如同呼唤自己的名字。 |

## 山海经地理考

| | | |
| --- | --- | --- |
| 高是山 | 具体名称不详 | 位于今山西省灵丘县的西北部。 |
| 滋水 | 今河北滋河 | 位于河北省阜平县。 |
| 滱水 | 今河北唐河 | 发源于河北省定州市，注入黄河下游。 |
| 陆山 | 今河北虎窝山 | 位于河北省怀安县西南部，属于阴山的支脉。 |
| 䣙水 | 今南洋河 | 位于河北省境内，向下先注入永定河，之后，注入黄河的下游。 |
| 沂山 | 今河北马尾图山 | ①位于河北省张北县。②依据山川里程推算，可能在河北省唐县东北部。 |
| 般水 | 今河北望都河 | 位于河北省唐县东北部。 |
| 燕山 | 今杭爱山 | ①位于蒙古高原的西北部，是北冰洋流域同内流区域的主要分水岭。②依据山川里程推算，位于河北省平原县北部。 |
| 燕水 | 今潮白河 | ①潮白河是海河水系的五大河之一，位于北京市与河北省东部交界处。②指易水，即发源于河北省易县的雹河。 |
| 饶山 | 具体名称不详 | 位于河北唐县境内。 |
| 历虢水 | 今濡水 | 源于河北省唐县的祁水。 |

【第三卷 北山经】

## 11 从伦山到泰泽
### 肛门长在尾巴上面的䍺

| 山水名称 | 动物 | 矿物 |
|---|---|---|
| 伦山 | 䍺 | |
| 碣石山 | | 青石、碧玉 |
| 绳水 | 蒲夷鱼 | |
| 帝都山 | | 金属矿物、玉石 |

## 原文

又北五百里，曰伦山。伦水出焉，而东流注于河。有兽焉，其状如麋，其川①在尾上，其名曰䍺（pí）。

又北五百里，曰碣石之山。绳水出焉，而东流注于河，其中多蒲夷之鱼②。其上有玉，其下多青碧。

又北水行五百里，至于雁门之山，无草木。

又北水行四百里，至于泰泽。其中有山焉，曰帝都之山，广员百里，无草木，有金玉。

## 译文

乾山再往北五百里，是伦山。伦水发源于此，然后向东流入黄河。山中有一种野兽，其形状像麋鹿，而肛门却长在尾巴上面，叫做䍺。

伦山再往北五百里，是碣石山。绳水发源于此，向东注入黄河，水中有很多蒲夷鱼。山上遍布玉石，山下则有很多青石碧玉。

碣石山再往北行五百里水路，便到了雁门山。山上没有花草树木。

雁门山再往北行四百里水路，便到了泰泽，泰泽中央有一座山，山名为帝都山，方圆百里。山上没有花草树木，只有一些金属矿物和各种玉石。

【注释】

①川：古人注"川"为"窍"。上窍谓耳目鼻口，下窍谓前阴后阴。这里的窍即指肛门的意思。

②蒲夷之鱼：古人认为是冉遗鱼，人吃了它的肉就不会做噩梦。

## 山海经异兽考

明·蒋应镐图本 罴

| 异兽 | 形态 | 异兆及功效 |
|---|---|---|
| 罴 | 形状像麋鹿，而肛门却长在尾巴上面。 | |

## 山海经地理考

| 伦山 | 今河北涞山 | 位于今河北省涞源县西部。 |
|---|---|---|
| 伦水 | 今河北滦河 | ①发源于河北省丰宁县满族自治县西北的巴彦古尔图山的北麓。②依据原文推断，可能是河北省涞源县的拒马河。 |
| 碣石山 | 今河北碣石山 | 位于河北省昌黎县北部，主峰为仙台顶，海拔695米。 |
| 绳水 | 今河北蒲河 | 位于河北省昌黎县。 |
| 雁门山 | 今雁门关山 | 自永定河向北五百里的地方。 |
| 泰泽 | 今内蒙古岱海 | 位于内蒙古高原的支脉蛮汉山与马头山之间。 |

【第三卷 北山经】

# 12 錞于毋逢山

## 红头白身大蛇能降旱灾

| 山水名称 | 动物 |
|---|---|
| 錞于毋逢山 | 大蛇 |

## 原文

又北五百里，曰錞于毋逢之山，北望鸡号之山，其风如飚①。西望幽都之山，浴水出焉。是有大蛇，赤首白身，其音如牛，见则其邑大旱。

凡北次三经之首，自太行之山以至于无逢之山②，凡四十六山，万二千三百五十里。其神状皆马身而人面者廿③神。其祠之，皆用一藻④茝⑤瘗（yì）之。其十四神状皆彘身而载⑥玉。其祠之，皆玉，不瘗。其十神状皆彘身而八足蛇尾。其祠之，皆用一璧瘗之。大凡四十四神，皆用稌糈米祠之。此皆不火食。

右北经之山志，凡八十七山，二万三千二百三十里。

## 译文

再往北五百里，是錞于毋逢山。向北可望鸡号山，从那里吹出强劲的风。向西可望幽都山，浴水发源于那里。幽都山中有种大蛇，红色的脑袋，白色的身子，身长可盘绕幽都山两周，声音如同牛叫，它在哪里出现，哪里就会大旱。

总计北方第三列山系之首尾，自太行山起到錞于毋逢山止，一共四十六座山，共绵延一万二千三百五十里。其中有二十座山山神的形状都是马身人面，称为廿神，祭祀礼仪：把用做祭品的藻和茝之类的香草埋入地下。还有十四座山的山神有猪身却佩戴着玉制饰品。祭祀礼仪：用祀神的玉器礼祭，不用埋入地下。另外十座山的山神也都有猪身，却长着八只脚和蛇尾，祭祀礼仪：用一块玉璧礼祭，然后将其埋入地下。总共四十四个山神，都要用精选的米来祭祀，这些山神不吃用火做熟的食物。

以上就是北山经中北方诸山的概况，总共是八十七座山，蜿蜒长达二万三千二百三十里。

### 【注释】

① 飚：风刮得很急的样子。
② 无逢之山：即上文的錞于毋逢山。
③ 廿：二十。
④ 藻：即聚藻，一种香草。
⑤ 茝：即香草，属于兰草之类。
⑥ 载：通"戴"。

## 山海经异兽考

### 大蛇  明·蒋应镐图本

幽都山中有种大蛇,红色的脑袋,白色的身子,身长可盘绕幽都山两周,声音如同牛叫,它在哪里出现,哪里就会大旱。

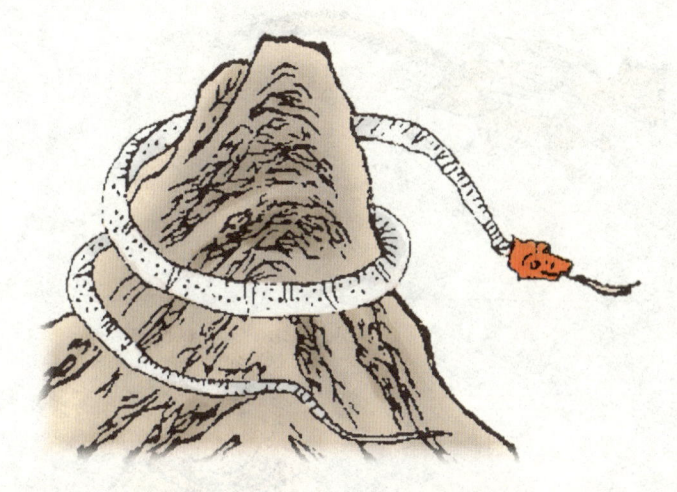

廿神  明·蒋应镐图本

十四神  明·蒋应镐图本

十神  明·蒋应镐图本

| 异兽 | 形态 | 异兆及功效 |
|---|---|---|
| 大蛇 | 红色的脑袋,白色的身子,身长可盘绕幽都山两周,声音如同牛叫。 | 它在哪里出现,哪里就会大旱。 |

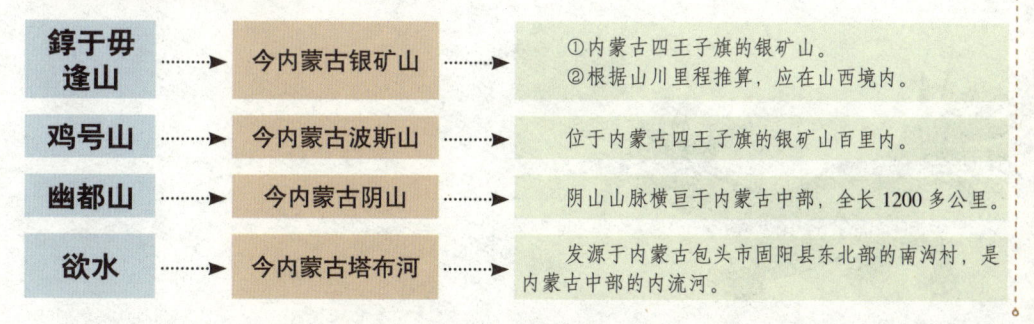

## 山海经地理考

| 錞于毋逢山 | → | 今内蒙古银矿山 | → | ①内蒙古四王子旗的银矿山。<br>②根据山川里程推算,应在山西境内。 |
|---|---|---|---|---|
| 鸡号山 | → | 今内蒙古波斯山 | → | 位于内蒙古四王子旗的银矿山百里内。 |
| 幽都山 | → | 今内蒙古阴山 | → | 阴山山脉横亘于内蒙古中部,全长1200多公里。 |
| 欲水 | → | 今内蒙古塔布河 | → | 发源于内蒙古包头市固阳县东北部的南沟村,是内蒙古中部的内流河。 |

【第三卷 北山经】

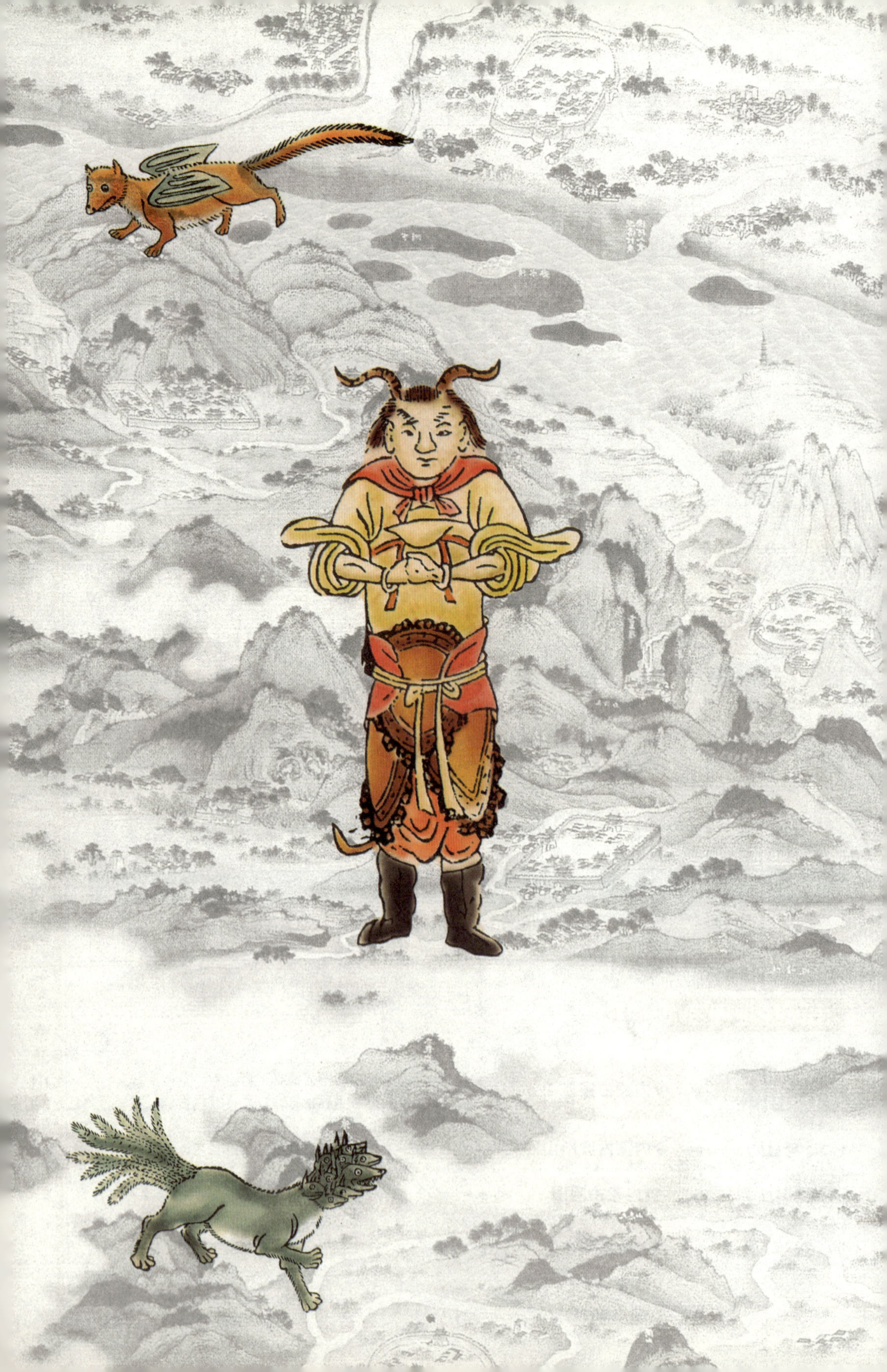

## 第四卷

# 东山经

《东山经》包括
《东次一经》、
《东次二经》、
《东次三经》、
《东次四经》,
共四十六座山。

记录了以樕螽山、空桑山、尸胡山、
北号山为首的四列山系,
山上除了拥有独特的地貌和丰富的矿产以外,
山上能预测水灾、
旱灾及兵灾的各种神奇动物更是让人惊叹不已。

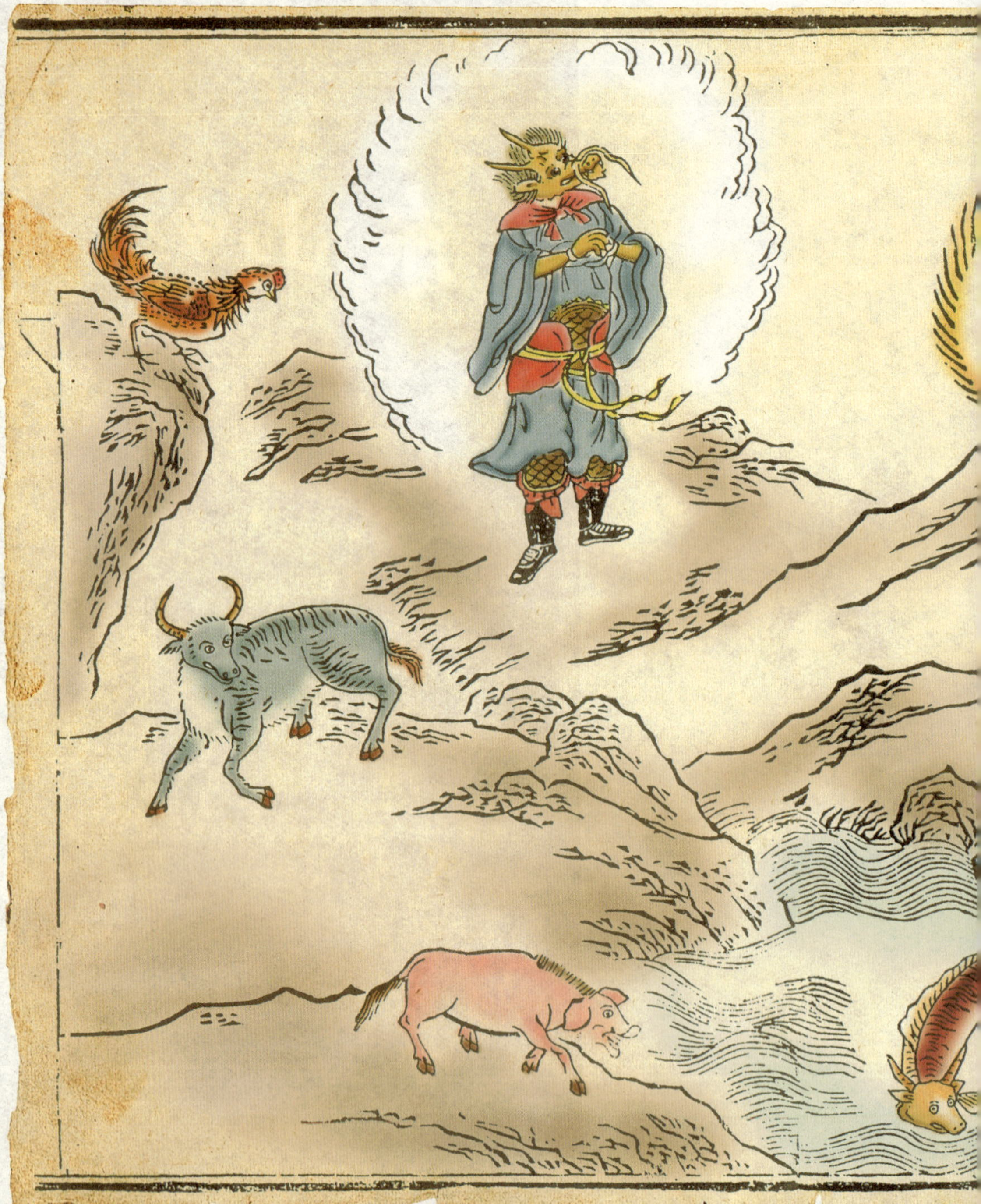

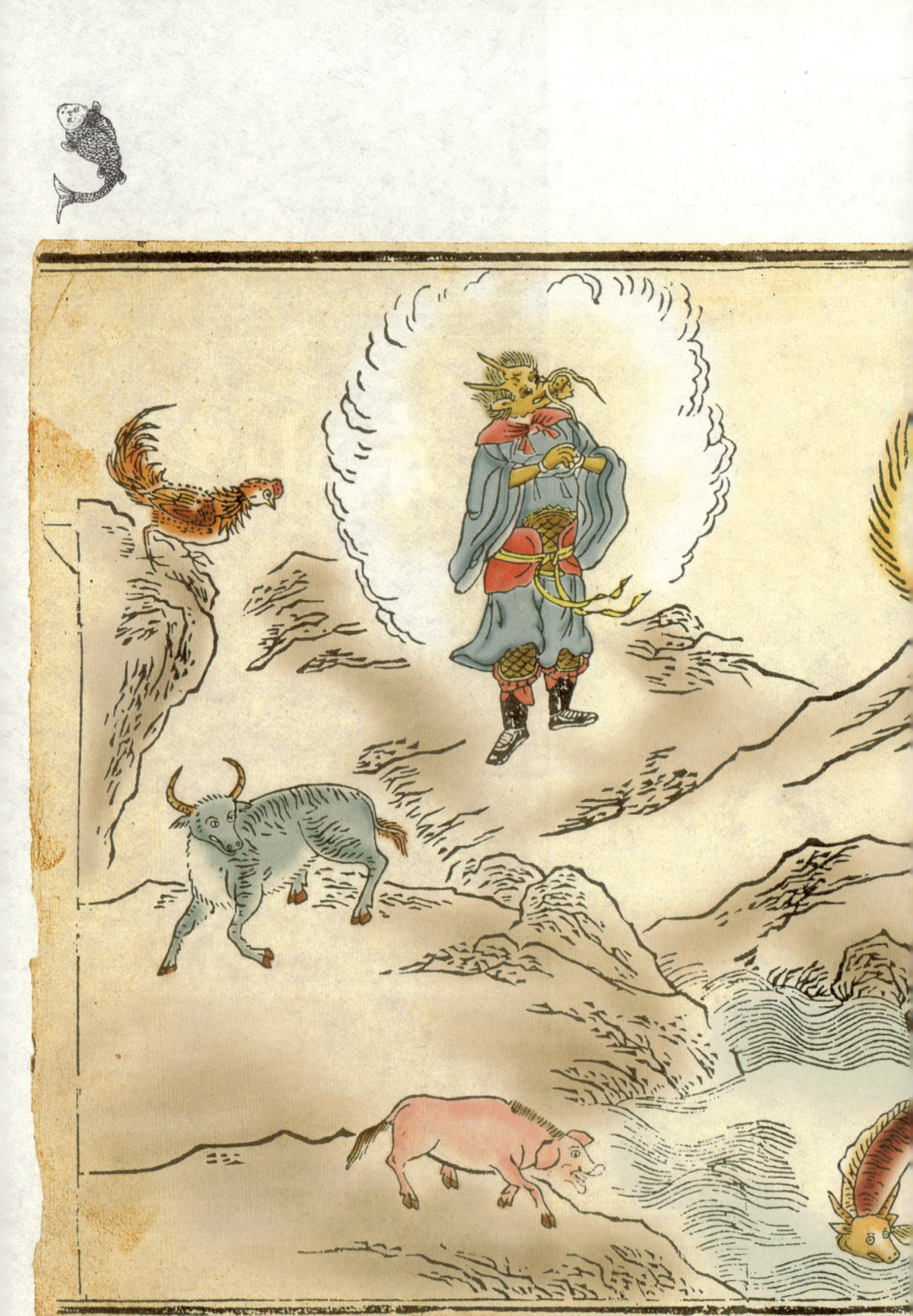

## 东次一经

《东次一经》主要记载东方第一列山系上的动植物及矿物。此山系所处的位置大约在今山东沿海一带，从樕螽山起，一直到竹山止，一共十二座山，诸山山神的形貌均是人身龙首。山上有河流发源，异兽颇多。例如：有形貌像狗却有六只脚的从从；有长着一身猪毛的不祥之兽——堪㺊鱼；有能够带来旱灾的絛蛹等。

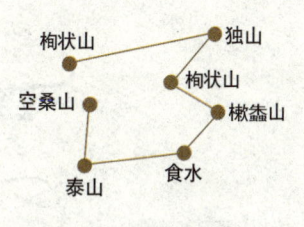

栒状山　　独山
空桑山　　栒状山
　　　　　樕螽山
泰山　　食水

【本图山川地理分布定位】

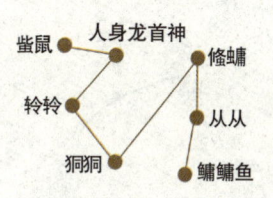

蚩鼠　人身龙首神　絛蛹
羚羚　　　　　　　从从
　　　狪狪　　　鳙鳙鱼

【本图人神怪兽分布定位】

本图根据张步天教授"《山海经》考察路线图"绘制,《东次一经》中樕䗡山到竹山的12座山,其地理位置皆在此图中有所体现。

（此路线形成于战国时期）

# 1 从樕䗡山到勃垒山

## 能驱走瘟疫的箴鱼

| 山水名称 | 动物 | 矿物 |
|---|---|---|
| 樕䗡山 | 鱅鱅鱼 | |
| 藟山 | | 黄金、美玉 |
| 枸状山 | 蚩鼠、从从 | 黄金、美玉、青碧 |
| 泚水 | 箴鱼 | |

## 原文

　　东山经之首，曰樕䗡之山，北临乾昧。食水出焉。而东北流注于海。其中多鱅鱅（yōng）之鱼，其状如犁牛①，其音如彘鸣。又南三百里，曰藟（lěi）山，其上有玉，其下有金。湖水出焉，东流注于食水，其中多活师②。

　　又南三百里，曰枸状之山，其上多金玉，其下多青碧石。有兽焉，其状如犬，六足，其名曰从从，其鸣自詨。有鸟焉，其状如鸡而鼠尾，其名曰蚩（zī）鼠，见则其邑大旱。泚水出焉。而北流注于湖水。其中多箴鱼，其状如儵③，其喙如箴④，食之无疫疾。

　　又南三百里，曰勃垒⑤（qí）之山，无草木，无水。

## 译文

　　东方第一列山系之首座山，叫做樕䗡山，其北面与乾昧山相邻。食水发源于此，向东北注入大海。水中多鱅鱅鱼，它的形状像犁牛，发出的声音如同猪叫。再往南三百里，是藟山。山上遍布各色美玉，山下盛产黄金。湖水发源于此，向东注入食水。水中有很多蝌蚪。

　　再往南三百里，是枸状山。山上有丰富的金属矿物和各色美玉，山下盛产青碧。山中有种野兽，形状像狗，却长着六只脚，叫做从从，它发出的叫声就像在呼唤自己的名字。山中还有种禽鸟，其形状像鸡，却长着像老鼠一样的尾巴，叫做蚩鼠，它在哪里出现，哪里就会有大旱灾。泚水从枸状山山麓发源，向北注入湖水。水中有很多箴鱼，其形状像鱼，却有像针一样的喙。据说人吃了箴鱼的肉就不会染上瘟疫。

　　再往南三百里，是勃垒山。山上没有花草树木，也没有河流发源于此。

【注释】

①犁牛：毛色黄黑相杂的牛。
②活师：又叫活东，蝌蚪的别名，是青蛙、蛤蟆、娃娃鱼等两栖动物的幼体。
③儵：即"鯈"字。鯈鱼，一种小白鱼。
④箴：同"针"。
⑤垒："齐"的古字。

## 山海经异兽考

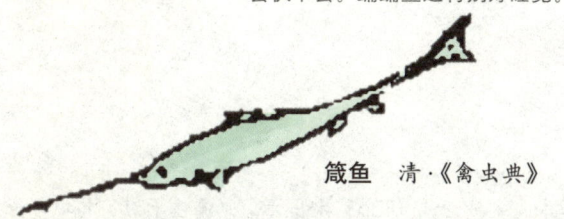

**鱅鱅鱼** 明·蒋应镐图本

传说它还生活在东海中，而且皮能够预测潮起潮落。将它的皮剥下后悬挂起来，涨潮时，皮上的毛就会竖起来；潮水退去时，毛就会伏下去。鱅鱅鱼还特别好睡觉。

箴鱼 清·《禽虫典》

蚩鼠 明·蒋应镐图本

从从 明·蒋应镐图本

| 异兽 | 形态 | 异兆及功效 |
| --- | --- | --- |
| 鱅鱅鱼 | 它的形状像犁牛。 | 发出的声音如同猪叫。 |
| 从从 | 形状像狗，却长着六只脚。 | 它发出的叫声就像在呼唤自己的名字。 |
| 蚩鼠 | 形状像鸡，却长着像老鼠一样的尾巴。 | 它在哪里出现，哪里就会有大旱灾。 |
| 箴鱼 | 形状像鱼，却有像针一样的喙。 | 人吃了它的肉就不会染上瘟疫。 |

## 山海经地理考

| | | |
| --- | --- | --- |
| 樕螽山 | 今山东石门山 | 位于今山东淄博市内，因两山对峙如同石门而得名。 |
| 乾昧 | 今山东小清河 | ①位于今山东淄桓台县内，源于石门山，因其支流遇到旱田便干涸，因此，称为乾昧。②依据樕螽山的位置推测，在山东省桓台县、博兴县境内。 |
| 食水 | 今山东淄河 | 位于山东省淄博市，发源于泰沂山脉及东南部的鲁山山脉。 |
| 藟山 | 今山东石门山的南山 | 从石门山向南三百里，乃是石门山的南山。 |
| 湖水 | 今山东清水泊 | 可能为山东省青州市、寿光市境内已经湮没的清水泊。 |
| 枸状山 | 今山东鲁山 | 位于山东省淄博市博山区池上镇，是博山与沂源的界山。 |
| 勃垒山 | 今山东新甫山 | 位于山东莱芜西北部，又名莲花山。 |

【第四卷 东山经】

# 2 从番条山到犲山

## 堪㺔现身，洪水将至

| 山水名称 | 动物 | 植物 | 矿物 |
|---|---|---|---|
| 番条山 | 鱤鱼 | | |
| 姑儿山（姑儿水） | （鱤鱼） | 漆树、桑树、柘树 | |
| 高氏山（诸绳水） | | | 美玉、箴石（金属矿物、美玉） |
| 岳山（泺水） | | 桑树、臭椿树 | （金属矿物、玉石） |
| 犲山 | 堪㺔 | | |

## 原文

　　又南三百里，曰番条之山，无草木，多沙。减（jiǎn）水出焉，北流注于海，其中多鱤（gǎn）鱼①。又南四百里，曰姑儿之山，其上多漆，其下多桑、柘。姑儿之水出焉，北流注于海，其中多鱤鱼。

　　又南四百里，曰高氏之山，其上多玉，其下多箴石②。诸绳之水出焉，东流注于湖泽，其中多金玉。又南三百里，曰岳山，其上多桑，其下多樗（chū）。泺（luò）水出焉，东流注于湖泽，其中多金玉。又南三百里，曰犲（chái）山，其上无草木，其下多水，其中多堪㺔之鱼。有兽焉，其状如夸父而彘毛，其音如呼，见则天下大水。

## 译文

　　再往南三百里，是番条山。山上没有花草树木，到处是沙子。减水发源于此，向北流入大海，水中有很多鱤鱼。再往南四百里，是姑儿山。山上覆盖着茂密的漆树林，山下多桑树和柘树。姑儿水发源于此，向北流入大海，水里有很多鱤鱼。

　　再往南四百里，是高氏山。山上遍布着各种晶莹美玉，山下盛产可用来制作医疗器具针的箴石。诸绳水发源于此，向东注入湖泽，河床上有丰富的金属矿物和各色美玉。再往南三百里，是岳山。山上有郁郁葱葱的桑树林，山下有茂密的臭椿树。泺水发源于此，向东流入湖泽，河床上有金属矿物和玉石。再往南三百里，是犲山。山上没有花草树木，山下水流很多，水中有很多堪㺔鱼。山中栖息着一种野兽，其形状像猿猴，却长着一身猪毛，发出的声音如同人在呼叫，一旦现身，天下就会发洪水。

【注释】

① 鱤鱼：又名母鲇，或竿鱼，性凶猛，捕食各种鱼类。
② 箴石：箴石就是一种专门制作石针的石头。石针是古代的一种医疗器具，用石头磨制而成，可以治疗痈肿疽疮，排除脓血。

## 山海经异兽考

### 鳡鱼　清·汪绂图本

鳡鱼，又叫竿鱼，是一种黄色鲇鱼，吻长口大，生性凶猛，专以其他小鱼为食。

| 异兽 | 形态 | 异兆及功效 |
| --- | --- | --- |
| 堪㺿鱼 | 形状像猿猴，却长着一身猪毛，发出的声音如同人在呼叫。 | 一旦现身，天下就会发洪水。 |

## 山海经地理考

| | | |
| --- | --- | --- |
| 番条山 | 今河南嵩山 | ①依原文推测，位于河南省西部，低处河南省登封市的西北。<br>②根据地理位置推测，可能是山东省淄博市博山区西南的凤凰山，古称玉泉山。 |
| 减水 | 今弥河 | ①根据山川位置推测，此河发源于沂山天齐湾。<br>②依据原文推测，可能是博山的孝妇河。 |
| 姑儿山 | 今山东沂山 | ①位于山东省潍坊市临朐县城南，古时又称"海岳"。<br>②根据山川位置推测，即为邹平南部的长白山。 |
| 姑儿水 | 今白狼河 | ①依据山川位置推测而出。<br>②依据原文推测，可能是今天的獭河。 |
| 高氏山 | 今山东箕屋山 | 位于山东省莒县西北九十里。 |
| 诸绳水 | 今山东潍河 | 古称潍水，发源于莒县箕屋山。 |
| 岳山 | 今山东文峰山 | 位于山东省莱州市，俗称笔架山，是莱州最高的山。 |
| 泺水 | 今山东泺水 | 位于山东省济南市境内，发源于济南市西南部。 |
| 犲山 | 今猫山或猫寨 | 依据方言读音推断。 |

【第四卷 东山经】

## 3 从独山到竹山

### 猪相狪狪能孕育珍珠

| 山水名称 | 动物 | 矿物 |
|---|---|---|
| 独山（末涂水） | 鯈𩶱 | (金玉、美石) |
| 泰山 | (狪狪) | 金、玉 |
| 竹山 |  | 瑶、碧 |
| 激水 | 紫色螺 |  |

## 原文

　　又南三百里，曰独山，其上多金玉，其下多美石。末涂之水出焉，而东流注于沔（miǎn），其中多鯈𩶱（tiáo róng），其状如黄蛇，鱼翼，出入有光，见则其邑大旱。

　　又南三百里，曰泰山，其上多玉，其下多金。有兽焉，其状如豚而有珠，名曰狪狪（tóng），其鸣自詨。环水出焉，东流注于江，其中多水玉。又南三百里，曰竹山，錞于江，无草木，多瑶、碧。激水出焉，而东流注于娶檀之水，其中多茈蠃①（luǒ）。

　　凡东山经之首，自樕（sǔ）䝔（zhǔ）之山以至于竹山，凡十二山，三千六百里。其神状皆人身龙首。祠：毛用一犬祈，珥②（ěr）用鱼。

## 译文

　　再往南三百里，是独山。山上盛产金属矿物和各色美玉，山下到处是漂亮的石头。末涂水发源于此，向东流入沔水，水中多鯈𩶱，形状与黄蛇相似，长着鱼一样的鳍，出入时能发光，它出现在哪里，哪里就遭遇旱灾。

　　再往南三百里，是泰山。山上遍布各色美玉，山下盛产金属矿物。山中有种奇兽，形状与猪相似，体内孕育珍珠，叫做狪狪，叫声如呼喊自己的名字。环水发源于此，向东流入汶水，水中多水晶石。再往南三百里，是竹山。坐落于汶水之畔，山上没有花草树木，有很多瑶、碧一类的美玉。激水发源于此，向东流入娶檀水，水中多紫色螺。

　　总计东方第一列山系之首尾，自樕䝔山起到竹山止，一共十二座山，途经三千六百里。诸山山神的形貌都是人的身子龙的头。祭祀山神：从带毛的禽畜中选用一只狗作为祭品，同时，选用一条鱼的血来涂抹祭器。

【注释】

① 茈蠃：即紫色螺。
② 珥：用牲畜作为祭品来向神祷告，想要使神听见。

232

## 山海经异兽考

### 人身龙首神
明·蒋应镐图本

祭祀山神:从带毛的禽畜中选用一只狗作为祭品,同时,选用一条鱼的血来涂抹祭器。

### 鯈鯆 明·蒋应镐图本

相传,因为鯈鯆出入水中时身体闪闪发光,于是古人将它和火联系到了一起,说它的出现还是火灾的征兆,将它视为一种不祥的动物。

### 狪狪 明·蒋应镐图本

| 异兽 | 形态 | 异兆及功效 |
|---|---|---|
| 鯈鯆 | 形状与黄蛇相似,长着鱼一样的鳍。 | 出入时能发光,它出现在哪里,哪里就遭遇旱灾。 |
| 狪狪 | 形状与猪相似,体内孕育珍珠。 | 叫声如呼喊自己的名字。 |

## 山海经地理考

| | | |
|---|---|---|
| 独山 | 具体名称不详 | ①根据里程推算,独山可能在今山东济南市长清区境内。②独山可能是泰山东南部的山岭,即莱芜县邢家峪南部的大山。 |
| 末涂水 | 今山东长清河 | ①依据独山的位置,此河也在今山东济南市长清区境内。②依据泂水来推测,末涂水应是发源于沂源县西南部牛栏峪一带的柴汶河。 |
| 泂水 | 今山东大汶河 | 发源于山东省泰莱山区,是黄河在山东的唯一支流,也是泰安市最大的河流。 |
| 泰山 | 今山东泰山 | 位于山东省泰安市的北部。 |
| 环水 | 今山东泮河 | 位于山东省泰安市。 |
| 江 | 今山东大汶河 | 位于山东省莱芜市。 |
| 竹山 | 今山东凤凰山一带山岭 | 位于山东省大汶河的南岸。 |
| 激水 | 今大清河 | 今山东省大汶河下游,又名北沙河。 |
| 娶檀水 | 今山东东平湖 | 位于山东省泰安市东平县境内,是山东省第二大淡水湖。 |

【第四卷 东山经】

233

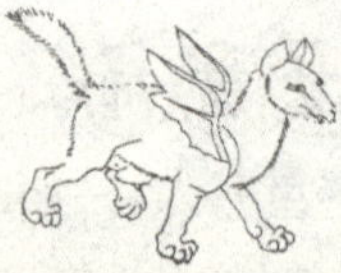

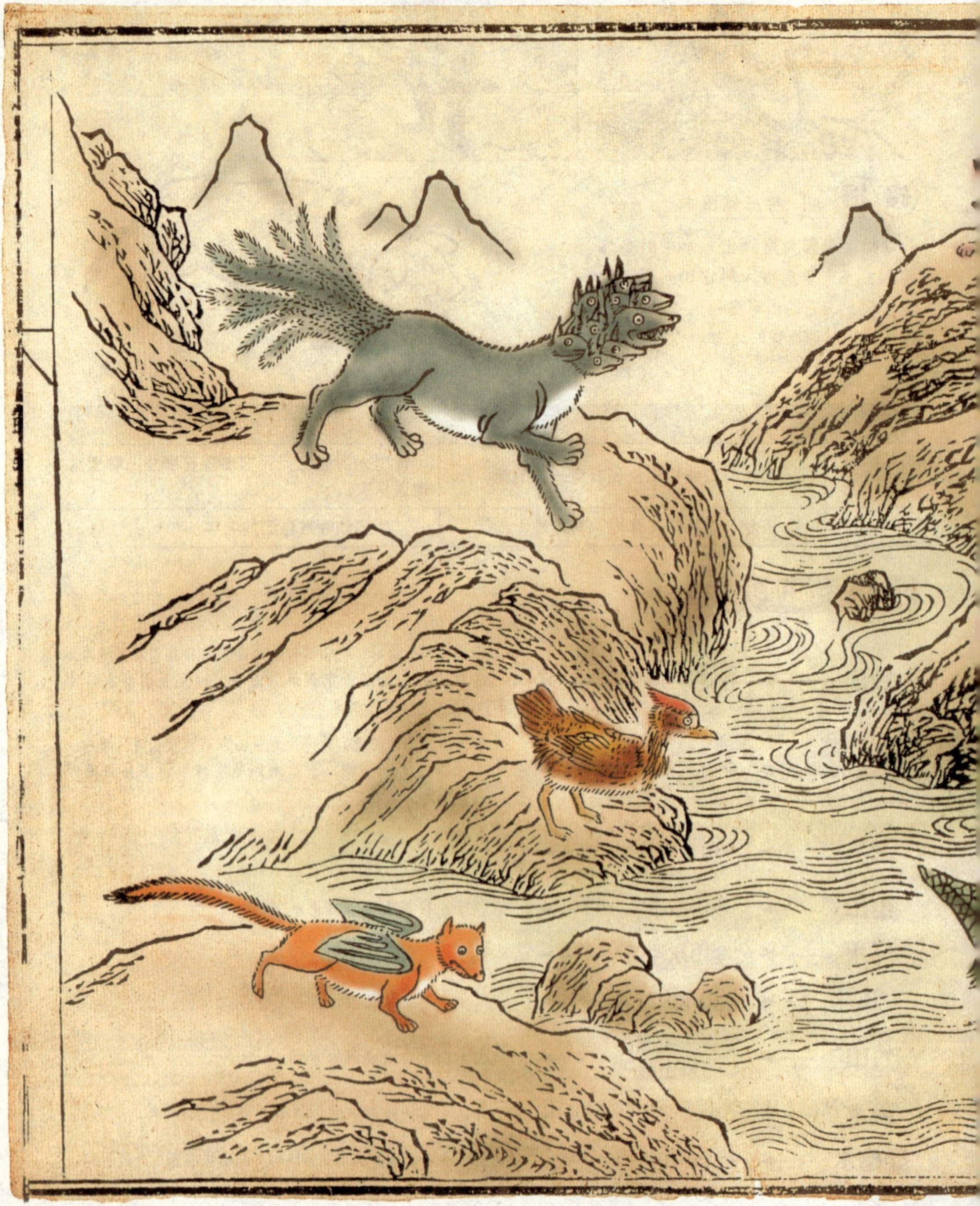

# 东次二经

《东次二经》主要记载东方第二列山系上的动植物及矿物。此山系所处的位置大约在今山东省、江苏省、朝鲜半岛一带，从空桑山起，一直到磹山止，一共十七座山，诸山山神的形貌均为人面兽身。山中怪兽也有可爱之处。例如：水中有很多珠蟞鱼；有长着羊眼、牛尾、头上四只角的峳峳等。

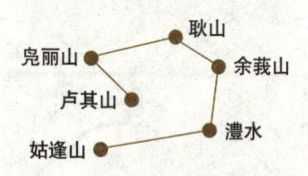

凫丽山　耿山
卢其山　余峩山
姑逢山　澧水

【本图山川地理分布定位】

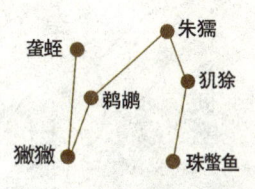

蠪蛭　朱獳
　　鹕鹕　狪狪
峳峳　　珠蟞鱼

【本图人神怪兽分布定位】

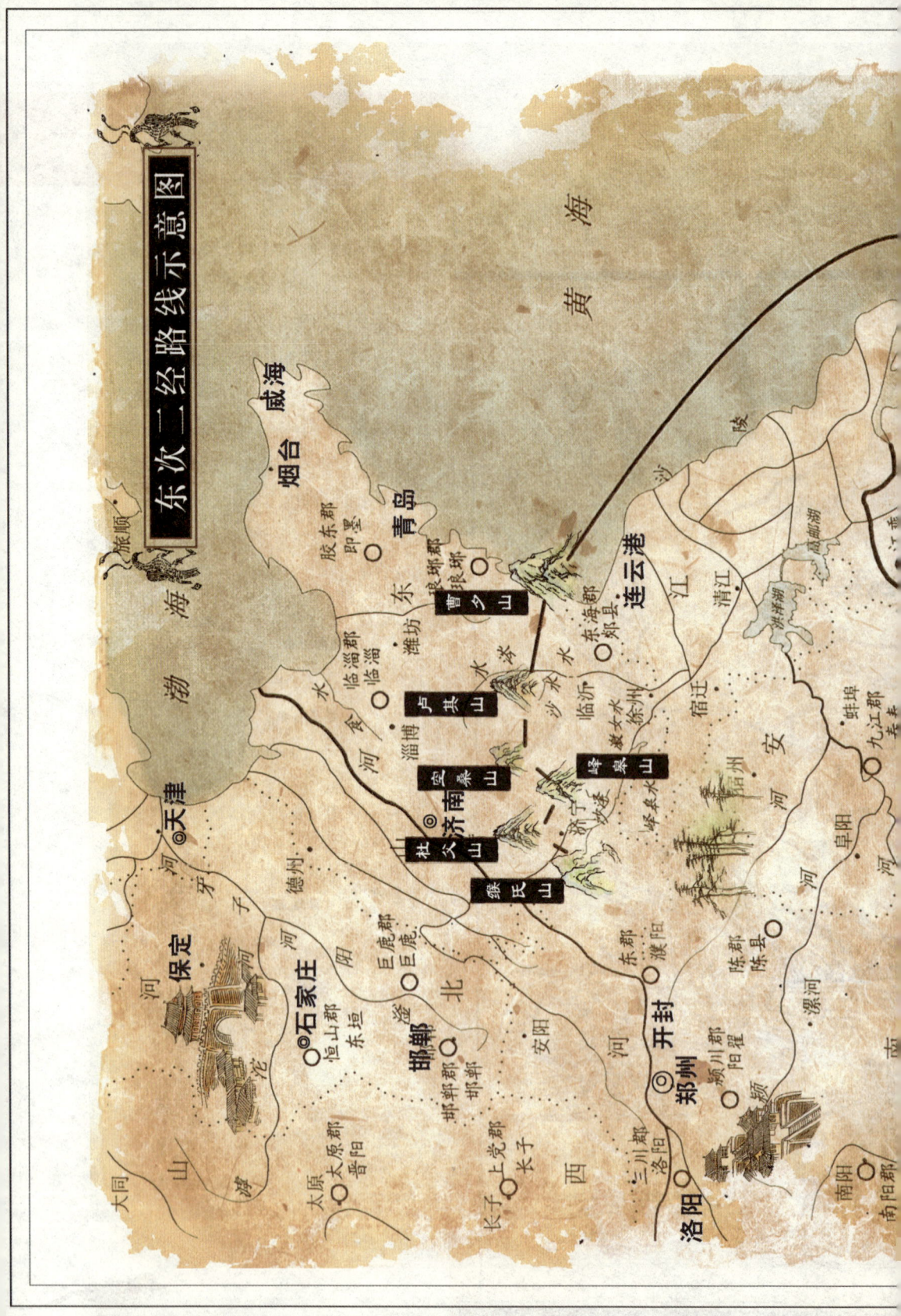

本图根据张步天教授"《山海经》考察路线图"绘制，图中记载了《东次二经》中空桑山到䃌山共17座山的地理位置。

(此路线形成于秦代初期)

# 1 从空桑山到葛山之首

## 牛相軨軨能带来水灾

| 山水名称 | 动物 | 植物 | 矿物 |
|---|---|---|---|
| 空桑山 | 軨軨 | | |
| 曹夕山 | | 构树 | |
| 峄皋山（激女水） | （大蛤和小蚌） | | 金属矿物、美玉、白垩土 |
| 葛山的尾端（澧水） | （珠鳖鱼） | | 磨刀石 |

## 原文

东次二经之首，曰空桑之山，北临食水，东望沮吴，南望沙陵，西望湣(mǐn)泽。有兽焉，其状如牛而虎文，其音如钦①。其名曰軨軨(líng)，其鸣自詨，见则天下大水。

又南六百里，曰曹夕之山，其下多榖，而无水，多鸟兽。又西南四百里，曰峄(yì)皋之山，其上多金玉，其下多白垩。峄皋之水出焉，东流注于激女(rǔ)之水，其中多蜃②珧③(yáo)。又南水行五百里，流沙三百里，至于葛山之尾，无草木，多砥砺。

又南三百八十里，曰葛山之首，无草木。澧(lǐ)水出焉，东流注于余泽，其中多珠鳖(biē)鱼，其状如肺而有四目，六足有珠，其味酸甘，食之无疠(lì)。

## 译文

东方第二列山系之首座山，叫做空桑山。这座山北面临近食水，向东可望沮吴，向南可望沙陵，向西可看到湣泽。山中有种野兽，外形像牛，有老虎一样的斑纹，叫做軨軨。叫声如同人在呻吟，又像在呼唤自己的名字。它一出现，就会发生水灾。

再往南六百里，是曹夕山。山下到处是构树，没有河流，山上有成群的禽鸟野兽。再往西南四百里，是峄皋山。山上多金属矿物和各色美玉，山下盛产白垩土。峄皋水发源于此，向东注入激女水，水中多大蛤和小蚌。再往南行五百里水路，经过三百里流沙，便是葛山的尾端，这里没有花草树木，到处是磨刀石。

再往南三百八十里，是葛山的首端。这里没有花草树木。澧水发源于此，向东注入余泽，水中有很多珠鳖鱼，外形像一片肺叶，长有四只眼睛、六只脚，能吐出珍珠。其肉味酸中带甜，人吃了它的肉就不会染上瘟疫。

【注释】

① 钦：此处指叹息、呻吟。
② 蜃：即大蛤。蛤是一种软体动物，贝壳卵圆形或略带三角形，颜色和斑纹美丽。
③ 珧：即小蚌。

## 山海经异兽考

珠鳖鱼　明·蒋应镐图本

𬴊𬴊　明·蒋应镐图本

| 异兽 | 形态 | 今名 | 异兆及功效 |
|---|---|---|---|
| 𬴊𬴊 | 外形像牛，却有老虎一样的斑纹，叫起来的声音如同人在呻吟，又像是在呼唤自己的名字。 | 鬣羚 | 它一出现，就会发生水灾。 |
| 珠鳖鱼 | 外形像一片肺叶，长有四只眼睛、六只脚，能吐出珍珠。 | 中华鳖 | 其肉味酸中带甜，人吃了它的肉就不会染上瘟疫。 |

## 山海经地理考

| | | |
|---|---|---|
| 空桑山 | 具体名称不详 | ①今山东曲阜市北部。②依据山川位置推测，应当是莱州、登州附近的群山。 |
| 峄吴 | 今山东蚆岛、虎岛 | 位于山东省蓬莱市附近。 |
| 潍泽 | 具体名称不详 | 依据推测，应该是大小汶河交汇处形成的水泽。 |
| 曹夕山 | 今崂山 | 崂山是山东半岛的主要山脉，主峰名为"巨峰"，又称"崂顶"，海拔1132.7米，是我国海岸线第一高峰。 |
| 葛山的尾端 | 今江苏葛峄山 | ①位于江苏省邳州市西南方。②依据原文推测，葛山的尾端应为朝鲜半岛的狼林山。 |
| 葛山的首端 | 今朝鲜半岛东白山 | 位于朝鲜咸兴市西北的狼林山山脉。 |
| 澧水 | 今城川江 | 位于朝鲜半岛。 |
| 余泽 | 今城川江口的三角洲 | 位于朝鲜半岛。 |

【第四卷 东山经】

# 2 从余峨山到卢其山

## 兔样犰狳见人就装死

| 山水名称 | 动物 | 植物 | 矿物 |
|---|---|---|---|
| 余峨山 | 犰狳 | 梓树、楠木树、牡荆树、枸杞树 | |
| 耿山 | 大蛇、朱獳 | | 水晶石 |
| 涔水 | 鹎鹕 | | |

## 原文

又南三百八十里，曰余峨之山。其上多梓枬，其下多荆芑①。杂余之水出焉，东流注于黄水。有兽焉，其状如菟（tú），而鸟类喙，鸱（chī）目蛇尾，见人则眠②，名犰（qiú）狳（yú），其鸣自詨，见则螽②（zhōng）蝗为败④。

又南三百里，曰杜父之山，无草木，多水。又南三百里，曰耿山，夫草木，多水碧⑤，多大蛇。有兽焉，其状如狐而鱼翼，其名曰朱獳（rú），其鸣自詨，见则其国有恐。

又南三百里，曰卢其之山，无草木，多沙石，沙水出焉，南流注于涔水，其中多鹎（lí）鹕⑥（hú），其状如鸳鸯而人足，其鸣自詨，见则其国多土功。

## 译文

再往南三百八十里，是余峨山。山上有茂密的梓树和楠木树，山下多牡荆树和枸杞树。杂余水发源于此，向东流入黄水。山中有一种野兽，形状像兔子，长着鸟的喙嘴、鸱鹰的眼睛和蛇的尾巴。它一看见人就躺下装死，叫做犰狳，发出的叫声就像在呼唤自己的名字，它一出现，就会虫蝗遍野、田园荒芜。

再往南三百里，是杜父山。山上没有花草树木，水源丰富。再往南三百里，是耿山。山上没有花草树木，到处是水晶石，多大蛇。山中还有种野兽，形状像狐狸，长着鱼鳍，叫做朱獳，叫声如同在呼唤自己的名字。它出现的地方，就会发生大恐慌。

再往南三百里，是卢其山。山上没有花草树木，沙石遍布。沙水发源于此，向南流入涔水，水边多鹎鹕鸟，其体形像鸳鸯，长着人脚，叫声犹如呼唤自己的名字，它出现的地方，就会有很多水土工程的劳役。

【注释】

① 芑：通"杞"。即枸杞树。
② 眠：这里指装死。
③ 螽：即螽斯，蝗虫之类的昆虫，但对农作物的损害不如蝗虫厉害。
④ 为败：即为害。
⑤ 水碧：即水晶石。
⑥ 鹎鹕：即鹈鹕鸟，也叫做伽蓝鸟、淘河鸟、塘鸟。

## 山海经异兽考

**犰狳** 明·蒋应镐图本

现在也有犰狳,是美洲特产的穴居动物,它腿很短,耳朵竖着,脚上有五个爪子,全身覆盖着坚硬的鳞甲,其肉质鲜美,可以食用。

**朱獳** 明·蒋应镐图本

**鹫鹕** 明·蒋应镐图本

| 异兽 | 形态 | 今名 | 异兆及功效 |
|---|---|---|---|
| 犰狳 | 形状像兔子,长着鸟的喙嘴、鹞鹰的眼睛和蛇的尾巴。发出的叫声就像在呼唤自己的名字。 |  | 它一看见人就躺下装死;它一出现,就会虫蝗遍野、田园荒芜。 |
| 朱獳 | 形状像狐狸,长着鱼鳍,发出的叫声就如同在呼唤自己的名字。 | 赤狐 | 它出现的地方,就会发生大恐慌。 |
| 鹫鹕 | 体形像鸳鸯,长着人脚,发出的鸣叫声有如呼唤自己的名字。 | 鹈鹕 | 它出现的地方,就会有很多水土工程的劳役。 |

## 山海经地理考

| | | |
|---|---|---|
| 余峨山 | 今白山 | ①葛山的首端是狼林山的东白山,再向南三百八十里则是朝鲜半岛的白山,也就是余峨山。<br>②依据原文推测,可能位于江苏徐州附近。 |
| 杂余水 | 今龙兴江 | 今朝鲜咸镜道的龙兴江,又称为泥河。 |
| 黄水 | 今松田湾 | 杂余水注入黄水,而龙兴江注入松田湾,由此而断。 |
| 杜父山 | 今杜雾山 | 依据当地方言推测而来。 |
| 卢其山 | 今秀龙山 | ①依据杜雾山的地理位置推测而来。<br>②依据山川位置推算,可能在江苏境内。 |
| 沙水 | 今江苏大沙河 | ①发源于江苏丰县陈庄,全长50余千米。<br>②依据原文推测,沙水即为龙津江。 |

【第四卷 东山经】

# 3 从姑射山到姑逢山

## 狐狸样的獙獙能致旱灾

| 山水名称 | 动物 | 矿物 |
| --- | --- | --- |
| 南姑射山 | 大蛇 | 碧玉、水晶石 |
| 缑氏山 |  | 金玉 |
| 姑逢山 | 獙獙 | 金玉 |

## 原文

又南三百八十里，曰姑射（yè）之山，无草木，多水。

又南水行三百里，流沙百里，曰北姑射之山，无草木，多石。

又南三百里，曰南姑射之山，无草木，多水。

又南三百里，曰碧山，无草木，多蛇，多碧、多玉。

又南五百里，曰缑（gōu）氏之山，无草木，多金玉。原水出焉，东流注于沙泽。

又南三百里，曰姑逢之山，无草木，多金玉。有兽焉，其状如狐而有翼，其音如鸿雁，其名曰獙獙[①]（bì），见则天下大旱。

## 译文

再往南三百八十里，是姑射山。山上没有花草树木，但到处流水潺潺。

姑射山往南行三百里水路，再经过一百里流沙，就到了北姑射山，山上没有花草树木，到处怪石嶙峋。

再往南三百里，是南姑射山，山上没有花草树木，但到处流水潺潺。

再往南三百里，是碧山。山上没有花草树木，还有许多大蛇，但这里遍地都是精美的碧玉、水晶石。

再往南五百里，是缑氏山。山上没有花草树木，但有丰富的金属矿物和各色美玉。原水发源于此，向东注入沙泽。

再往南三百里，是姑逢山。山上没有花草树木，山中蕴藏有丰富的金属矿物和各色美玉。山中有一种野兽，其形状像狐狸，背上长着一对翅膀，它发出的声音如同大雁啼叫，叫做獙獙。它一旦出现，天下就会发生大旱灾。

【注释】

[①] 獙獙：一种怪兽。

## 山海经异兽考

獙獙　明·蒋应镐图本

古代传说中的一种怪兽，形状似狐狸而有翅膀，声音似大雁。

| 异兽 | 形态 | 异兆及功效 |
| --- | --- | --- |
| 獙獙 | 形状像狐狸，背上长着一对翅膀，它发出的声音如同大雁啼叫。 | 它一旦出现，天下就会发生大旱灾。 |

## 山海经地理考

| | | |
| --- | --- | --- |
| 姑射山 | 今山西姑射山 | ①古今同名的一座山，位于山西省临汾市的西部，又名石孔山，属于吕梁山脉。②依据山川里程推算，为韩国京畿道离海岸不远的江华岛。 |
| 北姑射山 | 今群岛总称 | 包括礼成江口与汉江口以南群岛在内。 |
| 南姑射山 | 具体名称不详 | 位于朝鲜半岛之上。 |
| 碧山 | 今韩国大山 | 位于韩国全罗道的西部。 |
| 缑氏山 | 今德裕山 | 德裕山地跨韩国全罗北道、庆尚南道两个道四个郡。 |
| 原水、沙泽 | 今南江、东江三角洲 | 位于广东省中部。 |
| 姑逢山 | 今智异山 | 又名头流山，是韩国五岳中的南岳。 |

【第四卷 东山经】

## 4 从凫丽山到䃌山

**九头九尾的蠪蛭能吃人**

| 山水名称 | 动物 | 矿物 |
|---|---|---|
| 凫丽山 | 蠪蛭 | 金玉、箴石 |
| 䃌山 | 峳峳、絜鉤 | |

### 原文

　　又南五百里，曰凫丽之山，其上多金玉，其下多箴石，有兽焉，其状如狐，而九尾、九首、虎爪，名曰蠪（lóng）蛭，其音如婴儿，是食人。

　　又南五百里，曰䃌山，南临䃌水，东望湖泽，有兽焉，其状如马，而羊目、四角、牛尾，其音如嗥狗，其名曰峳峳。见则其国多狡客①。有鸟焉，其状如凫而鼠尾，善登木，其名曰絜（xié）鉤（gōu），见则其国多疫。

　　凡东次二经之首，自空桑之山至于䃌山，凡十七山，六千六百四十里。其神状皆兽身人面载②觡③（gé）。其祠：毛用一鸡祈，婴④用一璧瘗。

### 译文

　　再往南五百里，是凫丽山。山上有各种金属矿物和美玉，山下盛产可以制成医疗器具针的箴石。山中有种野兽，外形像狐狸，有九条尾巴、九个脑袋，脚上还长着虎爪一样的爪子，叫做蠪蛭，吼声就像婴儿啼哭，能吃人。

　　再往南五百里，是䃌山。南面临䃌水，向东可望湖泽。山中有种野兽，外形像马，却长着羊眼、牛尾，头上还顶着四个角，声音如同狗叫，叫做峳峳，它出现的地方就会有很多奸猾的小人。山中还有种鸟，其形状像野鸭子，长着老鼠一样的尾巴，擅长攀登树木，叫做絜鉤。它在哪个国家出现，哪个国家就会瘟疫横行。

　　总计东方第二列山系之首尾，自空桑山起到䃌山止，一共十七座山，绵延六千六百四十里。诸山山神的形貌都是兽身人面，头上还戴着麋鹿角。祭麋山神的礼仪：在带毛禽畜中用一只鸡取血涂在祭器上，然后将一块玉璧献祭后埋入地下。

【注释】

①狡客：指奸猾的小人。
②载：即戴，一般指将东西戴在头上。
③觡：即骨角，专指麋、鹿等动物头上的角。
④婴：古代人用玉器祭祀神的专称。

## 山海经异兽考

### 蠪蛭 明·蒋应镐图本

越是偏远的原始山林中，越是有许多性情凶猛的异兽。凫丽山中九头九尾的蠪蛭就是以人为食。据说在古时，敲击铜发出的轰然巨响，可吓阻凶兽，使之远离人类的居住场所。因此，为吓走凶兽，人们就铸造大型的铜器，并在器身用云雷作为纹饰。

絜鉤 明·蒋应镐图本

兽身人面神 明·蒋应镐图本

狰狰 明·蒋应镐图本

| 异兽 | 形态 | 今名 | 异兆及功效 |
| --- | --- | --- | --- |
| 蠪蛭 | 外形像狐狸，却有九条尾巴、九个脑袋，脚上还长着虎爪一样的爪子，吼声就像婴儿啼哭。 | | 能吃人。 |
| 狰狰 | 外形像马，却长着羊眼、牛尾，头上还顶着四个角，声音如同狗叫。 | 鹅喉羚 | 它出现的地方就会有很多奸猾的小人。 |
| 絜鉤 | 形状像野鸭子，却长着老鼠一样的尾巴，擅长攀登树木。 | 啄木鸟 | 它在哪个国家出现，哪个国家就会瘟疫横行。 |

## 山海经地理考

**凫丽山** → 今斗峰山 → ①依据姑逢山向南五百里推测，即为斗峰山。
②依据山川里程推测，此山可能在今安徽省境内。

**硾山** → 今高山 → ①高山，位于韩国济州岛之上。
②依据山川里程推测，可能为安徽省宿州市西北部的睢阳山。

**硾水** → 今濉河 → ①濉河，源于砀山县东卞楼，位于睢阳山的南面。
②可能是韩国全罗道南部的耽津江。

【第四卷 东山经】

245

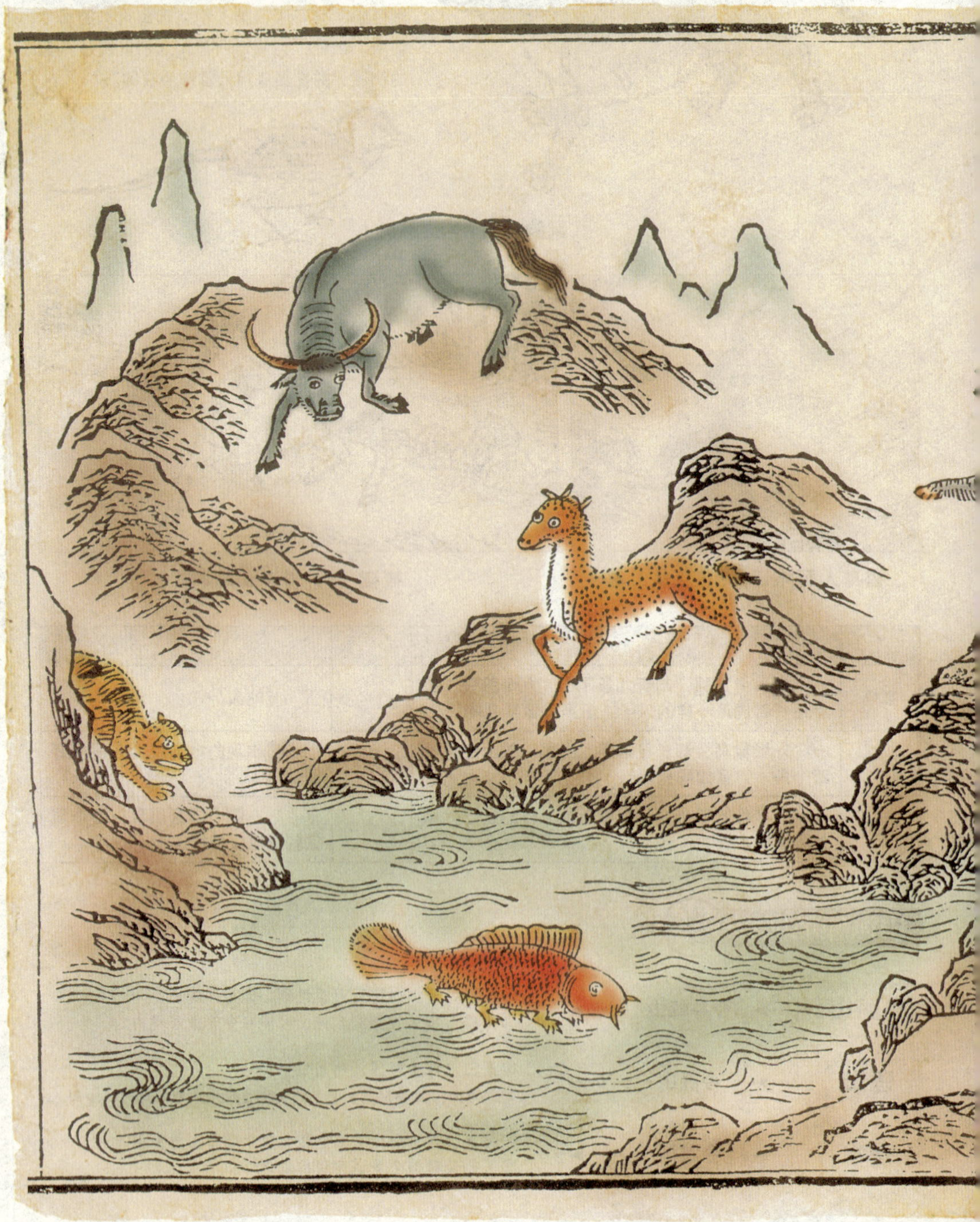

# 东次三经

《东次三经》主要记载东方第三列山系上的动植物及矿物。此山系所处的位置大约在今山东省、日本一带,从尸胡山起,一直到无皋山止,一共九座山,诸山山神的形貌均是人身羊角。山中有一种长得像鸟,而又长有六只脚的鮯鮯鱼;还有长着牛身马尾巴的精精。无皋山却因环境恶劣,山上寸草不生,四季刮风。

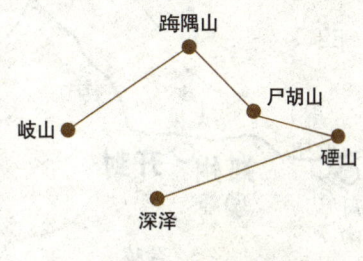

踇隅山
尸胡山
岐山
砸山
深泽

【本图山川地理分布定位】

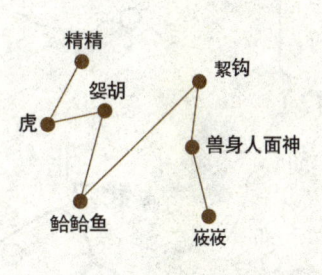

精精
絜钩
婴胡
虎
兽身人面神
鮯鮯鱼
硾硾

【本图人神怪兽分布定位】

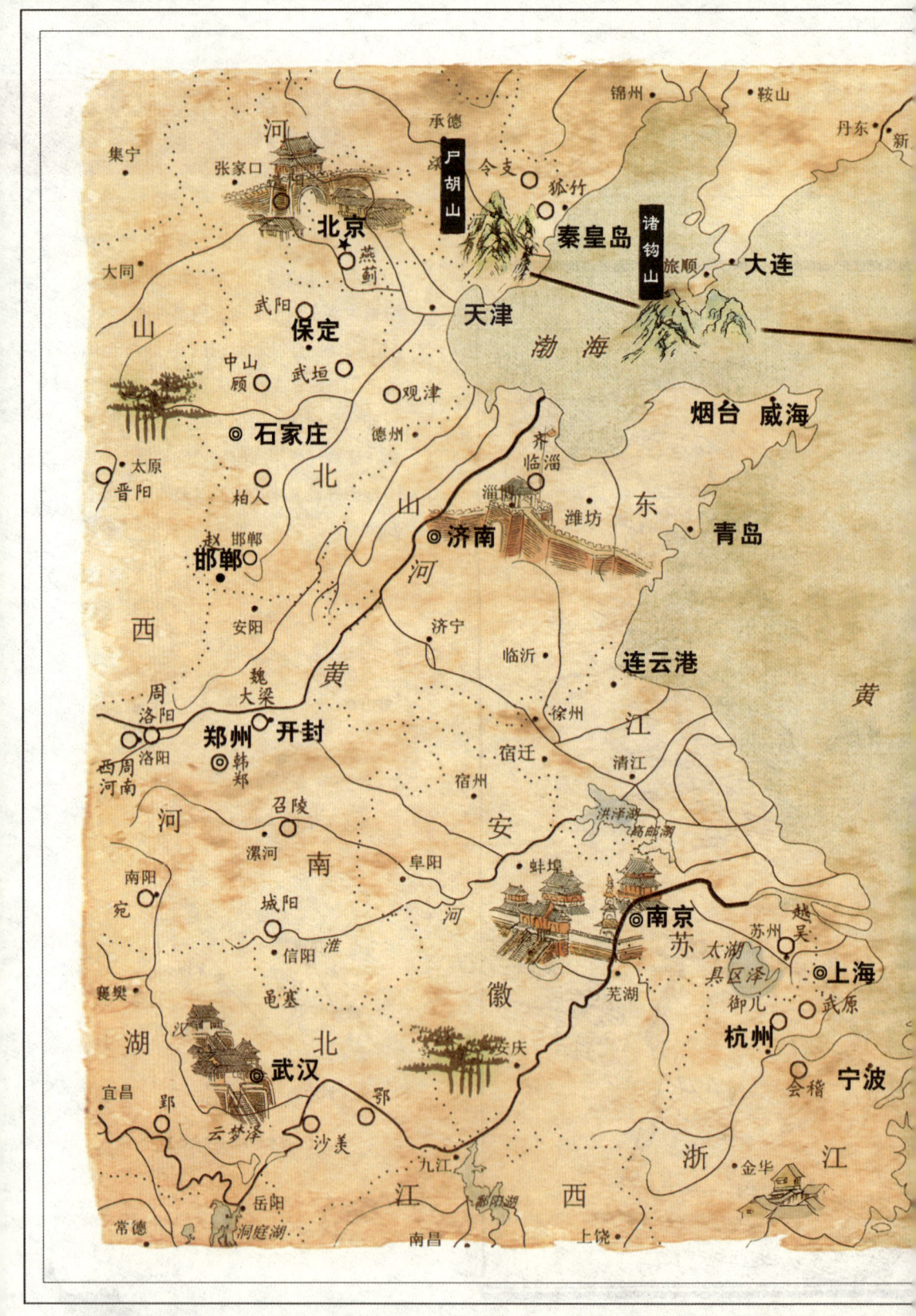

本图根据张步天教授"《山海经》考察路线图"绘制,《东次三经》中尸胡山至无皋山共9座山的地理位置在图中皆有所体现。

# 东次三经路线示意图

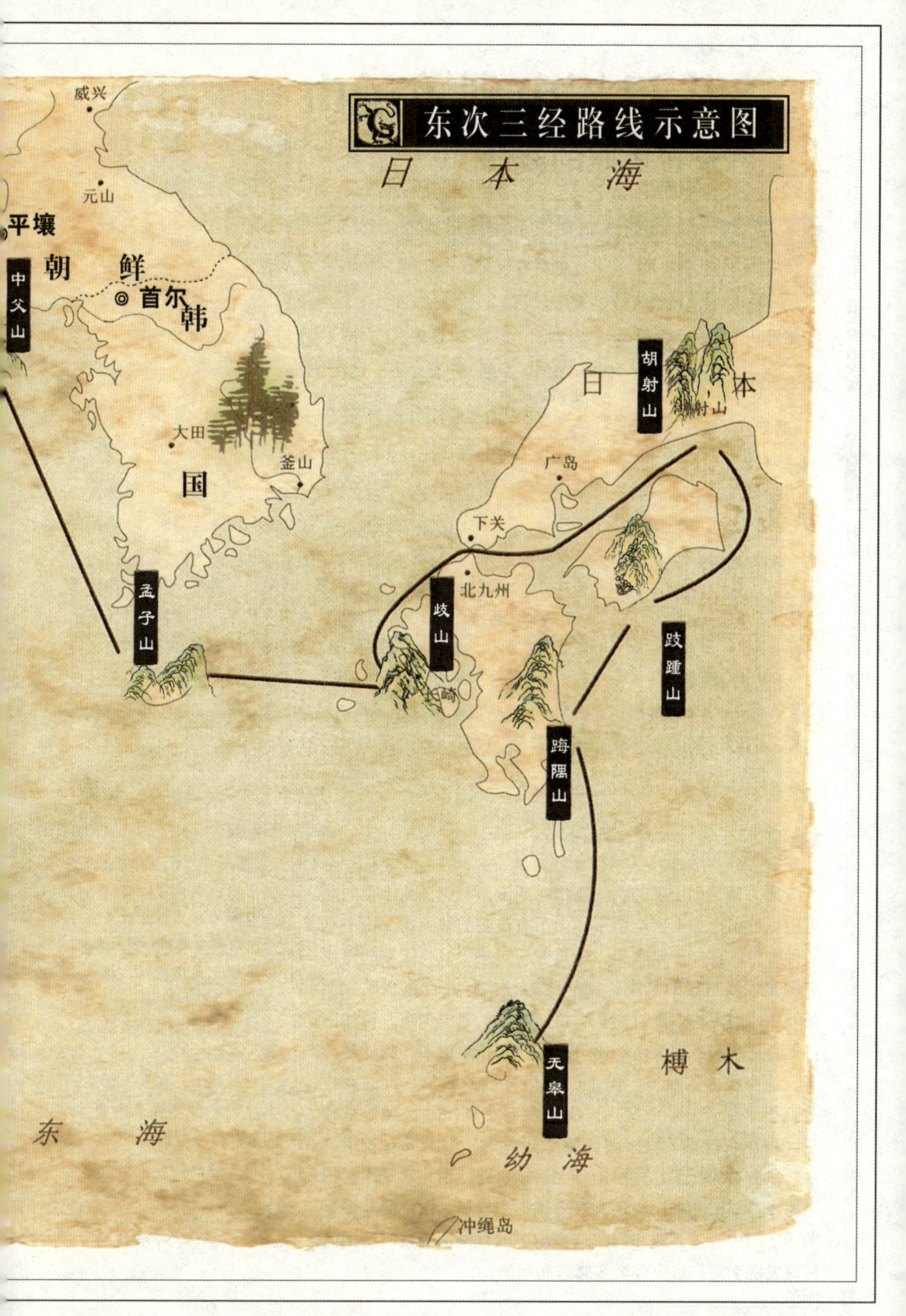

日本海

平壤
元山
威兴
朝鲜
◎首尔
中父山
大田
釜山
韩国

日本
胡射山
廣岛
下关
北九州
孟子山
歧山
跂踵山
峳隅山

无皋山
樽木
东海
幼海
冲绳岛

（此路线形成于战国时期）

# 1 从尸胡山到孟子山
## 长着鱼眼的妴胡

| 山水名称 | 动物 | 植物 | 矿物 |
|---|---|---|---|
| 尸胡山 | 妴胡 | 酸枣树 | 金玉 |
| 岐山 | 虎 | 桃树、李树 | |
| 诸鋂山 | | | 寐鱼 |
| 孟子山 | 麋、鹿 | 梓树、桐树、桃树、李树、菌蒲 | |
| 碧阳 | 鱣鱼、鲔鱼 | | |

## 原文

又东次三经之首，曰尸胡之山，北望䍧山，其上多金玉，其下多棘。有兽焉，其状如麋而鱼目，名曰妴（yuàn）胡，其鸣自詨。又南水行八百里，曰岐山，其木多桃李，其兽多虎。又南水行七百里，曰诸鋂之山，无草木，多沙石。是山也，广员百里，多寐鱼①。又南水行七百里，曰中父之山，无草木，多沙。又东水行千里，曰胡射之山，无草木，多沙石。又南水行七百里，曰孟子之山，其木多梓桐，多桃李，其草多菌浦②，其兽多麋鹿。是山也，广员百里。其上有水出焉，名曰碧阳，其中多鱣③（zhān）鲔④（wěi）。

## 译文

东方第三列山系的头一座山，叫做尸胡山。从山顶向北可望见䍧山，山上盛产金玉，山下有茂盛的酸枣树。山中有一种野兽，其样子像麋鹿，却长着一对鱼眼，叫做妴胡，叫声像是呼唤自己的名字。尸胡山再往南行八百里水路，便是岐山。山上树木多桃树和李树，野兽以老虎为主。再往南行七百里水路，便是诸鋂山。山上没有花草树木，到处是沙石。这座山方圆百里，山下的水里有很多寐鱼。再往南行七百里水路，便是中父山。山上没有花草树木，到处是沙子。再往东行一千里水路，便是胡射山。山上没有花草树木，只有石头沙子。再往南行七百里水路，便是孟子山。山上树木多梓树和桐树，还有很多桃树和李树，山中的草多是菌蒲。山中野兽多麋和鹿。这座山方圆百里，有条叫碧阳的河流发源于此，水中有很多鱣鱼和鲔鱼。

【注释】

① 寐鱼：又叫嘉鱼、卷口鱼，古人称为鲊鱼。这种鱼鱼体延长，前部亚圆筒形，后部侧扁。体暗褐色。须两对，粗长。吻褶发达，裂如缨状。

② 菌蒲：即紫菜、石花菜、海带、海苔之类。

③ 鱣：鱣鱼，据古人说是一种大鱼，体形像鳝鱼而鼻子短，大的有两三丈长。

④ 鲔：鲔鱼，据古人说就是鳝鱼，体形像鱣鱼而鼻子长，体无鳞甲。

## 山海经异兽考

### 婴胡 明·蒋应镐图本

清朝人郝懿行就曾经见过婴胡,据他记述,他在嘉庆五年奉朝廷之命册封琉球回国,途中在马齿山停泊,当地人就向他进献了两头鹿,毛色浅而且眼睛很小,像鱼眼,当地人说是海鱼所化,但郝懿行认为它就是婴胡。

虎 明·蒋应镐图本

鲔 清·汪绂图本

鳣 清·汪绂图本

| 异兽 | 形态 | 今名 | 异兆及功效 |
|---|---|---|---|
| 婴胡 | 样子像麋鹿,却长着一对鱼眼。 | 白唇鹿 | 它发出的叫声就像是呼唤自己的名字。 |

## 山海经地理考

| 尸胡山 | 今韩国济州岛 | ①济州岛,韩国最大的岛屿,其整个岛屿是一座山,在济州岛的中央,有一个因火山喷发而形成的汉拿山。②依据原文推测,即为山东省烟台市西北部的芝罘山。 |
|---|---|---|
| 岐山 | 今长岛 | ①长岛,位于山东省蓬莱市北部。②依据原文推测,即为日本的渡海岛。 |
| 诸钩山 | 今日本境内高山 | 诸钩山,为日本九州岛西北部港湾附近高山的统称。 |
| 中父山 | 今日本雾岛山的山岭 | 雾岛山,位于日本九州南部的鹿儿岛县和宫崎县交界处的火山群总称。 |
| 胡射山 | 今日本富士山 | 富士山位于东京西南方约80公里处,是日本第一高峰,横跨静冈县和山梨县的休眠火山。 |
| 孟子山 | 今日本木会山 | 富士山向南七百里的位置,即为木会山。 |

【第四卷 东山经】

# 2 从跂踵山到无皋山

## 六角鸟尾的鲐鲐鱼

| 山水名称 | 动物 | 矿物 |
|---|---|---|
| 跂踵山 | 大蛇、蠵龟、鲐鲐鱼 | 美玉 |
| 跦隅山 | 精精 | 赭石、金玉 |

## 原文

又南水行五百里，流沙五百里，有山焉，曰跂(qí)踵之山，广员二百里，无草木，有大蛇，其上多玉。有水焉，广员四十里皆涌，其名曰深泽，其中多蠵(xī)龟①。有鱼焉，其状如鲤，而六足鸟尾，名曰鲐鲐(gé)之鱼，其鸣自詨。又南水行九百里，曰跦(mǔ)隅之山，其上多草木，多金玉，多赭。有兽焉，其状如牛而马尾，名曰精精，其鸣自詨。又南水行五百里，流沙三百里，至于无皋之山，南望幼海，东望榑木②，无草木，多风。是山也，广员百里。凡东次三经之首，自尸胡之山至于无皋之山，凡九山，六千九百里。其神状皆人身而羊角。其祠：用一牡③羊，米用秬④。是神也，见则风雨水为败。

## 译文

再往南行五百里水路，过五百里流沙，是跂踵山。方圆二百里，没有花草树木，有很多大蛇，还有各色美玉。有一水潭，方圆四十里多为喷涌的泉水，叫做深泽。水中多蠵龟。还有种鱼，其形状像鲤鱼，长有六只脚和鸟尾巴，叫做鲐鲐鱼，叫声就像在呼唤自己的名字。再往南行九百里水路，是跦隅山。山上有茂密的花草树木、丰富的金属矿物和各色美玉，还有许多赭石。山中有种野兽，其外形像牛，却长着一条马尾巴，叫做精精，吼声就像在呼唤自己的名字。再往南行五百里水路，经过三百里流沙，是无皋山。向南可望幼海，向东可远眺榑木。山上没有花草树木，到处刮大风。占地方圆百里。总计东方第三列山系之首尾，自尸胡山起到无皋山止，一共九座山，绵延六千九百里。诸山山神的形貌都是人身羊角。祭祀山神的礼仪：在带毛的牲畜中选用一只公羊做祭品，祀神的米用秬。这些山神一出现就会起大风、下大雨、发大水，使农田颗粒无收。

【注释】

① 蠵龟：也叫赤蠵龟，据古人说是一种大龟，甲有纹彩。

② 榑木：即扶桑，神话传说中的神木，两两同根生，更相依倚，而太阳就是从这里升起的。

③ 牡：指鸟兽的雄性。

④ 秬：一种谷物，性黏，子粒供食用或酿酒。北方人称它为黄米。

## 山海经异兽考

**蠵龟** 清·《禽虫典》

蠵龟也叫赤蠵龟,据古人说是一种大龟,甲有纹彩。古人将龟按其功能、栖息地不同而分为十种:神龟、灵龟、摄龟、宝龟、文龟、筮龟、山龟、泽龟、水龟、火龟,而深泽的龟就是一种灵龟,善于鸣叫,其龟甲可以用来占卜,又因为其龟甲像玳瑁而有光彩,所以也常常用来装饰器物。

鲐鲐鱼　明·蒋应镐图本

人身羊角神　明·蒋应镐图本

精精　明·蒋应镐图本

| 异兽 | 形态 | 异兆及功效 |
| --- | --- | --- |
| 鲐鲐鱼 | 形状像鲤鱼,却长有六只脚和鸟尾巴。 | 其叫声就像在呼唤自己的名字。 |
| 精精 | 外形像牛,却长着一条马尾巴。 | 吼声就像在呼唤自己的名字。 |

## 山海经地理考

| 跂踵山 | 具体名称不详 | 位于日本纪伊半岛上。 |
| --- | --- | --- |
| 深泽 | 今琵琶湖 | 位于日本纪伊半岛上。 |
| 踇隅山 | 今日本九州岛附近山脉 | 日本九州岛东北部的山岭与岬崎所组成,呈脚趾状,即为踇隅山。 |
| 无皋山 | 今崂山 | ①依据山川里程推算,应为山东省青岛市境内的崂山。②依据前文路线推测,无皋山应为大琉球岛。 |
| 幼海 | 今胶州湾 | 依据无皋山为崂山推测,幼海即为崂山西南部的胶州湾。 |

【第四卷 东山经】

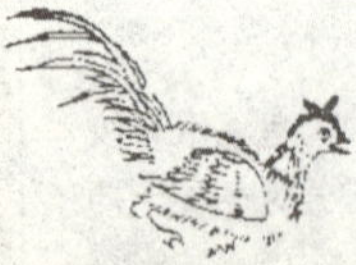

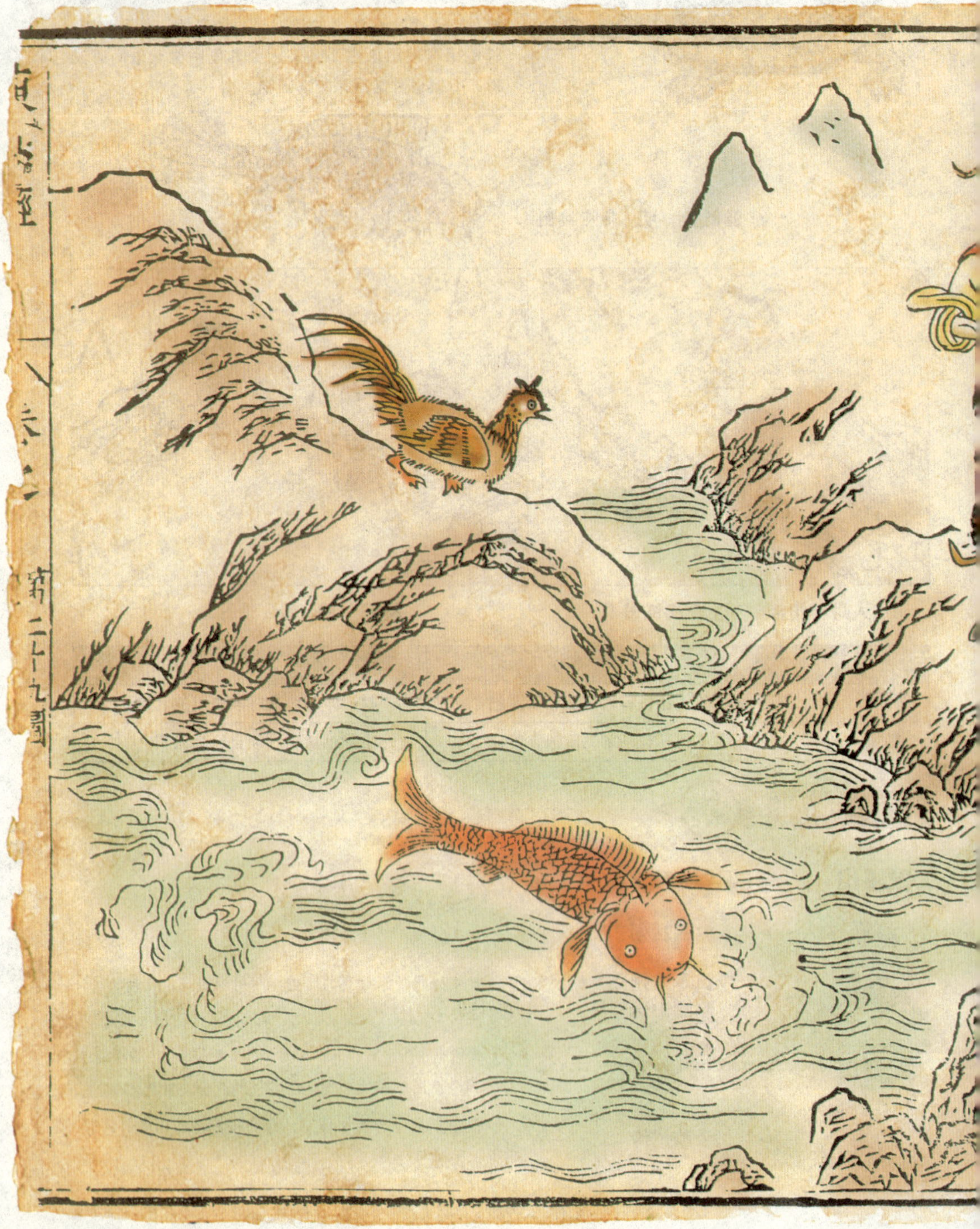
第二十九圖

## 东次四经

《东次四经》主要记载东方第四列山系上的动植物及矿物。此山系所处的位置大约在今吉林省、黑龙江省、俄罗斯一带，从北号山起，一直到太山止，一共八座山。山中有长着人面猪身的合窳，它生性凶残，能吃人，也以虫、蛇之类的动物为食，一旦出现，天下就会洪水泛滥；还有一种叫做蜚的野兽，它一旦出现，天下就会瘟疫横行。

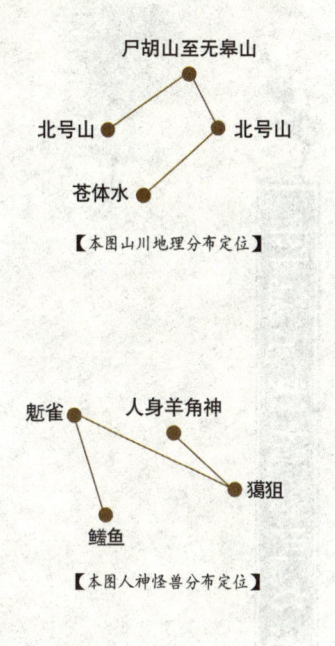

尸胡山至无皋山
北号山　　北号山
苍体水

【本图山川地理分布定位】

鲑雀　人身羊角神
　　　　　　　獙狙
鳙鱼

【本图人神怪兽分布定位】

本图根据张步天教授"《山海经》考察路线图"绘制，图中记载了《东次四经》中北号山至太山共8座山的今日考据位置。

（此路线形成于战国时期）

# 1 从北号山到东始山
## 鼠眼獦狙能吃人

| 山水名称 | 动物 | 植物 | 矿物 |
|---|---|---|---|
| 北号山 | 獦狙、䫲雀 | 类杨树 | |
| 苍体水 | 鱃鱼 | | |
| 东始山 | 芑 | | 苍玉 |
| 泚水 | 茈鱼 | | 美贝 |

## 原文

又东次四经之首，曰北号之山，临于北海。有木焉，其状如杨，赤华，其实如枣而无核，其味酸甘，食之不疟。食水出焉，而东北流注于海。有兽焉，其状如狼，赤首鼠目，其音如豚，名曰獦狙，是食人。有鸟焉，其状如鸡而白首，鼠足而虎爪，其名曰䫲雀，亦食人。又南三百里，曰㠠山，无草木。苍体之水出焉，而西流注于展水，其中多鱃(qiū)鱼①，其状如鲤而大首，食者不疣②(yóu)。又南三百二十里，曰东始之山，上多苍玉。有木焉，其状如杨而赤理，其汁如血，不实，其名曰芑③(qǐ)，可以服马，泚水出焉，而东北流注于海，其中多美贝，多茈鱼，其状如鲋④(fù)，一首而十身，其臭⑤如蘼芜⑥食之不糈⑦。

## 译文

东方第四列山系之首座山，叫做北号山，屹立北海边。山中有种树木，外形像杨树，开红花，果实与枣相似却没有核，酸中带甜，吃了它，就不会患上疟疾。食水发源于此，向东北流入大海。山中有种野兽，像狼，红色脑袋，老鼠眼睛，声音如同猪叫，叫做獦狙，能吃人。有种鸟，外形像鸡，白色的脑袋，老鼠的脚和老虎的爪子，叫做䫲雀，能吃人。再往南三百里，是㠠山。山上没有花草树木，苍体水发源于此，向西注入展水。水中多鱃鱼，形状像鲤鱼而头长得很大，吃了它的肉，就不会生瘊子。再往南三百二十里，是东始山。山上多产苍玉。山中有种树木，其外形像杨树却有红色纹理，树干中的汁液像血，不结果实，叫做芑，如果把它的汁液涂在马身上就可驯服马。泚水发源于此，向东北注入大海，水中多贝和茈鱼，其形状像鲫鱼，一个脑袋，十个身子，散发出与蘼芜草相似的香气，人吃了它就不会放屁。

【注释】

① 鱃鱼：即鳅鱼，也写成鯈鱼。
② 疣：同"肬"。一种小肉瘤，即长在人体皮肤上的小疙瘩，俗称瘊子。
③ 芑：同"杞"。
④ 鲋：即鲫鱼。
⑤ 臭：气味。
⑥ 蘼芜：就是蘼芜，一种香草，叶子像当归草的叶子，气味像白芷草的香气。
⑦ 糈：同"屁"。

## 山海经异兽考

**𪃿雀** 明·蒋应镐图本

传说明朝崇祯年间，凤阳地方出现很多恶鸟，兔头鸡身鼠足，大概就是𪃿雀。当时人们说它肉味鲜美，但骨头有剧毒，人吃了能被毒死。它同獨一样，也经常祸害人类。

**獨狙** 明·蒋应镐图本

**鱃鱼** 明·蒋应镐图本

| 异兽 | 形态 | 今名 | 异兆及功效 |
| --- | --- | --- | --- |
| 獨狙 | 像狼，长着红色脑袋，老鼠眼睛，声音如同猪叫。 | 豺狗 | 能吃人。 |
| 𪃿雀 | 像鸡，白色的脑袋，老鼠一样的脚和老虎一样的爪子。 | 胡兀鹫 | 能吃人。 |
| 鱃鱼 | 形状像鲤鱼而头长得很大。 | 泥鳅 | 吃了它的肉，就不会生疣子。 |
| 茈鱼 | 形状像鲫鱼，一个脑袋却长了十个身子，散发出与蘪芜草相似的香气。 | 黄羊 | 人吃了它就不会放屁。 |

## 山海经地理考

| | | |
| --- | --- | --- |
| 北号山 | 今外兴安岭 | ①依据原文推测，位于东西伯利亚勒拿河流域。②依据山川地理位置推测，可能是山东省北部莱州湾小清河河畔的一个丘阜。 |
| 北海 | 今鄂霍次克海 | ①依据北号山为外兴安岭所推测，鄂霍次克海为西北太平洋的一个海。②依据北号山的位置推断，应该是位于渤海南部山东半岛北部的莱州湾。 |
| 食水 | 今乌得河 | ①乌得河，注入鄂霍次克海。②今天的小清河，发源于山东省济南市西部睦里庄。 |
| 旄山 | 今土闻那山 | 位于外兴安岭南三百里。 |
| 苍体水 | 今色林扎河 | 位于俄罗斯境内。 |
| 展水 | 今精奇里江 | 精奇里江，是黑龙江北岸的最大支流，发源于外兴安岭。俄国境内称为结雅河。 |
| 东始山 | 今巴扎尔山 | 位于俄罗斯境内。 |

【第四卷 东山经】

## 2 从女烝山到子桐山

### 猪样獠牙当康能带旱灾

| 山水名称 | 动物 | 矿物 |
|---|---|---|
| 鬲水 | 薄鱼 |  |
| 钦山 | 当康 | 金玉 |
| 师水 | 鳛鱼、文贝 |  |
| 子桐水 | 鲭鱼 |  |

## 原文

又东南三百里，曰女烝（zhēng）之山，其上无草木，石膏水出焉，而西流注于鬲（gé）水，其中多薄鱼，其状如鳣①（shàn）鱼而一目，其音如欧②，见则天下大旱。又东南二百里，曰钦山，多金玉而无石。师水出焉，而北流注于皋泽，其中多鳛（qiū）鱼，多文贝。有兽焉，其状如豚而有牙③，其名曰当康，其鸣自叫，见则天下大穰（ráng）。

又东南二百里，曰子桐之山。子桐之水出焉，而西流注于余如之泽。其中多鲭鱼，其状如鱼而鸟翼，出入有光，其音如鸳鸯，见则天下大旱。

## 译文

再往东南三百里，是女烝山。山上没有花草树木。石膏水发源于此，向西注入鬲水。水中有很多薄鱼，其形状像一般的鱼却只长了一只眼睛，声音如同人在呕吐，一旦出现，天下就会发生大旱灾。再往东南二百里，是钦山。山中遍地的黄金美玉却没有普通的石头。师水发源于此，向北注入皋泽，水中多鱼，还有很多色彩斑斓的贝。山中有一种野兽，其外形像猪，却长着大獠牙，叫做当康，叫声就像在呼唤自己的名字，一旦出现，天下就会发生大旱灾。

钦山再往东南二百里，是子桐山。子桐水发源于此，然后向西流淌，注入余如泽。水中有很多鲭鱼，其形状与一般的鱼相似，却长着一对鸟翅，出入水中时身上会闪闪发光，而它发出的声音如同鸳鸯鸣叫。一旦出现，天下就会发生大旱灾。

【注释】

①鳣：通"鳝"。即鳝鱼，俗称黄鳝。
②欧：指呕吐。
③牙：这里指露出嘴唇之外的令人可怕的尖锐而又锋利的大牙齿。

## 山海经异兽考

**当康** 明·蒋应镐图本

传说当天下要获得丰收的时候，它就从山中出来啼叫，告诉人们丰收将至。所以它虽样子不太好看，却是一种瑞兽。据《神异经》中记载，南方有种奇兽，样子像鹿，却长着猪头和长长的獠牙，能够满足人们祈求五谷丰登的愿望，可能就是这种当康兽。

**鳙鱼** 明·蒋应镐图本

**薄鱼** 明·蒋应镐图本

| 异兽 | 形态 | 异兆及功效 |
| --- | --- | --- |
| 薄鱼 | 形状像一般的鱼却只长了一只眼睛，声音如同人在呕吐。 | 一旦出现，天下就会发生大旱灾。 |
| 当康 | 外形像猪，却长着大獠牙，叫声就像在呼唤自己的名字。 | 一旦出现，天下就会发生大旱灾。 |
| 鳙鱼 | 形状与一般的鱼相似，却长着一对鸟翅，而它发出的声音如同鸳鸯鸣叫。 | 出入水中时身上会闪闪发光，一旦出现，天下就会发生大旱灾。 |

## 山海经地理考

| | | |
| --- | --- | --- |
| 女烝山 | 今山东石膏山 | ①位于山东省临朐县，雄踞在太岳山北段，为太岳山主峰之一，海拔2532米。②旄山是土闻那山，东南三百里即为布列因山脉，此山脉即为女烝山。 |
| 石膏水 | 今布列亚河 | 布列亚河是俄罗斯远东区南部、黑龙江左岸的第二大支流，由左、右布列亚河交汇而成。 |
| 鬲水 | 今黑龙江 | 因布列亚河注入黑龙江，所以，鬲水即黑龙江。 |
| 钦山 | 今黑龙江完达山山脉 | 位于黑龙江东部，长白山脉的最北端。 |
| 师水 | 今黑龙江饶河 | 位于黑龙江东北部，经沼泽区向东注入乌苏里江与混同江汇合后入海。 |
| 皋泽 | 今大片沼泽 | 位于黑龙江省抚远县与佳木斯市之间。 |
| 子桐山 | 具体名称不详 | 不详。 |
| 子桐水 | 今兴凯湖 | 在黑龙江省东南部的中俄边境上，北部属中国，南部属俄罗斯。 |

【第四卷 东山经】

## 3 从剡山到太山

### 白头独眼蜚能带瘟疫

| 山水名称 | 动物 | 矿物 |
|---|---|---|
| 剡山 | 合窳 | 金玉 |
| 太山 | 蜚 | 金玉 |
| 锅水 | 鳡鱼 | |

## 原文

又东北二百里，曰剡（yǎn）山，多金玉。有兽焉，其状如彘而人面，黄身而赤尾，其名曰合窳（yǔ），其音如婴儿，是兽也，食人，亦食虫蛇，见则天下大水。

又东北二百里，曰太山，上多金玉、桢木①。有兽焉，其状如牛而白首，一目而蛇尾，其名曰蜚，行水则竭，行草则死，见则天下大疫，锅水出焉，而北流注于劳水，其中多鳡鱼。

凡东次四经之首，自北号之山至于太山，凡八山，一千七百二十里。

## 译文

再往东北二百里，是剡山。山上蕴藏有丰富的金属矿物和各色美玉。山上栖息着一种野兽，其外形像猪，却长着一副人的面孔，黄色的身子后面长着红色尾巴，叫做合窳，它发出的吼叫声就如同婴儿啼哭。这种合窳兽生性凶残，能吃人，也以虫、蛇之类的动物为食，它一旦出现，天下就会洪水泛滥。

再往东北二百里，是太山。山上有丰富的金属矿物和各色美玉，还有茂密的女桢树林。山中有一种野兽，其形状像普通的牛，脑袋却是白色的，只长了一只眼睛，身后还有条蛇一样的尾巴，叫做蜚。它行经有水的地方水就会干涸，行经有草的地方草就会枯死，而且一旦出现，天下就会瘟疫横行。锅水发源于此，向北流入劳水，水中有很多鳡鱼。

总计东方第四列山系之首尾，自北号山起到太山止，一共八座山，全长一千七百二十里。

【注释】

① 桢木：即女桢，一种灌木，叶子对生，革质，卵状披针形，在冬季不凋落，四季常青。

## 山海经异兽考

**蜚** 明·蒋应镐图本

相传，蜚是灾难之源，就好比死神，是一种可怕的灾兽。据说春秋时，蜚曾出现过一次，当时江河枯竭，草木枯萎，人畜瘟疫流传，天地灰暗无生气。

**合窳** 明·蒋应镐图本

**蜚** 清·《禽虫典》

| 异兽 | 形态 | 异兆及功效 |
| --- | --- | --- |
| 合窳 | 外形像猪，却长着一副人的面孔，黄色的身子后面长着红色尾巴，它发出的吼叫声就如同婴儿啼哭。 | 能吃人，也以虫、蛇之类的动物为食，它一旦出现，天下就会洪水泛滥。 |
| 蜚 | 形状像普通的牛，脑袋却是白色的，只长了一只眼睛，身后还有条蛇一样的尾巴。 | 它行经有水的地方水就会干涸，行经有草的地方草就会枯死，而且一旦出现，天下就会瘟疫横行。 |

## 山海经地理考

| 剡山 | 今山东境内 | ①依据太山为山东省临朐县东南的东泰山推断，剡山即在今山东境内。②依据山川里程推算，剡山即为巴士古山脉。 |
| --- | --- | --- |
| 太山 | 今东泰山 | ①东泰山，位于沂蒙山区北部，连接临朐、沂水、沂源三县，主峰玉皇顶，处临朐县境内。②依据原文推测，此山南起符拉迪沃斯托克沿海北行到达混同江近海处。 |
| 䃌水 | 今伊曼河 | 伊曼河，发源于俄罗斯境内，向东注入乌苏里江。 |
| 劳水 | 今乌苏里江 | 乌苏里江发源于吉林省东海滨的锡赫特山脉主峰南段西麓，靠近东海的石人沟。是中国黑龙江支流，也是中国与俄罗斯的界河。 |

【第四卷 东山经】

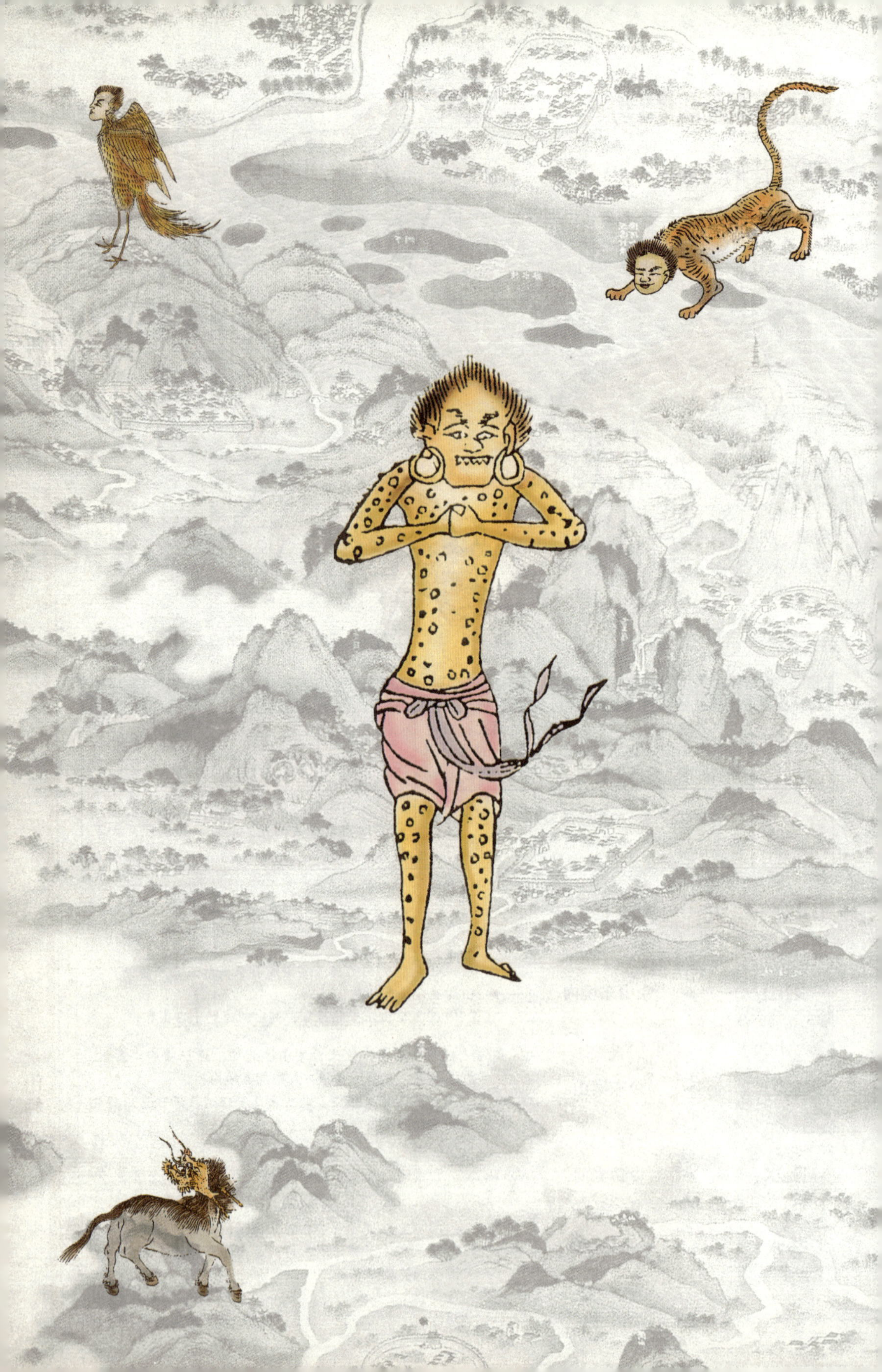

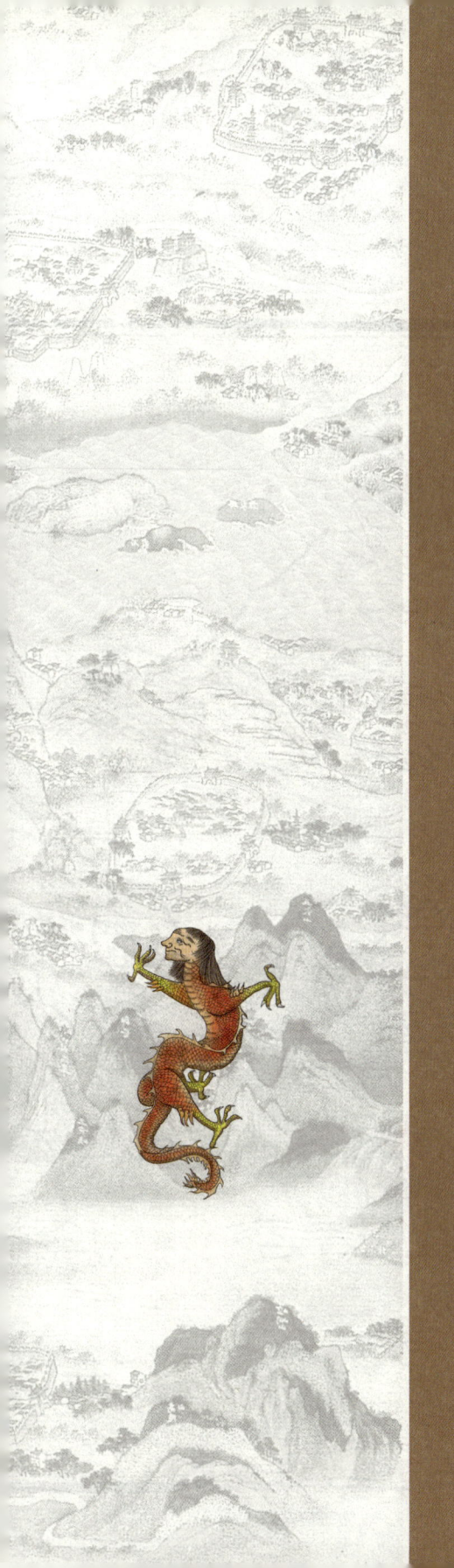

## 第五卷

# 中山经

《中山经》是《山海经》中所记地区的中心，
也是记述最详尽、
内容最丰富的一部分。
共有一百九十七座山。

其中记述了薄山山系、
济山山系、
萯山山系、
厘山山系等12列山系的山川地貌。
《中山经》所载山脉占据了广阔的地域，
其间河流遍布，
祭祀山神的礼仪也大有不同。

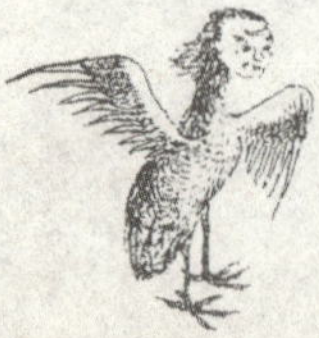

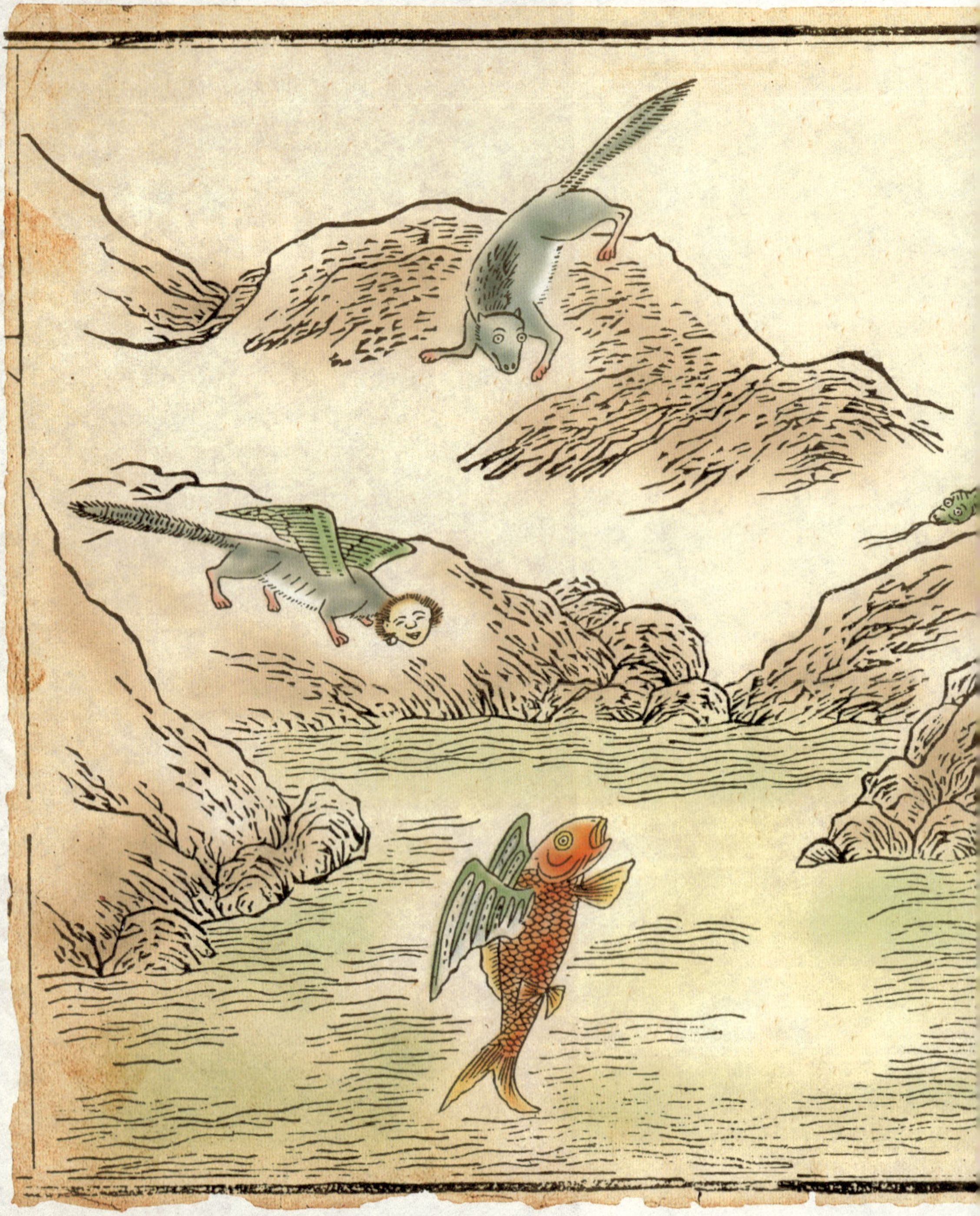

# 中次一经

《中次一经》主要记载中央第一列山系上的动植物及矿物。此山系所处的位置大约在今山西省一带，从甘枣山起，一直到鼓镫山止，一共十五座山，诸山山神的祭祀礼仪也各不相同。山上长有鬼草，人食用之后可以忘记忧愁，从此无忧无虑；水中还有可以治愈白癣的豪鱼；此外，还有丰富的铜矿、铁矿等。

霍山　甘枣山
阳山　鲜山
劳水　渠猪水

【本图山川地理分布定位】

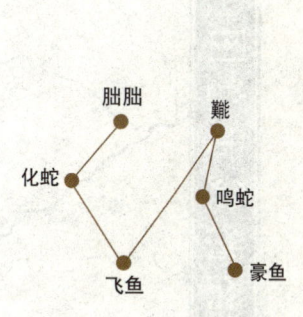

朏朏　䑏
化蛇　鸣蛇
飞鱼　豪鱼

【本图人神怪兽分布定位】

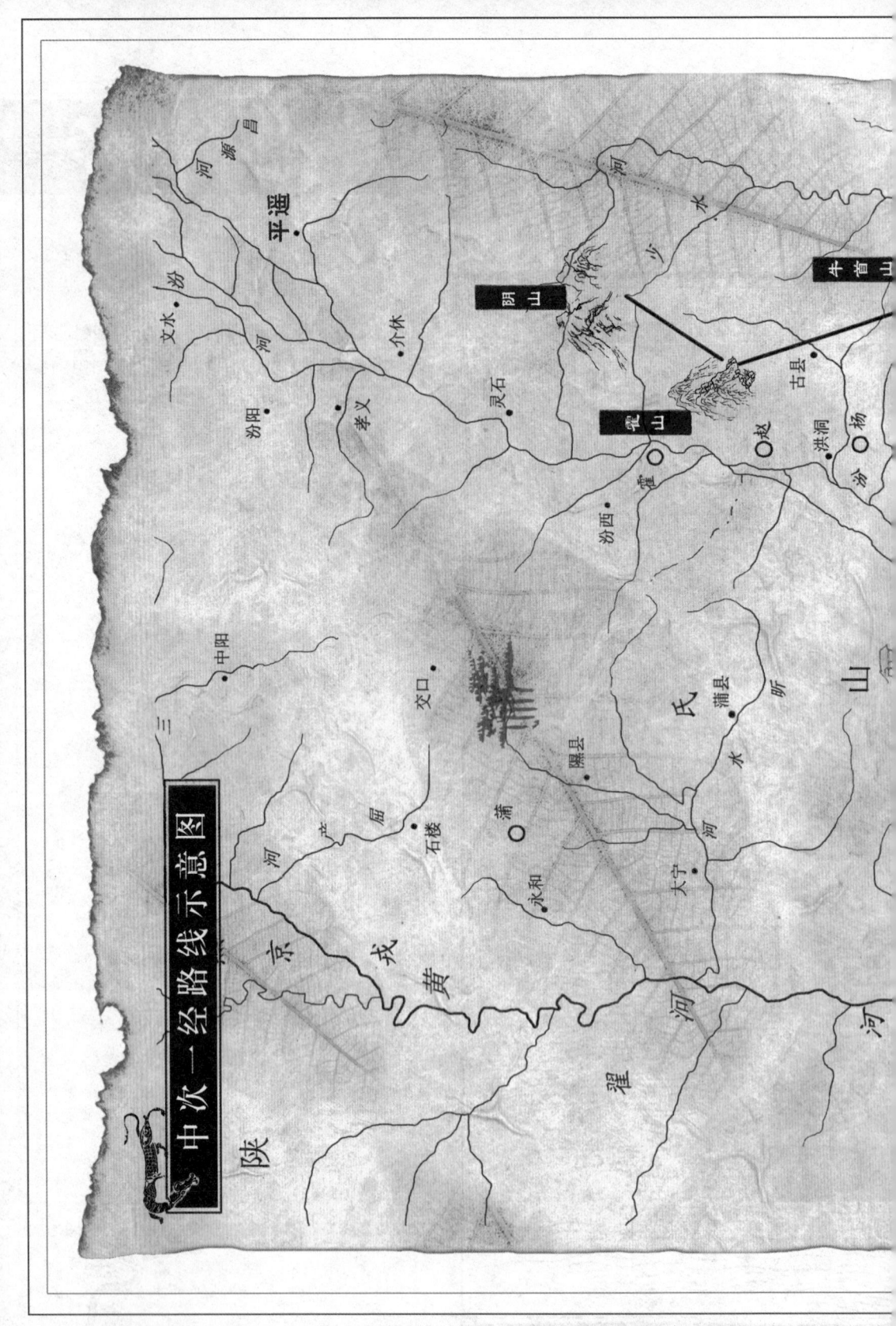

本图根据张步天教授"《山海经》考察路线图"绘制，图中记载了甘枣山至鼓镫山共15座山的考据位置。

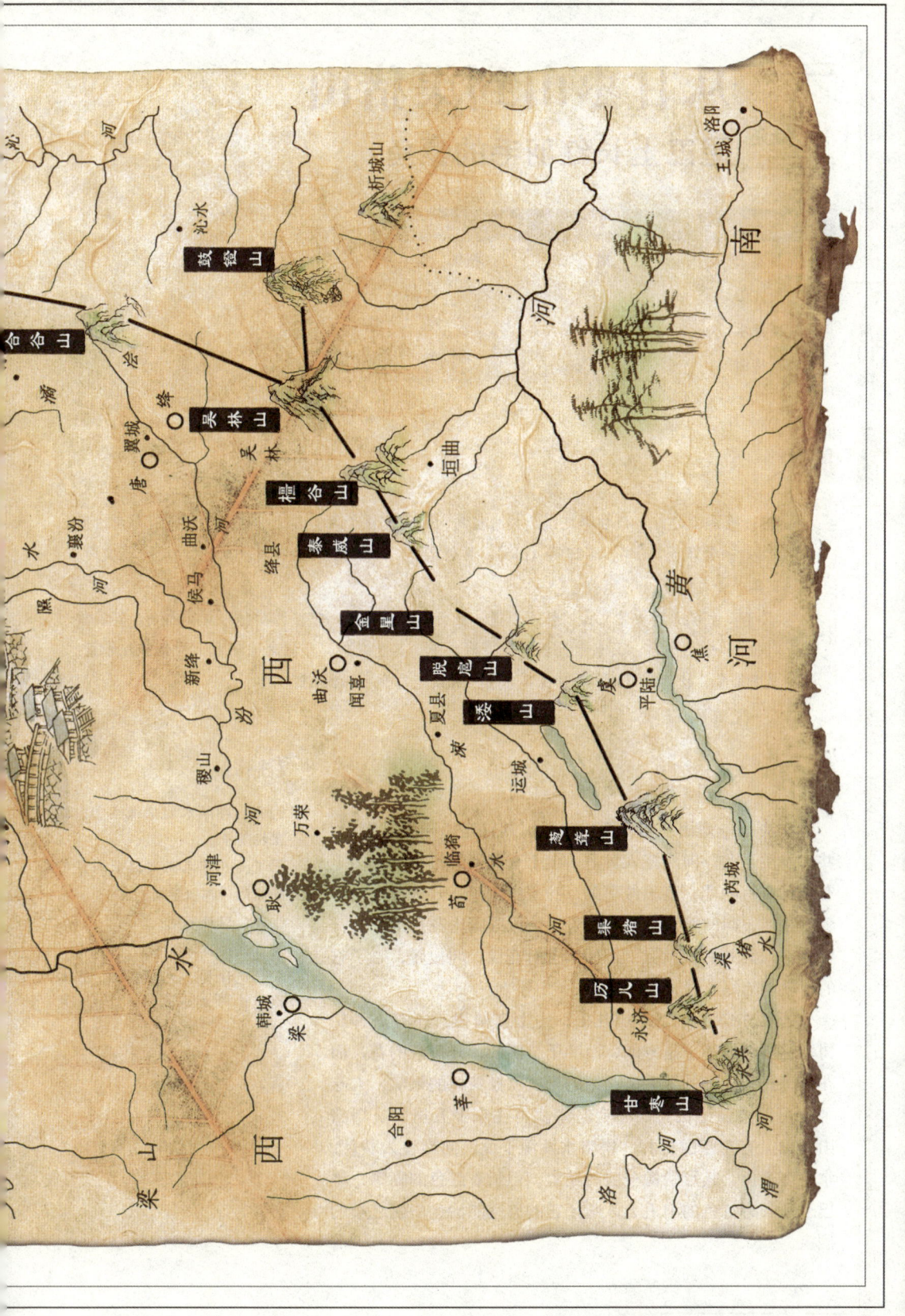

（此路线形成于春秋、战国时期）

# 1 从甘枣山到渠猪山
## 尾巴上长红羽毛的豪鱼

| 山水名称 | 动物 | 植物 |
| --- | --- | --- |
| 甘枣山 | 䶤 | 杻树、箨 |
| 历儿山 |  | 櫄树、枥树 |
| 渠猪水 | 豪鱼 |  |
| 渠猪山 |  | 竹 |

## 原文

　　中山经薄山之首，曰甘枣之山，共水出焉，而西流注于河。其上多杻木。其下有草焉，葵本①而杏叶。黄华而荚②实，名曰箨（tuò），可以已瞢③（méng）。有兽焉，其状如鼣鼠④而文题，其名曰䶤，食之已瘿。

　　又东二十里，曰历儿之山，其上多櫄，多枥木，是木也，方茎而员叶，黄华而毛，其实如楝⑤（liàn），服之不忘。又东十五里，曰渠猪之山，其上多竹，渠猪之水出焉，而南流注于河。其中是多豪鱼，状如鲔（wěi），赤喙尾赤羽，可以已白癣⑥（xuǎn）。

## 译文

　　中央第一列山系叫做薄山山系，其首座山叫做甘枣山。共水发源于此，向西注入黄河。山上有茂密的杻树林。山下有一种奇特的草，茎干像葵菜，叶子像杏树，开黄花，结带荚的果实，叫做箨，人吃了它可以治愈眼睛昏花。山中有一种野兽，其外形像鼣鼠，但额头上有花纹，叫做䶤，吃了它的肉就能治好人脖子上的赘瘤。

　　再往东二十里，是历儿山。山上多櫄树，还有一种枥树，这种树的茎干是方的，而叶子是圆的，开黄色的花，而花瓣上还有细细的绒毛，它结的果实就像楝树的果实，人吃了它可以增强记忆力而不会忘事。再往东十五里，是渠猪山。山上有茂密的竹林。渠猪水发源于此，向南注入黄河。水中多豪鱼，其形状像一般的鲔鱼，但长着红色的嘴喙，尾巴上还长有红色的羽毛，人吃了它的肉就能治愈白癣之类的癣疾。

【注释】

① 本：即草木的根或茎干。这里指茎干。
② 荚：凡草木果实狭长而没有隔膜的，都叫做荚。
③ 瞢：眼目不明。
④ 鼣鼠：不详何兽。
⑤ 楝：楝树，也叫苦楝，落木材坚实，易加工，供家具、乐器、建筑、农具等用。
⑥ 癣：指皮肤感染真菌后引起的一种疾病，有多种。

## 山海经异兽考

豺 明·蒋应镐图本

据说，吃了它的肉就能治好人脖子上的赘瘤，还可以治好眼病。

豺 清·《禽虫典》

豪鱼 明·蒋应镐图本

| 异兽 | 形态 | 今名 | 异兆及功效 |
| --- | --- | --- | --- |
| 豺 | 外形像獾鼠，但额头上有花纹。 | 马来熊 | 吃了它的肉就能治好人脖子上的赘瘤。 |
| 豪鱼 | 形状像一般的鲔鱼，但长着红色的嘴喙，尾巴上还长有红色的羽毛。 | 鲟鱼 | 人吃了它的肉就能治愈白癣之类的痼疾。 |

## 山海经地理考

| | | |
| --- | --- | --- |
| 薄山 | 今山西蒲山 | 位于山西省南部的中条山山脉中。 |
| 甘枣山 | 今山西甘桑山 | ①位于山西省芮城县东北部。②根据历儿山为山西永济市的历山来推测，甘枣山则位于山西省永济市南部。 |
| 共水 | 今朱石河 | 位于山西省芮城县东北部。 |
| 历儿山 | 今山西历山 | 位于山西省永济市境内的中条山山脉中。 |
| 渠猪山 | 具体名称不详 | 依据山川里程位置推测，应在山西省芮城县北部。 |
| 渠猪水 | 今永乐河 | 位于山西省芮城县境内。 |

【第五卷 中山经】

# 2 从葱聋山到泰威山

## 植楮可治精神抑郁

| 山水名称 | 动物 | 矿物 |
|---|---|---|
| 葱聋山 | | 白垩土、黑垩土、青垩土、黄垩土 |
| 浽山 | | 赤铜、铁 |
| 脱扈山 | 植楮 | |
| 金星山 | 天婴 | |
| 泰威山 | | 铁 |

## 原文

又东三十五里，曰葱聋之山，其中多大谷，是多白垩（è），黑、青、黄垩。

又东十五里，曰浽（wō）山，其上多赤铜，其阴多铁。

又东七十里，曰脱扈之山。有草焉，其状如葵叶而赤华，荚实，实如棕荚，名曰植楮（chǔ），可以已癙①（shǔ），食之不眯②（mī）。

又东二十里，曰金星之山，多天婴③，其状如龙骨④，可以已痤⑤。

又东七十里，曰泰威之山。其中有谷，曰枭谷，其中多铁。

## 译文

渠猪山再往东三十五里，是葱聋山。山中有很多又深又长的幽谷。山上盛产垩土之类的涂料，到处是白垩土，还有黑垩土、青垩土、黄垩土。

葱聋山再往东十五里，是浽山。山上蕴藏有丰富的黄铜，山的北坡盛产铁。

浽山再往东七十里，是脱扈山。山中有一种神奇的草，形状像葵菜的叶子，开红色的花，结带荚的果实，果实的荚就像棕树的果荚，叫做植楮，可以治愈精神抑郁症，而且服食它还能使人不做噩梦。

脱扈山再往东二十里，是金星山。山中有很多叫天婴的东西，其形状与龙骨相似，可以用来治疗痤疮。

金星山再往东七十里，是泰威山。山中有一道幽深的峡谷，叫做枭谷，那里有丰富的铁。

## 【注释】

① 癙：即忧病。

② 眯：即梦魇。指人因在睡梦中遇见可怕的事而呻吟、惊叫。

③ 天婴：不详。

④ 龙骨：据古人讲，在山岩河岸的土穴中常有死龙的脱骨，而生长在这种地方的植物就叫龙骨。

⑤ 痤：即痤疮。

## 山海经异木考

### 蜀葵

蜀葵属锦葵科，多年生大草本花卉。蜀葵的根、茎、叶、花、种子是药材，清热解毒，内服治便秘、解河豚毒、利尿、治痢疾。外用治疮疡、烫伤等症。

冬葵草

| 异木 | 形态 | 异兆及功效 |
| --- | --- | --- |
| 蜀葵 | 多年生大草本花卉，茎直立而高。叶片互生，呈心脏形。 | 为药材，能够清热解毒，内服治便秘。 |
| 冬葵 | 有紫茎、白茎二种，以白茎为多，大叶小花，花紫黄色，其最小者，名鸭脚葵。 | 冬葵子甘，寒，能利水，滑肠，下乳。 |

## 山海经地理考

| | | |
| --- | --- | --- |
| 葱聋山 | 今中条山山脉中的山岭 | 位于山西省芮城县北部的山岭。 |
| 㟂山 | 今中条山山脉中的山岭 | 位于山西省芮城县北部的山岭。 |
| 脱扈山 | 今中条山山脉中的山岭 | 位于山西省芮城县北部的山岭。 |
| 金星山 | 具体名称不详 | 位于今山西省芮城县西部。 |
| 泰威山 | 具体名称不详 | 位于今山西省平陆县西部。 |

【第五卷 中山经】

# 3 从櫃谷山到合谷山

## 喜跳跃的飞鱼，能治痔疮

| 山水名称 | 动物 | 植物 | 矿物 |
|---|---|---|---|
| 櫃谷山 |  |  | 赤铜 |
| 吴林山 |  | 蒫草 |  |
| 牛首山（劳水） | （飞鱼） | 鬼草 |  |
| 霍山 | 朏朏 | 构树 |  |
| 合谷山 |  | 蓍棘 |  |

## 原文

又东十五里，曰櫃谷之山，其中多赤铜。又东百二十里，曰吴林之山，其中多蒫（jiān）草①。

又北三十里，曰牛首之山。有草焉，名曰鬼草，其叶如葵而赤茎，其秀②如禾，服之不忧。劳水出焉，而西流注于潏（yù）水，是多飞鱼，其状如鲋（fù）鱼，食之已痔衕（tòng）。

又北四十里，曰霍山，其木多榖。有兽焉，其状如狸③，而白尾，有鬣，名曰朏朏（fěi），养之可以已忧。又北五十二里，曰合谷之山，是多蓍（zhān）棘④。

## 译文

泰威山再往东十五里，是櫃谷山。山中蕴藏有丰富的赤铜。櫃谷山再往东一百二十里，是吴林山。山中有茂盛的兰草。

吴林山再往北三十里，是牛首山。山中有一种叫鬼草的奇特植物，叶子与葵菜叶相似，而茎干却是红色的，开的花像禾苗吐穗时开的花絮，服食这种草就能使人无忧无虑。劳水发源于此，然后向西奔腾而去，最后注入潏水。水中有很多飞鱼，其形状像一般的鲫鱼，喜欢跃出水面，人吃了这种飞鱼的肉就能治愈痔疮和痢疾。

牛首山再往北四十里，是霍山。山上林木葱郁，有茂密的构树林。山中有一种野兽，其形状像普通的野猫，却长着一条长长的白色尾巴，身上长有鬣毛，叫做朏朏，人饲养它就可以消除忧愁。霍山再往北五十二里，是合谷山。山中到处是蓍棘。

【注释】

① 蒫草：蒫，同"蕑"，即兰，蒫草就是兰草。

② 秀：指禾类植物开花。引申开来，泛指草木开花。

③ 狸：即俗称的野猫，像狐狸而又小一些，身肥胖而短一点。

④ 蓍棘：不详何种植物。

## 山海经异兽考

飞鱼　明·蒋应镐图本

相传，人吃了这种飞鱼的肉就能治愈痔疮和痢疾。还有人认为这种鱼能够飞入云层中，还能在惊涛骇浪中游泳，它的翼像蝉一样清透明亮，它们出入时喜好群飞。

朏朏　明·蒋应镐图本

| 异兽 | 形态 | 今名 | 异兆及功效 |
| --- | --- | --- | --- |
| 飞鱼 | 形状像一般的鲫鱼，喜欢跃出水面。 |  | 人吃了这种飞鱼的肉就能治愈痔疮和痢疾。 |
| 朏朏 | 形状像普通的野猫，却长着一条长长的白色尾巴，身上长有鬃毛。 | 白鼬 | 人饲养它，就可以消除忧愁。 |

## 山海经地理考

| 橿谷山 | ⟶ | 具体名称不详 | ⟶ | 因其与泰威山、吴林山相连，可推断，此山在山西省平陆县境内。 |
| 牛首山 | ⟶ | 今山西鸟岭山 | ⟶ | 位于山西省临汾市境内。 |
| 劳水 | ⟶ | 今长寿河 | ⟶ | 位于山西省浮山县北部。 |
| 滽水 | ⟶ | 今响水河 | ⟶ | 位于陕西省襄汾县境内。 |
| 霍山 | ⟶ | 今山西霍山 | ⟶ | 位于山西省霍州市及洪洞县、古县、沁源县、灵石等地。 |
| 合谷山 | ⟶ | 具体名称不详 | ⟶ | 位于山西省中南部。 |

【第五卷 中山经】

## 4 从阴山到鼓镫山

### 荣草能治愈疯痹病

| 山水名称 | 植物 | 矿物 |
| --- | --- | --- |
| 阴山 | 雕棠树 | 磨刀石、带条纹的石头 |
| 鼓镫山 | 荣草 | 赤铜 |

图解山海经

## 原文

又北三十五里，曰阴山，多砺石、文石。少水出焉，其中多雕棠，其叶如榆叶而方，其实如赤菽①(shū)，食之已聋。

又东北四百里，曰鼓镫(dèng)之山，多赤铜。有草焉，名曰荣草，其叶如柳，其本如鸡卵，食之已风。

凡薄山之首，自甘枣之山至于鼓镫之山，凡十五山，六千六百七十里。历儿、冢也，其祠礼：毛，太牢之具，县②(xuán)以吉玉③。其余十三者，毛用一羊，县婴用桑封④，瘗而不糈。桑封者，桑主也，方其下而锐⑤其上，而中穿之加金。⑥

## 译文

再往北三十五里，是阴山。山中多磨刀石，还有很多带有花纹的石头。少水发源于此。山中多雕棠树，叶子像榆树叶，却呈四方形，结的果实和红豆相似，吃了它，可以治愈人的耳聋。

再往东北四百里，是鼓镫山。山上盛产赤铜。山中有荣草，其叶子与柳树叶相似，根茎却像鸡蛋，人吃了它，就能治愈疯痹病。

总计薄山山系之首尾，自甘枣山起，到鼓镫山止，一共十五座山，绵延六千六百七十里。历儿山是诸山的宗主，祭祀历儿山山神的礼仪：在带毛的禽畜中，选用猪、牛、羊三牲齐全的太牢，再悬挂上吉玉献祭。祭祀其余十三座山的山神，需在带毛禽畜中选用一只羊做祭品，再悬挂上祀神玉器中的藻珪献祭，祭礼完毕把它埋入地下，而不用米祀神。所谓藻珪，就是藻玉，其下端呈长方形而上端有尖角，中间有圆形穿孔，并贴有黄金作为装饰。

### 【注释】

①菽：指大豆，引申为豆类的总称。

②县：同"悬"。

③吉玉：这里的吉玉就是一种美称，意思是美好的玉。

④桑封：即藻珪，指用带有色彩斑纹的玉石制成的玉器。

⑤锐：上小下大。这里指三角形尖角。

⑥据学者研究，"藻珪者"以下的几句话，原本是古人的解释性语句，不知何时窜入正文。因底本如此，今姑仍其旧。

## 山海经异木考

**高耸入云的树**

  远古时代,人类征服自然的初期,地球上物种丰富,除了怪异的动物外,也有很多奇异的植物;比如果实可增强记忆力的树。巨杉也是其中一种,它不但生长快,而且寿命极长;最高的巨杉可达三十多丈,树干的直径也有十多米,若从中央开一个洞,可并驾通过两匹马;因此它又被称为"世界爷"。可惜的是,巨杉同其他古老而珍贵的植物一样遭过度砍伐几近消亡。

## 山海经地理考

| | | |
|---|---|---|
| 阴山 | 今山西绵山 | 位于山西省灵石县、沁源县的交界处,是霍山向北延伸的一条支脉。 |
| 少水 | 今沁河 | 位于山西、河南两省境内,源于山西省沁源县霍山,全长450公里。 |
| 鼓镫山 | 今山西马陵关、黄花岭 | 位于山西省晋中市平遥县东部百里。 |

【第五卷 中山经】

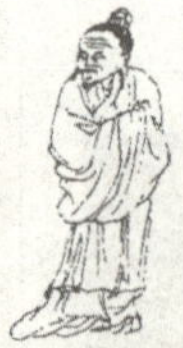

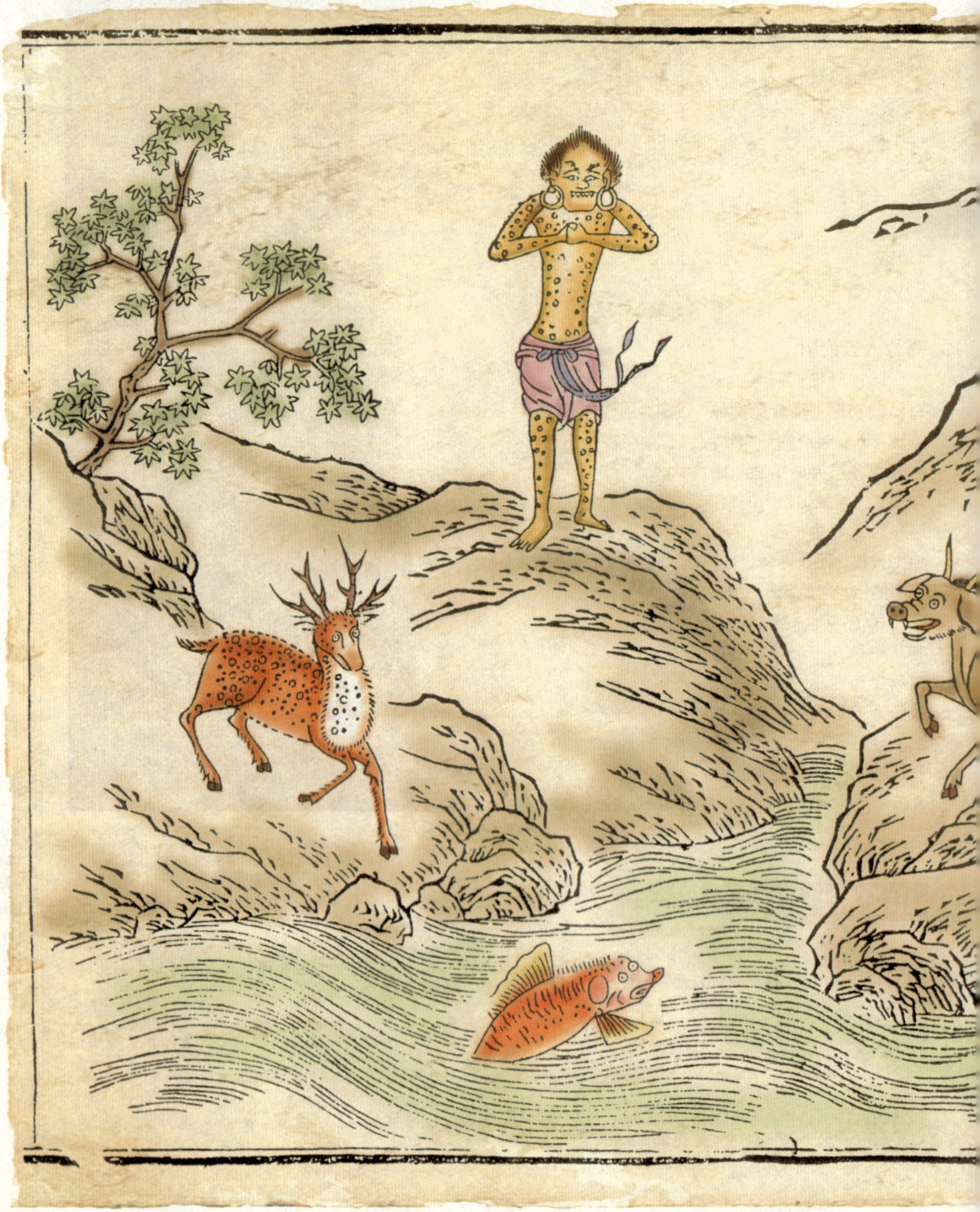

# 中次二经

《中次二经》主要记载中央第二列山系上的动植物及矿物。此山系所处的位置大约在今河南省一带，从煇诸山起，一直到蔓渠山止，一共九座山，诸山山神的形貌均是人面鸟身，祭祀山神的礼仪均相同。山中有长着人面虎身的马腹，传说其很凶狠，能吃人；还有昆吾山所特有的赤铜等。

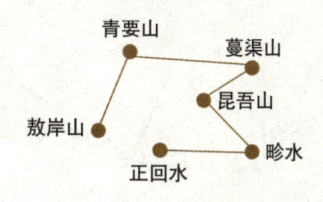

青要山　蔓渠山
敖岸山　昆吾山
　　　正回水　䣙水

【本图山川地理分布定位】

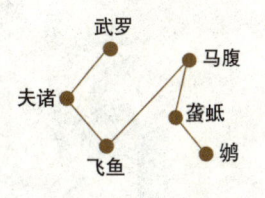

武罗　马腹
夫诸　蚕蚺
飞鱼　鸰

【本图人神怪兽分布定位】

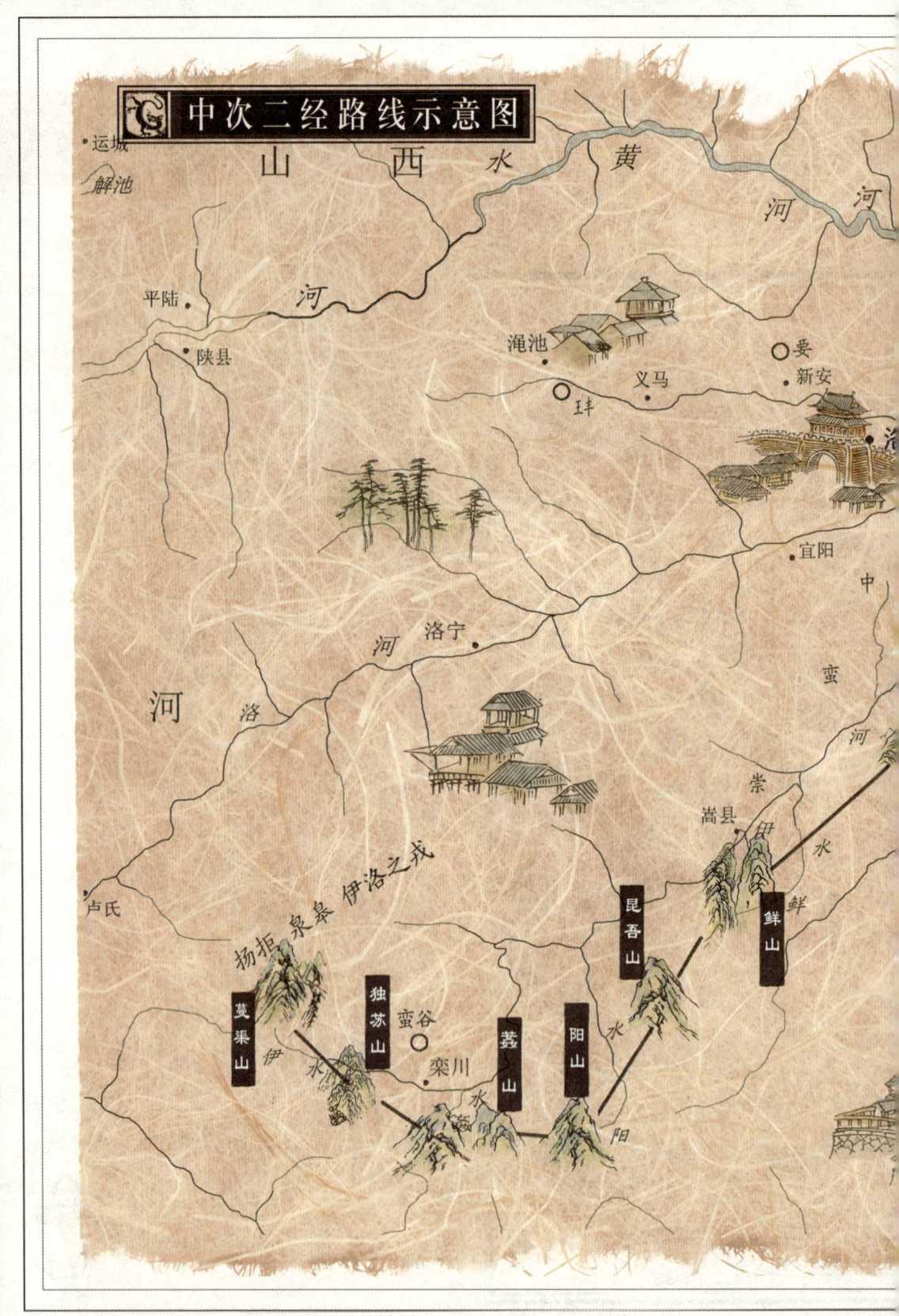

本图根据张步天教授"《山海经》考察路线图"绘制，图中记载了《中次二经》中煇诸山到蔓渠山共9座山的地理位置。

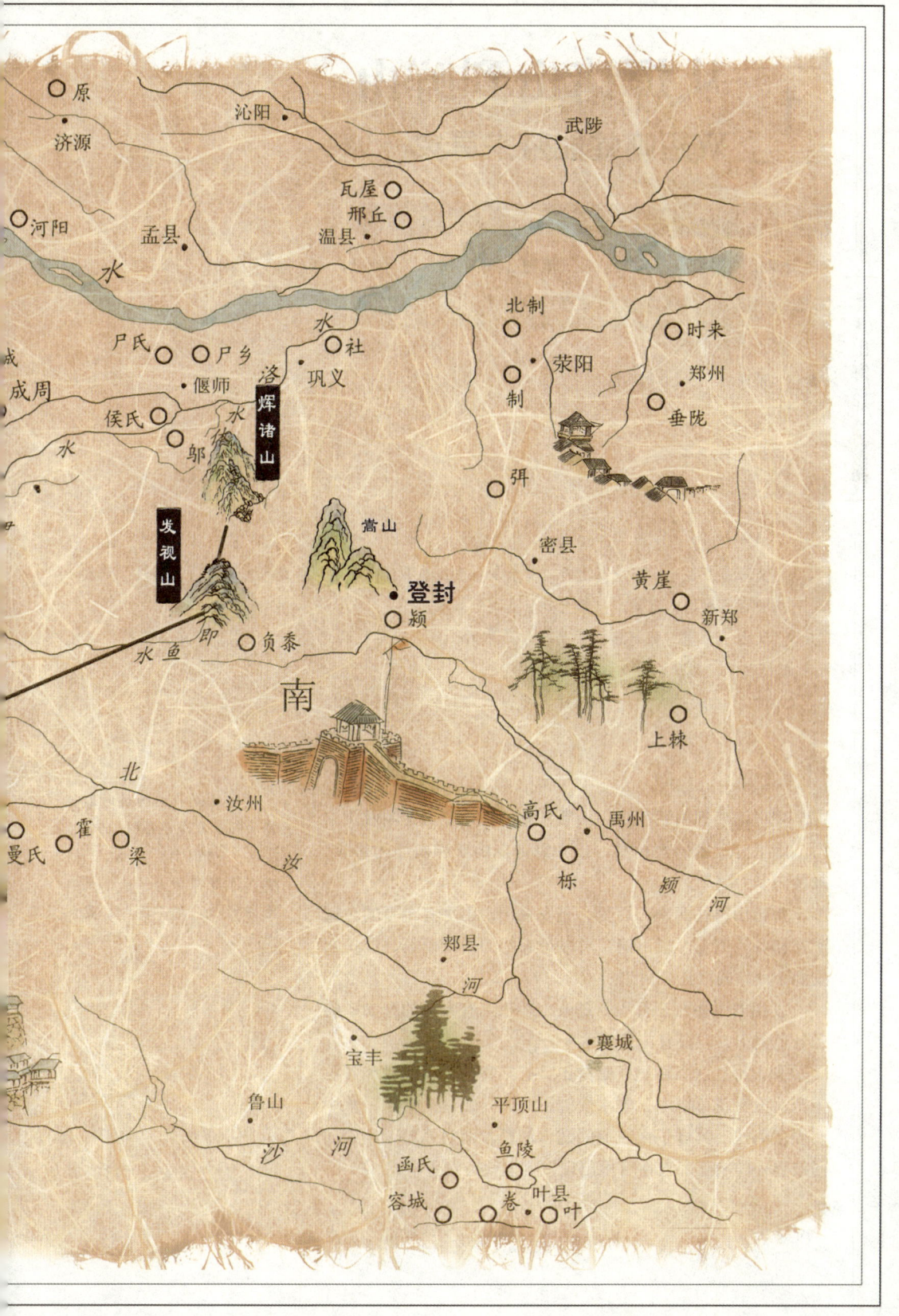

(此路线形成于春秋、战国时期)

# 1 从㟃诸山到鲜山

## 双翅鸣蛇能带来旱灾

| 山水名称 | 动物 | 植物 | 矿物 |
|---|---|---|---|
| 㟃诸山 | 山驴、麋鹿、鹗鸟 | 桑树 | |
| 发视山 | | | 金玉、磨刀石 |
| 豪山 | | | 金玉 |
| 鲜山（鲜水） | （鸣蛇） | | 金玉 |

## 原文

中次二经济山之首，曰㟃（huī）诸之山，其上多桑，其兽多闾①（lǘ）麋，其鸟多鹗②（hé）。

又西南二百里，曰发视之山，其上多金玉，其下多砥砺。即鱼之水出焉，而西流注于伊水。

又西三百里，曰豪山，其上多金玉而无草木。

又西三百里，曰鲜山，多金玉，无草木，鲜水出焉，而北流注于伊水。其中多鸣蛇，其状如蛇而四翼，其音如磬，见则其邑大旱。

## 译文

中央第二列山系叫济山山系，它的头一座山，叫做㟃诸山。山上有茂密的桑树林，山中野兽以山驴和麋鹿为最多，禽鸟则多为鹗鸟。

㟃诸山再往西南二百里，是发视山，山上有丰富的金属矿物和各色美玉，山下遍布可以用来磨刀的砥砺石。即鱼水发源于此，向西注入伊水。

发视山再往西三百里，是豪山。山上有大量的金属矿物和各色美玉，但没有花草树木。

豪山再往西三百里，是鲜山。有丰富的金属矿物和各色美玉，没有花草树木。鲜水发源于此，向北注入伊水。水中有很多鸣蛇，其样子像普通的蛇，却长着两对翅膀，叫声如同敲磬一样响亮，它在哪里出现，哪里就会发生旱灾。

【注释】

① 闾：就是前文所说的形状像驴而长着羚羊角的山驴。

② 鹗：即鹗鸟。据古人说，鹗鸟像野鸡而大一些，天性勇猛好斗，绝不退却，直到斗死为止。

## 山海经异兽考

**鹖** 清·《禽虫典》

鹖鸟体形与野鸡类似，比野鸡稍大一些，羽毛青色，长有毛角，天性凶猛好斗，于是人们把它看做勇猛的象征。传说黄帝与炎帝在阪泉大战时，黄帝军队举着画有雕、鹰之类猛禽的旗帜，其中就有画鹖鸟的，取的就是它勇猛不畏死的品质。

鸣蛇 清·《禽虫典》

| 异兽 | 形态 | 异兆及功效 |
|---|---|---|
| 鸣蛇 | 样子像普通的蛇，却长着两对翅膀，叫声如同敲磬一样响亮。 | 它在哪里出现，哪里就会发生旱灾。 |
| 鹖 | 比野鸡稍大一些，羽毛青色，长有毛角，天性凶猛好斗。 | 人饲养它，就可以消除忧愁。 |

## 山海经地理考

| | | |
|---|---|---|
| 鳝诸山 | 今河南五寨山 | ①位于河南省登封市境内。②可能是济水所发源的山脉，即为河南省济源市的王屋山。 |
| 发视山 | 今河南八风山 | 位于河南省登封市西北，中岳嵩山上的八风山。 |
| 即鱼水 | 今江左河 | 古称"大狂水"，源于八风山。 |
| 伊水 | 今伊河 | 位于河南省西部，发源于熊耳山南麓的栾川县，最后注入洛水。 |
| 豪山 | 今河南狼嗥山 | 位于河南省登封市西部。 |
| 鲜山 | 具体名称不详 | 根据山川里程推算，位于河南省嵩县境内。 |
| 鲜水 | 具体名称不详 | 根据鲜山的位置推断，位于河南省嵩县境内。 |

【第五卷 中山经】

## 2 从阳山到菱山
### 长翅化蛇能带来水灾

| 山水名称 | 动物 | 植物 | 矿物 |
|---|---|---|---|
| 阳水 | 化蛇 | | |
| 昆吾山 | 蠪蚳 | | 赤铜 |
| 菱山 | | 芒草 | 金玉、石青、雄黄 |

## 原文

又西三百里，曰阳山，多石，无草木。阳水出焉，而北流注于伊水。其中多化蛇，其状如人面而豺①身，鸟翼而蛇行②，其音如叱呼，见其邑大水。

又西二百里，曰昆吾之山，其上多赤铜③。有兽焉，其状如彘而有角，其音如号，名曰蠪(lóng)蚳(zhǐ)，食之不眯。

又西百二十里，曰菱(jiān)山。菱水出焉，而北流注于伊水，其上多金玉，其下多青雄黄。有木焉，其状如棠而赤时，名曰芒(wàng)草④，可以毒鱼。

## 译文

再往西三百里，是阳山。山上岩石遍布，没有花草树木。阳水发源于此，向北注入伊水。水中有很多化蛇，它长着人的脑袋，却有像豺一样的身子，背上也长有禽鸟的翅膀，却只能像蛇一样蜿蜒爬行，发出的声音就如同人在呵斥。它出现在哪里，哪里就会发生水灾。

再往西二百里，是昆吾山，山上盛产赤铜。山中有种野兽，其样子和一般的猪相似，但头上却长着角，它吼叫起来就如同人在号啕大哭，名字叫蠪蚳，吃了它的肉，人就不会做噩梦。

再往西一百二十里，是菱山。菱水发源于此，向北注入伊水。山上有丰富的金属矿物和各色玉石，山下则盛产石青、雄黄一类矿物。山中有一种高大的草，其形状像棠梨树，而叶子是红色的，叫做芒草，能毒死鱼。

【注释】

① 豺：一种凶猛的动物，比狼小一些。

② 蛇行：指蜿蜒曲折地伏地爬行。

③ 赤铜：指传说中的昆吾山所特有的一种铜，色彩鲜红，如同赤火一般。所制刀剑非常锋利，切割玉石如同削泥一样。

④ 芒草：又作莽草，也可单称为芒，一种有毒性的草。可能芒草长得高大如树，所以这里称它为树木，其实是草。

## 山海经异兽考

**化 蛇** 明·蒋应镐图本

鸣蛇和化蛇都是蛇类,还比邻而居,形象却大不一样,性情更是完全相反,鸣蛇兆旱,化蛇兆水。

**䍺蚳** 明·蒋应镐图本

| 异兽 | 形态 | 异兆及功效 |
|---|---|---|
| 化蛇 | 像豺一样的身子,背上也长有禽鸟的翅膀,却只能像蛇一样蜿蜒爬行,发出的声音就如同人在呵斥。 | 它出现在哪里,哪里就会发生水灾。 |
| 䍺蚳 | 样子和一般的猪相似,但头上却长着角,它吼叫起来就如同人在号啕大哭。 | 吃了它的肉,人就不会做噩梦。 |

## 山海经地理考

| 阳山、蓑山、昆吾山 | → | 今嵩山山脉 | → | 嵩山共包括13座山,地跨新密、登封、巩义、偃师、伊川等市,阳山、昆吾山、蓑山即在此范围内。 |
| 阳水 | → | 具体名称不详 | → | 根据阳山的地理位置推测,在河南省嵩县境内,注入伊河。 |
| 蓑水 | → | 今栾川河 | → | 位于河南省栾川县境内。 |

【第五卷 中山经】

## 3 从独苏山到蔓渠山

### 人面虎身马腹能吃人

| 山水名称 | 动物 | 植物 | 矿物 |
|---|---|---|---|
| 蔓渠山 | 马腹 | 竹 | 金玉 |

## 原文

又西一百五十里，曰独苏之山，无草木而多水。

又西二百里，曰蔓渠之山，其上多金玉，其下多竹箭。伊水出焉，而东流注于洛。有兽焉，其名曰马腹，其状如人面虎身，其音如婴儿，是食人。

凡济山之首，自煇诸之山至于蔓渠之山，凡九山，一千六百七十里，其神皆人面而鸟身。祠用毛，用一吉玉①，投而不糈②。

## 译文

蔇山再往西一百五十里，是独苏山。山上光秃荒芜，没有生长花草树木，但却到处流水潺潺，溪流奔腾。

独苏山再往西二百里，是蔓渠山，山上蕴藏有丰富的金属矿物和各色玉石，山下则郁郁葱葱，到处是小竹丛。伊水发源于此，奔出山涧后向东注入洛水。山中栖息着一种野兽，叫做马腹，其形状奇特，有人的面孔、老虎的身子，吼叫的声音就如同婴儿啼哭。能吃人。

总计济山山系之首尾，自煇诸山起到蔓渠山止，一共九座山，蜿蜒一千六百七十里。诸山山神的形状都是人面鸟身。祭祀山神时，要用带毛的牲畜做祭品，再选一块吉玉，将它投向山谷，祀神时不用精米。

### 【注释】

①吉玉：指彩色的玉石。
②糈：指精米。

## 山海经异兽考

### 马腹  明·蒋应镐图本

传说马腹又叫水虎，栖息在水中，身上还有与鲤鱼类似的鳞甲，它常常将爪子浮在水面吸引人，如果有人去戏弄它的爪子，它便将人拉下水杀死。民间称马腹为马虎，因其异常凶狠的性情，古人常用其吓唬淘气的孩子说："马虎来了！"顽皮的孩子便立即不敢做声。

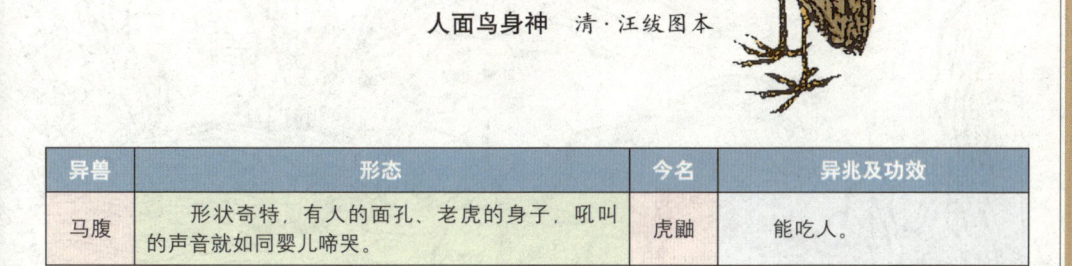

人面鸟身神  清·汪绂图本

| 异兽 | 形态 | 今名 | 异兆及功效 |
|------|------|------|------------|
| 马腹 | 形状奇特，有人的面孔、老虎的身子，吼叫的声音就如同婴儿啼哭。 | 虎鼬 | 能吃人。 |

## 山海经地理考

| 独苏山 | → | 今河南嵩山的一部分 | → | 位于河南省栾川县西北部。 |
| 蔓渠山 | → | 今河南闷顿岭 | → | 位于河南省栾川县境内，为伊河的源头。 |

【第五卷 中山经】

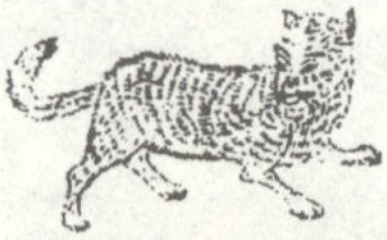

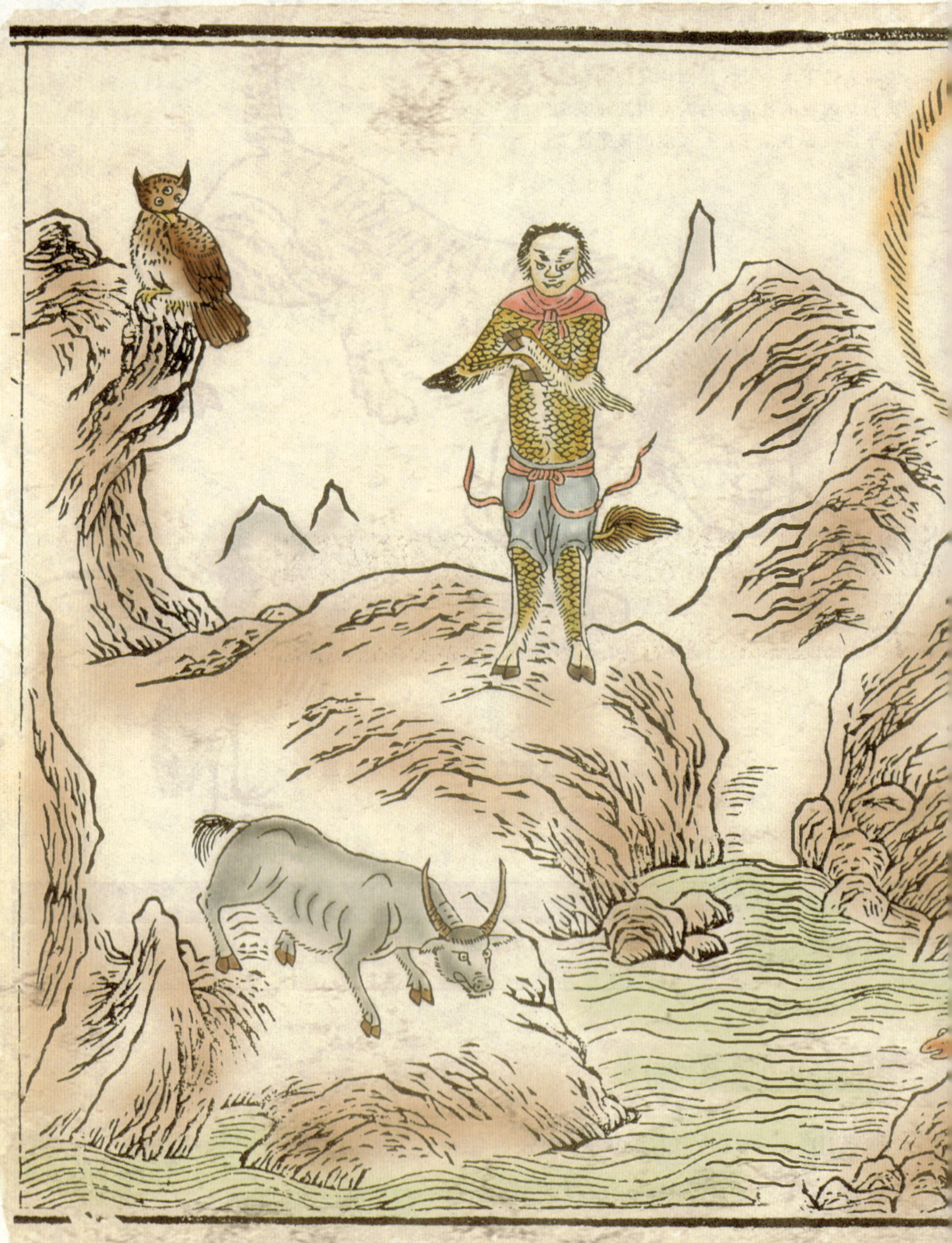

# 中次三经

《中次三经》主要记载中央第三列山系上的动植物及矿物。此山系所处的位置大约在今河南省、河北省一带，从敖岸山起，一直到和山止，一共五座山，诸山山神相貌不一，祭祀礼仪也有不同。山中多楮石、黄金等矿物，还有貌如白鹿、头上长有四只角的夫诸。另外，和山蜿蜒回旋五重，有九条河从这里发源。

```
        和山
首山●────●
         ＼
          ●釐山
         ／
釐山●────●扶猪山
```

【本图山川地理分布定位】

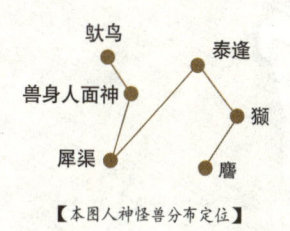

```
鴢鸟●      ●泰逢
    ＼    ／  ＼
兽身人面神●      ●獭
    ／        ／
犀渠●──────●麈
```

【本图人神怪兽分布定位】

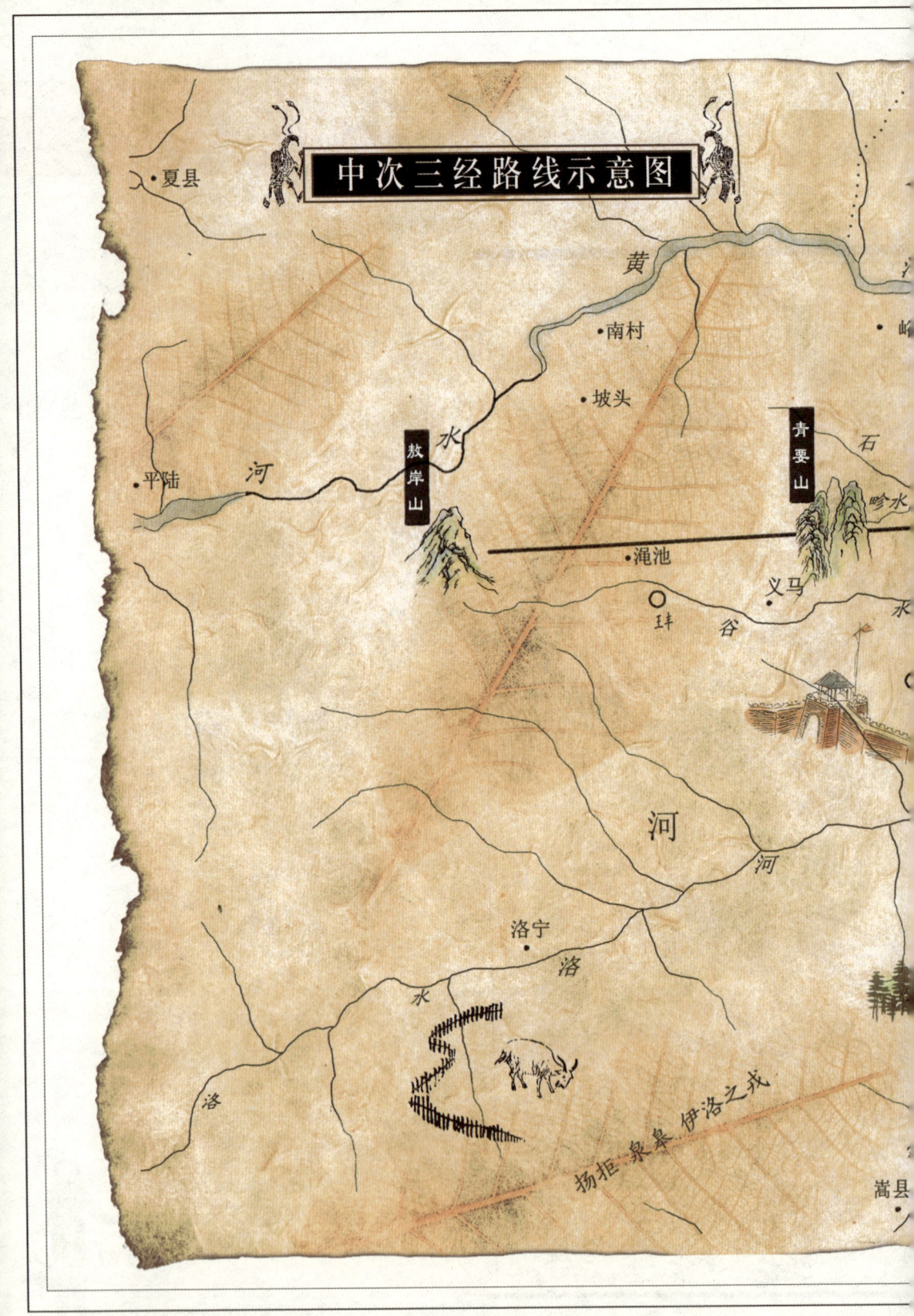

本图根据张步天教授"《山海经》考察路线图"绘制，图中记载了《中次三经》中敖岸山至和山共5座山的考据位置。

(此路线形成于春秋、战国时期)

# 1 从敖岸山到青要山
## 野鸭状的鸰能让人添丁

| 山水名称 | 动物 | 植物 | 矿物 |
|---|---|---|---|
| 敖岸山 | 夫诸 |  | 玉、赭石、黄金 |
| 青要山 | 蜗牛、蒲卢 | 荀草 |  |
| 畛水 | 鸰 |  |  |

图解山海经

## 原文

中次三以萯山之首,曰敖岸之山,其阳多㻬琈之玉,其阴多赭、黄金。神熏池居之。是常出美玉。北望河林,其状如茜①如举②。有兽焉,其状如白鹿而四角,名曰夫诸,见则其邑大水。

又东十里,曰青要之山,实惟帝之密都③。北望河曲,是多驾鸟④。南望墠(tán)渚,禹父⑤之所化,中多仆累⑥、蒲卢⑦。魃⑧武罗司之,其状人面而豹文,小要而白齿,而穿耳以鐻⑨(jù),其鸣如鸣玉。是山也,宜女子。畛(zhěn)水出焉,而北流注于河。其中有鸟焉,名曰鸰(yāo),其状如凫,青身而朱目赤尾,食之宜子。有草焉,其状如葌,而方茎黄华赤实,其本如藁(gǔo)本⑩,名曰荀草,服之美人色。

## 译文

中央第三列山系萯山山系的首座山,叫敖岸山。山南多玉,山北多赭石、黄金。山上居住着天神熏池,这里生美玉。向北可望黄河和丛林,形状好似茜草和榉柳。山中有种野兽,形状像白鹿,头上长着四只角,叫做夫诸,它在哪里出现,哪里就会发生水灾。

再往东十里,是青要山。也是天帝的密都。向北可望黄河拐弯处,那里多野鹅。向南可望墠,是大禹的父亲鲧变化为黄熊的地方,有很多蜗牛、蒲卢。山神武罗掌管这里,长有人面,浑身豹子斑纹,腰身细小,牙齿洁白,耳朵上还穿挂着金银环,声音像玉石在碰撞。此山适宜女子居住。畛水发源于此,向北注入黄河。水里有种禽鸟,叫做鸰,其外形像野鸭,青色身子,浅红色眼睛和深红色尾巴,吃了它的肉就能使人子孙兴旺。山中有种草,形状像兰草,方形的茎干,开黄花,结红果,根像藁本,叫做荀草,服用它能让皮肤红润。

【注释】

①茜:即茜草,一种多年生攀援草本植物,可作染料。
②举:即榉柳,落叶乔木,木材坚实,用途很广。
③密都:即隐秘深邃的都邑。
④驾鸟:即鴽鹅,俗称野鹅。
⑤禹父:指大禹的父亲鲧。
⑥仆累:即蜗牛,一种软体动物。
⑦蒲卢:一种具有圆形贝壳的软体动物,属蛤、蚌之类。
⑧魃:一说是神鬼,即鬼中的神灵;一说是山神。
⑨鐻:即金银制成的耳环。
⑩藁本:又名抚芎,一种香草,可作药用。

## 山海经异兽考

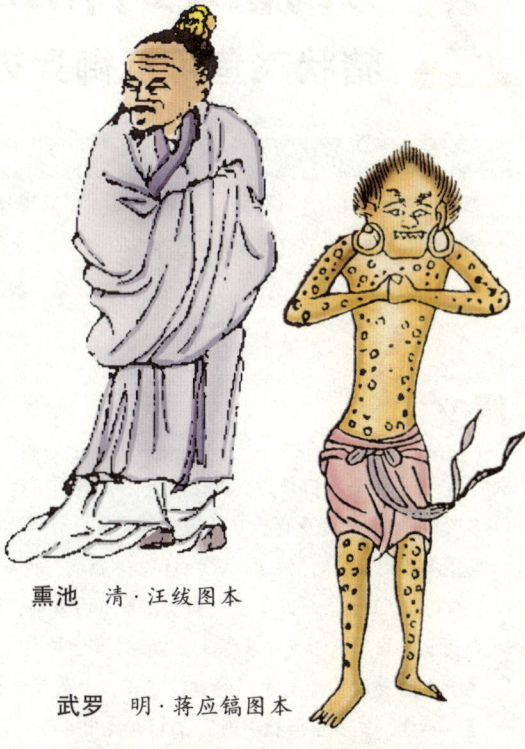

**熏池** 清·汪绂图本

**武罗** 明·蒋应镐图本

**夫诸** 明·蒋应镐图本
形状像白鹿，头上长着四只角，叫做夫诸，它在哪里出现，哪里就会发生水灾。

**鴢** 明·蒋应镐图本

| 异兽 | 形态 | 今名 | 异兆及功效 |
| --- | --- | --- | --- |
| 夫诸 | 形状像白鹿，头上长着四只角。 | | 它在哪里出现，哪里就会发生水灾。 |
| 鴢 | 其外形像野鸭，青色身子，浅红色眼睛和深红色尾巴。 | 鱼鹰 | 吃了它的肉就能使人子孙兴旺。 |

## 山海经地理考

| 敖岸山 | 今河北东首阳山 | 位于河北省新安县西北部。 |
| --- | --- | --- |
| 青要山 | 具体名称不详 | 依据敖岸山的地理位置推测，青要山位于河南省新安县境内。 |
| 畛水 | 具体名称不详 | 位于河南省新安县境内，向北注入黄河的某条支流。 |

【第五卷 中山经】

## 2 从騩山到和山

### 猪状飞鱼可抵御兵刃之灾

| 山水名称 | 动物 | 植物 | 矿物 |
|---|---|---|---|
| 騩山（正回水） | （飞鱼） | 野枣树 | 琈玉 |
| 宜苏山（潕潕水） | （黄贝） | 蔓荆 | 金玉 |
| 和山 |  |  | 瑶、碧、苍玉 |

## 原文

又东十里，曰騩山，其上有美枣，其阴有琈之玉。正回之水出焉，而北流注于河。其中多飞鱼①，其状如豚而赤文，服之不畏雷，可以御兵②。又东四十里，曰宜苏之山，其上多金玉，其下多蔓荆③之木。潕潕（yōng）之水出焉，而北流注于河，是多黄贝。

又东二十里，曰和山，其上无草木而多瑶、碧，实惟河之九都④。是山也五曲，九水出焉，合而北流注于河，其中多苍玉。吉神⑤泰逢司之，其状如人而虎尾，是好居于萯山之阳，出入有光。泰逢神动天地气也。凡萯山之首，自敖岸之山至于和山，凡五山，四百四十里。其祠：泰逢、熏池、武罗皆一牡羊副⑥（pì），婴用吉玉。其二神用一雄鸡瘗之。糈用稌。

## 译文

再往东十里，是騩山。山上盛产美味野枣，山北盛产琈玉。正回水发源于此，向北注入黄河。水中多飞鱼，形状像猪，浑身红色斑纹，吃了它的肉就能使人不怕打雷，还可避免兵刃之灾。再往东四十里，是宜苏山。山上盛产金玉，山下多荆棘。潕潕水发源于此，向北注入黄河，水中多黄色的贝类。

再往东二十里，是和山。山上没有花草树木，多瑶、碧一类的美玉。这座山回旋了五重，共有九条河水从这里发源，汇合后向北注入黄河，水中多苍玉。吉神泰逢主管这座山，他的样子像人，长着一条老虎的尾巴。泰逢喜欢住在萯山的阳面，每次出入时都会发光，还能兴风布雨。

总计萯山山系之首尾，自敖岸山起到和山止，共五座山，四百四十里。祭祀泰逢、熏池、武罗三位山神的礼仪，用一只开膛的公羊和一块吉玉来祭拜。其余两座山山神是用一只公鸡献祭后埋入地下，再洒上祀神用的稻米。

【注释】

① 飞鱼：与上文所述飞鱼为同名异物。
② 兵：指兵器的锋刃。
③ 蔓荆：一种灌木，长在水边，苗茎蔓延，高一丈多，六月开红白色花，九月结成的果实上有黑斑，冬天则叶子凋落。
④ 都：即汇聚。
⑤ 吉神：对神的美称，即善神。
⑥ 副：指裂开、剖开。

## 山海经异兽考

### 泰逢 明·蒋应镐图本

传说晋平公在浍水曾遇见过泰逢，狸身而虎尾，晋平公还以为他是个怪物。遇到过泰逢的还有另外一个夏朝的昏君孔甲，他在打猎时，泰逢出现，并运用法力刮起一阵狂风，顿时天地晦冥，结果使孔甲迷了路。惩罚昏君，泰逢不愧是一个吉神。

飞鱼 明·蒋应镐图本

| 异兽 | 形态 | 今名 | 异兆及功效 |
|---|---|---|---|
| 飞鱼 | 形状像猪，浑身红色斑纹。 | 黄河鲤鱼 | 吃了它的肉就能使人不怕打雷，还可避免兵刃之灾。 |

## 山海经地理考

| | | |
|---|---|---|
| 騩山 | 具体名称不详 | 位于河南省新安县的北部。 |
| 正回水 | 今强川水 | 位于河南省孟津县西北部。 |
| 宜苏山 | 具体名称不详 | 位于河南省孟津县附近。 |
| 潕潕水 | 今横河 | ①位于河南省新安县北部。<br>②根据宜苏山的位置推测，此水在河南省孟津县境内。 |
| 和山 | 具体名称不详 | 位于河南省西北部，与宜苏山相连。 |

【第五卷 中山经】

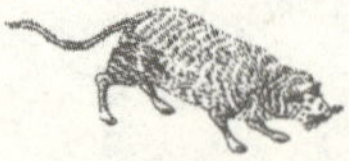

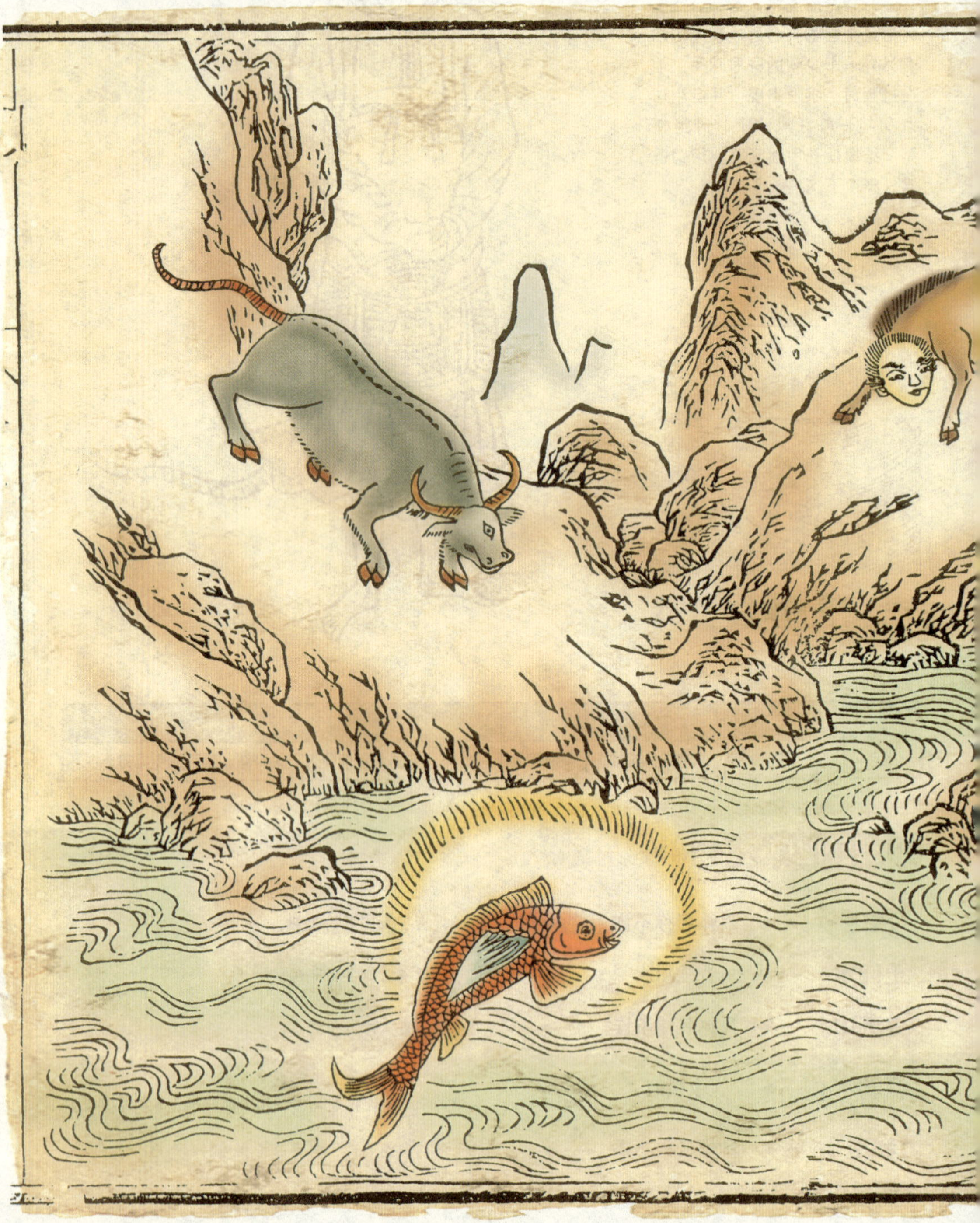

## 中次四经

《中次四经》主要记载中央第四列山系上的动植物及矿物。此山系所处的位置大约在今河南省、陕西省一带,从鹿蹄山起,一直到蘱举山止,一共九座山,诸山山神的形貌均是人面兽神,祭祀山神的礼仪没有不同。山中花草树木繁茂,矿物则多黄金、美玉,动物种类略少,却又很多人鱼、赤鸞。

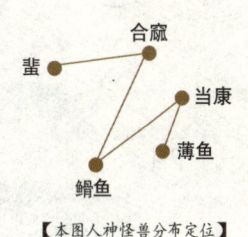

剡山　
太山　
　　钦山
子桐水
　　石膏水

【本图山川地理分布定位】

　　合窳
蜚　　当康
　　　薄鱼
鳛鱼

【本图人神怪兽分布定位】

注:本图山川神兽均属《东山经》

# 中次四经路线示意图

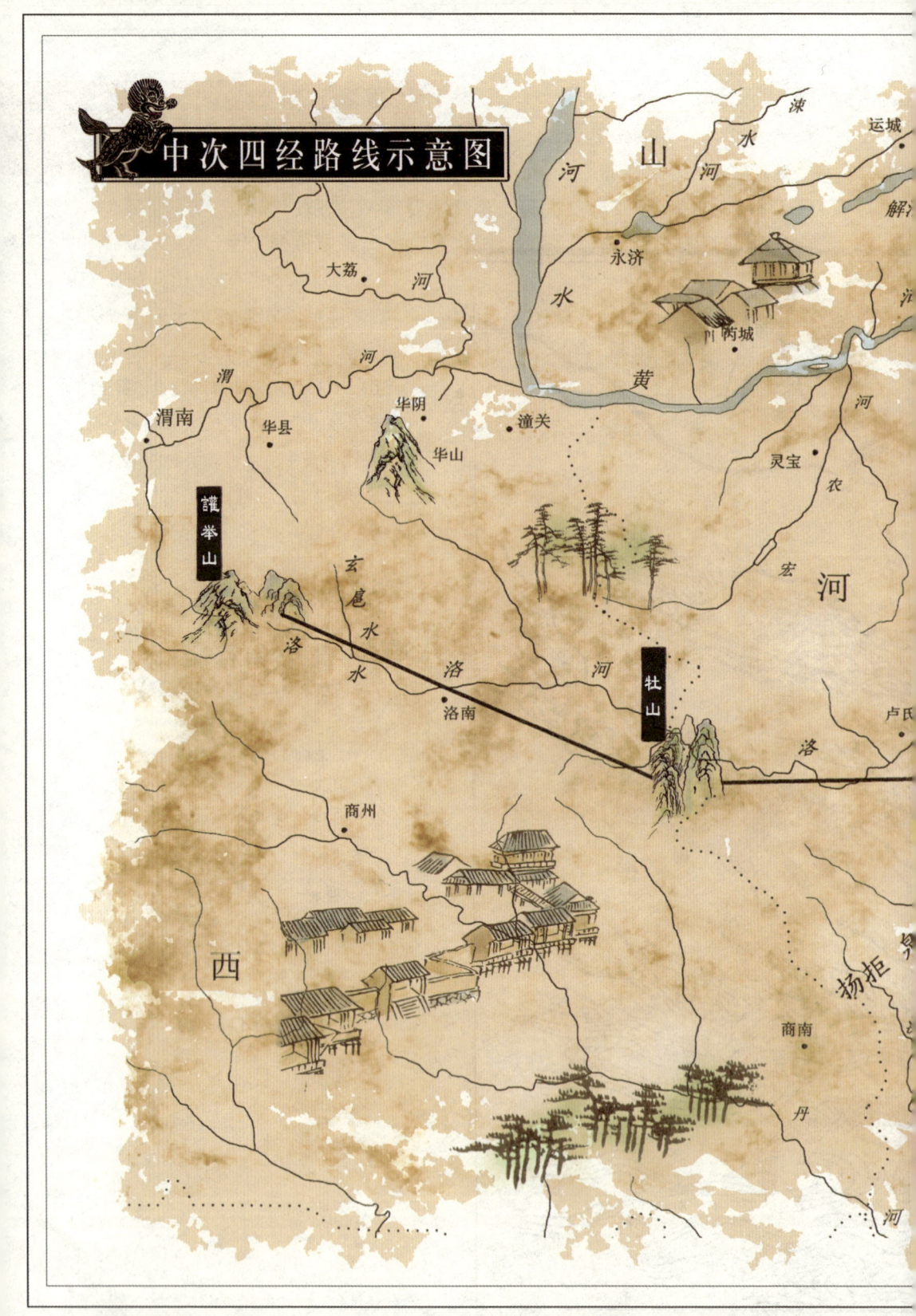

本图根据张步天教授"《山海经》考察路线图"绘制，图中记载了《中次四经》中鹿蹄山到讙举山共9座山的所在位置。

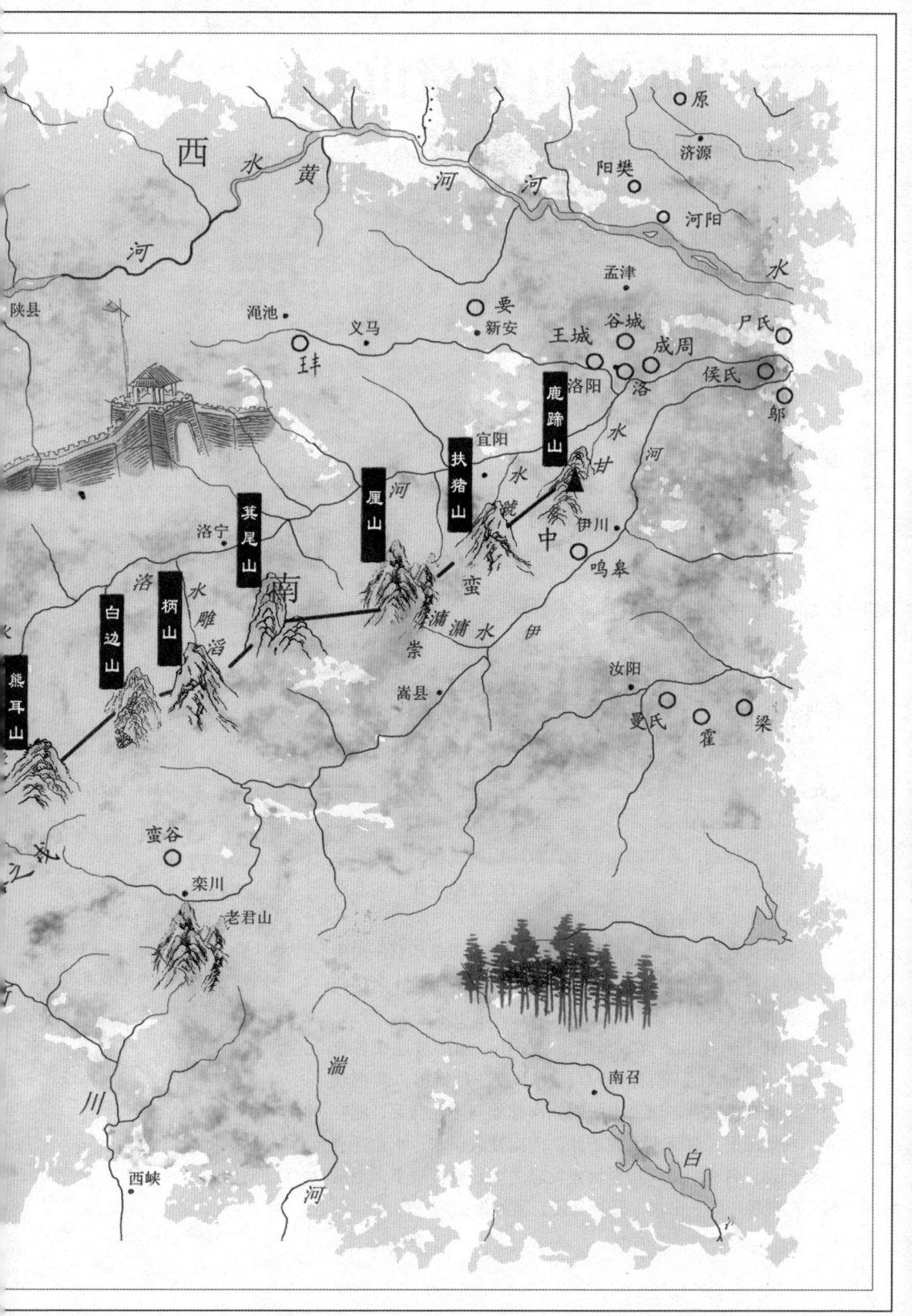

(此路线形成于春秋、战国时期)

# 1 从鹿蹄山到釐山

## 声如婴啼的犀渠能吃人

| 山水名称 | 动物 | 植物 | 矿物 |
|---|---|---|---|
| 鹿蹄山（甘水） |  |  | 金、玉、（泠石） |
| 扶猪山（虢水） | 䴢 |  | 礝石、（瑌石） |
| 釐山 | 犀渠 | 蒐 | 玉 |
| 滽滽水 | 獭 |  |  |

## 原文

中次四经厘山之首，曰鹿蹄之山，其上多玉，其下多金。甘水出下，而北流注于洛，其中多泠（jīn）石。

西五十里，曰扶猪之山，其上多礝①（ruǎn）石。有兽焉，其状如貉②而人目，其名曰䴢。虢水出焉，而北流注于洛，其中多瑌石③。

又西一百二十里，曰釐（lí）山，其阳多玉，其阴多蒐④（sōu）。有兽焉，其状如牛。苍身，其音如婴儿，是食人，其名曰犀渠。滽滽之水出焉，而南流注于伊水。有兽焉，名曰獭，其状如獳（nòu）犬⑤而有鳞，其毛如彘鬣。

## 译文

中央第四列山系叫厘山山系，首座山叫做鹿蹄山。山上遍布璀璨的美玉，山下则盛产黄金。甘水发源于此，向北注入洛水，水中多泠石。

鹿蹄山往西五十里，是扶猪山。山上遍布着礝石。山中有一种野兽，其外形像貉，但脸上却长着人的眼睛，名字叫䴢。虢水从扶猪山发源，向北注入洛水，水中多瑌石。

扶猪山再往西一百二十里，是釐山。山南坡遍布各色美玉，山北坡则是茂密的茜草。山中有一种野兽，其形状像牛，全身青黑色，而发出的吼叫声却如同婴儿啼哭，能吃人，叫做犀渠。滽滽水发源于此，向南注入伊水。水边还有一种野兽，名字叫獭，其形状像发怒之犬，身披鳞甲，毛从鳞甲的缝隙中间长出来，又长又硬，就好像猪鬃一样。

## 【注释】

① 礝：也写成"瑌"。礝石是次于玉一等的美石。

② 貉：也叫狗獾，是一种野兽。外形像狐狸而体态较肥胖，尾巴较短，尾毛蓬松，耳朵短而圆，两颊有长毛，体色棕灰。

③ 瑌石：即礝石。

④ 蒐：即茅蒐，它的根是紫红色，可作染料，并能入药。

⑤ 獳犬：发怒样子的狗。

## 山海经异兽考

**犀渠** 明·蒋应镐图本

犀渠的形状像牛，发出的吼叫声就像婴儿在啼哭一样，而且很凶猛，能够吃人。

麖 清·《禽虫典》

獚 明·蒋应镐图本

麈 明·蒋应镐图本

| 异兽 | 形态 | 今名 | 异兆及功效 |
|---|---|---|---|
| 麈 | 外形像貘，但脸上却长着人的眼睛。 | 麋鹿 | |
| 犀渠 | 形状像牛，全身青黑色，而发出的吼叫声却如同婴儿啼哭。 | 犀牛 | 能吃人。 |
| 獚 | 形状像发怒之犬，身披鳞甲，毛从鳞甲的缝隙中间长出来，又长又硬，就好像猪鬃一样。 | 獚 | |

## 山海经地理考

| 鹿蹄山 | → | 具体名称不详 | → | 位于河南省宜阳县境内。 |
| 甘水 | → | 今河南甘水 | → | 发源于河南省宜阳县的甘河，注入洛河。 |
| 扶猪山 | → | 今河南半坡山 | → | 位于河南省宜阳县。 |
| 虢水 | → | 具体名称不详 | → | 位于河南省宜阳县附近。 |
| 釐山 | → | 今熊耳山中 | → | 位于河南省西北部，地处河南省渑池县和陕县的交界处。 |

【第五卷 中山经】

## 2 从箕尾山到熊耳山
### 能毒死鱼的葶苧

| 山水名称 | 动物 | 植物 | 矿物 |
|---|---|---|---|
| 箕尾山 | | 构树 | 琈玉、涂石 |
| 柄山 | 羬羊 | 荌 | 玉、铜 |
| 白边山 | | | 金玉、石青、雄黄 |
| 熊耳山（浮濠水） | （人鱼） | 漆树、棕树、葶苧 | 水玉 |

## 原文

又西二百里，曰箕尾之山，多榖，多涂石①，其上多琈之玉。

又西二百五十里，曰柄山，其上多玉，其下多铜。滔雕之水出焉，而北流注于洛。其中多羬羊。有木焉，其状如樗，其叶如桐而荚实，其名曰荌②（bá），可以毒鱼。

又西二百里，曰白边之山，其上多金玉，其下多青、雄黄。

又西二百里，曰熊耳之山，其上多漆，其下多棕。浮濠之水出焉，而西流注于洛，其中多水玉，多人鱼。有草焉，其状如苏③而赤华，名曰葶苧，可以毒鱼。

## 译文

釐山再往西二百里，是箕尾山。山上有茂密的构树林和涂石，山顶上有很多琈玉。

箕尾山再往西二百五十里，是柄山。山上多玉石，山下有丰富的铜。滔雕水发源于此，向北注入洛水。山中有许多羊。山中还有一种树木，其形状像臭椿树，叶子却像梧桐叶，结出带荚的果实，名字叫荌，能将鱼毒死。

柄山再往西二百里，是白边山。山上有丰富的金属矿物和各色玉石，山下则盛产石青、雄黄。

白边山再往西二百里，是熊耳山。山上有茂密的漆树林，山下有茂密的棕树林。浮濠水发源于此，向西注入洛水，水中有很多水晶石，还有许多人鱼。山中有一种草，其形状像苏草，却开红色的花，叫做葶苧，其毒性能把鱼毒死。

【注释】

①涂石：就是上文所说的泠石，石质如泥一样柔软。

②荌："荌"可能是"芘"的误写。芘即芘华，也叫芘花，是一种落叶灌木，春季先开花，后生叶，花蕾可入药，根茎有毒性。

③苏：即紫苏，又叫山苏，一年生草本植物，茎干呈方形，叶子紫红色，可作药用。

## 山海经异木考

### 梧桐

梧桐又叫白桐,是一种古老的树种,它的叶子与臭椿树的树叶十分相像。陆玑《草木疏》中说,白桐宜制琴瑟。柄山上有种怪木,叶似梧桐,其枝、叶、果均有剧毒。和它不同的是,梧桐不但没有毒,还可作药用,有消肿痛、生发的功效。

泽漆

| 异木 | 形态 | 异兆及功效 |
| --- | --- | --- |
| 荴 | 形状像臭椿树,叶子却像梧桐叶,结出带荚的果实。 | 能将鱼毒死。 |
| 荓苧 | 形状像苏草,却开红色的花。 | 其毒性能把鱼毒死。 |

## 山海经地理考

| | | |
| --- | --- | --- |
| 箕尾山 | 今神灵寨山 | 位于河南省洛宁县城东南26公里。 |
| 柄山 | 今河南巧女寨山 | 位于河南省西北部。 |
| 滔雕水 | 今巧女寨山山北的五条河流 | 位于河南省西北部,流经河南宜阳县、洛宁县、卢氏县。 |
| 白边山 | 具体名称不详 | 依据巧女寨山的地理位置推算,应在河南省卢氏县境内。 |
| 熊耳山 | 今河南葡萄山 | 位于河南省西北部,秦岭东段的支脉熊耳山中。 |
| 浮濠水 | 今葡萄山山南水流总称 | 葡萄山山南有干娘河、大石河、通河等河流。 |

【第五卷 中山经】

# 3 从牡山到讙举山

## 树多、石多、怪兽多

| 山水名称 | 动物 | 植物 | 矿物 |
|---|---|---|---|
| 牡山 | 㸳牛、羬羊、赤鷩 | 箭竹、䉋竹 | 带条纹的石头 |
| 玄扈山 | 马肠 | | |

## 原文

又西三百里，曰牡山，其上多文石，其下多竹箭竹䉋，其兽多㸳牛、羬羊，鸟多赤鷩（bì）。

又西三百五十里，曰讙举之山。雒（luò）水出焉，而东北流注于玄扈之水，其中①多马肠②之物。此二山者，洛间也。

凡厘册之首，自鹿蹄之山至于玄扈之山，凡九山，千六百里七十里。其神状皆人面兽身。其祠之，毛用一白鸡，祈而不糈，以采衣③（yì）之。

## 译文

熊耳山再往西三百里，是牡山。山上遍布着各种色彩斑斓带纹理的漂亮石头，山下则到处有箭竹、䉋竹各类的竹子。山中有很多飞禽走兽，其中野兽以㸳牛、羬羊为最多，而禽鸟则以赤鷩为主。

牡山再往西三百五十里，是讙举山。雒水发源于此，然后向东北流淌，注入玄扈水。玄扈山栖息着很多马肠。在讙举山与玄扈山之间，夹着一条洛水。

总计厘山山系之首尾，自鹿蹄山起到讙举山止，一共九座山，绵延一千六百七十里。诸山山神的形貌都是人的面孔兽的身子。祭祀山神的办法是：在带毛禽畜中选用一只白色鸡献祭，祀神不用精米，祭祀时要用彩色帛把白鸡包裹起来。

【注释】

① 其中：指玄扈山中。
② 马肠：即上文所说的怪兽马腹，人面虎身，叫声如婴儿哭，能吃人。
③ 衣：此处用作动词，穿的意思。

## 山海经神怪考

**人面兽身神**　明·蒋应镐图本

厘山山系之首尾，自鹿蹄山起到讲举山止，一共九座山。山上的山神均是人的面孔、兽的身体。其祭祀礼仪有一特别之处，即祀神不用精米。

| 异兽 | 形态 | 异兆及功效 |
|---|---|---|
| 人面兽身神 | 人的面孔，兽的身子。 | 管辖山内万物生灵。 |

## 山海经地理考

| | | |
|---|---|---|
| 牡山 | 今河南熊耳山中的山岭 | 位于河南省卢氏县西部。 |
| 讲举山 | 今陕西老牛山 | 位于陕西省洛南县西北部。 |
| 雒水 | 今洛河 | 此水最西端源于老牛山。 |
| 玄扈水 | 今洛河进入河南的部分 | 依据雒水位置推断而来。 |

【第五卷 中山经】

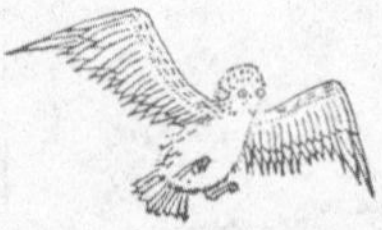

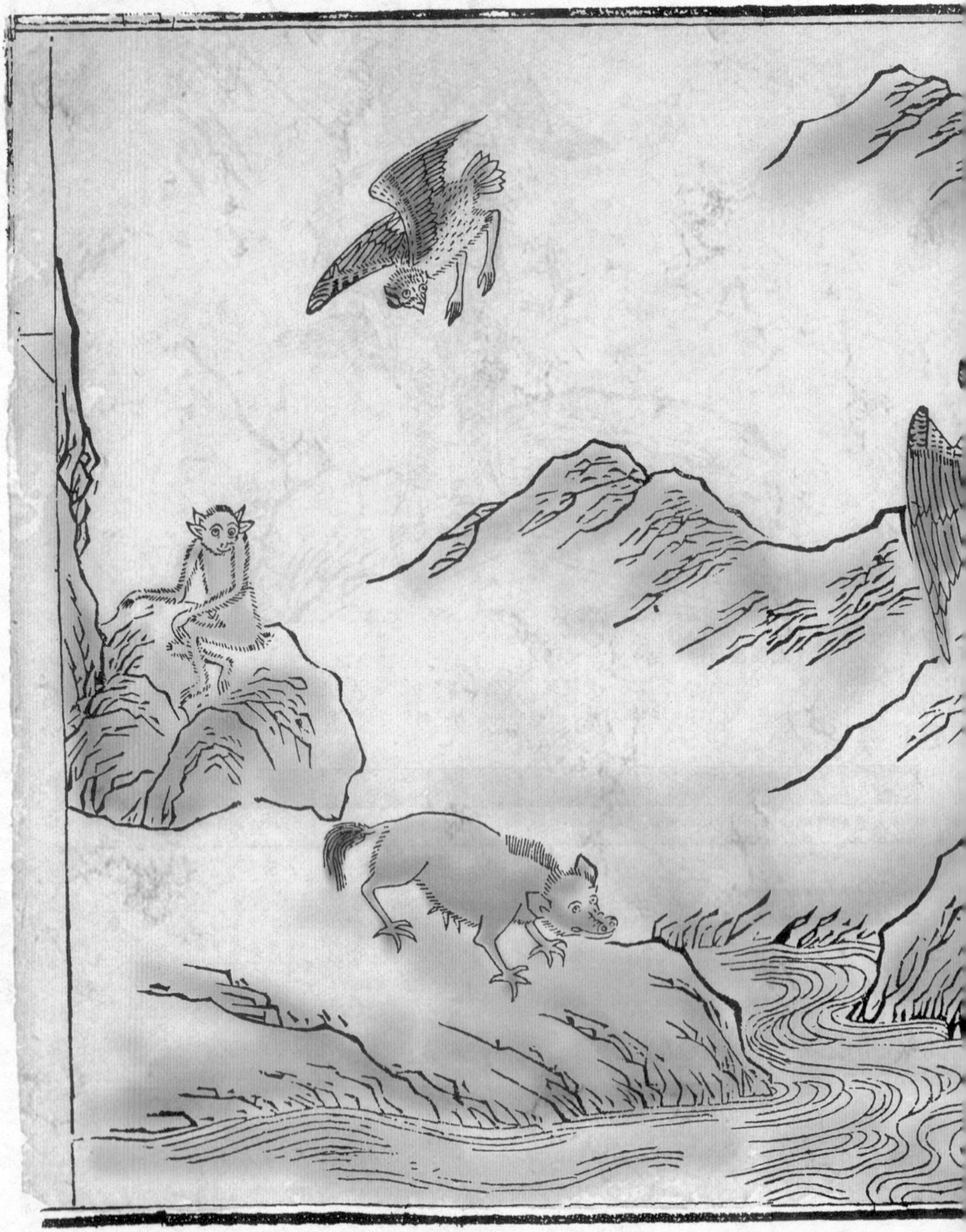

## 山海经 中次五经

《中次五经》主要记载中央第五列山系上的动植物及矿物。此山系所处的位置大约在今山西省、河南省一带，从苟林山起，一直到阳虚山止，一共十六座山，诸山山神相貌不一，祭祀的礼仪也各不相同。有的山上寸草不生，有的山上花草树木繁茂，山中矿产多金、锡、苍玉等。

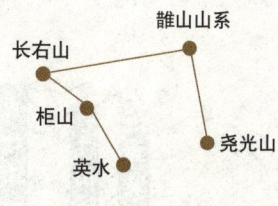

【本图山川地理分布定位】

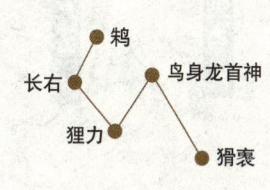

【本图人神怪兽分布定位】

注：本图山川神兽均属《南山经》

# 中次五经路线示意图

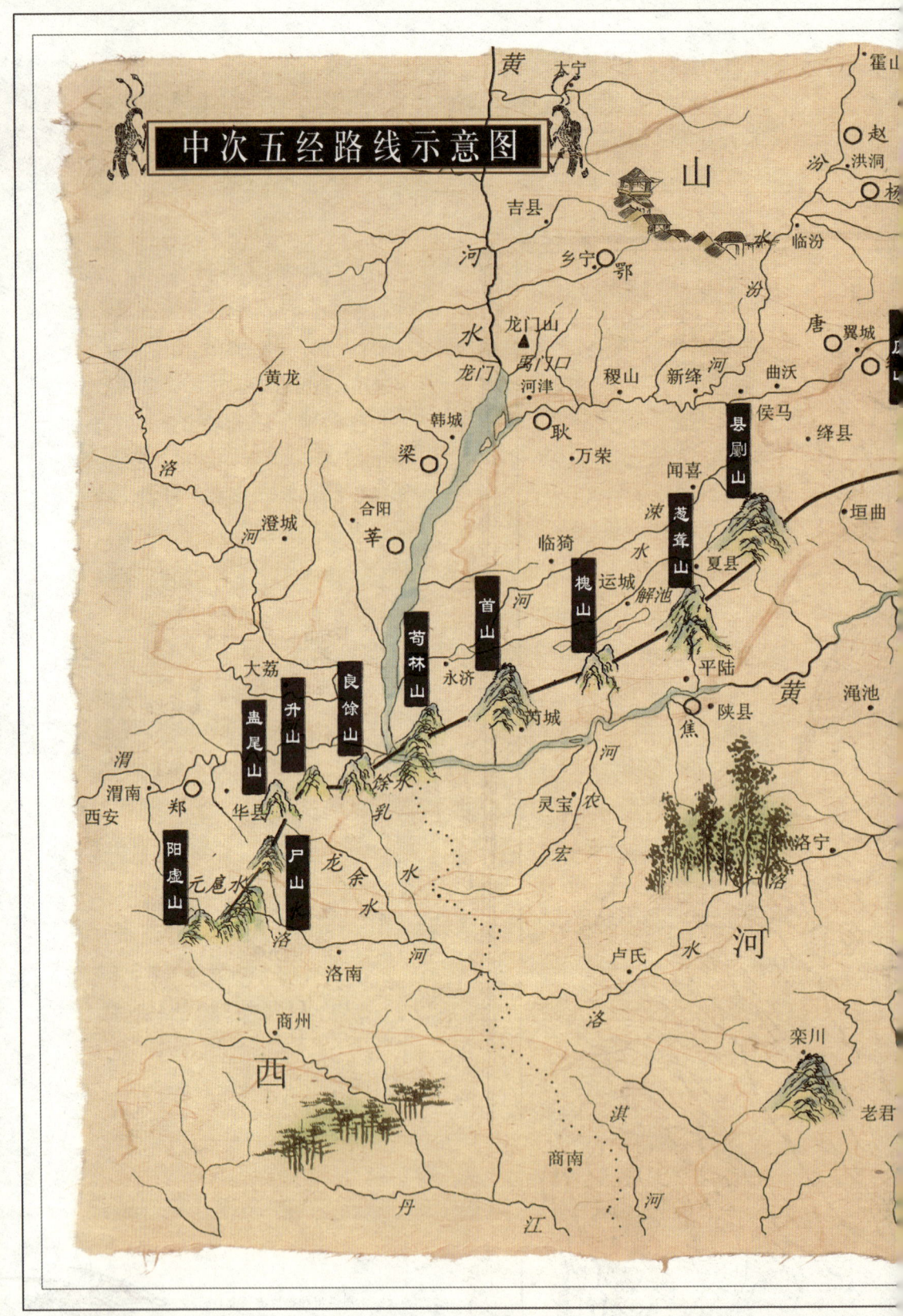

本图根据张步天教授"《山海经》考察路线图"绘制，图中记载了《中次五经》中荀林山到阳虚山的所在位置，经中所记共16座山，实则只有15座。

(此路线形成于春秋、战国时期)

# 1 从苟林山到条谷山
## 三眼䰸鸟能治湿气病

| 山水名称 | 动物 | 植物 | 矿物 |
| --- | --- | --- | --- |
| 苟林山 | | | 怪石 |
| 首山 | | 构树、柞树、苍术、白术、芫华 | 㻬琈玉 |
| 机谷 | 䰸鸟 | | |
| 县厮山 | | | 带花纹的石头 |
| 葱聋山 | | | 㻔石 |
| 条谷山 | | 槐树、桐树、芍药、门冬草 | |

## 原文

中次五经薄山之首，曰苟林之山，无草木，多怪石。

东三百里，曰首山，其阴多榖、柞①，其草多㐰②芫③，其阳多㻬琈之玉，木多槐。其阴有谷，曰机谷，多䰸鸟，其状如枭而三目，有耳，其音录，食之已垫④。

又东三百里，曰县厮之山，无草木，多文石。

又东三百里，曰葱聋之山，无草木，多㻔石⑤。

东北五百里，曰条谷之山，其木多槐桐，其草多芍药⑥、虋（mén）冬⑦。

## 译文

中央第五列山系叫薄山山系，其首座山叫做苟林山。山上没有花草树木，漫山遍野怪石嶙峋。

再往东三百里，是首山。山的北坡有茂密的构树、柞树，草以苍术、白术、芫华为主。山的南坡盛产玉，坡上树木以槐树居多。山的北面有一道峡谷，名叫机谷。机谷里有很多䰸鸟，其形状像猫头鹰，长了三只眼睛，还有耳朵，啼叫声就如同鹿在鸣叫，人吃了它的肉就能治愈湿气病。

再往东三百里，是县厮山。山上没有花草树木，到处是色彩斑斓带有纹理的漂亮石头。

再往东三百里，是葱聋山。山上没有花草树木，多㻔石。

再往东北五百里，是条谷山。山上树木以槐树和桐树为主，草类以芍药和门冬草为主。

## 【注释】

①柞：柞树，也叫蒙子树、凿刺树、冬青，花小，黄白色，浆果小球形，黑色。

②㐰：即山蓟，是一种可作药用的草，又分为苍术、白术二种，可以入药。

③芫：即芫华，花可以药用，根可以毒死鱼。

④垫：一种因潮湿而引发的疾病。

⑤㻔石：即玞石，是次于玉石一等的石头。

⑥芍药：一种多年生草本植物，初夏开花，可供观赏，而根茎可以入药。

⑦虋冬：俗称门冬，有两种，一是麦门冬，一是天门冬，可以作药用。

## 山海经异兽考

### 𩿨鸟  明·蒋应镐图本

各版本中的所绘之图各不相同，汪绂图本中的鸟为一只三目大鸟，似乎正要停落或低头俯冲。《禽虫典》中，三目鸟双腿后缩，边疾速飞翔边昂头张嘴鸣叫。

| 异兽 | 形态 | 异兆及功效 |
| --- | --- | --- |
| 𩿨鸟 | 形状像猫头鹰，长了三只眼睛，还有耳朵，啼叫声就如同鹿在鸣叫。 | 人吃了它的肉就能治愈湿气病。 |

## 山海经地理考

| 苟林山 | 与中山首经中的吴林山重复 | 位于山西省永济市西南部。 |
| --- | --- | --- |
| 首山 | 今山西首阳山 | 位于山西省永济市境内。 |
| 县𠂤山 | 具体名称不详 | 依据山川里程推算，此山可能在山西省绛县境内。 |
| 葱聋山 | 今中条山山脉中的山岭 | 位于山西省芮城县北部。 |

【第五卷 中山经】

311

# 2 从超山到良余山
## 山上禽兽不多，矿物多

| 山水名称 | 动物 | 植物 | 矿物 |
|---|---|---|---|
| 超山 | | | 苍玉 |
| 成侯山 | | 櫄树、秦芁 | |
| 朝歌山 | | | 垩土 |
| 隗山 | | | 金、锡 |
| 历山 | | 槐树 | 玉 |
| 尸山 | 麖 | | 苍玉、美玉 |
| 良余山 | | 构树、柞树 | |

## 原文

又北十里，曰超山，其阴多苍玉，其阳有井①，冬有水而夏竭。又东十里，曰成侯之山，其上多櫄（chūn）木②，其草多芁③（péng）。又东五百里，曰朝歌之山，谷多美垩。

又东五百里，曰隗山，谷多金锡④。又东十里，曰历山，其木多槐，其阳多玉。又东十里，曰尸山，多苍玉，其兽多麖⑤（jīng）。尸水出焉，南流注于洛水，其中多美玉。

又东十里，曰良余之山，基上多穀柞，无石。余水出于其阴，而北流注于河；乳水出于其阳，而东南流注于洛。

## 译文

再往北十里，是超山。山的北坡盛产苍玉，山的南坡有一眼泉水，冬天有水，夏天干枯。再往东十里，是成侯山。山上多櫄树，林中的草以秦芁居多。再往东五百里，是朝歌山。山上峡谷多。峡谷中多各种颜色的优质垩土。

再往东五百里，是隗山。山上峡谷多，峡谷中盛产金和锡。再往东十里，是历山。山上树木以槐树居多。山的南坡盛产各种美玉。再往东十里，是尸山，山上多贵重的苍玉，山中野兽以麋鹿居多。尸水发源于此，向南注入洛水，水中多精美玉石。

再往东十里，是良余山。山上多构树林和柞树林，没有石头。余水从良余山北麓发源，向北注入黄河；乳水从良余山南麓流出，向东南注入洛水。

## 【注释】

① 井：井是人工开挖的，泉是自然形成的，而本书记述的山之所有皆为自然事物，所以，这里的井当是指泉眼下陷而低于地面的水泉，形似水井。

② 櫄木：与高大的臭椿树相似，树干可以作车辕。

③ 芁：即秦芁，一种可作药用的草。

④ 锡：这里指天然锡矿石，而非提炼的纯锡。以下同此。

⑤ 麖：鹿的一种，体型较大。

## 山海经异木考

### 槐树

槐树在地球上出现的历史非常悠久,早在荒古时代就有了它的身影。它因挺拔的身姿及结实的木质被认为可长寿,而它的果实确实可以使人增寿延年。《太清草木方》载,槐是虚星的精华,十月上巳日采自服用,可祛百病,长寿通神。《梁书》说,虞肩吾经常服用槐果子,已经七十几岁了,仍发鬓乌黑,双目有神。

| 异木 | 形态 | 异兆及功效 |
| --- | --- | --- |
| 槐树 | 树干挺拔,木质结实。 | 果实可以使人增寿延年。 |

## 山海经地理考

| | | |
| --- | --- | --- |
| 超山 | 今太行山脉与中条山之间的山川 | 位于陕西省境内。 |
| 成侯山 | 今太行山脉与中条山之间的山川 | 位于陕西省境内。 |
| 朝歌山 | 具体名称不详 | 位于河南省淇县境内。 |
| 槐山 | 具体名称不详 | 依据山川里程推算,应在山西省稷山县南部。 |
| 历山 | 具体名称不详 | 位于山西省阳城县与垣曲县的交界处。 |
| 尸山 | 具体名称不详 | 依据山川里程推算,应在山西省洛南县北部。 |
| 良余山 | 具体名称不详 | ①依据尸山的地理位置推算,应在山西省华阴县西南部。<br>②依据发源于此山的河流来推测,良余山即为河南省牛王岔、黑山浸、催家岭、钱岭、塔石山一带山岗的总称。 |
| 余水 | 具体名称不详 | 良余山北有溪流汇聚成两条河流,注入黄河,这两条河流即为余水。 |
| 乳水 | 具体名称不详 | 良余山东部有水源汇聚为九条河流,总称即为乳水。 |

【第五卷 中山经】

# 3 从蛊尾山到阳虚山

## 无兽之山草木多

| 山水名称 | 植物 | 矿物 |
|---|---|---|
| 蛊尾山 | | 磨刀石、赤铜 |
| 升山 | 构树、柞树、酸枣树、山药、蕙草、寇脱草 | |
| 黄酸水 | | 璇玉 |
| 阳虚山 | | 黄金 |

## 原文

又东南十里，曰蛊尾之山，多砺石、赤铜。龙余之水出焉，而东南流注于洛。又东北二十里，曰升山，其木其多榖、柞、棘，其草多藷薁①、蕙②，多寇脱③。黄酸之水出焉，而北流注于河，其中多璇玉④。又东二十里，曰阳虚之山，多金，临于玄扈之水。

凡薄山之首，自苟林之山至于阳虚之山，凡十六山，二千九百八十二里。升山，冢也，其祠礼：太牢，婴用吉玉。首山，魋⑤也，其祠用稌、黑牺太牢之具、蘖（niè）酿⑥，干儛⑦（wǔ），置鼓，婴用一璧。尸水，合天也，肥牲祠也；用一黑犬于上，用一雌鸡于下，刉⑧（jī）一牝羊，献血。婴用吉玉，采之，飨之。

## 译文

再往东南十里，是蛊尾山。山上盛产磨刀石和赤铜。龙余水发源于此，向东南注入洛水。再往东北二十里，是升山。山上多构树、柞树和酸枣树，草以山药、蕙草为主，多寇脱草。黄酸水发源于此，向北注入黄河，水中多璇玉。再往东二十里，是阳虚山。山上盛产黄金，山脚下就是玄扈水。

总计薄山山系之首尾，自苟林山起到阳虚山止，共十六座山，二千九百八十二里。升山是薄山山系诸山的宗主，祭祀升山山神的礼仪：在带毛禽畜中选取猪、牛、羊齐全的三牲，玉器用吉玉。首山，是有神灵显应的大山，祭祀首山山神时要用稻米及纯黑色皮毛的猪、牛、羊各一头和美酒一起献祭，祭祀时还要手持盾牌起舞，摆上鼓并敲击应和，玉器用一块玉璧。尸水可通天，要用肥壮的牲畜献祭，选一只黑狗供在上面，一只母鸡供在下面，并杀一头母羊，取其血献祭，玉器用吉玉，用彩色帛来装饰祭品，请神享用。

## 【注释】

① 藷薁：也叫山药。块茎不仅可以食用，并且可作药用。
② 蕙：指的是一种香草。
③ 寇脱：古人认为是一种生长在南方的草，有一丈多高，叶子与荷叶相似，茎中有瓤，纯白色。
④ 璇玉：古人认为是质料成色比玉差一点的玉石。
⑤ 魋：神灵。
⑥ 蘖酿：蘖，酒曲，酿酒用的发酵剂。蘖酿，这里泛指美酒。
⑦ 干儛：干，即盾牌，是古代一种防御性兵器。儛，同"舞"。干儛就是手拿盾牌起舞，表示庄严隆重。
⑧ 刉：亦作"刏"。划破，割。

## 山海经异木考

### 雀麦

后稷被奉为最早的谷物之神,他传授的五谷耕种之法使华夏民族彻底告别了以渔猎为生的游牧阶段。雀麦是一种常见的作物,又称牛星草,苗与麦极为相似,但穗小而稀少,结出的麦粒去皮可制成面粉。

### 酸枣

蛊尾山上生长着许多酸枣树,这种树直至今天仍普遍存在着。其树高几丈,木理极细,树皮细且硬,纹如蛇鳞,因此被古人视为具有某种神性。酸枣还是珍贵的中药材,主治心腹寒热、邪结气聚、四肢酸痛等。

| 异木 | 形态 | 异兆及功效 |
| --- | --- | --- |
| 酸枣 | 树高几丈,木理极细且硬,纹如蛇蟒。 | 珍贵的中药,主治心腹寒热、邪结气聚、四肢酸痛等。 |

## 山海经地理考

| | | |
| --- | --- | --- |
| 蛊尾山 | 今高崖、石大山、将军山 | ①位于河南省三门峡市卢氏县境内。②依据原文推测,此山位于山西省洛南县的南部。 |
| 龙余水 | 今众多水流总称 | 源于高崖、石大山、将军山的许多水流,即为龙余水。 |
| 升山 | 今河南三角山 | 位于河南省三门峡市陕县境内。 |
| 黄酸水 | 具体名称不详 | 黄酸水应源于河南省三门峡市陕县境内的三角山,向北注入黄河的一条河流。 |
| 阳虚山 | 今河南郭魁山、尖山、鞍桥山 | 位于河南省洛宁县境内。 |
| 玄扈水 | 今河南石门川 | 位于河南省洛宁县境内。 |

【第五卷 中山经】

315

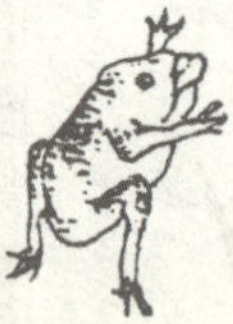

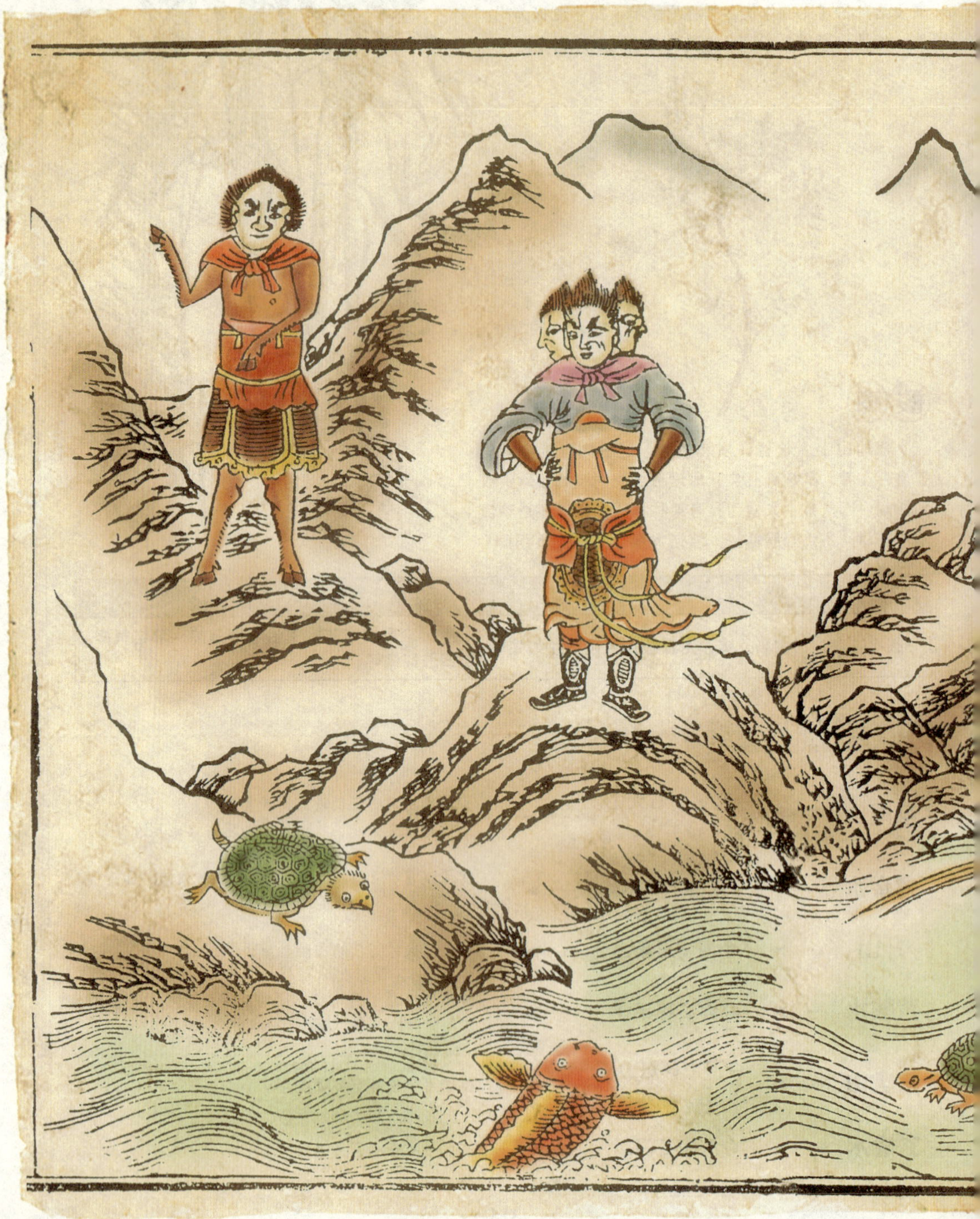

# 中次六经

《中次六经》主要记载中央第六列山系上的动植物及矿物。此山系所处的位置大约在今河南省一带，从平逢山起，一直到阳华山止，一共十四座山，每年六月祭祀诸山山神。山中大多树木繁茂，各种矿产丰富，水源发达，河床上有很多丹砂、孔雀石等。山中多旋龟。

休舆山至大骢山　平逢山
密山　来需水　廆山
狂水

【本图山川地理分布定位】

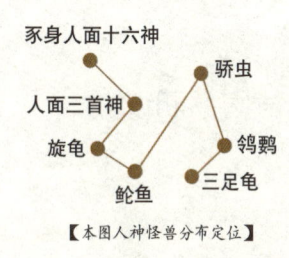

豕身人面十六神
骄虫
人面三首神
旋龟　鸰鹉
鲛鱼　三足龟

【本图人神怪兽分布定位】

## 中次六经路线示意图

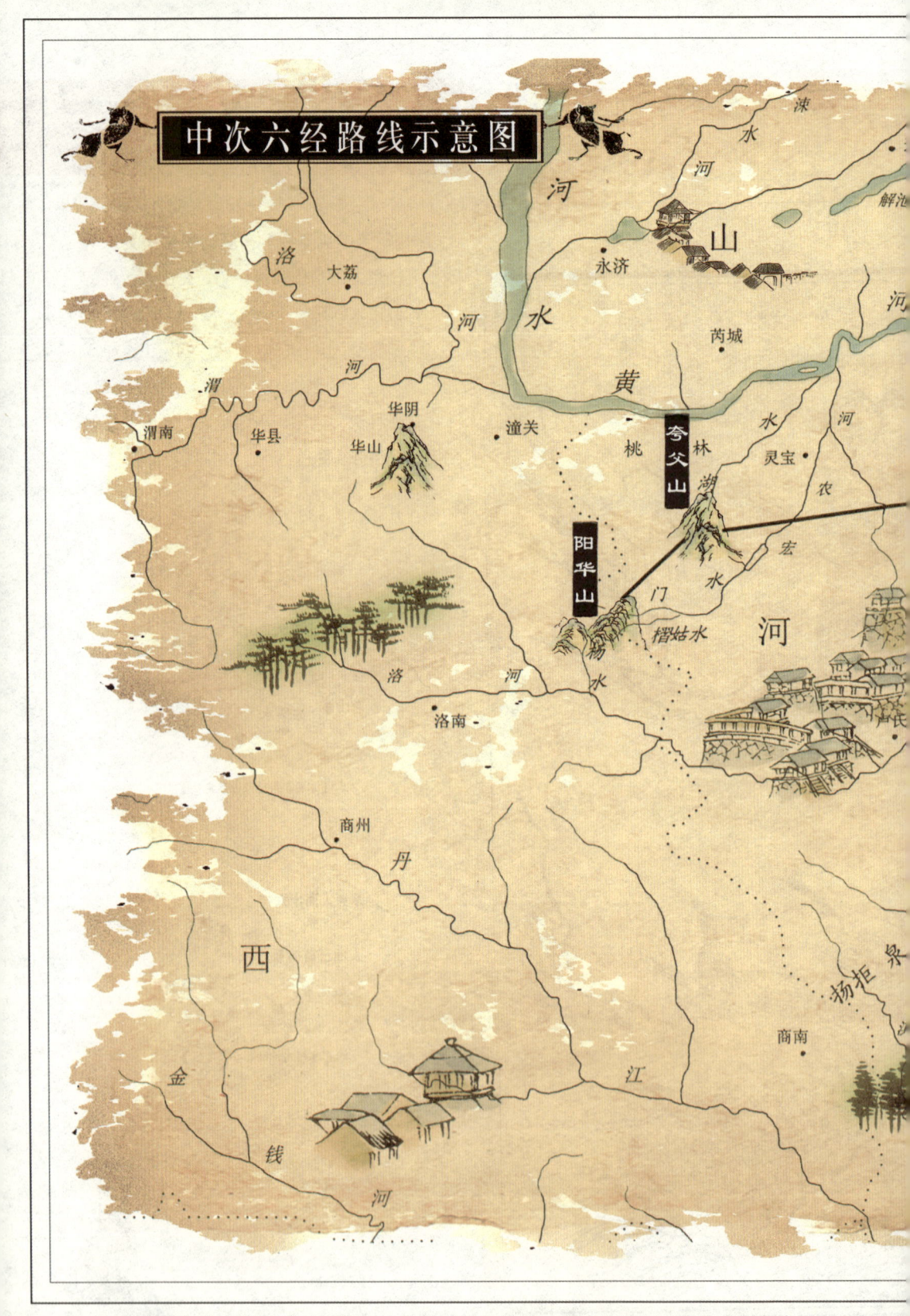

本图根据张步天教授"《山海经》考察路线图"绘制,图中记载了《中次六经》中平逢山至阳华山共14座山的地理情况。

(此路线形成于春秋、战国时期)

# 1 从平逢山到瑰山

## 长尾鸰鹉能除噩梦

| 山水名称 | 动物 | 植物 | 矿物 |
| --- | --- | --- | --- |
| 缟羝山 | | | 金玉 |
| 瑰山 | 鸰鹉 | 柳树、构树 | 瑊珒玉 |

## 原文

中次六经缟（gǎo）羝（dī）山之首，曰平逢之山，南望伊洛，东望谷城之山，无草木，无水，多沙石。有神焉，其状如人而二首，名曰骄虫，是为螫（shì）虫①，实惟蜂、蜜②之庐，其祠之，用一雄鸡，禳③而勿杀。

西十里，曰缟羝之山，无草木，多金玉。

又西十里，曰瑰山，其阴多瑊珒之玉。其西有谷焉，名曰蘬（guàn）谷，其木多柳、榖。其中有鸟焉，状如山鸡而长尾，赤如丹火而青喙，名曰鸰鹉，其鸣自呼，服之不眯。交觞（shāng）之水出于阳，而南流于洛；俞随之水出于其阴，而北流注于谷水。

## 译文

中央第六列山系叫缟羝山山系，首座山叫做平逢山。从峰顶向南可望伊水和洛水，向东可望谷城山，山上没有花草树木，也没有河流，到处都是沙子、石头。山中有一山神，其形貌像人，长着两个脑袋，名字叫骄虫，是所有能蜇人的昆虫的首领，这座山也是各种蜜蜂聚集做巢的地方。祭祀骄虫神，要用一只雄鸡做祭品，不必杀死，在祈祷后就放掉。

再往西十里，是缟羝山。山上没有花草树木，盛产金玉。

再往西十里，是瑰山。山上遍布瑊珒玉。山北有个峡谷，名叫蘬谷，谷中多柳树、构树。山中有种鸟，形状像野鸡，长着一条长长的尾巴，身上羽毛颜色鲜艳，通体赤红好似一团丹火，嘴喙青色，叫做鸰鹉，啼叫的声音像在呼唤自己的名字，人吃了它的肉就不会做噩梦。交觞水从这座山的南麓发源，向南流入洛水；俞随水从这座山的北麓发源，向北流入谷水。

【注释】

① 螫虫：指所有身上长有毒刺能伤人的昆虫。
② 蜜：一种蜂。
③ 禳：祭祀祈祷神灵以求消除灾害。

## 山海经异兽考

骄虫　明·蒋应镐图本

鸰鹉　明·蒋应镐图本

《禽虫典》本的鸰鹉为一只美丽的长尾大鸟，正站在树枝上探头下望。汪本中，也是一只美丽的长尾大鸟，张着嘴似在大声鸣叫。据说，吃了鸰鹉的肉还可以辟妖。

| 异兽 | 形态 | 异兆及功效 |
| --- | --- | --- |
| 鸰鹉 | 形状像野鸡，长着一条长长的尾巴，身上羽毛颜色鲜艳，通体赤红好似一团丹火，嘴喙青色。 | 啼叫的声音像在呼唤自己的名字，人吃了它的肉就不会做噩梦。 |

## 山海经地理考

| 缟羝山山系 | 今河南一系列山脉总称 | 位于河南省西北部的一系列山脉。 |
| --- | --- | --- |
| 平逢山 | 今河南北邙山 | 位于河南省洛阳市北部，即黄河南岸，是秦岭山脉的余脉。 |
| 谷城山 | 今河南郭山 | 依据平逢山的位置推断，应位于河南省洛阳市西北部。 |
| 缟羝山 | 今河南一座小山 | 位于河南省洛阳市，在平逢山的西北部。 |
| 瘣山 | 今河南谷口山 | 瘣山是谷口山的古称，位于河南省洛阳市境内。 |
| 交觞水 | 今七里河 | 位于河南省洛阳市的西部。 |
| 俞随水 | 具体名称不详 | 位于河南省洛阳市西部。 |
| 谷水 | 今河南省渑池南渑水及其下游涧水 | 位于河南省境内。 |

【第五卷 中山经】

# 2 从瞻诸山到谷山

## 无鸟无兽，矿物多

| 山水名称 | 植物 | 矿物 |
|---|---|---|
| 瞻诸山 |  | 金、文石 |
| 娄涿山 |  | 金玉、茈石、文石 |
| 白石山（涧水） |  | 水玉（㜑石、栌丹） |
| 谷山 | 构树、桑树 | 碧绿 |

## 原文

又西三十里，曰瞻诸之山，其阳多金，其阴多文石。𣵽水出焉，而东南流注于洛，少水出其阴，而北流注于谷水。

又西三十里，曰娄涿之山，无草木，多金玉。瞻水出于其阳，而东流注于洛；陂（bēi）水出于其阴，而北流注于谷水，其中多茈石、文石。

又西四十里，曰白石之山，惠水出于其阳，而南流注于洛，其中多水玉，涧水出于其阴，西北流注于谷水，其中多㜑石①、栌（lú）丹②。

又西五十里，曰谷山，其上多榖，其下多桑。爽水出焉，而西北流注于谷水，其中多碧绿③。

## 译文

再往西三十里，是瞻诸山。山的南坡盛产金属矿物，山的北坡遍布一种带有花纹的漂亮石头。𣵽水发源于此，向东南注入洛水；少水从这座山的北麓流出，向东注入谷水。

再往西三十里，是娄涿山。山上没有花草树木，盛产金玉。瞻水从山的南麓发源，向东注入洛水；陂水从山的北麓流出，向北注入谷水，水中有精美的紫色石头和带有花纹的漂亮石头。

再往西四十里，是白石山。惠水从山的南麓发源，向南注入洛水，水中多水晶石。涧水从山的北麓流出，向西北注入谷水，水中多画眉石和黑丹砂。

再往西五十里，是谷山。山上有茂密的构树林，山下是茂密的桑树林。爽水发源于此，向西北注入谷水，水中多绿色的孔雀石。

【注释】

① 㜑石：㜑，通"眉"，眉毛。㜑石即画眉石，一种可以描饰眉毛的矿石。

② 栌丹：栌，通"卢"，黑色的意思。卢丹即黑丹砂，一种黑色矿物。

③ 碧绿：指现在所说的孔雀石，色彩艳丽，可以制作装饰品和绿色涂料。

## 山海经地图考

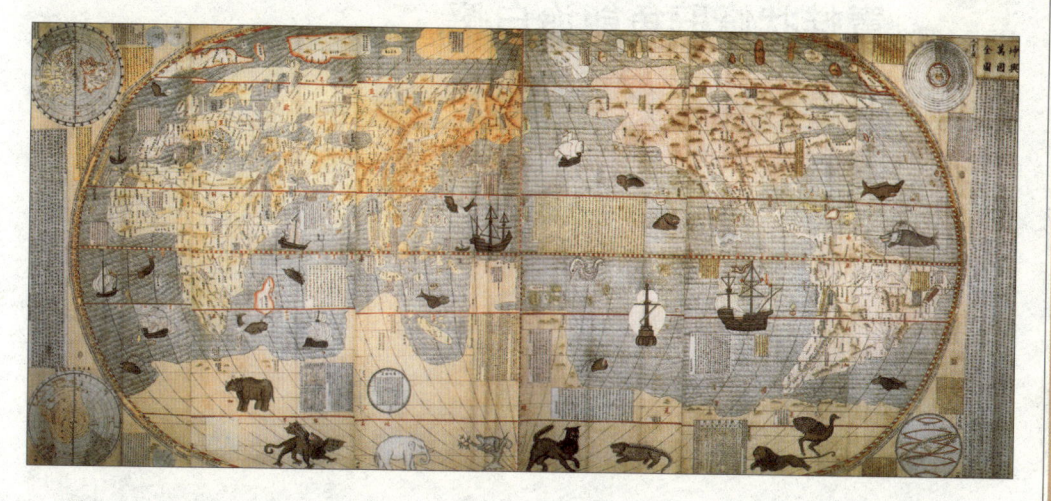

**坤舆万国全图** 利马窦 1602 年 纵 192 厘米 横 346 厘米 南京博物馆藏

人类很早就开始探索自身居住环境的秘密，科学的脚步不可遏止地步步走来。这幅坤舆万国全图，即为世界地图，是利玛窦在中国传教时所编绘。主图为椭圆形的世界地图，并附有一些小幅的天文图和地理图。尽管利氏地图在图形轮廓和文字说明方面还有很不精确甚至错误之处，但在当时已不失为东亚地区最详尽的世界地图。

## 山海经地理考

| 名称 | 考释 | 说明 |
|---|---|---|
| 瞻诸山 | 具体名称不详 | 依据瘣山的位置推断，应位于河南省新安县境内。 |
| 㵦水 | 具体名称不详 | 依据瞻诸山的位置推断，应发源于河南省新安县境内。 |
| 少水 | 今磁涧河 | 发源于河南省新安县境内。 |
| 娄涿山 | 具体名称不详 | 位于河南省洛宁县和新安县之间小石坡南。 |
| 陂水 | 具体名称不详 | 具体位置不详。 |
| 白石山 | 今河南白石山 | 又名广阳山、渑池山，位于河南省新安县。 |
| 惠水 | 今河南李沟 | 位于河南省新安县东北曹家坡南山，向南注入洛河。 |
| 涧水 | 今河南刘拜沟 | 发源于河南省新安县东北，向北注入谷水。 |
| 谷山 | 具体名称不详 | 依据山川里程推算，应在河南省渑池县境内。 |
| 爽水 | 今上略河 | 发源于河南省渑池县，向西北注入谷水。 |

【第五卷 中山经】

# 3 从密山到橐山

## 青蛙状脩辟鱼能治白癣

| 山水名称 | 动物 | 植物 | 矿物 |
|---|---|---|---|
| 密山（豪水） | （旋龟） |  | 玉、铁 |
| 长石山（共水） |  | 竹子 | 金玉、（鸣石） |
| 傅山（厌染水） | （人鱼） |  | 瑶、碧 |
| 谷水 |  |  | 珚玉 |
| 橐山（橐水） | （脩辟鱼） | 臭椿树、楠树、萧草 | 金玉、铁 |

## 原文

又西七十二里，曰密山，其阳多玉，其阴多铁。豪水出焉，而南流注于洛，其中多旋龟，其状鸟首而鳖尾，其音如判木。无草木。又西百里，曰长石之山，无草木，多金玉。其西有谷焉，名曰共谷，多竹。共水出焉，西南流注于洛，其中多鸣石①。

又西一百四十里，曰傅山，无草木，多瑶、碧。厌染之水出于其阳，而南流注于洛，其中多人鱼。其西有林焉，名曰墦冢，谷水出焉。而东流注于洛，其中多珚（yān）玉②。又西五十里，曰橐山，其木多樗，多楠木③，其阳多金玉，其阴多铁，多萧④。橐（tuó）水出焉，而北流注于河。其中多脩辟之鱼，状如黾⑤而白喙，其音如鸱（chī），食之已白癣。

## 译文

再往西七十二里，是密山。山南产美玉，山北有丰富的铁矿。豪水发源于此，向南注入洛水，水中多旋龟，长有鸟头、鳖一样的尾巴，声音如敲打木棒。山上没有花草树木。再往西一百里，是长石山。山上没有花草树木。盛产金玉。在密山的西面有一道峡谷，叫做共谷，这里有茂密的竹林。共水发源于此，向西南注入洛水，水中盛产鸣石。

再往西一百四十里，是傅山。山上没有花草树木，多瑶、碧一类的美玉。厌染水从南麓发源，向南注入洛水，水中多人鱼。傅山西面有片树林，叫墦冢。谷水从这里流出，向东注入洛水，水中多珚玉。再往西五十里，是橐山。山上多臭椿树和五倍子树，山南盛产金玉，山北盛产铁，还有茂密的萧草。橐水发源于此，向北注入黄河。水中多脩辟鱼，其形状像青蛙，白色的嘴巴，叫声如鸱鹰鸣叫，人吃了这种鱼就能治愈白癣之类的痼疾。

【注释】

① 鸣石：古人说是一种青色玉石，撞击后发出巨大鸣响，属于能制作乐器的磬石之类。
② 珚玉：即玉的一种。
③ 楠木：古人说这种树在七、八月间吐穗，穗成熟后，像似有盐粉沾在上面。
④ 萧：即蒿草的一种。
⑤ 黾：即青蛙的一种。

## 山海经异兽考

**旋龟** 明·蒋应镐图本

《山海经》中的旋龟有二:一是《南山经》中阳山的旋龟,其为鸟首,音若判木。二是此处密山之旋龟,其为鸟首鳖尾,叫起来好像敲击木棒的声音。

**脩辟鱼** 清·汪绂图本

| 异兽 | 形态 | 异兆及功效 |
| --- | --- | --- |
| 旋龟 | 长有鸟头、鳖一样的尾巴,声音如敲打木棒。 | |
| 脩辟鱼 | 形状像青蛙,白色的嘴巴,叫声如鹞鹰鸣叫。 | 人吃了这种鱼,就能治愈白癣之类的痼疾。 |

## 山海经地理考

| | | |
| --- | --- | --- |
| 密山 | 具体名称不详 | 位于河南省新安县监坡头。 |
| 豪水 | 具体名称不详 | 发源于监坡头,向南注入洛河。 |
| 长石山 | 今河南天池山 | ①位于河南省渑池县。②依据长石山与密山相连,再向西四百里则位于河南省新安县境内。 |
| 共水 | 今多条溪流总称 | 发源于河南省渑池县天池山的多条溪流。 |
| 傅山 | 具体名称不详 | 依据长石山的地理位置推断,应在河南省渑池县西部。 |
| 厌染水 | 今河南厌梁河 | 位于河南省宜阳县北部。 |
| 墦冢 | 今河南马头山 | 依据谷水的发源地可推断,墦冢即河南省渑池县的马头山。 |
| 橐山 | 今河南积草山 | 位于河南省陕县东九十里。 |

【第五卷 中山经】

# 4 从常烝山到阳华山
## 祭祀山岳，天下太平

| 山水名称 | 动物 | 植物 | 矿物 |
| --- | --- | --- | --- |
| 常烝山（潐水） |  |  | 垩（苍玉） |
| 夸父山（湖水） | 牦牛、羬羊、鷩、马 | 棕树、楠木树、竹 | 玉、铁（珚玉） |
| 阳华山（杨水） | （人鱼） | 藷藇、苦辛 | 金玉、石青、雄黄 |

## 原文

　　又西九十里，曰常烝（zhēng）之山，无草木，多垩，潐（qiáo）水出焉，而东北流注于河，其中多苍玉。菑（zī）水出焉，而北流注于河。又西九十里，曰夸父之山，其木多棕柟，多竹箭，其兽多牦牛、羬羊，其鸟多鷩，其阳多玉，其阴多铁。其北有林焉，名曰桃林，是广员三百里，其中多马。湖水出焉，而北流注于河，其中多珚玉。

　　又西九十里，曰阳华之山，其阳多金玉，其阴多青、雄黄，其草多藷藇，多苦辛，其状如楸①（qiū），其实如瓜，其味酸甘，食之已疟。杨水出焉，而西南流注于洛，其中多人鱼。门水出焉，而东北流注于河，其中多玄礵。错姑之水出于其阴，而东流注于门水，其上多铜。门水出于河，七百九十里入雒（luò）水。凡缟羝山之首，自平逢之山至于阳华之山，凡十四山，七百九十里。岳②在其中，以六月祭之，如诸岳之祠法，则天下安宁。

## 译文

　　再往西九十里，是常烝山。山上没有花草树木，多垩土。潐水发源于此，向东北注入黄河，水中多苍玉。菑水发源于此，向北注入黄河。再往西九十里，是夸父山。多棕树和楠木树，还有小竹丛。野兽以牦牛、羬羊为主，禽鸟以赤鷩居多，山南多各色美玉，山北盛产铁。山北有片桃林，方圆三百里，多骏马。湖水发源于此，向北注入黄河，水中多玉。

　　再往西九十里，是阳华山。山南盛产金玉，山北盛产石青、雄黄。山中草以山药居多，还有很多苦辛草，外形像楸木，结的果实像瓜，味道酸中带甜，人吃了它就能治愈疟疾。杨水发源于此，向西南注入洛水，水中多人鱼。门水发源于此，向东北注入黄河，水中多黑色的磨刀石。错姑水从阳华山北麓流出，向东和门水汇合，姑水两岸山间盛产铜。从门水到黄河，流经七百九十里注入雒水。总计缟羝山山系之首尾，自平逢山起，到阳华山止，共十四座山，七百九十里。其中有高大的山岳，每年六月要以诸岳之礼祭祀，这样天下才会太平。

【注释】

① 楸：同"楸"。楸树是落叶乔木，夏季开花，子实可作药用，主治热毒及各种疮疥。
② 岳：高大的山。

## 山海经异兽考

### 人鱼

这里的人鱼就是鲵鱼，它外形似鲇鱼却长有四只脚，叫声如同小孩啼哭，所以俗称它为娃娃鱼。鲵用脚走路，所以古人觉得很神奇，甚至说它会上树，传说在大旱的时候，鲵便含水上山，用草叶盖住自己的身体，将自己隐藏起来，然后张开口，等天上的鸟来它口中饮水时，就乘机将鸟吸入腹中吃掉。

羬羊　明·蒋应镐图本

| 异兽 | 形态 | 异兆及功效 |
|---|---|---|
| 人鱼 | 外形似鲇鱼却长有四只脚。 | 叫声如同小孩啼哭。 |

## 山海经地理考

| | | |
|---|---|---|
| 常烝山 | 今河南千山 | 位于河南省陕县境内。 |
| 潐水 | 今干头河 | 依据常烝山为千山，潐水源于千山，即为干头河。 |
| 菑水 | 今好阳涧 | 因干头河注入好阳涧。 |
| 夸父山 | 今河南秦山 | 位于河南省西北部。 |
| 桃林 | 具体名称不详 | 位于河南省灵宝市西部。 |
| 湖水 | 今虢略河 | 位于河南省灵宝市境内。 |
| 阳华山 | 具体名称不详 | 位于山西省洛南县与华山之间。 |
| 杨水 | 今宏农涧的支流 | 为宏农涧右涧的支流。 |
| 门水 | 今宏农涧 | 位于河南省灵宝市西南。 |
| 缯姑水 | 今宏农涧的右涧 | 宏农涧分为左右两涧。 |

【第五卷　中山经】

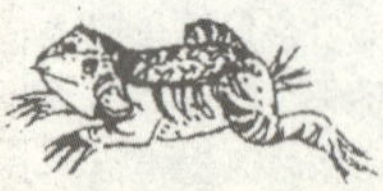

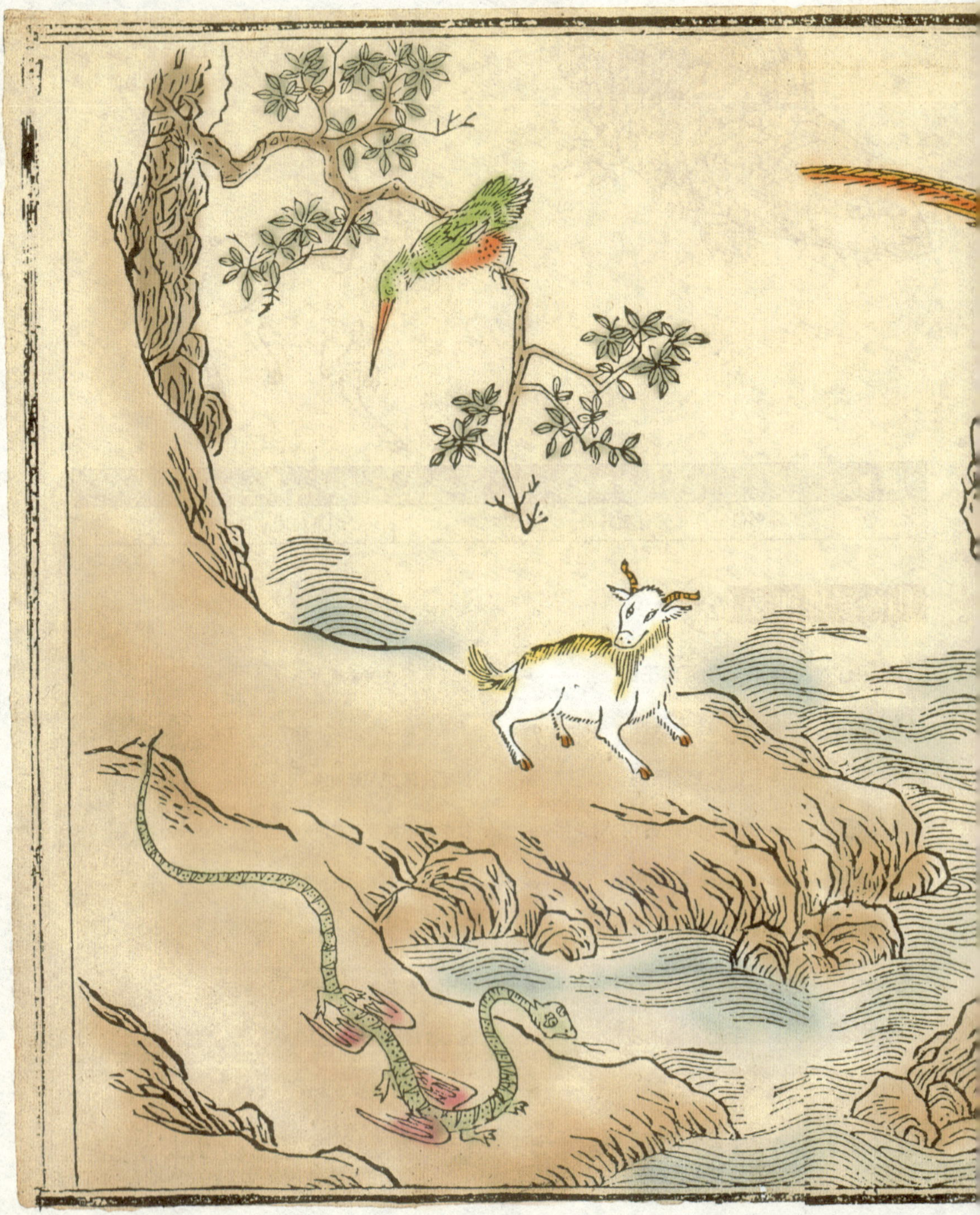

## 中次七经

《中次七经》主要记载中央第七列山系上的动植物及矿物。此山系所处的位置大约在今河南省一带,从休与山起,一直到大騩山止,一共十九座山,诸山山神的形貌均是人面猪身,祭祀山神的礼仪略有不同。山上多美玉,还有种亢木,人吃了它的果实就可以驱虫辟邪,蛇谷崖壁上还有很多细辛,可祛风散寒、通窍止痛。

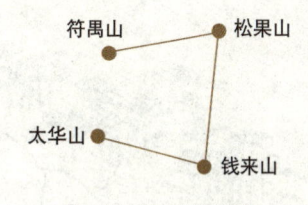

符禺山　　松果山
太华山　　钱来山

【本图山川地理分布定位】

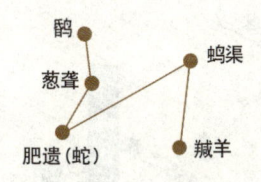

鹍
葱聋　　蚼渠
肥遗(蛇)　　羬羊

【本图人神怪兽分布定位】

注:本图山川神兽均属《西山经》

# 中次七经路线示意图

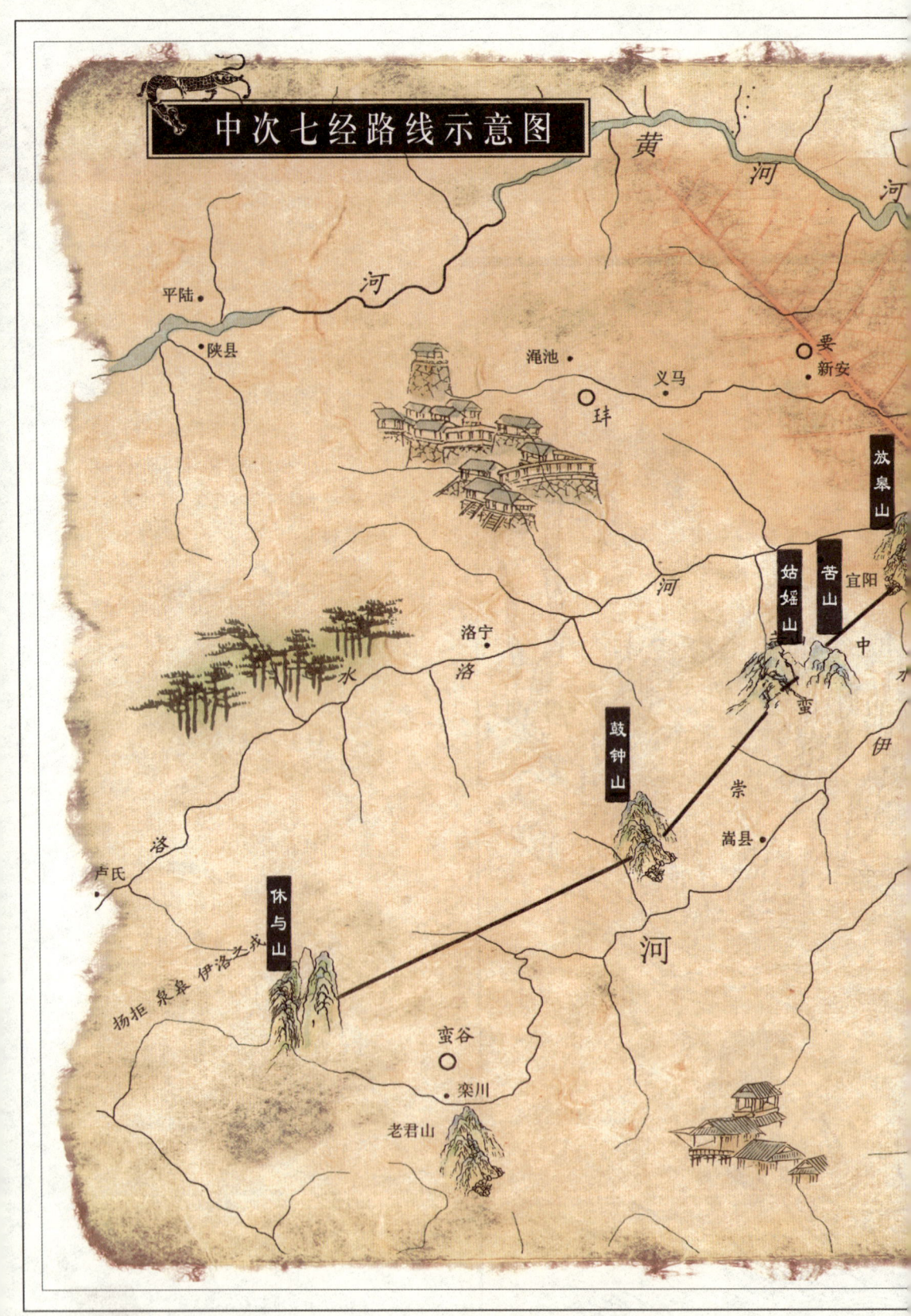

本图根据张步天教授"《山海经》考察路线图"绘制，图中记载了《中次七经》中休与山到大騩山共19座山的地理位置。

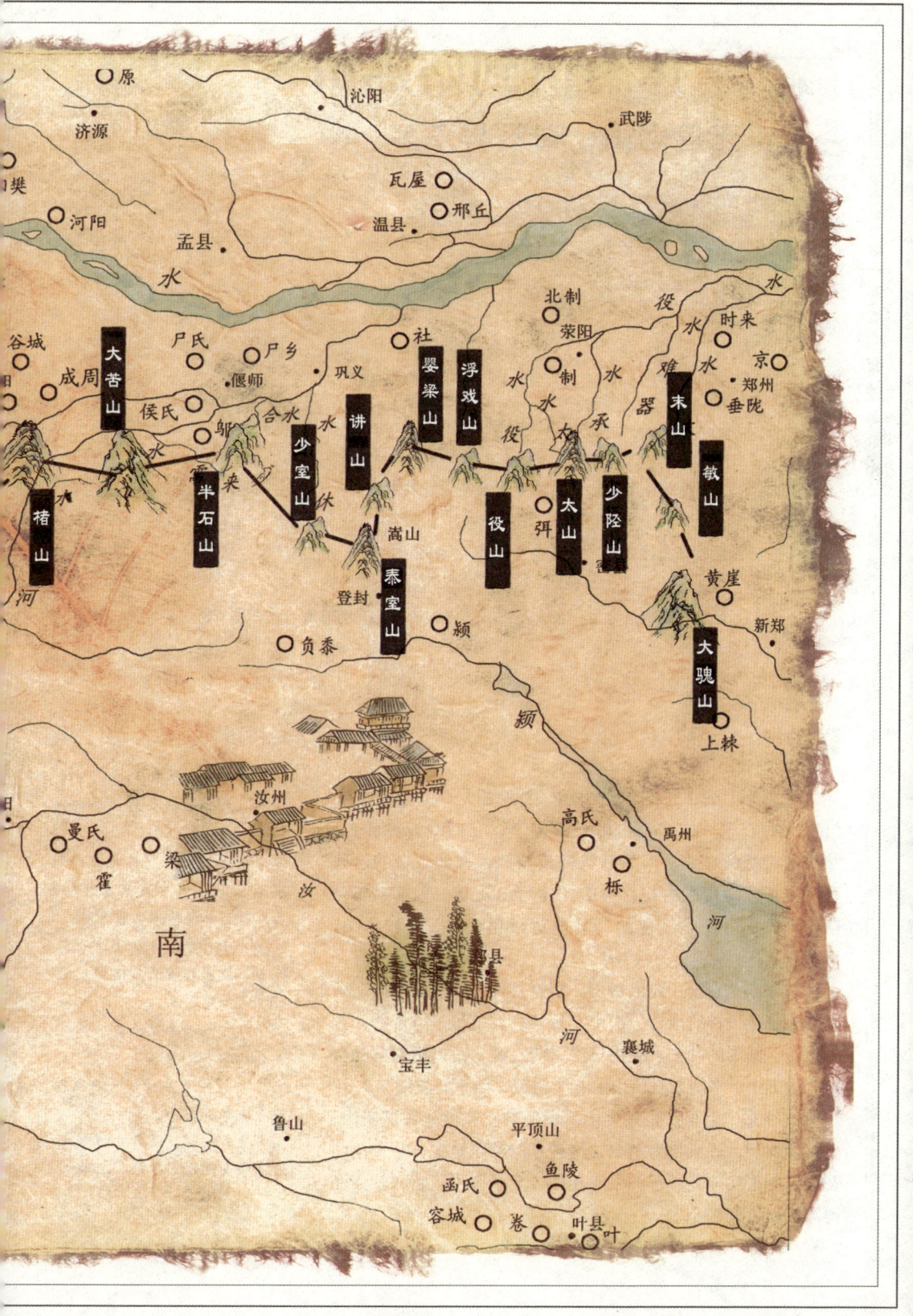

(此路线形成于春秋、战国时期)

# 1 从休与山到姑媱山

## 无兽之山，奇石异草多

| 山水名称 | 植物 | 矿物 |
| --- | --- | --- |
| 休与山 | 夙条 | |
| 鼓钟山 | 焉酸 | 砺、砥 |
| 姑媱山 | 䔄草 | |

## 原文

中次七经苦山之首，曰休与之山。其上有石焉，名曰帝台①之棋②，五色而文，其状如鹑卵，帝台之石，所以祷百神者也，服之不蛊。有草焉，其状如蓍③(shi)，赤叶而本生，名曰夙条，可以为簳④。

东三百里，曰鼓钟之山，帝台之所以觞⑤(shāng)百神也。有草焉，方茎而黄华，员叶而三成⑥，其名曰焉酸，可以为毒⑦。其上多砺，其下多砥。

又东二百里，曰姑媱之山。帝女死焉，其名曰女尸，化为䔄草，其叶胥⑧成，其华黄，其实如菟丘⑨，服之媚⑩于人。

## 译文

中央第七列山系叫苦山山系，首座山是休与山。山上出产一种石子，神仙帝台用它做棋子，它们有五种颜色，并带着奇特的斑纹，形状与鹌鹑蛋相似。神仙帝台的这些石头棋子，是用来祷祀百神的。休与山还有一种草，与蓍草类似，而叶子是红色的，其根茎相互联结，叫做夙条，可制作箭杆。

再往东三百里，是鼓钟山。正是神仙帝台演奏钟鼓之乐以宴会诸位天神的地方。山中有种草，其茎秆是方形的，开着黄花，圆形的叶子重叠为三层，叫焉酸，可以用来解除百毒。山上山下多磨刀石，山上石质粗糙，山下石质细腻。

再往东二百里，是姑媱山。炎帝的女儿就死在这座山，名字叫女尸，死后化为䔄草，这种草的叶子重生，开黄色的花，结的果实与菟丝子的果实相似，女子服用了它，就会变得漂亮而讨人喜爱。

【注释】

①帝台：神人之名。
②棋：指博棋，古时一种游戏用具。
③蓍：蓍草，又叫锯齿草，蚰蜒草，多年生直立草本植物，古人取蓍草的茎作占筮之用。
④簳：小竹子，可以做箭杆。
⑤觞：这里指设酒席招待。
⑥成：即重，层。
⑦为毒：除去毒性物质。
⑧胥：相与，皆。
⑨菟丘：即菟丝子，一年生缠绕寄生草本植物。
⑩媚于人：媚，是喜爱的意思。这里指女子以美色讨人欢心。

## 山海经异木考

菟丝子

蓍

酸浆

## 山海经地理考

| 苦山 | 今某一山系名称 | 此山系从河南省伊川县蜿蜒至中牟县。 |
| --- | --- | --- |
| 休与山 | 今河南杨家寨山 | 位于河南省灵宝市境内。 |
| 鼓钟山 | 今河南盘龙岭 | 位于河南省嵩县境内。 |
| 姑媱山 | 具体名称不详 | 位于河南省西北部。 |

【第五卷 中山经】

## 2 从苦山到放皋山

### 小猪状山膏爱骂人

| 山水名称 | 动物 | 植物 | 矿物 |
|---|---|---|---|
| 苦山 | 山膏 | 黄棘、无条 | |
| 堵山 | | 天楄 | |
| 放皋山 | 文文 | 蒙木 | 苍玉 |

## 原文

又东二十里，曰苦山，有兽焉，名曰山膏，其状如逐，赤若丹火，善詈①(lì)。其上有木焉，名曰黄棘，黄华而员叶，服之不字②。有草焉，员叶而无茎，赤华而不实，名曰无条③，服之不瘿。

又东二十七里，曰堵山，神天愚居之，是多怪风雨，其上有木焉，名曰天楄，方茎而葵状，服者不噤(piào)哩④(yē)。

又东五十二里，曰放皋之山。明水出焉。南流注于伊水，其中多苍玉。有木焉，其叶如槐，黄华而不实，其名曰蒙木，服之不惑。有兽焉，其状如蜂，枝尾⑤而反舌，善呼，其名曰文文。

## 译文

再往东二十里，是苦山。山中有种野兽，叫做山膏，其形状像小猪，浑身毛皮红如丹火，喜欢骂人。山上还有种树，叫做黄棘，开黄色花，圆叶子，结的果实与兰草的果实相似，但有毒，女人吃了它，会失去生育能力。山中还有种草，圆叶子，没有茎干，开红花却不结果，叫做无条，服用了它，人的脖子上就不会生长赘瘤。

再往东二十七里，是堵山。天神天愚住在这里，山上经常会刮起怪风下起怪雨。山上有种奇特的树木，名叫天楄，方形的茎干像葵菜，吃了这种树的枝叶，人吃饭的时候就不会被噎住。

再往东五十二里，是放皋山。明水发源于此，向南注入伊水，水中多苍玉。山中有种树木，叶子与槐树叶相似，开黄色的花却不结果实，名字叫蒙木，服用了它，人就不会犯糊涂。山中还有种野兽，外形像蜜蜂，有条分叉的尾巴，舌头反长着，它喜欢呼叫，名字叫文文。

【注释】

① 詈：即骂，责骂。
② 字：怀孕，生育。
③ 无条：与上文所述无条草的形状不一样，属同名异物。
④ 哩：食物塞住咽喉。
⑤ 枝尾：指分叉的尾巴。

## 山海经异兽考

山膏　清·《禽虫典》

文文　清·《禽虫典》

天愚　清·汪绂图本

| 异兽 | 形态 | 今名 | 异兆及功效 |
|---|---|---|---|
| 山膏 | 形状像小猪，浑身毛皮红如丹火。 | 猩猩 | 喜欢骂人。 |
| 文文 | 外形像蜜蜂，有条分叉的尾巴，舌头反长着。 |  | 喜欢呼叫。 |

## 山海经地理考

| 苦山 | ⋯→ | 具体名称不详 | →| 位于河南省伊川县的西北部。 |
| 堵山 | ⋯→ | 今河南伏堵岭 | →| 位于河南省洛阳市的东南部。 |
| 放皋山 | ⋯→ | 今河南狼噑山 | →| 位于河南省伊川县境内。 |
| 明水 | ⋯→ | 今名水 | →| 发源于广成泽。 |

【第五卷　中山经】

# 3 从大暑山到半石山

## 三足龟的肉能除痈肿

| 山水名称 | 动物 | 植物 | 矿物 |
|---|---|---|---|
| 大暑山（狂水） | （三足龟） | 牛伤 | 㻬琈、䰝玉 |
| 半石山（来需水） | （鯩鱼） | 嘉荣 | |
| 合水 | 䲤鱼 | | 苍玉 |

## 原文

又东五十七里，曰大暑（kǔ）之山，多㻬琈之玉，多䰝玉①。有草焉，其状如榆，方茎而苍伤②，其名曰牛伤③，其根苍文，服者不厥④（jué），可以御兵。其阳狂水出焉，西南流注于伊水，其中多三足龟⑤，食者无大疾，可以已肿。

又东七十里，曰半石之山。其上有草焉，生而秀⑥，其高丈余，赤叶赤华，华而不实，其名曰嘉荣，服之者不畏霆⑦（tíng）。来需之水出于其阳，而西流注于伊水，其中多鯩（lún）鱼，黑文，其状如鲋（fù），食者不睡。合水出于其阴，而北流注于洛，多䲤（téng）鱼，状如鳜⑧（guì），居逵⑨（kuí），苍文赤尾，食者不痈，可以为瘘⑩（lòu）。

## 译文

再往东五十七里，是大暑山。山上多㻬琈玉，还有很多䰝玉。山中有种草，叶子似榆树叶，方茎还长满了尖尖的刺，叫做牛伤，它的根茎上长有青色斑纹，吃了这种根茎，人就不会患上昏厥病，还能避免兵刃之灾。狂水从山的南麓发源，向西南注入伊水，水中多三足龟，人吃了它的肉，就不会生大病，还能消除痈肿。

再往东七十里，是半石山。山上有种草，它刚一出土就结果，然后再生长，高一丈多，红色叶子开红色花，开花后不结果，叫做嘉荣，人吃了它就不会畏惧霹雳雷响。来需水发源于此山南麓，向西注入伊水，水中多鯩鱼，它浑身长满黑色斑纹，体形和鲫鱼相似，人吃了它的肉，就不会犯困。合水从山的北麓流出，向北注入洛水，水中多䲤鱼，其形状像鳜鱼，终日隐居在水底洞穴中，浑身长满青色斑纹，红色尾巴，人吃了它的肉就不会患上痈肿，还可治好瘘疮。

## 【注释】

①䰝玉：可能是指瑂玉，一种像玉的石头。
②苍伤：即苍刺，青色的棘刺。
③牛伤：即牛棘。
④厥：即突然昏倒，不省人事，手脚僵硬冰冷。
⑤秀：这里指不开花就先结出果实。
⑥霆：响声震人而又迅疾的雷。
⑦䲤鱼：也叫䲤星鱼，体粗壮，亚圆筒形，后部侧扁，有粗糙骨板。
⑧鳜鱼：鳜鱼，也叫鳟花鱼、桂鱼。
⑨逵：这里指水底相互贯通着的洞穴。
⑩瘘：指人的脖子上生疮，长时间不愈，流脓水，还生出蛆虫。

## 山海经异兽考

### 三足龟  清·《尔雅音图》

不同版本中的三足龟,形状大同小异。《尔雅音图》中,两只三足龟在水边嬉戏,其中一只形貌符合经文所记,而另一只除龟甲外,周身还披有鳞甲,且三足似龙爪。吴本的三足龟前两足短小,后一足异常粗大。

三足龟  明·蒋应镐图本

鲐鱼  明·蒋应镐图本

䲃鱼  明·蒋应镐图本

| 异兽 | 形态 | 异兆及功效 |
|---|---|---|
| 三足龟 | 只有三只脚。 | 人吃了它的肉,就不会生大的疾病,还能消除痈肿。 |
| 鲐鱼 | 浑身长满黑色斑纹,体形和鲫鱼相似。 | 人吃了它的肉,就不会犯困。 |
| 䲃鱼 | 形状像鳜鱼,浑身长满青色斑纹,红色尾巴。 | 人吃了它的肉就不会患上痈肿疾病,还可以治好瘘疮。 |

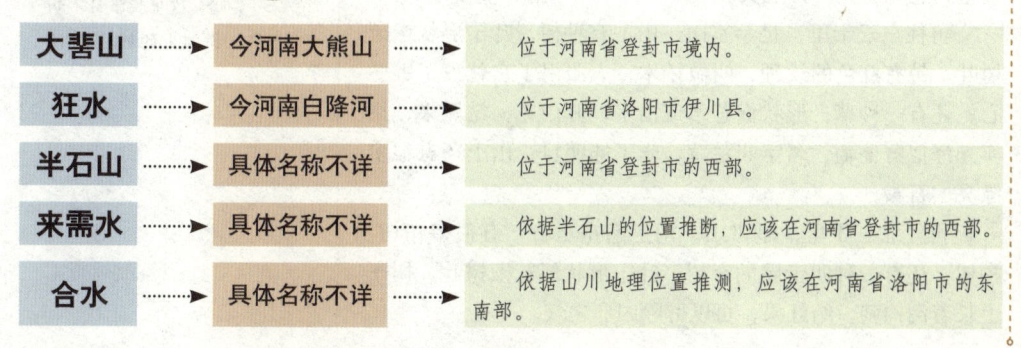

## 山海经地理考

| 大䰽山 | → | 今河南大熊山 | → | 位于河南省登封市境内。 |
| 狂水 | → | 今河南白降河 | → | 位于河南省洛阳市伊川县。 |
| 半石山 | → | 具体名称不详 | → | 位于河南省登封市的西部。 |
| 来需水 | → | 具体名称不详 | → | 依据半石山的位置推断,应该在河南省登封市的西部。 |
| 合水 | → | 具体名称不详 | → | 依据山川地理位置推测,应该在河南省洛阳市的东南部。 |

【第五卷 中山经】

# 4 从少室山到讲山

## 猕猴似的䱱鱼能驱灾

| 山水名称 | 动物 | 植物 | 矿物 |
|---|---|---|---|
| 少室山 |  | 帝休 | 玉、铁 |
| 休水 | 䱱鱼 |  |  |
| 泰室山 |  | 栯木、䔄草 |  |
| 讲山 |  | 柘树、柏树、帝屋 | 玉 |

## 原文

又东五十里，曰少室之山，百草木成囷①（qūn）。其上有木焉，其名曰帝休，叶状如杨，其枝五衢②，黄华黑实，服者不怒。其上多玉，其下多铁。休水出焉，而北流注于洛，其中多䱱鱼，状如盩蜼③而长距，足白而对，食者无蛊疾，可以御兵。

又东三十里，曰泰室之山。其上有木焉，叶状如梨而赤理，其名曰栯木，服者不妒。有草焉，其状如苍，白华黑实，泽如蘡薁④，其名曰䔄草⑤，服之不眯⑥。上多美石。

又北三十里，曰讲山，其上多玉，多柘，多柏。有木焉，名曰帝屋，叶状如椒，反伤⑦赤实，可以御凶。

## 译文

再往东五十里，是少室山。山上花草树木丛集而生，像圆形的谷仓。有种树木，叫做帝休，叶子似杨树叶，树枝交叉着向四方伸展，开黄花，结黑果，吃了它，人就会心平气和，不恼怒。山上盛产玉石，山下盛产铁。休水发源于此，向北注入洛水，水中多䱱鱼，身形像猕猴，长有像公鸡一样的爪子，白色的足趾相对而长，人吃了它的肉，就不会疑神疑鬼，还能避免兵刃之灾。

再往东三十里，是泰室山。山上有种树，叶子形状像梨树叶，带有红色的纹理，叫做栯木，人服用了它就没了嫉妒心。还有一种草，形状像苍术或白术，开白花，结黑果，果实光泽似野葡萄，名字叫䔄草，吃了能明目。山上还有很多漂亮的石头。

再往北三十里，是讲山。山上遍布玉石，有很多柘树、柏树。还有一种叫帝屋的奇树，叶子形状似花椒树叶，树干上长着倒钩刺，结红果，可以辟除凶邪之气。

## 【注释】

①囷：即圆形谷仓。
②衢：交错歧出的样子。
③盩蜼：一种与猕猴相似的野兽。
④蘡薁：一种藤本植物，俗称野葡萄。
⑤䔄草：与上文所述䔄草的形状不一样，当是同名异物。
⑥眯：昏暗。这里指眼目不明。
⑦反伤：指倒生的刺。

## 山海经异兽考

**鳋鱼** 清·汪绂图本

形态颇为奇怪，形似猕猴，白足趾长；人若吃了它的肉将不受蛊惑，还可以免遭兵刃之灾。

| 异兽 | 形态 | 异兆及功效 |
| --- | --- | --- |
| 鳋鱼 | 身形却像猕猴，长有像公鸡一样的爪子，白色的足趾相对而长。 | 人吃了它的肉，就不会疑神疑鬼，还能避免兵刃之灾。 |

## 山海经异木考

**蛇含**

蛇含，蔷薇科植物，叶子形如龙牙只是偏小，故俗名小龙牙。"蛇含"这个名字让人联想起《山海经》中那些奇异、食人的毒草，但恰恰相反，它不但没有毒，而且还能解一切蛇毒，并治疗寒热邪气、痈疽癣疮、蛇虫咬伤等。

## 山海经地理考

| 少室山 | ⟶ | 今河南玉寨山 | ⟶ | 位于河南省西部，地处河南省登封市西北部，嵩山山峰，海拔 1512 米。 |
| --- | --- | --- | --- | --- |
| 休水 | ⟶ | 具体名称不详 | ⟶ | 发源于少室山的北麓。 |
| 泰室山 | ⟶ | 今河南太室山 | ⟶ | 位于河南省登封市北，为嵩山之东峰，海拔 1440 米。 |
| 讲山 | ⟶ | 今河南青龙山 | ⟶ | 位于河南省巩义市中部偏南。 |

【第五卷 中山经】

# 5 从婴梁山到末山

## 奇树异草可治病

| 山水名称 | 动物 | 植物 | 矿物 |
|---|---|---|---|
| 婴梁山 | | | 苍玉 |
| 浮戏山 | | 亢木 | |
| 蛇谷 | 蛇 | 细辛 | |
| 少陉山 | | 芮草 | |
| 太山 | | 梨 | |
| 末山 | | | 金 |

## 原文

又北三十里，曰婴梁之山，上多苍玉，錞①于玄石。又东三十里，曰浮戏之山。有木焉，叶状如樗（chū）而赤实，名曰亢木，食之不蛊。汜水出焉，而北流注于河。其东有谷，因名曰蛇谷，上多少辛②。又东四十里，曰少陉（xíng）之山。有草焉，名曰芮草，叶状如葵，而赤茎白华，实如蘡（yīng）薁（yù），食之不愚。器难之水出焉，而北流注于役水。

又东南十里，曰太山。有草焉，名曰梨，其叶状如荻③（dí）而赤华，可以已疽。太水出于其阳，而东南流注于役水；承水出于其阴，而东北流注于役。又东二十里，曰末山，上多赤金，末水出焉，北流注于役。

## 译文

再往北三十里，是婴梁山。山上盛产苍玉，且都附着在黑色石头上。再往东三十里，是浮戏山。山中有种树，叶子形状像臭椿树叶，结红果，名叫亢木，人吃了它的果实就可驱虫避邪。汜水发源于此，向北注入黄河。在浮戏山的东面有一道峡谷，因谷里多蛇而取名叫蛇谷，蛇谷崖壁上有很多细辛。再往东四十里，是少陉山。山中有种草，叫做芮草，叶子形状似葵菜叶，红色茎干，开白花，果实似野葡萄，人吃了它，就不会愚笨。器难水发源于此，向北注入役水。

再往东南十里，是太山。山里有种奇草，叫做梨，叶子形状像艾蒿叶，开红花。这种梨草能入药，可用来治疗痈疽等恶疾。太水从此山的南麓发源，向东南注入役水；承水从此山的北麓发源，向东北注入役水。再往东二十里，是末山。山上遍地黄金。末水发源于此，向北流入役水。

【注释】

① 錞：依附。
② 少辛：即细辛，一种药草。
③ 荻：一种蒿类植物，叶子是白色，像艾蒿却分杈多，茎干高大，约有一丈余。

## 山海经异木考

### 梨树

梨树的果实味美多汁，古人极早就已发现其珍贵的药用价值。在《山海经》的众多怪木中，有种椆木，叶子极其像梨树叶，这种树叶具有强大的药效，它能治无药可解的嫉妒病。

## 山海经地理考

| | | |
|---|---|---|
| 婴梁山 | 今河南将军岭 | 位于河南省巩义市。 |
| 浮戏山 | 具体名称不详 | 位于河南省巩义市、荥阳市、郑州市一带。 |
| 汜水 | 具体名称不详 | 发源于河南省巩义市东麓。 |
| 蛇谷 | 今河南环翠谷 | 位于河南省荥阳市西南庙子乡。 |
| 少陉山 | 今周山 | 位于河南省荥阳市外。 |
| 器难水 | 具体名称不详 | 位于河南省荥阳市。 |
| 役水 | 今索河 | 位于河南省，在郑县北部注入黄河。 |
| 太山 | 今河南赵庄山 | 位于河南省荥阳市索河的东南部。 |
| 太水 | 今索河东南的支流 | 位于河南省荥阳市。 |
| 承水 | 今索河西北石破口的支流 | 位于河南省荥阳市。 |
| 末山 | 今河南王家坡山 | 位于河南省新密市西南部。 |

【第五卷 中山经】

## 6 从役山到大騩山
### 奇树蓟柏产果可御寒

| 山水名称 | 植物 | 矿物 |
|---|---|---|
| 役山 |  | 金、铁 |
| 敏山 | 蓟柏 | 䱜琈玉 |
| 大騩山 | 榖 | 铁、美玉、青垩 |

## 原文

又东二十五里，曰役山，上多白金，多铁。役水出焉，北流注于河。又东三十五里，曰敏山。上有木焉，其状如荆，白华而赤实，名曰蓟柏，服者不寒。其阳多䱜琈之玉。

又东三十里，曰大騩之山，其阴多铁、美玉、青垩。有草焉，其状如蓍而毛，青华而不实，其名曰榖，服之不夭，可以为腹病。

凡苦山之首，自休与之山至于大騩之山，凡十有九山，千一百八十四里。其十六神者，皆豕①身而人面。其祠：毛牷②用一羊羞③，婴用一藻玉④瘗。苦山、少室、太室皆冢也，其祠之：太牢之具，婴以吉玉。其神状皆人面而三首。其余属皆豕身而人面也。

## 译文

再往东二十五里，是役山。山上盛产白银和铁。役水发源于此，向北注入黄河。再往东三十五里，是敏山。山上有一种树，似牡荆，开白花结红果，叫做蓟柏。人吃了它，就不怕寒冷。山的南坡有䱜琈玉。

再往东三十里，是大騩山。山的北坡盛产铁、优质玉石和青垩。山中有种草，形状像蓍草，长着绒毛，开青花，结白果，叫做榖，人吃了它就不会夭折，还可治愈各种肠胃病。

总计苦山山系之首尾，自休与山起到大騩山止，共十九座山，一千一百八十四里。其中有十六座山的山神，形貌都是猪身人面。祭祀山神的礼仪：在带毛禽畜中选用一只纯色的羊献祭，玉器选用一块带纹理的藻玉，祭献完毕后将玉埋入地下。苦山、少室山、太室山属于冢。祭祀它们的礼仪：在带毛牲畜中选猪、牛、羊齐全的三牲做祭品，玉器用吉玉。这三个山神的形貌都是人面，三个脑袋。其余山神都是猪身人面。

### 注释

①豕：即猪。
②牷：即毛色纯一的全牲。全牲指整只的牛羊猪。
③羞：进献食品。这里指贡献祭祀品。
④藻玉：带有彩色纹理的玉。

## 山海经神怪考

猪身人面十六神　明·蒋应镐图本

人面三首神　明·蒋应镐图本

## 山海经地理考

| 役山 | 具体名称不详 | ①大致位于河南省新密市北数十里外的楚村。②依据原文推测，此山位于河南省中牟县境内。 |
| --- | --- | --- |
| 敏山 | 今河南梅山 | 位于河南省新郑市。 |
| 大騩山 | 今河南嵩山最东面的大山 | 位于河南省新密市境内。 |

【第五卷 中山经】

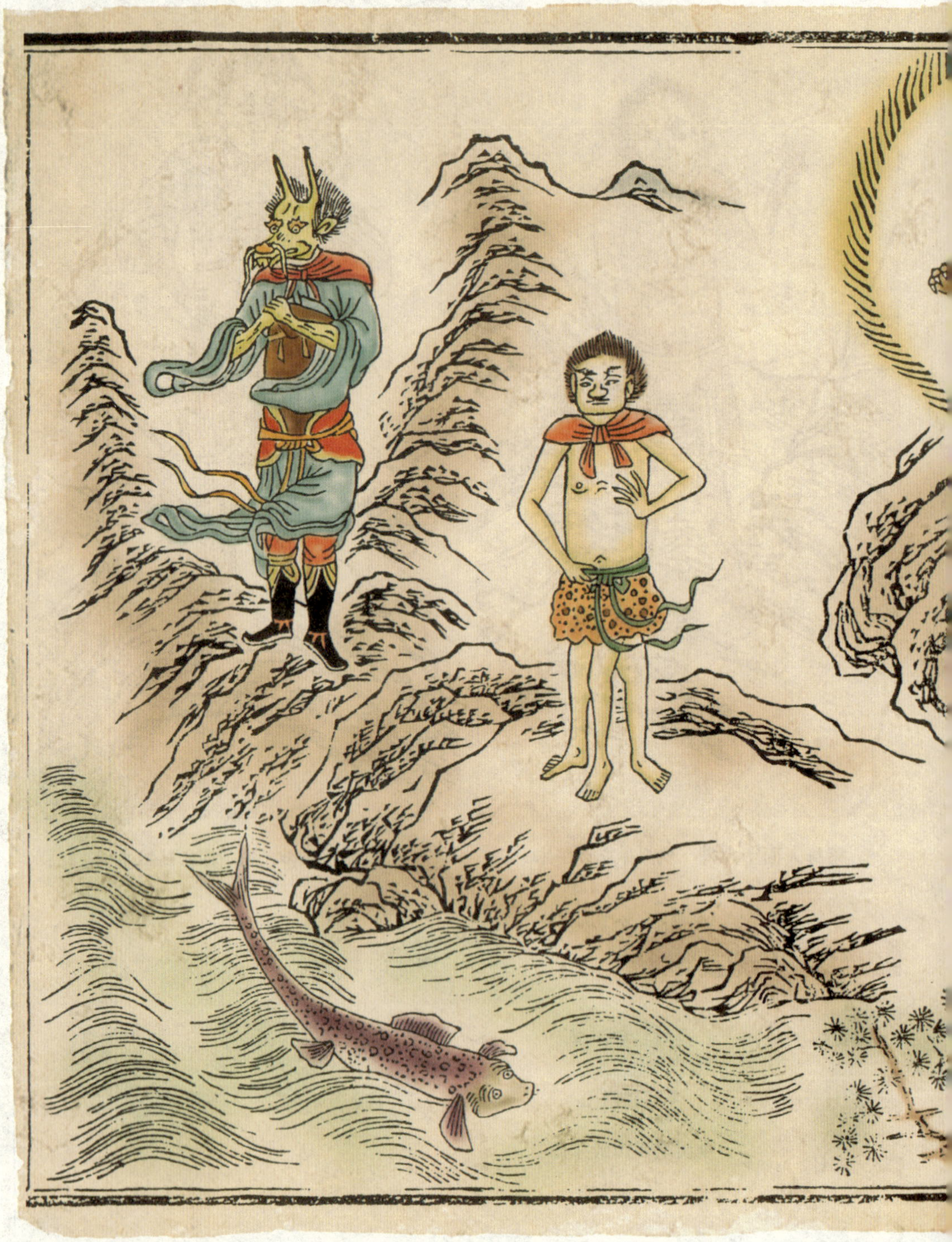

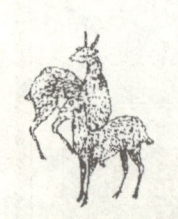

## 中次八经

《中次八经》主要记载中央第八列山系上的动植物及矿物。此山系所处的位置大约在今浙江省、湖北省、安徽省一带，从景山起，一直到琴鼓山止，一共二十三座山，诸山山神的形貌均是人面鸟身，祭祀山神的礼仪也略有差异。山中矿物多黄金、白银、铁等，动植物种类也颇多。

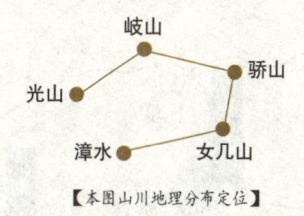

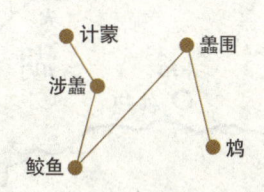

【本图山川地理分布定位】

【本图人神怪兽分布定位】

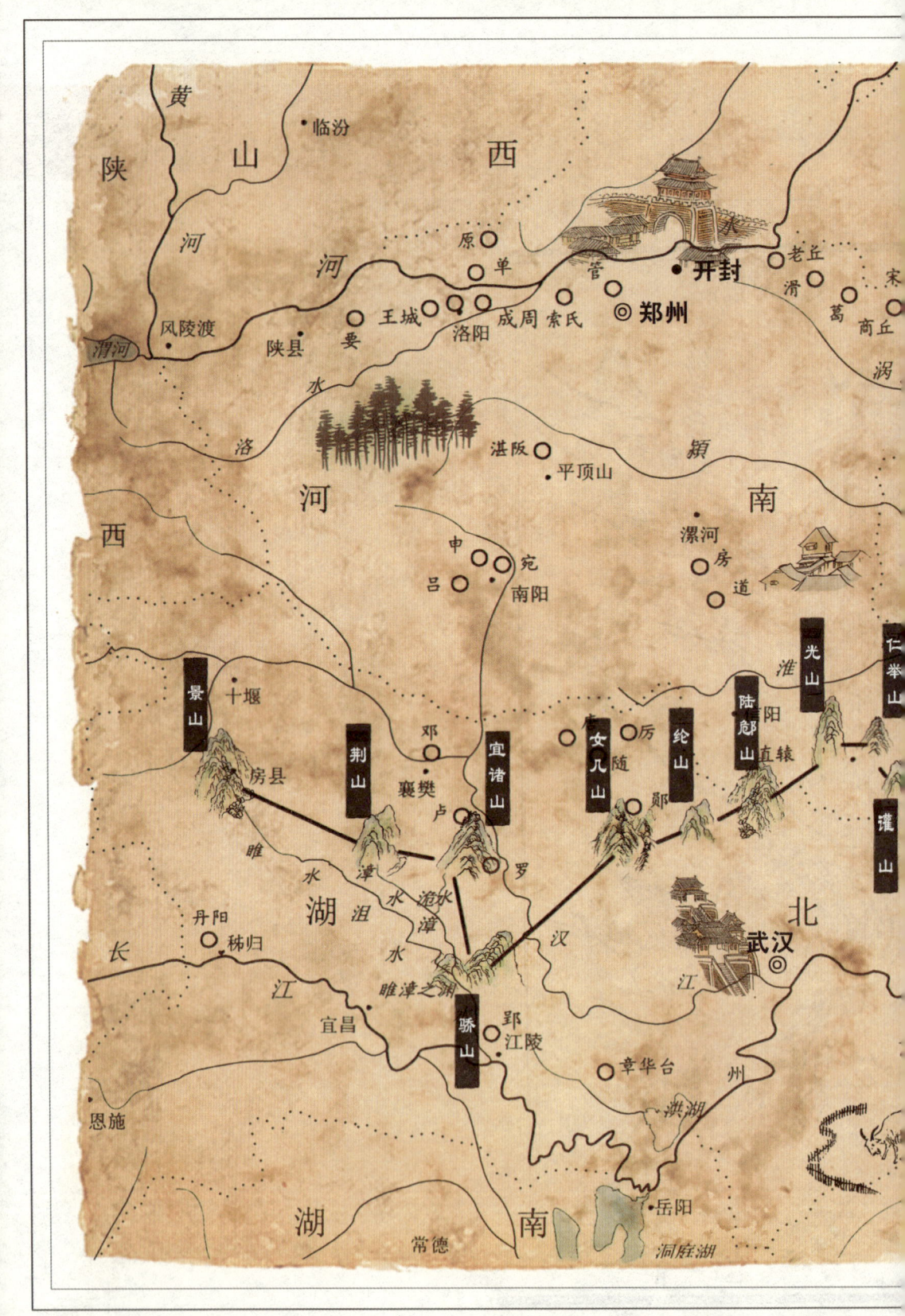

本图根据张步天教授"《山海经》考察路线图"绘制，图中记载了《中次八经》中景山至琴鼓山共23座山的地理位置。

# 中次八经路线示意图

（此路线形成于战国时期）

# 1 从景山到骄山

## 少兽之山，矿物多

| 山水名称 | 动物 | 植物 | 矿物 |
|---|---|---|---|
| 景山（睢水） | （文鱼） | 柞树、檀树 | 金玉、丹粟 |
| 荆山（漳水） | 犛牛、豹、虎、闾麋（鲛鱼） | 松树、柏树、竹子、橘树、柚子树 | 铁、赤金、（黄金） |
| 骄山 | | 松树、柏树、桃枝、钩端 | 玉、青䨼 |

## 原文

中次八经荆山之首，曰景山，其上多金玉，其木多杼（zhù）檀。睢（jū）水出焉，东南流注于江，其中多丹粟，多文鱼。

东北百里，曰荆山，其阴多铁，其阳多赤金，其中多犛（lí）牛①，多豹虎，其木多松柏，其草多竹，多橘櫾②（yòu）。漳水出焉，而东南流注于睢，其中多黄金，多鲛鱼③，其兽多闾麋。

又东北百五十里，曰骄山，其上多玉，其下多青䨼（huò），其木多松柏，多桃枝、钩端。神蠱围处之，其状如人面。羊角虎爪，恒游于睢漳之渊，出入有光。

## 译文

中央第八列山系叫荆山山系，其首座山，叫做景山。山上有丰富的金属矿物和精美玉石。山上树木以柞树和檀树为主。睢水发源于此，向东南注入长江，水中有很多粟粒大小的丹砂，水中还有很多石斑鱼。

再往东北一百里，是荆山。山的北坡盛产铁，山的南坡盛产黄金。山上多犛牛，还有很多豹子和老虎。树木以松树和柏树居多，花草以丛生的小竹子为主，还有许多橘子树和柚子树。漳水发源于此，向东南注入睢水，水中盛产黄金，并有很多鲛鱼。漳水两岸还有很多山驴和麋鹿。

再往东北一百五十里，是骄山。山上有多玉石，山下盛产青䨼。山上树木以松树和柏树居多，矮小的桃树和钩端一类的灌木交错生长。神仙蠱围居住在此山中，其外形像人，头上长着羊角，四肢上长着虎爪，他常常在睢水和漳水的深渊里畅游，出入时身上都会闪闪发光。

## 【注释】

① 犛牛：属于牦牛之类。

② 櫾：同"柚"，即柚子，与橘子相似，稍大一些，皮厚而且味道酸。

③ 鲛鱼：就是现在所说的鲨鱼，体型很大，性凶猛，能吃人。

## 山海经异兽考

**鲛鱼** 明·蒋应镐图本

据说鲛鱼又叫沙（鲨）鱼，鱼皮上有珍珠似的斑纹，而且十分坚硬，尾部有毒，能蜇人，其皮可以用来装饰刀剑。传说鲛鱼腹部长有两个洞，其中贮水养子，一个腹部能容下两条小鲛鱼，小鲛鱼早上从母亲嘴里游出，傍晚又回到母亲腹中休息。

蠱围 明·蒋应镐图本

犛牛 清·汪绂图本　　文鱼 清·汪绂图本　　豹 清·汪绂图本

| 异兽 | 形态 | 异兆及功效 |
| --- | --- | --- |
| 犛牛 | 长得像牦牛 | 人吃了它的肉，就不会生大的疾病，还能消除痈肿。 |
| 鲛鱼 | 鱼皮上有珍珠般的斑纹，十分坚硬。 | 尾部有毒，能蜇人，鱼皮可以用于装饰刀剑。 |
| 蠱围 | 人面兽身，身后有神光环绕，赤身裸体，姿态各异。 | 人吃了它的肉就不会患上痈肿疾病，还可以治好瘘疮。 |

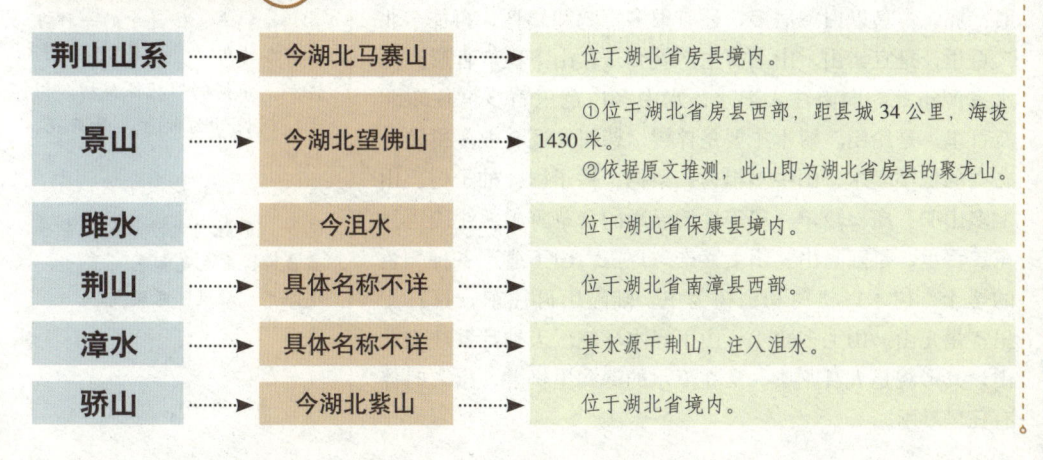

## 山海经地理考

| 荆山山系 | 今湖北马寨山 | 位于湖北省房县境内。 |
| --- | --- | --- |
| 景山 | 今湖北望佛山 | ①位于湖北省房县西部，距县城34公里，海拔1430米。②依据原文推测，此山即为湖北省房县的聚龙山。 |
| 雎水 | 今沮水 | 位于湖北省保康县境内。 |
| 荆山 | 具体名称不详 | 位于湖北省南漳县西部。 |
| 漳水 | 具体名称不详 | 其水源于荆山，注入沮水。 |
| 骄山 | 今湖北紫山 | 位于湖北省境内。 |

【第五卷 中山经】

## 2 从女儿山到光山

### 鸩鸟带有剧毒

| 山水名称 | 动物 | 植物 | 矿物 |
|---|---|---|---|
| 女几山 | 豹、虎、闾麋、麖、麂、白䳑、翟、鸩 | | 玉、黄金 |
| 宜诸山（洈水） | | | 金玉、青雘（白玉） |
| 纶山 | 山驴、麈、羚羊、㚟 | 梓树、楠树、桃枝、竹、柤树、栗树、橘树、柚子树 | |
| 陆陒山 | | 杻树、橿树 | 琈珸玉、垩土 |
| 光山 | | | 碧玉 |

## 原文

又东北百二十里，曰女几之山，其上多玉，其下多黄金，其兽多豹虎，多闾麋、麖、麂①，其鸟多白䳑②，多翟，多鸩③。又东北二百里，曰宜诸之山，其上多金玉，其下多青雘。洈（guǐ）水出焉，而南流注于漳，其中多白玉。又东北三百五十里，曰纶山，其木多梓、楠，多桃枝，多柤④、栗、橘、櫾，其兽多闾麈（zhǔ）、麖⑤、羚、㚟⑥。又东北二百里，曰陆陒（guǐ）之山，其上多琈珸之玉，其下多垩，其木多杻橿。又东百三十里，曰光山，其上多碧，其下多水。神计蒙处之，其状人身而龙首，恒游于漳渊，出入必有飘风⑦暴雨。

## 译文

再往东北一百二十里，是女几山。山上盛产玉石，山下盛产黄金。山中多豹子和老虎，还有成群的山驴、麋鹿、麖、麂。禽鸟以白䳑居多，还有很多野鸡和鸩鸟。再往东北二百里，是宜诸山。山上有生产就金玉，山下盛产青雘。洈水发源于此，向南注入漳水，水中多白色玉石。再往东北二百里，是纶山。树木主要是梓树、楠树，还有很多桃枝竹之类的低矮灌木，山中多柤树、栗树、橘子树、柚子树。山上多山驴、麈、羚羊、㚟等性情温顺的食草野兽。纶山再往东二百里，是陆陒山。山上盛产琈珸玉，山下盛产各种颜色的垩土。树木以杻树和橿树为主。陆陒山再往东一百三十里，是光山。山上多碧玉，山下绿水环绕。天神计蒙住在此山，其形貌是人身龙头。常在漳水的深渊里畅游，出入时伴有狂风暴雨。

### 【注释】

① 麂：一种小鹿。
② 白䳑：也叫"鹖雉"，常常是一边飞行一边鸣叫。
③ 鸩：鸩鸟，传说中的一种身体有毒的鸟。
④ 柤：柤树的形状像梨树，树干、树枝皆为红色，开黄花，结黑果。
⑤ 麖：一种大鹿。
⑥ 㚟：形貌与兔子相似，却长着鹿脚，皮毛是青色。
⑦ 飘风：旋风，暴风。

## 山海经异兽考

**鸩** 明·蒋应镐图本

传说鸩鸟是一种吃蛇的毒鸟，因而它体内也积聚了大量的毒素，甚至连它接触过的东西也不例外。传说鸩鸟喝过水的水池都有毒，其他的动物去喝就必死无疑，人要是不小心吃了它的肉也会被毒死。

麈 清·《禽虫典》　　麅 清·汪绂图本　　计蒙 明·蒋应镐图本

| 异兽 | 形态 | 异兆及功效 |
|---|---|---|
| 鸩 | 大小像雕，羽毛为紫绿色，颈部很长，红喙。 | 传说中有毒的鸟。 |
| 计蒙 | 龙首人身，昂头拱手。 | 光山山神，出入处伴着狂风暴雨。 |

## 山海经地理考

| 女几山 | 今湖北圣境山 | 位于湖北省荆门市西北部，海拔约581米。 |
|---|---|---|
| 宜诸山 | 具体名称不详 | 位于湖北省当阳县境内。 |
| 沦水 | 具体名称不详 | 位于湖北省当阳县境内。 |
| 纶山 | 今湖北大洪山 | 位于湖北省北部，是一座西北—东南走向的山脉。 |
| 陆陒山 | 今湖北大悟山 | 隶属于大别山山脉，位于湖北省孝感市境内。 |
| 光山 | 具体名称不详 | 位于河南省光山县境内。 |

【第五卷 中山经】

# 3 从岐山到灵山

## 神仙涉蠱人身方面

| 山水名称 | 动物 | 植物 | 矿物 |
|---|---|---|---|
| 岐山 |  | 臭椿树 | 黄金、白色珉石、金玉、青雘 |
| 铜山 | 犳 | 构树、柞树、柤树、栗子树、橘子树、柚子树 | 金、银、铁 |
| 美山 | 兕、野牛、山驴、麈、野猪、鹿 |  | 黄金、青雘 |
| 大尧山 | 豹子、老虎、羚羊、臭 | 松树、柏树、梓树、桑树、栳木树、竹子 |  |
| 灵山 |  | 桃树、李树、梅树、杏树 | 金玉、青雘 |

## 原文

又东北百五十里，曰岐山，其阳多赤金，其阴多白珉①，其上多金玉，其下多青雘，其林多樗。神涉蠱处之，其状人身而方面三足。又东百三十里，曰铜山，其上多金、银、铁，其木多榖、柞、柤、栗、橘、櫾，其兽多犳（zhuó）。

又东北一百里，曰美山，其兽多兕、牛，多闾、麈（zhǔ），多㲉、鹿，其上多金，其下多青雘。又东北百里，曰大尧之山，其木多松柏，多梓桑，多机②，其草多竹，其兽多豹、虎、羚、臭。又东北三百里，曰灵山，其上多金玉，其下多青雘，其木多桃、李、梅、杏。

## 译文

再往东北一百五十里，是岐山。山的南坡盛产黄金，山的北坡多白色珉石，山上盛产金玉，山下多青雘。山中树木以臭椿树为主。神仙涉蠱住这里，形貌是人身，方形面孔，三只脚。再往东一百三十里，是铜山。山上多黄金、白银和铁。山中有构树、柞树、柤树、栗子树、橘子树、柚子树等。林中野兽以长着豹纹的犳最多。

再往东北一百里，是美山。有许多兕、野牛、山驴、麈、野猪、鹿等。山上盛产黄金，山下盛产青雘。再往东北一百里，是大尧山。山上树木以松树和柏树居多，还有很多的梓树、桑树、栳木树，树下多丛生的小竹子。有成群的豹子、老虎，多羚羊和臭。再往东北三百里，是灵山。山上有丰富的金属矿物和精美玉石，山下青雘。树木多桃树、李树、梅树、杏树。

## 【注释】

① 珉：一种似玉的美石。
② 机：机木树，就是栳木树。是一种落叶乔木，木材坚韧，生长很快，容易成林。

## 山海经异兽考

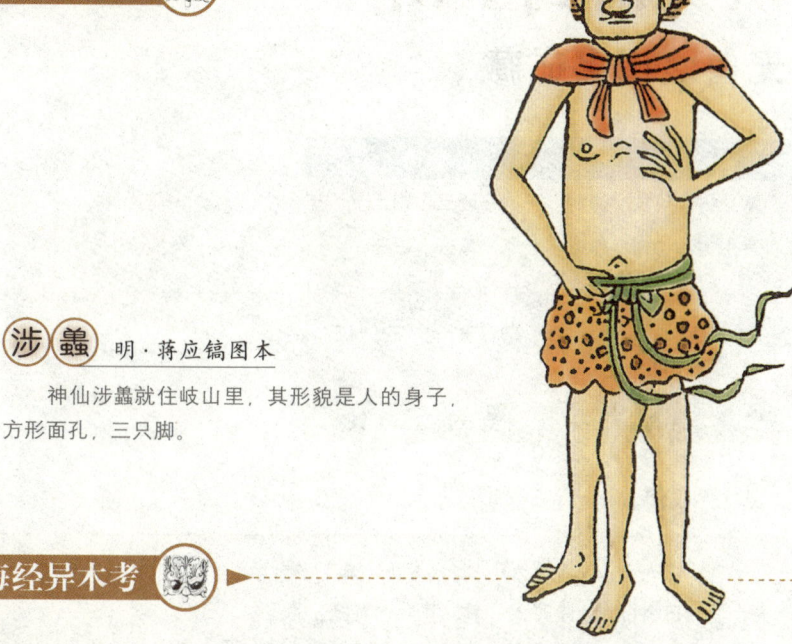

**涉蟲** 明·蒋应镐图本

神仙涉蟲就住岐山里，其形貌是人的身子，方形面孔，三只脚。

## 山海经异木考

桃树 　　李树 　　杏树 　　杨梅

## 山海经地理考

| 岐山 | 今天台山 | ①岐山属于大别山山脉南麓，即湖北省天台红安县境内的天台山。<br>②依据山川里程推测，岐山在安徽省境内。 |
| --- | --- | --- |
| 铜山 | 今石门山 | 依据岐山的地理位置，沿大别山山脉推断而来。 |
| 美山 | 今大同尖山 | ①大同尖山，位于大别山山脉中。<br>②依据岐山地理位置推断，在安徽省境内。 |
| 大尧山 | 今安徽天柱山 | 位于安徽省安庆市潜山县境内，即霍山的最高峰。 |
| 灵山 | 具体名称不详 | 应为大别山山脉的东北尾端。 |

【第五卷 中山经】

# 4 从龙山到玉山

## 无兽之山多矿藏

| 山水名称 | 植物 | 矿物 |
|---|---|---|
| 龙山 | 寄生树、桃枝、钩端 | 碧玉、锡土 |
| 衡山 | 寄生树、构树、柞树 | 黄垩、白垩 |
| 石山 | 寄生树 | 金、青雘 |
| 若山 | 寄生树、柘树 | 㻬琈玉、赭石、封石 |
| 虒山 | 柘树 | 美石 |
| 玉山 | 柏树 | 金玉、碧玉、铁 |

## 原文

又东北七十里，曰龙山，上多寓木①，其木多碧，其下多赤锡②，其草多桃枝、钩端。

又东南五十里，曰衡山，上多寓木、榖、柞，多黄垩、白垩。

又东南七十里，曰石山，其上多金，其下多青雘，多寓木。

又南百二十里，曰若山，其上多㻬琈玉，多赭，多封石③，多寓木，多柘（zhè）。

又东南一百二十里，曰虒山，多美石，多柘。

又东南一百五十里，曰玉山，其上多金玉，其下多碧、铁，其木多柏。

## 译文

再往东北七十里，是龙山。山上的森林里有很多寓木。山上盛产晶莹剔透的碧玉，山下盛产红色锡土。草大多是桃枝、钩端之类的小灌木丛。

再往东南五十里，是衡山。山上多寄生树，还有很多构树、柞树。山中多黄色垩土、白色垩土。

再往东南七十里，是石山。山上盛产黄金，山下盛产青雘，山上有许多寄生树。

再往南一百二十里，是若山。山上有很多精美的㻬琈玉，还有很多赭石和封石。山中有许多寄生树，此外，还有很多柘树。

再往东南一百二十里，是虒山。山中有很多精美石头，山上还有茂密的柘树林。

再往东南一百五十里，是玉山。山上有丰富的金属矿物和精美玉石，山下到处是精美贵重的碧玉，还有很多铁矿石。山上树木以柏树居多。

## 【注释】

①寓木：又叫宛童，即寄生树。又分两种，叶子是圆的叫做茑木；叶子像麻黄叶的叫做女萝。因这种植物是寄寓在其他树木上生长的，所以称作寄生、寓木、茑木。

②锡：指未经提炼的锡土矿。以下同此。

③封石：据古人记载，是一种可作药用的矿物，味道是甜的，没有毒性。

## 山海经异木考

构树

柏树

柘树

## 山海经地理考

| 龙山 | 今安徽北峡山 | 位于安徽省庐江县境内。 |
| --- | --- | --- |
| 衡山 | 今安徽矾山 | 位于安徽省庐江县境内。 |
| 石山 | 今安徽铜官山 | 位于安徽省铜陵市境内。 |
| 若山 | 今安徽九华山 | 位于安徽省青阳县，西北隔长江与天柱山相望。 |
| 㟪山 | 今安徽黄山 | 位于安徽省南部黄山市境内。 |
| 玉山 | 今安徽玉山 | 位于安徽省绩溪县东部。 |

【第五卷 中山经】

## 5 从讙山到琴鼓山

### 祭祀鸟身人面神的礼仪

| 山水名称 | 动物 | 植物 | 矿物 |
|---|---|---|---|
| 讙山（郁水） |  | 檀树 | 封石、色锡土、（磨刀石） |
| 仁举山 |  | 构树、柞树 | 黄金、赭石 |
| 师每山 |  | 柏树、檀树、柘树、竹子 | 磨刀石、青䨼 |
| 琴鼓山 | 野猪、鹿、犀牛、鸩 | 构树、柞树、椒树、柘树 | 珉石、洗石 |

### 原文

又东南七十里，曰讙山，其木多檀，多封石，多白锡。郁水出于其上，潜于其下，其中多砥砺①。又东北百五十里，曰仁举之山，其木多榖、柞，其阳多赤金，其阴多赭。又东五十里，曰师每之山，其阳多砥砺，其阴多青䨼，其木多柏，多檀，多柘，其草多竹。

又东南二百里，曰琴鼓之山，其木多榖、柞、椒②、柘，其上多白珉，其下多洗石，其兽多豕、鹿，多白犀，其鸟多鸩。凡荆山之首，自景山至琴鼓之山，凡二十三山，二千八百九十里。其神状皆鸟身而人面。其祠：用一雄鸡祈瘗，用一藻圭，糈用稌。骄山，冢也，其祠：用羞酒少牢祈瘗③，婴毛一璧。

### 译文

再往东南七十里，是讙山。山上多檀树，盛产封石，多白色锡土。郁水发源于此，潜流到山下，水中多磨刀石。再往东北一百五十里，是仁举山。山上多构树和柞树，山的南坡多黄金，山的北坡多赭石。再往东五十里，是师每山。山的南坡多磨刀石，山的北坡多青䨼。山上树木以柏树居多，也有很多檀树、柘树，草以丛生小竹子为主。

再往东南二百里，是琴鼓山。山中多构树、柞树、椒树、柘树。山上多白色珉石，山下有很多洗石。山中野兽以野猪、鹿居多，还有许多白色犀牛，禽鸟多是鸩鸟。总计荆山山系之首尾，自景山起到琴鼓山止，共二十三座山，二千八百九十里。诸山山神的形貌都是鸟身人面。祭祀山神的礼仪：在带毛禽畜中选用一只雄鸡，祭祀后埋入地下，并奉上一块藻圭献祭，米用稻米。骄山是诸山的宗主，祭祀时要用精酿的美酒和完整的猪、羊献祭，祭祀完毕后埋入地下，玉器用一块玉璧。

### 【注释】

① 砥砺：两种磨刀用的石头。细磨刀石叫砥，粗磨刀石叫砺，后一般合起来泛指磨石。

② 椒：据古人记载，这种椒树矮小而丛生，如果在它下面有草木生长就会被刺死。与上文所记"椒树，指花椒树者。"略有不同。

③ 瘗：埋葬。

## 山海经神怪考

**鸟身人面神** 明·蒋应镐图本

荆山山系之首尾，自景山起到琴鼓山止，共二十三座山。这些山的山神都长着人的面孔、鸟的身子，很是怪异，但祭祀的礼仪却不可缺少。

## 山海经异木考

**椒树**

椒树有很多种类，瘦椒树是我国特有的品种。

## 山海经地理考

| 瑾山 | 今浙江湖田山 | 位于浙江省境内，海拔1248米。 |
|---|---|---|
| 郁水 | 今浙江新安江 | 位于浙江省境内，发源于安徽省徽州休宁县玉山六股尖。 |
| 仁举山 | 今安徽揆山 | 位于安徽省绩溪县境内。 |
| 师每山 | 具体名称不详 | 位于安徽省绩溪县一带的山川。 |
| 琴鼓山 | 今安徽大鄣山 | ①大鄣山，位于安徽省徽州境内。②依据山川里程推算，应在浙江境内。 |

【第五卷 中山经】

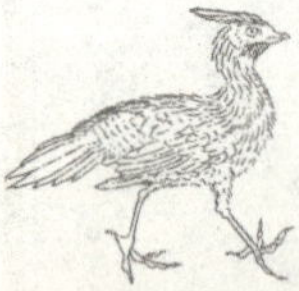

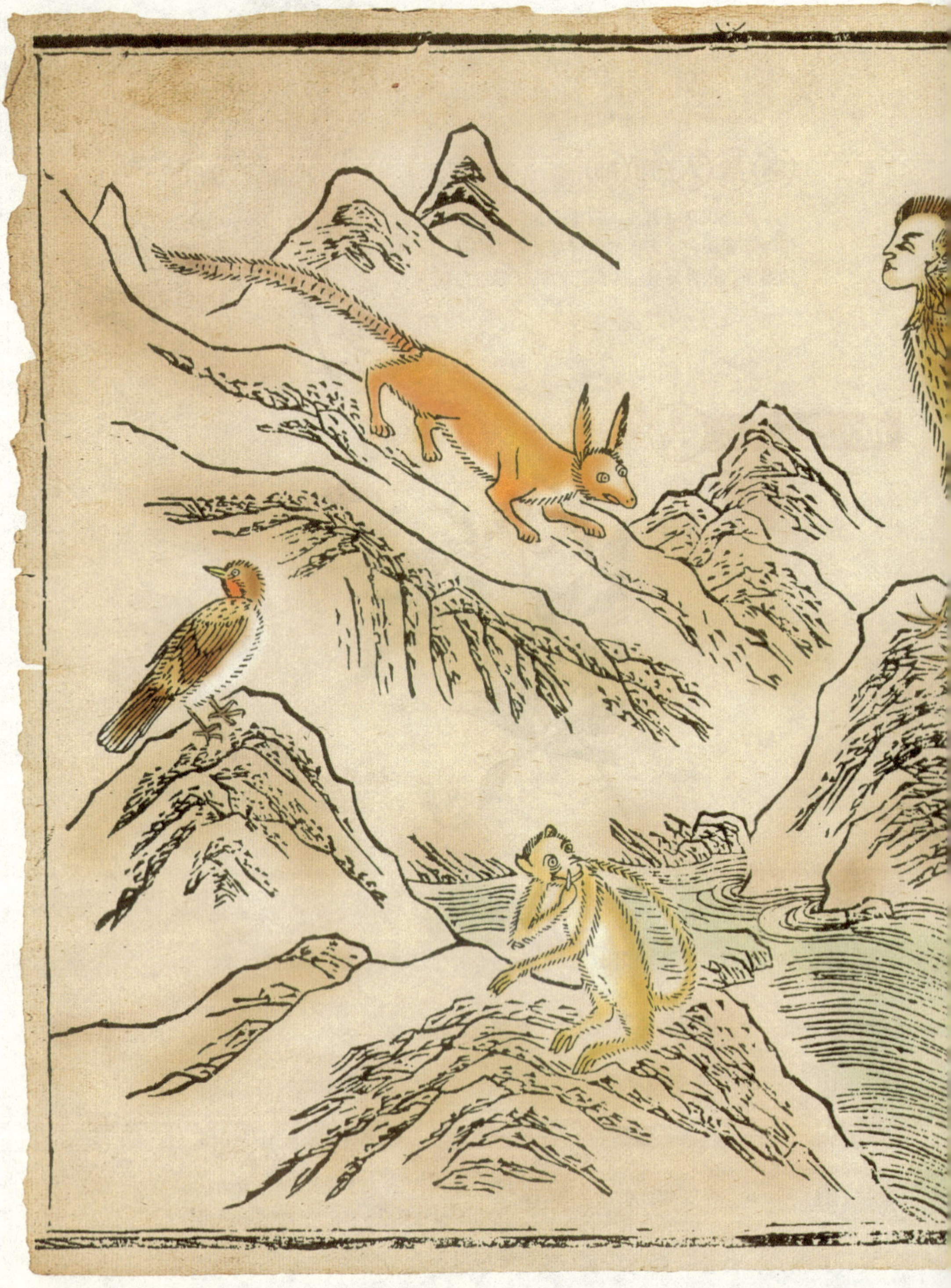

## 中次九经

《中次九经》主要记载中央第九列山系上的动植物及矿物。此山系所处的位置大约在今四川省、重庆市、甘肃省一带，从女几山起，一直到贾超山止，一共十六座山，诸山山神的形貌均是马身龙首，祭祀山神的礼仪略有不同。山中动植物种类颇多，矿藏也很丰富。

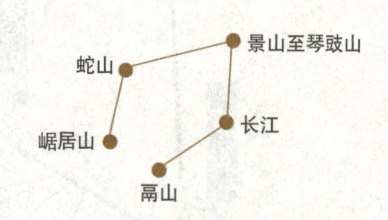

蛇山　　景山至琴鼓山
岷居山　　长江
　　鬲山

【本图山川地理分布定位】

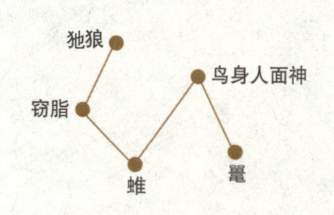

狍狼
窃脂　　鸟身人面神
　蜼　　鼍

【本图人神怪兽分布定位】

本图根据张步天教授"《山海经》考察路线图"绘制，图中记载了《中次九经》中女几山到贾超山共16座山的考据位置。

# 中次九经路线示意图

附图1

西湖北

川

州

南阳
十堰
安康
襄樊
万源
隅阳山
岐山
句檷山
玉山
熊山
䮨山
葛山
贾超山
万县
鱼复
奉节
巫
长
秭归
宜昌
远安
水
江
江
南
江
恩施
郡
澧
江
常德
洞庭湖
黔
中
郡
沅
湘
乌
江

（此路线形成于战国时期）

# 1 从女几山到崃山

## 鼍能用尾巴敲肚皮奏乐

| 山水名称 | 动物 | 植物 | 矿物 |
| --- | --- | --- | --- |
| 女几山 | 虎、豹 | 杻树、橿树、野菊、苍术 | 石涅 |
| 岷山 | 犀牛、大象、夔牛、白翰、赤鷩 | 梅树、海棠树 | 金玉、白色珉石 |
| 崃山（江水） | 麋鹿、麈、（良龟、鼍） | 檀树、柘、野薤菜、野韭菜、白芷、寇脱 | 黄金 |

## 原文

中次九经岷山之首，曰女几之山，其上多石涅①，其木多杻橿，其草多菊②、荗(zhú)。洛水出焉，东注于江③，其中多雄黄，其兽多虎、豹。

又东北三百里，曰岷山。江水出焉，东北流注于海，其中多良龟，多鼍(tuó)，其上多金玉，其下多白珉(mín)，其木多梅棠，其兽多犀、象，多夔(kuí)牛，其鸟多翰、鷩。

又东北一百四十里，曰崃山。江水出焉，东流注于江。其阳多黄金，其阴多麋麈(zhǔ)，其木多檀柘，其草多薤、韭，多药、空夺。

## 译文

中央第九列山系是岷山山系，山系的首座山，叫做女几山。山上多产石涅。林中树木以杻树、橿树居多，草以野菊和苍术为主。洛水发源于此，向东注入长江。山中盛产雄黄，野兽以老虎、豹子为主。

再往东北三百里，是岷山。长江发源于此，向东北注入大海，水中有许多品种优良的龟，还有许多鼍，山上有丰富的金属矿物和各色美玉，山下盛产白色珉石。山中树木以梅树和海棠树为主，林中有体形庞大的犀牛和大象，还有很多夔牛。鸟类以白翰和赤鷩居多。

再往东北一百四十里，是崃山。江水发源于此，向东流入长江。山的南坡盛产黄金，山的北坡有成群的麋鹿和麈。山上树木多檀树和柘树，花草多野薤菜、野韭菜、白芷和寇脱之类的香草。

## 【注释】

①石涅：即涅石，一种矿物，可做黑色染料。

②菊：通称菊花，品种繁多，有九百种，古人将其概括为两大类，一类是栽种在庭院中供观赏的，叫真菊；一类是在山野生长的，叫野菊。这里就是指野菊。

③江：古人单称"江"或"江水"而不贯以名者，则大多是专指长江，这里即指长江。但本书记述山丘河流的方位走向都不甚确实，所述长江也不例外，与今天用科学方法测量出的长江不甚相符。现在译"江"或"江水"为"长江"，只是为了使译文醒目而有别于其他江水。以下同此。

## 山海经异兽考

### 鼍 清·《禽虫典》

传说帝颛顼曾经命鼍演奏音乐，鼍便反转过自己身子，用尾巴敲击肚皮，发出"嘤嘤"的声音。也有人认为鼍能横向飞翔，却不能直接向上腾起；能吞云吐雾，却不能兴风下雨，尾巴一甩就能将河岸崩落，以其他的鱼为食，喜欢晒太阳睡觉。

### 夔牛 清·汪绂图本

传说夔牛比一般的牛要大很多，重可达数千斤。在钟鼎彝器等青铜器上经常会铸有夔纹。据说是黄帝依照九天玄女的指示将夔杀死，以其皮制成战鼓。

| 异兽 | 形态 | 异兆及功效 |
|---|---|---|
| 鼍 | 形如蜥蜴，长达两丈。 | 传说中的神鱼。 |
| 夔牛 | 体形庞大，堪比大象，重达千斤。 | 光山山神，出入处伴着狂风暴雨。 |

## 山海经地理考

| | | |
|---|---|---|
| 岷山山系 | 今四川岷山山系 | 位于四川省北部，西北—东南走向，同时包括甘肃省南部的迭山，以及甘肃与四川边境的摩天岭。 |
| 女几山 | 今四川九顶山 | 位于四川省什邡市境内，在岷山山系龙门山脉中部，海拔4989米，是龙嫩山脉群峰中的最高点。 |
| 洛水 | 今四川石亭江 | 发源于四川省什邡市红白镇，是四川省沱江的一个支流。 |
| 岷山 | 具体名称不详 | 位于四川省松潘县北部。 |
| 江水 | 今青衣江 | 发源于邛崃山山脉的巴郎山与夹金山之间，是长江的一个支流。 |
| 崃山 | 今四川邛崃山 | 位于四川省阿坝县境内，是岷江与大渡河的分水岭。 |

【第五卷 中山经】

363

## 2 从崌山到蛇山
### 尾巴分叉的怪蛇可吃人

| 山水名称 | 动物 | 植物 | 矿物 |
|---|---|---|---|
| 崌山 | 夔牛、羚羊、犀牛、兕、窃脂 | 楢树、杻树、梅树和梓树 | |
| 江水 | 怪蛇、鳖鱼 | | |
| 高粱山 | | 桃枝、钩端 | 垩土、磨刀石 |
| 蛇山 | 狪狼 | 枸树、豫章树、嘉荣、细辛 | 黄金、垩土 |

## 原文

又东一百五十里，曰崌（jū）山。江水出焉，东流注于大江，其中多怪蛇①，多鳖鱼②，其木多楢③（yóu）杻，多梅、梓，其兽多夔（kuí）牛、羚、羖、犀、兕。有鸟焉，状如鸮而赤身白首，其名曰窃脂，可以御火。

又东三百里，曰高粱之山，其上多垩，其下多砥砺，其木多桃枝、钩端。有草焉，状如葵而赤华，荚实、白柎（fū），可以走马。

又东四百里，曰蛇山，其上多黄金，其下多垩，其木多枸，多豫章，其草多嘉荣、少辛。有兽焉，其状如狐，而白尾长耳，名狪狼，见则国内有兵。

## 译文

再往东一百五十里，是崌山。江水发源于此，向东注入长江。水中有许多怪蛇，还有很多鳖鱼。山上树木多楢树、杻树、梅树和梓树。野兽多夔牛、羚羊、犀牛和兕。山中还有一种禽鸟，其形貌与猫头鹰相似，身上的羽毛却是红色的，长着一个白色的脑袋，名字叫窃脂，人饲养它就可以辟火。

再往东三百里，是高粱山。山上到处是五色垩土，山下盛产各种各样的磨刀石。山上草木多是桃枝竹和钩端竹。山中有种草，形状像葵菜，开红花，结带荚的果实，花萼是白色的，马吃了它能跑得更快。

再往东四百里，是蛇山。山上有丰富的黄金，山下多出产垩土。山上树木以枸树和豫章树居多，花草以嘉荣、细辛居多。还有一种野兽，形状和狐狸相似，却长着白色的尾巴，头上还有一对长耳朵，名字叫狪狼，它在哪个国家出现，哪个国家就会发生战乱。

### 【注释】

①怪蛇：据古人记载，应是一种钩蛇，长达几丈，尾巴分叉。
②鳖鱼：不详何种鱼。
③楢：一种木材刚硬的树木，可以用作制造车子的材料。

## 山海经异兽考

### 怪蛇 清·汪绂图本

传说这里的怪蛇体长可达数丈，尾巴分叉，食量很大，力气更是惊人，常常埋伏在水中，用尾巴钩取岸上的人、牛、马生吞，所以又叫它钩蛇、马绊蛇。

窃脂　明·胡文焕图本

狚狼　明·蒋应镐图本

| 异兽 | 形态 | 今名 | 异兆及功效 |
|---|---|---|---|
| 窃脂 | 形貌与猫头鹰相似，身上的羽毛却是红色的，长着一个白色的脑袋。 | 小青雀 | 人饲养它就可以辟火。 |
| 怪蛇 | 怪蛇体长可达数丈，尾巴分叉。 |  | 能吃人。 |
| 狚狼 | 形状和狐狸相似，却长着白色的尾巴，头上还有一对长耳朵。 |  | 它在哪个国家出现，哪个国家就会发生战乱。 |

## 山海经地理考

| 崌山 | → | 今四川牛头山 | → | 位于四川省西部邛崃山附近，海拔1214米，地处清江河南岸，嘉陵江西岸。 |
| 江水 | → | 今燕子河 | → | 燕子河，属于嘉陵江水系。 |
| 高梁山 | → | 今四川大剑山 | → | 位于四川省剑阁县，山壁中间断裂成两部分，两座山崖如同开开的大门一样矗立在那里，像宝剑一样峻直挺拔，所以又被称为剑门山。 |
| 蛇山 | → | 今四川光雾山 | → | 位于四川省巴中市南江县北部，距县城70公里，主峰海拔2500米。 |

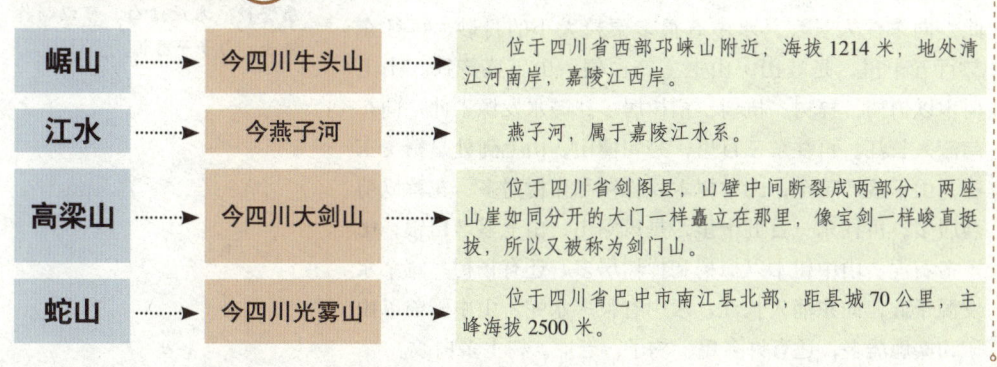

【第五卷 中山经】

# 3 从鬲山到风雨山

## 蜼可用尾巴塞住鼻孔

| 山水名称 | 动物 | 植物 | 矿物 |
|---|---|---|---|
| 鬲山 | 犀牛、大象、熊、罴、猿猴、长尾猿 | | 黄金、白色珉石、白玉 |
| 隅阳山 | | 梓树、桑树、紫草 | 金玉、青膛、丹砂 |
| 岐山 | | 梅树、梓树、杻树、楢树 | 白银、铁 |
| 勾檷山 | | 栎树、柘树、芍药 | 精美玉石、黄金 |
| 风雨山 | 山驴、麋鹿、麈、豹子、老虎、白鹖、水蛇 | 椒树、樿树、杨树 | 白银、石涅 |

## 原文

又东五百里，曰鬲山，其阳多金，其阴多白珉。蒲鹬之水出焉，而东流注于江，其中多白玉，其兽多犀、象、熊、罴，多猨、蜼①。又东北三百里，曰隅阳之山，其上多金玉，其下多青膛，其木多梓桑，其草多茈。徐水出焉，东流注于江，其中多丹粟。又东二百五十里，曰岐山，其上多白金，其下多铁。其木多梅梓，多杻楢。减水出焉，东南流注于江。又东三百里，曰勾檷之山，其上多玉，其下多黄金，其木多栎柘，其草多芍药。又东一百五十里，曰风雨之山，其上多白金，其下多石涅，其木多椒②樿③，多杨。宣余之水出焉，东流注于江，其中多蛇，其兽多闾、麋，多麈、豹、虎，其鸟多白鹖。

## 译文

再往东五百里，是鬲山。山的南坡盛产黄金，北坡多白色珉石。蒲鹬水发源于此，向东注入长江，水中多白色玉石。山上野兽以犀牛、大象、熊、罴居多，还有许多猿猴、长尾猿。再往东北三百里，是隅阳山。山上盛产金玉，山下多青膛。山上多梓树和桑树，草以紫草居多。徐水发源于此，向东注入长江，水中有很多粟粒大小的丹砂。再往东二百五十里，是岐山。山上盛产白银，山下盛产铁。山上树木以梅树、梓树、杻树、楢树居多。减水发源于此，向东南流入长江。再往东三百里，是勾檷山。山上到处是精美玉石，山下盛产黄金；山中树木以栎树和柘树居多，花草以芍药居多。再往东一百五十里，是风雨山。山上盛产白银，山下多石涅。山中树木以椒树和樿树居多，还有杨树。宣余水发源于此，向东涌入长江，水中有很多水蛇。山中野兽以山驴和麋鹿居多，还有许多麈、豹子、老虎。树上多白鹖。

【注释】

① 蜼：据古人记载，是一种长尾巴猿猴，鼻孔朝上，尾巴分叉，天下雨时就自己悬挂在树上，用尾巴塞住鼻孔。
② 椒：不详何样树木。
③ 樿：樿树，也叫白理木。木质坚硬，木纹洁白，可以制作梳子、勺子等器物。

## 山海经异兽考

**蜼** 清·《尔雅音图》

据说是一种长尾猿，其身体像猕猴，鼻孔外露上翻，尾巴很长，可达四五尺，它能预报雨水，将要下雨的时候就倒挂在树上，用尾巴或两根手指塞住鼻孔，以免雨水流入。传说古时江东地区的人养过这种长尾猿猴，训练它接物取物，身手甚是矫健。

蜼　明·蒋应镐图本

| 异兽 | 形态 | 异兆及功效 |
| --- | --- | --- |
| 蜼 | 像猕猴，鼻孔外露上翻，尾巴很长。 | 能预报下雨。 |

## 山海经地理考

| | | |
| --- | --- | --- |
| 高山 | 今观面山 | 位于重庆开县与宣汉县的交界处。 |
| 蒲鹉水 | 今观面山附近的临江小河 | 位于重庆市开县与宣汉县的交界处。 |
| 隅阳山 | 具体名称不详 | 位于重庆市东北部的云阳县境内。 |
| 徐水 | 今长滩河 | 位于重庆市东北部的云阳县，长滩河为长江沿岸的一条河流。 |
| 岐山 | 今横断山 | 依据山川里程推断，此山位于重庆市奉节县。 |
| 减水 | 今分水河 | 发源于横断山，位于重庆市巫溪县境内。 |
| 勾檷山 | 今白帝山 | 位于重庆市奉节县，是长江三峡的起点。 |
| 风雨山 | 今巫山 | 位于重庆市巫山县，此山地跨长江巫峡两岸。 |

【第五卷 中山经】

# 4 从玉山到葛山

## 神人常出入熊的洞穴

| 山水名称 | 动物 | 植物 | 矿物 |
|---|---|---|---|
| 玉山 | 野猪、鹿、羚羊、鸩 | 豫章树、楢树、杻树 | 铜、黄金 |
| 熊山 | | 臭椿树、柳树、寇脱草 | 白色玉石、白银 |
| 騩山 | | 桃枝竹、牡荆树、枸杞树 | 美玉、黄金、铁 |
| 葛山 | 羚羊、臭 | 柤树、栗子树、橘子树、柚子树、楢树、杻树、嘉荣草 | 黄金、瑊石 |

## 原文

　　又东北二百里，曰玉山，其阳多铜，其阴多赤金，其木多豫章、楢、杻，其兽多豕、鹿、麢（líng）、臭，其鸟多鸩。

　　又东一百五十里，曰熊山。有空焉，熊之穴，恒出入神人。夏启而冬闭，是穴也，冬启乃必有兵。其上多白玉，其下多白金。其林多樗柳，其草多寇脱。

　　又东一百四十里，曰騩山，其阳多美玉、赤金，其阴多铁，其木金桃枝、荆、芭。

　　又东二百里，曰葛山，其上多赤金，其下多瑊（jiān）石①，其木多柤、栗、橘、櫾、楢、杻，其兽多麢、臭，其草多嘉荣。

## 译文

　　再往东北二百里，是玉山。山南有丰富的铜，山北有丰富的黄金。山中树木以豫章树、楢树、杻树为主。野兽以野猪、鹿、羚羊居多，禽鸟以鸩鸟居多。

　　再往东一百五十里，是熊山。山中有一个洞穴，是熊的巢穴，时常有神人出入。洞穴一般夏季开启而冬季关闭；如果某年冬季开启，来年就必定会发生战争。山上遍布白色玉石，山下盛产白银。山中树木以臭椿树和柳树居多，花草以寇脱草最为常见。

　　再往东一百四十里，是騩山，山的南坡盛产美玉、黄金，山的北坡盛产铁。山上草木以桃枝竹、牡荆树、枸杞树居多。

　　再往东二百里，是葛山。山上盛产黄金，山下遍布瑊石。山上树木以柤树、栗子树、橘子树、柚子树、楢树、杻树居多，山林中栖息着成群的羚羊和臭，花草主要是嘉荣草。

【注释】

① 瑊石：是一种比玉差一等的美石。

## 山海经神怪考

### 熊山神  清·汪绂图本

传说熊山的一个洞穴一般是夏季开启而冬季关闭；如果某年冬季开启，来年就必定会发生战争。能预报战争的奇怪现象，除了熊山的洞穴以外，还有郧西北鼓山上的石鼓。如果石鼓自鸣，就会天下大乱，烽烟四起，与熊山石穴有异曲同工之妙。

## 山海经地理考

| | | |
|---|---|---|
| 玉山 | 今重庆葱坪 | 位于重庆市竹溪县境内，号称竹溪第一峰，海拔2740米。 |
| 熊山 | 今湖北珍珠岭 | 位于湖北省巴东县境内。 |
| 騩山 | 今湖北将军山 | 位于湖北省宜昌市秭归县境内。 |
| 葛山 | 今河北香炉山 | 位于河北省兴山县南嘴镇张家坪蠢施村组河下。 |

【第五卷 中山经】

## 5 贾超山
### 祭祀马身龙首神的礼仪

| 山水名称 | 植物 | 矿物 |
|---|---|---|
| 贾超山 | 柤树、栗子树、橘子树、柚子树、楢树、杻树、龙须草 | 黄色垩土、赭石 |

## 原文

又东一百七十里，曰贾超之山，其阳多黄垩，其阴多美赭，其木多柤、栗、橘、櫾、楢、杻，其中多龙脩①。

凡岷山之首，自女几山至于贾超之山，凡十六山，三千五百里。其神状皆马身而龙首。其祠：毛用一雄鸡瘗，糈用稌。文山②、勾檷（mí）、风雨、骒之山，是皆冢也，其祠之：羞酒，少牢具，婴毛一吉玉。熊山，帝③也，其祠：羞酒，太牢具，婴毛一璧。干④儛⑤（wǔ），用兵以禳⑥，祈，璆⑦（qiú）冕⑧舞。

## 译文

再往东一百七十里，是贾超山。山的南坡盛产黄色垩土，山的北坡多精美赭石。山中草木以柤树、栗子树、橘子树、柚子树、楢树、杻树居多，草以龙须草居多。

总计岷山山系之首尾，自女几山起到贾超山止，共十六座山，三千五百里，诸山山神的形貌都是马身龙首。祭祀山神时，要在带毛牲畜中选用一只公鸡做祭品埋入地下，用稻米祀神。其中文山、勾檷山、风雨山、骒山，是神圣之山，有特别的祀礼。祭祀这四座山的山神要进献美酒，用猪、羊二牲的少牢做祭品，祀神的玉器要选用一块吉玉。因熊山是诸山的首领，祭祀熊山山神的礼仪：除敬献美酒外，还要用猪、牛、羊三牲齐全的太牢做祭品，祀神的玉器要选用一块玉璧。为禳除战争灾祸，要手持盾斧跳舞；祈求福祥时，就要穿戴整齐，并手持美玉跳舞。

【注释】

① 龙脩：即龙须草，生长在山石缝隙中，草茎倒垂，可用来编织席子。
② 文山：这里指岷山。
③ 帝：这里是首领的意思。
④ 干：指盾牌。
⑤ 儛：即跳舞。
⑥ 禳：祭祷消灾。
⑦ 璆：古同"球"，美玉，亦指玉磬。
⑧ 冕：即冕服，是古代帝王、诸侯及卿大夫的礼服。这里泛指礼服。

## 山海经神怪考

马身龙首神　明·蒋应镐图本

马身龙首神　清·汪绂图本

## 山海经异木考

【栗子树】

各种栗树都结可以食用的坚果。栗子可以煮、烤、炒等多种方法食用，也可以磨成粉用做面包、糕点的原料。

## 山海经地理考

| 贾超山 | 今甘肃凤阳山 | 位于甘肃省远安县境内。 |

【第五卷 中山经】

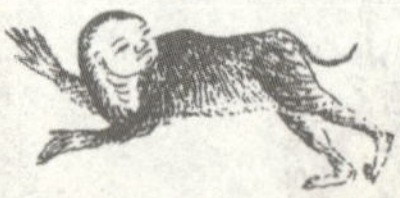

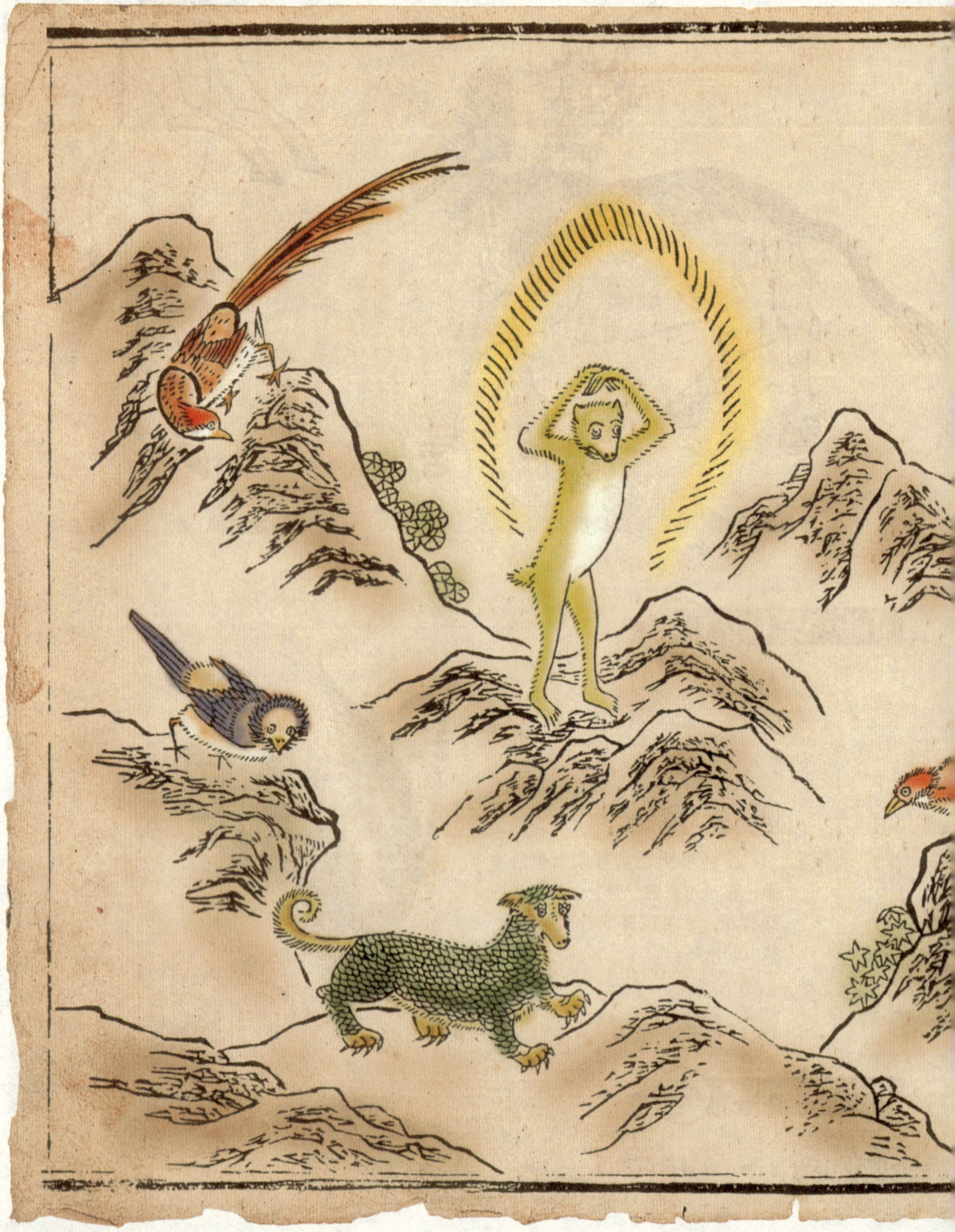

## 中次十经

《中次十经》主要记载中央第十列山系上的动植物及矿物。此山系所处的位置大约在今河南省、甘肃省一带，从首阳山起，一直到丙山止，一共九座山，诸山山神的形貌均是人面龙身，祭祀山神的礼仪也稍有不同。山中处处水声潺潺、瀑布倒挂，树木繁茂、交错生长，山中矿藏丰富，多黄金和铁。

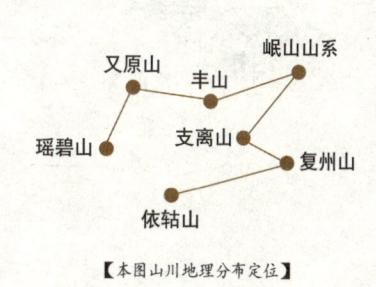

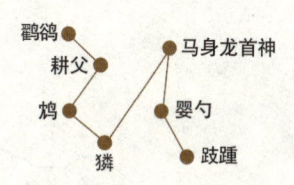

【本图山川地理分布定位】

【本图人神怪兽分布定位】

# 中次十经路线示意图

本图根据张步天教授"《山海经》考察路线图"绘制,《中次十经》中首阳山到丙山的9座山,其考据位置皆在图中得以表现。

(此路线形成于春秋、战国时期)

# 1 从首阳山到楮山
## 怪鸟跂踵能带来瘟疫

| 山水名称 | 动物 | 植物 | 矿物 |
| --- | --- | --- | --- |
| 首阳山 |  |  | 金玉 |
| 虎尾山 |  | 花椒树、椐树 | 封石、黄金、铁 |
| 繁缋山 |  | 楮树、杻树、桃枝竹、钩端 |  |
| 勇石山 |  |  | 白银 |
| 复州山 | 跂踵 | 檀树 | 黄金 |
| 楮山 |  | 寄生树、花椒树、椐树、柘树 | 垩土 |

图解山海经

## 原文

中次经十经之首，曰首阳之山，其上多金玉，无草木。又西五十里，曰虎尾之山，其木多椒、椐①(jū)，多封石，其阳多赤金，其阴多铁。又西南五十里，曰繁缋之山，其木多楮、杻，其草多枝钩②。又西南二十里，曰勇石之山，无草木，多白金，多水。

又西二十里，曰复州之山，其木多檀，其阳多黄金。有鸟焉，其状如鸮，而一足彘尾，其名曰跂踵，见则其国大疫。又西三十里，曰楮山，多寓木，多椒、椐，多柘，多垩。

## 译文

中央第十列山系的首座山，叫做首阳山。山上有丰富的金属矿物和精美玉石，但山上没有花草树木。再往西五十里，是虎尾山。山上林木以花椒树、椐树居多。山上到处是封石，山的南坡盛产黄金，山的北坡盛产铁。再往西南五十里，是繁缋山。山上树木以楮树和杻树居多，草以桃枝竹、钩端居多。再往西南二十里，是勇石山。山上没有花草树木，有丰富的白银，还有很多水流。

再往西二十里，是复州山。山上树木以檀树居多。山的南坡盛产黄金。檀树林中有一种怪鸟，其形状和一般的猫头鹰相似，只长了一只爪子，还长有一条猪尾巴，名字叫做跂踵，它在哪个国家出现，哪个国家就会发生瘟疫。再往西三十里，是楮山。山上树木以寄生树、花椒树、椐树、柘树居多。山上到处是各种颜色的垩土。

**【注释】**

①椐：椐树，又叫灵寿木。树干上多肿节，古人用作手杖。

②枝钩：即上文所说的桃枝竹、钩端竹。

## 山海经异兽考

### 跂踵 清·《禽虫典》

远古人类对鸟的崇拜，体现为将鸟想象成形貌怪异的凶鸟，如生活在复州山的独足怪鸟跂踵；一方面表现在赋予鸟某种神性，如象征太阳神崇拜的鸟形器。

跂踵 明·蒋英镐图本

| 异兽 | 形态 | 异兆及功效 |
| --- | --- | --- |
| 跂踵 | 形状和一般的猫头鹰相似，只长了一只爪子，还长有一条猪尾巴。 | 它在哪个国家出现，哪个国家就会发生瘟疫。 |

## 山海经地理考

| | | |
| --- | --- | --- |
| 首阳山 | 今首阳山 | ①一是位于甘肃省渭源县东南34公里的莲峰乡享堂沟的首阳山。②一是位于河南省洛阳市偃师市邙岭乡的首阳山，也是邙山的在偃师市境内的最高点。③一是位于湖北省黄石市，具体名称不详。 |
| 繁缋山 | 具体名称不详 | ①依据首阳山的地理位置推断，应在湖北省鄂州市境内。②依据山川里程推算，繁缋山应在河南省洛阳市的东北部。 |
| 柘山 | 具体名称不详 | 依据首阳山与繁缋山的地理位置推测，柘山应在河南省孟津县境内。 |

【第五卷 中山经】

## 2 从又原山到丙山

### 鸜鹆能效仿人说话

| 山水名称 | 动物 | 植物 | 矿物 |
|---|---|---|---|
| 又原山 | 鸜鹆 |  | 青䨼、铁 |
| 涿山 |  | 构树、柞树、杻树 | 㻬琈玉 |
| 丙山 |  | 梓树、檀树、䇛杻树 |  |

## 原文

又西二十里，曰又原之山，其阳多青䨼，其阴多铁，其鸟多鸜（qú）鹆（yù）。

又西五十里，曰涿山，其木多榖、柞、杻，其阳多㻬琈之玉。

又西七十里，曰丙山，其木多梓、檀，多䇛（shěn）杻①。

凡首阳山之首，自首山至于丙山，凡九山，二百六十七里。其神状皆龙身而人面。其祠之：毛用一雄鸡瘗，糈用五种之糈②。堵山③，冢也，其祠之：少牢具，羞酒祠，婴毛一璧瘗。骢山，帝也，其祠羞酒，太牢具，合巫④祝⑤二人儛，婴一璧。

## 译文

再往西二十里，是又原山。山的南坡多青䨼，山的北坡盛产铁矿石。山中禽鸟以鸜鹆居多。

再往西五十里，是涿山。山上树木以构树、柞树、杻树居多，山的南坡遍布着㻬琈玉。

再往西七十里，是丙山。山上树木以梓树、檀树居多，还有很多䇛杻树。

总计首阳山山系之首尾，自首阳山起到丙山止，共九座山，二百六十七里。诸山山神的形貌都是龙身人面。祭祀山神的礼仪：在带毛牲畜中选用一只雄鸡献祭后埋入地下，并用黍、稷、稻、粱、麦等五种粮米祀神。楮山是诸山的宗主，祭祀楮山山神要用猪、羊二牲的少牢做祭品，并进献美酒来祭祀，选用一块玉璧，祀神后埋入地下。骢山是诸山山神的首领，祭祀骢山山神要进献美酒，用猪、牛、羊三牲齐全太牢的做祭品；还要让女巫师和男祝师二人一起跳舞，同时在玉器中选用一块玉璧来祭祀。

### 【注释】

① 䇛杻：杻树的树干都是弯曲的，而䇛杻的树干比较直。

② 五种之糈：指黍、稷、稻、粱、麦五种粮米。

③ 堵山：指楮山。

④ 巫：古代指能以舞降神的人，即女巫。

⑤ 祝：古代在祠庙中主管祭礼的人，即男巫。

## 山海经异兽考

**鸜鹆** 明·蒋应镐图本

据说，鸜鹆就是八哥，浑身黑色，但翅膀上有一些白色羽毛，展开双翼后就像一个"八"字。据说这种鸟喜欢在水中洗浴，冬天遇到下雪时则喜欢群飞。八哥的舌头很发达，修剪它的舌头能让它效仿人说话。

**龙身人面神** 清·汪绂图本

【第五卷 中山经】

## 山海经地理考

| | | |
|---|---|---|
| 又原山 | 具体名称不详 | 位于河南省南召县西北部。 |
| 涿山 | 今蜀山 | 依据山川里程推算，可能在甘肃省境内。 |

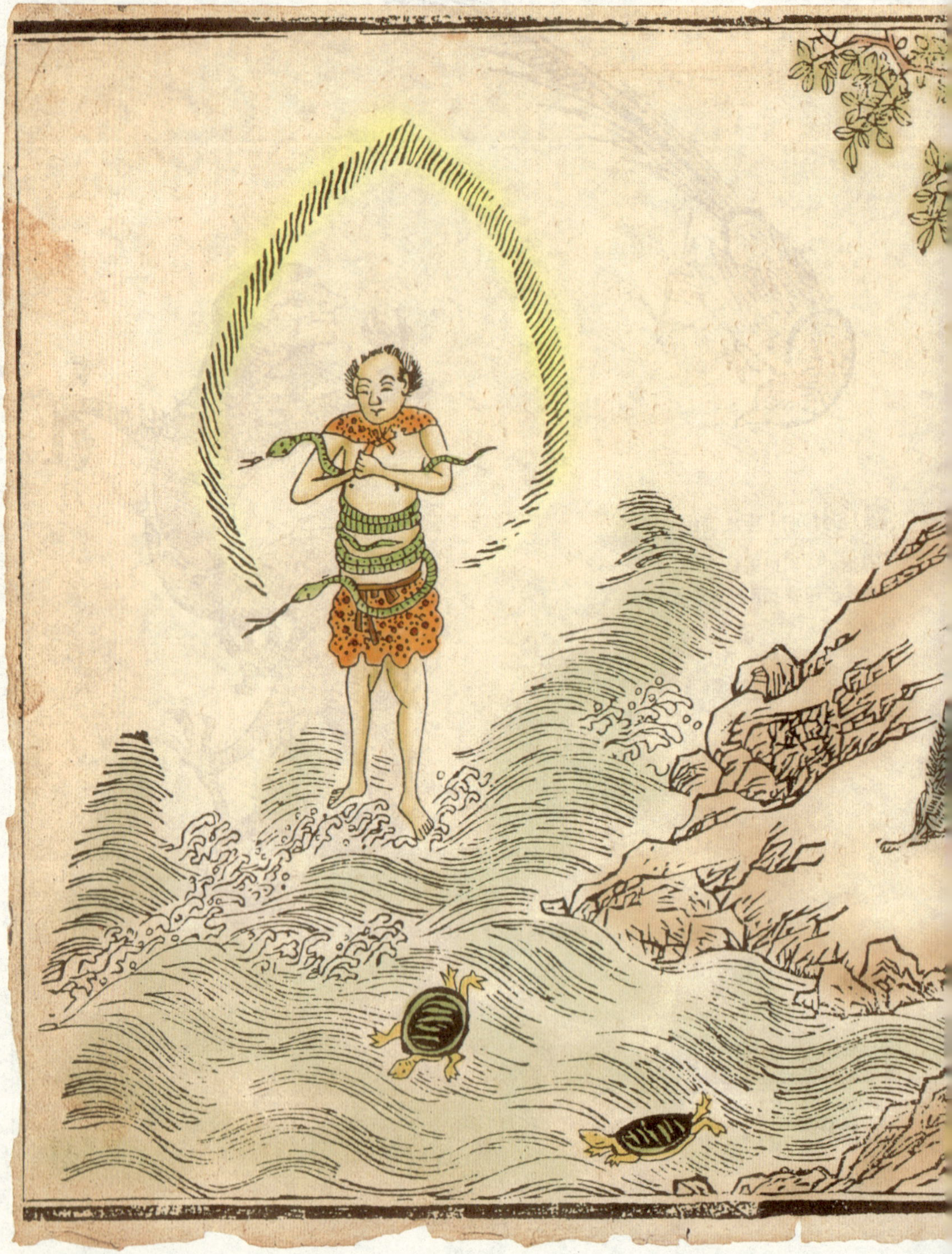

# 中次十一经

《中次十一经》主要记载中央第十一列山系山的动植物及矿物。此山系所处的位置大约在今河南省、湖北省、安徽省一带，从翼望山起，一直到几山止，一共四十八座山，诸山山神的形貌均是人面猪身，祭祀礼仪也稍有不同。山中树木苍翠、种类繁多；矿产丰富，有很多青䨼、黄金、玉石；动物多而繁杂。

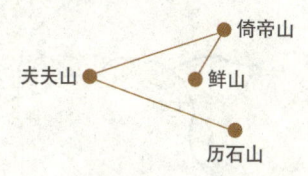

夫夫山 — 倚帝山
夫夫山 — 鲜山
夫夫山 — 历石山

【本图山川地理分布定位】

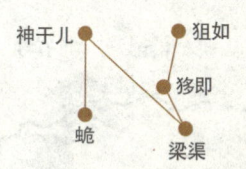

神于儿 — 狙如
神于儿 — 㺢即
蛫 — 梁渠

【本图人神怪兽分布定位】

| | | | | | | | | |
|---|---|---|---|---|---|---|---|---|
| 1. 高前山 | 2. 游戏山 | 3. 倚帝山 | 4. 鲵山 | 5. 丰山 | 6. 雅山 | 7. 兔床山 | 8. 皮山 | 9. 章山 |
| 10. 瑶碧山 | 11. 山 | 12. 董理山 | 13. 帝困山 | 14. 罗山 | 15. 依轱山 | 16. 大山 | 17. 白山 | 18. 朝歌山 |
| 19. 大䫉山 | 20. 视山 | 21. 宣山 | 22. 前山 | 23. 历石山 | 24. 卑山 | 25. 虎首山 | 26. 婴山 | 27. 婴侯山 |
| 28. 从山 | 29. 毕山 | 30. 姬山 | 31. 鲜山 | 32. 区吴山 | 33. 大支山 | 34. 声匈山 | 35. 服山 | 36. 杳山 |

本图根据张步天教授"《山海经》考察路线图"绘制，图中记载了《中次十一经》中翼望山至几山共48座山的所在位置。

（此路线形成于战国时期）

# 1 从翼望山到视山

## 贶水之中多蛟

| 山水名称 | 动物 | 植物 | 矿物 |
|---|---|---|---|
| 翼望山（贶水） | （蛟） | 松树、柏树、漆树、梓树 | 黄金、珉石 |
| 朝歌山（潕水） | 羚羊、麋鹿、（人鱼） | 梓树、楠木树、莽草 | |
| 帝囷山 | 鸣蛇 | | 㻬琈玉、铁 |
| 视山 | | 野韭菜、桑树 | 垩土、金玉 |

## 原文

中次一十一山经荆山之首，曰翼望之山。湍水出焉，东流注于济，贶（kuàng）水出焉，东南流注于汉，其中多蛟①。其上多松柏，其下多漆梓，其阳多赤金，其阴多珉。

又东北一百五十里，曰朝歌之山，潕（wǔ）水出焉，东南流注于荥（xíng），其中多人鱼。其上多梓、楠，其兽多麢、麋。有草焉，名曰莽草②，可以毒鱼。

又东南二百里，曰帝囷之山，其阳多㻬琈之玉，其阴多铁。帝囷之水出于其上，潜于其下，多鸣蛇。又东南五十里，曰视山，其上多韭。有井③焉，名曰天井，夏有水，冬竭。其上多桑，多美垩、金、玉。

## 译文

中央第十一列山系也叫荆山山系，山系的首座山，叫做翼望山。湍水发源于此，向东注入济水；贶水发源于此，向东南注入汉水，水中有很多蛟。山上多松树和柏树，山下有茂密的漆树和梓树。山的南坡盛产黄金，山的北坡盛产珉石。

再往东北一百五十里，是朝歌山。潕水发源于此，向东南流入荥水，水中有很多人鱼。山上林木以梓树、楠木树居多，山中野兽以羚羊、麋鹿最多。山中有种草，叫做莽草，能够毒死鱼。

再往东南二百里，是帝囷山。山的南坡多㻬琈玉，山的北坡盛产铁。帝囷水发源于此，然后潜流到山下。山上有很多长有四只翅膀的鸣蛇。再往东南五十里，是视山。山上到处是野韭菜。山中低洼的地方有一眼泉水，名叫天井，夏天有水，冬天枯竭。山上还有茂密的桑树，到处是优质垩土、金属矿物、精美玉石。

【注释】

① 蛟：据古人说是像蛇的样子，却有四只脚，小小的头，细细的脖子，脖颈上有白色瘤，大的有十几围粗，卵有瓮大小，能吞食人。

② 莽草：即上文所说的芒草，又叫鼠莽。

③ 井：同上文所说的井一样，是指自然形成的水泉。古人把四周高峻中间低洼的地形，或四面房屋和围墙中间的空地称为天井。所以，这里也把处在低洼地的水泉叫天井。

## 山海经异木考

松树

莽草

## 山海经地理考

| 荆山山系 | 今熊耳山与伏牛山的总称 | 位于河南省西部。 |
|---|---|---|
| 翼望山 | 今河南关山坡 | 位于河南省内乡县北部。 |
| 湍水 | 今河南湍河 | 发源于西峡、内乡、嵩县三县交界处的关山坡，总长约400余华里。 |
| 济 | 今河南白河 | 发源于伏牛山玉皇顶东麓，流至襄樊注入汉水。流经河南省界内全长329公里。 |
| 贶水 | 今河南淅河 | 发源于河南省卢氏县熊耳山。 |
| 朝歌山 | 今河南扶予山 | 位于河南省沁阳县西北七十里。 |
| 潕水 | 今舞阳河 | "潕"即为"舞"，潕水即舞水，今舞阳河。 |
| 荥 | 今汝河 | 发源于河南省伏牛山区龙池曼，是淮河北岸的主要支流之一。 |
| 帝囷山 | 具体名称不详 | 依据山川里程推测，可能在河南省舞阳县境内。 |
| 视山 | 今河南太白顶 | 位于河南省桐柏县西部，是桐柏山的最高峰。 |

【第五卷 中山经】

## 2 从前山到瑶碧山

### 以蜚虫为食的鸩

| 山水名称 | 动物 | 植物 | 矿物 |
|---|---|---|---|
| 前山 |  | 楮树、柏树 | 黄金、赭石 |
| 丰山 | 雍和 | 构树、柞树、杻树、橿树 | 黄金 |
| 兔床山 |  | 楮树、萸树、鸡谷草 | 铁 |
| 皮山 |  | 松树、柏树 | 垩土、赭石 |
| 瑶碧山 | 鸩 | 梓树、楠树 | 青雘、白银 |

## 原文

又东南二百里，曰前山，其木多楮①(zhū)，多柏，其阳多金，其阴多赭。又东南三百里，曰丰山。有兽焉，其状如猿，赤目、赤喙，黄身，名曰雍和，见则国有大恐。神耕父处之，常游清泠(líng)之渊，出入有光，见则其国为败。有九钟焉，是知霜鸣。其上多金，其下多谷、柞、杻、橿。

又东北八百里，曰兔床之山，其阳多铁，其木多楮、萸②(yù)，其草多鸡谷，其本如鸡卵，其味酸甘，食者利于人。又东六十里，曰皮山，多垩，多赭，其木多松柏。又东六十里，曰瑶碧之山，其木多梓枏，其阴多青雘，其阳多白金。有鸟焉，其状如雉，恒食蜚③，名曰鸩④。

## 译文

再往东南二百里，是前山。树木以楮树和柏树居多。山南盛产黄金，山北多赭石。再往东南三百里，是丰山。山中有奇兽，形状像猿猴，红眼睛和红嘴巴，黄身子，叫做雍和，它在哪个国家出现，哪个国家就有恐怖事件。神仙耕父住在此山，常在山中的清泠渊游玩，出入时会发光，他在哪个国家出现，哪个国家就会衰败。山上有九口大钟，会应和霜的降落鸣响。山上盛产黄金，树木以构树、柞树、杻树、橿树为主。

再往东北八百里，是兔床山。山南盛产铁。树木以楮树和萸树居多，草以鸡谷草为主，其根茎类似鸡蛋，味道酸中带甜，人吃了它就能益寿延年。再往东六十里，是皮山。山上多垩土和赭石，多松树和柏树。再往东六十里，是瑶碧山。树木以梓树和楠树为主。山北盛产青雘，山南盛产白银。山中有种鸟，形状像野鸡，常以蜚虫为食，叫做鸩。

### 【注释】

① 楮：即楮树，结的果实如同橡树的果实，可以吃，木质耐腐蚀，可作房屋的柱子。

② 萸：即栎树。果实叫橡子、橡斗。树皮可饲养蚕，树叶可做染料。

③ 蜚：一种有害的小飞虫，形状椭圆，散发恶臭。

④ 鸩：即鸩鸟，与上文所说的有毒鸩鸟是同名异物。

## 山海经异兽考

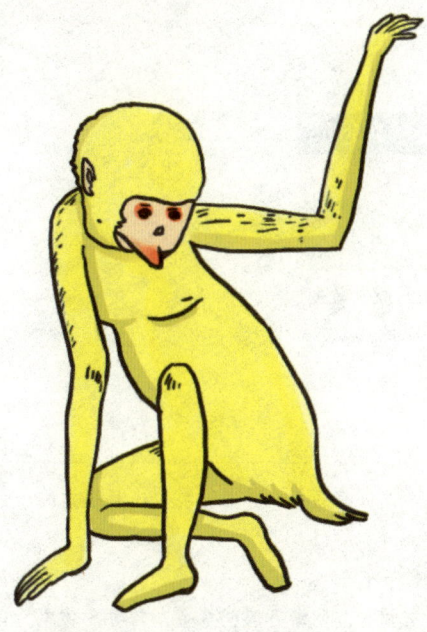

雍和 清·《禽虫典》

雍和是一种形似猿猴的灾兽，红眼红嘴，毛呈黄色；它出现的地方，就会发生很恐怖的事件。

耕父 清·汪绂图本

鸩 明·蒋应镐图本

| 异兽 | 形态 | 异兆及功效 |
| --- | --- | --- |
| 雍和 | 形状像猿猴，红眼睛和红嘴巴，黄身子。 | 它在哪个国家出现，哪个国家就会发生恐怖事件。 |
| 鸩 | 形状像野鸡，常以蜚虫为食。 | |

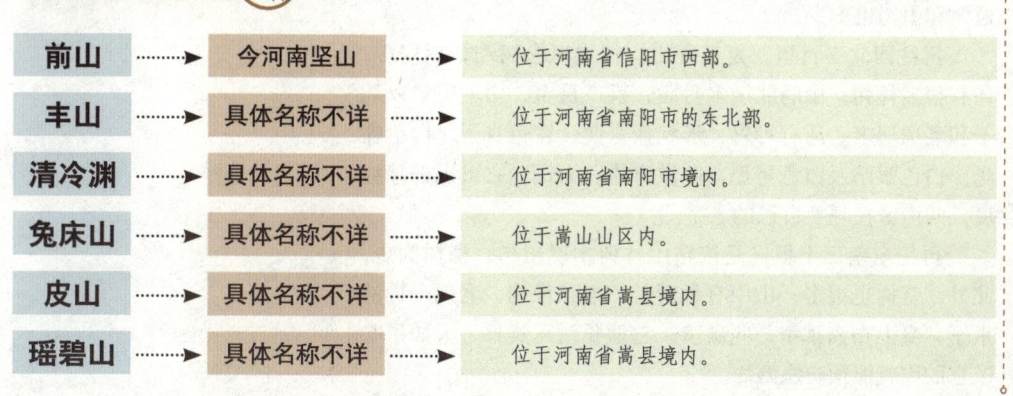

## 山海经地理考

| 前山 | → | 今河南坚山 | → | 位于河南省信阳市西部。 |
| --- | --- | --- | --- | --- |
| 丰山 | → | 具体名称不详 | → | 位于河南省南阳市的东北部。 |
| 清冷渊 | → | 具体名称不详 | → | 位于河南省南阳市境内。 |
| 兔床山 | → | 具体名称不详 | → | 位于嵩山山区内。 |
| 皮山 | → | 具体名称不详 | → | 位于河南省嵩县境内。 |
| 瑶碧山 | → | 具体名称不详 | → | 位于河南省嵩县境内。 |

【第五卷 中山经】

# 3 从支离山到依轱山

## 饲养青耕可辟除瘟疫

| 山水名称 | 动物 | 植物 | 矿物 |
|---|---|---|---|
| 支离山 | 婴勺、柞牛、羬羊 | | |
| 袟蔲山 | | 松树、柏树、机树、桓树 | |
| 堇理山 | 豹子、老虎、青耕 | 松树、柏树、梓树 | 丹雘、黄金 |
| 依轱山 | 猿 | 杻树、橿树、苴树 | |

## 原文

又东四十里，曰支离之山。济水出焉，南流注于汉。有鸟焉，其名曰婴勺，其状如鹊，赤目、赤喙、白身，其尾若勺，其鸣自呼。多柞牛，多羬羊。

又东北五十里，曰袟蔲之山，其上多松、柏、机①、桓②。

又西北一百里，曰堇理之山，其上多松柏，多美梓，其阴多丹雘，多金，其兽多豹虎。有鸟焉，其状如鹊，青身白喙，白目白尾，名曰青耕，可以御疫，其鸣自叫。

又东南三十里，曰依轱之山，其上多杻橿，多苴③。有兽焉，其状如犬，虎爪有甲，其名曰猿，善駚㳺，食者不风。

## 译文

再往东四十里，是支离山。济水发源于此，向南流入汉水。山中有种鸟，叫婴勺，外形像喜鹊，红眼睛和红嘴巴、白色的身子，尾巴与酒勺相似。啼叫的声音像在呼唤自己的名字。山中多柞牛、羬羊。

再往东北五十里，是袟蔲山。树木以松树和柏树居多，机树和桓树也不少。

再往西北一百里，是堇理山。树木以松树和柏树居多，还有很多梓树。山的北坡多丹雘，盛产黄金。山上野兽以豹子和老虎居多。还有种鸟，形状像喜鹊，青色身子、白色嘴喙、白色眼睛及白色尾巴，叫做青耕。人饲养它可以辟除瘟疫，叫声像在呼唤自己的名字。

再往东南三十里，是依轱山。树木以杻树、橿树为主，此外，苴树也很多。山中有种野兽，形状像狗，老虎一样的爪子，身上布满鳞甲，叫做猿。它擅长跳跃腾扑，人如果吃了它的肉就能预防疯癫病。

【注释】

① 机：即桤树。
② 桓：即桓树，树叶像柳叶，树皮是黄白色。
③ 苴：通"柤"。即柤树。

## 山海经异兽考

**婴勺** 清·《禽虫典》

婴勺，其外形像喜鹊，却长着红眼睛和红嘴巴、白色的身子，尾巴与酒勺相似，或许，其名正是由此而来。它啼叫的声音就像在呼唤自己的名字。

**青耕** 明·胡文焕图本

**獭** 明·蒋应镐图本

| 异兽 | 形态 | 异兆及功效 |
| --- | --- | --- |
| 婴勺 | 外形像喜鹊，红眼睛和红嘴巴、白色的身子，尾巴与酒勺相似。 | 啼叫的声音像在呼唤自己的名字。 |
| 青耕 | 形状像喜鹊，青色身子、白色嘴喙、白色眼睛及白色尾巴。 | 人饲养它可以辟除瘟疫，叫声像在呼唤自己的名字。 |
| 獭 | 形状像狗，老虎一样的爪子，身上布满鳞甲。 | 它擅长跳跃腾扑，人如果吃了它的肉就能预防疯癫病。 |

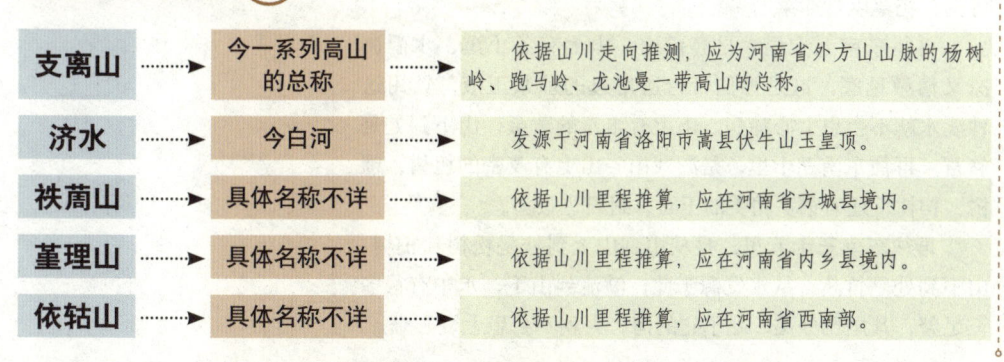

## 山海经地理考

| 支离山 | 今一系列高山的总称 | 依据山川走向推测，应为河南省外方山山脉的杨树岭、跑马岭、龙池曼一带高山的总称。 |
| --- | --- | --- |
| 济水 | 今白河 | 发源于河南省洛阳市嵩县伏牛山玉皇顶。 |
| 袚蒿山 | 具体名称不详 | 依据山川里程推算，应在河南省方城县境内。 |
| 堇理山 | 具体名称不详 | 依据山川里程推算，应在河南省内乡县境内。 |
| 依轱山 | 具体名称不详 | 依据山川里程推算，应在河南省西南部。 |

【第五卷 中山经】

## 4 从即谷山到从山
### 三足鳖可治疑心病

| 山水名称 | 动物 | 植物 | 矿物 |
|---|---|---|---|
| 即谷山 | 玄豹、山驴、麈、羚羊、臭 | | 美玉、珉石、青䨼 |
| 鸡山 | | 梓树、桑树、野韭菜 | |
| 高前山 | | | 黄金、赭石 |
| 游戏山 | | 杻树、橿树、构树 | 玉石、封石 |
| 从山 | 三足鳖 | 松树、柏树、竹丛 | |

## 原文

又东南三十五里，曰即谷之山，多美玉，多玄豹，多闾麈，多麢臭。其阳多珉，其阴多青䨼。又东南四十里，曰鸡山，其上多美梓，多桑，其草多韭。

又东南五十里，曰高前之山，其上有水焉，甚寒而清，帝台之浆也，饮之者不心痛。其上有金，其下有赭。又东南三十里，曰游戏之山，多杻、橿、榖，多玉，多封石。

又东南三十五里，曰从山，其上多松柏，其下多竹。从水出于其上，潜于其下，其中多三足鳖，枝①尾，食之无蛊疫。

## 译文

再往东南三十五里，是即谷山。山上遍布美玉。有很多玄豹、山驴、麈、羚羊和臭。山的南坡盛产珉石，北坡盛产青䨼。再往东南四十里，是鸡山。山上多梓树，桑树也随处可见，花草以野韭菜居多。

再往东南五十里，是高前山。山上有条小溪，水温冰凉又清澈见底，这是神仙帝台所用过的琼浆玉液，饮用这种溪水就不会患上心痛病。山上有丰富的黄金，山下到处是赭石。再往东南三十里，是游戏山。山上有茂密的杻树、橿树、构树，还有很多精美的玉石，封石也很多。

再往东南三十五里，是从山。山上到处是松树和柏树，山下到处是竹丛。从水发源于此，潜流到山下，水中有很多三足鳖，其尾巴分叉，吃了它的肉，人就不会患上疑心病。

【注释】

①枝：分支的，分叉的。

## 山海经异兽考

### 三足鳖 清·《尔雅音图》

传说三足鳖的名字叫能,也是大禹的父亲鲧所化。据说人吃了三足鳖就会被毒死,但是这种尾部分叉的三足鳖却是一种良药,吃了可以预防疑心病。

| 异兽 | 形态 | 异兆及功效 |
| --- | --- | --- |
| 三足鳖 | 尾巴分叉。 | 吃了它的肉,人就不会患上疑心病。 |

## 山海经地理考

| | | |
| --- | --- | --- |
| 即谷山 | 具体名称不详 | 可能位于河南省信阳市与湖北市的交界处。 |
| 鸡山 | 今鸡公山 | 位于河南省信阳市与湖北市的交界处,鸡公山属于大别山的支脉。 |
| 高前山 | 今河南高前山 | 位于河南省内乡县西南部。 |
| 游戏山 | 具体名称不详 | 可能位于河南省内乡县南部。 |
| 从山 | 具体名称不详 | 一说在河南省境内;一说在湖北省境内。 |

【第五卷 中山经】

## 5 从婴硐山到虎首山

### 刺猬状的㺌能带来瘟疫

| 山水名称 | 动物 | 植物 | 矿物 |
|---|---|---|---|
| 婴硐山 |  | 松树、柏树、梓树、橁树 |  |
| 毕山（帝苑水） | （蛟） |  | 玉、（水晶石） |
| 乐马山（灙水） | 㺌、（娃娃鱼、蛟、頡） |  |  |
| 婴山 |  |  | 青雘、金玉 |
| 虎首山 |  | 苴树、椆树、椐树 |  |

## 原文

又东南三十里，曰婴硐之山，其上多松柏，其下多梓、橁①（chūn）。又东南三十里，曰毕山。帝苑之水出焉，东北流注于灙（qīn），其中多水玉，多蛟。其上多琈琈之玉。

又东南二十里，曰乐马之山。有兽焉，其状如彙，赤如丹火，其名曰㺌，见则其国大疫。

又东南二十五里，曰葴山，灙水出焉，东南流注于汝水，其中多人鱼，多蛟，多頡②（jié）。

又东四十里，曰婴山，其下多青雘，其上多金玉。

又东三十里，曰虎首之山，多苴、椆③、椐。

## 译文

再往东南三十里，是婴硐山。山上到处是松树和柏树，山下有很多梓树和橁树。再往东南三十里，是毕山。帝苑水发源于此，向东北注入灙水，水中有很多水晶石，还有许多蛟。山上遍布琈琈玉。

再往东南二十里，是乐马山。山中有种野兽，形状和一般的刺猬类似，全身毛皮赤红，犹如一团丹火，名称是㺌。它在哪个国家出现，哪个国家就会有大瘟疫。

再往东南二十五里，是葴山。灙水发源于此，向东南注入汝水。水中有很多娃娃鱼，还有很多蛟，此外，还有很多頡。

再往东四十里，是婴山。山下多青雘，山上有丰富的金属矿物和精美玉石。

再往东三十里，是虎首山。山上有很多苴树、椆树、椐树。

【注释】

① 橁：又名橁树，形状像臭椿树，树干可制作车辕。

② 頡：据古人说是一种皮毛青色而形态像狗的动物。可能就是今天所说的水獭。

③ 椆：据古人说是一种耐寒冷而不凋落的树木。

## 山海经异兽考

**颉** 清·汪绂图本

据说颉是一种栖息在水中、皮毛青色而形态像狗的动物，就是今天所说的水獭。它嗜好捕鱼，即使饱腹之后，它还会无休无止地捕杀鱼类，以此为乐。水獭十分聪明伶俐，又酷爱捕鱼，经过一段时间的训练，就可以成为一个为渔民效劳的捕鱼能手。

猴 清·《禽虫典》

| 异兽 | 形态 | 异兆及功效 |
|---|---|---|
| 猴 | 形状和一般的刺猬类似，全身毛皮赤红，犹如一团丹火。 | 它在哪个国家出现，哪个国家就会有大瘟疫。 |

## 山海经地理考

| | | |
|---|---|---|
| 婴硾山 | 今大别山北麓 | ①位于河南省与湖北省交界处的大别山的北麓。②根据山川里程推测，此山应在河南省信阳市的西南部。 |
| 毕山 | 今河南旱山 | 位于河南省沁阳县境内。 |
| 帝苑水、瀤水 | 今沙河 | 位于河南省沁阳县、遂平县境内，在张家湾安徽界上注入淮河。 |
| 葴山 | 今桐柏山 | 位于河南省与湖北省交界处，西北—东南走向。 |
| 瀙水 | 今洪河 | 发源于河南省驻马店西部山区，向东南注入淮河。 |
| 婴山 | 具体名称不详 | 可能位于河南省境内。 |
| 虎首山 | 具体名称不详 | 可能位于河南省境内。 |

[第五卷 中山经]

## 6 从婴㺀山到鲵山

### 白耳白嘴的狙如是灾兽

| 山水名称 | 动物 | 植物 | 矿物 |
|---|---|---|---|
| 婴㺀山 |  |  | 封石、红色锡土 |
| 大𩰭山 |  |  | 白色垩土 |
| 卑山 |  | 桃树、李树、苴树、梓树 |  |
|  |  | 紫藤树 |  |
| 倚帝山 | 狙如 |  | 玉石、黄金 |
| 鲵山 |  |  | 垩土、黄金、青雘 |

## 原文

又东二十里，曰婴㺀（hóu）之山，其上多封石，其下多赤锡。

又东五十里，曰大𩰭之山。杀水出焉，东北流注于灑水，其中多白垩。

又东四十里，曰卑山，其上多桃、李、苴、梓，多櫐①（léi）。

又东三十里，曰倚帝之山，其上多玉，其下多金。有兽焉，状如䑕（fèi）鼠②，白耳白喙，名曰狙如，见则其国有大兵。

又东三十里，曰鲵山，鲵水出于其上，潜于其下，其中多美垩。其上多金，其下多青雘。

## 译文

再往东二十里，是婴㺀山。山上多封石，山下有丰富的红色锡土。

再往东五十里，是大𩰭山。杀水发源于此，向东北流入发源于葴山的灑水，河流两岸到处是白色垩土。

再往东四十里，是卑山。山上有很多桃树、李树、苴树、梓树，还有很多紫藤树。

再往东三十里，是倚帝山。山上遍布精美的玉石，山下盛产黄金。山中有种野兽，其形状与䑕鼠类似，长着白色耳朵和白色嘴巴，名字叫狙如，它在哪个国家出现，哪个国家就会兵祸连连。

再往东三十里，是鲵山。鲵水发源于此，然后潜流到山下，河两岸有很多优质垩土。山上盛产黄金，山下盛产青雘。

【注释】

① 櫐：又叫做藤，古人说是一种与虎豆同类的植物。虎豆是缠蔓于树枝而生长的，所结豆荚，像老虎指爪，而荚中豆子像老虎身上的斑纹，所以又叫虎櫐。虎櫐，即今所说的紫藤。櫐，同"蘽"，蔓生植物。

② 䑕鼠：不详何种动物。

## 山海经异兽考

### 狙如  明·蒋应镐图本

狙如，其形状与猵鼠类似，长着白色的耳朵和白色的嘴巴，名字叫狙如，它是一种灾兽，它在哪个国家出现，哪个国家就会兵祸连连。

| 异兽 | 形态 | 今名 | 异兆及功效 |
| --- | --- | --- | --- |
| 狙如 | 形状与猵鼠类似，长着白色耳朵和白色嘴巴。 | 伶鼬 | 它在哪个国家出现，哪个国家就会兵祸连连。 |

## 山海经地理考

| | | |
| --- | --- | --- |
| 大孰山 | 今河南大乐山 | 位于河南省确山县驻马店。 |
| 杀水 | 今溮河 | ①溮河，发源于桐柏山。②杀水即为沙水，发源于河南省泌阳县的沙河，与帝苑水为同一条河流。 |
| 卑山 | 具体名称不详 | 位于河南省东南部。 |
| 倚帝山 | 具体名称不详 | 位于河南省镇平县境内。 |
| 鲵山 | 具体名称不详 | 位于河南省镇平县明港西北部。 |
| 鲵水 | 具体名称不详 | 位于河南省镇平县境内。 |

【第五卷 中山经】

## 7 从雅山到姬山
### 奇树帝女桑有红色纹理

| 山水名称 | 动物 | 植物 | 矿物 |
|---|---|---|---|
| 雅山 |  | 桑树、苴树 | 黄金 |
| 宣山（沦水） | （蛟） | 帝女桑 |  |
| 衡山 | 八哥 | 青雘、桑树 |  |
| 丰山 |  | 桑树、杨桃 | 封石 |
| 姬山 | 鸡谷草 |  | 玉石、黄金 |

## 原文

又东三十里，曰雅山。澧水出焉，东流注于澶水，其中有大鱼。其上多美桑，其下多苴，多赤金。又东五十五里，曰宣山。沦水出焉，东南流注于澶水，其中多蛟。其上有桑焉，大五十尺，其枝四衢，其叶大尺余，赤理、黄华、青萼，名曰帝女①之桑。

又东四十五里，曰衡山，其上多青雘，多桑，其鸟多鸜鹆。又东四十里，曰丰山，其上多封石，其木多桑，多羊桃，状如桃而方茎，可以为②皮张③（zhàng）。

又东七十里，曰姬山，其上多美玉，其下多金，其草多鸡谷。

## 译文

再往东三十里，是雅山。澧水发源于此，向东注入澶水，水中有很多大鱼。山上有茂密的桑树，山下多苴树林，山中盛产黄金。再往东五十五里，是宣山。沦水发源于此，向东南注入澶水，水中有很多蛟。山上有种桑树，树干有五十尺粗，树枝交错伸向四面八方，树叶方圆有一尺多，树干上还布满了红色纹理，青色花萼拖着黄花，名叫帝女桑。

再往东四十五里，是衡山。山上盛产青雘，还有苍翠的桑树林，飞鸟尤以八哥最多。再往东四十里，是丰山。山上多出产封石，还有茂密的桑树，以及很多杨桃，其形状和一般的桃树相似，树干却是方的，可以用它来医治人的皮肤肿胀病。

再往东七十里，是姬山。山上到处是优良玉石，山下盛产黄金。山上花草以鸡谷草居多。

【注释】

①帝女：传说南方赤帝之女。

②为：即治理。这里是治疗的意思。

③张：通"胀"，水肿。

## 山海经异木考

### 桑树

桑树在我国已有七千多年的历史，早在远古时期，很多山岭上就生长着郁郁葱葱的桑树林。商代时，甲骨文中已出现桑、蚕、丝、帛等字形；到了周代，采桑养蚕成为常见农活。我国祖先还对桑树进行了改良，增加了产量，并使树株寿命长达百年，个别可达千年。

桃树

| 异木 | 形态 | 异兆及功效 |
|------|------|-----------|
| 帝女桑 | 树干有五十尺粗，树枝交错伸向四面八方，树叶方圆有一尺多，树干上还布满了红色纹理，青色花萼拖着黄花。 | |
| 杨桃 | 其形状和一般的桃树相似，树干却是方的。 | 可以用树干来医治人的皮肤肿胀病。 |

## 山海经地理考

| | | |
|---|---|---|
| 雅山 | 今河南雉衡山 | 位于河南省南阳县境内。 |
| 澧水 | 今澧河 | 发源于河北省邢台市，与滏阳河、北沙河相汇。 |
| 宣山 | 今河南老君山 | 位于河南省洛阳市栾川县南3公里，是秦岭余脉伏牛山的主峰。 |
| 沦水 | 今东河 | 位于河南省舞钢市境内。 |
| 衡山 | 今安徽霍山 | 位于安徽省西部、大别山北麓。 |
| 丰山 | 具体名称不详 | 可能在大别山北麓。 |
| 妪山 | 具体名称不详 | 依据山川里程推算，应在河南省南阳市境内。 |

【第五卷 中山经】

# 8 从鲜山到大騩山

## 狓即出现会带来火灾

| 山水名称 | 动物 | 植物 | 矿物 |
|---|---|---|---|
| 鲜山 | 狓即 | 楢树、杻树、苴树、蔷薇 | 黄金、铁 |
| 章山（皋水） |  |  | 黄金、美石（脆石） |
| 大支山 |  | 构树、柞树 | 黄金 |
| 区吴山 |  | 苴树 |  |
| 声匈山 |  | 构树 | 玉石、封石 |
| 大騩山 |  |  | 黄金、磨刀石 |

## 原文

又东三十里，曰鲜山，其木多楢、杻、苴，其草多䕷冬①，其阳多金，其阴多铁。有兽焉，其状如膜犬②，赤喙、赤目、白尾，见则其邑有火，名曰狓即。

又东三十里，曰章山，其阳多金，其阴多美石。皋水出焉，东流注于澧水，其中多脆(cuì)石③。又东二十五里，曰大支之山，其阳多金，其木多榖、柞，无草木。

又东五十里，曰区吴之山，其木多苴。又东五十里，曰声匈之山，其木多榖，多玉，上多封石。又东五十里，曰大騩之山，其阳多赤金，其阴多砥石。

## 译文

再往东三十里，是鲜山。山上多楢树、杻树、苴树，草丛以蔷薇为主。山的南坡盛产黄金，山的北坡盛产铁。山中有种野兽，其形状像西膜之犬，长着红色的嘴巴、红色的眼睛、白色的尾巴，它一出现，就会发生大火灾，叫做狓即。

再往东三十里，是章山。山的南坡盛产黄金，山的北坡多漂亮的石头。皋水发源于此，向东注入澧水，水中有很多脆石。再往东二十五里，是大支山。山南盛产黄金，山上树木主要是构树和柞树，没有花草。

再往东五十里，是区吴山。山上树木主要是苴树。再往东五十里，是声匈山，山上有很多构树林，树下遍布着晶莹剔透的精美玉石，山上盛产封石。再往东五十里，是大騩山。山的南坡盛产黄金，山的北坡有各种各样的磨刀石。

## 【注释】

①䕷冬：即现在称作蔷薇的蔓生植物，花、果、根都可入药或制造香料。

②膜犬：据古人说是西膜之犬，这种狗的体型高大，长着浓密的毛，性情猛悍，力量很大。

③脆石：脆，即"脆"的本字，一种又轻又软且易断易碎的石头。

## 山海经异兽考

**狍即** 明·蒋应镐图本

狍即形状像体形高大、皮毛浓密、悍猛力大的西膜之犬,但却长着红色的嘴巴、红色的眼睛,身后还有一条白色的尾巴,它也是一种灾兽,一旦出现,就会发生大火灾,也有说法认为会有兵乱。

| 异兽 | 形态 | 异兆及功效 |
| --- | --- | --- |
| 狍即 | 形状像西膜之犬,长着红色的嘴巴、红色的眼睛,白色的尾巴。 | 它一出现,就会发生大火灾。 |

## 山海经异木考

蔷薇

## 山海经地理考

| 鲜山 | 具体名称不详 | ①依据衡山的地理位置推测,此山应在安徽省霍山县境内。<br>②依据山川里程推算,此山可能在河南省南部。 |
| --- | --- | --- |
| 章山 | 今羊头山一带的山岭 | 位于河南省境内。 |
| 皋水 | 今干江河 | 位于淮河最大支流沙颍河的主要支流澧河上。 |
| 声匈山 | 具体名称不详 | ①根据章山位置推断,在河南省西平县境内。<br>②依据鲜山的位置推算,应在安徽省岳西县境内。 |
| 大騩山 | 具体名称不详 | 依据山川里程推断,应在河南省沁阳县境内。 |

【第五卷 中山经】

## 9 从踵臼山到奥山

### 鴢䳃可辟火

| 山水名称 | 动物 | 植物 | 矿物 |
|---|---|---|---|
| 历石山 | 梁渠 | 牡荆树、枸杞树 | 黄金、磨刀石 |
| 求山 |  | 苴树、䉋竹 | 黄金、铁、赭石 |
| 丑阳山 | 鴢䳃 | 桐树、椐树 |  |
| 奥山 |  | 松树、杻树和橿树 |  |

## 原文

又东十里，曰踵臼之山，无草木。

又东北七十里，曰历石之山，其木多荆、芑（qǐ），其阳多黄金，其阴多砥石。有兽焉，其状如狸，而白首虎爪，名曰梁渠，见则其国有大兵。

又东南一百里，曰求山。求水出于其上，潜于其下，中有美赭。其木多苴，多䉋①。其阳多金，其阴多铁。

又东二百里，曰丑阳之山，其上多椆椐。有鸟焉，其状如乌而赤足，名曰鴢䳃，可以御火。

又东三百里，曰奥山，其上多柏、杻、橿，其阳多㻬琈之玉。奥水出焉，东流注于视水。

## 译文

再往东十里，是踵臼山。山上没有花草树木。

再往东北七十里，是历石山。山上树木以牡荆树和枸杞树居多，山的南坡有大量黄金，山的北坡有各种粗细磨刀石。山中有种野兽，形状像野猫，白色的脑袋和老虎的锋利爪子，叫做梁渠，它出现在哪个国家，哪个国家就会有兵戈之乱。

再往东南一百里，是求山。求水发源于此，潜流到山下，水中有很多优良赭石。山中有茂盛的苴树，多丛生的䉋竹。山的南坡盛产黄金，山的北坡盛产铁。

再往东二百里，是丑阳山。山上树木多是椆树和椐树。林中有种鸟，形状像乌鸦，长着红色的爪子，叫做鴢䳃，人饲养它可以辟火。

再往东三百里，是奥山。山中有很多松树、杻树和橿树。山的南坡盛产㻬琈玉。奥水发源于此，向东注入视水。

【注释】

① 䉋：丛生的小竹子。

## 山海经异兽考

**鴄鵌** 明·胡文焕图本

鴄鵌的形状和一般的乌鸦类似，但却长着红色的爪子，名称是鴄鵌，它是一种吉鸟，人饲养它可以辟火。胡本的鴄鵌为一只大鸟，白色羽毛，而头颈毛色较深，双足有力。

梁渠 清·《禽虫典》

| 异兽 | 形态 | 今名 | 异兆及功效 |
|---|---|---|---|
| 梁渠 | 形状像野猫，白色的脑袋和老虎的锋利爪子。 | 花面狸 | 它出现在哪个国家，哪个国家就会有兵戈之乱。 |
| 鴄鵌 | 形状像乌鸦，长着红色的爪子。 |  | 人饲养它可以辟火。 |

## 山海经地理考

| 踵臼山 | → | 具体名称不详 | → | 此山位于河南省境内。 |
| 求山 | → | 今湖北木兰山 | → | 位于湖北省武汉市北部，是大别山山脉中的第一座山。 |
| 求水 | → | 今木兰川 | → | 位于黄陂区木兰山东麓，距离武汉市中心40公里，素有"十里画廊花果川"之称。 |
| 丑阳山 | → | 具体名称不详 | → | 根据里程推算，此山可能位于河南省光山县境内。 |
| 奥山 | → | 今安徽羊头岭 | → | 位于安徽省六安市金寨县。 |
| 奥水 | → | 具体名称不详 | → | 奥水发源于安徽省金寨县南部大别山区北麓的史河。 |

【第五卷 中山经】

# 10 从服山到凡山

## 猪状闻獜可带来狂风

| 山水名称 | 动物 | 植物 | 矿物 |
|---|---|---|---|
| 服山 |  | 苴树 | 封石、红锡土 |
| 杳山 |  | 嘉荣草 | 金玉 |
| 凡山 | 闻獜 | 楢树、檀树、杻树、香草 |  |

## 原文

又东三十五里，曰服山，其木多苴，其上多封石，其下多赤锡。又东百十里，曰杳山，其上多嘉荣草，多金玉。又东三百五十里，曰凡山，其木多楢、檀、杻，其草多香。有兽焉，其状如彘，黄身、白头、白尾，名曰闻獜，见则天下大风。

凡荆山之首，自翼望之山至于凡山，凡四十八山，三千七百三十二里。其神状皆彘身人首。其祠：毛用一雄鸡祈瘞，用一珪，糈用五种之精。禾山①，帝也，其祠：太牢之具，羞瘞，倒毛②，用一璧，牛无常。堵山、玉山，冢也，皆倒祠③，羞用少牢，婴用吉玉。

## 译文

再往东三十五里，是服山。山上多苴树，盛产封石，山下多红色锡土。再往东一百里，是杳山。山中嘉荣草特别多，还盛产金玉。再往东三百五十里，是凡山。山上多楢树、檀树、杻树，还有各种香草。山中有种野兽，外形像猪，黄色皮毛、白色脑袋和白色尾巴，名字叫闻獜，它一出现就会带来狂风。

总计荆山山系之首尾，自翼望山起到凡山止，共四十八座山，三千七百三十二里。诸山山神的形貌都是猪身人头。祭祀山神：要在带毛禽畜中选用一只雄鸡，祭祀后，将其埋入地下，玉器用玉珪，米用黍、稷、稻、粱、麦五种粮米。禾山是诸山的首领。祭祀禾山山神的礼仪：在带毛禽畜中选用猪、牛、羊三牲齐全的太牢做祭品，进献后埋入地下，并将牲畜倒着埋；玉器用玉碧，也不必三牲全备，可以不用牛。堵山、玉山是诸山的宗主，祭祀时要在带毛禽畜中选用猪、羊二牲齐全的少牢做祭品，祭祀后也要将牲畜倒着埋掉，祀神的玉器中要选用一块吉玉。

【注释】

① 禾山：这一山系并未述及禾山，不知是哪一山的误写。
② 倒毛：毛，指毛物，即作为祭品的牲畜。倒毛，指在祭礼举行完后，把猪、牛、羊三牲反倒着身子埋掉。
③ 倒祠：即倒毛的意思。

## 山海经异兽考

**闻䏕** 清·《禽虫典》

闻䏕的模样和普通的猪相似，但身上的毛皮是黄色的，还长着白色的脑袋和白色的尾巴，名字叫闻䏕，它也是一种灾兽，是大风的征兆，一旦出现就会带来狂风。

**彘身人首神** 清·汪绂图本

| 异兽 | 形态 | 异兆及功效 |
| --- | --- | --- |
| 闻䏕 | 外形像猪，黄色皮毛，白色脑袋和白色尾巴。 | 它一出现就会带来狂风。 |

## 山海经地理考

| 服山 | ⟶ | 今安徽冤枉岭 | ⟶ | 位于安徽省西部。 |
| --- | --- | --- | --- | --- |
| 杳山 | ⟶ | 今安徽北山 | ⟶ | 位于安徽省霍山县境内。 |
| 凡山 | ⟶ | 今安徽小关山 | ⟶ | 位于安徽省庐江县境内。 |

【第五卷 中山经】

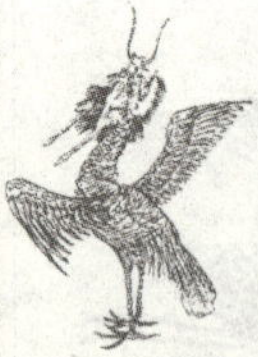

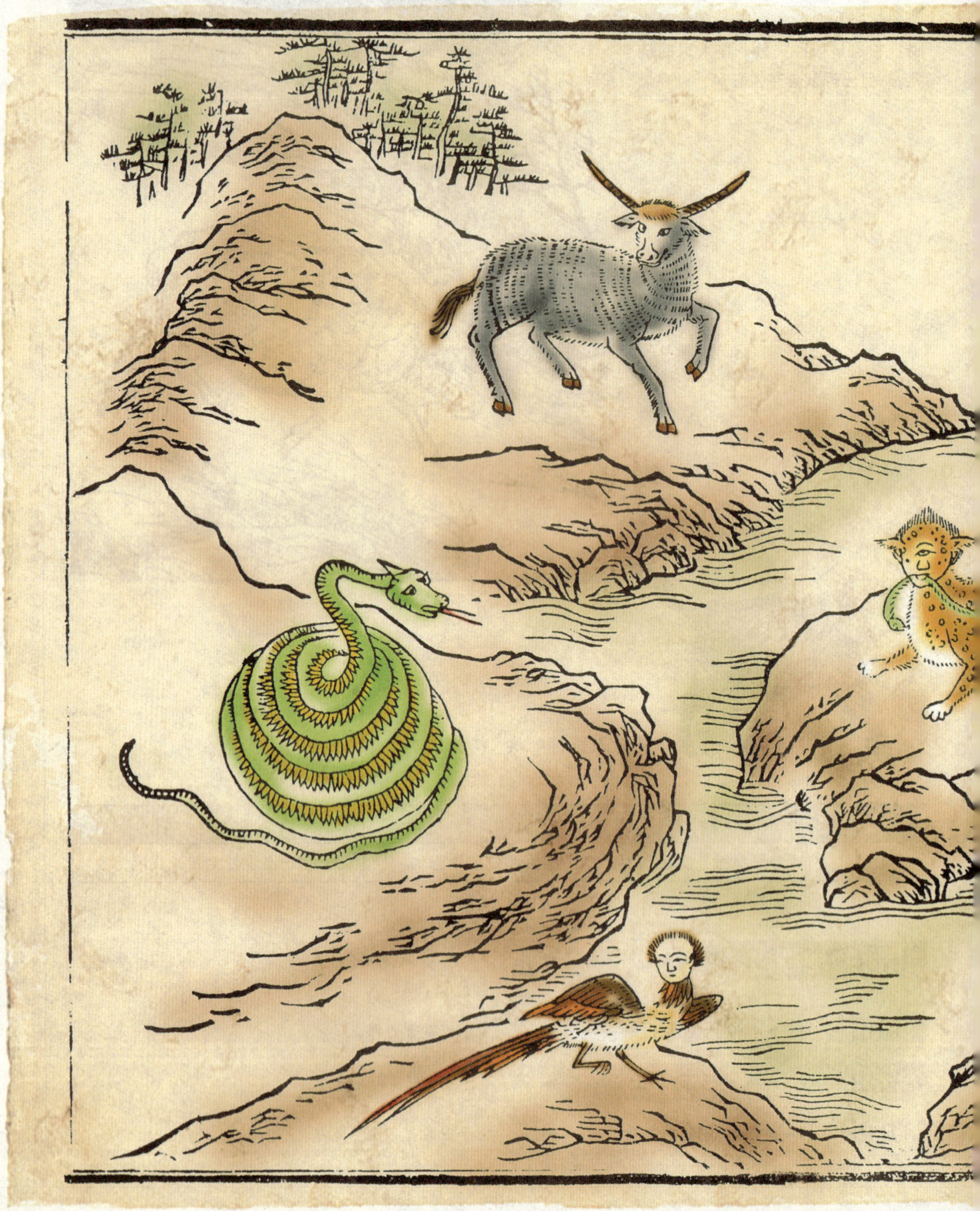

## 中次十二经

《中次十二经》主要记载中央第十二列山系上的动植物及矿物。此山系所处的位置大约在今湖南省、湖北省、江西省一带，从篇遇山起，一直到荣余山止，一共十五座山，诸山山神的形貌均是鸟身龙首，祭祀礼仪因山神而异。山中矿产丰富，多黄金、银、铜，树木繁茂、种类颇多，林中野兽成群。

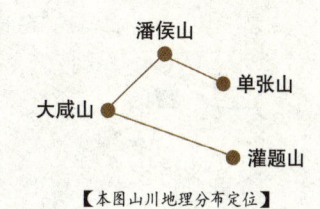

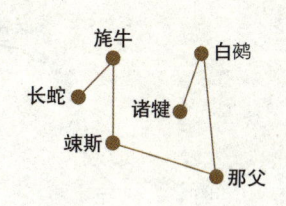

【本图山川地理分布定位】

【本图人神怪兽分布定位】

注：本图山川神兽均属《北山经》

本图根据张步天教授"《山海经》考察路线图"绘制，图中记载了《中次十二经》中篇遇山到荣余山共15座山的地理位置。

# 中次十二经路线示意图

(此路线形成于战国时期)

# 1 从篇遇山到风伯山
## 莽浮林多禽鸟野兽

| 山水名称 | 植物 | 矿物 |
|---|---|---|
| 篇遇山 |  | 黄金 |
| 云山 | 桂竹 | 黄金、瑾瑜玉 |
| 龟山 | 构树、柞树、椆树、椐树、扶竹 | 黄金、石青、雄黄 |
| 丙山 | 筀竹 | 黄金、铜、铁 |
| 风伯山 | 柳树、杻树、檀树、构树 | 金玉、痠石、铁 |

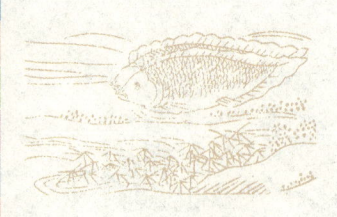

## 原文

中次十二经洞庭山首，曰篇遇之山，无草木，多黄金。

又东南五十里，曰云山，无草木。有桂竹①，甚毒，伤②人必死，其上多黄金，其下多瑾瑜之玉。又东南一百三十里，曰龟山，其木多榖、柞、椆、椐，其上多黄金，其下多青、雄黄，多扶竹③。

又东七十里，曰丙山，多筀竹④，多黄金、铜、铁，无木。

又东南五十里，曰风伯之山，其上多金玉，其下多痠（suān）石⑤、文石，多铁，其木多柳、杻、檀、楮。其东有林焉，曰莽浮之林，多美木鸟兽。

## 译文

中央第十二列山系叫洞庭山山系，山系的首座山，是篇遇山，山上没有花草树木，山中盛产黄金。

再往东南五十里，是云山。山上没有花草树木，有一种桂竹，毒性特别大，人若是被它的枝叶刺中，必死无疑。山上盛产黄金，山下多瑾瑜玉。再往东南一百三十里，是龟山。山上树木以构树、柞树、椆树、椐树居多。山上盛产黄金，山下多石青、雄黄，还有成片的扶竹。

再往东七十里，是丙山。山上多筀竹，还有丰富的黄金、铜和铁，山上没有其他花草树木。

再往东南五十里，是风伯山。山上盛产金玉，山下多痠石以及带有花纹的石头，还盛产铁。山中树木以柳树、杻树、檀树、构树居多。在风伯山东边有一片树林，叫做莽浮林，林中古木参天，多禽鸟野兽。

【注释】

① 桂竹：竹子的一种。
② 伤：刺的意思。作动词用。
③ 扶竹：即邛竹。节杆较长，中间实心，可以制作手杖，又叫扶老竹。
④ 筀竹：即桂竹。据古人讲，因其生长在桂阳，所以叫桂竹。
⑤ 痠石：不详何样石头。

## 山海经异木考

### 竹

洞庭山山系处处可见繁茂的竹林。人们认为竹的根部有雄、雌二枝，雌枝可以生笋，每隔60年开一次花，花一结实，竹子随即枯死。竹的种类颇多，用途也各不相同，有些可以入药，有些则宜食用。

桂竹

## 山海经地理考

| | | |
|---|---|---|
| 洞庭山 | 具体名称不详 | 位于湖南省岳阳市境内。 |
| 篇遇山 | 今壶瓶山 | 位于湖南省西北部，壶瓶山是湖南省与湖北省的界山。 |
| 云山 | 今湖南大同山 | 位于湖南省石门县境内。 |
| 龟山 | 今湖南五雷山 | 位于湖南省慈利县东部，海拔1000米。 |
| 丙山 | 今湖南大基山 | 位于湖南省澧县境内。 |
| 风伯山 | 今长右岭 | 位于湖北省石首县与湖南省安乡县之间。 |

【第五卷 中山经】

# 2 从夫夫山到暴山

## 帝之二女出入带风雨

| 山水名称 | 动物 | 植物 | 矿物 |
|---|---|---|---|
| 夫夫山 |  | 桑树、构树、竹子、鸡谷草 | 黄金、石青、雄黄 |
| 洞庭山 |  | 柤树、梨树、橘子树、柚子树、兰草、蘪芜、芍药、芎䓖 | 黄金、白银、铁 |
| 暴山 | 麋、鹿、麢、鹫鹰 | 棕树、楠木树、牡荆树、枸杞树、竹子、箭竹、䉋竹、箘竹 | 黄金、美玉、纹石、铁 |

## 原文

又东一百五十里，曰夫夫之山，其上多黄金，其下多青、雄黄，其木多桑、榖，其草多竹、鸡鼓①。神于儿居之，其状人身而身操两蛇，常游于江渊，出入有光。

又东南一百二十里，曰洞庭之山，其上多黄金，其下多银铁，其木多柤、梨、橘、櫾，其草多葌、蘪芜②、芍药、芎䓖。帝之二女居之，是常游于江渊。澧沅之风，交潇③湘之渊，是在九江之间，出入必以飘风暴雨，是多怪神，状如人而载④蛇。

又东南一百八十里，曰暴山，其木多棕、楠、荆、芑、竹、箭、䉋、箘⑤（jùn），其上多黄金、玉，其下多文石、铁，其兽多麋、鹿、麢⑥、就⑦。

## 译文

再往东一百五十里，是夫夫山。山上盛产黄金，山下遍布石青、雄黄。树木以桑树、构树居多，花草以竹子、鸡谷草居多。神仙于儿住在这里，形貌是人身，手上握着两条蛇，常在长江的深渊中游玩，出入时身上能发光。

再往东南一百二十里，是洞庭山。山中多黄金，山下多白银和铁。树木以柤树、梨树、橘子树、柚子树居多，花草以兰草、蘪芜、芍药、芎䓖等香草居多。天帝的两个女儿就住此山，常在长江的深渊中游玩。从澧水、沅水吹来的风，在幽清的湘水上交汇，这里有九条江水汇合，二人出入时伴有狂风暴雨，洞庭山中有很多怪神，形貌像人，身上绕蛇，左右两只手握着蛇。还有许多怪鸟。

再往东南一百八十里，是暴山。树木以棕树、楠木树、牡荆树、枸杞树居多，还有很多竹子、箭竹、䉋竹、箘竹。山上多黄金和美玉，山下多彩色纹石和铁。还有很多麋、鹿、麢，还有鹫鹰。

## 【注释】

① 鸡鼓：即上文所说的鸡谷草。
② 蘪芜：一种香草，可以入药。
③ 潇：水又清又深的样子。
④ 载：戴，这里指缠绕。
⑤ 箘：一种小竹子，可以制作箭杆。
⑥ 麢：同"羚"，一种小型鹿，仅雄性有角。
⑦ 就：即鹫，一种大型猛禽，属于雕鹰之类。

## 山海经神怪考

**于儿** 明·蒋应镐图本

**怪神** 清·汪绂图本

洞庭怪神也有操蛇、戴蛇的特征。人蛇关系是古代文化中一个常见的母题，古人对蛇的信仰以及人蛇的亲密关系由来已久，人身缠蛇形象及蛇形、蛇纹图案大量出现在商周时期的器具上。

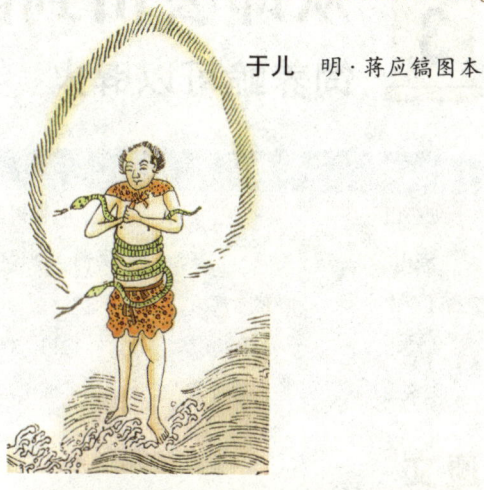

**帝之二女** 明·蒋应镐图本

| 异兽 | 形态 | 异兆及功效 |
| --- | --- | --- |
| 于儿 | 形貌是人身，手上握着两条蛇，常在长江的深渊中游玩。 | 出没时身上能发光。 |
| 怪神 | 形貌像人，身上绕蛇，左右两只手也握着蛇。 | |

## 山海经地理考

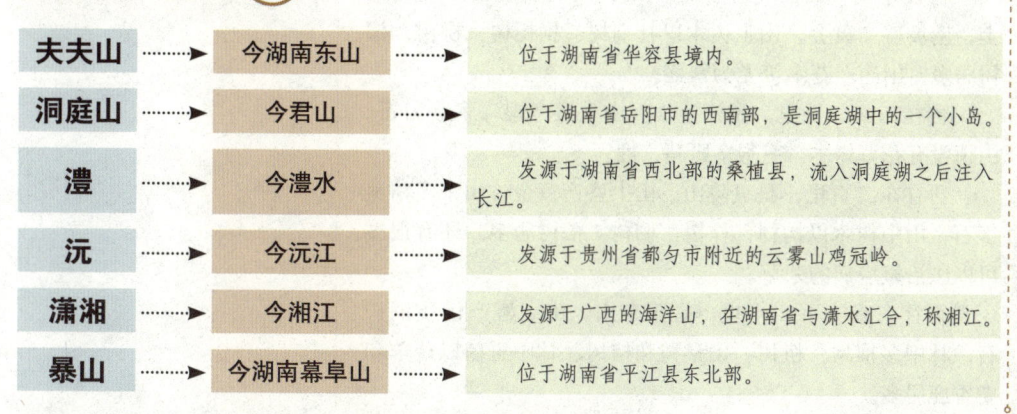

| 夫夫山 | 今湖南东山 | 位于湖南省华容县境内。 |
| --- | --- | --- |
| 洞庭山 | 今君山 | 位于湖南省岳阳市的西南部，是洞庭湖中的一个小岛。 |
| 澧 | 今澧水 | 发源于湖南省西北部的桑植县，流入洞庭湖之后注入长江。 |
| 沅 | 今沅江 | 发源于贵州省都匀市附近的云雾山鸡冠岭。 |
| 潇湘 | 今湘江 | 发源于广西的海洋山，在湖南省与潇水汇合，称湘江。 |
| 暴山 | 今湖南幕阜山 | 位于湖南省平江县东北部。 |

【第五卷 中山经】

# 3 从即公山到阳帝山

## 饲养蚑可以辟火

| 山水名称 | 动物 | 植物 | 矿物 |
|---|---|---|---|
| 即公山 | 蚑 | 柳树、杻树、檀树、桑树 | 黄金、璪琈玉 |
| 尧山 |  | 牡荆树、枸杞树、柳树、檀树、山药、苍术 | 黄色垩土、黄金 |
| 江浮山 | 野猪、鹿 |  | 银、磨刀石 |
| 真陵山 |  | 构树、柞树、柳树、檀树、荣草 | 黄金、玉石 |
| 阳帝山 | 羚羊、麝香鹿 | 檀树、杻树、山桑树、楮树 | 铜 |

## 原文

　　又东南二百里，曰即公之山，其上多黄金，其下多璪琈之玉，其木多柳、杻、檀、桑。有兽焉，其状如龟，而白身赤首，名曰蚑（guǐ），是可以御火。

　　又东南一百五十里，曰尧山，其阴多黄垩，其阳多黄金，其木多荆、芑、柳、檀，其草多藷藇、䒞。

　　又东南一百里，曰江浮之山，其上多银、砥砺，无草木，其兽多豕、鹿。

　　又东二百里，曰真陵之山，其上多黄金，其下多玉，其木多榖、柞、柳、杻，其草多荣草。

　　又东南一百二十里，曰阳帝之山，多美铜，其木多檀、杻、檿<sup>①</sup>（yǎn），其兽多麢麝。

## 译文

　　再往东南二百里，是即公山。山上盛产黄金，山下盛产璪琈玉。山中树木以柳树、杻树、檀树、桑树居多。山中有种野兽，形状像乌龟，白色身子，红色脑袋，叫做蚑，人饲养它，就不会遭受火灾。

　　再往东南一百五十里，是尧山。山的北坡出产黄色垩土，南坡盛产黄金。山上树木以牡荆树、枸杞树、柳树、檀树居多，山药、苍术等尤为繁盛。

　　再往东南一百里，是江浮山。山上盛产银，多磨刀石。山顶没有花草树木，有很多野猪、鹿。

　　再往东二百里，是真陵山。山上盛产黄金，山下多精美玉石，山中树木以构树、柞树、柳树、檀树居多。还有很多可以医治疯痹病的荣草。

　　再往东南一百二十里，是阳帝山。山上盛产优质铜矿石。林中多檀树、杻树、山桑树和楮树。林中野兽以羚羊和麝香鹿居多。

【注释】

① 檿：即山桑树，一种野生桑树，木质坚硬，可制作弓和车辕。

## 山海经异兽考

### 蜦  明·蒋应镐图本

　　蜦是一种吉兽,其形状像乌龟,身体呈现白色,头尾红色。然而,在汪绂的图本中,蜦的形相却像老鼠。在古书记载中,还有称蜦像螃蟹,有六只脚,总之,众说纷纭。

| 异兽 | 形态 | 今名 | 异兆及功效 |
| --- | --- | --- | --- |
| 蜦 | 形状像乌龟,白色身子,红色脑袋。 | 缺齿鼹 | 人饲养它,就不会遭受火灾。 |

## 山海经异木考

牡荆树

## 山海经地理考

| 即公山 | → | 今湖北梧桐山 | → | 位于湖北省通城县境内。 |
| --- | --- | --- | --- | --- |
| 尧山 | → | 今湖北白岩山 | → | 位于湖北省来凤县大河镇境内,地处鄂渝边界。 |
| 江浮山 | → | 今湖北九宫山 | → | 位于湖北东南部通山县境内,横亘鄂赣边陲的幕阜山脉中段,与黄山、庐山、峨眉山在同一条轴线上。 |
| 真陵山 | → | 今湖北幕府山 | → | ①依据江浮山位置推测,此山为湖北省阳新县境内的幕府山。②依据山川里程推断,此山是江西省瑞昌县的珉山。③根据幕府山的位置来推断,此山可能在湖北省阳新县境内。 |

【第五卷 中山经】

# 4 从柴桑山到荣余山
## 祭祀鸟身龙首神的礼仪

| 山水名称 | 动物 | 植物 | 矿物 |
|---|---|---|---|
| 柴桑山 | 麋、鹿、白蛇、飞蛇 | 柳树、枸杞树、楮树、桑树 | 白银、碧玉、泠石、赭石 |
| 荣余山 | 怪蛇、怪虫 | 柳树、枸杞树 | 铜、银 |

## 原文

又南九十里，曰柴桑之山，其上多银，其下多碧，多泠（líng）石、赭，其木多柳、芑、楮、桑，其兽多麋、鹿，多白蛇、飞蛇。又东二百三十里，曰荣余之山，其上多铜，其下多银，其木多柳、芑，其虫多怪蛇、怪虫①。

凡洞庭山之首，自篇遇之山至于荣余之山，凡十五山，二千八百里。其神状皆鸟身而龙首。其祠：毛用一雄鸡、一牝豚②刉（jī），糈用稌。凡夫夫之山、即公之山、尧山、阳帝之山，皆冢也，其祠：皆肆③瘗，祈用酒，毛用少牢，婴毛一吉玉。洞庭、荣余山，神也，其祠：皆肆瘗，祈酒太牢祠，婴用圭璧十五，五采惠④之。

右中经之山志，大凡百九十七山，二万一千三百七十一里。

## 译文

再往南九十里，是柴桑山。山上多白银，山下盛产碧玉，山中多泠石和赭石。树木以柳树、枸杞树、楮树、桑树居多。野兽以麋和鹿为主，多白蛇和飞蛇。再往东二百三十里，是荣余山。山上盛产铜，山下盛产银。山中多柳树、枸杞树，多怪蛇、怪虫。

总计洞庭山山系之首尾，自篇遇山起到荣余山止，共十五座山，二千八百里。诸山山神的形貌都是鸟身龙首。祭祀山神：在带毛禽畜中选一只公鸡、一头母猪，米用稻米。夫夫山、即公山、尧山、阳帝山，都是诸山的宗主，祭祀礼仪：陈列牲畜、玉器，而后埋入地下，用美酒献祭，毛物选用猪、羊二牲，玉器用吉玉。洞庭山、荣余山，是神灵显应之山，祭祀它们要陈列牲畜、玉器，而后埋入地下，并用美酒献祭，但所选猪、牛、羊齐全的三牲，玉器用十五块玉圭、十五块玉璧，用青、黄、赤、白、黑五样色彩绘饰它们。

以上是中央山系的记录，共一百九十七座山，二万一千三百七十一里。

【注释】

①虫：古时，南方人也将蛇称为虫。
②牝豚：母猪。
③肆：陈设。
④惠：即绘，为假借字。

## 山海经神怪考

### 飞蛇　清·汪绂图本

飞蛇就是螣蛇，又叫腾蛇。传说它能够兴雾腾云而飞行于其中，属于龙一类。但它也会死，曹操曾作诗说："神龟虽寿，犹有竟时。腾蛇乘雾，终为土灰。"

鸟身龙首神　清·汪绂图本

## 山海经地理考

| 紫桑山 | 今江西庐山 | 位于江西省九江市境内，濒临鄱阳湖。 |
|---|---|---|
| 荣余山 | 今江西石门山 | 位于江西省彭泽二县之间。 |

【第五卷　中山经】

# 五臧山经

## 综述《五臧山经》

### 原文

大凡天下名山五千三百七十，居地，大凡六万四千五十六里。

禹曰：天下名山，经五千三百七十山，六万四千五十六里，居地也。言其《五臧》①，盖其余小山甚众，不足记云。天地之东西二万八千里，南北二万六千里，出水之山者八千里，受水者八千里，出铜之山四百六十七，出铁之山三千六百九十。此天地之所分壤树②谷③也，戈矛之所发也，刀铩④之所起也，能者有余，拙者不足。封⑤于太山⑥，禅⑦于梁父，七十二家，得失之数⑧，皆在此内，是谓国用。

右《五臧山经》五篇，大凡一万五千五百三字。

### 译文

总计天下名山共有五千三百七十座，分布在大地各方，一共六万四千零五十六里。

大禹说：天下的名山，从头到尾一共五千三百七十座，六万四千零五十六里，这些山分布在大地各方。之所以把以上山记在《五臧山经》中，是因为除此以外的小山太多，不值得一一记述。广阔的天地从东方到西方共二万八千里，从南方到北方共二万六千里，江河源头所在之山是八千里，江河流经之地是八千里，盛产铜的山有四百六十七座，盛产铁的山有三千六百九十座。这些山是地上划分疆土、种植庄稼的凭借，也是戈和矛产生的缘由、刀和铩兴起的根源，因而能干的人富裕有余，笨拙的人贫穷不足。在泰山上行祭天礼，在泰山南面的小山梁父山上行祭地礼，一共有七十二家，或得或失的运数，都在这个范围之内，国家财用也可以说是从这块大地取得的。

以上是《五臧山经》共五篇，经文中共有一万五千五百零三个字。

### 【注释】

① 五臧：即五脏。臧，通"脏"。这里用来比喻《五臧山经》中所记的重要大山，如同人的五脏六腑似的，也是天地山海之间的五脏。

② 树：种植，栽培。

③ 谷：这里泛指农作物。

④ 铩：古代一种兵器，即铍，大矛。

⑤ 封：古时把帝王在泰山上筑坛祭天的活动称为"封"。

⑥ 太山：即泰山。

⑦ 禅：古时把帝王在泰山南面的小山梁父山上辟基祭地的活动称为"禅"。

⑧ 数：命运。

# 图解五臧山经山川里程

| 经名 | | 山川数量 | 总计里程 |
|---|---|---|---|
| 南山经 | 南次一经 | 十座 | 二千九百五十里 |
| | 南次二经 | 十七座 | 七千二百里 |
| | 南次三经 | 四十座 | 一万六千三百八十里 |
| 西山经 | 西次一经 | 十九座 | 二千九百五十七里 |
| | 西次二经 | 十七座 | 四千一百四十里 |
| | 西次三经 | 二十三座 | 六千七百四十里 |
| | 西次四经 | 七十七座 | 一万七千五百一十七里 |
| 北山经 | 北次一经 | 二十五座 | 五千四百九十里 |
| | 北次二经 | 十七座 | 五千六百九十里 |
| | 北次三经 | 八十七座 | 二万三千二百三十里 |
| 东山经 | 东次一经 | 十二座 | 三千六百里 |
| | 东次二经 | 十七座 | 六千六百里 |
| | 东次三经 | 九座 | 六千九百里 |
| | 东次四经 | 八座 | 一万八千八百六十里 |
| 中山经 | 中次一经 | 十五座 | 六千六百七十里 |
| | 中次二经 | 九座 | 一千六百七十里 |
| | 中次三经 | 五座 | 四百四十里 |
| | 中次四经 | 九座 | 一千六百七十里 |
| | 中次五经 | 十六座 | 二千九百八十二里 |
| | 中次六经 | 十九座 | 七百九十里 |
| | 中次七经 | 四十三座 | 一千一百八十里 |
| | 中次八经 | 二十三座 | 二千八百九十里 |
| | 中次九经 | 十六座 | 三千五百里 |
| | 中次十经 | 九座 | 二百六十七里 |
| | 中次十一经 | 四十八座 | 三千七百三十二里 |
| | 中次十二经 | 十五座 | 二千八百里 |

五臧山经

【第五卷 中山经】

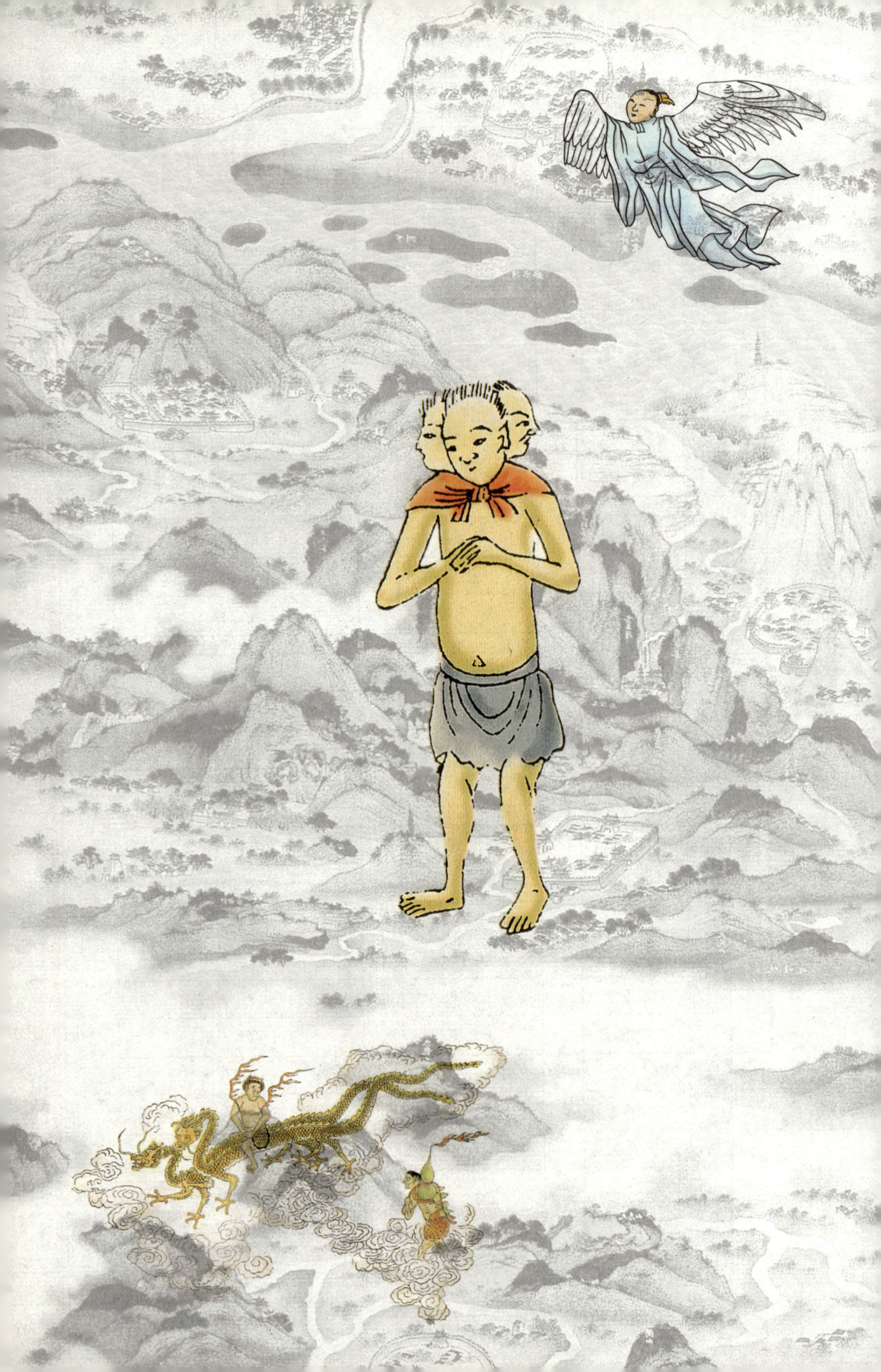

## 第六卷

# 海外南经

《海外南经》中共有结匈国、羽民国、讙头国、厌火国、三苗国、载国、贯匈国、交胫国、歧舌国、三首国、周饶国、长臂国等十二国。这十二国风土人情各异，比如说：贯胸国国民胸前有洞，羽民国民浑身长满了羽毛，三首国国民一个身子三个脑袋，长臂国国民擅长捕鱼，等等。

除了对人物的介绍，还对一些历史人物和神话传说进行了记载，例如：后羿射死凿齿，帝尧与帝喾埋葬之所，等等。

# 海外四经示意图

本图根据张步天教授"《山海经》考察路线图"绘制,图中记载了海外南、西、北、东四经中所记述的国家地区及山岳河川的地理位置。

# 地图

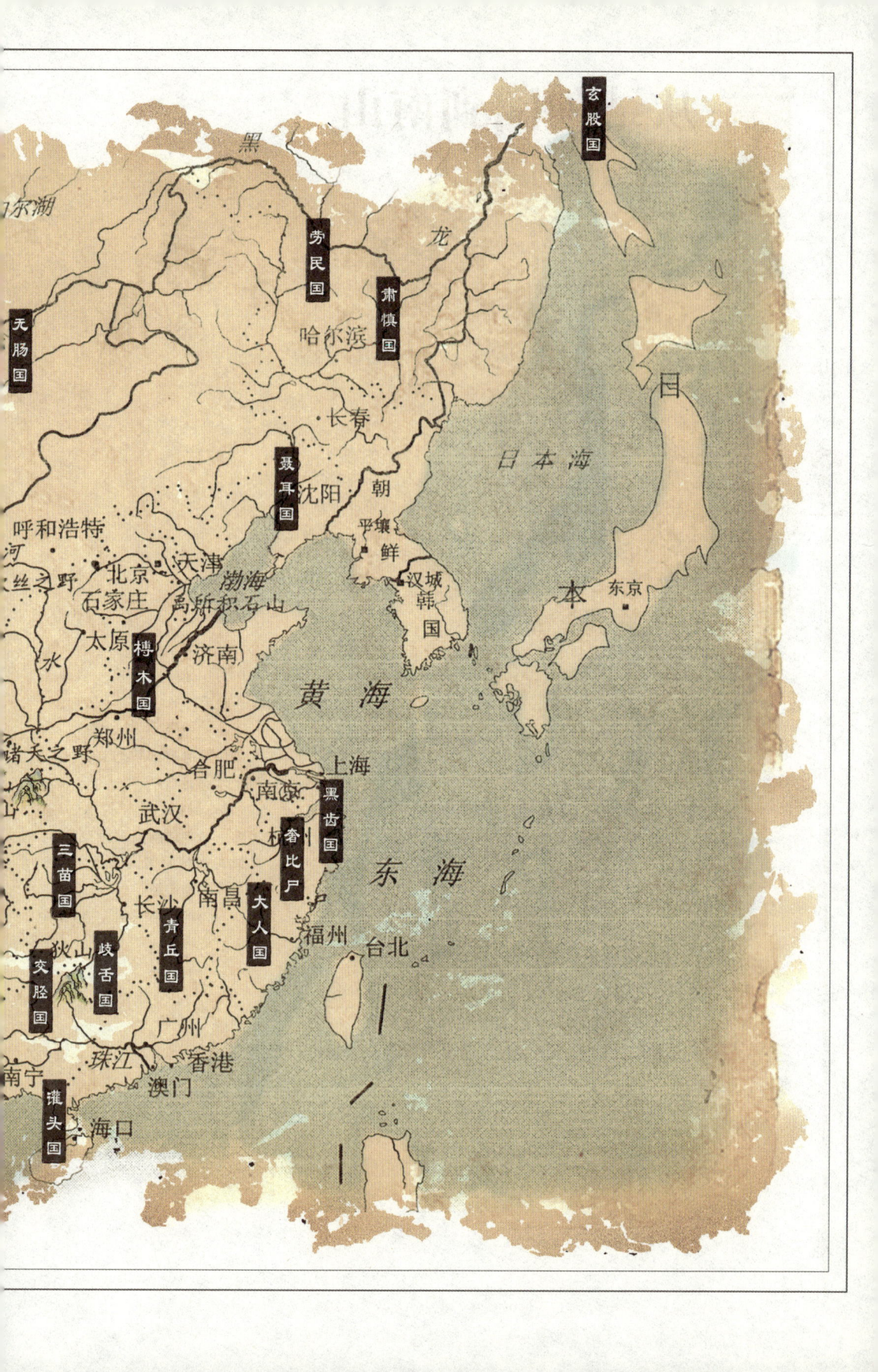

**国名标注：**
- 玄股国
- 劳民国
- 肃慎国
- 天肠国
- 聂耳国
- 𣞤木国
- 三苗国
- 歧舌国
- 交胫国
- 讙头国
- 狄山
- 长青丘国
- 大人国
- 奢比尸
- 黑齿国

**地名：**
贝尔湖、黑龙江、哈尔滨、长春、沈阳、平壤、汉城、韩国、东京、日本海、呼和浩特、北京、天津、渤海、高阳积石山、济南、石家庄、太原、郑州、合肥、南京、上海、杭州、武汉、长沙、南昌、福州、台北、广州、香港、澳门、海口、南宁、珠江、丝之野、诸天之野、黄海、东海、日本

# 1 从结匈国到南山

## 呼蛇为鱼的南山人

## 原文

地之所载，六合之间，四海之内，照之以日月，经①之以星辰，纪之以四时②，要之以太岁③，神灵所生，其物异形，或夭或寿，唯圣人能通其道。

海外自西南陬（zōu）至东南陬者。

结匈国在其④西南，其为人结匈⑤。

南山在其东南。自此山来，虫为蛇，蛇号为鱼。一曰南山在结匈东南。

比翼鸟在其东，其为鸟青、赤，两鸟比翼。一曰在南山东。

## 译文

大地所承载的，包括上下东南西北六合之间的万物。在四海之内，同样都有太阳和月亮照耀，有大小星辰东升西落，又有春夏秋冬四季记录季节，还有太岁十二年一周期以正天时。大地上的万事万物都是神灵造化所生成，因此万物都各有不同的形状，也各有不同的秉性，有的早夭，而有的长寿，只有圣明之人才能明白这其中的道理。

以下是从海外西南角到东南角的国家地区及其山岳河川的记录。

结匈国位于灭蒙鸟的西南，这个国家里的人都长着像鸡一样的胸脯。

南山在灭蒙鸟的东南。从这座山里来的人，把虫叫做蛇，把蛇叫做鱼。也有一种说法认为南山在结匈国的东南。

比翼鸟在灭蒙鸟的东边，它们身上长有红色和青色的羽毛，两只鸟的翅膀配合起来才能飞行。也有一种说法认为比翼鸟在南山的东边。

## 【注释】

① 经：经历；经过。

② 四时：春、夏、秋、冬四季为古时的四时。

③ 太岁：又称岁星，即木星。木星在黄道带里每年经过一宫，约十二年运行一周天，古人用以纪年。

④ 其：指邻近结匈国的灭蒙鸟。灭蒙鸟在结匈国的北边，参看本书"海外西经"。

⑤ 结匈：匈，同"胸"。可能指现在的鸡胸。

## 山海经异国考

结匈国  明·蒋应镐图本

结匈国位于灭蒙鸟的西南，在这个国家里生活的人，被称为结匈国人。结匈国人唯一异于常人的部位，就是都长着像鸡一样的胸脯。

## 山海经异兽考

比翼鸟

| 异兽 | 形态 | 异兆及功效 |
| --- | --- | --- |
| 比翼鸟 | 长着红色羽毛的鸟和青色羽毛的鸟，羽毛十分漂亮。两只鸟的翅膀只有配合起来才能飞行。 | 比翼鸟是一种瑞鸟，它是夫妻恩爱、朋友情深的象征。 |

## 山海经地理考

| 结匈国 | 今山东或云南 | ①山东人称蛇为虫，所以结凶国在今山东境内。②按南山的位置推断，结匈国可能在今云南或云南以南地区。 |
| --- | --- | --- |
| 南山 | 今山东南部 | ①顾祖禹《读史方舆纪要》中记此山"在县（曹县）南八十里"，所以南山极有可能是史载中的"曹南山"。②可能在横断山脉的南端或中南半岛上。 |

【第六卷 海外南经】

## 2 从羽民国到厌火国
### 口吐火焰的厌火国人

### 原文

羽民国在其东南，其为人长头，身生羽。一曰在比翼鸟东南，其为人长颊①(jiá)。
有神人二八，连臂，为帝司②夜于此野。在羽民东。其为人小颊赤肩。尽十六人。
毕方鸟在其东，青水西，其为鸟人面一脚。一曰在二八神东。
讙(huān)头国在其南，其为人人面有翼，鸟喙，方③捕鱼。一曰在毕方东。或曰讙朱国。
厌火国在其国④南，兽身黑色。生火出其口中。一曰在讙朱东。

### 译文

羽民国在灭蒙鸟的东南面，这里的人都长着长长的脑袋，全身生满羽毛。另一种说法认为羽民国在比翼鸟栖息处的东南面，那里的人都长着长长的脸颊。

有位叫二八的神人，他的手臂连在一起，在旷野中为天帝守夜。这位神人二八就栖居在羽民国的东面，那里的人都长着狭小的脸颊和赤红色的肩膀，总共有十六个人。

毕方鸟栖息的地方位于灭蒙鸟的东面，青水的西面，这种毕方鸟长着人的面孔却只有一只脚。另一种说法认为毕方鸟栖息于二八神的东面。

讙头国位于灭蒙鸟的南面，那里的人相貌与常人相近，不同的是背上生有一对翅膀，脸上长着鸟嘴，它们用鸟嘴捕鱼。另一种说法认为讙头国位于毕方鸟栖息之处的东面，还有人认为讙头国就是讙朱国。

厌火国也在讙头国的南面，该国的人身形像猿猴，浑身黑色。他们以火炭为食，所以嘴里能吐火。另一种说法认为厌火国在讙朱国的东面。

### 【注释】

①颊：面颊，指脸的两侧。
②司：视察。此处是守候的意思。
③方：正在，正当。原文是配合图画的说明文字，所以出现了这种记述具体举动的词语。
④其国：代指讙头国。

## 山海经异国考

羽人　清·萧云从《离骚国·远游》

羽民国　明·蒋应镐图本 　　厌火国　明·蒋应镐图本 　　讙头国　明·蒋应镐图本

## 山海经地理考

| 羽民国 | 商末戴国 | 从甲骨文中看，商末时期的戴国无论其国名音、形、义与方位都与羽民国释文相同，因此推断羽民国为商末戴国。 |
|---|---|---|
| 神人二八 | 商末商丘 | 据金文、甲骨文内容推断"二八神"是商末的商丘。 |
| 毕方鸟 | 今金乡县或汉张狐县 | 经文中记载毕方鸟在青水西，而金乡县和汉张狐县正邻于青水（泗水）西。 |
| 青水 | 今泗水 | ①据《水经注·泗水》："清水，即泗水之别名也。"所以，青水就是泗水。<br>②依据南山即为横断山脉推断，青水即为云南省的怒江。 |
| 讙头国 | 商代朱丹国 | 文中描绘的"讙头国"正是商代金铭族族徽，而讙头国正是商代朱丹国所在地。 |
| 厌火国 | 炎国 | 根据段氏的"炎、熊、员三字双声"观看，厌火国所释的熊盈姓或嬴姓国，可能通指炎国。 |

【第六卷 海外南经】

# 3 从三珠树到交胫国

## 擅用弓箭的载国人

### 原文

三株树在厌火北,生赤水上,其为树如柏,叶皆为珠。一曰其为树若彗[1]。

三苗国在赤水东,其为人相随。一曰三毛国。

载(zhí)国在其[2]东,其为人黄,能操弓射蛇。一曰载国在三毛东。

贯匈国在其东,其为人匈有窍[3]。一曰在载国东。

交胫(jìng)国在其东,其为大交胫[4]。一曰在穿匈[5]东。

### 译文

三珠树位于厌火国的北边,生长在赤水岸边,这三珠树的外形与普通的柏树相似,其叶子都是珍珠。另一种说法认为这三珠树的形状像扫帚星。

三苗国位于赤水的东面,那里的人都一个跟着一个、亦步亦趋地行走。另一种说法认为三苗国就是三毛国。

载国在三苗国的东面,国家里的人都是黄色皮肤,擅长操持弓箭射蛇。另一种说法认为载国在三毛国的东边。

贯匈国在三苗国的东边,那里的人身上都生有一个从胸膛穿透到后背的大洞,所以叫贯胸国,又叫穿胸国。另一种说法认为贯胸国在载国的东面。

交胫国也在三苗国的东面,这个国家里的人双腿左右交叉,甚至在走路时也是这样。另一种说法认为交胫国在穿胸国的东面。

### 【注释】

[1] 彗:彗星。因为它形状像扫帚,所以通常也称为扫帚星。

[2] 其:代指三苗国。

[3] 窍:窟窿,孔洞。

[4] 胫:人的小腿,这里指整个腿脚。

[5] 穿匈:指贯匈国。穿、贯二字的音义相同。

## 山海经异国考

### 贯匈国 明·蒋应镐图本

贯匈国的人自前胸到后背由一个贯穿的大洞，所以出行时以木棍穿胸而过，两人抬之。

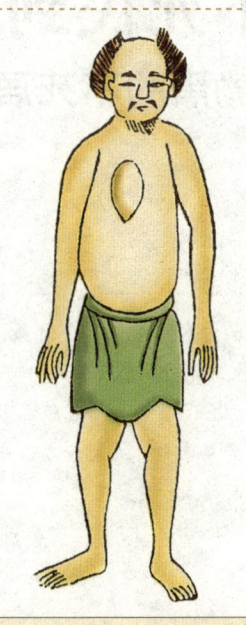

交胫国 清·毕沅图本　　　　载国 明·蒋应镐图本

## 山海经地理考

| 三株树 | 今山东滕县 | 陶潜的《读山海经》曰："灿灿三株树，寄生赤水阴。"三株树在厌火北，赤水上，已知厌火即商代赢族的细方，由此推断三株树可能在今山东滕县井亭煤矿附近。 |
|---|---|---|
| 三苗国 | 南海 | 传说中尧禅位于舜，而三苗的君主不服，尧杀了他，把三苗迁到南海并称为三苗国。 |
| 载国 | 今山东即墨市西庄 | "载"即"夷"，从史书中看，为周国名，后入于齐，今山东即墨市西庄。 |
| 贯匈国 | 今河南汲县 | 贯匈国即殷商时期的贯方，位于今河南汲县。 |
| 交胫国 | 今山东陶县 | 交胫国即商代的方国，位于山东省陶县。 |

【第六卷 海外南经】

# 4 从不死民到三首国
## 皮肤黝黑的不死居民

### 原文

不死民在其东,其为人黑色,寿①,不死。一曰在穿匈国东。
歧舌国在其东。一曰在不死民东。
昆仑虚②在其东,虚③四方。一曰在歧舌东,为虚四方。
羿④与凿齿⑤战于寿华之野,羿射杀之。在昆仑虚东。羿持弓矢,凿齿持盾。一曰持戈。
三首国在其东,其为人一身三首。

### 译文

不死民居住在交胫国的东面,他们每个人的皮肤都是黝黑黝黑的,并且长生不死。另一种说法认为不死民在穿胸国的东面。

歧舌国也位于它的东面,另一种说法认为歧舌国在不死民的东面。

昆仑山也在它的东面,其山势雄伟,山基呈四方形。另一种说法认为昆仑山在歧舌国的东面,山基向四方延伸。

羿曾与凿齿在一个叫寿华的荒野发生激战。骁勇善战的羿射死了凿齿。他们争斗的地方寿华之野就在昆仑山的东面。在那次交战中羿手拿弓箭,凿齿手持盾牌,另一种说法认为凿齿拿着戈。

三首国也在灭蒙鸟的东边,这个国家里的人都是一个身子上长着三个脑袋。

### 【注释】

① 寿:老。指长寿。
② 虚:大丘。这里是山的意思。
③ 虚:所在地。这里指山下底部地基。
④ 羿:神话传说中的天神。
⑤ 凿齿:传说是亦人亦兽的神人,有一个牙齿露在嘴外,有五六尺长,形状像一把凿子。

## 山海经异国考

### 不死民 明·蒋应镐图本

相传不死民居住在流沙以东，黑水之间，那里有一座山，叫员丘山，山上长有不死树，吃了这种树的枝叶果实就可以长生不老；山下有一眼泉水，叫赤泉，喝了赤泉的水也可以长生不死。因为有了这两种东西，所以不死民都不知死亡为何物。

三首国
明·蒋应镐图本

歧舌国
明·蒋应镐图本

| 异国 | 形态特征 | 奇闻异事 |
| --- | --- | --- |
| 不死民 | 全身黑色。 | 长寿不死。 |
| 歧舌国 | 舌头倒着生长，即舌根长在嘴唇边上。 | 有自己的一套特殊语言，只有本国人能听懂。 |
| 三首国 | 一个身子上长着三个脑袋。 | |

## 山海经地理考

| 歧舌国 | 今山东宁阳县东北 | 歧舌国今山东宁阳县，即不死民与泰山昆仑之间。 |
| --- | --- | --- |
| 昆仑虚 | 今东海中的方丈山 | 相传昆仑虚位于东海中的方丈山，也有观点认为其位于马来半岛东的昆仑山诸岛。 |
| 寿华之野 | 今山东泰安 | 寿华，位于今天的山东省泰安市附近。 |
| 三首国 | 今山东临朐 | 三首国位于今天的山东临朐附近，即祝其、诸县与平寿之间。 |

【第六卷 海外南经】

## 5 从周饶国到南方祝融
### 身材短小的周饶国人

### 原文

周饶国在其东,其为人短小,冠带①。一曰焦侥国②在三首东。
长臂国在其东,捕鱼水中,两手各操一鱼。一曰在焦侥东,捕鱼海中。
狄山,帝尧葬于阳,帝喾③(kù)葬于阴。爰④有熊、罴、文虎、蜼(wěi)、豹、离朱⑤、视肉⑥、吁咽⑦、文王皆葬其所。一曰汤山。一曰爰有熊、罴、文虎、蜼、豹、离朱、鸱(chī)久、视肉、虖交⑧。
有范林⑨方三百里。
南方祝融⑩,兽身人面,乘两龙。

### 译文

周饶国在灭蒙鸟的东面,这个国家里的人身材都比较矮小,穿戴整齐讲究。另一种说法认为周饶国在三首国的东面。

长臂国在灭蒙鸟的东面,那里有个人正在水中捕鱼,他的左右两只手各抓着一条鱼。另一种说法认为长臂国在焦侥国的东面,那里的人都是在大海中捕鱼的。

狄山,帝尧去世后葬在这座山的南面,帝喾去世后葬在这座山的北面。山中野兽众多,有熊、罴、花斑虎、长尾猿、豹子、三足鸟、视肉。吁咽和文王也埋葬在这座狄山。另一种说法认为这是汤山。还有一种说法认为这里有熊、罴、花斑虎、长尾猿、豹子、离朱鸟、鸱鹰、视肉、虖交等飞禽走兽。

狄山的附近还有一片方圆三百里大小的范林。

南方的祝融神,长着野兽的身子和人的面孔,出入时乘坐着两条龙。

### 【注释】

①冠带:作动词用,即戴上冠帽、系上衣带。
②焦侥国:"焦侥"、"周饶"是"侏儒"的声转,侏儒是短小的人。所以,焦侥国即周饶国,就是现在所说的小人国。
③帝喾:传说中的上古帝王唐尧的父亲。
④爰:这里;那里。
⑤离朱:相传为神话传说中的三足鸟。这种鸟在太阳里,与乌鸦相似,长着三只足。
⑥视肉:传说中形状像牛肝的怪兽。它长有两只眼睛,割去它的肉吃了后,不长时间就又重新生长出来,完好如故。
⑦吁咽:传说中的上古帝王虞舜。
⑧虖交:不详何物。
⑨范林:树林繁衍茂密。
⑩祝融:神话传说中的火神。

## 山海经异国考

### 祝融 明·蒋应镐图本

传说祝融是火神，为南方天帝炎帝的后裔，也是炎帝身边的大臣。祝融长有野兽的身子和人的面孔，出入时乘坐着两条龙。

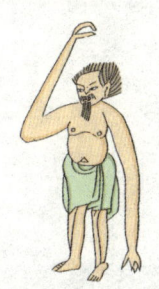

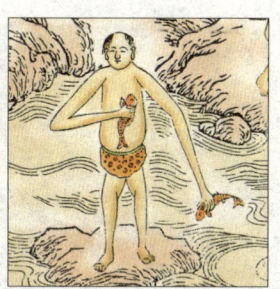

长臂国　明·吴任臣近文堂图本　　周饶国　明·蒋应镐图本　　长臂国　明·蒋应镐图本

| 异国 | 形态特征 | 奇闻异事 |
|---|---|---|
| 周饶国 | 身材短小，个个是侏儒。 | 穿戴整齐，生性聪慧，能制造各种精巧器物。 |
| 长臂国 | 每人都长有三丈长的手臂，比身体长出一大截。 | 长臂国人都是在大海中捕鱼的。 |

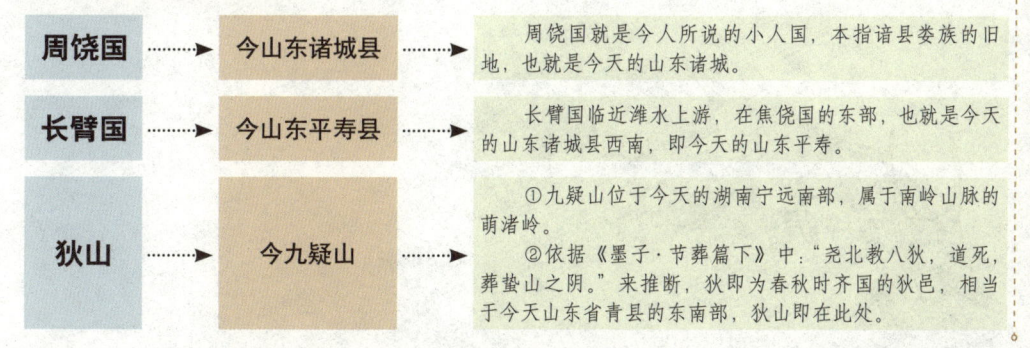

## 山海经地理考

| 周饶国 | ……→ | 今山东诸城县 | ……→ | 周饶国就是今人所说的小人国，本指诸县娄族的旧地，也就是今天的山东诸城。 |
|---|---|---|---|---|
| 长臂国 | ……→ | 今山东平寿县 | ……→ | 长臂国临近潍水上游，在焦侥国的东部，也就是今天的山东诸城县西南，即今天的山东平寿。 |
| 狄山 | ……→ | 今九疑山 | ……→ | ①九疑山位于今天的湖南宁远南部，属于南岭山脉的萌渚岭。②依据《墨子·节葬篇下》中："尧北教八狄，道死，葬蛩山之阴。"来推断，狄即为春秋时齐国的狄邑，相当于今天山东省青县的东南部，狄山即在此处。 |

【第六卷 海外南经】

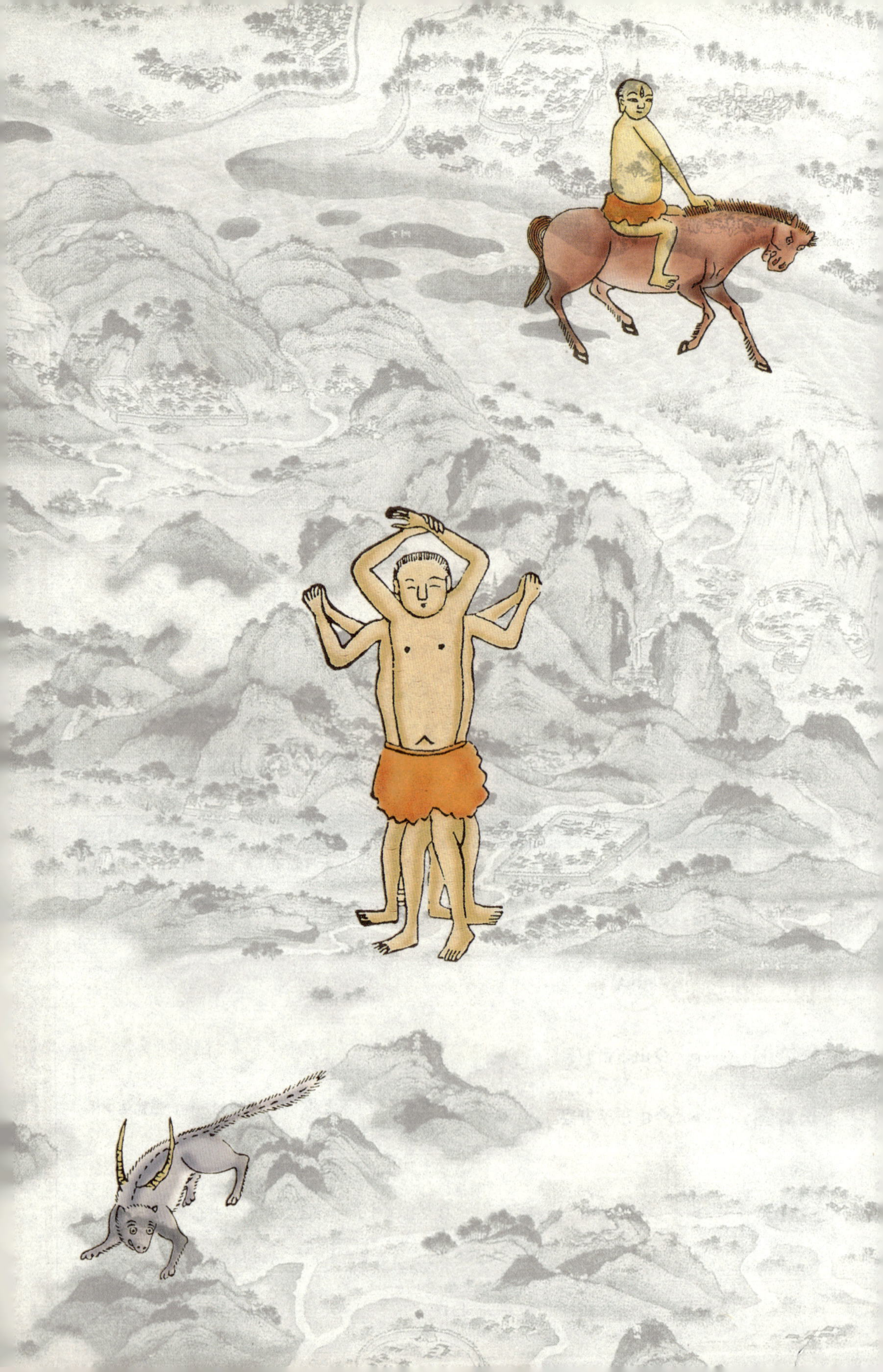

## 第七卷
# 海外西经

《海外西经》是指从西南到西北的国家和地区，

共有三身国、一臂国、

奇肱国、丈夫国、

巫咸国、女子国、

轩辕国、白民国、

肃慎国、

长股国等十个国家，

这十个国家的人长相怪异无比。

比如说，三身国的一个脑袋三个身子，

奇肱国的人长着一条胳膊和三只眼睛。

除了对人物的介绍，

还对一些历史人物和神话传说进行了记载，

例如：以乳为目，

以脐为口的刑天与天地争夺帝位的故事。

# 从灭蒙鸟到一臂国

## 生如比翼鸟的一臂国人

## 原文

海外自西南陬至西北陬者。

灭蒙鸟在结匈国北,为鸟青,赤尾。

大运山高三百仞①,在灭蒙鸟北。

大乐(yé)之野,夏后启②于此儛③(wǔ)《九代》,乘两龙,云盖三层。左手操翳④,右手操环,佩玉璜⑤(huáng)。在大运山北。一曰大遗之野。

三身国在夏后启北,一首而三身。

一臂国在其北,一臂、一目、一鼻孔。有黄马虎文,一目而一手⑥。

## 译文

海外从西南角到西北角的国家地区、山岳河川分别记录如下。

灭蒙鸟在结匈国的北面,身上长着青色的羽毛,后面还拖着红色的尾巴。

大运山山势巍峨,高三百仞,屹立在灭蒙鸟的北面。

夏后启在一个名叫大乐野的地方观看《九代》乐舞。他乘驾着两条巨龙,飞腾在三重云雾之上。他左手握着一把羽毛做的华盖,右手拿着一只玉环,腰间还佩挂着一块玉璜,正在专心致志地欣赏乐舞。大乐野就在大运山的北面。另一种说法认为夏后启观看乐舞《九代》是在大遗野。

三身国在夏后启所在之地的北面,那里的人都长着一个脑袋三个身子。

一臂国在三身国的北面,那里的人都是一条胳膊、一只眼睛、一个鼻孔。那里还有黄色的马,身上有老虎斑纹,长着一只眼睛和一条腿。

## 【注释】

① 仞:古代的八尺合一仞。

② 夏后启:相传为夏朝开国君主大禹的儿子,夏朝第一代国君。夏后,即夏王。

③ 儛:同"舞"。

④ 翳:用羽毛做的像伞形状的华盖。

⑤ 璜:一种半圆形玉器。

⑥ 手:这里指的腿蹄。

## 山海经异国考

**一臂国** 明·蒋应镐图本

一臂国民只有普通人一半的身体，他们又叫比肩民或半体人。他们的坐骑和人一样，只长着一只眼睛和一条前蹄。

**三身国** 明·蒋应镐图本

三身国在夏后启所在之地的北边，该国的人都长着一个脑袋三个身子。他们都姓姚，以黄米为食，身边有四只鸟陪伴。这些人都是帝俊的后代。当年帝俊的妻子娥皇所生的孩子就是一首三身，他们的后代繁衍生息，渐渐地形成了三身国。

**夏后启** 明·蒋应镐图本

| 异国 | 形态特征 | 奇闻异事 |
| --- | --- | --- |
| 三身国 | 长着一个脑袋，三个身子。 |  |
| 一臂国 | 长着一条胳膊、一只眼睛、一个鼻孔。 | 他们像比翼鸟一样，只有两两并肩连在一起才能行走。 |

## 山海经地理考

| 灭蒙鸟 | → | 今河南商丘市 | → | 灭蒙鸟在结匈国北方，而结匈国位于商丘西北，由此可以断定，灭蒙鸟位于今天商丘市的东北部。 |
| --- | --- | --- | --- | --- |
| 大乐之野 | → | 两种说法 | → | ①根据名称推断，大乐之野在今天的四川省乐山市附近。②大乐之野或大遗之野就是大夏，太原之野。大夏、夏墟为河东永济到霍山一带的大平原。 |
| 三身国 | → | 今山西太原北 | → | 三身国在有夏后启的大乐之野北。也就是今天山西太原南平陶县一带。 |
| 一臂国 | → | 今河北元氏县 | → | 一臂国西临三身国，在今天的河北元氏县附近。 |

【第七卷 海外西经】

# 2 从奇肱国到丈夫国
## 一臂三目的奇肱国人

## 原文

奇(jī)肱(gōng)之国在其北，其人一臂三目，有阴有阳，乘文马①。有鸟焉，两头，赤黄色，在其旁。

形天②与帝争神，帝断其首，葬之常羊之山。乃以乳为目，以脐为口，操干③戚④以舞。女祭、女戚在其北，居两水间。戚操鱼觛⑤，祭操俎⑥。

鵸(cī)鸟、鶒(zhān)鸟，其色青黄，所经国亡。在女祭北。鵸鸟人面，居山上。一曰维鸟，青鸟、黄鸟所集。丈夫国在维鸟北，其为人衣冠带剑。

女丑之尸，生而十日⑦炙⑧杀之。在丈夫北。以右手鄣⑨其面。十日居上，女丑居山之上。

## 译文

奇肱国位于一臂国的北边。该国的人长着一条胳膊，三只眼睛，眼睛有阴有阳，阴在上阳在下，常骑名为吉良的马。那里还有一种鸟，长着两个脑袋，红黄色的身子，常伴他们身旁。

刑天与黄帝在此争夺神位，黄帝砍断刑天的头，并将其头颅埋葬在常羊山上。失去了头颅的刑天，以双乳为目，以肚脐为口，双手各持盾牌和大斧舞动着。女巫祭和戚住在刑天与天帝发生争斗之地的北面，正好处于两条水流的中间，女巫戚手里拿着兕角小酒杯，女巫祭手里捧着俎器。

鵸鸟和鶒鸟，羽毛青中带黄，它们飞经的国家都会败亡。鵸鸟和鶒鸟栖息在女巫祭的北面。鵸鸟长着人的面孔，立在山上。另一种说法认为这两种鸟统称维鸟，是青色鸟、黄色鸟聚集在一起的混称。丈夫国在维鸟的北面，那里的人都是穿衣戴帽而佩带宝剑的模样。

在丈夫国的北面，横躺着一具女丑的尸体，她是被十个太阳的热气烤死的。死的时候用右手遮住脸，十个太阳高高悬挂在天上，女丑的尸体横卧在山顶上。

## 【注释】

① 文马：即吉良马，白身子红鬃毛，眼睛像黄金，骑上它，寿命可达一千年。

② 形天：即刑天，是神话传说中一个没有头的神。形，通"刑"，割、杀之意。天是颠顶之意，指人的头。刑天就是砍断头。所以，此神原本无名，在被断首之后才有了刑天神的名称。

③ 干：盾牌。

④ 戚：一种古代兵器，即大斧。

⑤ 觛：就是小觯。觛是古代的一种酒器。

⑥ 俎：古代祭祀时盛供品的礼器。

⑦ 十日：十个太阳。

⑧ 炙：烧烤。

⑨ 鄣：同"障"。挡住，遮掩。

## 山海经异国考

### 奇肱国 明·蒋应镐图本

奇肱国的人生有一臂三目,他们颇具智慧,擅长制造各种工具,其中一种造型奇特、做工精致的飞车,能乘风远行,显示了古人的智慧。

刑天 明·蒋应镐图本

### 丈夫国 明·蒋应镐图本

传说殷帝太戊曾派王孟等一行人到西王母所住的地方寻求长生不死药,他们途中断了粮,只好滞留此地,以野果为食,以树皮做衣。由于随行人员中没有女人,所以人人终身无妻。

| 异国 | 形态特征 | 奇闻异事 |
| --- | --- | --- |
| 奇肱国 | 一只手臂,三只眼睛,有阴有阳。 | 因为只有一臂,所以非常珍惜时间,就算夜间也用阴眼工作不休息。 |
| 丈夫国 | 皆衣冠楚楚,身佩宝剑。 | 只有男人,没有女人。 |

## 山海经地理考

| | | |
| --- | --- | --- |
| 奇肱国 | 今山西黎城县东北 | 奇肱国就是商代黎国。春秋时期黎国从今天的山西长治市西南,迁至今山西黎城县东北。 |
| 女祭女戚 | 今郑州管城附近的古祭城 | 女祭、女戚位于黄河南岸,北对沁河,构成地处两水之间的地理环境。 |
| 丈夫国 | 今山西显县北 | 丈夫国位于商代甫方,也就是今山西显县北。 |
| 女丑 | 今山西河津附近 | 在甲骨卜辞中,"女丑"属于"尤"方,在巫咸国附近,即安邑故城。 |

【第七卷 海外西经】

# 3 从巫咸国到诸沃野

## 寿比彭祖的轩辕国人

## 原文

巫咸国在女丑北，右手操青蛇，左手操赤蛇。在登葆山①，群巫所从上下也。

并封在巫咸东，其状如彘，前后皆有首，黑。

女子国在巫咸北，两女子居，水周之。一曰居一门中。

轩辕之国在穷山之际，其不寿者八百岁。在女子国北。人面蛇身，尾交首上。

穷山②在其北，不敢西射，畏轩辕之丘③。在轩辕国北。其丘方，四蛇相绕。

诸沃之野，沃民是处。鸾鸟自歌，凤鸟自舞。凤皇卵，民食之；甘露④，民饮之，所欲自从也。百兽相与群居。在四蛇北。其人两手操卵食之，两鸟居前导之。

## 译文

巫咸国在女丑尸的北面，这里的人右手握青蛇，左手握红蛇。巫咸国境内有登葆山，是巫师们往来于天上与人间的通道。

名叫并封的怪兽栖息在巫咸国东面，它的形状像猪，前后都有头，浑身黑毛。

女子国在巫咸国北面，有两个女子居住在这儿，四周有水环绕。另一种说法认为她们住在一道门中间。

轩辕国在穷山旁边，那里的人不长寿也能活八百岁。轩辕国在女子国北面，长有人面蛇身，尾巴盘绕在头上。

穷山在轩辕国北面，那里的人不敢向西方拉弓射箭，是因为敬畏黄帝威灵所在的轩辕丘。轩辕丘位于轩辕国北部，呈方形，被四条大蛇相互围绕。

有个叫做沃野的地方，鸾鸟和凤鸟自由自在地歌唱和舞蹈；凤皇生下的蛋，那里的居民食用它；苍天降下的甘露，那里的居民饮用它；凡事随心所欲。野兽与人一起居住。沃野在四条蛇的北面，那里的人用双手捧着蛋吃，有两只鸟在前面引导。

【注释】

①登葆山：传说此山可通往天庭。山名，具体位置不详。

②穷山：相传是今天四川境内的山。

③轩辕之丘：相传在今天四川省境内，具体位置不详。

④甘露：古人所谓甜美的露水，以为天下太平，则天降甘露。

## 山海经异国考

### 轩辕国  清·汪绂图本

轩辕就是黄帝，姬姓，因居住于轩辕之丘而得名轩辕。他的出生、创业和建都在有熊（今河南新郑），所以又称有熊氏，因有土德之瑞，故号黄帝。黄帝在阪泉战胜炎帝，在涿鹿战胜蚩尤，最终被各路诸侯尊为天子。被后人尊为中华民族的始祖。

女子国  明·蒋应镐图本

并封  明·蒋应镐图本

| 异国 | 形态特征 | 奇闻异事 |
| --- | --- | --- |
| 巫咸国 | 右手握青蛇，左手握红蛇。 | 有一座可以通天的山。 |
| 女子国 |  | 都是女人，没有男人。 |
| 轩辕国 | 人面蛇身，尾交于头上。 | 人人都长寿，不长寿也能活到八百岁。 |

## 山海经地理考

| | | |
| --- | --- | --- |
| 巫咸国 | 今山西夏县西北禹王城 | 商末周初的方国志中记载，巫咸为商代元臣，晚商有城邑称巫咸。巫咸国地属安邑故城，也就是今天山西夏县西北禹王城。 |
| 并封 | 今山西南部 | 从地理方位来看，并封即是先周名城，就是山西的南部。 |
| 女子国 | 今山西夏县西北禹王城 | 在甲骨文中，"安"与女子国同义，指史书中所描述的安邑。 |
| 轩辕国 | 今临汾县东北 | 轩辕国位于襄汾、翼城、曲沃之间，是以襄汾陶寺附近为主体的先夏文化氏族与部落，位于今临汾县城东北。 |

【第七卷 海外西经】

439

# 4 从龙鱼到西方蓐收

## 腿长三丈的长股国人

## 原文

龙鱼陵居①在其北,状如鲤。一曰鰕②(xiā)。即有神圣乘此以行九③野。一曰鳖鱼在沃野北,其为鱼也如鲤。

白民之国在龙鱼北,白身被④发。有乘黄,其状如狐,其背上有角,乘之寿二千岁。

肃慎之国在白民北,有树名曰雒棠,圣人代立,于此取衣⑤。

长股之国在雒棠北,被发。一曰长脚。

西方蓐(rǔ)收⑥,左耳有蛇,乘两龙。

## 译文

既可在水中居住,又可在山陵居住的龙鱼在沃野的北面,龙鱼的形状像一般的鲤鱼。另一种说法认为像鰕鱼。就有神圣的人骑着它邀游在广大的原野上。还有一种说法认为鳖鱼在沃野的北面,这种鱼的形状也与鲤鱼相似。

白民国在龙鱼所在地的北面,那里的人都是白皮肤而披散着头发。有一种叫做乘黄的野兽,形状像一般的狐狸,脊背上有角,人要是骑上它就能有两千年的长寿。

肃慎国在白民国的北面。有一种树木叫做雒棠,每当中原地区有圣明的天子继位,那里的人就取雒棠的树皮来做衣服。

长股国在雒棠的北面,那里的人都披散着头发。另一种说法认为长股国叫长脚国。

西方的蓐收神,左耳上有一条蛇,乘驾两条龙飞行。

## 【注释】

① 陵居:居住在山岭中。
② 鰕:体型大的鲵(ní)鱼叫做鰕鱼。鲵鱼是一种水陆两栖类动物,有四只脚,长尾巴,眼小口大,生活在山谷溪水中。因叫声如同小孩啼哭,所以俗称娃娃鱼。
③ 九:表示多数。这里是广大的意思。
④ 被:通"披"。
⑤ 圣人代立,于此取衣:据古人解说,肃慎国的习俗是人们平时没衣服,一旦中原地区有英明的帝王继立,那么,雒棠树就生长出一种树皮,那里的人取它可以制成衣服穿。
⑥ 蓐收:神话传说中的金神,样子是人面孔、虎爪子、白毛发,手执钺斧。

## 山海经神怪考

**蓐收** 明·蒋应镐图本

西方之神名叫蓐收，他左耳上有一条蛇，乘驾着两条龙四处飞行。蓐收是西方天帝少昊之子，是西方刑神、金神，又是司日入之神，居住在西方的山中，掌管着西方一万二千里的地界。

长股国 明·蒋应镐图本

乘黄 明·蒋应镐图本

| 异国 | 形态特征 | 奇闻异事 |
|---|---|---|
| 白民国 | 白皮肤，披散着头发。 | 有瑞兽乘黄，人骑上可长寿。 |
| 肃慎国 | 平时没有衣服，冬天涂上厚厚的油才能抵御风寒。 | 一旦中原地区有明主继位，雒棠树就会应德而生。 |
| 长股国 | 双腿奇长，可达三丈。 | 与长臂国人配合捕鱼。 |

## 山海经地理考

| 白民国 | 今陕西北部的陕北高原和山西西部 | 白民国即周与春秋时期的白狄同燕北的貊国相融合而成的民族。 |
|---|---|---|
| 肃慎国 | 今东北地区 | 肃慎位于古代东北，是满族的祖先。主要分布在今天的长白山以北，西至松嫩平原，北至黑龙江中下游的广大地区。 |
| 长股国 | 今山西河律县东南 | 长股国属于"戎"的分支。属于庙底沟文化后裔，不断发展衍生的结果。 |

【第七卷 海外西经】

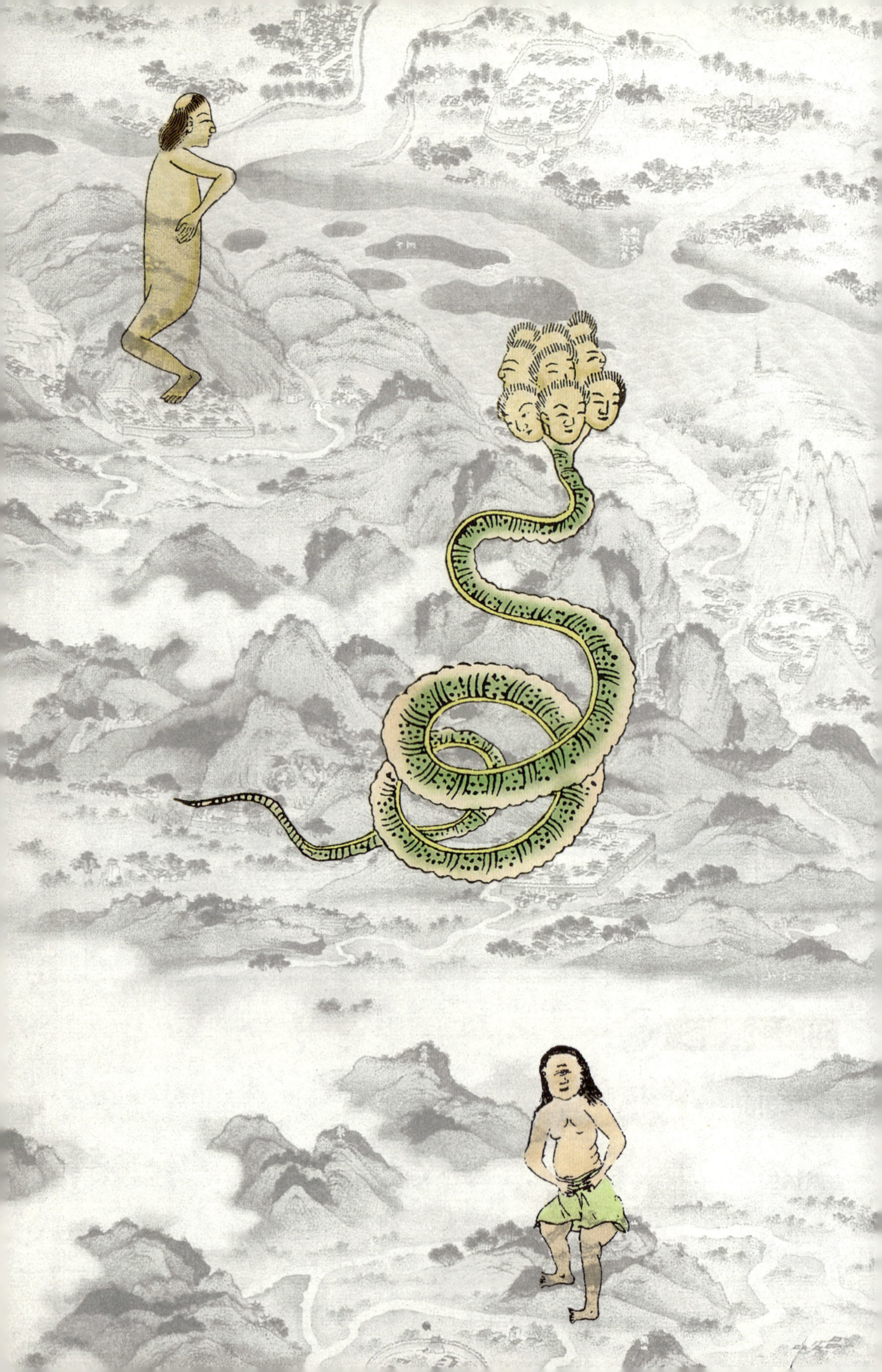

## 第八卷
# 海外北经

《海外北经》中的国家与
《海外西经》中的国家相邻,
主要有无启国、一目国、
柔利国、深目国、无肠国、
聂耳国、夸父国、
拘瘿国、跂踵国等九个国家。
这九个国家国民的长相和风土人情都
与常人不同,
比如说:柔利国的人,
一手一脚,膝盖反长;
无启国人不生育子孙后代;
一目国的人脸中间长了一只眼睛。

除此之外,
还有一些有趣的历史人物和神话传说,
如天神共工的臣子相柳被大禹所杀、
夸父追日的故事,等等。

# 1 从无启国到柔利国
## 终生无嗣的无启国人

### 原文

海外自西北陬至东北陬者。

无启之国在长股东,为人无嗣①。

钟山之神,名曰烛阴,视为昼,瞑②为夜,吹为冬,呼为夏,不饮,不食,不息③,息为风,身长千里。在无启之东。其为物,人面,蛇身,赤色,居钟山下。

一目国在其东,一目中其面而居。一曰有手足。

柔利国在一目东,为人一手一足,反膝,曲足居上④。一云留利之国,人足反折⑤。

### 译文

海外从西北角到东北角的国家地区、山丘河川分别如下。

无启国位于长股国的东面,那里的人不生育子孙后代。

钟山的山神名叫烛阴,他睁开眼睛人间便是白昼,闭上眼睛人间便是黑夜,一吹气便是寒冬,一呼气便是炎夏。他不喝水,不吃食物,不呼吸,一呼吸就生成风,身子有一千里长。这位烛阴神在无启国的东面。他长着人一样的面孔,蛇一样的身子,全身赤红色,住在钟山脚下。

一目国在钟山的东面,那里的人脸中间长着一只眼睛。另一种说法认为像普通的人有手有脚。

柔利国在一目国的东面,那里的人是一只手一只脚,膝盖反长着,脚弯曲朝上。另一种说法认为柔利国叫做留利国,人的脚都向上反折着。

### 【注释】

① 无嗣:无嗣。传说无启国的人住在洞穴中,平常吃泥土,不分男女,一死就埋了,但他们的心不腐朽,死后一百二十年就又重新化成人。
② 瞑:闭眼。
③ 息:呼吸。
④ 曲足居上:脚弯曲,脚心朝上。
⑤ 反折:向相反方向弯曲。

## 山海经异国考

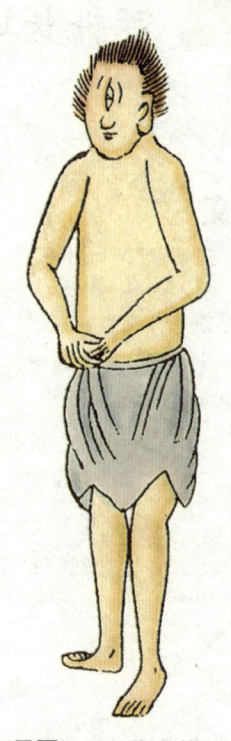

一目国　清·汪绂图本　　柔利国　明·蒋应镐图本　　一目国　明·蒋应镐图本

| 异国 | 形态特征 | 奇闻异事 |
|---|---|---|
| 无启国 |  | 无启国不生育子孙后代。 |
| 一目国 | 脸中央生着一只眼睛，赤身光脚，系着一条围裙。 |  |
| 柔利国 | 只长有一只手、一只脚，膝盖反长，脚弯曲朝上。 |  |

## 山海经地理考

| | | |
|---|---|---|
| 无启国 | 今陕西白水县东北的彭衙堡 | 无启国国名有长生不死之意，在金文中为沃沮国。 |
| 钟山 | 今吕梁山脉东侧、霍山东南 | 根据我国地形的实际情况，钟山"身长千里"只能是南北走向，而"烛龙"属于内蒙古的阴山山脉，可推断出钟山的位置。 |
| 一目国 | 今陕西北部边界地带 | 一目国即商末鬼方，而现代考古学界已经在与山西毗邻的陕西北部边界地带，发现了大片称之为"鬼方文化"的"李家崖"考古学文化。 |
| 柔利国 | 今雁门马邑附近 | 从文字上来看，即商末铖方，在雁门马邑附近。 |

【第八卷 海外北经】

# 2 从相柳氏到聂耳国
## 手托长耳的聂耳国人

### 原文

共工①之臣曰相柳氏,九首,以食于九山。相柳之所抵,厥②(jué)为泽溪。禹杀相柳,其血腥,不可以树五谷③种。禹厥之,三④仞三沮⑤,乃以为众帝⑥之台。在昆仑之北,柔利之东。相柳者,九首人面,蛇身而青。不敢北射,畏共工之台。台在其东。台四方,隅⑦有一蛇,虎色⑧,首冲南方。

深目国在其东,为人深目,举一手。一曰在共工台东。

无肠之国在深目东,其为人长而无肠。

聂(shè)耳之国在无肠国东,使两文虎⑨,为人两手聂⑩其耳。县(xuán)居海水中,及水所出入奇物。两虎在其东。

### 译文

天神共工的臣子相柳氏,有九个头,九个头分别在九座山上吃食物。相柳氏所触动之处,便掘成沼泽和溪流。大禹杀死了相柳氏,血流过的地方发出腥臭味,不能种植五谷。大禹挖填这地方,屡填屡陷,于是大禹便把挖掘出来的泥土为众帝修造了帝台。帝台在昆仑山北面,柔利国东面。相柳氏,长着九头人面,青色蛇身。射箭的人不敢向北方射,因为敬畏共工台。共工台在相柳的东面,是四方形的,每个角上有一条蛇,身上的斑纹与老虎相似,头向着南方。

深目国在相柳氏所在地的东面,那里的人总是举起一只手。另一种说法认为深目国在共工台的东面。

无肠国在深目国的东面,那里的人身体高大而肚子里却没有肠子。

聂耳国在无肠国的东面,那里的人能驱使两只花斑虎,行走时用手托着大耳朵。聂耳国在海水环绕的孤岛上,能看到出入海水的各种怪物。有两只老虎在它的东面。

### 注释

① 共工:神话中的人物,洪水之神。
② 厥:通"撅",掘。
③ 五谷:五种谷物。泛指庄稼。
④ 三:表示多数。
⑤ 沮:败坏。这里是陷落的意思。
⑥ 众帝:指帝尧、帝喾、帝丹朱、帝舜等传说中的上古帝王。
⑦ 隅:角落。
⑧ 虎色:虎文,即老虎皮毛的颜色纹理。
⑨ 文虎:即雕虎,老虎身上的花纹如同雕画似的。
⑩ 聂:通"摄"。握持。

## 山海经异国考

**相柳** 明·蒋应镐图本

相柳是天神共工的臣子，蛇身九头，每个脑袋上面都是人的面孔，十分恐怖。相柳劣迹斑斑，食人无数。后被大禹所诛。

深目国　清·《边裔典》

聂耳国　明·蒋应镐图本

| 异国 | 形态特征 | 奇闻异事 |
| --- | --- | --- |
| 深目国 |  | 那里的人总是举起一只手。 |
| 无肠国 | 身体高大而肚子里却没有肠子。 |  |
| 聂耳国 | 行走时用手托着自己的大耳朵。 | 那里的人使唤着两只花斑大虎。 |

## 山海经地理考

| 深目国 | 今山东莒山都城至滕县南一带 | 由深目国属于商代的"望"方即可推知。 |
| --- | --- | --- |
| 无肠国 | 今山东莒县东 | "无肠"即"吕国"，是周初封国，为任姓国，被称为"南夷"。 |
| 聂耳国 | 今山东寿县东南四十余处 | 聂耳国临近无肠国，也就是临于吕的商代虎方。 |

【第八卷 海外北经】

447

# 3 从夸父逐日到寻木

## 身材高大的夸父国人

## 原文

夸父与日逐走，入日。渴欲得饮，饮于河渭，河渭不足，北饮大泽。未至，道渴而死。弃其杖，化为邓林①。

夸父国在聂耳东，其为人大，右手操青蛇，左手操黄蛇。邓林在其东，二树木②。一曰博父。

禹所积石之山在其东，河水所入。

拘瘿（yǐng）之国在其东，一手把瘿③。一曰利瘿之国。

寻木长千里，在拘瘿南，生河上西北。

## 译文

神人夸父与太阳赛跑，追赶到太阳落下的地方。这时夸父口渴难忍，想要喝水，于是喝黄河和渭河中的水，喝完了两条河水还是不解渴，又要向北去喝大泽中的水，还没走到，就渴死在半路上了。他死时所抛掉的拐杖，变成了邓林。

夸父国在聂耳国的东面，那里的人身体高大，右手握着青色蛇，左手握着黄色蛇。邓林在它的东面，其实只是两棵非常大的树木形成了树林。另一种说法认为夸父国叫博父国。

拘瘿国位于禹所积石山的东面，那里的人常用一只手托着脖颈上的大肉瘤。另一种说法认为拘瘿国叫做利瘿国。

有种叫做寻木的树有一千里长，在拘瘿国的南面，生长在黄河岸上的西北方。

【注释】

①邓林：地名，现在在大别山附近河南、湖北、安徽三省交界处。邓林即"桃林"。

②二树木：由两颗大树形成的树林。

③瘿：因脖颈细胞增生而形成的囊状性赘生物，多肉质，比较大。

## 山海经异国考

### 夸父逐日 明·蒋应镐图本

传说在上古时代有个夸父族，是炎帝的苗裔，他们身材高大，骁勇善战。追日的夸父就是这一巨人族中的一员。在炎帝与黄帝的战争中，这个族落被黄帝的神龙——应龙所败，后来夸父的遗裔组成了一个国家，这便是夸父国。

| 异国 | 形态特征 | 奇闻异事 |
| --- | --- | --- |
| 夸父国 | 身材高大，左手握青蛇，右手握黄蛇。 | |
| 拘瘿国 | 常用一只手托着脖颈上的大肉瘤。 | |

## 山海经地理考

| | | |
| --- | --- | --- |
| 夸父国 | 今河南湖县夸父山附近 | 夸父国在河渭交汇处的河曲东面不足百里处。 |
| 拘瘿国 | 今山西神池、五寨二县境内 | 拘瘿国是春秋时期的北狄国楼烦国。 |
| 寻木 | 今山西省石楼县 | 寻木不是树木，而是谐音而来的地名。依据音韵和地理方位可以判断寻木就是山西省石楼县。 |

【第八卷 海外北经】

# 4 从跂踵国到务隅山
## 走路脚不着地的跂踵国人

| 山水名称 | 动物 |
|---|---|
| 务隅山 | 熊、罴、文虎、离朱、鸱久、视肉 |

## 原文

跂踵①国在拘瘿东,其为人两足皆支。一曰大踵。一曰反踵②。

欧丝之野在反踵东,一女子跪据树③欧④丝。

三桑无枝,在欧丝东,其木长百仞⑤,无枝。

范林方三百里,在三桑东,洲⑥环其下。

务隅之山,帝颛(zhuān)项(xū)⑦葬于阳,九嫔⑧葬于阴。一曰爰有熊、罴、文虎、离朱、鸱(chī)久、视肉。

## 译文

跂踵国在拘瘿国的东面,那里的人都身材高大,两只脚也非常大。另一种说法认为跂踵国叫反踵国。

欧丝野在反踵国的东面,有一女子跪倚着桑树在吐丝。

三棵没有枝干的桑树,在欧丝野的东面,这种树虽高达一百仞,却不生长树枝。

范林方圆三百里,在三棵桑树的东面,它的下面被沙洲环绕着。

务隅山,帝颛顼埋葬在它的南面,九嫔埋葬在它的北面。另一种说法认为这里有熊、罴、花斑虎、离朱鸟、鹞鹰、视肉怪兽。

【注释】

①跂踵:走路时脚跟不着地。
②反踵:脚是反转长的,走路时行进的方向和脚印的方向是相反的。
③据树:据古人解说,是凭依桑树一边吃桑叶一边吐出丝,像蚕似的。这大概是图画上的形状。
④欧:同"呕"。吐。
⑤仞:古时八尺为一仞。
⑥洲:水中可居人或物的小块陆地。
⑦颛顼:传说中的上古帝王。
⑧九嫔:指颛顼的九个妃嫔。

## 山海经异国考

### 欧丝野的蚕神  明·木刻插画摹本

相传倚在桑树下日日吐丝的女子是蚕神，它所吐的丝能织成美丽的丝绸，而丝绸能给人做衣服。黄帝听后大为赞赏，就让蚕神教导妇女缫丝纺绸。黄帝的妻子嫘祖也亲自培育幼蚕，并在百姓中推广。从此，中华大地就有了美丽的丝织品，中国也就成了丝绸的故乡。

### 跂踵国  清·汪绂图本

| 异国 | 形态特征 | 奇闻异事 |
|---|---|---|
| 跂踵国 | 身材高大，脚也非常大。 | |

## 山海经地理考

| | | |
|---|---|---|
| 跂踵国 | 今河北省完县东南 | 跂踵国是商代方国，即为河北嵩城县商代遗址。 |
| 欧丝之野 | 今河北蔚界境内 | 鸥丝之野在呕夷河流域，即今河北蔚界境内桑干河支流壶流河和河北大清河支流唐河。 |
| 三桑 | 今北京房山区与门头沟区的接壤地带 | 三桑，即为北京房山区与门头沟区的接壤地带的太行山分支大安山。 |
| 范林 | 今河北定兴县南 | 范林就是范水之林、范阳之林。范水发源于大安山，注入白洋淀。因此可断定范林位于今天的河北定兴县南。 |

【第八卷 海外北经】

# 5 从平丘到禺彊

## 人面鸟神的北方禺彊

| 山水名称 | 动物 | 植物 |
|---|---|---|
| 平丘 | 青马、视肉 | 杨柳、甘柤、甘华 |
| 北海内 | 駼騟、駮、蛩蛩、罗罗 | |

## 原文

平丘在三桑东，爰有遗玉①、青鸟、视肉、杨柳、甘柤②（zhā）、甘华③，百④果所生。有两山夹上谷，二大丘居中，名曰平丘。

北海内有兽，其状如马，名曰駼騟（táo tú）。有兽焉，其名曰駮（bó），状如白马，锯牙，食虎豹。有素兽焉，状如马，名曰蛩（qióng）蛩。有青兽焉，状如虎，名曰罗罗。

北方禺彊⑤，人面鸟身，珥⑥（ěr）两青蛇，践⑦两青蛇。

## 译文

平丘在三棵桑树的东面。这里有遗玉、青马、视肉怪兽、杨柳树、甘柤树、甘华树，是各种果树生长的地方。在两座山相夹的一道山谷上，有两个大丘处于其间，叫做平丘。

北海内有一种野兽，形状像一般的马，名称是駼騟。还有一种野兽，名称是駮，形状像白色的马，长着锯齿般的牙，能吃老虎和豹子。又有一种白色的野兽，形状像马，名称是蛩蛩。还有一种青色的野兽，形状像老虎，名称是罗罗。

北方的禺彊神，长着人的面孔、鸟的身子，耳朵上穿挂着两条青蛇，脚底下践踏着两条青蛇。

## 【注释】

①遗玉：据古人说是一种玉石，先由松枝在千年之后化为伏苓，再过千年之后化为琥珀，又过千年之后化为遗玉。

②甘柤：传说中的一种树木，红色的枝干，黄色的花，叶子是白色的，果实是黑色的。

③甘华：传说中的一种树木，红色的枝干，黄色的花。

④百：这里表示很多的意思，并非实指。

⑤禺彊：也叫玄冥，神话传说中的水神。

⑥珥：插。这里指穿挂着。

⑦践：踩；踏。

## 山海经异兽考

**禺彊** 明·蒋应镐图本

北方之神禺彊还是北海海神、北风风神，掌管冬季。传说他有两种形象，当他是风神的时候，就是鸟的身子，脚踩两条青蛇，生出寒冷的风；是北海海神的时候则是鱼的身子，但也有手有足，驾驭两条龙。

**罗罗** 明·蒋应镐图本　　**驹騟** 明·蒋应镐图本　　**駮** 明·蒋应镐图本

| 兽名 | 形状及声音 | 产地 | 今名 |
| --- | --- | --- | --- |
| 驹騟 | 状如马 | 北海 | 普式野马 |
| 駮 | 状如白马，锯牙，食虎豹 | 北海 | |
| 蛩蛩 | 状如马 | 北海 | |
| 罗罗 | 状如虎 | 北海 | 黑虎 |

## 山海经地理考

**平丘** → 今胶东半岛 ┄┄ 因"平丘盛产甘柤、甘华、百果"与胶东半岛特产"甘柤（甜梨）"、"甘华（苹果）"相同。

【第八卷 海外北经】

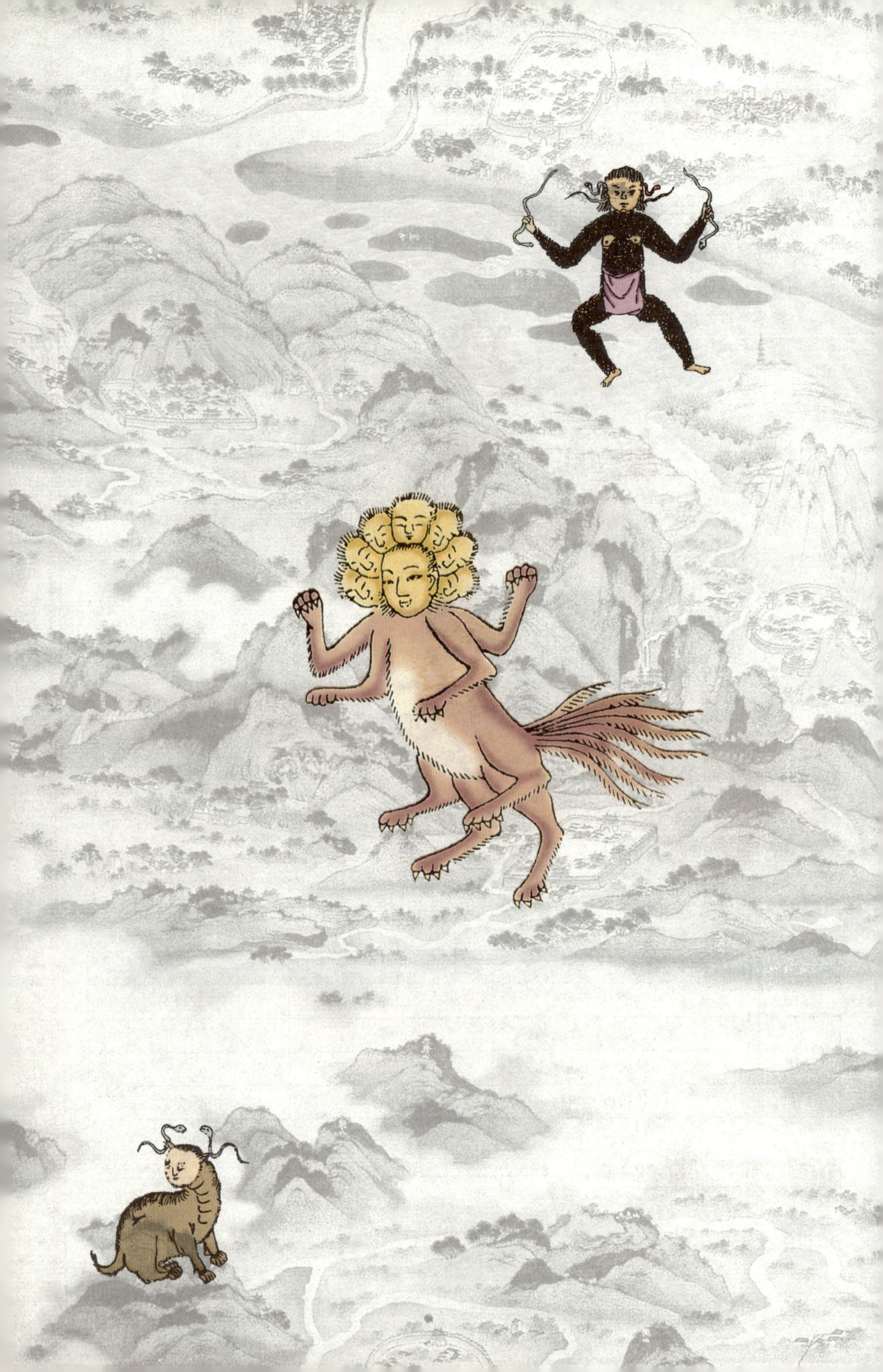

## 第九卷
# 海外东经

《海外东经》中的国家与
《海外北经》中的国家相邻,
主要有大人国、君子国、
青丘国、黑齿国、
玄股国、毛民国等八个国家。
这八个国家每个国家的人都有
自己不同的特点,
如:大人国的身材高大;
黑齿国的人牙齿漆黑,
玄股国的国民穿鱼皮衣,
能驱使两只鸟。

除此之外,
还记载了一些有趣的神话传说,
比如说竖亥走的很快,
天帝命令他用脚步测量大地,
从最东端走到最西端,
共有五亿十万九千八百步。

# 1 从嗟丘到君子国
## 役使老虎的君子国人

## 原文

海外自东南陬至东北陬者。

嗟（jiē）丘，爰有遗玉、青马、视肉、杨柳、甘柤、甘华。百果所生，在东海。两山夹丘，上有树木。一曰嗟丘。一曰百果所在，在尧葬①东。

大人国在其北，为人大，坐而削（shào）船②。一曰在嗟丘北。

奢比③之尸在其北，兽身、人面、大耳，珥④两青蛇。一曰肝榆之尸在大人北。

君子国在其北，衣冠⑤带剑，食兽，使二文虎在旁，其人好（hào）让不争。有薰华草，朝生夕死。一曰在肝榆之尸北。

## 译文

海外从东南角到东北角的国家地区、山丘河川分别如下。

嗟丘，这里有遗玉、青马、怪兽视肉、杨柳树、甘柤树、甘华树。结出甜美果子的树所生长的地方，就在东海边。两座山夹着嗟丘，上面有树木。另一种说法认为嗟丘就是嗟丘。还有一种说法认为各种果树所存在的地方，在葬埋帝尧之地的东面。

大人国在它的北面，那里的人身材高大，正坐在船上撑船。还有一种说法认为大人国在嗟丘的北面。

奢比尸神在大人国的北面，那里的人都长着野兽的身子、人的面孔、大大的耳朵，耳朵上穿挂着两条青蛇。另一种说法认为肝榆尸神在大人国的北面。

君子国在奢比尸神的北面，那里的人穿衣戴帽而腰间佩带着剑，能吃野兽，供使唤的两只花斑老虎就在身旁，为人喜欢谦让而不争斗。那里有一种薰华草，早晨开花傍晚凋谢。另一种说法认为君子国在肝榆尸神的北面。

【注释】

① 尧葬：帝尧所葬的地方。
② 削船：削、梢二字同音假借。梢是长竿子，这里作动词用。梢船就是用长竿子撑船。
③ 奢比：也叫奢龙，传说中的神。
④ 珥：耳饰，这里作动词。
⑤ 衣冠：这里都作动词用，即穿上衣服戴上帽子。

## 山海经异国考

### 大人国  清·《边裔典》

大人国的人身材高大，善于撑船。也有人认为他们会制造木船。图中一大人国人持刀坐在船旁，此"大人"有可能是原始的造船操舟的工匠神。

奢比尸  清·汪绂图本

| 异国 | 形态特征 | 奇闻异事 |
| --- | --- | --- |
| 大人国 | 身材比一般人高大许多。 | 擅长撑船。 |
| 君子国 | 衣冠整齐、边幅修列，腰间佩带宝剑，文质彬彬。 | 虽能役使老虎，却文质彬彬，喜谦让不喜争斗。 |

## 山海经地理考

| | | |
| --- | --- | --- |
| 磋丘 | 今山东烟台 | 根据地理位置判断，磋丘是越海连接辽东半岛的起点，在古蓬莱城东南三十余里处。 |
| 大人国 | 今苗岛半岛和辽东半岛上 | 商末大人国名"服"，属于渤海。 |
| 奢比尸 | 今山东德州至临淄之间 | 奢比是方国名称"兔方"在山东德州至临淄之间。 |
| 君子国 | 今安徽五河县 | 君子国位于奢比尸北即商代上虞北，与历史上的吴国地理位置相吻合，今安徽五河县。 |

【第九卷 海外东经】

## 2 从蚕蚕到黑齿国
### 牙齿漆黑的黑齿国人

### 原文

蚕蚕①（hóng）在其北，各有两首。一曰在君子国北。

朝阳之谷，神曰天吴，是为水伯②。在蚕蚕北两水间。其为兽也，八首人面，八足八尾，皆青黄。

青丘国在其北，其人食五谷，衣丝帛。其狐四足九尾。一曰在朝阳北。

帝命竖亥③步④，自东极至于西极，五亿十选⑤九千八百步。竖亥右手把算⑥，左手指青丘北。一曰禹令竖亥。一曰五亿十万九千八百步。

黑齿国在其北，为人黑，食稻啖⑦蛇，一赤一青，在其旁。一曰在竖亥北，为人黑首，食稻使蛇，其一蛇赤。⑧

下有⑨汤谷⑩。汤谷上有扶桑，十日所浴，在黑齿北。居水中，有大木，九日居下枝，一日居上枝。

### 译文

蚕蚕在它的北面，它的各端都有两个脑袋。另一种说法认为蚕蚕在君子国的北面。

朝阳谷，有一个神人叫做天吴，就是所谓的水伯。他住在蚕蚕北面的两条水流中间。他是野兽形状，长着八个脑袋而是人的脸面，八只爪子八条尾巴，背部是青中带黄的颜色。

青丘国在它的北面。那里有一种狐狸长着四只爪子九条尾巴。另一种说法认为青丘国在朝阳谷的北面。

天帝命令竖亥用脚步测量大地，从最东端走到最西端，是五亿十万九千八百步。竖亥右手拿着算筹，左手指着青丘国的北面。另一种说法认为是大禹命令竖亥测量大地。还一种说法认为测量出五亿十万九千八百步。

黑齿国在它的北面，那里的人牙齿漆黑，吃着稻米又吃着蛇，还有一条红蛇和一条青蛇，正围在他身旁。另一种说法认为黑齿国在竖亥所在地的北面，那里的人黑脑袋，吃着稻米驱使着蛇，其中一条蛇是红色的。

下面有汤谷。汤谷边上有一棵扶桑树，是十个太阳洗澡的地方，在黑齿国的北面。正当大水中间，有一棵高大的树木，九个太阳停在树的下枝，一个太阳停在树的上枝。

### 【注释】

① 蚕蚕：就是虹霓，俗称美人虹。据古人说，虹双出而颜色鲜艳的为雄，称作虹；颜色暗淡的为雌，称作霓。
② 水伯：水神。
③ 竖亥：传说中一个走得很快的神人。
④ 步：以脚步测量距离。
⑤ 选：万。
⑥ 算：古代人计数用的筹码。
⑦ 啖：吃。
⑧ 这段文字所述都是原画面上的图像。
⑨ 下有："下有"是针对"上有"而言，原图上自然画着上面有什么，但图画已不存在，而说明文字又未记述，故今不知何所指。
⑩ 汤谷：据古人记载，这条谷中的水很热。

## 山海经神怪考

**天吴** 明·蒋应镐图本

天吴这种神兽身体似虎，长有八个人面脑袋、八只爪子、八条尾巴，背部的皮毛黄中带青。"天"有"大"之意，"天吴"就是伟大的吴，是古老的原始狩猎氏族吴人的图腾兼始祖神。吴人以狩猎为生，所以，吴人崇拜这种似虎的动物。

**九尾狐** 明·蒋应镐图本

| 异国 | 形态特征 | 奇闻异事 |
|---|---|---|
| 青丘国 | 以五谷为食，船丝帛做成的衣服。 | 有一种长着四只爪子九条尾巴的狐狸。 |
| 黑齿国 | 一说那里的人牙齿漆黑，另一说脑袋漆黑。 | 习惯吃稻米和蛇。 |

## 山海经地理考

| | | |
|---|---|---|
| 朝阳谷 | 今山东临朐东北朝阳故城附近的朝水 | 朝阳谷的意思是有水注入的朝阳之地。 |
| 青丘国 | 今山东广饶县北 | 春秋战国时期，青丘盛产五谷、丝帛，并以九尾狐闻名。 |
| 黑齿国 | 今辽宁锦西县 | 黑齿国位于今天的辽宁锦西县北池香乌金塘村李虎氏屯山谷中。 |
| 汤谷 | 今辽宁锦州 | 汤谷即首阳山谷，位于锦州附近的黑齿国东北部。 |

【第九卷 海外东经】

## 3 从雨师妾到东方句芒

### 全身生毛的毛民国人

### 原文

　　雨师妾在其北，其为人黑，两手各操一蛇，左耳有青蛇，右耳有赤蛇。一曰在十日北，为人黑身人面，各操一龟。

　　玄股之国在其北，其为人股黑，衣鱼①食䱱②（ōu）。两鸟夹之。一曰在雨师妾北。

　　毛民之国在其北，为人身生毛。一曰在玄股北。

　　劳民国在其北，其为人黑，食果草实。有一鸟两头。或曰教民。一曰在毛民北，为人面目手足尽黑。

　　东方句（gōu）芒③，鸟身人面，乘两龙。

　　建平元年四月丙戌，待诏太常属臣望校治，侍中光禄勋臣龚、侍中奉车都尉光禄大夫臣秀领主省。④

### 译文

　　雨师妾在汤谷的北面。那里的人全身黑色，两只手各握着一条蛇，左边耳朵上挂有青色蛇，右边耳朵挂有红色蛇。另一种说法认为雨师妾在十个太阳所在地的北面，那里的人是黑色身子而人的面孔，两只手各握着一只龟。

　　玄股国在它的北面。那里的人穿着鱼皮衣而吃鸥鸟蛋，使唤的两只鸟在身边。另一种说法认为玄股国在雨师妾的北面。

　　毛民国在它的北面。那里的人全身长满了毛。另一种说法认为毛民国在玄股国的北面。

　　劳民国在它的北面，那里的人全身黑色。有的人称劳民国为教民国。另一种说法认为劳民国在毛民国的北面，那里的人，脸、眼睛、手脚全是黑的。

　　东方的句芒神，是鸟的身子人的面孔，乘着两条龙。

　　建平元年四月丙戌日，待诏太常属臣丁望校对整理，侍中光禄勋臣王龚、侍中奉车都尉光禄大夫臣刘秀领衔主持。

### 【注释】

①衣鱼：穿着用鱼皮做的衣服。

②食䱱：䱱也作"鸥"，即鸥鸟，在海边活动的叫海鸥，在江边活动的叫江鸥。食䱱即食鸥，就是吃鸥鸟产下的蛋。

③句芒：神话传说中的木神。

④这段文字不是《山海经》原文，而是整理者对本卷文字作完校勘工作后的署名。建平是西汉哀帝的年号，而建平元年相当于公元前六年。秀即刘秀，原来叫刘歆，后来改名为秀，西汉末年人，是著名的经学家、目录学家。他曾继承其父刘向的事业，领导主持整理古籍、编撰目录的工作，成就很大。

## 山海经异国考

### 毛民国 明·蒋应镐图本

传说东晋年间，吴郡司盐都尉戴逢得到了一条小船，船上有通体黑毛的男女共四个人，在把他们送往丞相府途中，只剩一个男人还活着。当地官府赐给他一个女人让他结婚生子。很多年后，他才时常向别人说他是来自毛民国的人。

雨师妾 清·汪绂图本

句芒 明·蒋应镐图本

| 异国 | 形态特征 | 奇闻异事 |
| --- | --- | --- |
| 雨师妾国 | 全身黑色，两手各有一只蛇，左耳挂青色，右耳挂红蛇。 | |
| 玄股国 | 穿鱼皮衣。 | |
| 毛民国 | 身材矮小，浑身都长着硬毛，就像豪猪一样。 | |
| 劳民国 | 全身黑色。 | |

## 山海经地理考

| | | |
| --- | --- | --- |
| 雨师妾 | 今辽宁抚顺市西南 | 雨师妾位于商代的要方，辽西汤谷的东北，辽水边的辽东玄股国西南。 |
| 玄股国 | 今辽宁黑山县至阜新蒙古族自治县之间 | 玄股国人穿鱼皮衣与今天生活在东北的赫哲族习俗相同，所以玄股国就是古代的渤海国。 |
| 毛民国 | 今东辽河东北地区 | 东辽河是辽河东侧一大支流，毛民即为貊民，位于辽河东北。 |
| 劳民国 | 今俄罗斯海参崴基洛夫镇附近 | 基洛夫镇遗址位于滨海地区海参崴阿尔姆电站附近的基洛夫镇附近。 |

【第九卷 海外东经】

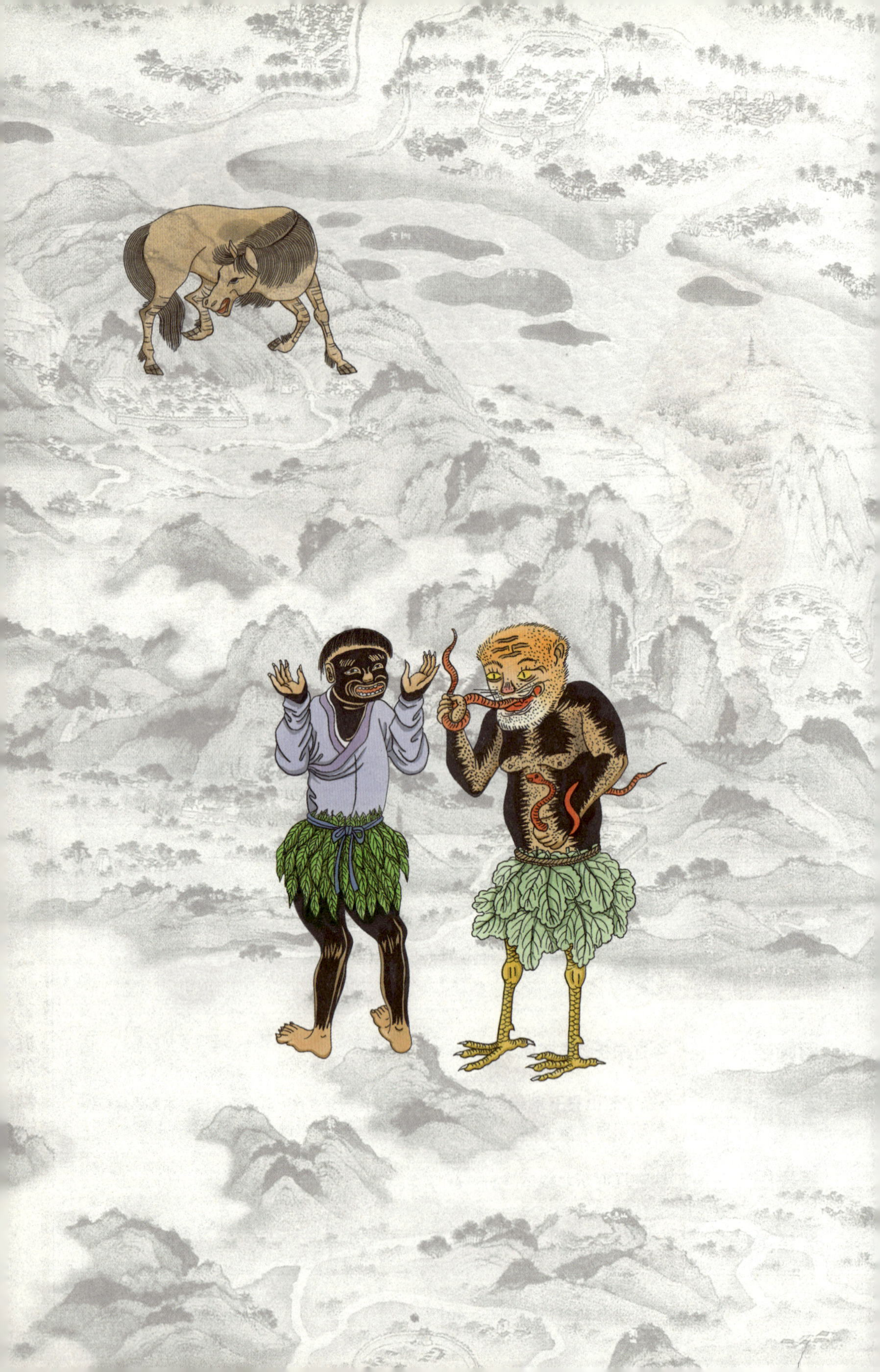

## 第十卷
# 海内南经

《山海经》中有关《海内经》的部分记载杂乱，
没有明晰的方向和顺序。
这从《海内南经》中就可以看出来，
它的内容混乱，
既有国家又有动物。
其中的国家包括伯虑国、
离耳国、雕题国、
北朐国、枭阳国等九个国家。
这些国家的人长相各异，
如：枭阳国的人都是人的面孔，
长长的嘴唇，
嘿嘿的身子，
浑身长毛。

巴蛇的形体巨大，可以吞象。

# 1 从瓯闽到枭阳国

## 人面长唇的枭阳国人

### 原文

海内东南陬以西者。

瓯（ōu）居海中。闽在海中，其西北有山。一曰闽中山<sup>①</sup>在海中。

三天子鄣（zhāng）山在闽西海北。一曰在海中。

桂林<sup>②</sup>八树在番（pān）隅<sup>③</sup>东。

伯虑国、离耳国、雕题国<sup>④</sup>、北朐（qú）国<sup>⑤</sup>皆在郁水南。郁水出湘陵<sup>⑥</sup>南海。一曰柏虑。

枭阳国在北朐之西。其为人人面长唇，黑身有毛，反踵，见人笑亦笑，左手操管。

### 译文

海内由东南角向西的国家地区、山丘河川依次如下。

瓯在海中。闽在海中，它的西北方有座山。另一种说法认为闽地的山在海中。

三天子鄣山在闽的西北方。另一种说法认为三天子鄣山在海中。

桂林的八棵树很大而形成树林，处在番隅的东面。

伯虑国、离耳国、雕题国、北朐国都在郁水的南岸。郁水发源于湘陵南山。另一种说法认为伯虑国叫做柏虑国。

枭阳国在北朐国的西面。那里的人是人的面孔而长长的嘴唇，黑黑的身子有长毛，脚跟在前而脚尖在后，一看见人就张口大笑，左手握着一根竹筒。

### 【注释】

① 闽中山：闽一带的山。
② 桂林：树林名称。
③ 番隅：国名，就是今天的广东番禺。
④ 雕题国：国名，大致位于今天的广东、广西一带。
⑤ 北朐国：国名，具体所指不详，待考。
⑥ 湘陵：地名，具体所指不详，待考。

## 山海经异国考

### 枭阳国 明·《边裔典》

枭阳国的人嘴大唇长，好食人。

**枭阳国** 清·吴任臣近文堂图本

| 异国 | 形态特征 | 奇闻异事 |
|---|---|---|
| 伯虑国 | 终年昏昏沉沉，勉强支持。 | 伯虑国人一生最怕睡觉，生怕一睡不醒，所以没有床和被子。 |
| 离耳国 |  | 国民喜欢用锋利的刀子将耳朵割成好几条，令其下垂，以作装饰。 |
| 雕题国 | 脸上纹黑色花纹，身上画鱼鳞般的图案。 | 女子成年后，在额头上刻上细花纹表明身份。 |
| 枭阳国 | 长长的嘴唇，浑身漆黑，长有长毛，脚尖在后。 |  |

## 山海经地理考

| 闽 | → | 今浙江南部和福建一带 | → | 闽人即福建土著人。 |
| 伯虑国 | → | 今巴厘岛或加里曼丹岛 | → | ①伯虑国位于爪哇岛东部，就是今天的巴厘岛。②位于东南亚马来群岛中部，就是今天的加里曼丹岛。 |
| 离耳国 | → | 今海南儋县 | → | 位于海南岛西北部，北门江流域。 |
| 枭阳国 | → | 今广西境内或中南半岛中部 | → | ①根据《海内南经》记载，枭阳国在广西境内。②根据伯虑国和离耳国的位置，枭阳国在今天中南半岛中部。 |

【第十卷 海内南经】

# 2 从兕到孟涂

## 苍梧之山，帝舜下葬处

### 原文

兕在舜①葬东，湘水南，其状如牛，苍黑，一角。

苍梧之山，帝舜葬于阳，帝丹朱②葬于阴。

氾林③方三百里，在狌狌东。

狌狌知人名，其为兽如豕而人面，在舜葬西。

狌狌西北有犀牛，其状如牛而黑。

夏后启之臣曰孟涂④，是司神⑤于巴，巴人讼（sòng）于孟涂之所，其衣有血者乃执之，是请生⑥。居山上，在丹山西。丹山在丹阳南，丹阳巴蜀也。

### 译文

兕在帝舜葬地的东面，在湘水的南岸。兕的形状像一般的牛，通身是青黑色，长着一只角。

苍梧山，帝舜葬在这座山的南面，帝丹朱葬在这座山的北面。

氾林方圆三百里，在猩猩生活之地的东面。

猩猩能知道人的姓名，这种野兽的形状像一般的猪却长着人的面孔，生活在帝舜葬地的西面。

猩猩的西北面有犀牛，它的形状像一般的牛而全身是黑色。

夏朝国王启的臣子叫孟涂，是主管巴地诉讼的神。巴地的人到孟涂那里去告状，而告状人中有谁的衣服沾上血迹的就被孟涂拘禁起来。这样就不出现冤狱而有好生之德。孟涂住在一座山上，这座山在丹山的西面。丹山在丹阳的南面，而丹阳是巴的属地。

### 【注释】

①舜：古代传说中的上古帝王，以孝闻名天下，晚年禅位于禹。

②丹朱：传说中尧的儿子，据说他傲慢荒淫，所以尧才不传位于他。

③氾林：就是前文所说的范林。

④孟涂：人名，传说启命他去巴地负责诉讼之事。

⑤司神：主管之神。

⑥请生：请求活命。也有人认为有好生的意思，即爱护生命。

## 山海经异兽考

### 狌狌　明·蒋应镐图本

狌狌是一种奇兽，形状像长毛猿，长有一对白耳，直立行走，它通晓过去却无法知道未来，传说吃它的肉，可以健步如飞。

犀牛　明·蒋应镐图本

兕　明·蒋应镐图本

| 异兽 | 形态 | 异兆及特异功能 |
| --- | --- | --- |
| 兕 | 似牛，身青黑色，长有一角。 | |
| 犀牛 | 似牛，全身黑色。 | |

## 山海经地理考

| 湘水 | → 今湖南湘江 | → 长江主要支流之一。发源于广西东北部兴安、灵川、灌阳、全州等县境内的海洋山。 |
| --- | --- | --- |
| 苍梧山 | → 今九疑山 | → 又名九嶷山、苍梧之山，属于南岭山脉的萌渚岭。 |
| 丹山 | → 今巫山支脉 | → 依据《路史·后记十三》记载：丹山是今天的巫山，位于四川、湖北两省边界。 |

【第十卷　海内南经】

# 3 从氐人国到西北三国

## 氐人国，美人鱼的国度

### 原文

窫窳（yà yǔ）龙首，居弱水①中，在狌狌知人名之西，其状如貙②（chū），龙首，食人。

有木，其状如牛，引③之有皮，若缨④、黄蛇。其叶如罗⑤，其实如栾⑥，其木若芘⑦（ōu），其名曰建木。在窫窳西弱水上。

氐（dǐ）人国在建木西，其为人人面而鱼身，无足。

巴蛇食象，三岁而出其骨，君子服之⑧，无心腹之疾。其为蛇青黄赤黑。一曰黑蛇青首，在犀牛西。

旄（máo）马，其状如马，四节⑨有毛，在巴蛇西北，高山南。

匈奴、开题之国、列人之国⑩并在西北。

### 译文

窫窳长着龙头，住在弱水中，在能知道人姓名的狌狌西面，它的形状像貙，长着龙头，能吃人。

有一种树木，形状像牛，一拉就剥落下树皮，样子像冠帽上的缨带，又像黄色蛇皮。它的叶子像罗网，果实像栾树的果实，树干像刺榆，它的名字叫建木。这种建木生长在窫窳所在地之西的弱水边上。

氐人国在建木所在地的西面，那里的人都长着人的面孔鱼的身子，没有脚。

巴蛇能吞下大象，吞吃后三年才吐出大象的骨头，有才能品德的人吃了巴蛇肉，不会患心痛或肚子痛之类的病。这种巴蛇的颜色是青色、黄色、红色、黑色混合间杂的。另一种说法认为巴蛇是黑色身子青色脑袋，在犀牛所在地的西面。

旄马，形状像普通的马，但四条腿的关节上都有长毛。旄马在巴蛇所在地的西北面，一座高山的南面。

匈奴国、开题国、列人国都在西北方。

### 【注释】

①弱水：古人称浅而不能载舟的水为弱水。

②貙：一种像野猫而体型略大的野兽。

③引：牵引；牵拉。

④缨：用来系冠或者装饰物的带子。

⑤罗：捕鸟的网。

⑥栾：传说中的一种树木，树根是黄色的，树枝是红色的，树叶是青色的。

⑦芘：即刺榆树。

⑧服之：之，指代巴蛇吐出来的象骨。服之，指的是吃掉巴蛇吐出来的象骨。

⑨四节：四肢的关节。

⑩列人之国：国名，具体所指不详，待考。

## 山海经异兽考

### 旄马　明·胡文焕图本

旄马形状与普通的马相似，四条腿上有很长的毛，传说周穆王西狩的时候，曾经以旄马、豪牛、龙狗和豪羊为牲祭祀文山。

**巴蛇吞象**　明·蒋应镐图本

**氐人国**　明·蒋应镐图本

**窫窳**　明·蒋应镐图本

| 异兽 | 形态 | 异兆及特异功能 |
|---|---|---|
| 窫窳 | 长着龙头，形状像貙。 | 能吃人。 |
| 巴蛇 | 蛇皮的颜色华丽，由青色、黄色、红色、黑色混杂。 | 能吞下大象，吞下后三年才吐出大象的骨头。 |
| 旄马 | 与马相似，腿上长着长毛。 | 能吃人。 |

## 山海经地理考

| | | |
|---|---|---|
| **氐人国** | 今甘肃、陕西、四川三省交接地带 | 氐人族支系繁多，一从事畜牧业和农业为主。周秦时分布在今甘肃、陕西、四川三省的相邻地带。 |
| **高山** | 今四川西部大雪山 | 高山位于临沧县东北，澜沧江西岸，属于哀牢山的南延部分，呈南北走向。 |
| **开题国** | 今新疆乌鲁木齐附近 | 根据匈奴的位置，可以断定开题国在新疆乌鲁木齐附近。 |

【第十卷　海内南经】

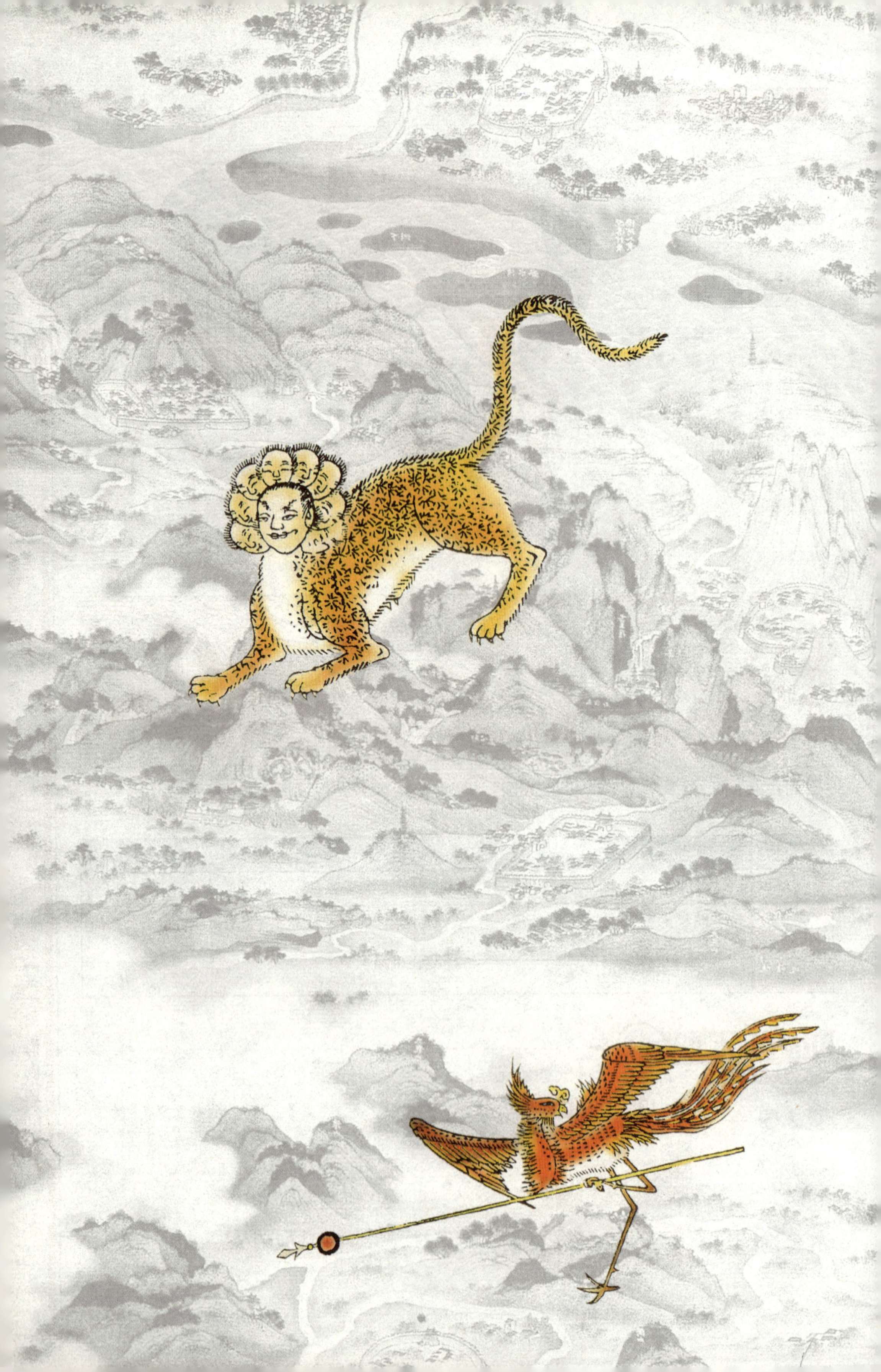

## 第十一卷
# 海内西经

《海内西经》记叙的重点主要在昆仑山区，
包括发源于昆仑山的赤水、
黄河、洋水、
黑水等河流。
主要记述了流黄酆氏之国、
东胡、貊国等国家，
另外还描述了凤凰、树鸟、
六首蛟等神兽的样貌和生活习惯。

除此之外，
《海内西经》中还有一些对历史人物和
神话传说的记载。
如贰负神的臣子危的故事。

本图根据张步天教授"《山海经》考察路线图"绘制，图中记载了海内南、西、北、东四经中所出现的山川河流及国家地区的所在位置。

# 海内四经示意图

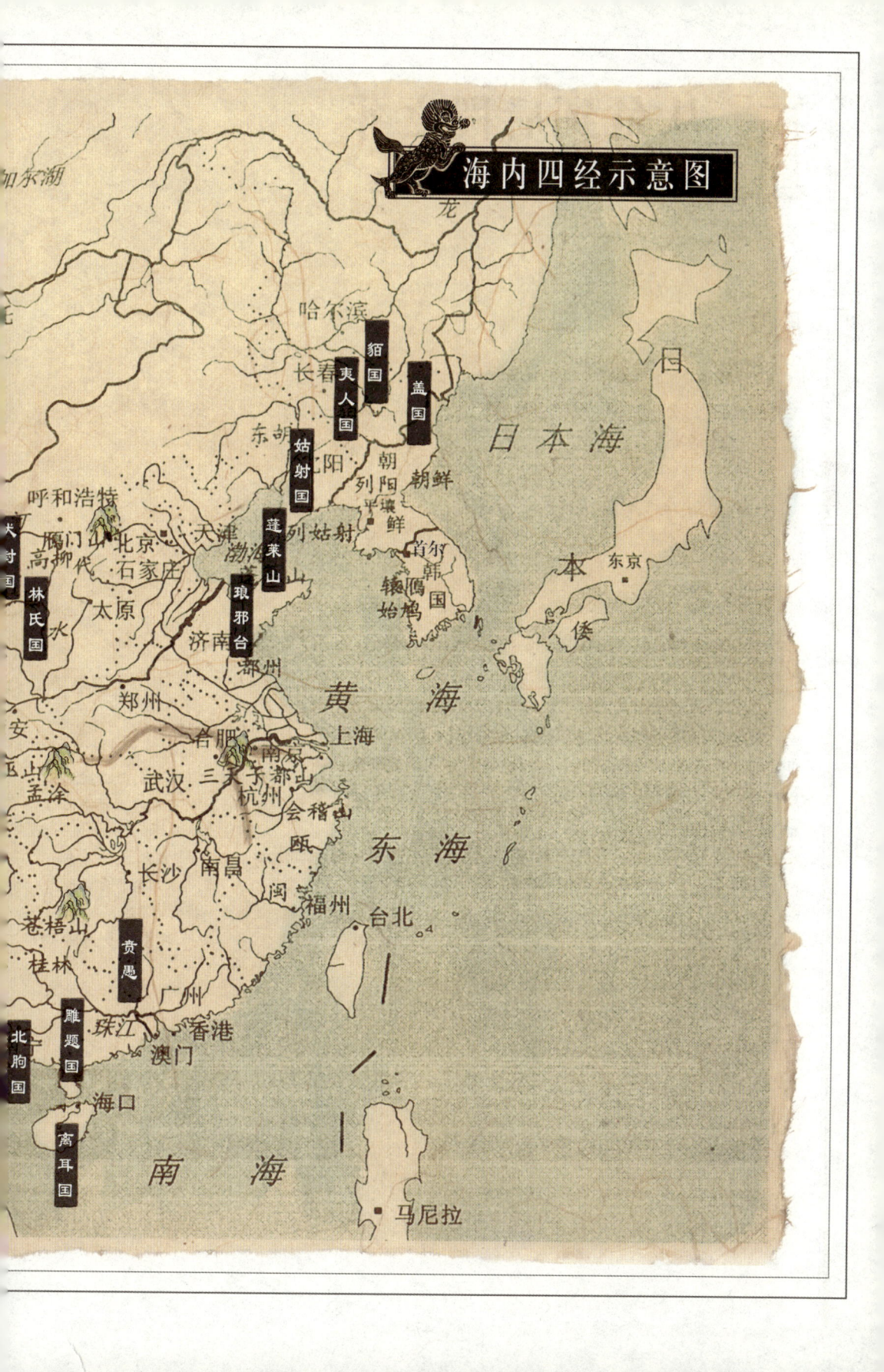

# 1 从危到后稷之葬
## 斩杀窫窳神的贰负臣危

## 原文

海内西南陬以北者。

贰负①之臣曰危，危与贰负杀窫窳②。帝乃梏③之疏属之山，桎④其右足，反缚两手与发，系之山上木。在开题西北。

大泽方百里，群鸟所生及所解。在雁门北。

雁门山，雁出其间，在高柳北。

高柳在代北。

后稷之葬，山水环之。在氐国⑤西。

## 译文

海内由西南角向北的国家地区、山丘河川依次如下。

贰负神的臣子叫危，危与贰负合伙杀死了窫窳。天帝便把贰负臣危拘禁在疏属山中，并给他的右脚戴上刑具，还用他自己的头发反绑上他的双手，拴在山上的大树下。这个地方在开题国的西北面。

大泽方圆一百里，是各种禽鸟生卵孵化幼鸟和脱换羽毛的地方。大泽在雁门的北面。

雁门山，是大雁冬去春来出入的地方。雁门山在高柳山的北面。

高柳在代地北面。

后稷的葬地，有青山绿水环绕着它。后稷葬地在氐人国的西面。

## 【注释】

①贰负：神话传说中的天神，样子是人的脸面蛇的身子。

②窫窳：也是传说中的天神，原来的样子是人的脸面蛇的身子，后被贰负及其臣子杀死而化成上文所说的样子——龙头，野猫身，并且吃人。

③梏：古代木制的手铐。这里是械系、拘禁的意思。

④桎：古代拘系罪人两脚的刑具。

⑤氐国：就是上文所说的氐人国。

## 山海经神怪考

### 贰负臣危 明·蒋应镐图本

相传，在黄帝将贰负和危拘禁在疏属山。汉宣帝时重现于世，二人在被运往长安途中变成了石人。宣帝问石人来历，刘向解释后说如果后世有明君出现，二人会被放出，宣帝不信，欲杀刘向，其子刘歆用少女乳汁相喂，石人复活并向宣帝说明来历，竟与刘向所说一致。宣帝龙颜大悦，拜刘向为大中大夫，其子刘歆为宗正卿。

### 窫窳 明·蒋应镐图本

传说窫窳原来是一位天神，蛇身人面，后被贰负的下臣所杀，天帝念他罪不至死，命开明东的群巫用不死药救活了他。复活后的窫窳变成龙头怪兽，专门吃人，以此来发泄他被冤杀的怨恨。

| 异兽 | 形态 | 异兆及特异功能 |
|---|---|---|
| 危 | 右脚戴着刑具，自己的头发反绑双手，绑在疏属山的大树下。 | 贰负神的臣子，与贰负合伙杀死窫窳神后，被天帝囚禁。 |

## 山海经地理考

| 疏属山 | → | 今陕西省境内 | → | ①今陕西省绥德县。②今陕西省富县和洛川县之间。 |
| 开题 | → | 即笄头山 | → | 开题疑为笄头山，又名崆峒山。 |
| 高柳 | → | 今山西省阳高县 | → | 阳高县位于山西省东北部，北跨万里长城，以阴山余脉与内蒙古接壤，自古就是汉族与少数民族交会之地。 |

【第十一卷 海内西经】

## 2 从流黄酆氏国到孟鸟

### 东胡国，鲜卑国的前身

**原文**

流黄酆（fēng）氏之国，中①方三百里，有涂②四方，中有山。在后稷葬西。
流沙③出钟山，西行又南行昆仑之虚④（qū），西南入海⑤，黑水之山⑥。
东胡在大泽⑦东。
夷人⑧在东胡东。
貊国在汉水东北。地近于燕，灭之。
孟鸟在貊国东北。其鸟文赤、黄、青，东乡⑨（xiàng）。

**译文**

流黄酆氏国，疆域有方圆三百里大小。有道路通向四方，中间有一座大山。流黄酆氏国在后稷葬地的西面。

流沙的发源地在钟山，向西流动而再朝南流过昆仑山，继续往西南流入大海，直到黑水山。

东胡国在大泽的东面。

夷人国在东胡国的东面。

貊国在汉水的东北面。它靠近燕国的边界，后来被燕国灭掉了。

孟鸟在貊国的东北面。这种鸟的羽毛花纹有红、黄、青三种颜色，向着东方。

【注释】

① 中：域中，即国内土地的意思。
② 涂：通"途"，道路。
③ 流沙：沙子和水一起流行移动的一种自然现象。
④ 虚：大丘。即指山。
⑤ 海：西北地区的水泽。
⑥ 黑水之山：山名，具体所指不详，待考。
⑦ 大泽：大的水泽，具体所指不详，待考。
⑧ 夷人：中国古代东部地区各部族的人。在这里引申为中国境内华夏民族之外各民族的通称。
⑨ 乡：通"向"。

## 山海经山水考

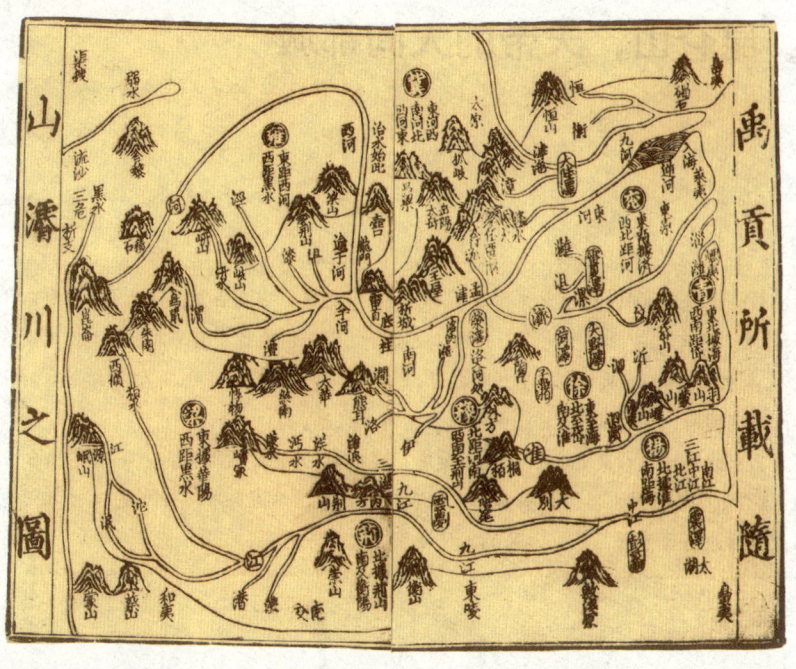

**禹贡所载随山浚川之图**　宋《书集传》

这幅地图是复原了禹贡山川情况的历史地图，内容是禹贡九州和各州的山脉、河流、湖泊、四夷等，《山海经》以及本节中的很多重要地名，如流沙、黑水、昆仑等在图中均有反映。

| 异国 | 地理位置 | 国家发展 |
| --- | --- | --- |
| 酆氏国 | 后稷所葬地西面。 | |
| 东胡国 | 位于大泽的东面。 | 即后来的鲜卑国。 |
| 夷人国 | 东胡国的东面。 | |
| 貊国 | 汉水东北部，靠近燕国边界。 | 后被燕国所灭。 |

## 山海经地理考

| | | |
| --- | --- | --- |
| 流黄酆氏国 | 今鄂尔多斯高原 | 按照《禹贡》划分，酆氏国隶属于远古的雍州。也就是今天的鄂尔多斯高原。 |
| 钟山 | 今内蒙古或新疆 | ①今内蒙古的阴山。②在新疆境内。 |
| 东胡国 | 今辽河上游老哈河、西拉木伦河流域 | 东胡因居匈奴以东而得名，是我国春秋战国时期的少数民族。 |
| 貊国 | 今南起山东半岛，北至松花江流域中游的广大地区 | 貊是秽貊，秽貊族是夏商时期的少数民族。 |

【第十一卷 海内西经】

# 3 从昆仑之虚到清水

## 昆仑山，天帝的人间都城

## 原文

　　海内昆仑之虚（qū），在西北，帝之下都①。昆仑之虚，方八百里，高万仞②。有木禾，长五寻③，大五围。面有九井，以玉为槛④（jiān）。面有九门，门有开明兽守之，百⑤神之所在。在八隅之岩⑥，赤水⑦之际，非夷羿⑧莫能上冈之岩。

　　赤水出东南隅，以行其⑨东北，西南流注南海厌火东。

　　河水出东北隅，以行其北，西南又入渤海，又出海⑩外，即西而北，入禹所导积石山。

　　洋（xiáng）水、黑水出西北隅，以东，东行，又东北，南入海，羽民南。

　　弱水、青水出西南隅，以东，又北，又西南，过毕方鸟东。

## 译文

　　海内的昆仑山，屹立在西北方，是天帝在下方的都城。昆仑山，方圆八百里，高一万仞。山顶有一棵像大树似的稻谷，高达五寻，粗细需五人合抱。昆仑山的每一面有九眼井，每眼井都有用玉石制成的围栏。昆仑山的每一面有九道门，而每道门都有称作开明的神兽守卫着，是众多天神聚集的地方。众多天神聚集的地方是在八方山岩之间，赤水的岸边，不具备像后羿那样本领的人就不能攀上那些山冈岩石。

　　赤水从昆仑山的东南角发源，然后流到昆仑山的东北方，又转向西南流而注到南海厌火国的东边。

　　黄河水从昆仑山的东北角发源，然后流到昆仑山的北面，再折向西南流入渤海，又流出海外，就此间西而后往北流，一直流入大禹所疏导过的积石山。

　　洋水、黑水从昆仑山的西北角发源，然后折向东方，朝东流去，再折向东北方，又朝南流入大海，直到羽民国的南面。

　　弱水、青水从昆仑山的西南角发源，然后折向东方，朝北流去，再折向西南方，又流经毕方鸟所在地的东面。

## 【注释】

①下都：下界的都城。

②仞：古代的八尺为一仞。

③寻：古代的八尺为一寻。

④槛：窗户下或长廊旁的栏杆。这里指井栏。

⑤百：并非实数，而是言其多。

⑥八隅之岩：八个方位的岩石洞穴。

⑦赤水：水名，具体所指不详，待考。

⑧夷羿：即后羿，神话传说中的英雄人物，善于射箭，曾经射掉九个太阳，射死毒蛇猛兽，为民除害。

⑨其：指代昆仑山。

⑩海：水名，可能是罗布泊。

## 山海经异兽考

### 开明兽  明·蒋应镐图本

开明兽面向东方，守护着"百神所在"的宫城。这座山山势险峻，很少有人能攀上这座山。英雄射手后羿曾经登过这座山，为的是向西王母求得长生不老药，嫦娥便是偷吃了这种药才奔向月宫去的。

| 异兽 | 形态 | 异兆及特异功能 |
|---|---|---|
| 开明兽 | 身体像虎，长着九颗人面头颅。 | 昆仑山黄帝帝都的守卫者。 |

## 山海经昆仑诸水

| 昆仑诸水 | 发源地 | 流入大海处 |
|---|---|---|
| 赤水 | 昆仑山东南角。 | 南海。 |
| 黄河水 | 昆仑山东北角。 | 大禹所疏导的积石山。 |
| 洋水、黑水 | 昆仑山西北角。 | 从民国南面注入大海。 |
| 弱水、青山 | 昆仑山西南部。 | 毕方鸟所在地东面。 |

## 山海经地理考

| | | |
|---|---|---|
| 渤海 | 今新疆罗布泊 | 古称盐泽、蒲昌海等，是新疆维吾尔自治区东南部湖泊罗布泊。 |
| 洋水 | 今叶尔羌河 | 位于新疆，是塔里木河的源头，源于克什米尔北部喀喇昆仑山脉的喀喇昆仑山口。 |
| 黑水 | 今喀什喀尔湖 | 今新疆维吾尔自治区的喀什喀尔湖。 |

【第十一卷 海内西经】

# 4 从昆仑南渊到开明南

## 为凤皇而生的琅玕树

### 原文

昆仑南渊深三百仞。开明兽身大类虎而九首，皆人面，东向立昆仑上。

开明西有凤皇、鸾（luán）鸟，皆戴蛇践蛇，膺有赤蛇。

开明北有视肉、珠树①、文玉树②、玕（gān）琪（qí）树③、不死树④。凤皇、鸾鸟皆戴瞂（fá）⑤。又有离朱⑥、木禾、柏树、甘水⑦、圣木曼兑⑧，一曰挺木牙交。

开明东有巫彭、巫抵、巫阳、巫履、巫凡、巫相，夹窫窳之尸，皆操不死之药以距⑨之。窫窳者，蛇身人面，贰负臣所杀也。

服常树，其上有三头人，伺琅（láng）玕树⑩。

开明南有树鸟，六首蛟⑪、蝮⑫、蛇、蜼（wěi）、豹、鸟秩树⑬，于表池树⑭木；诵鸟⑮、鶽⑯、视肉。

### 译文

昆仑山南面有一个深三百仞的渊潭。开明神兽身形似虎却长着九个脑袋，都是人面，朝东立在昆仑山顶。

开明神兽西面有凤皇、鸾鸟栖息，都各自缠绕着蛇踩踏着蛇，胸前还有红蛇。

开明神兽北面有视肉、珠树、文玉树、玕琪树、不死树，那里的凤皇、鸾鸟都戴着盾牌，还有三足鸟、像树似的稻谷、柏树、甘水、圣木曼兑。另一种说法认为圣木曼兑叫做挺木牙交。

开明神兽东面有巫师神医巫彭、巫抵、巫阳、巫履、巫凡、巫相，他们围在窫窳的尸体周围，都手捧不死药来抵抗死气而要使他复活。这位窫窳，是蛇的身子人的面孔，被贰负和他的臣子危合伙杀死的。

有一种服常树，它上面有个长着三颗头的人，静静伺察着附近的琅玕树。

开明神兽的南面有种树鸟，那里还有蛟龙、蝮蛇、长尾猿、豹子、鸟秩树，在水池四周环绕着树木而显得华美；那里还有诵鸟、鶽鸟、视肉怪兽。

### 【注释】

①珠树：神话传说中的生长珍珠的树。

②文玉树：神话传说中的生长五彩美玉的树。

③玕琪树：神话传说中的生长红色玉石的树。

④不死树：神话传说中的一种长生不死的树，人服食了它可长寿不老。

⑤瞂：盾。

⑥离朱：即太阳里的踆乌，也叫三足乌。

⑦甘水：即古人所谓的醴泉，甜美的泉水。

⑧圣木曼兑：一种叫做曼兑的圣树，服食了它可使人圣明智慧。

⑨距：通"拒"。抗拒。

⑩琅玕树：传说这种树上结出的果实就是珠玉。

⑪蛟：像蛇的样子，但有四只脚，属于龙一类。

⑫蝮：大蛇。

⑬鸟秩树：不详何种树木。

⑭树：这里是动词，环绕着、排列着的意思。

⑮诵鸟：不详何种禽鸟。

⑯鶽：雕鹰。

## 山海经异兽考

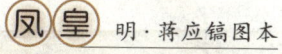

### 凤皇  明·蒋应镐图本

相传凤皇以美玉为食，琅玕树是专门为凤皇而生的，为的是给它提供食物。三头人离珠，是琅玕树的守护者，每当凤皇飞来，他便采下琅玕，递给凤皇吃。

三头人与琅玕树  明·蒋应镐图本

树鸟  明·蒋应镐图本

开明兽  清·汪绂图本

六首蛟  明·蒋应镐图本

| 异兽 | 形态 | 异兆及特异功能 |
| --- | --- | --- |
| 凤皇 | 头上顶着蛇，脚下踩着蛇，胸前还挂着一条红蛇。 | 祥瑞之神鸟。 |
| 三头人 | 长着三颗头颅。 | 采集琅玕，为凤皇提供食物。 |
| 树鸟 | 六个脑袋的鸟。 | |
| 六首蛟 | 身体与尾巴像蛇，长着四只脚，六个脑袋。 | |

【第十一卷 海内西经】

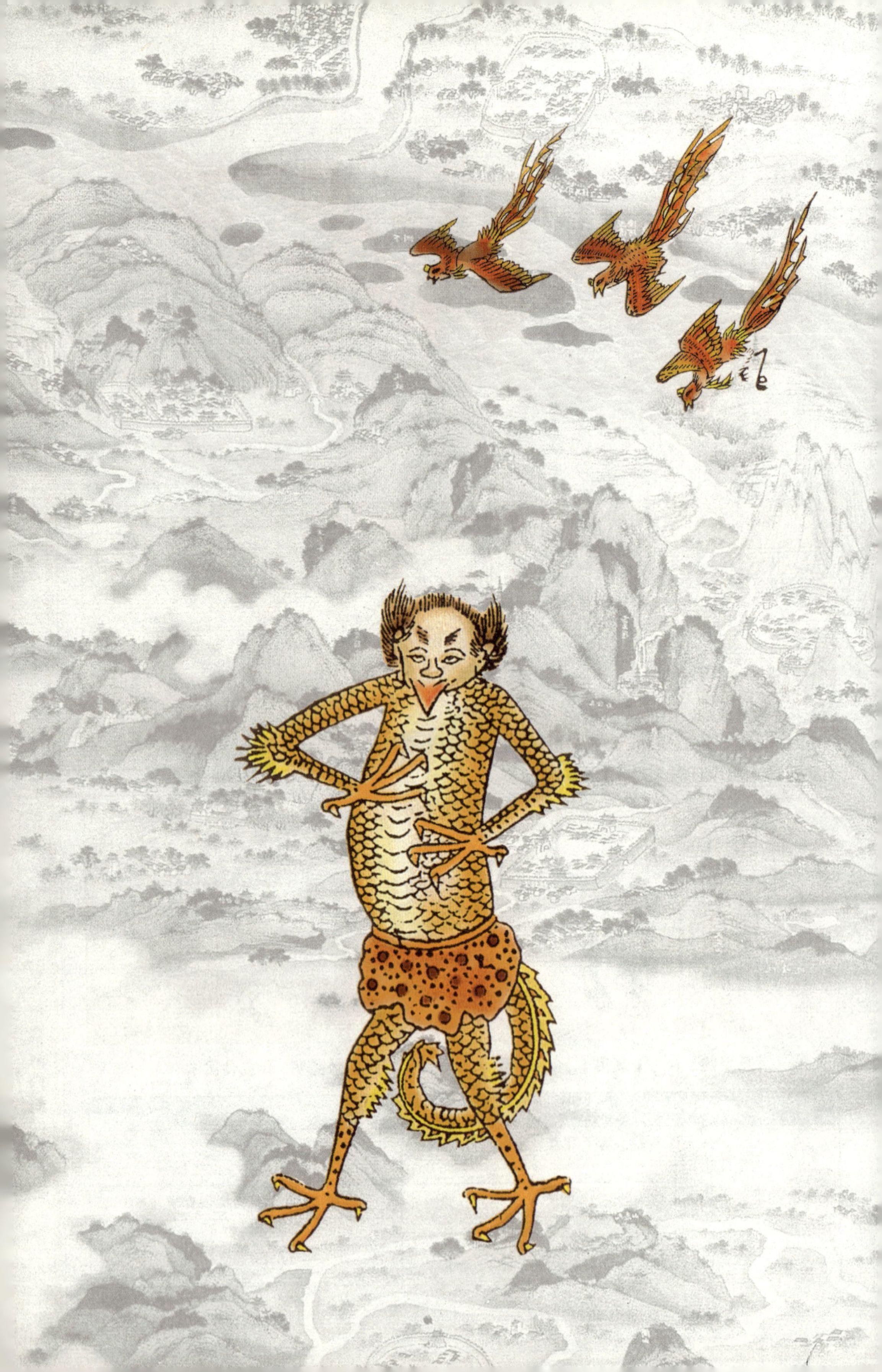

# 第十二卷
# 海内北经

《海内北经》的记载虽然也是杂乱无章，
但是内容较为丰富，
大致归纳起来有三个方面：
一是奇异的国家，
如国民外貌似狗的犬戎国，
拥有珍奇野兽的林氏国。
二是古怪的动物，
如长得像狗，全身是青色，吃人的蜪犬；
长得像老虎，
生有翅膀的穷奇。
三是丰富的人文景观，
如帝尧台、帝喾台、帝丹朱台、
帝舜台等。

除此之外，
《海内北经》还记载了后世常见的西王母、
舜妻登比氏等历史人物和神话传说。

# 1 从蛇巫山到犬戎国

## 形状如犬的犬戎国人

### 原文

海内西北陬以东者。

蛇巫之山，上有人操杯①（bàng）而东向立。一曰龟山。

西王母梯②几③而戴胜④杖，其南有三青鸟，为西王母取食。在昆仑虚（qū）北。

有人曰大行伯⑤，把戈。其东有犬封国。贰负之尸在大行伯东。

犬封国曰犬戎国，状如犬。有一女子，方⑥跪进杯食。有文马⑦，缟⑧身朱鬣，目若黄金，名曰吉量，乘之寿千岁。

### 译文

海内由西北角向东的国家地区、山丘河川依次如下。

蛇巫山，上面有人拿着一根棍棒向东站着。另一种说法认为蛇巫山叫做龟山。

西王母靠倚着小桌案而头戴玉胜。在西王母南面有三只勇猛善飞的青鸟，正在为西王母觅取食物。西王母和三青鸟的所在地是在昆仑山的北面。

有个神人叫大行伯，手握一把长戈。在他的东面有犬封国。贰负之尸也在大行伯的东面。

犬封国也叫犬戎国，那里的人都是狗的模样。犬封国有一女子，正跪在地上捧着一杯酒食向人进献。那里还有文马，是白色身子红色鬃毛，眼睛像黄金一样闪闪发光，名字叫吉量，骑上它就能使人长寿千岁。

### 【注释】

① 杯：即"棓"，同"棒"，棍子、大棒的意思。
② 梯：凭倚，凭靠。
③ 几：矮或小的桌子。
④ 胜：古时妇女佩戴的首饰。
⑤ 大行伯：共工的儿子，喜欢到处游玩。
⑥ 方：正在。原图上就是这样画的，所以用这类词语加以说明。以下有很多类似情况。
⑦ 文马：皮毛带有色彩花纹的马。
⑧ 缟：白色。

## 山海经异国考

### 三青鸟 明·蒋应镐图本

三青鸟是三只神鸟,它们头上的羽毛是红色的,眼睛漆黑,平时栖息在西方第三列山系中的三危山上,名字分别是大鵹(lí)、少鵹和青鸟,是为西王母取食的神鸟。传说西王母驾临前,总有青鸟先来报信,文学上,青鸟是被当做传递信息的使者。后人将它视为传递幸福佳音的使者。

**犬戎国** 明·蒋应镐图本 　　**西王母** 明·蒋应镐图本 　　**吉量** 明·蒋应镐图本

| 异兽 | 形态 | 异兆及特异功能 |
| --- | --- | --- |
| 三青鸟 | 红色羽毛,漆黑的眼睛。 | 为西王母取食的神鸟。 |
| 吉量 | 毛皮绝白,鬃毛为红色,眼睛像黄金一样。 | 骑上它就能长寿千岁。 |

## 山海经地理考

| 蛇巫山 | → | 今昆仑山附近或四川、湖北边境 | → | ①依据原文推断,今昆仑山附近。<br>②今湖北、四川。 |
| --- | --- | --- | --- | --- |
| 犬戎国 | → | 今陕西省 | → | 依据《史记·匈奴列传》所载推断,为今陕西榆林、横山、靖边、定边及甘肃环县一线。 |

【第十二卷 海内北经】

## 2 从鬼国到蟜

### 只有一只眼的鬼国人

### 原文

鬼国在贰负之尸北,为物人面而一目。一曰贰负神在其东,为物人面蛇身。

蜪(táo)犬如犬,青,食人从首始。

穷奇状如虎,有翼,食人从首始,所食被发①。在蜪犬北。一曰从足。

帝尧台、帝喾台、帝丹朱台、帝舜台,各二台,台四方,在昆仑东北。

大蠭,其状如螽②(zhōng);朱蛾③,其状如蛾。

蟜④(qiáo),其为人虎文,胫⑤有腨⑥,在穷奇东。一曰状如人,昆仑虚北所有。

### 译文

鬼国在贰负之尸的北面,那里的人是人的面孔却长着一只眼睛。另一种说法认为贰负神在鬼国的东面,他是人的面孔而蛇的身子。

蜪犬的形状像一般的狗,全身是青色,它吃人是从人的头开始吃起。

穷奇的形状像一般的老虎,却生有翅膀,穷奇吃人是从人的头开始吃。正被吃的人是披散着头发的。穷奇在蜪犬的北面。另一种说法认为穷奇吃人是从人的脚开始吃起。

帝尧台、帝喾台、帝丹朱台、帝舜台,各自有两座台,每座台都是四方形,在昆仑山的东北面。

有一种大蠭,形状像螽斯;有一种朱蛾,形状像蚍蜉。

蟜,长着人的身子却有着老虎一样的斑纹,腿上有强健的小腿肚子。蟜在穷奇的东面。另一种说法认为蟜的形状像人,是昆仑山北面所独有的。

### 【注释】

①被发:被,通"披"。即披发。这是原图画上的样子。

②螽:螽斯,一种昆虫,身体呈绿色或褐色,样子像蚂蚱。

③蛾:古人说是蚍蜉,就是现在所说的蚂蚁。

④蟜:原指虫名,这里指的是国名或者地名。

⑤胫:小腿。

⑥腨:小腿肚子。

## 山海经异兽考

### 穷奇 明·蒋应镐图本

有神话传说记载，穷奇颠倒黑白，助纣为虐，专门吃忠信正直的君子，而见到那些恶逆凶残之人，竟然还要捕捉野兽向他们进献，以讨好他们，那副嘴脸就像人群中的小人走狗，人们十分痛恨它。

鬼国　清·《边裔典》

大蜂　明·蒋应镐图本

蜪犬　明·蒋应镐图本

| 异兽 | 形态 | 异兆及特异功能 |
| --- | --- | --- |
| 蜪犬 | 像狗一样，全身是青色。 | 能吃人，从人头开始吃。 |
| 穷奇 | 像老虎，但生有翅膀。 | 吃披着头发的人，从人头开始吃。 |
| 大蜂 | 形状像螽斯。 | |

## 山海经地理考

鬼国　……▶　今天陕西东北角和山西保德、右玉一带　▶　即商代方国鬼方。

【第十二卷 海内北经】

## 3 从阘非到氾林

### 头上长三只角的戎

### 原文

阘（tà）非，人面而兽身，青色。

据比之尸，其为人折颈披发，无一手。

环狗，其为人兽首人身。一曰蝟状如狗，黄色。

袜①（mèi），其为物人身黑首从②（zòng）目。

戎，其为人人首三角。

林氏国有珍兽，大若虎，五采毕具，尾长于身，名曰驺（chú）吾，乘之日行千里。

昆仑虚南所，有氾林③方三百里。

### 译文

阘非，长着人的面孔、野兽的身子，全身是青色。

天神据比的尸首，被折断了脖子并且披散着头发，没了一只手。

环狗，这种人是野兽的脑袋、人的身子。另一种说法认为是刺猬的样子，又有些像狗，全身是黄色。

袜，这种怪物长着人的身子、黑色脑袋、竖立的眼睛。

戎，这种人长着人的头，而头上有三只角。

林氏国有一种珍奇的野兽，大小与老虎差不多，身上有五种颜色的斑纹，尾巴长过身子，名称是驺吾，骑上它可以日行千里。

昆仑山南面的地方，有一片方圆三百里的氾林。

### 【注释】

① 袜：即魅，古人认为物老则成魅。就是现在所说的鬼魅、精怪。

② 从：通"纵"。

③ 氾林：即上文所说的范林、泛林，意为树木茂密丛生的树林。

## 山海经异兽考

### 驺吾 明·蒋应镐图本

驺吾是一种仁德忠义之兽，外猛而威内。据说它从不践踏正在生长的青草，而且只吃自然老死的动物的肉，非常仁义。同时驺吾还是一种祥瑞之兽，当君王圣明仁义的时候，驺吾就会出现。

阘非 明·蒋应镐图本

袜
明·蒋应镐图本

环狗
明·蒋应镐图本

戎
明·蒋应镐图本

据比尸
明·蒋应镐图本

| 异兽 | 形态 | 异兆及特异功能 |
| --- | --- | --- |
| 阘非 | 长的面孔，野兽的身体，全身青色。 | |
| 据比尸 | 折断了脖子，披散着头发，少一只手。 | |
| 环狗 | 长着人身兽头。一说像狗，全身黄色。 | |
| | 长着人的身子，黑色脑袋，眼睛竖立。 | |
| 驺吾 | 大小如老虎，身上有五色斑纹，尾巴长过身子。 | 骑上它可以日行千里。 |

## 山海经地理考

| 戎 | 具体名称不详 | 古代族群，后来成为古代西方少数民族的泛称。 |
| --- | --- | --- |
| 林氏国 | 今河北省 | 依据《史记》中的记载"林氏再战而胜，上衡氏伪义弗克。"推断林氏国大约在河北北部一带。 |

【第十二卷 海内北经】

# 4 从极渊到朝鲜

## 灵光照亮百里的宵明和烛光

图解山海经

## 原文

从（zhōng）极之渊①，深三百仞②，维③冰夷④恒都焉。冰夷人面，乘两龙。一曰忠极之渊。

阳汙（yū）之山，河出其中；凌门之山，河出其中。

王子夜⑤之尸，两手、两股、胸、首、齿，皆断异处。

舜妻登比氏生宵明、烛光⑥，处河大泽，二女之灵能照此所方百里。一曰登北氏。

盖国在钜⑦燕南，倭⑧（wō）北。倭属燕。

朝鲜在列阳东，海北山南。列阳属燕。

## 译文

从极渊有三百仞深，只有冰夷神长久地住在这里。冰夷神长着人的面孔，乘着两条龙。另一种说法认为从极渊叫做忠极渊。

阳汙山，黄河的一条支流从这里发源；凌门山，黄河的另一条支流从这里发源。

王子夜的尸体，两只手、两条腿、胸脯、脑袋、牙齿，都斩断而分散在不同地方。

帝舜的妻子登比氏生了宵明、烛光两个女儿，她们住在黄河边上的大泽中，两位神女的灵光能照亮这里方圆百里的地方。另一种说法认为帝舜的妻子叫登北氏。

盖国在大燕国的南面，倭国的北面。倭国隶属于燕国。

朝鲜在列阳的东面，北面有大海而南面有高山。列阳隶属于燕国。

## 【注释】

①从极之渊：相传为深渊的名称。

②仞：古代的八尺为一仞。

③维：通"惟"、"唯"。独，只有。

④冰夷：也叫无夷，即河伯，传说中的水神。

⑤王子夜：可能是王亥。

⑥宵明、烛光：舜的两个女儿，传说能为人间带来光明。

⑦钜：通"巨"，大。这里是形容词。

⑧倭：古代对日本的称呼。

## 山海经神怪考

### 冰夷  明·蒋应镐图本

冰夷神的相貌是人面鱼身，居住在深三百仞的从极之渊，他经常乘着两条龙，巡游在天地江海之间。相传他是华阴潼乡堤首人，因为服用仙药八石而成仙，成为河伯。

## 山海经地理考

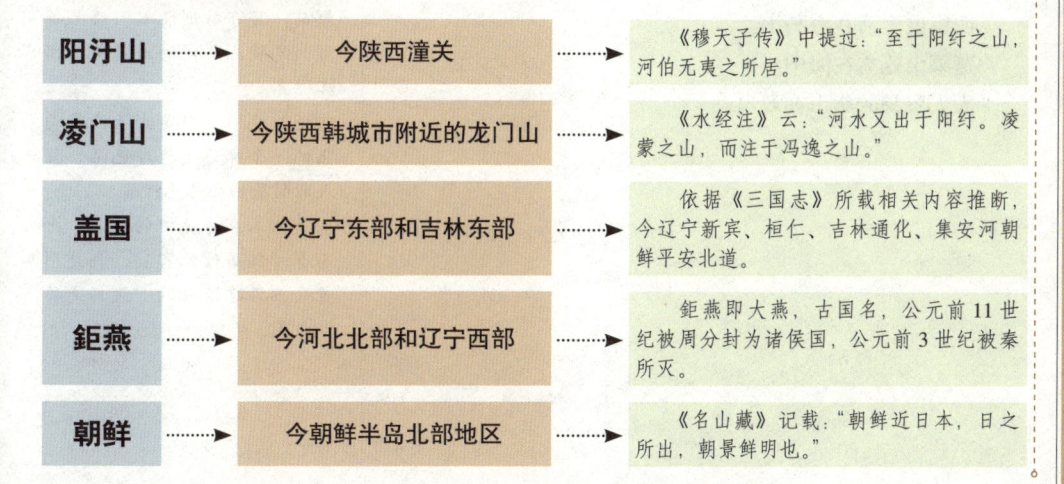

| 阳汙山 | 今陕西潼关 | 《穆天子传》中提过："至于阳纡之山，河伯无夷之所居。" |
|---|---|---|
| 凌门山 | 今陕西韩城市附近的龙门山 | 《水经注》云："河水又出于阳纡。凌蒙之山，而注于冯逸之山。" |
| 盖国 | 今辽宁东部和吉林东部 | 依据《三国志》所载相关内容推断，今辽宁新宾、桓仁、吉林通化、集安河朝鲜平安北道。 |
| 鉅燕 | 今河北北部和辽宁西部 | 鉅燕即大燕，古国名，公元前11世纪被周分封为诸侯国，公元前3世纪被秦所灭。 |
| 朝鲜 | 今朝鲜半岛北部地区 | 《名山藏》记载："朝鲜近日本，日之所出，朝景鲜明也。" |

【第十二卷 海内北经】

# 5 从列姑射到大人市

## 蓬莱仙岛与大人之市

## 原文

列姑射在海河州①中。

射（yè）姑国在海中，属列姑射。西南，山环之。

大蟹②在海中。

陵鱼③人面，手足，鱼身，在海中。

大鯾④（biān）居海中。

明组邑⑤居海中。

蓬莱山⑥在海中。

大人之市在海中。

## 译文

列姑射在大海的河州上。

射姑国在海中，隶属于列姑射。射姑国的西南部，高山环绕着它。

大蟹生活在海里。

陵鱼长着人的面孔，而且有手有脚，却是鱼的身子，生活在海里。

大鯾鱼生活在海里。

明组邑生活在海岛上。

蓬莱山屹立在海中。

大人贸易的集市在海里。

## 【注释】

①河州：据古人说是黄河流入海中形成的小块陆地。州是水中高出水面的土地。

②大蟹：据古人说是一种方圆千里大小的蟹。

③陵鱼：即上文所说的人鱼、鲵鱼，俗称娃娃鱼。

④鯾：同"鳊"。即鲂鱼，体型侧扁，背部特别隆起，略呈菱形，像现在所说的武昌鱼，肉味鲜美。

⑤明组邑：可能是生活在海岛上的一个部落。邑即邑落，指人所聚居的部落、村落。

⑥蓬莱山：传说中的仙山，上面有神仙居住的宫室，都是用黄金玉石建造成的，飞鸟走兽纯白色，远望如白云一般。

## 山海经山水考

### 列姑射 明·蒋应镐图本

列姑射山里有神仙居住，其肌肤像冰雪一样洁白，亭亭玉立就像处女一样迷人，他不食五谷杂粮，只吸风饮露，腾云驾雾，驾驭飞龙，游乎四海之外，他的精神凝聚，能使万物不受灾害，年年五谷丰登。

蓬莱山 明·蒋应镐图本

陵鱼 明·蒋应镐图本

大蟹 明·蒋应镐图本

| 异国 | 外貌特征 | 奇闻逸闻 |
| --- | --- | --- |
| 射姑国 | 皮肤洁白，外貌迷人。 | 有神仙居住，不食五谷，腾云驾雾。 |
| 大人国 |  | 地处东海之外，大荒之中。 |

## 山海经地理考

| 列姑射 | ➔ | 今韩国江华岛 | ➔ | 韩国京畿道离海岸不远黄海中的岛屿，大体呈长方形，面积422平方公里。 |
| --- | --- | --- | --- | --- |
| 大人之市 | ➔ | 今海市蜃楼 | ➔ | 在登州海的中州岛上所见的市集景象，可能是海市蜃楼。 |

【第十二卷 海内北经】

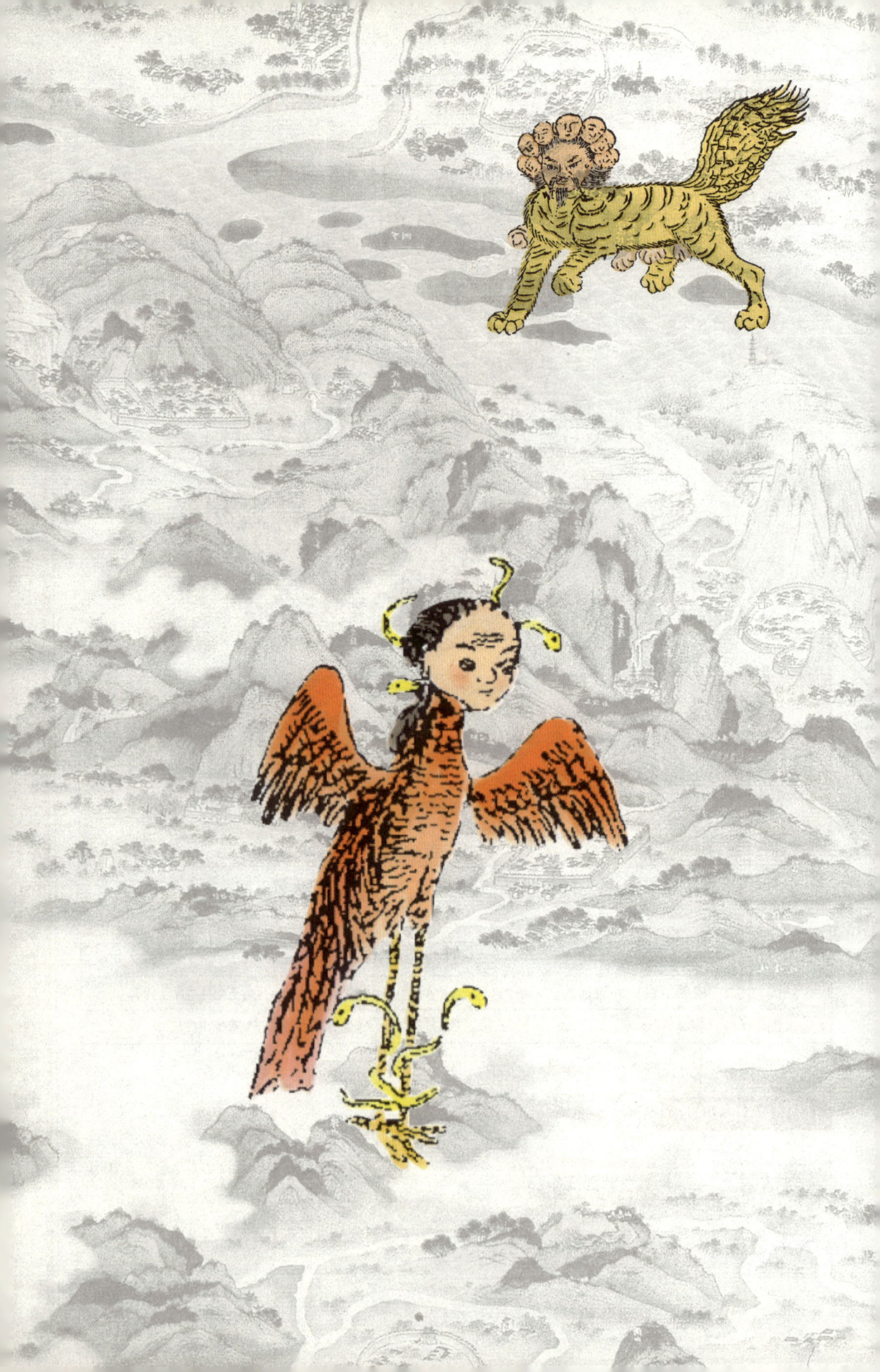

## 第十三卷
# 海内东经

《海内东经》分为两个部分，
前半部分主要介绍了中国东部
从河北到浙江一带的国家、
山名、地名、神名，
如燕国、会稽山、都州、雷神，
也涉及了位于西北地区的一些国名和山名，
如西胡白玉天山、昆仑山、
大夏国、月氏国等。
后半部分着重介绍了岷江、
浙江、淮河、
渭河等著名河流的发源地、
流向、流经的地域。
所记述的水名、山名、
地名的具体位置都能确定。

但是，有学者认为此部分文字为晋代郭璞所著
《水经》中的文字。

# 1 从钜燕到西胡白玉山

## 月氏国，流沙下的文明

## 原文

海内①东北陬②以南者。

钜燕在东北陬。

国在流沙中者，埻（dūn）端③、玺㬇④（huàn），在昆仑虚东南。一曰海内⑤之郡，不为郡县，在流沙中。

国在流沙外者，大夏、竖沙、居繇（yáo）、月支之国。

西胡白玉山⑥在大夏东，苍梧⑦在白玉山西南，皆在流沙西，昆仑虚东南。昆仑山在西胡西。皆在西北。

## 译文

海内由东北角向南的国家地区、山丘河川依次如下。

大燕国在海内的东北角。

在流沙中的国家有埻端国、玺㬇国，都在昆仑山的东南面。另一种说法认为埻端国和玺㬇国是在海内建置的郡，不把它们称为郡县，是因为处在流沙中的缘故。

在流沙以外的国家，有大夏国、竖沙国、居繇国、月支国。

西方胡人的白玉山国在大夏国的东面，苍梧国在白玉山国的西南面，都在流沙的西面，昆仑山的东南面。昆仑山位于西方胡人所在地的西面。总的位置都在西北方。

## 【注释】

①海内：海内东经所记载的地方。

②陬：隅；角落。

③埻端：据说为敦煌。

④玺㬇：国名，具体所指不详，待考。

⑤海内：国境。

⑥白玉山：山名，具体所指不详，待考。

⑦苍梧：山名，相传为我国西北地区昆仑山群山之一。

## 山海经异国考

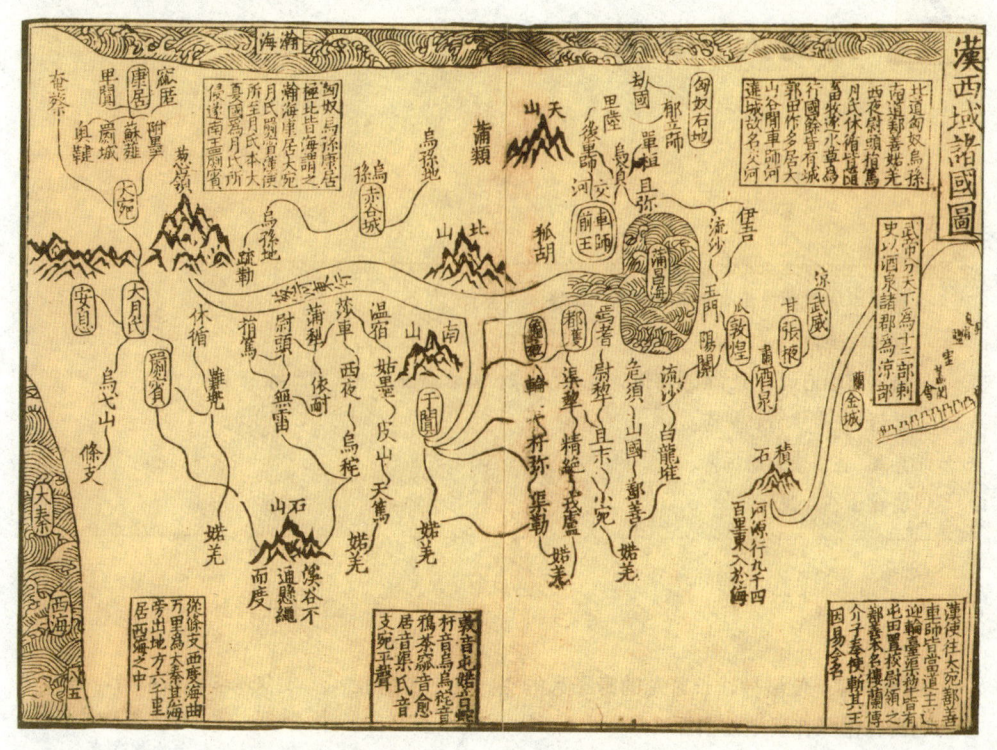

**汉西域诸国图**

**志磐 南宋·雕版墨印 中国国家图书馆藏**

　　图中所绘为汉朝西域诸国图，图中标示了汉朝西域主要少数民族的分布情况，其中《海内东经》所记载的匈奴、大宛、月氏诸国在汉朝依然存在。

## 山海经地理考

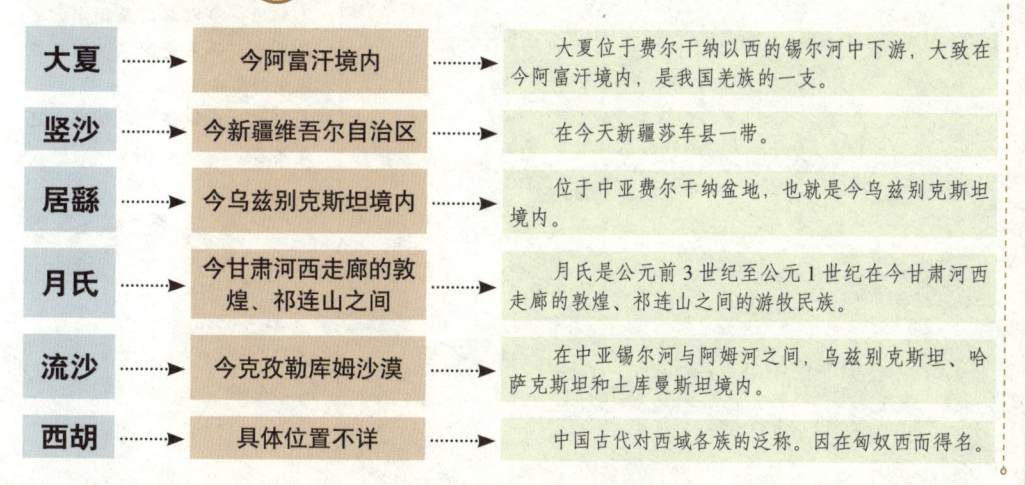

| | | |
|---|---|---|
| 大夏 | 今阿富汗境内 | 大夏位于费尔干纳以西的锡尔河中下游，大致在今阿富汗境内，是我国羌族的一支。 |
| 竖沙 | 今新疆维吾尔自治区 | 在今天新疆莎车县一带。 |
| 居繇 | 今乌兹别克斯坦境内 | 位于中亚费尔干纳盆地，也就是今乌兹别克斯坦境内。 |
| 月氏 | 今甘肃河西走廊的敦煌、祁连山之间 | 月氏是公元前3世纪至公元1世纪在今甘肃河西走廊的敦煌、祁连山之间的游牧民族。 |
| 流沙 | 今克孜勒库姆沙漠 | 在中亚锡尔河与阿姆河之间，乌兹别克斯坦、哈萨克斯坦和土库曼斯坦境内。 |
| 西胡 | 具体位置不详 | 中国古代对西域各族的泛称。因在匈奴西而得名。 |

【第十三卷 海内东经】

## 2 从雷神到会稽山

### 龙身人头的雷神

### 原文

雷泽中有雷神，龙身而人头，鼓①其腹。在吴西。
都州在海中。一曰郁州。
琅邪（láng yá）台②在渤海间，琅邪③之东。其北有山。一曰在海间。
韩雁④在海中，都州南。
始鸠⑤在海中，辕厉南。
会稽山在大楚南。

### 译文

　　雷泽中有一位雷神，长着龙的身子人的头，他一鼓起肚子就响雷。雷泽在吴地的西面。
　　都州在海里。一种说法认为都州叫做郁州。
　　琅邪山位于渤海与海岸之间，在琅邪台的东面。琅邪台的北面有座山。另一种说法认为琅邪山在海中。
　　韩雁在海中，又在都州的南面。
　　始鸠在海中，又在辕厉的南面。
　　会稽山在大楚的南面。

### 【注释】

①鼓：这里是动词，即鼓动，振作。据传这位雷神只要鼓动他的肚子就会响起雷声。
②琅邪台：据古人讲，琅邪台本来是一座山，高耸突起，形状如同高台，所以被称为琅邪台。
③琅邪：指春秋时越王勾践修筑的琅邪台，周长七里，用来观望东海。
④韩雁：难以断定是国名，还是鸟名。如果是国名，则应在海中的岛屿上。
⑤始鸠：难以断定是国名，还是鸟名。

## 山海经神怪考

### 雷神　明·蒋应镐图本

雷神长有龙身人头和一副鸟嘴，他时常在雷泽中游戏玩耍，据说他喜欢拍打自己的肚子玩，而且只要他一拍肚子，就会发出轰隆隆的雷声。

## 山海经异木考

### 合欢

它自古以来就是一种吉祥的树木，象征着举家合欢。合欢花有安神解郁的疗效，对于因七情所伤而致的愤怒忧郁、虚烦不安，特别有效。

## 山海经地理考

| | | |
|---|---|---|
| 雷泽 | 三种观点 | ①依据《汉书·地理志》考证为今山东菏泽市东北。②一说在今山西蒲州市南。③一说在今江苏、浙江和安徽交界处的太湖。 |
| 都州 | 今云台山 | 都州属于今江苏省东北山岭，可能是指今天连云港的云台山。 |
| 郁州 | 今江苏连云港市东的云台山一带 | 古时在海中，今天与大陆相连，在今连云港市东的云台山一带。 |
| 琅邪台 | 今山东青岛胶南琅琊镇 | 琅邪台东临龙湾，西靠琅琊镇，北依车轮山，南有千古名胜琅琊台，与青岛隔海相望。 |

【第十三卷 海内东经】

# 3 从岷三江到湘水
## 江水走向（一）

## 原文

　　岷①三江：首大江②，出汶山③，北江出曼山，南江出高山④。高山在成都西，入海，在长州南。

　　浙江出三天子都⑤，在蛮⑥东，在闽西北。入海，馀暨⑦南。

　　庐江出三天子都。入江，彭泽西。一曰天子鄣。

　　淮水出馀山，馀山在朝阳东，义乡西。入海，淮浦北。

　　湘水出舜葬东南陬，西环之。入洞庭下。一曰东南西泽。

## 译文

　　从岷山中流出三条江水，首先是长江从汶山流出，其次，北江从曼山流出，还有南江从高山流出。高山坐落在成都的西面。三条江水最终注入大海，入海处在长州的南面。

　　浙江从三天子都山发源，三天子都山在蛮地的东面，闽地的西北面，浙江最终注入大海，入海处在馀暨的南边。

　　庐江也从三天子都山发源，却注入长江，入江处在彭泽的西面。一种说法认为在天子鄣。

　　淮水从馀山发源，馀山坐落在朝阳的东面，义乡的西面。淮水最终注入大海，入海处在淮浦的北面。

　　湘水从帝舜葬地的东南角发源，然后向西环绕流去。湘水最终注入洞庭湖下游。一种说法认为注入东南方的西泽。

## 【注释】

① 岷：即岷江，长江上游支流。
② 大江：水名，这里指岷江的支流。
③ 汶山：即岷山。
④ 高山：一说为邛崃山；一说是大雪山。
⑤ 三天子都：山名，可能是黄山山脉、玉山山脉、绯云山等。
⑥ 蛮：古代对长江中游及以南地区少数民族的泛称。
⑦ 馀暨：汉朝县名，即今天的浙江省杭州市萧山区。

## 山海经地理考

| 原名 | 今名 | 说明 |
|---|---|---|
| 北江 | 今青衣江 | 青衣江是四川中部大渡河的支流，发源于邛崃山脉巴郎山与夹金山之间的蜀西营。 |
| 曼山 | 今蒙山 | 四川名山县西北，山势北高南低，东北西南走向，呈带状分布，延伸至雅安境内。 |
| 南江 | 今大渡河 | 四川西部的大渡河，主源大金川发源于青海、四川边境的果洛山，在四川丹巴县与小金川汇合后称大渡河，至乐山县入岷江。 |
| 浙江 | 今钱塘江 | 今浙江省第一大河，发源于安徽黄山，流经安徽、浙江二省。 |
| 庐江 | 今庐源水或青弋江 | ①庐源水发源于今江西省婺（wù）源县西北庐岭山。②青弋江的正源称美溪河，源出安徽黟县。 |
| 彭泽 | 今鄱阳湖 | 江西省北部，长江南岸，是我国第二大湖，第一大淡水湖。 |
| 淮浦 | 今江苏省涟水县 | 汉武帝元狩六年，设置淮浦县，属临淮郡。 |
| 淮水 | 两种观点 | ①秦淮河古称。在远古时代，就是扬子江的支流，后人误认为此水是秦时所开，所以称为"秦淮"。②淮河，中国东部的主要河流之一。 |
| 馀山 | 今大复山 | 位于河南桐柏山中的大复山。 |
| 朝阳 | 今河南邓州 | 古县名，位于河南邓州市东南。 |
| 义乡 | 具体所指待考 | 可能是"义阳"，郡国名，三国魏文帝时设置，后多次变动。 |
| 舜葬 | 今湖北九疑山 | 即舜所葬之地，湖北宁远南的九疑山。 |
| 洞庭下 | 具体所指待考 | 相传洞庭是一个巨大的地穴，位于水底，无所不通。 |
| 东南西泽 | 具体所指待考 | 可能是洞庭湖别名。 |

【第十三卷 海内东经】

# 4 从汉水到汝水
## 江水走向（二）

## 原文

汉水出鲋鱼之山，帝颛顼葬于阳，九嫔葬于阴，四蛇卫之。
濛水①出汉阳西，入江，聂阳西。
温水②出崆峒山③，在临汾④南，入河华阳北。
颍水出少室山，少室山在雍氏南。入淮，西鄢（yān）北。一曰缑（gōu）氏⑤。
汝水出天息山⑥，在梁⑦勉乡⑧西南。入淮，极西北。一曰淮在期思北。

## 译文

汉水从鲋鱼山发源，帝颛顼葬在鲋鱼山的南面，帝颛顼的九个嫔妃葬在鲋鱼山的北面，有四条巨蛇卫护着它。

濛水从汉阳西面发源，最终注入长江，入江处在聂阳的西面。

温水从崆峒山发源，崆峒山坐落在临汾南面，温水最终注入黄河，入河处在华阳的北面。

颍水从少室山发源，少室山坐落在雍氏的南面，颍水最终在西鄢的北边注入淮水。一种说法认为在缑氏注入淮水。

汝水从天息山发源，天息山坐落在梁勉乡的西南，汝水最终在淮极的西北注入淮水。一种说法认为入淮处在期思的北面。

## 【注释】

① 濛水：可能为今天的乌江，汉朝时称为延江水。
② 温水：水名，具体所指不详，待考。一说因为江水常年温热，因而得名。
③ 崆峒山：今山西绛县的太阴山，也有人认为是山西中部汾河东岸的太岳山。
④ 临汾：汉朝时的县名，今山西江县东北。
⑤ 缑氏：古县名，秦朝立县。在今河南偃师市东南。
⑥ 天息山：可能在今河南鲁山县南。
⑦ 梁：古县名，在今河南省汝州市。
⑧ 勉乡：乡村名，属古梁县。

## 山海经异兽考

### 四蛇 明·蒋应镐图本

四蛇是诸神与神山的守卫者,又是灵魂世界的指引者,蛇属水,与帝颛顼北方水神的神格相合,因此又是颛顼的动物伙伴。在战国时期的青铜器的纹饰中,经常会出现四蛇的形象,表明其具有神圣的功能。

## 山海经地理考

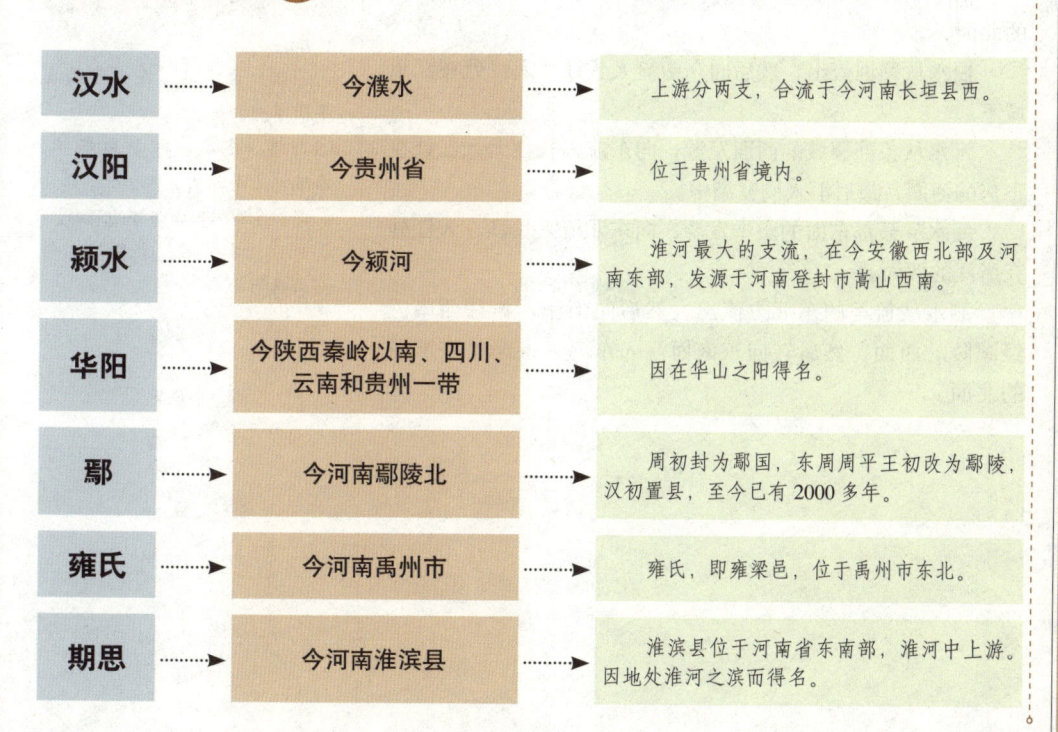

| | | |
|---|---|---|
| 汉水 | 今濮水 | 上游分两支,合流于今河南长垣县西。 |
| 汉阳 | 今贵州省 | 位于贵州省境内。 |
| 颍水 | 今颍河 | 淮河最大的支流,在今安徽西北部及河南东部,发源于河南登封市嵩山西南。 |
| 华阳 | 今陕西秦岭以南、四川、云南和贵州一带 | 因在华山之阳得名。 |
| 鄢 | 今河南鄢陵北 | 周初封为鄢国,东周周平王初改为鄢陵,汉初置县,至今已有2000多年。 |
| 雍氏 | 今河南禹州市 | 雍氏,即雍梁邑,位于禹州市东北。 |
| 期思 | 今河南淮滨县 | 淮滨县位于河南省东南部,淮河中上游。因地处淮河之滨而得名。 |

【第十三卷 海内东经】

# 5 从泾水到泗水
## 江水走向（三）

## 原文

泾水出长城北山①，山在郁郅长垣②北。北入渭，戏③北。
渭水出鸟鼠同穴山。东注河，入华阴④北。
白水⑤出蜀⑥。而东南注江，入江洲城下。
沅水山出象郡镡(xín)城⑦西。入东注江，入下隽(juàn)西，合洞庭中。
赣水出聂都东山，东北注江。入彭泽西。
泗水出鲁东北。而南，西南过湖陵西，而东南，注东海，入淮阴北。

## 译文

泾水从长城的北山发源，北山坐落在郁郅长垣的北面，泾水最后流入渭水，入渭处在戏的北面。

渭水从鸟鼠同穴山发源，向东流入黄河，入河处在华阴的北面。

白水从蜀地流出，然后向东南流入长江，入江处在江州城下。

沅水从象郡镡城的西面发源，向东流入长江，入江处在下隽的西面，最后汇入洞庭湖中。

赣水从聂都东面的山中发源，向东北流入长江，入江处在彭泽的西面。

泗水从鲁地的东北方流出，然后向南流，再往西南流经湖陵的西面，然后转向东南而流入东海，入海处在淮阴的北面。

【注释】

①长城北山：长城附近的一座山，具体所指不详。
②长垣：长城。
③戏：地名，今陕西西安临潼区东。
④华阴：古县名，在今陕西省华阴市。
⑤白水：水名，即今白水江，嘉陵江上游最大支流。
⑥蜀：今四川省西北部的蜀山。
⑦镡城：古县名，大致位于今湖南靖州西南。

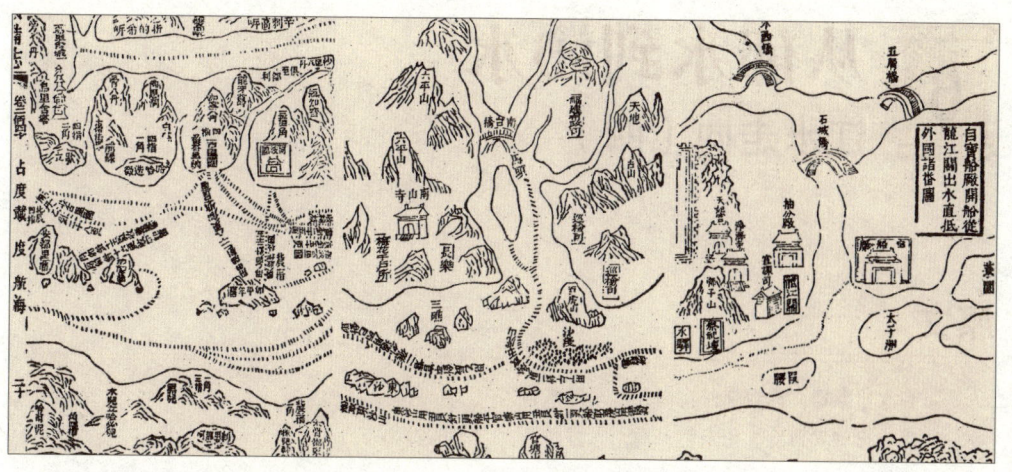

**郑和七次出使航海图（局部一）**
明 手卷式 北京图书馆藏

在无法谈及任何航海经验的时代，《山海经》中对海内东北角的描绘实在是极其鲜活生动的。在华夏历史上，再一次探索海外未知地域的尝试发生在14世纪的明代，郑和奉皇命曾七次下西洋。该图自右至左绘制了郑和船队自南京至长江口的航行线路及沿途的地理情况。

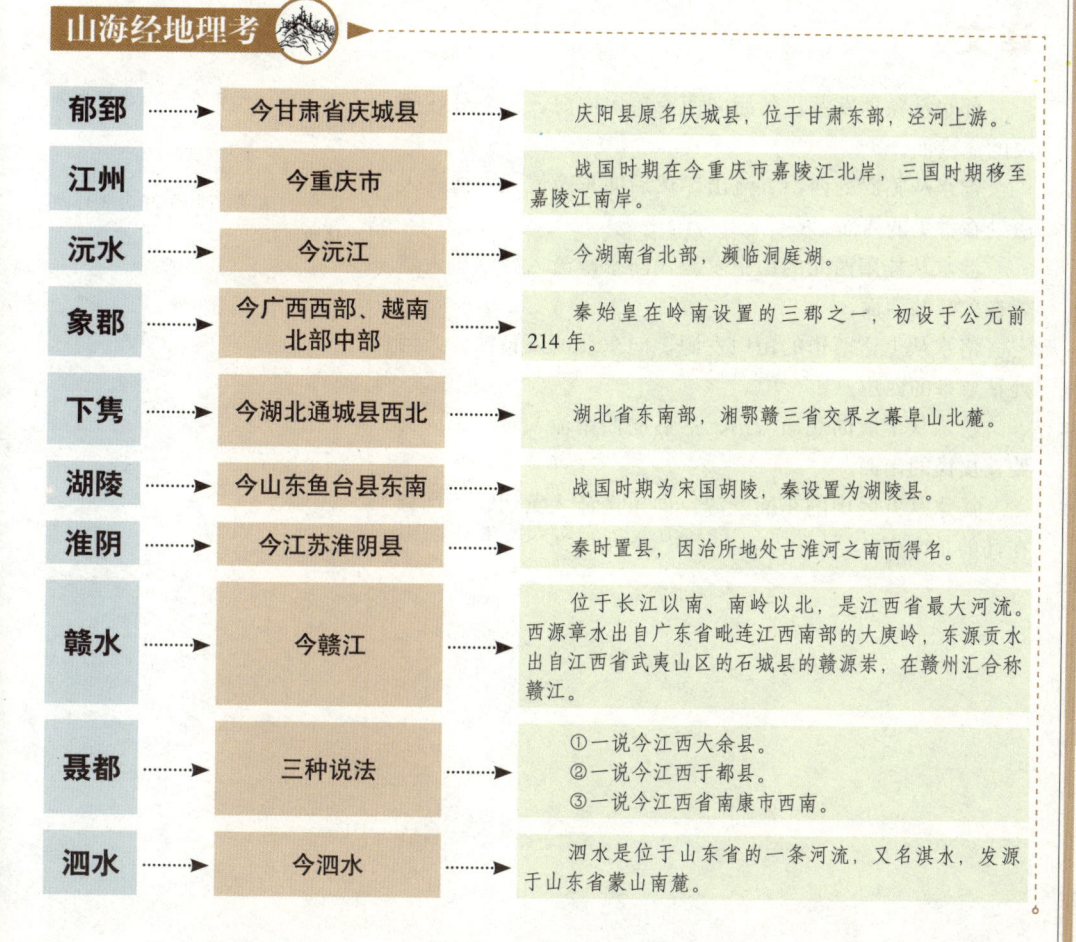

## 山海经地理考

| | | |
|---|---|---|
| 郁郅 | 今甘肃省庆城县 | 庆阳县原名庆城县，位于甘肃东部，泾河上游。 |
| 江州 | 今重庆市 | 战国时期在今重庆市嘉陵江北岸，三国时期移至嘉陵江南岸。 |
| 沅水 | 今沅江 | 今湖南省北部，濒临洞庭湖。 |
| 象郡 | 今广西西部、越南北部中部 | 秦始皇在岭南设置的三郡之一，初设于公元前214年。 |
| 下隽 | 今湖北通城县西北 | 湖北省东南部，湘鄂赣三省交界之幕阜山北麓。 |
| 湖陵 | 今山东鱼台县东南 | 战国时期为宋国胡陵，秦设置为湖陵县。 |
| 淮阴 | 今江苏淮阴县 | 秦时置县，因治所地处古淮河之南而得名。 |
| 赣水 | 今赣江 | 位于长江以南、南岭以北，是江西省最大河流。西源章水出自广东省毗连江西南部的大庾岭，东源贡水出自江西省武夷山区的石城县的赣源岽，在赣州汇合称赣江。 |
| 聂都 | 三种说法 | ①一说今江西大余县。②一说今江西于都县。③一说今江西省南康市西南。 |
| 泗水 | 今泗水 | 泗水是位于山东省的一条河流，又名洙水，发源于山东省蒙山南麓。 |

第十三卷 海内东经

# 6 从郁水到沁水
## 江水走向（四）

## 原文

郁水出象郡。而西南注南海，入须陵东南。
肄水出临武西南。而东南注海，入番禺西。
湟水出桂阳西北山。东南注肄水，入敦浦西。
洛水出洛西山。东北注河，入成皋之西。
汾水出上窳①北。而西南注河，入皮氏南。
沁水出井陉山②东。东南注河，入怀③东南。

## 译文

郁水从象郡发源，然后向西南流入南海，入海处在须陵的东南面。

肄水从临武的西南方流出，然后向东南流入大海，入海处在番禺的西面。

湟水从桂阳西北的山中发源，向东南流入肄水，入肄处在敦浦的西面。

洛水从上洛西边的山中发源，向东北流入黄河，入河处在成皋的西边。

汾水从上窳的北面流出，然后西南流入黄河，入河处在皮氏的南面。

沁水从井陉山的东面发源，向东南流入黄河，入河处在怀的东南面。

【注释】

①上窳：可能在今山西静乐县北部。
②井陉山：山名。
③怀：古县名，今河南焦作市境内。

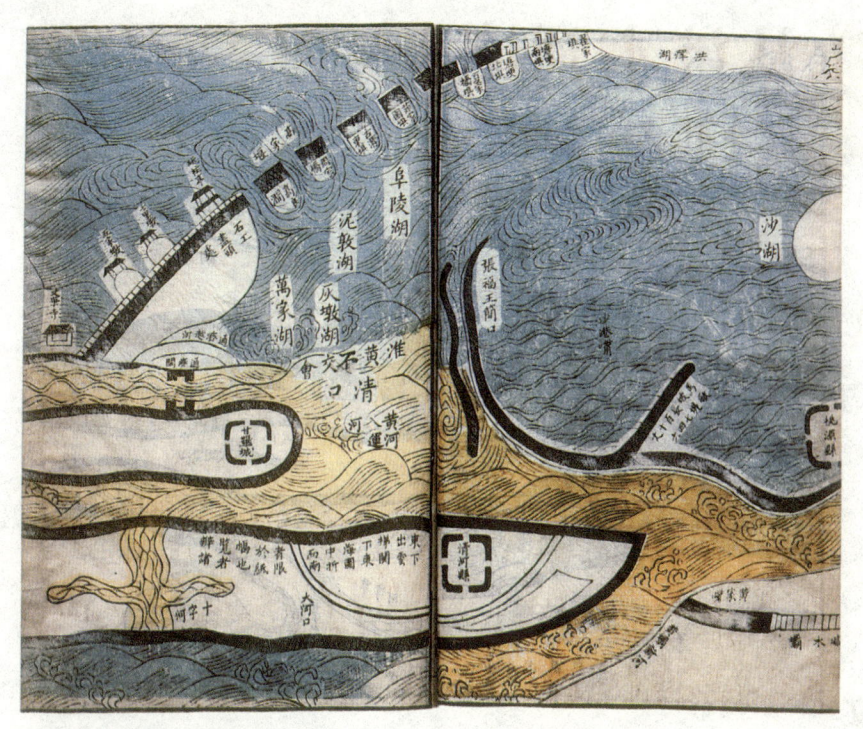

**黄淮河流故道入海图**
清·雕版套印 北京图书馆藏

这幅图表现了将洪泽之水集中于清口，与黄河合流后东流入海的情况。淮河也是中华文明的发源地之一，同黄河一样孕育了华夏民族。

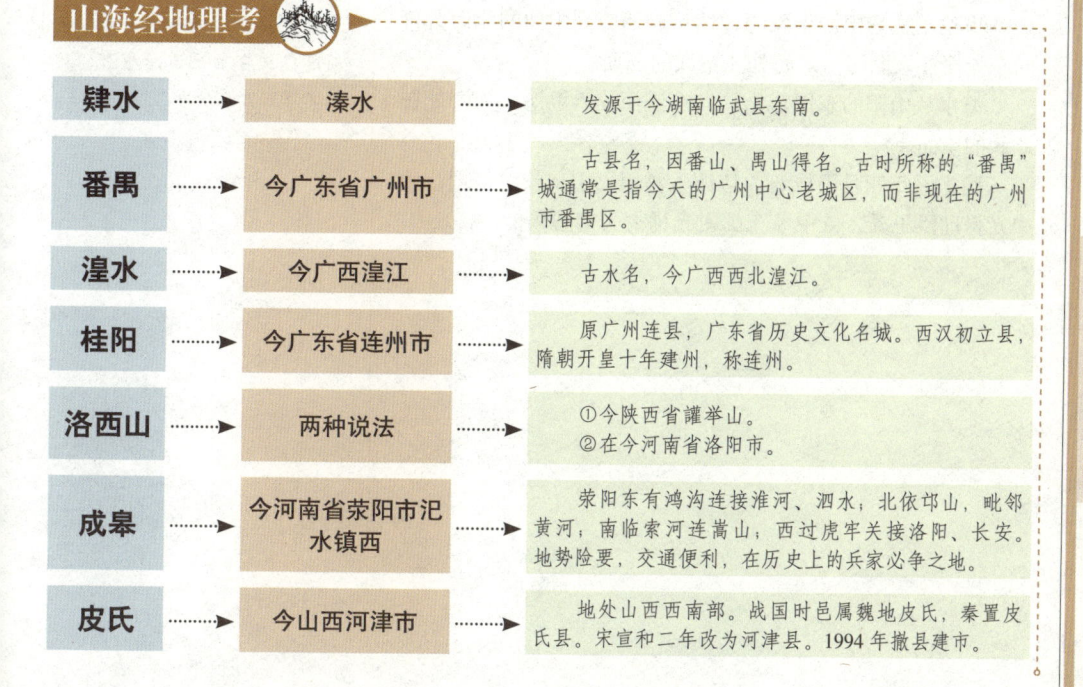

## 山海经地理考

| | | |
|---|---|---|
| 肄水 | 溱水 | 发源于今湖南临武县东南。 |
| 番禺 | 今广东省广州市 | 古县名，因番山、禺山得名。古时所称的"番禺"城通常是指今天的广州中心老城区，而非现在的广州市番禺区。 |
| 湟水 | 今广西湟江 | 古水名，今广西西北湟江。 |
| 桂阳 | 今广东省连州市 | 原广州连县，广东省历史文化名城。西汉初立县，隋朝开皇十年建州，称连州。 |
| 洛西山 | 两种说法 | ①今陕西省谨举山。②在今河南省洛阳市。 |
| 成皋 | 今河南省荥阳市汜水镇西 | 荥阳东有鸿沟连接淮河、泗水，北依邙山，毗邻黄河；南临索河连嵩山，西过虎牢关接洛阳、长安。地势险要，交通便利，在历史上的兵家必争之地。 |
| 皮氏 | 今山西河津市 | 地处山西西南部。战国时邑属魏地皮氏，秦置皮氏县。宋宣和二年改为河津县。1994年撤县建市。 |

【第十三卷 海内东经】

## 7 从济水到漳水
### 江水走向（五）

## 原文

济水出共山南东丘。绝①钜鹿泽，注渤海，入齐琅槐东北。

潦水出卫皋②东。东南注渤海，入潦阳。

虖（hū）沱水出晋阳城南。而西，至阳曲北，而东注渤海，入越，章武北。

漳水出山阳东。东注渤海，入章武南。③

建平元年四月丙戌，待诏太常属臣望校治，侍中光禄勋臣龚、侍中奉车都尉光禄大夫臣秀领主省。

## 译文

济水从共山南面的东丘发源，流过钜鹿泽，最终注入渤海，入海处在齐地琅槐的东北面。

潦水从卫皋的东面流出，向东南流而注入渤海，入海处在潦阳。

虖沱水从晋阳城南发源，然后向西流到阳曲的北面，再向东流而注入渤海，入海处在章武的北面。

漳水从山阳的东面流出。向东流而注入渤海，入海处在章武的南面。

建平元年四月丙戌日，待诏太常属臣丁望校对整理，侍中光禄勋臣王龚、侍中奉车都尉光禄大夫刘秀领衔主持。

【注释】

①绝：通过，穿过。
②卫皋：山名，具体所指不详。
③从"岷三江"至"入章武南"这一大段文字，据学者的研究，认为不是《山海经》原文，而是《水经》一书中的文字。但因这段文字为底本所原有，故仍保留它并作今译，唯不做注。

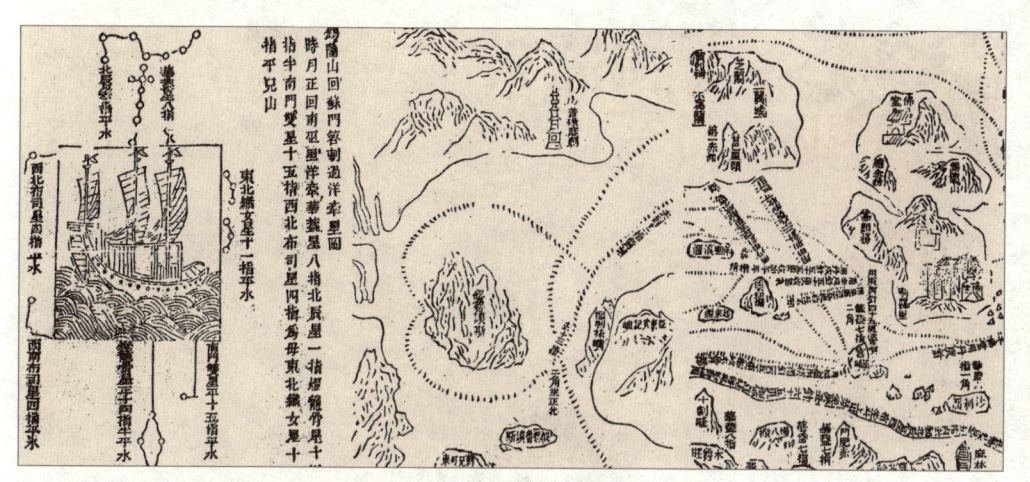

**郑和七次出使航海图（局部二）**
明 手卷式 北京图书馆藏

　　在无法谈及任何航海经验的时代，《山海经》中对海内东北角的描绘实在是极其鲜活生动的。在华夏历史上，再一次探索海外未知地域的尝试发生在14世纪的明代，郑和奉皇命曾七次下西洋。该图自右至左绘制了郑和船队自南京至长江口的航行线路及沿途的地理情况。

## 山海经地理考

| | | |
|---|---|---|
| 济水 | 今山东济阳县和济南市 | 济水，古水名，发源于今河南，流经山东入渤海。 |
| 钜鹿泽 | 今山东巨野县北 | 即大野泽。 |
| 琅槐 | 今山东利津县东南 | 古县名，今位于山东省北部，隶属于东营市。为黄河入海口，鱼虾等水产资源丰富。 |
| 潦水 | 今辽河 | 我国七大河流之一，辽宁人民的母亲河，发源于河北平泉县，流经河北、内蒙古、吉林和辽宁4个省区，在辽宁盘山县注入渤海。 |
| 潦阳 | 今辽宁辽中县 | 古县名，即辽阳。现位于辽宁省中部。新石器时代就有人类居住，西汉时内置辽阳县。 |
| 齐 | 今山东泰山以北黄河流域及胶东半岛地区 | 战国时齐地，汉以后沿称齐。 |
| 晋阳 | 今山西太原一带 | 即秦置晋阳城。历经秦汉、三国、南北朝、隋唐、五代，于宋太平兴国四年毁于战火。 |
| 阳曲 | 今山西太原市北四十五里 | 阳曲县政区古今变化非常大，这里的阳曲包括今天的定襄县和阳曲县。 |
| 章武 | 今河北黄骅市东北 | 古县名，西汉时设置。位于今天河北省黄骅市故县村，北齐废。 |
| 山阳 | 今河南修武县 | 战国魏邑，汉朝置山阳县，北齐废，今天在河南省焦作市修武县西北三十五公里。 |

【第十三卷 海内东经】

509

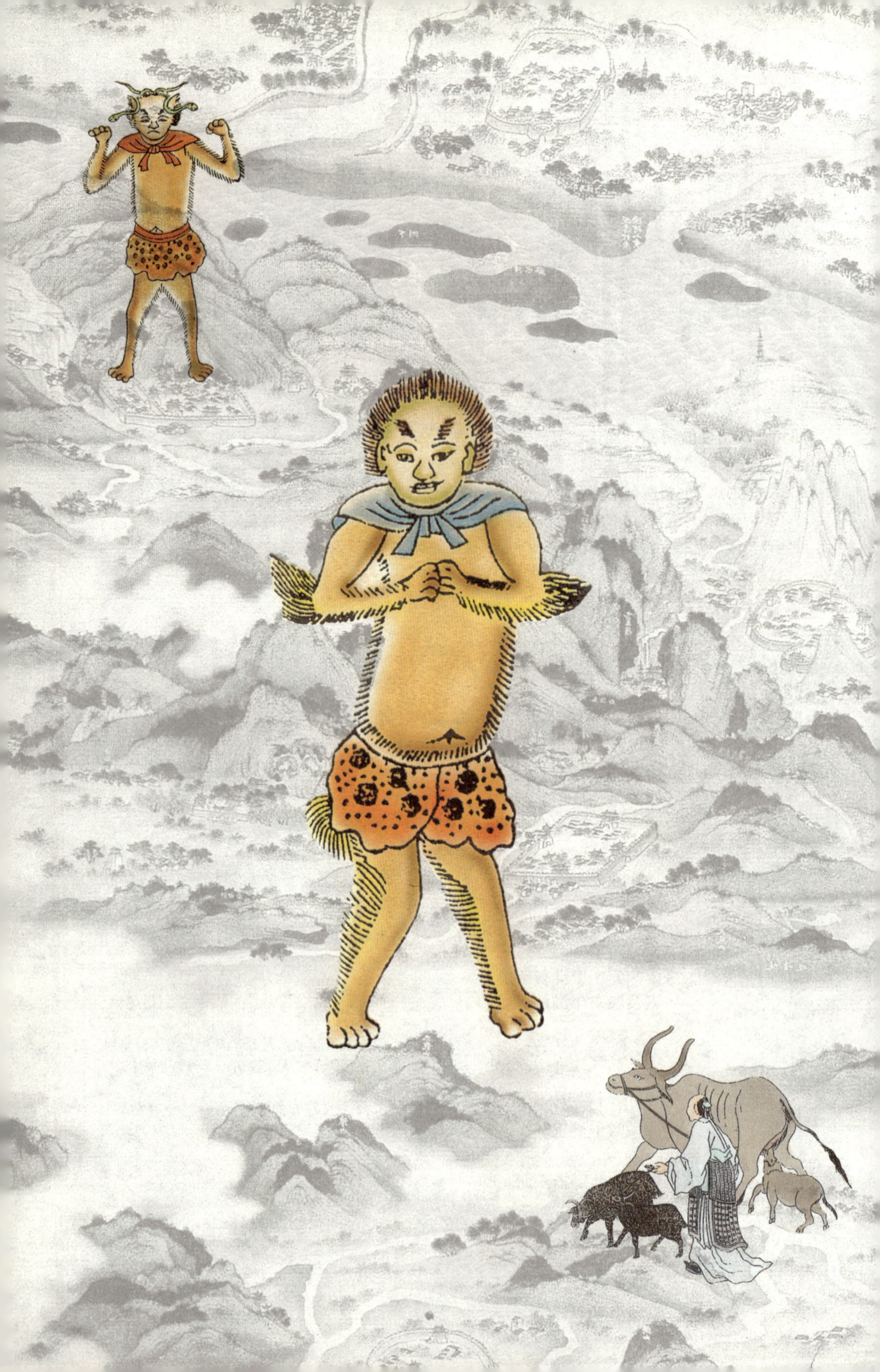

## 第十四卷
# 大荒东经

《大荒东经》所记载的地理位置与
《海外东经》相同,
大概在今天我国的东北部地区。
《大荒东经》所记叙的内容丰富但是很杂乱,
大多内容与《海外东经》重复,
如大人国、君子国、
青丘国、黑齿国、
汤谷等都在海外经中提到过。
这些重复的内容可能是竹简散落错排所致。

除此之外,
《大荒东经》内容更加丰富,
还提到了一些历史人物和神话传说。
如:有易国君杀王亥、应龙、夸父等。

# 大荒四经示意图

本图根据张步天教授"《山海经》考察路线图"绘制,图中记载大荒东、南、西、北四经中各地区的地理位置。

贝加尔湖

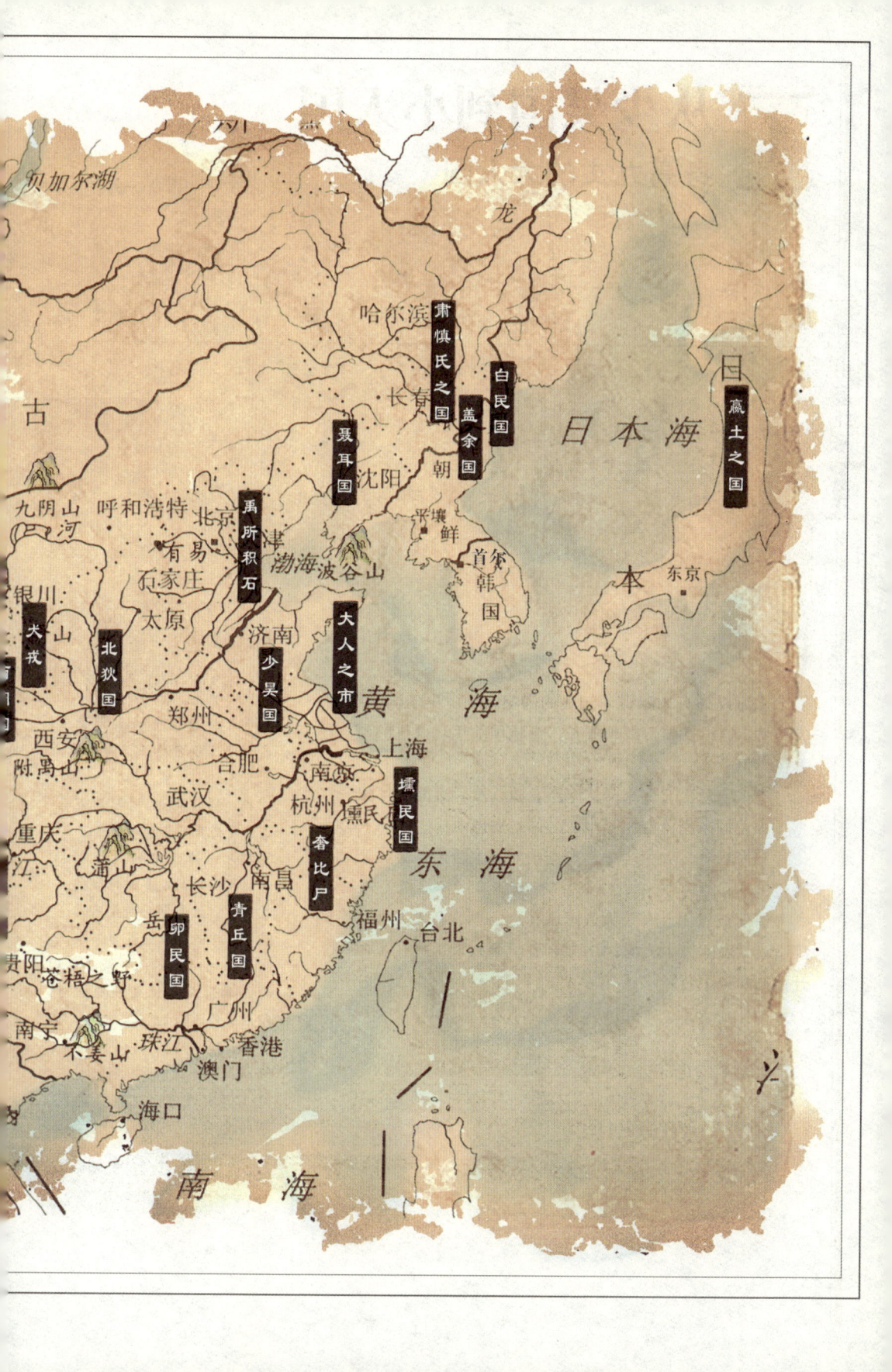

龙

哈尔滨
肃慎氏之国
长春
白民国
盖余国
聂耳国
沈阳
朝鲜
赢土之国
日本海
平壤
呼和浩特
禹所积石
北京
天津
渤海
波谷山
首尔
韩国
东京
九阴山
有易
石家庄
日本
银川
太原
济南
犬戎山
北狄国
郑州
少昊国
大人之市
黄海
西安
附禹山
合肥
武汉
南京
上海
重庆
杭州
壖民国
蒲山
长沙
南昌
奢比尸
东海
贵阳
岳阳
青丘国
福州
苍梧之野
卵民国
台北
南宁
不姜山
广州
珠江
香港
澳门
海口

南海

# 1 从少昊国到小人国
## 身高九丈的大人国

## 原文

东海之外大壑①，少昊②之国。少昊孺③帝颛顼④于此，弃其琴瑟⑤。

有甘山者，甘水出焉，生甘渊⑥。

大荒东南隅有山，名皮母地丘。

东海之外，大荒之中，有山名曰大言，日月所出。

有波谷山者，有大人之国。有大人之市，名曰大人之堂⑦。有一大人踆⑧（cūn）其上，张其两耳。

有小人国，名靖人⑨。

## 译文

东海以外有一深得不知底的沟壑，是少昊建国的地方。少昊就在这里抚养帝颛顼成长，帝颛顼幼年玩耍过的琴瑟还丢在沟壑里。

有一座甘山，甘水从这座山发源，然后流汇成甘渊。

大荒的东南角有座高山，名称是皮母地丘。

东海以外，大荒当中，有座山叫做大言山，是太阳和月亮初出升起的地方。

有座波谷山，有个大人国就在这山里。有大人做买卖的集市，就在叫做大人堂的山上。有一个大人正蹲在上面，张开他的两只手臂。

有个小人国，那里的人被称作靖人。

## 【注释】

①壑：坑谷，深沟。

②少昊：传说中的上古帝王，名叫挚，以金德王，所以号称金天氏。

③孺：通"乳"。用乳奶喂养。这里是抚育、养育的意思。

④颛顼：传说中的上古帝王，号称高阳氏，是黄帝的后代。

⑤琴瑟：古时两种拨弦乐器。

⑥渊：水流汇积就成为深渊。

⑦大人之堂：本是一座山，因为山的形状就像是一座堂屋，所以称作大人堂。

⑧踆：通"蹲"。

⑨靖人：传说东北极有一种人，身高只有九寸，这就是靖人。靖的意思是细小的样子。靖人即指小人。

## 山海经异国考

### 大人国  明·蒋应镐图本

相传，远古时期的大人国比现在所知的还要高大，一步能跨过百里，一大人国人到东海玩耍，将岱舆、员峤二山的巨鳌钓起，玩耍之后将它们背回国去。造成岱舆、员峤二山向北极漂移，最后沉入大海，山上众多神仙失去栖身之所，不得不迁往别处。天帝知道后，勃然大怒，就将大人国的疆域变小，国人的身高变矮。但是，即便如此，伏羲神农时期，大人国的人身高仍然有数十丈。

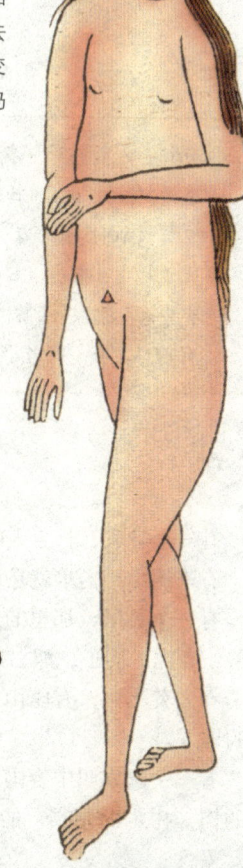

### 小人国  清·汪绂图本

小人国被称为靖人，身长九寸，立于大人国旁边，和大人国国民形成了强烈的反差。

| 异国 | 形态特征 | 奇闻逸闻 |
| --- | --- | --- |
| 少昊国 | 东海以往有一条大壑。 | 少昊建国时，凤凰来朝，于是以百鸟为图腾，各式各样的鸟为文武百官。 |
| 大人国 | 身高数十丈，双臂巨长，双手硕大，两耳作招风状，赤身裸体，长发披肩。 | 远古时期大人国国民更为高大，一步踏出数百里。 |
| 小人国 | 国民身材矮小，只有九寸。 | 赤身长发，面有胡须。 |

## 山海经地理考

| 大壑 | 今菲律宾东北 | 大致位于今菲律宾东北，马里亚纳群岛附近的那利亚纳海沟。 |
| --- | --- | --- |

【第十四卷 大荒东经】

## 2 从犁䰠尸到东口山
### 腰间佩带宝剑的君子国人

## 原文

有神，人面兽身，名曰犁䰠（líng）之尸。
有㵎（jué）山①，杨水②出焉。
有蔿（wěi）国，黍③食，使四鸟④：虎、豹、熊、罴。
大荒之中，有山名曰合虚⑤，日月所出。
有中容⑥之国。帝俊⑦生中容，中容人食兽、木实，使四鸟：豹、虎、熊、罴。
有东口之山。有君子之国，其人衣冠⑧带剑。

## 译文

有一个神人，长着人的面孔野兽的身子，叫做犁䰠尸。

有座㵎山，杨水就是从这座山发源的。

有一个蔿国，那里的人以黄米为食物，能驯化驱使四种野兽：老虎、豹子、熊、罴。

在大荒当中，有座山叫做合虚山，是太阳和月亮初出升起的地方。

有一个国家叫中容国。帝俊生了中容，中容国的人吃野兽的肉、树木的果实，能驯化驱使四种野兽：豹子、老虎、熊、罴。

有座东口山。有个君子国就在东口山，那里的人穿衣戴帽而且腰间佩宝剑。

## 【注释】

①㵎山：山名，具体所指不详，待考。

②杨水：水名，具体所指不详，待考。

③黍：一种黏性谷米，可供食用和酿酒，古时主要在北方种植，脱去糠皮就称作黄米子。

④鸟：古时鸟兽通名，这里即指野兽。以下同此。

⑤合虚：山名，具体所指不详，待考。

⑥中容：传说颛顼生有才子八人，其中就有中容。

⑦帝俊：本书屡屡出现叫帝俊的上古帝王，具体所指，各有不同，而神话传说，分歧已大，历时既久，更相矛盾，实难确指，只可疑似而已。以下同此。这里似指颛顼。

⑧衣冠：指衣冠整齐。

## 山海经神怪考

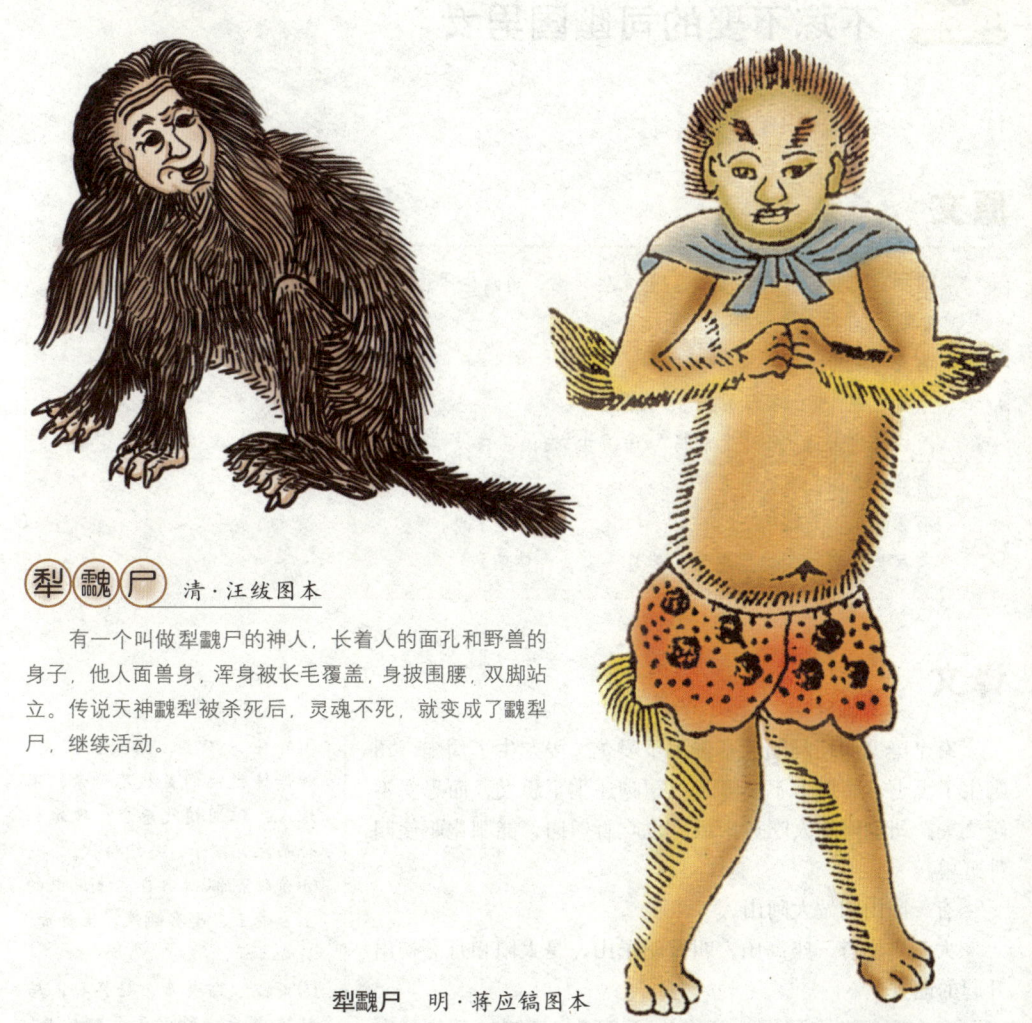

犁𩣡尸 清·汪绂图本

有一个叫做犁𩣡尸的神人，长着人的面孔和野兽的身子，他人面兽身，浑身被长毛覆盖，身披围腰，双脚站立。传说天神𩣡犁被杀死后，灵魂不死，就变成了𩣡犁尸，继续活动。

犁𩣡尸 明·蒋应镐图本

| 异国 | 生活习俗 | 奇闻逸闻 |
|---|---|---|
| 蒍国 | 以黄米为食物，能驯化老虎、豹子、熊和罴四种动物。 | 舜还是普通人的时候，居住在这里。 |
| 中容国 | 平时吃野兽的肉和树木果实。 | 有种叫做赤木玄木的树，吃了便能成仙。 |
| 君子国 | 穿衣戴帽，一丝不苟，腰间佩剑。 | 温文尔雅，皆为翩翩君子。 |

## 山海经地理考

蒍国 → 今吉林盘石、永吉、舒兰等市县的西团山文化所在地 → 可能是姚国，是舜所居住过的地方，姚国人是舜的后裔。

【第十四卷 大荒东经】

## 3 从司幽国到黑齿国

### 不嫁不娶的司幽国男女

### 原文

有司幽之国。帝俊生晏龙,晏龙生司幽,司幽生思士,不妻;思女,不夫①。食黍,食兽,是使四鸟。

有大阿之山者。

大荒之中,有山名曰明星,日月所出。

有白民之国。帝俊②生帝鸿③,帝鸿生④白民,白民销姓,黍食,使四鸟:虎、豹、熊、罴。

有青丘之国,有狐,九尾。

有柔仆民,是维⑤嬴土⑥之国。

有黑齿之国。帝俊生黑齿,姜姓,黍食,使四鸟。

### 译文

有个国家叫司幽国。帝俊生了晏龙,晏龙生了司幽,司幽生了思士,而思士不娶妻子;司幽还生了思女,而思女不嫁丈夫。司幽国的人吃黄米饭,也吃野兽肉,能驯化驱使四种野兽。

有一座山叫做大阿山。

大荒当中有一座高山,叫做明星山,是太阳和月亮初出升起的地方。

有个国家叫白民国。帝俊生了帝鸿,帝鸿的后代是白民,白民国的人姓销,以黄米为食物,能驯化驱使四种野兽:老虎、豹子、熊、罴。

有个国家叫青丘国。青丘国有一种狐狸,长着九条尾巴。

有个国家叫柔仆民,是个土地肥沃的国家。

有个国家叫黑齿国。帝俊的后代是黑齿,姓姜,那里的人吃黄米饭,能驯化驱使四种野兽。

### 【注释】

①思士,不妻,思女,不夫:神话传说他们虽然不娶亲,不嫁人,但因精气感应、魂魄相合而生育孩子,延续后代。

②帝俊:似指少典,传说中的上古帝王,娶有蟜氏,生黄帝、炎帝二子。

③帝鸿:即黄帝,姓公孙,居轩辕之丘,所以号称轩辕氏。有土德之瑞,所以又号称黄帝。取代神农氏为天子。

④生:在本书中,"生"字的用法,并不一定都指某人诞生某人,也多指某人所生存、遗存的后代子孙。这里就是指后代而言。以下这种用意尚多。

⑤维:句中语助词,无意。

⑥嬴土:肥沃的土地。

## 山海经神怪考

**九尾狐** 清·汪绂图本

古代传说中九尾狐是四脚怪兽，通体火红的绒毛。善于变化和蛊惑。喜欢吃人，相传常用婴儿的哭泣声吸引路人的探视。如果九尾狐现世，则天下大乱。六朝时李逻注《千字文》"周伐殷汤"，已谓妲己为九尾狐，九尾狐渐渐成为妖媚工谗女子的代称。

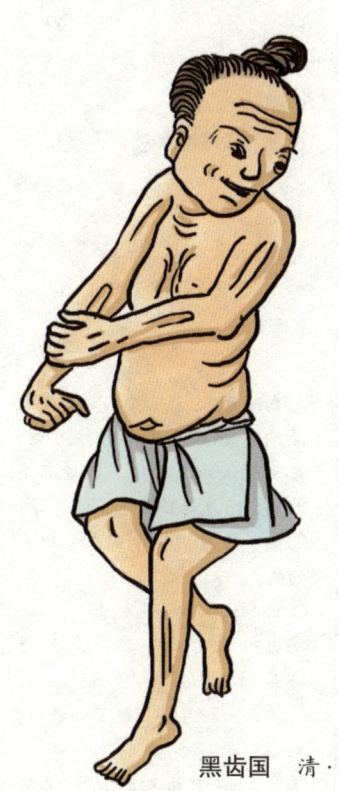

黑齿国 清·汪绂图本

乘黄 明·胡文焕图本

| 异国 | 生活习俗 | 奇闻逸闻 |
|---|---|---|
| 司幽国 | 以黄米饭为主，也吃野兽肉，能驾驭四种野兽。 | 男不娶，女不嫁。双方只凭着意念就可以相互通气受孕，不互婚也能生孩子。 |
| 白民国 | 以黄米饭为主，能驾驭豹子、老虎、熊、罴等四种野兽。 | 帝俊生帝鸿，帝鸿就是黄帝。白民国的人便是帝鸿的后代。 |
| 青丘国 |  | 有一种狐狸，长有九条尾巴。 |
| 嬴土国 |  | 被称为柔仆民，境内土地肥沃。 |
| 黑齿国 | 以黄米饭为主，能驾驭四种野兽。 | 帝俊的苗裔。 |

【第十四卷 大荒东经】

# 4 从夏州国到招瑶山

## 人面鸟身的东海海神禺虢

### 原文

有夏州之国。有盖余之国。

有神人，八首人面，虎身十尾，名曰天吴。

大荒之中，有山名曰鞠陵于天、东极、离瞀①（mào），日月所出名曰折丹，东方曰折，来风曰俊②，处东极以出入风③。

东海之渚④中，有神，人面鸟身，珥⑤两黄蛇，践⑥两黄蛇，名曰禺虢。黄帝生禺虢，禺虢生禺京。禺京处北海，禺虢处东海，是惟⑦海神。

有招瑶山，融水出焉。有国曰玄股，黍食，使四鸟。

### 译文

有个国家叫夏州国。在夏州国附近又有一个盖余国。

有个神人，长着八颗头而都是人的脸面，老虎身子而十条尾巴，名叫天吴。

在大荒当中，有三座高山分别叫做鞠陵于天山、东极山、离瞀山，都是太阳和月亮初升起的地方。有个神人名叫折丹，东方人单称他为折，从东方吹来的风称作俊，他就处在大地的东极，主管风起风停。

在东海的岛屿上，有一个神人，长着人的面孔鸟的身子，耳朵上穿挂着两条黄色的蛇，脚底下踩踏着两条黄色的蛇，名叫禺虢。黄帝生了禺虢，禺虢生了禺京。禺京住在北海，禺虢住在东海，都是海神。

有座招瑶山，融水从这座山发源。有一个国家叫玄股国，那里的人吃黄米饭，能驯化驱使四种野兽。

### 【注释】

①鞠陵于天、东极、离瞀：一说均为山名，具体所指不详。另一说认为，东极、离瞀不是山名，而是对鞠陵于天的解释。

②俊：俊风，冬季从东方刮来的风。

③出入风：掌管风的出入。

④渚：水中的小洲。这里指海岛。

⑤珥：一种耳饰。这里作动词。

⑥践：踩，踏。

⑦惟：句中语助词，无实际意义。

## 山海经神怪考

### 天吴  明·胡文焕图本

天吴长有八个脑袋,每个脑袋上都是人的面孔,虎身,身后托着八条尾巴。胡本的天吴更具特色,画中天吴大头面露微笑,周围长着七个小头。

禺䝞  清·汪绂图本

折丹  清·汪绂图本

| 异国 | 形态特征 | 地理位置 |
| --- | --- | --- |
| 盖余国 |  | 夏州国附近。 |
| 玄股国 | 以黄米饭为主,能驾驭四种野兽。 | 有座招瑶山,融水从这里发源。 |

## 山海经地理考

融水 ┄┄➤ 今融江 ┄┄➤ 广西融江属于珠江上游水系,发源于贵州,流经广西三江、融安、融水三县入柳江。全长20多公里。

【第十四卷 大荒东经】

# 5 从困民国到孽摇頵羝山

## 食鸟怪人王亥

### 原文

有困民国，勾姓而食。有人曰王亥，两手操鸟，方食其头①。王亥托于有易、河伯仆②牛。有易杀王亥③，取仆牛。河伯念有易④，有易潜出，为国于兽，方食之⑤，名曰摇民。帝舜生戏，戏生摇民。

海内有两人⑦，名曰女丑⑧。女丑有大蟹⑨。

大荒之中，有山名曰孽摇頵（yūn）羝（dī）。上有扶木⑩，柱⑪三百里，其叶如芥⑫（jiè）。有谷曰温源谷⑬。汤（yáng）谷上有扶木，一日方至，一日方出，皆载于鸟⑭。

### 译文

有个国家叫困民国，那里的人姓勾，以黄米为食物。有个人叫王亥，他用两手抓着一只鸟，正在吃鸟的头。王亥把一群肥牛寄养在有易族人、水神河伯那里。有易族人把王亥杀死，没收了那群肥牛。河伯哀念有易族人，便帮助有易族人偷偷地逃出来，在野兽出没的地方建立国家，他们正在吃野兽肉，这个国家叫摇民国。另一种说法认为帝舜生了戏，戏的后代就是摇民。

海内有两个神人，其中的一个名叫女丑。女丑有一只听使唤的大螃蟹。

在大荒当中，有一座山名叫孽摇頵羝。山上有棵扶桑树，高耸三百里，叶子的形状像芥菜叶。有一道山谷叫做温源谷。汤谷上面也长了棵扶桑树，一个太阳刚刚回到汤谷，另一个太阳刚刚从扶桑树上出去，都负载于三足鸟的背上。

### 【注释】

① 方食其头：这是针对原画面上的图像而说的。
② 仆：通"朴"，大。
③ 有易杀王亥：据古史传说，王亥对有易族人奸淫暴虐，有易族人愤恨而杀了他。
④ 河伯念有易：据古史传说，王亥的继承者率兵为王亥报仇，残杀了许多有易族人，河伯同情有易族人，就帮助残存的有易族人悄悄逃走。
⑤ 方食之：这也是针对原画面上的图像而说的。
⑥ 摇民：即困民国。
⑦ 两人：下面只说了一个，大概文字上有逸脱。
⑧ 女丑：就是上文所说的女丑之尸，是一个女巫。
⑨ 大蟹：就是上文所说的方圆有一千里大小的螃蟹。
⑩ 扶木：就是上文所说的扶桑树，太阳由此升起。
⑪ 柱：像柱子般直立着。
⑫ 芥：芥菜，花茎带着叶子，而叶子有叶柄，不包围花茎。
⑬ 温源谷：就是上文所说的汤谷，谷中水很热，太阳在此洗澡。
⑭ 鸟：就是上文所说的踆乌、离朱鸟、三足鸟，异名同物，除过所长三只爪子外，其他形状像乌鸦，栖息在太阳里。

## 山海经人物考

### 王亥  清·萧从云《天问图》

王亥是殷民族的高祖,以擅长训养牛著称。相传王亥、王恒因寄养牛之事初到有易国,得到了国王绵臣热情招待,席间王亥持盾起舞,引起绵臣妻子的爱慕,二人当晚发生淫乱之事。绵臣震怒将王亥大卸八块。

三足鸟  明·蒋应镐图本

王亥  明·蒋应镐图本

### ■《山海经》珍贵古版插图类比

**王亥**  《天问图》中生动地表现了王亥仆牛的故事。传说王亥能舞精彩的双盾,并因此博得北方的有易之妻的爱慕,《天问图》中也有描绘。王亥还是信仰鸟的殷民族的先祖,汪本中的王亥双手捧一鸟,正将鸟头送入口中。

→清 萧云从《天问图》

→清 萧云从《天问图》

→清 汪绂图本

| 异国 | 生活习俗 | 奇闻逸闻 |
|---|---|---|
| 困民国 | 以黄米为食物。 | 那里的人都姓勾。 |
| 摇民国 | 以野兽为食。 | 偷偷逃出的有易人所建立的国家。 |

【第十四卷 大荒东经】

# 6 从奢比尸到东北海外

## 与天帝交友的五彩鸟

图解山海经

## 原文

有神，人面、犬耳、兽身，珥两青蛇，名曰奢比尸。

有五采之鸟①，相乡②弃沙③。惟④帝俊下友⑤，帝下两坛，采鸟是司⑥。

大荒之中，有山名曰猗天苏门，日月所生。

有壎民之国。有蓁山。又有摇山。有䵎山，又有门户山，又有盛山。又有待山。有五采之鸟。

东荒之中，有山名曰壑明俊疾，日月所出。有中容之国。

东北海外，又有三青马、三骓⑦、甘华，爰有遗玉、三青鸟、三骓、视肉、甘华、甘柤。百谷⑧所在。

## 译文

有一个神人，长着人的面孔、大大的耳朵、野兽的身子，耳朵上穿挂着两条青色的蛇，名叫奢比尸。

有一群长着五彩羽毛的鸟，相对而舞，天帝帝俊从天上下来和它们交友。帝俊在下界的两座祭坛，由这群五彩鸟掌管着。

在大荒当中，有一座山名叫猗天苏门山，是太阳和月亮升起的地方。

有个国家叫壎民国。有座蓁山。又有座摇山。又有座䵎山。又有座门户山。又有座盛山。又有座待山。还有一群五彩鸟。

在东荒当中，有座山名叫壑明俊疾山，是太阳和月亮初出升起的地方。这里还有个中容国。

在东北海外，又有三青马、三骓马、甘华树。这里还有遗玉、三青鸟、三骓马、视肉怪兽、甘华树、甘柤树。是各种庄稼生长的地方。

【注释】

① 五采之鸟：即五彩鸟，属鸾鸟、凤凰之类。采，通"彩"，彩色。

② 乡：通"向"。

③ 弃沙：不详何意。有些学者认为"弃沙"二字是"蹩娑"二字的讹误，而蹩娑的意思是盘旋而舞的样子。

④ 惟：句首语助词，无意。

⑤ 下友：一说下界的朋友；一说之从天上下来交朋友。

⑥ 司：掌管；管理。

⑦ 骓：马的毛色青白间杂。

⑧ 百谷：泛指各种农作物。百，表示多的意思，不是实指。

## 山海经异兽考

### 奢比尸 明·蒋应镐图本

尸象是《山海经》中很特殊的神话现象，指的是某些神由于各种不同原因被杀，但其灵魂不死，以"尸"的形态继续活动。《山海经》中尸象共二十处。如奢比尸、祖状尸、子夜尸、据比尸等。

**五彩鸟** 明·蒋应镐图本

| 异兽 | 形态 | 异兆及特异功能 |
| --- | --- | --- |
| 奢比尸 | 人面兽身，长着硕大的耳朵，上挂两条青蛇。 | 那里的人都姓勾。 |
| 五彩鸟 | 长着五彩羽毛的鸟。 | 掌管天帝帝俊的祭坛。 |

## 山海经地理考

**奢比尸** → 今天的山东德州和临淄之间 → 奢比尸是肝榆之尸，根据商周奢比和肝榆是"兔"字的异体字推断，奢比就是方国名称"兔方"，即山东德州和临淄间。

【第十四卷 大荒东经】

## 7 从女和月母国到流波山
### 可控制日月的神人鹓

### 原文

有女和月母之国。有人名曰鹓（wǎn）——北方曰鹓，来之风曰狻（yǎn）—是处东极隅以止①日月，使无相间②出没，司其短长。

大荒东北隅中，有山名曰凶犁土丘。应龙④处南极，杀蚩尤⑤与夸父，不得复上⑥，故下⑦数旱。旱而为应龙之状，乃得大雨。

东海中有流波山⑧，入海七千里。其上有兽，状如牛，苍身而无角，一足，出入水则必风雨，其光如日月，其声如雷，其名曰夔（kuí）。黄帝得之，以其皮为鼓，橛⑨（jué）以雷兽⑩之骨，声闻⑪五百里，以威天下。

### 译文

有个国家叫女和月母国。有一个神人名叫鹓，北方人称作鹓，从那里吹来的风称作狻，他就处在大地的东北角以便控制太阳和月亮，使它们不要交相错乱地出没，掌握它们升起落下时间的长短。

在大荒的东北角上，有一座山名叫凶犁土丘山。应龙就住在这座山的最南端，因杀了神人蚩尤和神人夸父，不能再回到天上，天上因没了兴云布雨的应龙而使下界常常闹旱灾。下界的人们一遇天旱就装扮成应龙的样子求雨，就能得到大雨。

东海当中有座流波山，这座山在进入东海七千里的地方。山上有一种野兽，形状像普通的牛，是青苍色的身子却没有犄角，仅有一只蹄子，出入海水时就一定有大风大雨相伴随，它发出的亮光如同太阳和月亮，它吼叫的声音如同雷响，名叫夔。黄帝得到它，便用它的皮蒙鼓，再拿雷兽的骨头敲打这鼓，响声传到五百里以外，用来威震天下。

### 【注释】

①止：这里是控制的意思。
②间：这里是错乱、杂乱的意思。
③凶犁土丘：山名，可能在今河北北部。
④应龙：传说中的一种生有翅膀的龙。
⑤蚩尤：神话传说中的东方九黎族首领，以金作兵器，能唤云呼雨。
⑥上：指代天上。
⑦下：指代下界。
⑧流波山：山名，据说是指散布在渤海中的冀东山岭。
⑨橛：通"撅"。敲，击打。
⑩雷兽：就是上文所说的雷神。
⑪闻：传。

## 山海经神怪考

### 应龙  明·蒋应镐图本

传说应龙是龙中的最神异者，蛟千年化为龙，龙五百年化为角龙，角龙再过千年才能化为应龙。同时它还是黄帝的神龙，在黄帝与东方九黎族首领蚩尤的战争中立下了汗马功劳。后来在大禹治水的时候，应龙又在前面用龙尾在地上画出河道，引导洪水流向大海。

### 雷泽之神  明·蒋应镐图本

东海中有座流波山，入海七千里，山上栖息着一种形如牛的独足兽名夔；它是雷泽之神。

【第十四卷 大荒东经】

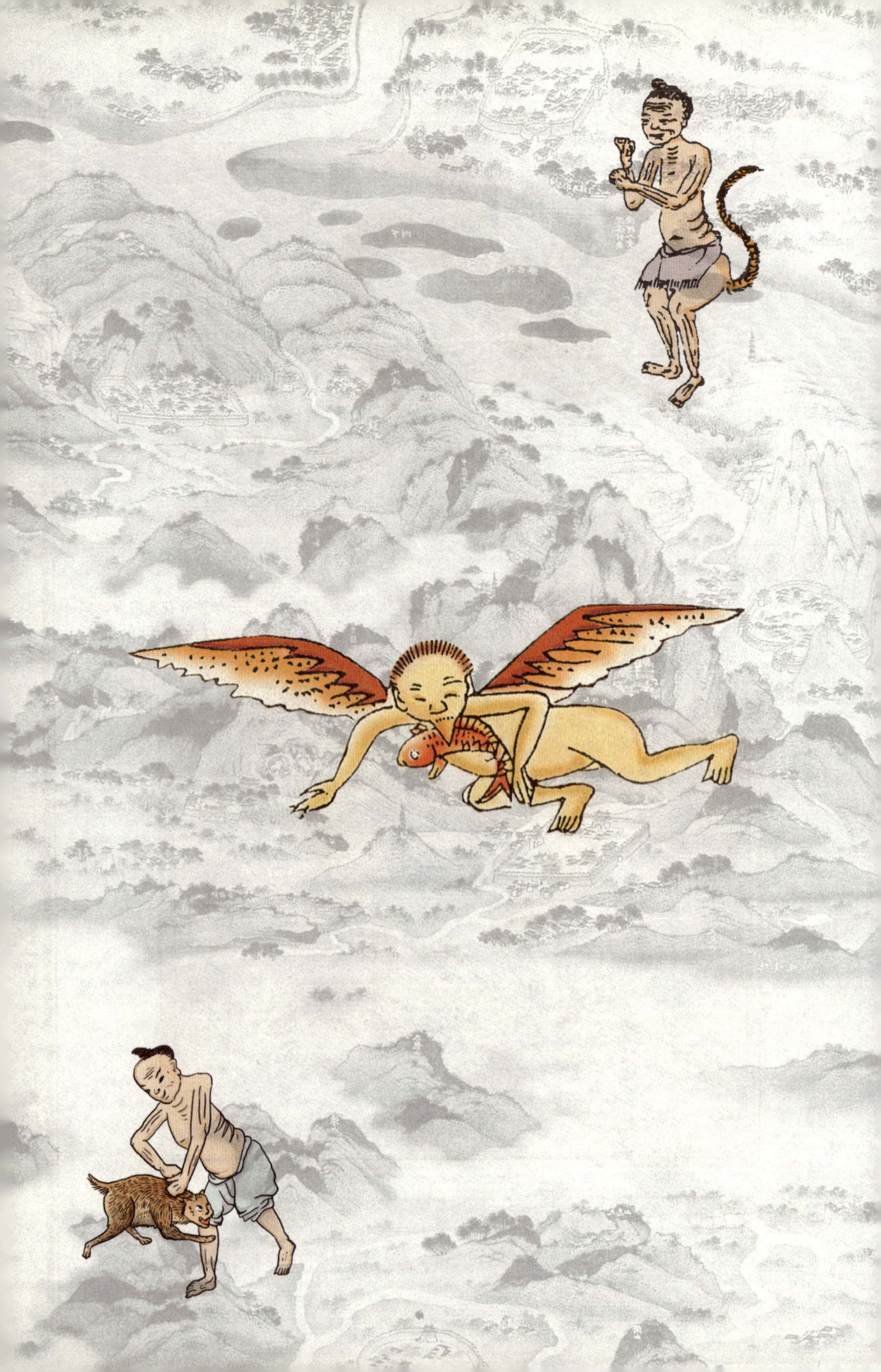

# 第十五卷
# 大荒南经

《大荒南经》中如羽民国、
周饶国等内容大多与《海外南经》相同或相似，
除此之外，
还有许多不同之处，
如咬着老虎尾巴的祖状之尸、
水中浴月的羲和等，
这些都是海外南经中所未出现的。

除此之外，
《大荒南经》中还有一些对历史人物和
神话传说的记载：
如后羿射死了凿齿；
在南海的岛屿上，
有一个神叫不延胡余，
人的面孔，耳朵上挂两条青蛇，
脚底下踩两条红蛇。

# 1 从跰踢到巫山
## 代表双宿双飞的双双

## 原文

　　南海之外，赤水之西，流沙之东，有兽，左右有首，名曰跰（chǔ）踢。有三青兽相并，名曰双双。

　　有阿山①者。南海之中，有泛天之山，赤水穷焉。赤水之东，有苍梧之野，舜与叔均②之所葬也。爰有文贝③、离俞④、鸱久、鹰、贾⑤、委维⑥、熊、罴、象、虎、豹、狼、视肉。

　　有荣山，荣水出焉。黑水之南，有玄蛇，食麈⑦（zhǔ）。

　　有巫山者，西行黄鸟⑧。帝药⑨、八斋⑩。黄鸟于巫山，司此玄蛇。

## 译文

　　在南海以外，赤水的西岸，流沙的东面，生长着一种野兽，左边右边各有一个头，名叫跰踢。还有三只青色的野兽交相合并着，名叫双双。

　　有座山叫阿山。南海之中，有一座泛天山，赤水最终流到这座山。在赤水的东岸，有个地方叫苍梧野，帝舜与叔均葬在那里。这里有花斑贝、离朱鸟、鹞鹰、老鹰、乌鸦、两头蛇、熊、罴、大象、老虎、豹子、狼、视肉怪兽。

　　有一座荣山，荣水就从这座山发源的。在黑水的南岸，有一条大黑蛇，正在吞食麈鹿。

　　有一座山叫巫山，在巫山的西面有只黄鸟。天帝的神仙药，就藏在巫山的八个斋舍中。黄鸟在巫山上，监视着那条大黑蛇。

## 【注释】

①阿山：一说为山名，具体所指不详，另一说"阿"为大德意思。

②叔均：又叫商均，传说是帝舜的儿子。帝舜南巡到苍梧而死去，就葬在这里，商均因此留下，死后也葬在那里。上文说与帝舜一起葬于苍梧之野的是帝丹朱，和这里的说法不同，属神话传说分歧。

③文贝：即上文所说的紫贝，在紫颜色的贝壳上点缀有黑点。

④离俞：即上文所说的离朱鸟。

⑤贾：据古人说是乌鸦之类的禽鸟。

⑥委维：即上文所说的委蛇。

⑦麈：一种体型较大的鹿。它的尾巴能用来拂扫尘土。

⑧黄鸟：黄，通"皇"。黄鸟即皇鸟，而"皇鸟"亦作"凤鸟"，是属于凤凰一类的鸟，与上文所说的黄鸟不一样，属同名异物。

⑨药：指神仙药，即长生不死药。

⑩斋：屋舍。

## 山海经异兽考

### 双双  清·郝懿行图本

双双这种奇兽身体虽然连在一起，却有各自独立的心志，只不过碍于身体相连，同行同止罢了。也有人认为双双是种奇鸟，是三青鸟的合体，在一个身子上生着两个头，尾部有雌雄之分，所以一只双双鸟便是一对夫妇，它们双宿双飞，常被用来比喻爱情。

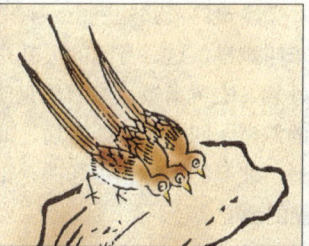

| 跊踢 明·蒋应镐图本 | 双双 明·蒋应镐图本 | 玄蛇 明·蒋应镐图本 |

| 兽名 | 形状及声音 | 产地 |
| --- | --- | --- |
| 跊踢 | 左右两个头。 | 南海之外，赤水之西，流沙之东。 |
| 双双 | 三只青鸟相连。 | 南海之外，赤水之西，流沙之东。 |

## 山海经地理考

| 荣山 | → | 今招瑶山 | → | 有人认为是招瑶山，具体位置待考。 |
| 黑水 | → | 今黑水河 | → | 有人认为是越南境内的黑水河，具体位置待考。 |

【第十五卷 大荒南经】

## 2 从不庭山到盈民国

### 卵中孵化而生的卵民国人

### 原文

　　大荒之中，有不庭之山，荣水穷焉。有人三身，帝俊①妻娥皇，生此三身之国，姚姓，黍食，使四鸟。有渊四方，四隅皆送，北属(zhǔ)黑水，南属②大荒。北旁名曰少和之渊，南旁名曰从(zòng)渊，舜之所浴也。

　　又有成山，甘水穷焉。有季禺之国，颛顼之子，食黍。有羽民之国，其民皆生毛羽。有卵民之国，其民皆生卵。

　　大荒之中，有不姜之山，黑水穷焉。又有贾山，汔(qì)水出焉。又有言山。又有登备之山③。有恝(qì)恝之山④。又有蒲山，澧(lǐ)水出焉。又有隗(wěi)山，其西有丹⑤，其东有玉。又南有山，漂水出焉。有尾山。有翠山。

　　有盈民之国，於姓，黍食。又有人方食木叶。

### 译文

　　在大荒当中，有座不庭山，荣水最终流到这座山。有一种人长着三个身子。帝俊的妻子叫娥皇，这三身国的人就是他们的后代子孙。三身国的人姓姚，吃黄米饭，能驯化驱使四种野兽。这里有一个四方形的渊潭，四个角都能旁通，北边与黑水相连，南边和大荒相通。北侧的渊称作少和渊，南侧的渊称作从渊，是帝舜所洗澡的地方。

　　又有一座成山，甘水最终流到这座山。有个国家叫季禺国，他们是帝颛顼的子孙后代，吃黄米饭。还有个国家叫羽民国，这里的人都长着羽毛。又有个国家叫卵民国，这里的人都产卵而又从卵中孵化生出。

　　在大荒之中，有座不姜山，黑水最终流到这座山。又有座贾山，汔水从这座山发源。又有座言山。又有座登备山。还有座恝恝山。又有座蒲山，澧水从这座山发源。又有座隗山，它的西面蕴藏有丹臒，它的东面蕴藏有玉石。又往南有座高山，漂水就是从这座山中发源的。又有座尾山。还有座翠山。

　　有个国家叫盈民国，这里的人姓於，吃黄米饭。又有人正在吃树叶。

### 【注释】

①帝俊：这里指虞舜，即帝舜。

②属：连接。

③登备之山：即上文所说的登葆山，巫师们凭借此山来往于天地之间，以反映民情，传达神意。

④恝恝之山：山名，可能是近湖南省张家界中的某座山。

⑤丹：可能指丹臒，这里有省文。

## 山海经异国考

**羽民国**　清·吴任臣近文堂图本

羽民国，因为国民全身长满了羽毛而得名，在《海外南经》中曾经有关于羽民国的记载。其实，羽人的形象最早出现在商代，他们或人头鸟身子，或鸟头人身，这种现象或源于远古社会对鸟类的崇拜。

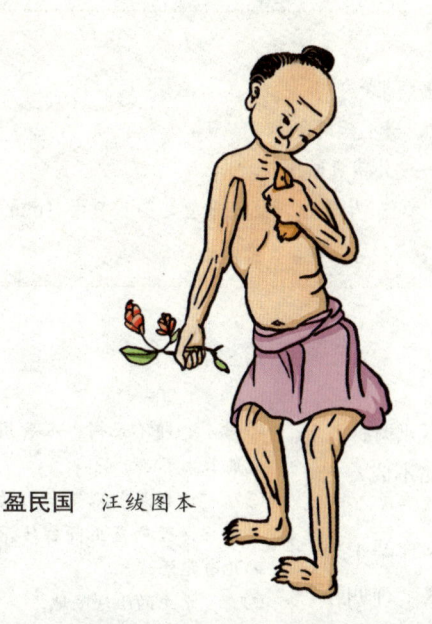

**盈民国**　汪绂图本

| 异国 | 形态特征 | 奇闻逸闻 |
| --- | --- | --- |
| 三身国 | 长有三个身子。 | 三身国是帝俊和娥皇的后代。 |
| 季禺国 | 以黄米为食。 | 帝颛顼的子孙后代。 |
| 羽民国 | 浑身长满羽毛。 | |
| 卵民国 | | 从卵中孵化自己的后代。 |
| 盈民国 | 这个国家都姓於。 | |

## 山海经地理考

| 不姜山 | 今具体位置待考 | ①可能在今贵州省境内。②可能在今中南半岛北部。 |
| --- | --- | --- |
| 黑水 | 今喀尔喀什河或黑水河 | ①今新疆境内的喀尔喀什河。②今越南境内的黑水河。 |
| 澧水 | 今桑植县澧水 | 可能为湖南西北桑植县的澧水，注入洞庭湖。 |

【第十五卷 大荒南经】

# 3 从不死国到襄山

## 栖息在南极大地的因因乎

## 原文

有不死之国,阿姓,甘木①是食。

大荒之中,有山名曰去痓。南极果,北不成,去痓果②。

南海渚③中,有神,人面,珥两青蛇,践两赤蛇,曰不廷胡余。

有神名曰因因乎——南方曰因乎,夸风曰乎民——处南极以出入风。

有襄山。又有重阴之山。有人食兽,曰季釐。帝俊④生季釐,故曰季釐之国。有缗(mín)渊。少昊生倍伐降⑤处缗渊。有水四方,名曰俊坛⑥。

## 译文

有个国家叫不死国,这里的人姓阿,吃的是不死树。

在大荒当中,有座山叫做去痓山。南极果,北不成,去窒果。

在南海的岛屿上,有一个神,是人的面孔,耳朵上穿挂着两条青色蛇,脚底下踩踏着两条红色蛇,这个神叫不廷胡余。

有个神人名叫因乎,南方人单称他为因,从南方吹来的风称作民,他处在大地的南极主管风起风停。

有座襄山。又有座重阴山。有人在吞食野兽肉,名叫季釐。帝俊生了季釐,所以称作季釐国。有一个缗渊。少昊生了倍伐,倍伐被贬住在缗渊。有一个水池是四方形的,名叫俊坛。

## 【注释】

①甘木:即不死树,人食用它就能长生不老。

②从"南极果"以下三句的意义不详,可能是巫师留传下来的几句咒语。

③渚:水中的小块陆地。

④帝俊:这里指帝喾,传说是黄帝之子玄嚣的后代,殷商王室以他为高祖,号称高辛氏。

⑤降:贬抑。

⑥俊坛:据古人解说,水池的形状像一座土坛,所以叫俊坛。俊坛就是帝俊的水池。

## 山海经异国考

### 季厘国 清·汪绂图本

传说帝俊有四妃，三妃庆都，相传她是大帝的女儿，生于斗维之野（大概在今河北蓟县），被陈锋氏妇人收养，陈锋氏死后又被尹长孺收养。后庆都随养父尹长孺到今濮阳来。因庆都头上始终覆盖一朵黄云，被认为奇女，帝喾母闻之，劝帝喾纳为妃，后生尧。

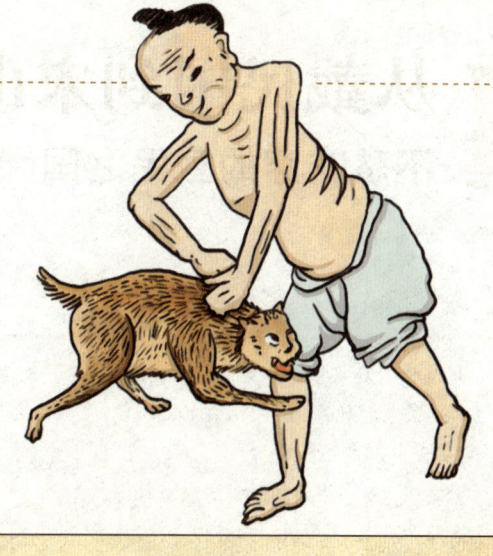

不延胡余 清·汪绂图本

因因乎 清·汪绂图本

不延胡余 明·蒋应镐图本

| 异国 | 形态特征 | 奇闻逸闻 |
| --- | --- | --- |
| 不死国 | 都姓阿，吃不死树。 | 人人长生不死。 |
| 季厘国 | 居住在重阴山。 | |

【第十五卷 大荒南经】

# 4 从载民国到宋山

## 不愁吃穿的载民之国

### 原文

有载（zhī）民之国。帝舜生无淫，降①载处，是谓巫载民。巫载民盼（fén）姓，食谷，不绩②不经③，服也；不稼④不穑⑤（sè），食也。爰歌舞之鸟，鸾鸟自歌，凤鸟自舞。爰（yuán）有百兽，相群爰处。百谷所聚。

大荒之中，有山名曰融天，海水南入焉。

有人曰凿齿⑥，羿（yì）杀之。

有蜮（yù）山者，有蜮民之国，桑姓，食黍，射蜮⑦是食。有人方扜⑧（yū）弓射黄蛇，名曰蜮人⑨。

有宋山者，有赤蛇，名曰育蛇。有木生山上，名曰枫木⑩。枫木，蚩尤所弃其桎梏⑪，是为枫木。

### 译文

有个国家叫载民国。帝舜生了无淫，无淫被贬在载这个地方居住，他的子孙后代就是所谓的巫载民。巫载民姓盼，吃五谷粮食，不从事纺织，自然有衣服穿；不从事耕种，自然有粮食吃。这里有能歌善舞的鸟，鸾鸟自由自在地歌唱，凤鸟自由自在地舞蹈。这里又有各种各样的野兽，群居相处。还是各种农作物会聚的地方。

在大荒当中，有座山叫做融天山，海水从南面流进这座山。

有一个神人叫凿齿，羿射死了他。

有座山叫做蜮山，在这里有个蜮民国，这里的人姓桑，吃黄米饭，也把射死的蜮吃掉。有人正在拉弓射黄蛇，名叫蜮人。

有座山叫做宋山，山中有一种红颜色的蛇，名叫育蛇。山上还有一种树，名叫枫木。枫木，原来是蚩尤死后所丢弃的手铐脚镣，这些刑具就化成了枫木。

### 【注释】

①降：流放；放逐。
②绩：捻搓麻线。这里泛指纺线。
③经：经线，即丝、棉、麻、毛等织物的纵线，与纬线即各种织物的横线相交叉，就可织成丝帛、麻布等布匹。这里泛指织布。
④稼：播种庄稼。
⑤穑：收获庄稼。
⑥凿齿：古代传说中的野人。
⑦蜮：据古人说是一种叫短狐的动物，像鳖的样子，能含沙射人，被射中的就要病死。
⑧扜：拉，张。
⑨蜮人：就是蜮民。
⑩枫木：古人说是枫香树，叶子像白杨树叶，圆叶而分杈，有油脂而芳香。
⑪桎梏：脚镣手铐。神话传说蚩尤被黄帝捉住后给他的手脚系上刑具，后又杀了蚩尤而刑具丢弃，刑具就化成了枫香树。这与上文所说应龙杀蚩尤有所不同，属神话传说分歧。

## 山海经异国考

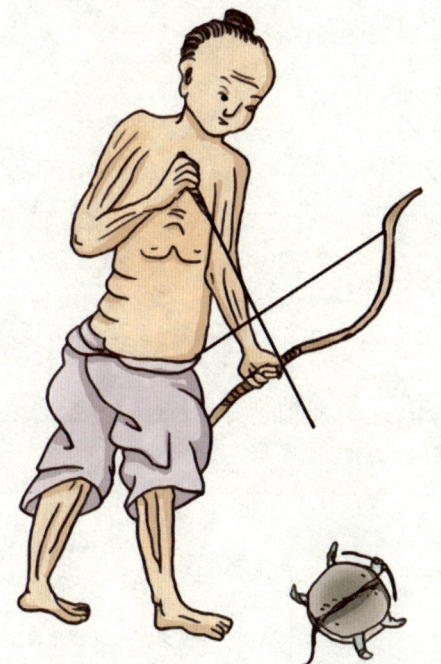

### 蜮民国 清·汪绂图本

蜮又名短弧（狐）、射工虫、水弩，传说是一种非常毒的虫，生长在江南山溪中，其样子与鳖类似，有三只脚，体长约两寸，口中长有弩形器官，能够喷出毒气射人，被射中的人，轻者生疮，重者致死。人们往往将它和鬼相提并论，而蜮民国的人不但不怕，还以蜮为食，这是万事万物相生相克的道理。

### 育蛇 清·汪绂图本

有座山叫做宋山，山上栖息着一种红颜色的蛇，名叫育蛇。山上还生长着一种树木，名叫枫木。传说蚩尤被黄帝捉住后，手脚上都被戴上了枷锁镣铐。之后黄帝在黎山将蚩尤处死，其身上的手铐脚镣丢弃在这里，后来就变成了枫木。

| 异国 | 生活习俗 | 奇闻逸闻 |
| --- | --- | --- |
| 载民国 | 巫载民姓盼。 | 不用纺布，不用耕种，自然有衣穿，有粮食吃。 |
| 蜮民国 | 蜮民国姓桑，以黄米和蜮为食。 | 能杀死剧毒的动物，个个身怀绝技。 |

## 山海经地理考

**载民** ——→ 有待考证 ……→ 传说中的国名，一说在今广西境内，另一说在今老挝北。

【第十五卷 大荒南经】

# 5 从祖状尸到颛顼国

## 方齿虎尾的祖状之尸

## 原文

有人方齿①虎尾，名曰祖状之尸。

有小人②，名曰焦侥之国，几姓，嘉谷③是食。

大荒之中，有山名朽涂之山，青水穷焉。有云雨之山，有木名曰栾。禹攻④云雨。有赤石焉生栾，黄本⑤，赤枝，青叶，群帝焉取药⑥。

有国曰颛顼，生伯服，食黍。有鼬姓之国。有苕山。又有宗山。又有姓山，又有壑山。又有陈州山，又有东州山。又有白水山，白水出焉，而生⑦白渊，昆吾⑧之师⑨所浴也。

## 译文

有个神人正咬着老虎的尾巴，名叫祖状尸。

有一个由三尺高的小人组成的国家，名叫焦侥国，那里的人姓几，吃的是优良谷米。

在大荒当中，有座山名叫朽涂山，青水最终流到这座山。还有座云雨山，山上有一棵树叫做栾。大禹在云雨山砍伐树木，发现红色岩石上忽然生出这棵栾树，黄色的茎干，红色的枝条，青色的叶子，诸帝就到这里来采药。

有个国家叫伯服国，颛顼的后代组成伯服国，这里的人吃黄米饭。有个鼬姓国。有座苕山。又有座宗山。又有座姓山。又有座壑山。又有座陈州山。又有座东州山。还有座白水山，白水从这座山发源，然后流下来汇聚成为白渊，是昆吾的师傅洗澡的地方。

【注释】

① 齿：咬啮；一说指牙齿。
② 小人：这里指由身体特别矮小的人组成的国家。
③ 嘉谷：优质的谷物。
④ 攻：从事某项事情。这里指砍伐林木。
⑤ 本：植物的茎或根部。
⑥ 取药：传说栾树的花与果实都可以制作长生不死的仙药。取药就是指采摘可制药的花果。
⑦ 生：草木生长。引申为事物的产生、形成。这里即指形成的意思。
⑧ 昆吾：传说是上古时的一个诸侯，名叫樊，号昆吾。
⑨ 师：一说指众人；另一说指老师。

## 山海经异国考

**祖状尸** 明·蒋应镐图本

祖状尸是方形牙齿，身后拖着一条虎尾，他是人虎同体的天神祖状被杀之后所化。祖状尸属于尸象，《山海经》认为天神被杀后，灵魂不灭，以尸体的形式继续存在。

焦侥国 明·蒋应镐图本

祖状尸 清·汪绂图本

| 异国 | 生活习俗 | 奇闻逸闻 |
|---|---|---|
| 焦侥国 | 几姓，吃优质的谷物。 | 即小人国。 |
| 颛顼国 | 以黄米为食。 | |

## 山海经地理考

| 清水 | 今清水江或澜沧江 | 水名，一说为今贵州省得清水江；另一说为今中国西南部的澜沧江。 |
|---|---|---|
| 云雨之山 | 山名，具体所指待考 | 一说即为重庆、湖南边境的巫山；另一说为今贵州的云雾山。 |

【第十五卷 大荒南经】

## 6 从张弘到天台高山

长有人面鸟嘴的驩头之国

图解山海经

### 原文

有人名曰张宏，在海上捕鱼。海中有张宏之国，食鱼，使四鸟。

有人焉，鸟喙，有翼，方捕鱼于海。大荒之中，有人名曰驩（huān）头①。鲧妻士敬，士敬子曰琰融，生驩头。头人面鸟喙，有翼食海中鱼，杖②翼而行。维③宜芑（qǐ）苣④（jǔ），穋⑤（qiū）是食。有驩头之国。

帝尧、帝喾⑥、帝舜⑦葬于岳山⑧。爰有文贝、离俞、鸱（chī）久、鹰、贾、延维⑨、视肉、熊、罴、虎、豹；朱木、赤枝、青华、玄实。有申山者。

大荒之中，有山名曰天台高山，海水入焉。

### 译文

有个人叫做张宏，正在海上捕鱼。海里的岛上有个张宏国，这里的人以鱼为食物，能驯化驱使四种野兽。

有一种人，长着鸟的嘴，生有翅膀，正在海上捕鱼。在大荒当中，有个人名叫驩头。鲧的妻子是士敬，士敬生个儿子叫炎融，炎融生了驩头。驩头长着人的面孔而鸟一样的嘴，生有翅膀，吃海中的鱼，凭借着翅膀行走。也把芑苣、穋做成食物吃。于是有了驩头国。

帝尧、帝喾、帝舜都埋葬在岳山。这里有花斑贝、三足鸟、鹞鹰、老鹰、乌鸦、两头蛇、视肉怪兽、熊、罴、老虎、豹子；还有朱木树，是红色的枝干、青色的花朵、黑色的果实。有座申山。

在大荒当中，有座山名叫天台山，海水从南边流进这座山中。

### 【注释】

① 驩头：又叫讙头、驩兜、讙朱、丹朱，不仅名称多异，而且事迹也有多种说法，乃属神话或古史传说分歧。这里就是异说之一。

② 杖：凭倚。

③ 维：通"惟"。与，和。宜：烹调作为菜肴。

④ 芑苣：两种蔬菜类植物。

⑤ 穋：一种谷类植物。

⑥ 帝喾：传说中的五帝之一，黄帝之子玄嚣的后裔，居亳，号高辛氏。

⑦ 帝舜：传说中的上古帝王，有虞氏，姓姚，名重华，简称虞舜。以孝闻名，晚年把帝王禅让给大禹。

⑧ 岳山：即上文所说狄山。

⑨ 延维：即上文所说的委蛇、委维。

## 山海经异国考

**讙头国** 明·蒋应镐图本

讙头国的人，长着鸟嘴和翅膀，但是翅膀不能飞翔，只能当拐棍用。他们善于在海中捕鱼，也吃苞苢、穋等食物。

| 异国 | 风俗习惯 | 奇闻逸闻 |
| --- | --- | --- |
| 张宏国 | 以鱼为食，能驯化驱使四种动物。 | |
| 讙头国 | 吃海中的鱼，把苞苢、穋做成食物吃。 | 都长有人面鸟嘴，生有翅膀。 |

**望祀山川图** 《钦定书经图说》

舜，传说中的远古帝王，五帝之一，姓姚，名重华，号有虞氏，史称虞舜。相传他非常孝顺。他的孝行感动了天帝。舜在厉山耕种，大象替他耕地，鸟代他锄草。帝尧听说舜非常孝顺，有处理政事的才干，把两个女儿娥皇和女英嫁给他并选定舜做他的继承人。

【第十五卷 大荒南经】

# 7 从羲和到南类山

## 十个太阳的母亲羲和

### 原文

东南海之外，甘水①之间，有羲和之国，有女子名曰羲和，方日浴于甘渊。羲和者，帝俊之妻，生十日。

有盖犹之山②者，其上有甘柤，枝干皆赤，黄叶，白华，黑实。东又有甘华，枝干皆赤，黄叶。有青马，有赤马，名曰三骓。有视肉。

有小人③，名曰菌人。

有南类之山④。爰有遗玉、青马、三骓、视肉、甘华。百谷所在。

### 译文

在东海之外，甘水之间，有个羲和国。这里有个叫羲和的女子，正在甘渊中给太阳洗澡。羲和这个女子，是帝俊的妻子，生了十个太阳。

有座山叫盖犹山，山上生长有甘柤树，枝条和茎干都是红的，叶子是黄的，花朵是白的，果实是黑的。在这座山的东端还生长有甘华树，枝条和茎干都是红色的，叶子是黄的。有青色马，还有红色马，名叫三骓。又有视肉怪兽。

有一种十分矮小的人，名叫菌人。

有座南类山。这里有遗玉、青色马、三骓马、视肉怪兽、甘华树。各种各样的农作物生长在这里。

### 【注释】

①甘水：水名，具体所指不详，待考。

②盖犹之山：山名，具体所指不详，待考。

③小人：这里指身长特别矮小的人种。

④南类之山：山名，可能在今天的中南半岛。

# 山海经异国考

## 羲和  清·汪绂图本

羲和是十个太阳的母亲，十个太阳居住在东方海外的汤谷，汤谷又名甘渊，谷中海水翻滚，十个太阳便在水中洗浴。汤谷边上有一棵扶桑神树，树高数千丈，是十个太阳睡觉的地方；其中九个太阳住在下面的枝条上，一个太阳住在上面的枝条上，兄弟十个轮流出现在天空，一个回来了，另一个才去照耀人间，每天出行都由他们的母亲羲和驾着车子接送。所以虽然太阳有十个，可是人们平时见到的却只有一个。

菌人  清·汪绂图本

【第十五卷 大荒南经】

| 异国 | 地理位置 | 奇闻逸闻 |
| --- | --- | --- |
| 羲和国 | 东南海之外，甘水之间。 | 羲和是帝俊的妻子，生了十个太阳。 |

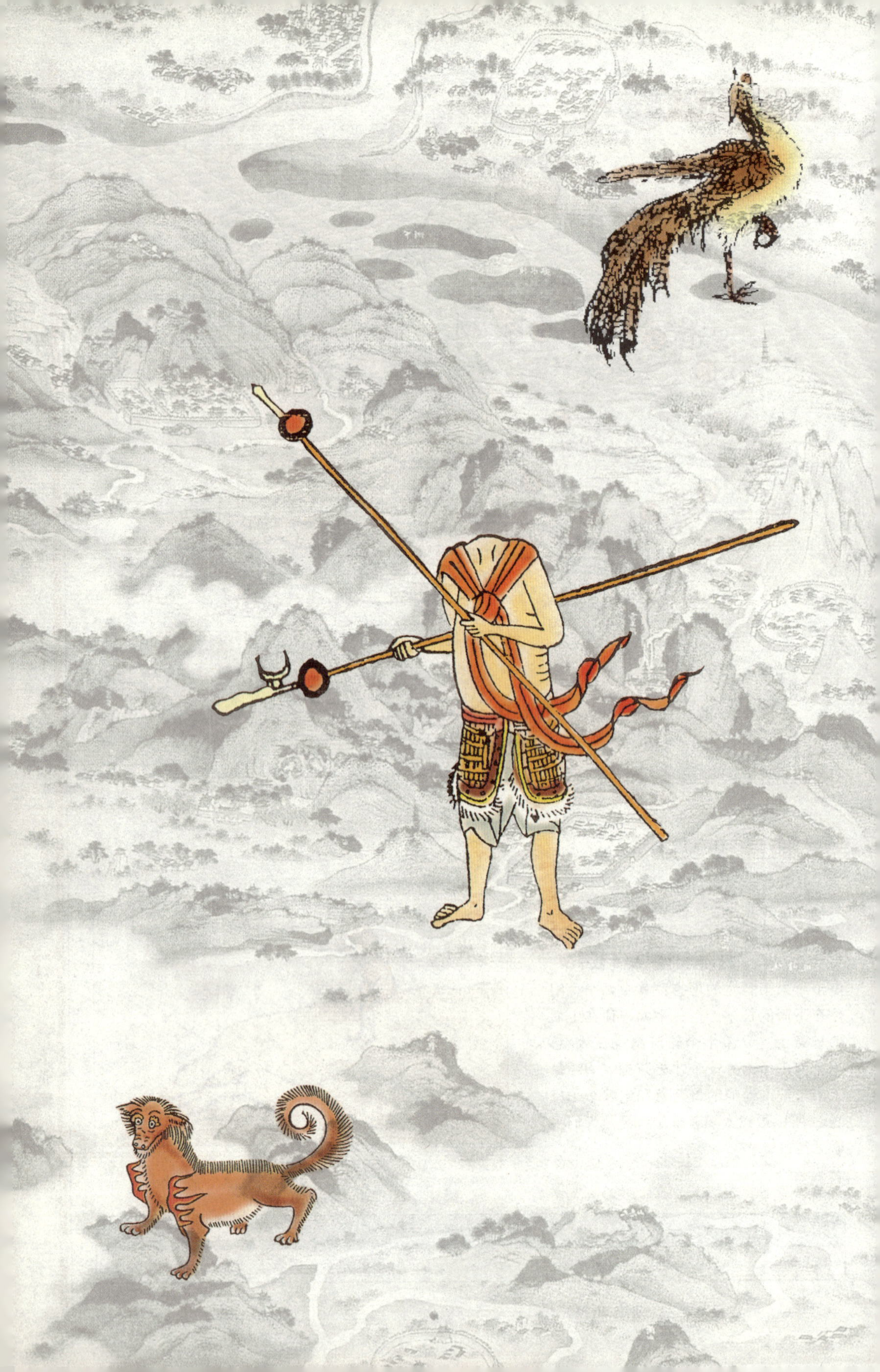

## 第十六卷
# 大荒西经

《大荒西经》中所描述的女丑尸、
丈夫国、
轩辕国等内容大致与海外西经相同，
但也有所改动，
比如说：
白氏国在《海外西经》中为白民国，
《大荒西经》中的长胫国在海外西经中
为长股国。
名称虽然不同，
但从具体所指来看为同一对象。
《大荒西经》中最值得关注的是对文明
起源的记叙。

如：叔均创造了耕田的方法、
太子长琴创造了音乐，
等等。

# 1 从不周山到白氏国
## 女娲之肠所化的十个神人

## 原文

西北海之外，大荒①之隅，有山而不合，名曰不周负子②，有两黄兽守之。有水曰寒暑之水③。水西有湿山，水东有幕山。有禹攻共工国山④。

有国名曰淑士，颛顼之子。

有神十人，名曰女娲⑤之肠，化为神，处栗广之野，横⑥道而处。

有人名曰石夷，西方曰夷，来风曰韦，处西北隅，以司⑦日月之长短。

有五采之鸟，有冠，名曰狂鸟。

有大泽之长山⑧。有白氏之国⑨。

## 译文

在西北海以外，大荒的一个角落，有座山断裂而合不拢，名叫不周山，有两头黄色的野兽守护着它。有一条水流名叫寒暑水。寒暑水的西面有座湿山，寒暑水的东面有座幕山。还有一座禹攻共工国山。

有个国家名叫淑士国，这里的人是帝颛顼的子孙后代。

有十个神人，名叫女娲肠，就是女娲的肠子变化而成神的，在称作栗广的原野上，他们拦断道路而居住。

有位神人名叫石夷，西方人单称他为夷，从北方吹来的风称作西北角，掌管太阳和月亮升起落下时间的长短。

有一种长着五彩羽毛的鸟，头上有冠，名叫狂鸟。

有一座大泽长山。有一个白氏国。

## 【注释】

① 大荒：荒远的地方。

② 不周负子：即不周山，相传共工与颛顼争权，怒触不周山，造成天崩地裂。

③ 寒暑之水：冷水和热水交替涌出的泉水。

④ 共工国山：指大禹杀共工之臣相柳的地方。

⑤ 女娲：神话传说女娲是一位以神女的身份做帝王的女神人，是人的脸面蛇的身子，一天内有七十次变化，她的肠子就化成这十位神人。

⑥ 横：侧；旁边。

⑦ 司：掌管；管理。

⑧ 大泽之长山：山名，具体所指待考。一说指沙漠。

⑨ 白氏之国：即上文所说的"白民国"。

# 山海经神怪考

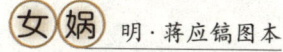

## 女娲　明·蒋应镐图本

传说天神华胥生男子名叫伏羲，生的女子就是女娲，伏羲身上覆盖着鳞片，女娲则长着蛇的身体。女娲神通广大，她一天之内就能够变化七十次。当时天地刚刚开辟，还没有人，于是女娲手捧泥土，根据自己的形象，捏出了一个个孩子，就是人。

石夷　清·汪绂图本

狂鸟　明·蒋应镐图本

女娲之肠十人　清·汪绂图本

【第十六卷 大荒西经】

547

## 2 从长胫国到北狄国

### 开创耕田方法的后稷

### 原文

西北海之外，赤水之东，有长胫之国。

有西周之国，姬姓，食谷。有人方耕，名曰叔均①。帝俊②生后稷③(jì)，稷降以谷④。稷之弟曰台玺，生叔均。叔均是代其父及稷播百谷，始作耕。有赤国妻氏⑤。有双山。

西海之外，大荒之中，有方山者，上有青树，名曰柜格之松⑥，日月所出入也。

西北海之外，赤水之西，有先民之国，食谷，使四鸟。

有北狄之国。黄帝之孙曰始均，始均生北狄。

### 译文

在西北海以外，赤水东岸，有个长胫国。

有个西周国，这里的人姓姬，以五谷为食。有个人正在耕田，名叫叔均。帝俊生了后稷，后稷从天上把各种谷物的种子带到下界。后稷的弟弟叫台玺，台玺生了叔均。叔均曾代替父亲和后稷播种各种谷物，开始创造耕田的方法。有个赤国妻氏。有座双山。

在西海以外，大荒之中，有座山叫方山，山上有棵青色大树，名叫柜格松，是太阳和月亮出入的地方。

在西北海以外，赤水的西岸，有先民国，这里的人吃谷米，能驯化驱使四种野兽。

有北狄国。黄帝的孙子叫始均，始均的后代子孙，就是北狄国人。

### 【注释】

① 叔均：上文曾说叔均是后稷的孙子，又说是帝舜的儿子，这里却说是后稷之弟台玺的儿子，诸说不同，乃属神话传说分歧。

② 帝俊：这里指帝喾，名叫俊。传说他的第二个妃子生了后稷。

③ 后稷：古史传说他是周朝王室的祖先，姓姬氏，号后稷，善于种庄稼，死后被奉祀为农神。

④ 稷降以谷：把百谷的种子从天上带到人间。

⑤ 赤国妻氏：一说指人名；一说指地名。

⑥ 柜格之松：树名，具体所指不详，待考。

## 山海经异国考

### 长股国  明·蒋应镐图本

相传后稷用木头和石块发明制造了简单的农具，教导人们耕田种地，人民的日子变好了。后来种地的方法流传到全国。帝尧知道后，就聘请他来掌管农业，指导百姓耕作。帝尧的继承者帝舜为了表彰后稷的功绩，把有邰封给了他。这里就是周朝兴起的地方，后稷就是周人的祖先。

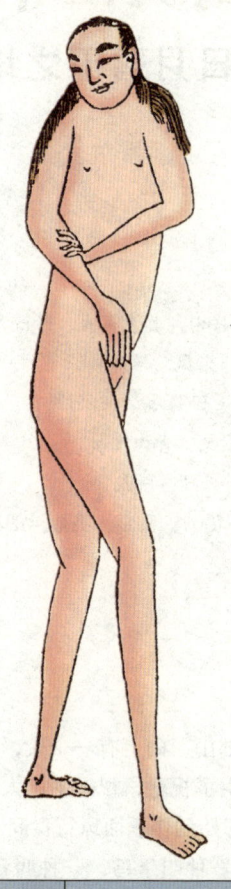

北狄  清·汪绂图本

| 异国 | 体貌特征 | 风俗习惯 |
| --- | --- | --- |
| 长胫国 | 腿长三丈，即长股国。 | 见第七卷《海外西经》。 |
| 西周国 |  | 都姓姬，以五谷为食。 |
| 先民国 |  | 以五谷为食，并且能驯化驱使四种野兽。 |
| 北狄国 | 黄帝之孙始均的后代。 |  |

## 山海经地理考

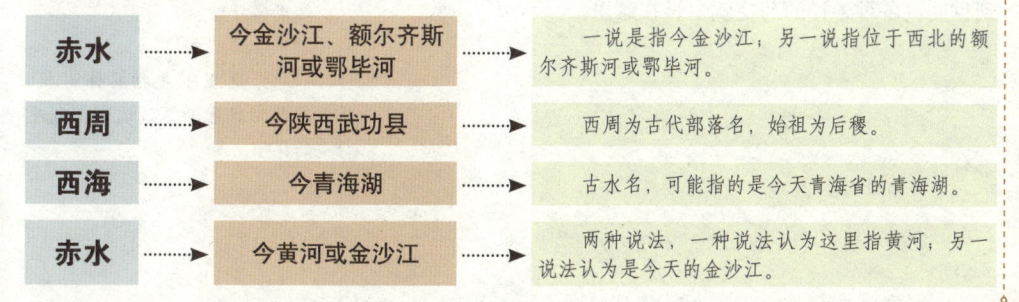

| | | |
| --- | --- | --- |
| 赤水 | 今金沙江、额尔齐斯河或鄂毕河 | 一说是指今金沙江，另一说指位于西北的额尔齐斯河或鄂毕河。 |
| 西周 | 今陕西武功县 | 西周为古代部落名，始祖为后稷。 |
| 西海 | 今青海湖 | 古水名，可能指的是今天青海省的青海湖。 |
| 赤水 | 今黄河或金沙江 | 两种说法，一种说法认为这里指黄河，另一说法认为是今天的金沙江。 |

【第十六卷 大荒西经】

# 3 从芒山到灵山十巫

## 丰沮玉门，日月落下之地

## 原文

有芒山。有桂山。有榣（yáo）山，其上有人，号曰太子长琴。颛顼生老童①，老童生祝融，祝融②生太子长琴，是处榣山，始作乐风③。

有五采鸟三名：一曰皇鸟④，一曰鸾鸟⑤，一曰凤鸟。

有虫⑥状如菟⑦，胸以后者裸不见，青如猨状⑧。

大荒之中，有山名曰丰沮玉门，日月所入。

有灵山，巫咸、巫即、巫盼（fén）、巫彭、巫姑、巫真、巫礼、巫抵、巫谢、巫罗十巫，从此升降，百药爰在。

## 译文

有座芒山。有座桂山。有座榣山，山上有一个人，号称太子长琴。颛顼生了老童，老童生了祝融，祝融生了太子长琴，于是太子长琴住在榣山上，开始创作乐而风行世间。

有三种长着彩色羽毛的鸟：一种叫皇鸟，一种叫鸾鸟，一种叫凤鸟。

有一种野兽的形状与普通的兔子相似，胸脯以后部分全露着而又分不出来，这是因为它的皮毛青得像猿猴而把裸露的部分遮住了。

在大荒的当中，有座山名叫丰沮玉门山，是太阳和月亮降落的地方。

有座灵山，巫咸、巫即、巫盼、巫彭、巫姑、巫真、巫礼、巫抵、巫谢、巫罗等十个巫师，从这座山升到天上和下到世间，各种各样的药物就生长在这里。

## 【注释】

① 老童：即上文所说的神人耆童。传说帝颛顼娶于滕氏，叫女禄，生下老童。

② 祝融：传说是高辛氏火正，名叫吴回，号称祝融，死后为火官之神。

③ 乐风：乐曲，也有人认为是月风曲。

④ 皇鸟：凤凰。

⑤ 鸾鸟：凤凰的一种。

⑥ 虫：古人把人及鸟兽等动物通称为虫，如鸟类称为羽虫，兽类称为毛虫，龟类称为甲虫，鱼类称为鳞虫，人类称为裸虫。这里指野兽。

⑦ 菟：通"兔"。

⑧ 状：这里不是指具体形状，而是指颜色的深浅达到某程度的样子。

## 山海经神怪考

**十巫**　清·汪绂图本

巫师是古代以求神占卜为职业的人，巫咸、巫即、巫盼、巫彭、巫姑、巫真、巫礼、巫抵、巫谢、巫罗等十个巫师居住于灵山之上，在山上采各种各样的药物，并通过灵山往返于人间与天上。

**太子长琴**　清·汪绂图本

**虫状如菟**　清·《禽虫典》

| 奇山 | 地理位置 | 奇闻逸闻 |
| --- | --- | --- |
| 榣山 |  | 太子长琴，擅长乐曲，是音乐的先驱。 |
| 丰沮玉门山 | 大荒之中。 | 太阳和月亮升起和降落的地方。 |
| 灵山 |  | 有十个巫师通过这座山来往于天地之间。 |

## 山海经地理考

| 芒山 | → | 今所指不详 | → | 可能因为山上长满了芒而得名。 |
| --- | --- | --- | --- | --- |
| 桂山 | → | 今所指不详 | → | 可能因为山上长满了桂而得名。 |
| 灵山 | → | 今巫山 | → | 可能是今天西北地区的巫山。 |

【第十六卷 大荒西经】

# 4 从西王母山到龙山
## 沃民国，随心所欲的国度

## 原文

西有王母之山、壑山、海山。有沃之国，沃民是处。沃之野①，凤鸟之卵是食，甘露②是饮。凡其所欲，其味尽存。爰有甘华、甘柤(zhā)、白柳、视肉、三骓③、璇④(xuán)瑰⑤(guī)、瑶碧、白木⑥、琅(láng)玕⑦(gān)、白丹⑧、青丹⑨，多银铁。鸾鸟自歌，凤鸟自舞，爰有百兽，相群是处，是谓沃之野。

有三青鸟，赤首黑目，一名曰大鵹(lí)，一曰少鵹，一名曰青鸟。

有轩辕之台⑩，射者不敢西向射，畏轩辕之台。

大荒之中，有龙山，日月所入。有三泽⑪水，名曰三淖(nào)，昆吾⑫之所食⑬也。

## 译文

有西王母山、壑山、海山。有个沃民国，沃民便居住在这里。生活在沃野的人，吃的是凤鸟产的蛋，喝的是天降的甘露。凡是他们心里想要的美味，都能在凤鸟蛋和甘露中尝到。这里还有甘华树、甘柤树、白柳树，视肉怪兽、三骓马、璇玉瑰石、瑶玉碧玉、白木树、琅玕树、白丹、青丹，多出产银、铁。鸾鸟自由自在地歌唱，凤鸟自由自在地舞蹈，还有各种野兽，群居相处，所以称作沃野。

有三只青色大鸟，它们长着红红的脑袋黑黑的眼睛，一只叫做大鵹，一只叫做少鵹，一只叫做青鸟。

有座轩辕台，射箭的人都不敢向西射，因为敬畏轩辕台上黄帝的威灵。

大荒当中，有座龙山，是太阳和月亮降落的地方。有三个汇聚成的大水地，名叫三淖，是昆吾族人取得食物的地方。

## 【注释】

① 沃之野：传说中的一片沃野。
② 甘露：甜美的雨露。
③ 三骓：皮毛杂色的马。
④ 璇：美玉。
⑤ 瑰：似玉的美石。
⑥ 白木：一种纯白色的树木。
⑦ 琅玕：传说中的一种结满珠子的树。
⑧ 白丹：一种可作白色染料的自然矿物。
⑨ 青丹：一种可作青色染料的自然矿物。
⑩ 轩辕之台：即上文所说的轩辕之丘，为传说中的上古帝王黄帝所居之地，故号轩辕氏。
⑪ 泽：聚水的洼地。这里作动词用，汇聚的意思。
⑫ 昆吾：相传是上古时的一个部落。
⑬ 食：食邑，即古时作为专门供应某人或某部分人生活物资的一块地方。

## 山海经神怪考

### 西王母　清·《神异典》

西王母又称王母娘娘，最初见于《山海经》中，是半人半兽的形象。后世中，西王母的形象逐渐变美，《神异典》的西王母以君主的形式出现，身边的三青鸟也变成了三个侍女。

| 异国 | 风俗习惯 | 奇闻逸闻 |
| --- | --- | --- |
| 沃民国 | 吃凤鸟产的蛋，喝天上降下的甘露。 | 凡是他们心里想的美味都能得到。 |
| 昆吾族人 | 在名字叫三淖的地方取得食物。 | |

## 山海经地理考

| 壑山 | 今青海省某山 | 具体所指不详，大致位于青海省境内。 |
| --- | --- | --- |
| 海山 | 今青海省某山 | 具体所指不详，大致位于青海省境内。 |

【第十六卷 大荒西经】

## 5 从女丑尸到弇兹

### 长着五彩羽毛的鸣鸟

### 原文

有人衣青，以袂①蔽面，名曰女丑之尸②。
有女子之国。
有桃山。有虻山③。有桂山。有于土山。
有丈夫之国。
有夷州之山，五采之鸟仰天，名曰鸣鸟。爰有百乐歌舞之风。
有轩辕之国。江山之南栖为吉。不寿者乃八百岁。
西海陼中有神，人面鸟身，珥两青蛇，践两赤蛇，名曰弇兹。

### 译文

有个人穿着青色衣服，用袖子遮住脸面，名叫女丑尸。
有个女子国。
有座桃山。还有座虻山。又有座桂山。又有座于土山。
有个丈夫国。
有座夷州山，山上有一种长着五彩羽毛的鸟正仰头向天而嘘，名叫鸣鸟。因而这里有各种各样乐曲歌舞的风行。
有个轩辕国。这里的人把居住在江河山岭的南边当做吉利，就是寿命不长的人也活到了八百岁。
在西海的岛屿上，有一个神人，长着人的面孔鸟的身子，耳朵上穿挂着两条青色蛇，脚底下踩踏着两条红色蛇，名叫弇兹。

### 【注释】

① 袂：衣服的袖子。
② 女丑之尸：上文说女丑尸用右手遮住脸面，这里说是用衣袖遮住脸面，大概因原图上的画像就不一样。
③ 虻山：即上文所说的芒山。

## 山海经异国考

### 女丑尸　清·汪绂图本

女丑是古代女巫的名字，传说远古时期，十个太阳一齐出来，将女巫烤死。她死后的样子，就是双手遮面。古人认为女丑虽死，但是她的灵魂却依然还在，可以依附在活人身上，以供人们祭祀或者进行巫事，因此女丑名为女丑尸。

**弇兹**　明·蒋应镐图本 　　　　**鸣鸟**　清·汪绂图本

| 异国 | 风俗习惯 | 奇闻逸闻 |
| --- | --- | --- |
| 女子国 | 只有女子没有男子。 | 详见第七卷《海外西经》。 |
| 丈夫国 | 只有男子没有女子。 | 详见第七卷《海外西经》。 |
| 轩辕国 | 寿命很长。 | 认为住在江河山岭的南边就可以长命百岁。 |

## 山海经地理考

| 桃山 | 今所指不详 | 可能因为山上长满桃树而得名。 |
| --- | --- | --- |
| 弇州山 | 今所指不详 | 可能位于今天的甘肃省天水市西部。 |
| 江山 | 今邛崃山 | 山名，位于四川境内的邛崃山；也有人认为不是单独的山名，指江和山。 |

【第十六卷 大荒西经】

555

# 6 从日月山到玄丹山

## 嘘，主管日月星辰运行

### 原文

大荒之中，有山名曰日月山，天枢①也。吴姖（jù）天门，日月所入。有神，人面无臂，两足反属②于头上，名曰嘘。颛顼生老童，老童生重③及黎④，帝令重献⑤上天，令黎印⑥下地。下地是生噎，处于西极，以行日月星辰之行次⑦。

有人反臂⑧，名曰天虞。

有女子方浴月。帝俊妻常羲，生月十有二，此始浴之。

有玄丹之山。有五邑之鸟，人面有发。爰有青鸢（wén）、黄鹜（áo）、青鸟、黄鸟，其所集者其国亡。

### 译文

大荒当中，有座山名叫日月山，是天的枢纽。这座山的主峰叫吴姖天门山，是太阳和月亮降落的地方。有一个神人，形状像人而没有臂膀，两只脚反转着连在头上，名叫嘘。帝颛顼生了老童，老童生了重和黎，帝颛顼命令重托着天用力往上举，又命令黎撑着地使劲朝下按。于是黎来到地下并生了噎，他就处在大地的最西端，主管着太阳、月亮和星辰运行的先后次序。

有个神人反长着臂膀，名叫天虞。

有个女子正在替月亮洗澡。帝俊的妻子常羲，生了十二个月亮，这才开始给月亮洗澡。有座玄丹山。在玄丹山上有一种长着五彩羽毛的鸟，一副人的面孔而且有头发。这里还有青鸢、黄鹜，这种青色的鸟、黄色的鸟，它们在哪个国家聚集栖息哪个国家就会灭亡。

### 【注释】

① 天枢：天的枢纽。

② 属：接连。

③ 重：神话传说中掌管天上事务的官员南正。

④ 黎：神话传说中管理地下人类的官员火正。

⑤ 献：用手捧着东西给人。这里是举起的意思。

⑥ 印：痕迹着于其他物件上。如在信件上加盖印章就要把印章朝下按压。所以，印可通"抑"，即抑压，按下之意。

⑦ 行次：运行次序。

⑧ 反臂：一说胳膊反着长，肘关节长在前面。另一说胳膊背在身后，是被捆绑的形状。

## 山海经神怪考

### 羲和浴月 清·汪绂图本

常羲是帝俊的妻子，怀胎十二个月生下了十二个月亮女儿，个个饱满圆润，她非常疼爱她的女儿，每天给女儿洗浴打扮后，亲自带着一个女儿，乘着九凤拉的月亮车，巡行与夜空，为人间带来光明。

噓 明·蒋应镐图本

五彩鸟 明·蒋应镐图本

| 山水 | 特色 | 神仙 |
| --- | --- | --- |
| 日月山 | 太阳和月亮降落的地方。 | 神人噓掌管日月的运行次序。 |
| 玄丹山 | 有五彩鸟，五彩羽毛，人面鸟身。 | |

【第十六卷 大荒西经】

# 7 从孟翼攻颛顼池到昆仑丘

## 能引起战争的红色天犬

## 原文

有池，名孟翼①之攻颛顼之池。

大荒之中，有山名曰鏖（áo）鏊（ào）鉅②（jù），日月所入者。

有兽，左右有首，名曰屏蓬。有巫山者。

有壑山者。有金门之山，有人名曰黄姖③（jù）之尸。有比翼之鸟。有白鸟，青翼，黄尾，玄喙④。有赤犬，名曰天犬，其所下者有兵。

西海之南，流沙之滨，赤水之后，黑水⑤之前，有大山，名曰昆仑之丘。有神，人面虎身，有文有尾，皆白⑥，处之。其下有弱水⑦之渊环之，其外有炎火之山，投物辄⑧然⑨。有人戴胜⑩，虎齿，有豹尾，穴处，名曰西王母。此山万物尽有。

## 译文

有个水池，名叫孟翼攻颛顼池。

大荒当中，有座山名叫鏖鏊鉅山，是太阳和月亮降落的地方。

有一种野兽，左右各长一个头，名叫屏蓬。有座山叫做巫山。

又有座山叫做壑山。还有座金门山，山上有人名叫黄姖尸。有比翼鸟。有一种白鸟，长着青色的翅膀，黄色的尾巴，黑色的嘴。有一种红颜色的狗，名叫天犬，它所降临的地方都会发生战争。

在西海的南面，流沙的边沿，赤水的后面，黑水的前面，屹立着一座大山，名叫昆仑山。有一个神人，长着人的面孔、老虎的身子，尾巴上尽是白色斑点，住在这座昆仑山上。昆仑山下有条弱水聚成的深渊环绕着它，深渊的外边有座炎火山，一投进东西就燃烧起来。有人头上戴着玉制首饰，满口的老虎牙齿，有一条豹子似的尾巴，在洞穴中居住，名叫西王母。这座山拥有世上的各种东西。

## 【注释】

① 孟翼：人名，具体所指不详，待考。

② 鏖鏊鉅：山名，具体所指不详，待考。

③ 黄姖：人名，具体所指不详，待考。

④ 玄喙：黑色的嘴。

⑤ 黑水：水名，具体所指不详，待考。

⑥ 白：指尾巴上点缀着白色斑点。

⑦ 弱水：相传这种水轻得不能漂浮起鸿雁的羽毛。

⑧ 辄：即，就。

⑨ 然："燃"的本字。燃烧。

⑩ 胜：古时妇女的首饰。

## 山海经异兽考

**天犬** 明·蒋应镐图本

天犬是一种红颜色的狗，它所降临的地方就会发生战争。相传它奔跑的速度非常的快，天上流星，就是天狗飞奔而过留下的痕迹。

屏蓬　明·蒋应镐图本

人面虎身神　清·汪绂图本

## 山海经地理考

| 西海 | 两种说法 | ①今天青海省境内的青海湖。②新疆境内的罗布泊。 |
| --- | --- | --- |
| 赤水 | 今黄河 | 可能指黄河上游。 |
| 昆仑丘 | 今甘肃 | 在今天甘肃省境内。 |
| 炎火山 | 今新疆火焰山 | 可能是今新疆吐鲁番的火焰山。 |

【第十六卷 大荒西经】

## 8 从常阳山到吴回

### 没有影子的寿麻国人

## 原文

大荒之中，有山名曰常阳之山，日月所入。

有寒荒之国。有二人女祭、女薎①。

有寿麻之国。南岳②娶州山女，名曰女虔。女虔生季格，季格生寿麻。寿麻正立无景③，疾呼无响④。爰有大暑，不可以往。

有人无首，操戈盾立，名曰夏耕之尸。故成汤⑤伐夏桀于章山，克之，斩耕厥⑥前。耕既立，无首，走⑦厥⑧咎⑨，乃降⑩于巫山。

有人名曰吴回⑪，奇⑫左，是无右臂。

## 译文

大荒当中，有座山名叫常阳山，是太阳和月亮降落的地方。

有个寒荒国。这里有两个神人分别叫女祭、女薎。

有个国家叫寿麻国。南岳娶了州山的女子为妻，她的名字叫女虔。女虔生了季格，季格生了寿麻。寿麻端端正正站在太阳下不见任何影子，高声疾呼而四面八方没有一点回响。这里异常炎热，人不可以前往。

有个人没了脑袋，手拿一把戈和一面盾牌立着，名叫夏耕尸。从前成汤在章山讨伐夏桀，打败了夏桀，斩杀夏耕尸于他的面前。夏耕尸站立起来后，发觉没了脑袋，为逃避他的罪咎，于是窜到巫山去了。

有个人名叫吴回，只剩下左臂膀，而没了右臂膀。

【注释】

① 女祭、女薎：两个女子名。也有人认为是两个以女子为主的氏族名。
② 南岳：人名，一说指黄帝；另一说指的是一位与黄帝同属一系的人物。
③ 景："影"的本字。
④ 响：声音；一说指回声。
⑤ 成汤：即商汤王，商朝的开国国王。夏桀：即夏桀王，夏朝的最后一位国王。
⑥ 厥：代词，这里指代成汤。
⑦ 走：这里是逃避的意思。
⑧ 厥：这里指代夏耕尸。
⑨ 咎：罪责。
⑩ 降：这里指逃窜。
⑪ 吴回：即上文所说的火神祝融。也有说是祝融的弟弟，亦为火正之官。属于神话传说分歧。
⑫ 奇：单数。这里指与配偶事物相对而言的单个事物。

## 山海经异国考

### 寿麻国　清·汪绂图本

相传，寿麻国原来所生活的地方由于地震沉没，一个叫寿麻的人带领部分族人提前北逃，免于一死。族人佩服寿麻的先见之明，同时感激他的救命之恩，拥立他为君主，并改族名为寿麻。

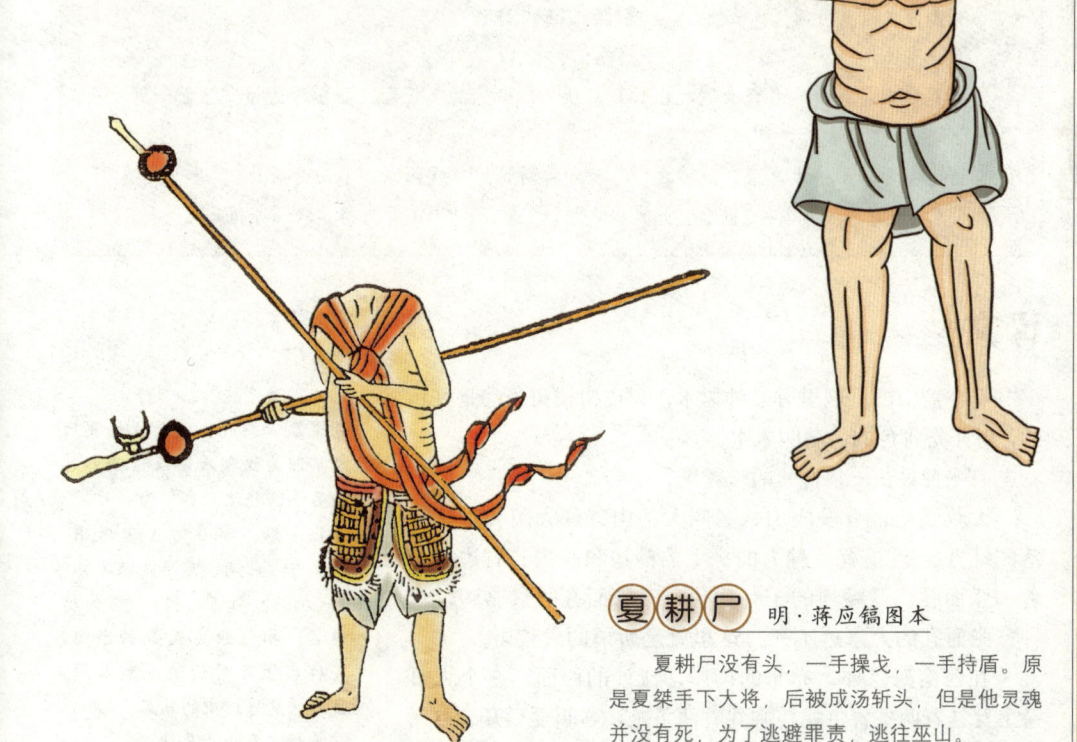

### 夏耕尸　明·蒋应镐图本

夏耕尸没有头，一手操戈，一手持盾。原是夏桀手下大将，后被成汤斩头，但是他灵魂并没有死，为了逃避罪责，逃往巫山。

| 异国 | 气候 | 奇闻逸闻 |
| --- | --- | --- |
| 寒荒国 |  | 有两个女神，她们一个人手里拿着盛酒的酒器，一个人手持肉板。 |
| 寿麻国 | 寿麻国气候炎热异常，没有水源。 | 都是仙人，站在太阳底下没有影子。 |

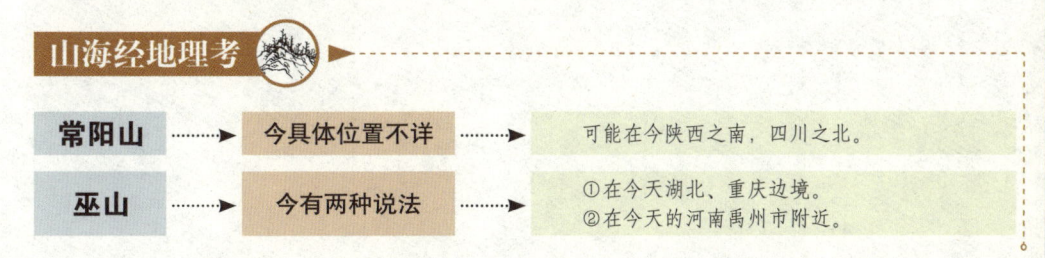

## 山海经地理考

| | | |
| --- | --- | --- |
| 常阳山 | 今具体位置不详 | 可能在今陕西之南，四川之北。 |
| 巫山 | 今有两种说法 | ①在今天湖北、重庆边境。②在今天的河南禹州市附近。 |

【第十六卷　大荒西经】

# 9 从盖山国到夏后开

## 长生不死的三面人

### 原文

有盖山之国。有树，赤皮支①干，青叶，名曰朱木。

有一臂民。

大荒之中，有山，名曰大荒之山，日月所入。有人焉，三面，是颛顼之子，三面一臂，三面之人不死。是谓大荒之野。

西南海之外，赤水之南，流沙之西，有人珥两青蛇，乘两龙，名曰夏后开②。开上三嫔③于天，得《九辩》与《九歌》④以下。此天穆之野⑤，高二千仞⑥，开焉得始歌《九招》⑦。

### 译文

有个盖山国。这里有一种树木，树皮树枝树干都是红色的，叶子是青色的，名叫朱木。

有一种只长一条臂膀的一臂民。

大荒当中，有一座山，名叫大荒山，是太阳和月亮降落的地方。这里有一种人的头上的前边和左边、右边各长着一张面孔，是颛顼的子孙后代，三张面孔一只胳膊，这种三张面孔的人永远不死。这里就是所谓的大荒野。

在西南海以外，赤水的南岸，流沙的西面，有个人耳朵上穿挂着两条青色蛇，乘驾着两条龙，名叫夏后开。夏后开曾三次到天帝那里做客，得到天帝的乐曲《九辩》和《九歌》而下到人间。这里就是所谓的天穆野，高达二千仞，夏后启在此开始演奏《九招》乐曲。

### 【注释】

① 支：通"枝"。
② 夏后开：即上文所说的夏后启。因为汉朝人避汉景帝刘启的名讳，就改"启"为"开"。
③ 嫔：嫔、宾在古字中通用。这里作为动词，意思是做客。
④ 《九辩》与《九歌》：皆为乐曲名，相传原为天帝的乐曲，夏后启做客时偷偷带到人间。后为《楚辞》中的篇名。
⑤ 天穆之野：古代地名。
⑥ 仞：古代的八尺为一仞。
⑦ 《九招》：传说中虞舜之乐的名称，因韶乐九章而得名。

# 山海经异国考

## 夏后启 明·蒋应镐图本

禹王去世前，想效仿尧舜，找一个贤能的人来接替自己。最后，人们一致推举伯益做他的继承人。禹觉得自己好不容易得到的王位应当由自己的儿子继承。于是，他就把治理天下的大权交给儿子，只给伯益一个继承人的名分。几年后，启把国家治理得井井有条，人们逐渐接受了启，而伯益却没有新政绩。大禹死后，启排除了种种阻碍，真正行使了王权。从此，中国开始了父死子承的家天下制度。

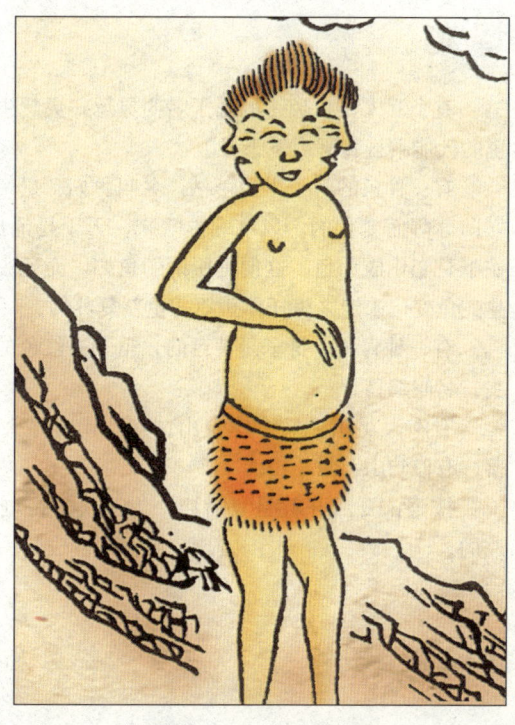

**三面人** 明·蒋应镐图本

| 国家或种族 | 外貌特征 | 奇闻逸闻 |
| --- | --- | --- |
| 盖山国 |  | 有种树皮树干都是红色的树。 |
| 三面人 | 有三个面孔。 |  |

【第十六卷 大荒西经】

# 10 从互人国到大巫山

## 鱼妇，颛顼死后变幻而来

### 原文

有互人之国。炎帝①孙名曰灵恝，灵恝生互人，是能上下于天。

有鱼偏枯②，名曰鱼妇。颛顼死即复苏。风道③北来，天及大水泉，蛇乃化为④鱼，是为鱼妇。颛顼死即复苏。

有青鸟，身黄，赤足，六首，名曰䎟鸟。

有大巫山。有金之山。西南，大荒之中隅，有偏句、常羊之山。

按：夏后开即启，避汉景帝讳云。⑤

### 译文

有个互人国。炎帝的孙子名叫灵恝，灵恝生了互人，这里的人能乘云驾雾上下于天。

有一种鱼的身子半边干枯，名叫鱼妇，是帝颛顼死了又立即苏醒而变化的。风从北方吹来，天于是涌出大水如泉，蛇于是变化成为鱼，这便是所谓的鱼妇。而死去的颛顼就是趁蛇鱼变化未定之机托体鱼躯并重新复苏的。

有一种青鸟，身子是黄色的，爪子是红色的，长有六个头，名叫䎟鸟。

有座大巫山。又有座金山。在西南方，大荒的一个角落，有偏句山、常羊山。

按语：夏后开就是夏后启，为避汉景帝刘启的名讳而改的。

### 【注释】

①炎帝：即传说中的上古帝王神农氏。因为以火德为王，所以号称炎帝，又因创造农具教人们种庄稼，所以叫做神农氏。

②偏枯：偏瘫。

③道：从，由。

④为：谓，以为。

⑤这两句按语不是《山海经》原文，也不知是谁题写的，但为底本所有，今仍存其旧。

# 山海经异兽考

## 鱼妇  清·汪绂图本

鱼妇半身偏枯，半人半鱼，据说是颛顼死而复苏变化成的。相传颛顼死去的时候，大风从北方吹来，泉水涌动，蛇变成了鱼，颛顼趁着蛇鱼变化未定之时，托体于鱼的躯体死而复生，人们将这种生命称之为鱼妇。

互人  清·汪绂图本

鹓鸟  明·蒋应镐图本

| 异国 | 形态特征 | 风俗习惯 |
| --- | --- | --- |
| 互人国 | 人的面孔，鱼的身子，没有脚。 | 能腾云驾雾，上下于天地之间。 |

【第十六卷 大荒西经】

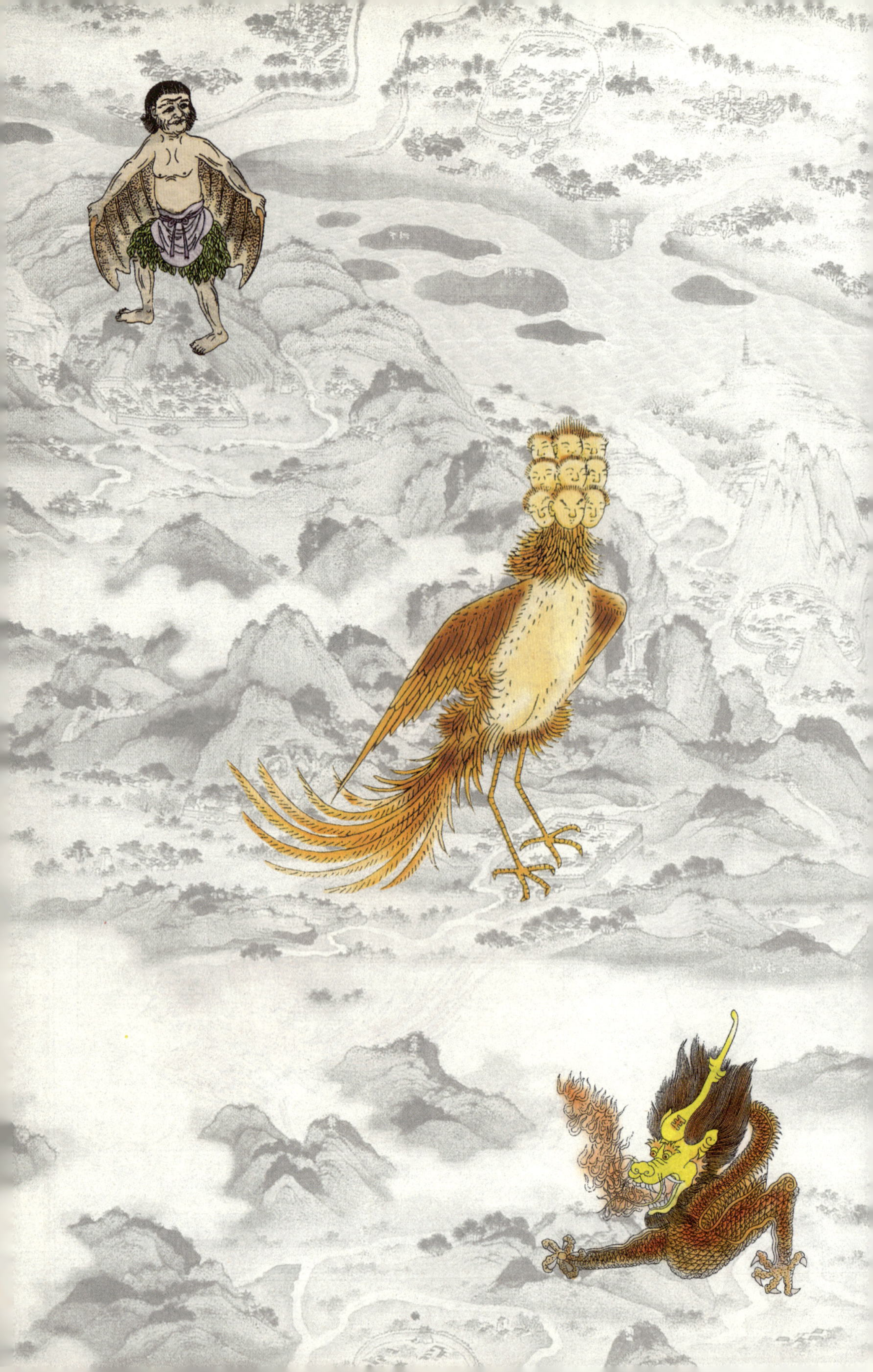

## 第十七卷
# 大荒北经

《大荒北经》的内容大多数与《海外北经》
相同。
如：无肠国、夸父追日等，
还有一些内容与《海外经》类似，
但有所改动。
如《大荒北经》的相繇在《海外北经》中
为相柳，
《大荒北经》中的儋耳国为《海外北经》
的聂耳国，
《大荒北经》中的深目民在
《海外北经》中为深目国。

《大荒北经》除了与《海外北经》相同外，
也与其他篇章相同，
比如说，大人国、
毛民国在《海外东经》中出现过。

# 1 从附禺山到不咸山

## 肃慎国的兽首蛇身怪兽

## 原文

　　东北海之外，大荒之中，河水之间，附禺之山①，帝颛顼与九嫔葬焉。爰有鸱(chī)久、文贝、离俞、鸾鸟、皇鸟、大物、小物②。有青鸟、琅鸟③、玄鸟④、黄鸟、虎、豹、熊、黑、黄蛇、视肉、璿⑤(xuán)瑰、瑶碧，皆出于山。卫丘方员三百里，丘南帝俊竹林在焉，大可为舟。竹南有赤泽水⑥，名曰封⑦渊。有三桑无枝，皆高百仞。丘西有沈⑧渊，颛顼所浴。

　　有胡不与之国，烈姓，黍食。

　　大荒之中，有山名曰不咸，有肃慎氏之国。有蜚⑨蛭，四翼。有虫⑩，兽首蛇身，名曰琴虫。

## 译文

　　在东北海以外，大荒当中，黄河水流经的地方，有座附禺山，帝颛顼与他的九个妃嫔葬在这座山。这里有鹞鹰、花斑贝、离朱鸟、鸾鸟、皇鸟、大物、小物。还有青鸟、琅鸟、燕子、黄鸟、老虎、豹子、熊、黑、黄蛇、视肉怪兽、璿玉瑰石、瑶玉、碧玉，都出产于这座山。卫丘方圆三百里，卫丘的南面有帝俊的竹林，竹子大得可以做成船。竹林的南面有红色的湖水，名叫封渊。有三棵不生长枝条的桑树，都高达一百仞。卫丘的西面有个深渊，是帝颛顼洗澡的地方。

　　有个胡不与国，这里的人姓烈，吃黄米。

　　大荒当中，有座山名叫不咸山。有个肃慎氏国。有一种能飞的蛭，长着四只翅膀。有一种蛇，是野兽的脑袋蛇的身子，名叫琴虫。

## 【注释】

① 附禺之山：上文所说的务禺山、鲋鱼山与此同为一山。附、务、鲋，皆古字通用。
② 大物、小物：指殉葬的大小用具物品。
③ 琅鸟：白鸟。琅，洁白。
④ 玄鸟：燕子的别称。因它的羽毛黑色，所以称为玄鸟。玄，黑色。
⑤ 璿：美玉。
⑥ 赤泽水：指水呈红色。
⑦ 封：大。
⑧ 沈：深。
⑨ 蜚：通"飞"。
⑩ 虫：这里指蛇。

## 山海经异兽考

### 蜚蛭　清·汪绂图本

蛭属于环节动物，有好几种，如水蛭、鱼蛭、山蛭等。这里所说的蛭有四只翅膀，能飞。

### 琴虫　清·汪绂图本

琴虫长有蛇的身体和兽的脑袋，长于肃慎国，相传肃慎国人居住在洞穴中，到了冬天就用猎物油膏在身体上涂抹厚厚一层，以此来抵御风寒。

| 异国 | 风俗习惯 | 奇闻逸闻 |
| --- | --- | --- |
| 胡不与国 | 姓烈，吃黄米。 | |
| 肃慎国 | | 有长着四只翅膀，能飞的蛭。有长着野兽头的蛇，名叫琴虫。 |

## 山海经地理考

| | | |
| --- | --- | --- |
| 胡不与国 | 今黑龙江省友谊县境内 | 即《汉书》中所记载的"挹娄国"，位于今天黑龙江省双鸭山市友谊县境内东南四十八公里处的凤林村。 |
| 不咸山 | 今东北长白山 | 长白山是中朝两国的界山，位于吉林省延边朝鲜族自治州安图县和白山市抚松县境内。 |
| 肃慎国 | 今黑龙江、乌苏里江和长白山一带 | 肃慎国的主要民族是肃慎族，是现代满族的祖先。 |

【第十七卷　大荒北经】

569

# 2 从大人国到先槛大逢山

## 叔歜国，颛顼的子孙后代

### 原文

有人名曰大人。有大人之国①，厘（xī）姓，黍食。有大青蛇②，黄头，食麈（zhǔ）。

有榆山。有鲧攻程州③之山。

大荒之中，有山名曰衡天。有先民之山。有槃（pán）木④千里。

有叔歜（chù）国，颛顼之子，黍食，使四鸟：虎、豹、熊、罴。有黑虫如熊状，名曰猎猎（xī）。

有北齐之国，姜姓，使虎、豹、熊、罴。

大荒之中，有山名曰先槛大逢之山，河济所入，海北注焉。其西有山，名曰禹所积石。

### 译文

有一种人名叫大人。有个大人国，这里的人姓厘，吃黄米。有一种大青蛇，黄色的脑袋，能吞食大鹿。

有座榆山。又有座鲧攻程州山。

大荒当中，有座山名叫衡天。又有座先民山。有一棵盘旋弯曲一千里的大树。

有个叔歜国，这里的人都是颛顼的子孙后代，吃黄米，能驯化驱使四种野兽：老虎、豹子、熊和罴。有一种形状与熊相似的黑虫，名叫猎猎。

有个北齐国，这里的人姓姜，能驯化驱使老虎、豹子、熊和罴。

大荒当中，有座山名叫先槛大逢山，是黄河水和济水流入的地方，海水从北面灌注到这里。它的西边也有座山，名叫禹所积石山。

### 【注释】

① 大人国：就是前文所说的大人国。

② 大青蛇：可能指的是蟒蛇。

③ 程州：可能是国名。

④ 槃木：盘旋弯曲广大千里的树。

## 山海经异兽考

猎猎 清·《禽虫典》

猎猎这种野兽生长在叔歜国内，它的毛色漆黑，体型如熊。

猎猎 清·汪绂图本

| 异国 | 风俗习惯 | 奇闻逸闻 |
|---|---|---|
| 大人国 | 前文所提大人国。 | 详见第九卷《海外东经》。 |
| 叔歜国 | 吃黄米，能驱使四种野兽。 | 有一种如熊状的野兽。 |
| 北齐国 | 姜姓，能驱使四种野兽。 | |

## 山海经地理考

| 先民山 | 具体位置不详 | 大约是东北的山脉，具体所指不详，待考。 |
|---|---|---|
| 北齐国 | 具体位置不详 | 可能是西周初年的齐国。 |
| 先槛大逢山 | 今山东半岛某山 | 依据先槛大逢山是河水和济水的入口处，海水也从北方流到这里，可推断出在今天的山东半岛。 |

【第十七卷 大荒北经】

# 3 从阳山到北极天柜山
## 九凤，九首人面的鸟神

## 原文

有阳山者。有顺山者，顺水出焉。有始州之国，有丹山。

有大泽方千里，群鸟所解①。

有毛民之国，依姓，食黍，使四鸟。禹生均国，均国生役采，役采生修鞈（jiá），修鞈杀绰人。帝②念③之，潜为之国，是此毛民。

有儋（dān）耳之国，任姓，禺号子，食谷。北海④之渚中，有神，人面鸟身，珥⑤两青蛇，践⑥两赤蛇，名曰禺彊。

大荒之中，有山名曰北极天柜，海水北注焉。有神，九首人面鸟身，名曰九凤。又有神，衔蛇衔操蛇，其状虎首人身，四蹄长肘，名曰彊良。

## 译文

有座阳山。又有座顺山，顺水从这座山发源。有个始州国，国中有座丹山。

有一大泽方圆千里，是各种禽鸟脱去旧羽毛再生新羽毛的地方。

有个毛民国，这里的人姓依，吃黄米，能驯化驱使四种野兽。大禹生了均国，均国生了役采，役采生了修鞈，修鞈杀了绰人。大禹哀念绰人被杀，暗地里帮绰人的子孙后代建成国家，就是这个毛民国。

有个儋耳国，这里的人姓任，是神人禺号的子孙后代，吃谷米。在北海的岛屿上，有一个神人，长着人的面孔鸟的身子，耳朵上穿挂着两条青色蛇，脚底下踩踏着两条红色蛇，名叫禺彊。

大荒当中，有座山名叫北极天柜山，海水从北面灌注到这里。有一个神人，长着九个脑袋和人面鸟身，名叫九凤。又有一个神人，嘴里衔着蛇，手中握着蛇，他的形貌是老虎的脑袋、人的身子，有四只蹄子和长长的臂肘，这名叫彊良。

## 【注释】

① 解：指鸟脱换羽毛。
② 帝：天帝。
③ 念：怜念。
④ 北海：泛指北方偏远之地。秦汉时也指里海、贝加尔湖等大泽。
⑤ 珥：耳饰品，这里用作动词。
⑥ 践：踩；踏。

## 山海经神怪考

### 九凤  明·蒋应镐图本

九凤，即九头鸟。长有九个脑袋，这九个脑袋之中有一个是主头，其余八个从左上方重叠长出，每一个脑袋都是人的面孔，颈部以下是鸟的身子，是人们崇拜与信仰的鸟神。

儋耳国  明·蒋应镐图本

禺彊  明·蒋应镐图本

彊良  明·蒋应镐图本

| 异国 | 风俗习惯 | 奇闻逸闻 |
| --- | --- | --- |
| 毛民国 | 依姓，以黄米为主食，能驱使四种野兽。 | 绰人的子孙后代。 |
| 儋耳国 | 任姓，以谷米为主食。 | 神人禺号的子孙后代。 |

## 山海经地理考

| 丹山 | 今内蒙古赤峰 | 有人认为丹山以出产朱丹而得名，可能位于今天内蒙古赤峰，山体呈红色。 |
| --- | --- | --- |
| 北极天柜 | 今具体位置不详 | 可能在今俄罗斯境内。 |

【第十七卷 大荒北经】

## 4 从成都载天山到相繇

**相柳，共工手下的恶臣**

### 原文

　　大荒之中，有山名曰成都载天。有人珥两黄蛇，把两黄蛇，名曰夸父。后土①生信，信生夸父。夸父不量力，欲追日景②，逮③之于禺谷④。将饮河而不足也，将走大泽，未至，死于此。应龙已杀蚩尤，又杀夸父⑤，乃去南方处之，故南方多雨。

　　又有无肠国，是任姓。无继⑥子，食鱼。

　　共工臣名曰相繇⑦，九首蛇身，自环⑧，食于九土。其所欥⑨所尼⑩，即为源泽⑪，不辛乃苦，百兽莫能处。禹湮洪水，杀相繇，其血腥臭，不可生谷；其地多水，不可居也。禹湮⑫之，三⑬仞三沮⑭，乃以为池，群帝因是以为台。在昆仑之北。

### 译文

　　大荒当中，有座山名叫成都载天山。有的人耳上穿挂两条黄蛇，手上握两条黄蛇，名叫夸父。后土生了信，信生了夸父。而夸父不衡量自己的体力，想要追赶太阳的光影，直追到禺谷。夸父想喝了黄河水解渴，不够喝，准备跑到北方去喝大泽的水，还未到，便渴死在此处。应龙在杀了蚩尤以后，又杀了夸父，于是去南方居住，所以南方多雨。

　　又有个无肠国，任姓。他们是无继国人的后代，吃鱼。

　　共工的臣子名叫相繇，九头蛇身，盘旋自绕成一团，贪婪地霸占九座神山而索取食物。他所喷吐停留过的地方，立即变成大沼泽，而气味不是辛辣就是很苦，百兽中没有能居住这里的。大禹堵塞洪水，杀死了相繇，它的血又腥又臭，使谷物不能生长；那地方又水涝成灾，不能居住。大禹填塞它，屡填屡陷，于是把它挖成大池子，诸帝就利用挖出的泥土建造了几座高台。诸帝台位于昆仑山的北面。

### 【注释】

①后土：相传是共工的儿子句龙。
②景："影"的本字。
③逮：到，及。
④禺谷：又叫禺渊，传说太阳落下后进入的地方。
⑤又杀夸父：先说夸父因追太阳而死，后又说夸父被应龙杀死，这是神话传说中的分歧。
⑥无继：即上文所说的无启国。无启就是无嗣、没有子孙后代。但这里却说无肠国人是无启国人的子孙，显然是有继，而非无继。这正合乎神话传说的神奇诡怪的性质。
⑦相繇：即上文所说的相柳。
⑧自环：身子缠绕在一起。
⑨欥：呕吐。
⑩尼：止。
⑪源泽：沼泽。
⑫湮：阻塞。
⑬三：表示多数，屡次。
⑭沮：败坏。这里指塌陷、陷落。

## 山海经神怪考

**相柳** 山东沂南汉画像石

相传相柳为了吃人而不被人发现,豢养了一班凶人,替他在百姓中选择身宽体胖之人,供他吞食。同时对于那些瘦瘠的百姓施之以恩惠,可以博得一班瘦瘠之人的称誉,以掩饰他择肥而食的残酷,可谓一举两得。不知道相柳的底细的人,以为不过是共工孔壬的臣子而已。其实,雍州以西地区的早已民怨载道,大禹治水之时,才被诛灭。

**相柳** 清·汪绂图本

**相柳** 清·萧云从《天问图》

| 异国 | 风俗习惯 | 奇闻逸闻 |
| --- | --- | --- |
| 无肠国 | 个子高大,肚子里没有肠子。吃过食物不消化直接排出体外。 | 由于排出的还是新鲜食物,富贵人家,将排泄之物收好,给仆人或是自己下顿再吃。 |

第十七卷 大荒北经

## 5 从岳山到黄帝大战蚩尤

### 黄帝女魃，所到之处皆旱

## 原文

有岳之山，寻竹生焉。

大荒之中，有名山曰不句，海水入焉。

有系昆之山者，有共工之台，射者不敢北乡①（xiàng）。有人衣②青衣，名曰黄帝女魃③（bá）。蚩尤作兵④伐黄帝，黄帝乃令应龙攻之冀州之野；应龙畜水。蚩尤请风伯⑤、雨师⑥，纵大风雨。黄帝乃下天女曰魃，雨止，遂杀蚩尤。魃不得复上，所居不雨。叔均言之帝，后置之赤水之北。叔均乃为田祖⑦。魃时亡之，所欲逐之者，令曰："神北行⑧！"先除水道，决通沟渎⑨（dú）。

## 译文

有座岳山，一种高大的竹子生长在这座山上。

大荒当中，有座山名叫不句山，海水从北面灌注到这里。

有座山叫系昆山，上面有共工台，射箭的人因敬畏共工的威灵而不敢朝北方拉弓射箭。有一个人穿着青色衣服，名叫黄帝女魃。蚩尤制造了多种兵器用来攻击黄帝，黄帝便派应龙到冀州的原野去攻打蚩尤。应龙积蓄了很多水，而蚩尤请来风伯和雨师，纵起一场大风雨。黄帝就降下名叫魃的天女助战，雨被止住，于是杀死蚩尤。女魃因神力耗尽而不能再回到天上，她居住的地方没有一点雨水。叔均将此事禀报给黄帝，后来黄帝就把女魃安置在赤水的北面。叔均便做了田神。女魃常常逃亡而出现旱情，要想驱逐她，便祷告说："神啊请向北去吧！"事先清除水道，疏通大小沟渠。

## 【注释】

① 乡：通"向"。方向。
② 衣：穿。这里是动词。
③ 女魃：相传是不长一根头发的光秃女神，她所居住的地方，天不下雨。
④ 兵：这里指兵器、武器。
⑤ 风伯：神话传说中的风神。
⑥ 雨师：神话传说中掌管雨水的神。
⑦ 田祖：主管田地之神。
⑧ 北行：指回到赤水之北。
⑨ 渎：小沟渠。

## 山海经人物考

### 赤水女子献  清·汪绂图本

立于江边的赤水女子献，疑即黄帝女魃，汪本的赤水女子献并非传说中面貌可憎的怪物，而是一个形象可亲的普通女子。

### 蚩尤  清·汪绂图本

相传蚩尤原是南方一个巨人部族的首领，他和他弟兄共八十一个，个个都身长数丈，铜头铁额，猛勇无比。后来是炎帝手下的一员大将，多次与黄帝展开激战，最终兵败。被黄帝斩首。

**黄帝女魃**
明·蒋应镐图本

## 山海经地理考

| 岳山 | 今具体位置不详 | 大致位于山西霍州市西南的霍山。 |
| --- | --- | --- |
| 系昆山 | 今具体位置不详 | 大致位于阴山山脉。 |
| 冀州 | 今山西南部、河南东北部、河北西南角和山东最西的一部分 | 九州之首，中华民族发源地。 |

【第十七卷 大荒北经】

## 6 从深目民国到无继民
### 以空气为食的无继民

### 原文

有人方食鱼，名曰深目民之国，盼（fēn）姓，食鱼。

有钟山①者。有女子衣青衣，名曰赤水女子献②。

大荒之中。有山名曰融父山，顺水入焉。有人名曰犬戎。黄帝生苗龙，苗龙生融吾，融吾生弄明，弄明生白犬，白犬有牝牡③，是为犬戎，肉食。有赤兽，马状，无首，名曰戎宣王尸④。

有山名曰齐州之山、君山、䲹山、鲜野山、鱼山。

有人一目，当面中生。一曰是威姓，少昊之子，食黍。

有无继民⑤，无继民任姓，无骨⑥子，食气⑦、鱼。

### 译文

有一群人正在吃鱼，名叫深目民国，这里的人姓盼，吃鱼类。

有座钟山。有一个穿青色衣服的女子，名叫赤水女子献。

大荒当中，有座山名叫融父山，顺水流入这座山。有一种人名叫犬戎。黄帝生了苗龙，苗龙生了融吾，融吾生了弄明，弄明生了白犬，这白犬有一公一母而自相配偶，便生成犬戎族人，吃肉类食物。有一种红颜色的野兽，形状像普通的马却没有脑袋，名叫戎宣王尸。

有几座山分别叫做齐州山、君山、䲹山、鲜野山、鱼山。

有一种人长着一只眼睛，这只眼睛正长在脸面的中间。一种说法认为他们姓威，是少昊的子孙后代，吃黄米。

有一种人称无继民，无继民姓任，是无骨民的子孙后代，吃的是空气和鱼类。

### 【注释】

①钟山：山名，具体所指不详，待考。

②赤水女子献：即上文所说的被黄帝安置在赤水之北的女魃。魃，旱神。

③白犬有牝牡：一说指白犬一身兼具雌雄两性；一说只有一雄一雌两只白犬。

④戎宣王尸：传说是犬戎族人奉祀的神。

⑤无继民：国名或部族名。

⑥无骨：一说是国名或部族名；一说意为身上没骨头。

⑦食气：古代一种通过调整呼吸来摄取空气中的营养物质的养生术。

## 山海经异国考

**戎宣王尸** 清·汪绂图本

戎宣王尸是一种浑身红色的野兽，它的外形像我们日常生活中最常见的马，脑袋被砍下，不知去向。

犬戎　明·蒋应镐图本　　少昊之子　明·蒋应镐图本　　戎宣王尸　清·《禽虫典》

| 国家或民族 | 风俗习惯 | 奇闻逸闻 |
| --- | --- | --- |
| 深目民国 | 姓肦，吃鱼类。 | |
| 无继民 | 无继民姓任，是无骨民的子孙后代，吃的是空气和鱼类。 | 人面兽身。 |

## 山海经地理考

犬戎 ⟶ 今陕、甘一带　　中国古代的一个民族，活动于今天的陕西、甘肃一带，是殷周西边的劲敌。

【第十七卷 大荒北经】

# 7 从中辐国到烛龙

## 神人烛龙，以风雨为食物

## 原文

西北海外，流沙之东，有国曰中辐（biǎn），颛顼之子，食黍。

有国名曰赖丘。有犬戎国。有神，人面兽身，名曰犬戎。

西北海外，黑水之北，有人有翼，名曰苗民。颛顼生驩（huān）头，驩头生苗民，苗民厘（xī）姓，食肉。有山名曰章山。

大荒之中，有衡石山、九阴山、灰野之山，上有赤树，青叶赤华，名曰若木①。

有牛黎之国。有人无骨，儋耳之子。

西北海之外，赤水之北，有章尾山。有神，人面蛇身而赤，身长千里，直目正乘②，其瞑乃晦，其视乃明，不食，不寝，不息，风雨是谒③。是烛九阴④，是谓烛龙。

## 译文

在西北方的海外，流沙的东面，有个国家叫中辐国，是颛顼的子孙后代，吃黄米。

有个国家名叫赖丘。还有个犬戎国。有一种人，长着人的面孔兽的身子，名叫犬戎。

在西北方的海外，黑水的北岸，有一种人长着翅膀，名叫苗民。颛顼生了驩头，驩头生了苗民，苗民人姓厘，吃的是肉类食物。还有一座山名叫章山。

大荒当中，有衡石山、九阴山、灰野山，山上有一种红颜色的树木，青色的叶子红色的花朵，名叫若木。

有个牛黎国。这里的人身上没有骨头，是儋耳国人的子孙后代。

在西北方的海外，赤水的北岸，有座章尾山。有一个神人，长着人的面孔蛇的身子而全身是红色，身子长达一千里，竖立生长的眼睛正中合成一条缝，他闭上眼睛就是黑夜、睁开眼睛就是白昼，不吃饭不睡觉不呼吸，只以风雨为食物。他能照耀阴暗的地方，所以称作烛龙。

【注释】

①若木：传说中的神木，生长在日落的地方，青叶红花。

②乘：据学者研究，“乘”可能是“朕”字的假借音。朕：缝隙。

③谒：据学者研究，“谒”是“噎”的假借音。噎：吃饭太快，导致食物堵塞咽喉。这里是吞食、吞咽的意思。

④九阴：阴暗之地。

## 山海经异国考

### 烛龙 明·蒋应镐图本

烛龙是中国神话中的一位创世神，又是钟山的山神。其身长千里，人面蛇身，通体赤红；眼睛竖着长，闭起来就是一条直缝。他的眼睛一张一合，便是白天黑夜；他不睡不息，以风雨为食。传说烛龙衔火精以照天门中，把九阴之地都照亮了，所以烛龙又称九阴、烛阴。

### 犬戎 明·蒋应镐图本

### 苗民 清·《边裔典》

传说古时候天上的神和地上的人可以自由来往通信，后来由于地上的苗民违背了和上天定下的盟誓，颛顼便命天神重、黎断绝了天地之间的通道，从此人与神便不能直接沟通，人不能上天，只能通过巫师做法与天神交流。

| 异国 | 形态特征 | 饮食习惯 |
| --- | --- | --- |
| 中轮国 |  | 以黄米为食。 |
| 苗民国 | 有翅膀但是不能飞翔。 | 以肉类为食。 |
| 牛黎国 | 有筋而无骨，膝盖反长，脚底向上弯曲。 | 即无骨民。 |

## 山海经地理考

**黑水** → 今疏勒河 → 疏勒河是中国西北部甘肃省河西走廊三大内陆河流之一。

**章山** → 今所指不详 → 可能在今甘肃省境内。

【第十七卷 大荒北经】

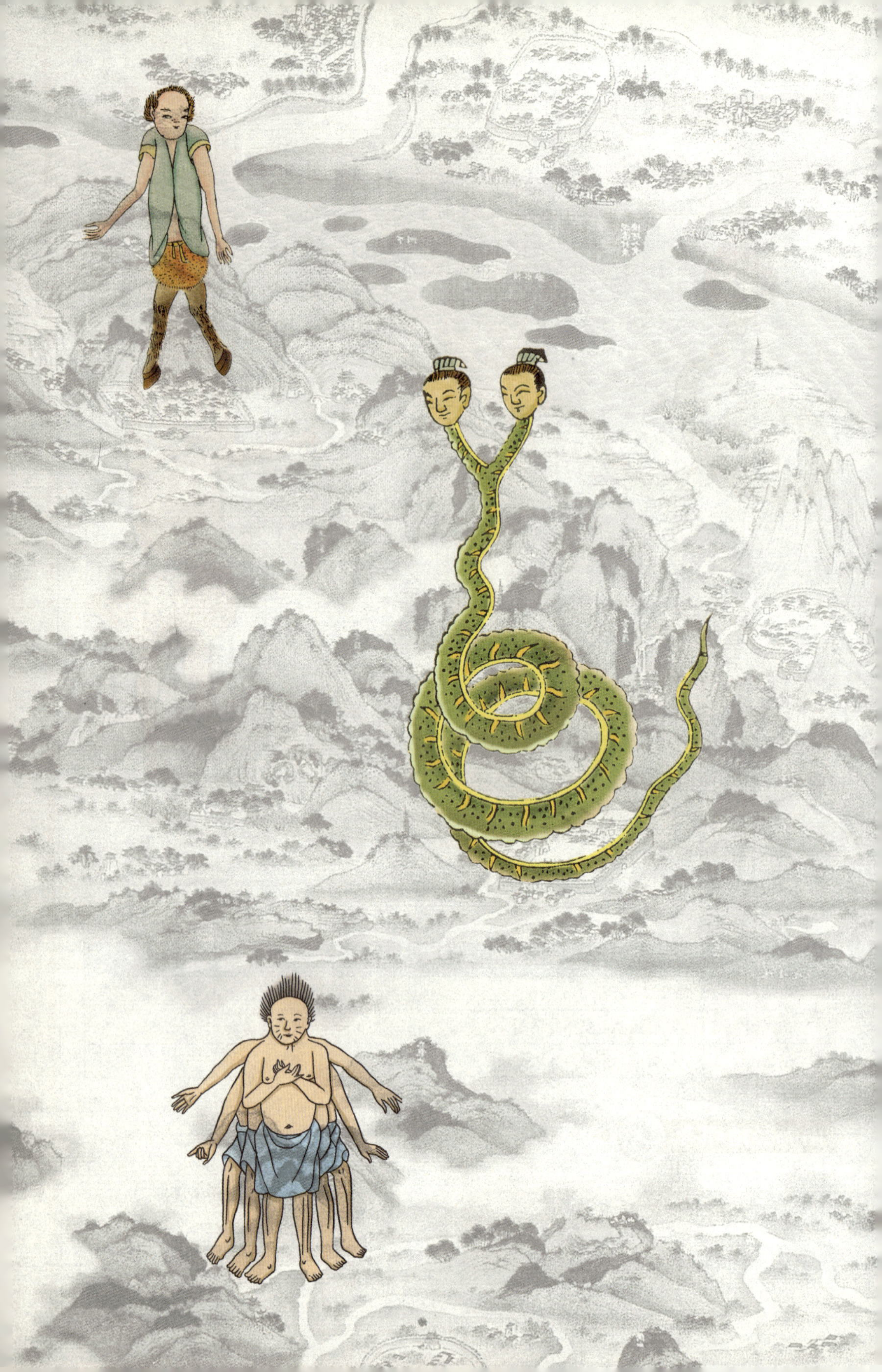

## 第十八卷
# 海内经

《海内经》所涉及的地理范围十分广泛，
包括今甘肃、新疆、
四川、青海、贵州、湖南、
河北等地。
其具体内容十分杂乱，
很多内容在海内四经和大荒经中都出现过。
《海内经》与前几章不同的是，
介绍了更为丰富的中华民族起源。

比如说其中介绍了殳发明了箭靶，
鼓、延二人发明了钟，
创作了乐曲和音律，
番禺发明了船，
吉光最早用木头制成车子，
等等。

## 海内经示意图

本图根据张步天教授"《山海经》考察路线图"绘制，图中记载了《海内经》中出现的国家地区及山川河流所在的位置。

贝加尔湖

大玄山
大幽山
玄丘民
龙

蛇山

古

幽都山
哈尔滨
长春
沈阳
朝鲜
平壤
朝鲜
汉城 韩国
玄莵
日本海
索人
日
本

不距山
呼和浩特
北京
天津
石家庄
渤海

国
银川
兰州
太原
济南
黄海

流黄辛氏国
西安 华山
郑州
合肥
上海
南京
三天子都山
杭州
东海

盐长国
重庆
巴国
苗山
武汉

桂山
九疑山
衡山
长沙
南昌
福州
台北

昆明
南宁
广州
珠江 香港
澳门
海口

南海

# 1 从朝鲜到鸟山

## 傍水而居的天毒国人

## 原文

东海①之内，北海②之隅，有国名曰朝鲜③；天毒④，其人水居，偎人爱之。

西海⑤之内，流沙之中，有国名曰壑市。

西海之内，流沙之西，有国名曰氾（fàn）叶。

流沙之西，有鸟山者，三水⑥出焉。爰有黄金、璿（xuán）瑰、丹货⑦、银铁，皆流⑧于此中。又有淮山⑨，好水⑩出焉。

## 译文

在东海以内，北海的一个角落，有个国家名叫朝鲜。还有一个国家叫天毒，天毒国的人傍水而居，怜悯人慈爱人。

在西海以内，流沙的中央，有个国家名叫壑市国。

在西海以内，流沙的西边，有个国家名叫氾叶国。

流沙西面，有座山叫鸟山，三条河流共同发源于这座山。这里所有的黄金、璿玉瑰石、丹货、银铁，全都产于这些水中。又有座大山叫淮山，好水就是从这座山发源的。

## 【注释】

① 东海：水名，这里包括今黄海和东海。
② 北海：水名，这里指渤海。
③ 朝鲜：就是现在朝鲜半岛上的朝鲜和韩国。
④ 天毒：据古人解说，即天竺国，有文字，有商业，佛教起源于此国中。
⑤ 西海：水名，可能是今甘肃的居延海或新疆的罗布泊。
⑥ 三水：三条河流。
⑦ 丹货：不详何物。
⑧ 流：淌出。这里是出产、产生的意思。
⑨ 淮山：山名，一说是祁连山和昆仑山的古称。一说是进新疆境内的桓山。
⑩ 好水：水名，一说是进甘肃境内的疏勒河或黑河；一说在今新疆境内。

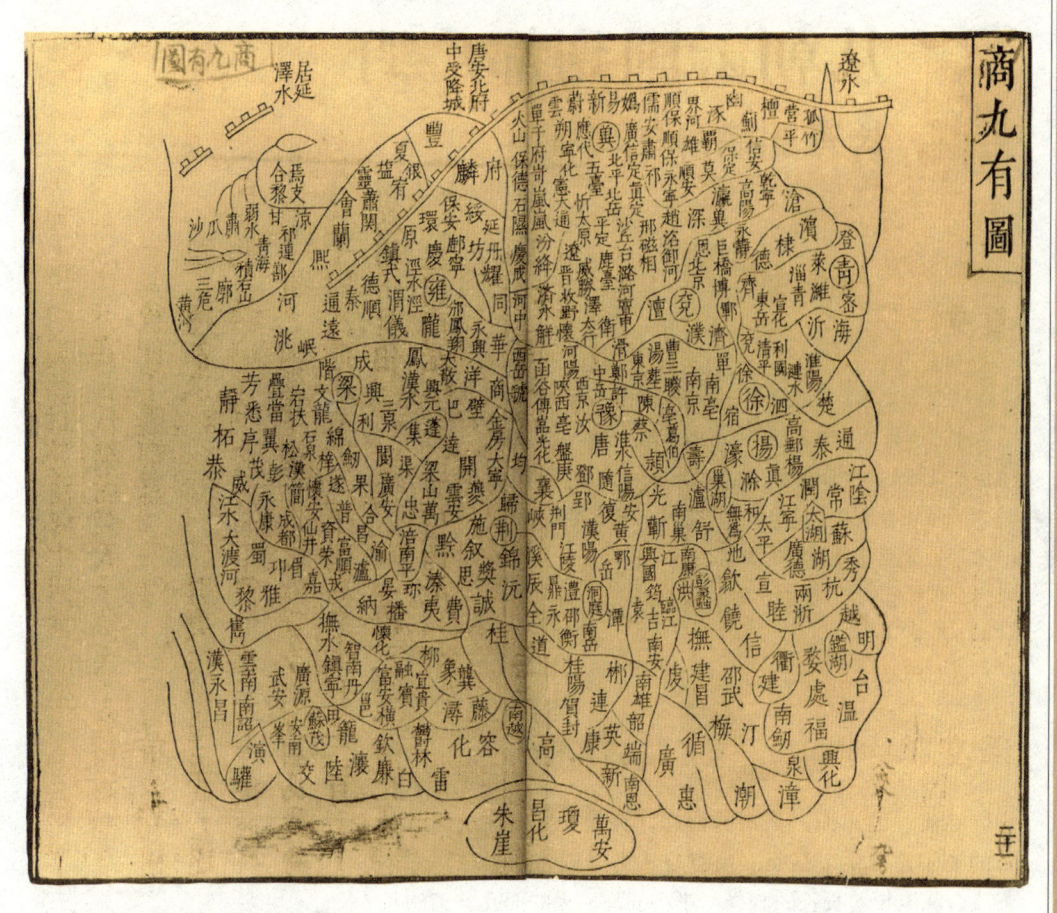

**历代地理指掌图·商九有图**

税安礼 宋 雕版墨印 纵30厘米 横23.7厘米 北京图书馆藏

　　这幅图选自《历代地理指掌图》，其反映了始自帝喾，迄于宋代的各朝地理情况，图虽较粗略，却是历史地图的草创。"商九有图"在宋朝疆域的底图上，表示了商代九州的方位地域。

## 山海经地理考

| | | |
|---|---|---|
| **朝鲜** | 今朝鲜半岛北部 | 依据郭璞记载："朝鲜今乐浪郡也。"推断朝鲜为朝鲜半岛北部。 |
| **天毒** | 今印度 | 依据郭璞记载："天毒即天竺国。"天竺就是今天的印度。但是，印度与朝鲜一南一北，相距很远，记在一处，似有讹误。 |
| **壑市** | 今西北地区 | 依据《水经注 禹贡山水泽地所在》记载："流沙在西海郡北，又迳浮渚，历壑市之国。"因此壑市在我国西北地区。 |
| **鸟山** | 今新疆境内 | 依据《水经注》记载："流沙历壑市之国，又迳于鸟山之东。" |

【第十八卷 海内经】

## 2 从朝云国到都广野

### 长有麒麟身的韩流

### 原文

　　流沙之东，黑水之西，有朝（zhāo）云之国、司彘之国。黄帝妻雷祖①，生昌意。昌意降处若水，生韩流。韩流擢②（zhuó）首、谨③耳、人面、豕喙④、麟身、渠股⑤、豚（shǐ）止，取⑥淖子曰阿女，生帝颛顼。流沙之东，黑水之间，有山名曰死山。

　　华山青水之东，有山名曰肇山。有人名曰柏子高，柏子高上下于此，至于天。

　　西南黑水之间，有都广之野，后稷葬焉。爰有膏菽⑦（shū）、膏稻、膏黍、膏稷⑧，百谷自生，冬夏播琴⑨。鸾鸟自歌，凤鸟自儛，灵寿⑩实华，草木所聚。爰有百兽，相群爰处。此草也，冬夏不死。

### 译文

　　在流沙的东面，黑水的西岸，有朝云国、司彘国。黄帝的妻子雷祖生下昌意。昌意自天上降到若水居住，生下韩流。韩流长着长长的脑袋、小小的耳、人的面孔、猪的长嘴、麒麟的身子、罗圈着双腿、小猪的蹄子，娶淖子族人中叫阿女的为妻，生下帝颛顼。在流沙的东面，黑水流经的地方，有座山名叫不死山。

　　在华山青水的东面，有座山名叫肇山。有个仙人名叫柏子高，柏子高由这里上去下来的，直至到达天上。

　　在西南方黑水流经的地方，有一处叫都广野，后稷就埋葬在这里。这里出产膏菽、膏稻、膏黍、膏稷，各种谷物自然成长，冬夏都能播种。鸾鸟自由自在地歌唱，凤鸟自由自在地舞蹈，灵寿树开花结果，丛草树林茂盛。这里还有各种禽鸟野兽，群居相处。在这个地方生长的草，无论寒冬炎夏都不会枯死。

### 【注释】

①雷祖：即嫘祖，相传是教人们养蚕的始祖。
②擢：引拔，耸起。这里指物体因吊拉变成长竖形的样子。
③谨：慎重小心，谨慎细心。这里是细小的意思。
④豕喙：猪嘴。
⑤渠股：即今天所说的罗圈腿。
⑥取：通"娶"。
⑦膏菽：这里是味道美好而光滑如膏的意思。菽，豆类植物的总称。
⑧稷：谷子。
⑨播琴：即播种。这是古时楚地人的方言。
⑩灵寿：即上文所说的椐树，所生枝节像竹节，粗细长短都正好合于拐杖，不必人工制作，所以古代老人常利用这种天然拐杖。也有一种说法，认为灵寿是一种生长在昆仑山及其附近地方的特殊树木，人吃了它结的果实就会长生不死，所以叫灵寿树。

## 山海经人物考

**柏子高** 清·汪绂图本

柏子高又叫伯高，是肇山上的仙人。传说他是黄帝身边的大臣，通晓采矿和祭祀山神的礼仪，黄帝升仙后，柏子高也跟着升了仙，侍立在黄帝身边。

**韩流** 清·汪绂图本

汪本的韩流长有长长的脑袋，小小的耳朵，人面猪嘴麒麟身和人的手足，做站立状。相传他娶淖子族女子为妻，生下功勋卓著的帝颛顼。

| 异国 | 风俗习惯 | 奇闻逸闻 |
| --- | --- | --- |
| 都广野 | 物产丰富，出产各种美味的食物。 | 草就算是寒冬也不会枯死，四季常青。 |

## 山海经地理考

**若水** ⟶ 今雅砻江 ⟶ 四川雅砻江与金沙合流后的一段，古时也称为若水。

【第十八卷 海内经】

# 3 从若木到九丘

## 蝡蛇，以树木为食物

## 原文

南海①之外，黑水青水之间，有木名曰若木，若水出焉。

有禹中之国。有列襄之国。有灵山，有赤蛇在木上，名曰蝡（ruǎn）蛇，木食。

有盐长之国。有人焉鸟首，名曰鸟氏。

有九丘，以水络②之：名曰陶唐之丘、有叔得③之丘、孟盈之丘、昆吾④之丘、黑白之丘、赤望之丘、参卫之丘、武夫之丘、神民之丘。有木，青叶紫茎，玄⑤华黄实，百仞⑥无枝，上有九欘⑦（zhǔ）下有九枸⑧，其实如麻，其叶如芒。大（tài）皞⑨（hào）爰过⑩，黄帝所为。

## 译文

在南海以内，黑水青水流经的地方，有一种树木名叫若木，而若水就从若木生长的地底下发源。

有个禹中国。又有个列襄国。有一座灵山，山中的树上有一种红颜色的蛇，叫做蝡蛇，以树木为食物。

有个盐长国。这里的人长着鸟一样的脑袋，称作鸟氏。

有九座山丘，都被水环绕着，名称分别是陶唐丘、叔得丘、孟盈丘、昆吾丘、黑白丘、赤望丘、参卫丘、武夫丘、神民丘。有一种树木，青色的叶子紫色的茎干，黑色的花朵黄色的果实，叫做建木，高达一百仞的树干上不生长枝条，而树顶上有九根蜿蜒曲折的丫枝，树底下有九条盘旋交错的根节，它的果实像麻子，叶子像芒树叶。大皞凭借建木登上天，黄帝栽培了建木。

## 【注释】

① 南海：指水名或者地名，所指因时而异。先秦时，有时指东海，有时指南方各族的居住地，有时指南部的某一海域。西汉后始用于指今南海。
② 络：环绕。
③ 叔得：人名。
④ 昆吾：这里指诸侯名。
⑤ 玄：黑。
⑥ 仞：古时以八尺为一仞。
⑦ 欘：树枝弯曲。
⑧ 枸：树根盘错。
⑨ 大皞：又叫太昊、太皓，即伏羲氏，古史传说中的上古帝王，姓风。他开始画八卦，教人们捕鱼放牧，用来充作食物。又是神话传说中的人类始祖。
⑩ 爰过：一说指通过这棵树上天；一说指经过这里。

## 山海经异兽考

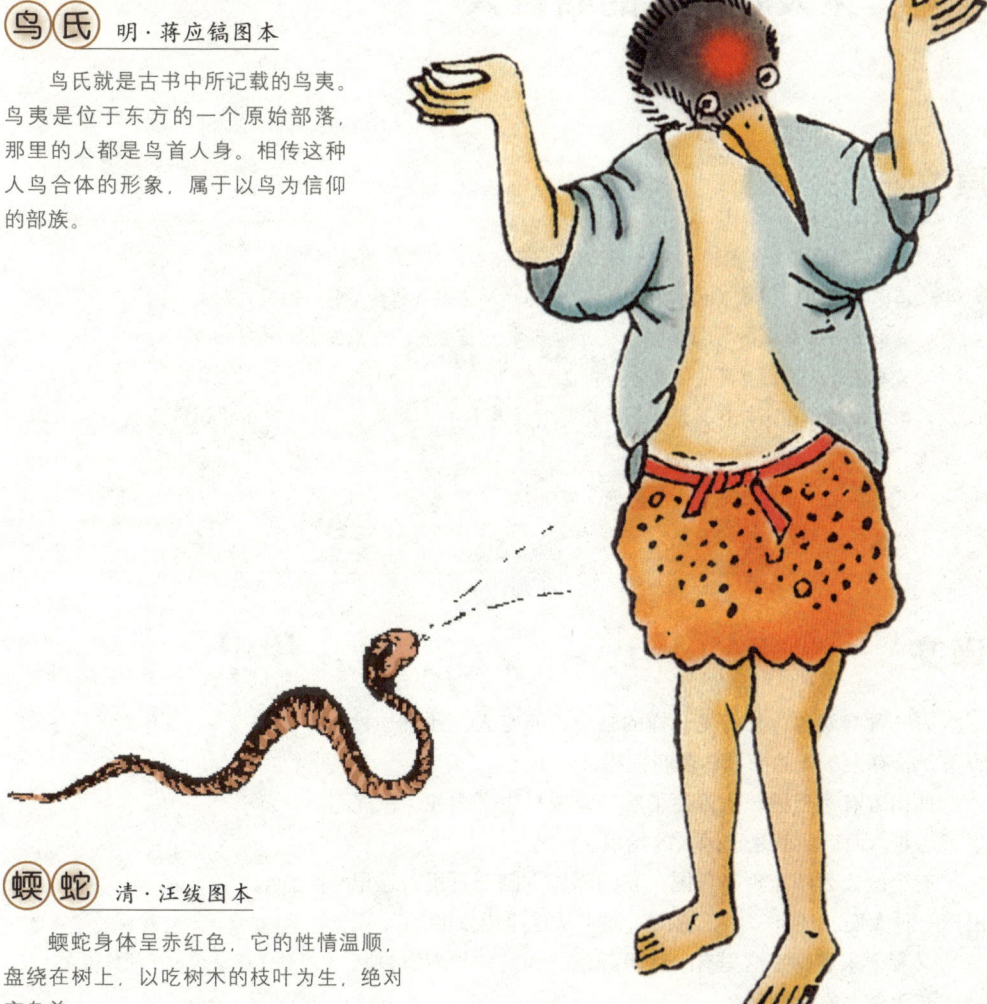

### 鸟氏　明·蒋应镐图本

鸟氏就是古书中所记载的鸟夷。鸟夷是位于东方的一个原始部落,那里的人都是鸟首人身。相传这种人鸟合体的形象,属于以鸟为信仰的部族。

### 蝮蛇　清·汪绂图本

蝮蛇身体呈赤红色,它的性情温顺,盘绕在树上,以吃树木的枝叶为生,绝对害鸟兽。

| 异国 | 形态特征 | 奇闻逸闻 |
| --- | --- | --- |
| 盐长国 | 个个长着鸟头、长喙、圆眼。人称鸟氏。 | 相传是颛顼后裔大廉的后代。 |

## 山海经地理考

| 列襄国 | 今川贵边境 | 可能是夜郎,大体位置在今天的四川与贵州的交界处。 |
| --- | --- | --- |
| 盐长国 | 今四川境内 | 大致在今四川省境内,因为产盐所以得名。 |

【第十八卷 海内经】

# 4 从窫窳到嬴民

## 见人就发笑的赣巨人

## 原文

有窫(zhá)窳(yú)，龙首，是食人。有青兽，人面，名是曰猩猩。

西南有巴国。大皞(hào)生咸鸟，咸鸟生乘厘，乘厘生后照，后照是始为巴人①。

有国名曰流黄辛氏②，其域中方三百里，其出是尘土。有巴遂山，渑(shéng)水出焉。

又有朱卷之国。有黑蛇，青首，食象。

南方有赣(gàn)巨人③，人面长臂，黑身有毛，反踵④，见人笑亦笑，唇蔽其面，因即逃⑤也。

又有黑人，虎首鸟足，两手持蛇，方啖⑥之。

有嬴民，鸟足，有封豕⑦。

## 译文

有一种窫窳兽，长有龙一样的脑袋，能吃人。还有一种野兽，长有人一样的面孔，名叫猩猩。

西南方有个巴国。大皞生了咸鸟，咸鸟生了乘厘，乘厘生了后照，而后照就是巴国人的始祖。

有个国家名叫流黄辛氏国，它的疆域方圆三百里，这里出产一种大鹿。还有一座巴遂山，渑水从这座山发源。

又有个朱卷国。这里有一种黑颜色的大蛇，长着青色脑袋，能吞食大象。

南方有一种赣巨人，长着人的面孔而嘴唇长长的，黑黑的身上长满了毛，脚尖朝后而脚跟朝前反长着，看见人就发笑，一发笑而嘴唇便会遮住他的脸面，人就趁此立即逃走。

还有一种黑人，长着老虎一样的脑袋禽鸟一样的爪子，两只手握着蛇，正在吞食它。

有一种人称作嬴民，长着禽鸟一样的爪子。还有大野猪。

## 【注释】

①始为巴人：指成为巴人的始祖。

②流黄辛氏：国名，具体所指不详，待考。

③赣巨人：枭阳。

④踵：脚后跟。

⑤因即逃：因赣巨人嘴唇遮住了眼睛，人可趁机逃走。

⑥啖：吃。

⑦封豕：大猪。

## 山海经异国考

**黑人** 明·蒋应镐图本

黑人脖子上长着老虎的脑袋，脚上长着禽鸟的爪子，两只手都拿着蛇，并以吞食毒蛇为生。黑人可能是居住在南方的一个开化比较晚的古代部族或群种，持蛇吞蛇是他们的信仰与生活方式的重要标志。

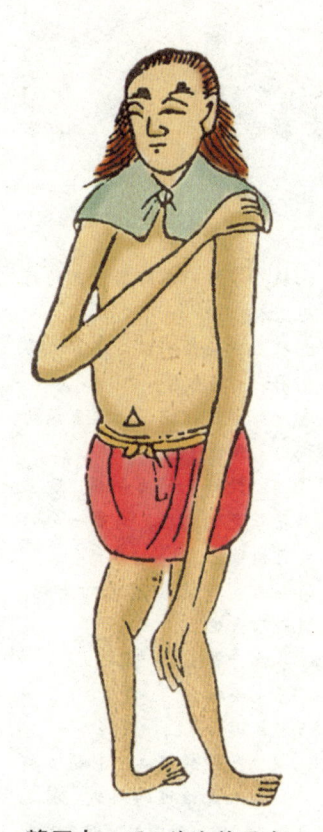

**赣巨人** 明·蒋应镐图本

**嬴民** 明·蒋应镐图本

| 异国 | 主要动物 | 奇闻逸闻 |
|---|---|---|
| 巴国 |  | 巴国人是后照的子孙后代。 |
| 流黄辛氏国 | 出产一种大鹿。 |  |
| 朱卷国 | 出产长有青色脑袋的黑色大蛇，能吞食大象。 |  |

第十八卷 海内经

## 5 从苗民到苍梧丘
### 延维，得之者可称霸天下

### 原文

有人曰苗民。有神焉，人首蛇身，长如辕①，左右有首，衣②紫衣，冠③旃④（zhān）冠，名曰延维⑤，人主⑥得而飨⑦（xiǎng）食之，伯（bà）天下。

有鸾鸟自歌，凤鸟自舞。凤鸟首文曰德，翼文曰顺，膺文曰仁，背文曰义，见则天下和。

又有青兽如菟⑧，名曰菌（jùn）狗。有翠鸟⑨。有孔鸟⑩。

南海之内，有衡山，有菌山，有桂山。有山名三天子之都。

南方苍梧之丘，苍梧之渊，其中有九嶷（yí）山，舜之所葬，在长沙零陵界中。

### 译文

有一种人称苗民。这地方有一个神，长着人的脑袋蛇的身子，身躯长长的像车辕，左边右边各长着一个脑袋，穿着紫色衣服，戴着红色帽子，名叫延维，人主得到它后加以奉飨祭祀，便可以称霸天下。

有鸾鸟自由自在地歌唱，有凤鸟自由自在地舞蹈。凤鸟头上的花纹是"德"字，翅膀上的花纹是"顺"字，胸脯上的花纹是"仁"字，脊背上的花纹是"义"字，它一出现就会使天下和平。

又有一种像兔子的青色野兽，名叫菌狗。又有翡翠鸟。还有孔雀鸟。

在南海以内，有座衡山，又有座菌山，还有座桂山。还有座山叫做三天子都山。

南方有一片山丘叫苍梧丘，还有一个深渊叫苍梧渊，在苍梧丘和苍梧渊的中间有座九嶷山，帝舜就埋葬在这里。九嶷山位于长沙零陵境内。

### 【注释】

① 辕：车辕，车前驾牲畜的两根直木。

② 衣：本义指衣服，这里做动词用，穿的意思。

③ 冠：本义指帽子，这里做动词用，戴的意思。

④ 旃：纯红色的曲柄旗。这里只是红色的意思，与前一句的红色相对。

⑤ 延维：即上文所说的委蛇，就是双头蛇。

⑥ 人主：君主，一国之主。

⑦ 飨：祭献。

⑧ 菟：通"兔"。

⑨ 翠鸟：即翡翠鸟，形状像燕子。古人说雄性的叫翡，羽毛是红；雌性的叫翠，羽毛是青色。实际上，翡翠鸟的羽毛有好多种颜色，不止红、青二色，所以自古以来就做装饰品用。

⑩ 孔鸟：即孔雀鸟。

## 山海经异兽考

**延维**　清·汪绂图本

延维又叫委蛇、委维，或委神，是水泽之神。相传谁看见他谁就能称霸天下，所以他不是一般人所能见到的。传说齐桓公在大泽狩猎时，曾经看到了延维，后来果然成为春秋五霸之一。

菌狗　清 汪绂图本

## 山海经地理考

| | | |
|---|---|---|
| 南海 | 今地点不定 | 古时南海具体所指因时而异，先秦有时指东海，有时指南方各族的居住地，有时指南部的某一海域，西汉后开始固定指今天的南海。 |
| 衡山 | 今湖南衡山县境内的南岳衡山 | 根据《晋书地理志》记载："今衡山在衡阳湘南县，南岳也，俗谓之岣嵝山。" |
| 菌山 | 今湖南岳阳洞庭湖中的君山 | 位于今天岳阳市区的西南方，水程12公里，总面积0.98平方公里，与千古名楼岳阳楼口隔湖相望。 |
| 桂山 | 约在今广西境内 | 因桂山多桂树，依据《神农本草经》记载："菌桂出交趾，圆如竹，为众药通使。"可推断出在广西境内。 |
| 苍梧 | 今湖南九嶷山以南、广西贺江、桂江、郁江地区 | 苍梧历史悠久，人杰地灵，上古为虞舜巡游之地，秦汉已建立郡县之制。 |
| 长沙 | 今湖南长沙 | 长沙因为有万里沙祠而得名，秦朝设置，汉为长沙国，明朝改为潭州府，又改为长沙府。今为湖南省省会。 |

【第十八卷　海内经】

## 6 从蛇山到幽都山

### 幽都山上的黑色动物

### 原文

　　北海之内，有蛇山者，蛇水出焉，东入于海。有五采之鸟，飞蔽一乡，名曰翳鸟①。又有不距之山，巧倕②（ruì）葬其西。

　　北海之内，有反缚盗械③、带戈④常倍⑤之佐⑥，名曰相顾之尸⑦。

　　伯夷父⑧生西岳，西岳生先龙，先龙是始生氐（dī）羌（qiāng），氐羌乞姓。

　　北海之内，有山，名曰幽都之山，黑水出焉。其上有玄鸟、玄蛇、玄豹、玄虎、玄狐蓬尾。有大玄之山。有玄丘之民⑨。有大幽之国。有赤胫之民⑩。

### 译文

　　在北海以内，有座山叫蛇山，蛇水从蛇山发源，向东流入大海。有一种长着五彩羽毛的鸟，成群地飞起而遮蔽一乡的上空，名叫翳鸟。还有座不距山，巧倕便葬在不距山的西面。

　　在北海以内，有一个反绑着戴刑具、带着戈而图谋叛逆的臣子，叫相顾尸。

　　伯夷父生了西岳，西岳生了先龙，先龙的后代子孙便是氐羌，氐羌人姓乞。

　　北海以内，有一座山，名叫幽都山，黑水从这座山发源。山上有黑色鸟、黑色蛇、黑色豹子、黑色老虎，有毛蓬蓬尾巴的黑色狐狸。有座大玄山。有一种玄丘民。有个大幽国。有一种赤胫民。

### 【注释】

① 翳鸟：传说是凤凰之类的鸟。
② 巧倕：相传是上古帝尧时代一位灵巧的工匠。
③ 盗械：古时，凡因犯罪而被戴上刑具就称作盗械。
④ 戈：古代一种兵器。
⑤ 倍：通"背"。背弃。
⑥ 佐：辅助帝王的人。
⑦ 相顾之尸：也是上文所说贰负之臣一类的人。
⑧ 伯夷父：相传是帝颛顼的师傅。
⑨ 玄丘之民：古人说是生活在丘上的人物都是黑的。
⑩ 赤胫之民：古人说是从膝盖以下的腿部全为红色的一种人物。

## 山海经异兽考

### 玄豹　清·《吴友如画宝》

相传周文王在与商纣王一战中惨败，被囚禁于监狱，周人觉得受到了奇耻大辱。文王手下有一名贤臣叫散宜生，一天他在怀涂山得到一只玄豹，带去向纣王进献，纣王得到玄豹非常高兴，才下令释放西伯。

翳鸟　明·蒋应镐图本

玄狐　清·吴文焕图本

| 国家或民族 | 形态特征 | 奇闻逸闻 |
| --- | --- | --- |
| 氐羌族 | 西部游牧民族。 | 商末曾追随武王伐纣。 |
| 大幽国 | 膝盖以下是红色的。 | 穴居，不穿衣服。 |

## 山海经地理考

| | | |
| --- | --- | --- |
| 蛇水 | 今克鲁伦河 | 可能位于今天内蒙古自治区内的黑龙江上游。 |
| 氐羌 | 今陕西、甘肃、青海、四川西部 | 我国古代少数民族，可能分布于今天的陕西、青海、甘肃、四川西部等地。 |
| 幽都山 | 今燕山及其以北诸山 | 可能位于今天山西、河北北部，具体位置大约在燕山及其以北诸山附近。 |

【第十八卷　海内经】

# 7 从钉灵国到羿扶下国

## 解救世间苦难的后羿

## 原文

有钉灵之国，其民从䣛①(xī)以下有毛，马蹄，善走②。

炎帝③之孙伯陵，伯陵同④吴权⑤之妻阿女缘妇，缘妇孕三年，是生鼓、延、殳(shū)。始为侯⑥，鼓、延是始为钟⑦，为乐风。

黄帝生骆明，骆明生白马，白马是为鲧⑧。

帝俊⑨生禺号，禺号生淫梁⑩，淫梁生番禺，是始为舟。番禺生奚仲，奚仲生吉光，吉光是始以木为车。

少皞⑪生般，般是始为弓矢。

帝俊赐羿彤⑫(tóng)弓素矰⑬(zēng)，以扶下国，羿是始去恤⑭下地之百艰。

## 译文

有个钉灵国，这里的人从膝盖以下的腿部都有毛，长着马的蹄子而善于快跑。

炎帝的孙子叫伯陵，伯陵与吴权的妻子阿女缘妇私通，阿女缘妇怀孕三年，这才生下鼓、延、殳三个儿子。殳最初发明了箭靶，鼓、延二人发明了钟，作了乐曲和音律。

黄帝生了骆明，骆明生了白马，这白马就是鲧。

帝俊生了禺号，禺号生了淫梁，淫梁生了番禺，这位番禺最初发明了船。番禺生了奚仲，奚仲生了吉光，这位吉光最初用木头制作出车子。

少皞生了般，这位般最初发明了弓和箭。

帝俊赏赐给后羿红色弓和白色矰箭，用他的射箭技艺去扶助下界各国，后羿便开始去救济世间人们的各种苦难。

## 【注释】

① 䣛：同"膝"。
② 走：跑。
③ 炎帝：即神农氏，传说中的上古帝王。
④ 同：通"通"。通奸。
⑤ 吴权：传说中的人物。
⑥ 侯：练习或比赛射箭时用的箭靶。
⑦ 钟：古代一种打击乐器。
⑧ 鲧：相传是大禹的父亲。
⑨ 帝俊：这里指黄帝。
⑩ 淫梁：即上文所说的禺京。
⑪ 少皞：即上文所说的少昊号称金天氏，传说中的上古帝王。
⑫ 彤：朱红色。
⑬ 矰：一种用白色羽毛装饰并系着丝绳的箭。
⑭ 恤：体恤，周济。

## 山海经异国考

钉灵国 明·蒋应镐图本

嬴民 明·蒋应镐图本

| 异国 | 形态特征 | 奇闻逸闻 |
| --- | --- | --- |
| 钉灵国 | 这里的人膝盖以下有毛，长有马蹄。 | 跑得飞快。 |

## 山海经地理考

钉灵国 ⟶ 今俄罗斯东部贝加尔湖一带 ⟶ 钉灵又名丁令、丁零等，依据《汉书·苏武传》记载："匈奴'徙武北海无人处，……丁令盗武牛羊'。"可以得知汉武帝时，丁令人活动在北海（今贝加尔湖）一带。

【第十八卷 海内经】

# 8 从创制琴瑟到禹鲧布土

## 发明世间工艺技巧的义均

## 原文

帝俊①生晏龙，晏龙是为琴瑟。

帝俊有子八人，是始为歌舞。

帝俊生三身，三身生义均②，义均是始为巧倕（ruì），是始作下民百巧。后稷是播百谷。稷之孙曰叔均③，是始作牛耕。大比赤阴④，是始为国。禹、鲧是始布土⑤，均⑥定九州⑦。

## 译文

帝俊生了晏龙，晏龙最初发明了琴和瑟两种乐器。

帝俊有八个儿子，他们开始创作出歌曲和舞蹈。

帝俊生了三身，三身生了义均，这位义均便是所谓的巧倕，从此开始发明了世间的各种工艺技巧。后稷开始播种各种农作物。后稷的孙子叫叔均，这位叔均最初发明了使用牛耕田。大比赤阴，开始受封而建国。大禹和鲧开始挖掘泥土治理洪水，度量划定九州。

## 【注释】

①帝俊：这里指帝舜。

②义均：就是上文所说的叔均，但说是帝舜的儿子，这里却说是帝舜的孙子，属于神话传说的不同。

③叔均：上文曾说叔均是后稷之弟台玺的儿子，这里又说是后稷的孙子，而且和前面说的义均也分成了二人，神话传说分歧，往往有所不同。

④大比赤阴：意义不明。也有学者认为可能是后稷的生母姜嫄。"比"大概为"妣"的讹文。妣：母亲。"赤阴"的读音与"姜嫄"相近。据古史传说，后稷被封于邰地而建国，姜嫄即居住在这里，所以下面说"是始为国"。

⑤布土：传说鲧与大禹父子二人相继治理洪水，鲧使用堵塞的方法，大禹使用疏通的方法，都需要挖掘泥土。布即施予，施行。土即土工，治河时填土、挖土工程。

⑥均：平均，均匀。引申为度量、衡量。

⑦九州：相传大禹治理了洪水以后，把中原划分为九个行政区域，就是九州。

## 山海经异国考

### 三身国　清·郝懿行图本

郝懿行图本的三身国国民一首三身六手六足，正面的手举于胸前，侧面四手向左右平举，六足同时着地作站立状，而汪绂图本的三身过只有三身和三手。

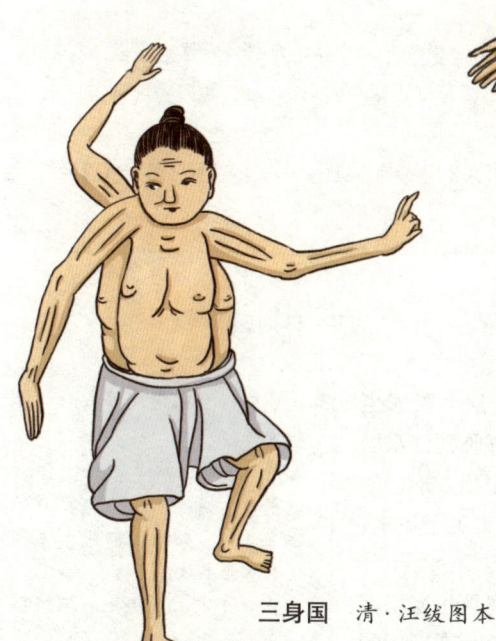

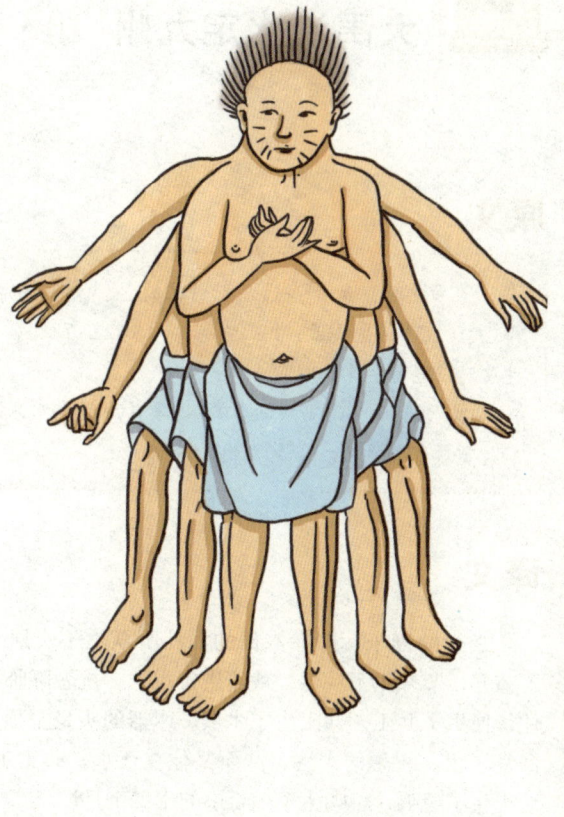

**三身国**　清·汪绂图本

| 异国 | 形态特征 | 奇闻逸闻 |
| --- | --- | --- |
| 三身国 | 国民一首三身六手六足，一说三身三手。 | 帝俊生三身，三身生义均，是世间工艺技巧的发明者。 |

## 山海经人物考

| 帝俊之子 | → | 宴龙 | → | 宴龙是舜的儿子，他发明了琴和瑟两种乐器。 |
| --- | --- | --- | --- | --- |
| 帝俊之子 | → | 三身 | → | 帝俊与娥皇的后代，就是前文提到的三身国，一手三身六足。 |
| 帝俊之子 | → | 巧 | → | 帝俊的孙子，发明了各种工艺技巧。 |
| 帝俊之子 | → | 后稷 | → | 周的始祖名弃，曾经被尧举为"农师"，被舜命为后稷。 |

【第十八卷　海内经】

## 9 从炎帝谱系到禹定九州
### 大禹治水定九州

## 原文

炎帝之妻,赤水①之子听訞(yāo)生炎居,炎居生节并,节并生戏器,戏器生祝融。祝融降②处于江水,生共工。共工生术器,术器首方颠③,是复土穰④,以处江水。共工生后土,后土生噎鸣,噎鸣生岁十有二⑤。

洪水滔⑥天。鲧窃帝之息壤⑦以堙(yīn)洪水,不待帝命。帝命祝融杀鲧于羽郊。鲧复生⑧禹。帝乃命禹卒布土⑨以定九州。

## 译文

炎帝的妻子,即赤水氏的女儿听訞生下炎居,炎居生了节并,节并生了戏器,戏器生了祝融。祝融降临到江水居住,便生了共工。共工生了术器。术器的头是平顶方形,他恢复了祖父祝融的土地,从而又住在江水。共工生了后土,后土生了噎鸣,噎鸣生了一年中的十二个月。

洪荒时代到处是漫天大水。鲧偷拿天帝的息壤用来堵塞洪水,而未等待天帝下令。天帝派遣祝融把鲧杀死在羽山的郊野。禹从鲧的遗体肚腹中生出。天帝就命令禹最后再施行土工制住了洪水,从而能划定九州区域。

## 【注释】

① 赤水:一说指黄河名;一说指黄河。
② 降:流放;放逐。
③ 颠:头顶。
④ 复土穰:指通过翻耕土地来使农作物丰收。
⑤ 生岁十有二:指把一年划分为十二个月。
⑥ 滔:漫。
⑦ 息壤:神话传说中的一种能够自生自长、永不耗损的土壤。
⑧ 复生:相传鲧死了三年而尸体不腐烂,用刀剖开肚腹,就产生了禹。"复"即"腹"的同声假借字。
⑨ 布土:规划疆土。

## 山海经事件考

**维护黄河堤坝**

历史上黄河泛滥频繁，三年两决口，百年一次大改道，给两岸人民带来过深重的灾难。治理黄河是一场旷日持久的战争。历代先民们为治理黄河水患进行了长期不懈的努力，在实践中积累了丰富的治河经验，图中的一些劳动者正在修筑堤坝，整治黄河。大禹治水的决心和勇气也正在他们的内心激扬着斗志。

## 大禹生平大事考

| | |
|---|---|
| **传奇的出生** | 鲧治水失败后，祝融杀鲧在羽山郊野，大禹从鲧遗体的腹部生出来，接替了鲧的治水大业。 |
| **成功治理水患** | 足迹遍布黄河流域，以及长江流域的涪江、岷江、川江流域，其间三过家门而不入。后来终于成功了，封禅泰山。 |
| **在诸侯中树立威信** | 召开诸侯大会，拉拢并观察各路诸侯，检讨自己的过失，消除诸侯对自己的疑虑。 |
| **划分九州** | 夏朝初年，夏王大禹划分天下为九州，冀州、兖州、青州、徐州、扬州、荆州、梁州、雍州和豫州。并令九州州牧贡献青铜，铸造九鼎。 |

【第十八卷 海内经】

# 西山经

《西山经》记录了以钱来山、钤山、崇吾山及阴山为首的四列山系，其丰富的物产及山间出没的种种异兽给人留下深刻的印象。

**台湾省地理全图**　清　彩绘　纵39.5厘米　横726厘米　北京图书馆藏

　　台湾省因与内地距离遥远，自古就被赋予了某种神秘色彩。这幅台湾省地理图是我国现存最早的手绘台湾省地图之一，图中重点表示了西部的地形、水系及居民地，还标识了炮台等兵要内容，使地图兼有军事用途。

图书在版编目（CIP）数据

图解山海经 / 徐客编著 . -- 南昌：江西科学技术出版社, 2011.12（2020.6 重印）
ISBN 978-7-5390-4412-5

Ⅰ . ①图… Ⅱ . ①徐… Ⅲ . ①《山海经》- 图解 Ⅳ . ① K928.631

中国版本图书馆 CIP 数据核字（2011）第 272397 号

国际互联网（Internet）地址：http://www.jxkjcbs.com
选题序号：ZK2011193　　　图书代码：D11094-118

丛书主编 / 黄利　　监制 / 万夏
责任编辑 / 孙开颜　曾洁
项目创意 / 设计制作 / 紫图图书 ZITO®
纠错热线 / 010-64360026-103

## 图解山海经

徐客 / 编著

出版发行　江西科学技术出版社

| 社　　址 | 南昌市蓼洲街 2 号附 1 号　邮编 330009 |
|---|---|
| | 电话:(0791) 86623491　86639342（传真） |
| 印　　刷 | 艺堂印刷（天津）有限公司 |
| 经　　销 | 各地新华书店 |
| 开　　本 | 787 毫米 ×1092 毫米 1/16 |
| 印　　张 | 38 |
| 字　　数 | 320 千 |
| 版　　次 | 2012 年 3 月第 1 版 2020 年 6 月第 18 次印刷 |
| 书　　号 | ISBN 978-7-5390-4412-5 |
| 定　　价 | 68.00 元 |

赣版权登字 -03-2011-324　　版权所有　侵权必究
（赣科版图书凡属印装错误，可向承印厂调换）

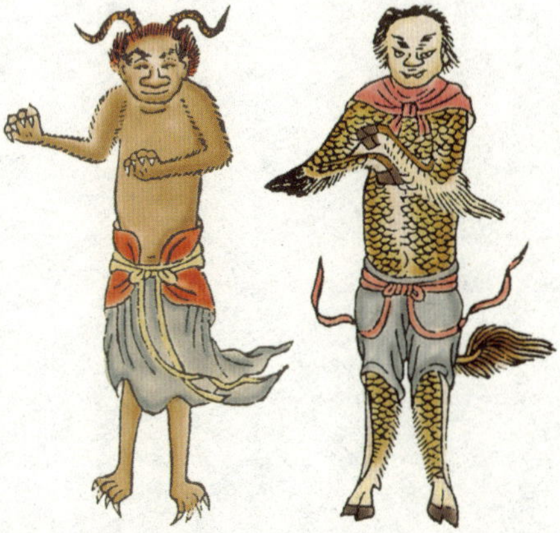